SCHÄFFER
POESCHEL

Karlheinz Küting, Jim Hagemann Snabe,
Andrea Rösinger, Johannes Wirth (Hrsg./Autoren)

Geschäftsprozessbasiertes Rechnungswesen

Unternehmenstransparenz für den Mittelstand
mit SAP Business ByDesign®

Mitautoren
David Ellmann
Dietmar Nowotny
Thomas Tesche

Unter Mitarbeit von
Ania Fraczyk
Mana Mojadadr
Marc Strauß

2010
Schäffer-Poeschel Verlag Stuttgart

Bibliografische Information der Deutschen Nationalbibliothek
Die Deutsche Nationalbibliothek verzeichnet diese Publikation
in der Deutschen Nationalbibliografie; detaillierte bibliografische Daten
sind im Internet über http://dnb.d-nb.de abrufbar.

Gedruckt auf säure- und chlorfreiem, alterungsbeständigem Papier.

ISBN 978-3-7910-2965-8

Dieses Werk einschließlich aller seiner Teile ist urheberrechtlich geschützt. Jede Verwertung
außerhalb der engen Grenzen des Urheberrechtsgesetzes ist ohne Zustimmung des Verlages
unzulässig und strafbar. Das gilt insbesondere für Vervielfältigungen, Übersetzungen,
Mikroverfilmungen und die Einspeicherung und Verarbeitung in elektronischen Systemen.

Sämtliche in diesem Werk abgedruckten Bildschirmabzüge unterliegen dem Urheberrecht
© der SAP AG, Dietmar-Hopp-Allee 16, D-69190 Walldorf.

In dieser Publikation wird auf Produkte der SAPAG Bezug genommen. SAP, R/3, SAP NetWeaver,
Duet, PartnerEdge, ByDesign, Clear Enterprise, SAP BusinessObjects Explorer und weitere im Text
erwähnte SAP-Produkte und -Dienstleistungen sowie die entsprechenden Logos sind Marken oder
eingetragene Marken der SAP AG in Deutschland und anderen Ländern. Business Objects und das
Business-Objects-Logo, BusinessObjects, Crystal Reports, Crystal Decisions, Web Intelligence,
Xcelsius und andere im Text erwähnte Business-Objects-Produkte und -Dienstleistungen sowie die
entsprechenden Logos sind Marken oder eingetragene Marken der SAP France in den USA und
anderen Ländern. Der SAP-Konzern übernimmt keinerlei Haftung oder Garantie für Fehler oder
Unvollständigkeiten in dieser Publikation. Der SAP-Konzern steht lediglich für Produkte und
Dienstleistungen nach der Maßgabe ein, die in der Vereinbarung über die jeweiligen Produkte und
Dienstleistungen ausdrücklich geregelt ist. Aus den in dieser Publikation enthaltenen Informationen
ergibt sich keine weiterführende Haftung.

Die in diesem Werk wiedergegebenen Gebrauchsnamen, Handelsnamen, Warenbezeichnungen etc.
können auch ohne besondere Kennzeichnung Marken sein und als solche den gesetzlichen
Bestimmungen unterliegen.

© 2010 Schäffer-Poeschel Verlag für Wirtschaft · Steuern · Recht GmbH
www.schaeffer-poeschel.de
info@schaeffer-poeschel.de
Einbandgestaltung: Willy Löffelhardt/Melanie Frasch
Druck und Bindung: Kösel, Krugzell · www.koeselbuch.de

Printed in Germany
April 2010

Schäffer-Poeschel Verlag Stuttgart
Ein Tochterunternehmen der Verlagsgruppe Handelsblatt

Vorwort

Am Anfang eines jeden Buchs steht eine Idee. Im Zuge der langjährigen Zusammenarbeit zwischen der SAP AG, Walldorf, und dem Centrum für Bilanzierung und Prüfung (CBP), Saarbrücken, entwickelte sich der Gedanke, ein Handbuch für den Mittelstand zu schreiben.

Verstärkt durch die Finanzkrise weht der Wind der Globalisierung noch rauher in die Unternehmen hinein: Unvorhersehbare Ereignisse, ein immer schneller werdender Wandel, die fortschreitende Internationalisierung der Rechnungslegung sowie erschwerte Kapitalaufnahmebedingungen setzen das Rechnungswesen jetzt auch in kleinen und mittleren Unternehmen unter Zugzwang. Die Unternehmen sind herausgefordert, die Funktion des Rechnungswesens neu zu definieren und i.d.S. erhöhten Informationsanforderungen zu genügen. Das dafür erforderliche Umdenken wurde für mittelständische Unternehmen mit dem Bilanzrechtsmodernisierungsgesetz (BilMoG) institutionalisiert. Um hier zu unterstützen, sodass die Unternehmen den Fokus auf ihre Kunden und Märkte verstärken und den strategischen Erfolgsfaktor des Informationsflusses einer prozessablauforientierten Organisation erkennen, ist ein integriertes geschäftsprozessbasiertes Rechnungswesen unabdingbar. Ein integriertes Rechnungswesen, welches weitgehend aus den Geschäftsprozessen abgeleitete Buchungen automatisiert, schafft gleichzeitig die Voraussetzung für eine einheitliche Datenbasis und damit einem Berichtswesen aus einem Guss – nach innen und nach außen.

Das Handbuch will dem Leser näher bringen, wie SAP Business ByDesign ganzheitlich Geschäftsprozesse über einzelne Unternehmensbereiche im Rechnungswesen abbildet und dadurch den Informationsbedarf in prozessablauforientierten Organisationen bedient. Neben der Darstellung der allgemeinen Vorzüge und Innovationen, die die Lösung SAP Business ByDesign mittelständischen Unternehmen bietet, wird auch den betriebswirtschaftlichen Grundlagen Raum gegeben. Dementsprechend bildet der Schwerpunkt des Buchs eine Fallstudie, in der anhand eines Beispielunternehmens schrittweise die integrierte Abbildung aller relevanten Geschäftsprozesse aufgezeigt wird. Die das Rechnungswesen betreffenden betriebswirtschaftlichen Grundlagen eröffnen die Unterkapitel zu den einzelnen Geschäftsprozessen wie Beschaffung, Lagerfertigung, Auftragsabwicklung, Projektmanagement und Abschlussprozess.

Hierbei werden die Neuerungen durch das BilMoG, die größte deutsche Bilanzrechtsreform der vergangenen 20 Jahre, berücksichtigt. Insbesondere werden die Konsequenzen der weggefallenen umgekehrten Maßgeblichkeit und der Aufweichung der einfachen Maßgeblichkeit auf das Verhältnis zwischen Handels- und Steuerbilanz beleuchtet. Es werden die zukünftigen Unterschiede in Handels- und Steuerbilanz dargelegt und ein Konzept aufgezeigt, wie mittelständische Unternehmen mithilfe einer systemunterstützten parallelen Bilanzierung ohne zusätzlichen Aufwand eine getrennte Handels- und Steuerbilanz erstellen. Die seit dem BilMoG notwendige bilanzorientierte Ermittlung latenter Steuern kann auf diesem Wege ebenfalls effizient erledigt werden.

Die Befreiung der Handelsbilanz von steuerlichen Einflüssen ermöglicht es mittelständischen Unternehmen, ihre Unternehmenssteuerung auf Kennzahlen der Handelsbilanz aufzubauen. Das vorliegende Buch stellt die Möglichkeiten dar, die sich durch SAP Business ByDesign im Bereich der Unternehmenssteuerung auf Basis eines intern und extern harmonisierten Rechnungswesens ergeben. Innovative Managementhilfen wie der Kennzahlenmonitor und automatische Liquiditätsvorschauen werden neben vielen anderen Berichts- und Auswertungsmöglichkeiten im System gezeigt und erläutert.

Eine Idee zu haben ist das eine, aus der Vielzahl der angestrebten Inhalte ein strukturiertes Gesamtwerk zu schaffen, ist etwas ganz anderes. Und so gilt unser Dank allen denen, die dabei mitgeholfen haben. Wir danken für den nimmermüden Einsatz aller Beteiligten der SAP Business ByDesign Entwicklung und des Solution Managements, die in unzähligen Feedback-Runden mitgeholfen haben, das Buch in dieser Form zu vollenden. Spezieller Dank gilt den Kollegen/innen Klaus Dagenbach, Uwe Mayer, Monika Morey und Michael Sylvester, die uns unermüdlich Feedback gegeben haben und uns in vielen Detailfragen hilfreich zur Seite standen.

Zu Dank verpflichtet sind wir außerdem den Mitarbeiterinnen und Mitarbeitern des Schäffer-Poeschel Verlags, hier insbesondere Frau Ruth Kuonath, Frau Sabine Trunsch und Frau Antje Wachsmann.

Wir würden uns freuen, wenn das neu vorgelegte Werk in der Unternehmenspraxis eine positive Annahme fände. Für kritische Anregungen und Verbesserungsvorschläge sind wir dankbar und werden diese in der nächsten Auflage gerne berücksichtigen. Für Ihr Feedback steht Ihnen die E-Mail-Adresse ByD.RW@sap.com zur Verfügung.

Walldorf und Saarbrücken, im Februar 2010

Prof. Dr. Karlheinz Küting   Jim Hagemann Snabe

Dr. Andrea Rösinger   Dr. Johannes Wirth

Autorenverzeichnis

Dipl.-Kfm. David Ellmann, Centrum für Bilanzierung und Prüfung (CBP), Saarbrücken

Prof. Dr. Karlheinz Küting, Direktor des Centrums für Bilanzierung und Prüfung (CBP), Saarbrücken

Dr. Dietmar Nowotny, Entwicklung Rechnungswesen Business ByDesign
SAP AG, Walldorf

Dr. Andrea Rösinger, Entwicklung Rechnungswesen Business ByDesign
SAP AG, Walldorf

Jim Hagemann Snabe, Vorstandssprecher der SAP AG, Walldorf

Dipl.-Kfm. Thomas Tesche, Centrum für Bilanzierung und Prüfung (CBP), Saarbrücken

Dr. Johannes Wirth, Centrum für Bilanzierung und Prüfung (CBP), Saarbrücken

Konzeption des Buchs

Ausgehend von der Einführung in die Struktur des Rechnungswesens von Business ByDesign mit seinen wichtigsten Merkmalen und Innovationen in Kapitel A werden Ihnen in Kapitel B die Vorteile eines harmonisierten Rechnungswesens im Mittelstand vor dem Hintergrund des Einflusses des BilMoG dargestellt. Kapitel C beinhaltet die umfangreichen Unterschiede in Handels- und Steuerbilanz, die mit dem Wegfall der umgekehrten Maßgeblichkeit auf die Bilanzierenden zukommen. In diesem Kapitel wird außerdem sowohl die Konzeption der Ermittlung von latenten Steuern, die aufgrund von unterschiedlichen Wertansätzen in Handels- und Steuerbilanz auftreten, als auch daraus resultierend die Notwendigkeit zweier getrennter Rechenwerke skizziert.

Die in den ersten drei Kapiteln gewonnenen Erkenntnisse werden anschließend in einer Fallstudie mithilfe von Business ByDesign umgesetzt. Kapitel D stellt die Abbildung des Beispielunternehmens *Nordstar GmbH* – das sowohl handelt, produziert als auch Dienstleistungen anbietet – in Business ByDesign dar. In Kapitel E werden abschließend ausführlich die wichtigsten Geschäftsprozesse und deren Auswirkungen in das Rechnungswesen anhand des Fallbeispiels in Business ByDesign erläutert. Die betriebswirtschaftlichen Grundlagen werden hierbei immer am Anfang eines Geschäftsprozesskapitels vorangestellt. Dieser Theorieteil dient als Grundlage, das Fallbeispiel nachvollziehen zu können. Es wurden bereits alle Neuregelungen umgesetzt, die durch das BilMoG eingeführt wurden. Die Ausführungen stellen demzufolge den neuesten Stand dar.

Die Umsetzung des Fallbeispiels in Business ByDesign wird ausgehend von einer ausführlichen Darstellung aller Geschäftsvorfälle je Geschäftsprozess anhand ausgesuchter Beispiele abgebildet. Die Auswirkungen der Geschäftsvorfälle auf das Rechnungswesen werden über Soll- und Haben-Buchungen illustriert und erläutert. Am Ende eines jeden Geschäftsprozesses werden die Auswirkungen aller Geschäftsvorfälle auf Bilanz und GuV in einer Deltabetrachtung zusammengefasst. Auf diese Weise können Sie die Entwicklung der Bilanz und GuV schrittweise nachvollziehen. Die Darstellung in Business ByDesign wird durch zahlreiche Screenshots visuell unterstützt. Hierbei ist zu beachten, dass die beschriebenen Geschäftsvorfälle grundsätzlich im Kontext der Arbeitsumgebung eines Systembenutzers gezeigt werden. Damit werden die Geschäftsvorfälle in ihren standardisierten betrieblichen Arbeitsbereichen, den sog. Work Centern, gezeigt.

Inhaltsverzeichnis

Vorwort V
Autorenverzeichnis... VII
Konzeption des Buchs IX
Inhaltsverzeichnis.. XI
Abbildungsverzeichnis XIX
Abkürzungsverzeichnis XXV

A	Konzepte eines geschäftsprozessbasierten Rechnungswesens...	1
1	Business ByDesign – eine On-Demand-Lösung...................	2
2	Betriebswirtschaftliche Konfiguration...................................	4
3	Stammdaten	6
3.1	Die Unternehmensorganisation	6
3.2	Geschäftspartner..	9
3.3	Produkte...	10
4	Betriebswirtschaftliche Grundstruktur eines geschäftsprozessbasierten Rechnungswesens	12
4.1	Geschäftsprozesse und Geschäftsvorfälle..............................	13
4.2	Struktur des Cash Flow Managements	15
4.3	Struktur des externen und internen Rechnungswesens	17
5	Work Center, Aufgaben und Berechtigungen	21
B	Möglichkeit zur Harmonisierung des Rechnungswesens in der Umgebung eines Einkreissystems	27
1	Einführung...	28
2	Traditionelle Zweiteilung des Rechnungswesens deutscher Unternehmen	29
2.1	Ziele des externen Rechnungswesens...................................	29
2.2	Ziele des internen Rechnungswesens	30
3	Internationalisierung der Rechnungslegung und BilMoG als Ausgangspunkt der Harmonisierung	31
4	Analyse der Vor- und Nachteile von Harmonisierungsbestrebungen im Rechnungswesen	33
4.1	Vorbemerkungen	33
4.2	Nachteile und Kritik	34
4.2.1	Abhängigkeit der internen Steuerung von der externen Normensetzung	34

4.2.2	Beeinflussung der internen Steuerung durch bilanzpolitische Maßnahmen	35
4.2.3	Nichteinbeziehung kalkulatorischer Kosten	35
4.2.4	Fehlende Abschottung des internen Rechnungswesens nach außen	36
4.2.5	Durch steuerliche Vorschriften verfälschte Datenbasis	36
4.3	Vorteile	37
4.3.1	Verständlichkeit und interne Kommunizierbarkeit	37
4.3.2	Vereinfachung und Kosteneffizienz	38
4.3.3	Verringerung von Manipulationsspielräumen	38
4.4	Zwischenfazit	39
5	Umsetzung des Einkreissystems in Business ByDesign	40
6	Zusammenfassung und Fazit	42
C	Bilanzierung und Bewertung nach unterschiedlichen Rechnungslegungsnormen	45
1	Chancen einer parallelen Bilanzierung durch den Wegfall der umgekehrten Maßgeblichkeit nach BilMoG	46
2	Parallele Bilanzierung aufgrund internationaler Rechnungslegungsnormen	48
3	Latente Steuern	50
3.1	Konzeption der latenten Steuerabgrenzung	50
3.2	Aktive latente Steuern	51
3.3	Passive latente Steuern	53
3.4	Ansatz und Bewertung latenter Steuern	53
4	Mögliche Divergenzen zwischen Handels- und Steuerbilanz	55
4.1	Unterschiede bei den Ansatzvorschriften	55
4.1.1	Aktiva	55
4.1.1.1	Selbst erstellte immaterielle Vermögensgegenstände des Anlagevermögens	55
4.1.1.2	Disagio	56
4.1.1.3	Rechnungsabgrenzungsposten für als Aufwand berücksichtigte Zölle und Verbrauchsteuern sowie Umsatzsteuer auf Anzahlungen	56
4.1.1.4	Aktivierung anschaffungsnaher Aufwendungen bei Gebäuden	57
4.1.1.5	Phasengleiche Aktivierung von Dividendenforderungen	57
4.1.1.6	Saldierung von Altersversorgungsverpflichtungen mit dem Planvermögen	58
4.1.1.7	Zusammenfassender Überblick	59
4.1.2	Passiva	60
4.1.2.1	Rückstellungen	60
4.1.2.2	Rücklagen	62
4.1.2.3	Zusammenfassender Überblick	63

4.2	Unterschiede bei den Bewertungsvorschriften	64
4.2.1	Herstellungskosten	64
4.2.2	Rückstellungsbewertung	66
4.2.2.1	Bewertung von sonstigen Rückstellungen	66
4.2.2.2	Bewertung von Pensionsrückstellungen	67
4.2.3	Planmäßige Abschreibungen	67
4.2.4	Außerplanmäßige Abschreibungen	68
4.2.5	Währungsumrechnung	69
4.2.6	Zusammenfassender Überblick	69
5	Umsetzung der parallelen Rechnungslegung in Business ByDesign	75

D	**Modellierung eines Beispielunternehmens**	**79**
1	Einführung in das Fallbeispiel	80
2	Betriebswirtschaftliche Konfiguration	82
2.1	Ableiten des Lösungsumfangs	82
2.2	Kontenfindung	82
3	Die Unternehmensorganisation in Business ByDesign	84
3.1	Einrichten der Unternehmensorganisation	84
3.2	Bedeutung des Funktionsbereichs einer Kostenstelle für das Rechnungswesen	87
3.3	Vertriebsorganisation und -wege	88
4	Stammdaten in Business ByDesign	88
4.1	Material und Service	89
4.2	Anlegen von Geschäftspartnern	90
4.2.1	Lieferanten und Kunden	91
4.2.2	Banken und Finanzbehörden	92
4.2.3	Dienstleister und Mitarbeiter	92
4.3	Ressourcen	93
4.4	Kontrakte und Preislisten	94

E	**Darstellung der Geschäftsprozesse und Ableitung der rechnungswesenrelevanten Daten**	**97**
1	Beschaffungsprozess	98
1.1	Betriebswirtschaftliche Grundlagen	98
1.1.1	Vorbemerkung	98
1.1.2	Bestellung als schwebendes Geschäft	98
1.1.3	Anschaffungszeitpunkt bei Warenlieferung bzw. Leistungserbringung	99
1.1.4	Anschaffungskosten	101
1.1.4.1	Inhalt der Anschaffungskosten	101
1.1.4.2	Verfahren zur Ermittlung der Anschaffungskosten	102

1.1.4.3	Bestandteile der Anschaffungskosten	102
1.1.4.3.1	Anschaffungspreis	103
1.1.4.3.2	Anschaffungsnebenkosten	103
1.1.4.3.3	Nachträgliche Anschaffungskosten	104
1.1.4.3.4	Anschaffungskostenminderungen	105
1.1.4.4	Sonderproblematik Anschaffungskosten in Fremdwährung	106
1.1.5	Bilanzielle Konsequenzen der Teilprozesse Lieferantenrechnung und Zahlungsausgang	107
1.1.6	Besonderheiten beim Zugang von Anlagengütern	108
1.1.6.1	Kostenstellenzuordnung von Anlagengütern	108
1.1.6.2	Bestimmung der Nutzungsdauer	108
1.1.6.3	Abschreibungsmethode	109
1.1.6.4	Behandlung von geringwertigen Wirtschaftsgütern in Handels- und Steuerbilanz	110
1.2	Darstellung der beschaffungsrelevanten Geschäftsvorfälle des Fallbeispiels	110
1.3	Abbildung der Beschaffungsprozesse in Business ByDesign	113
1.3.1	Beschaffungsprozess der Handelsware	113
1.3.1.1	Beschaffung der Handelsware	114
1.3.1.1.1	Bestellung als Ausgangspunkt des Beschaffungsvorgangs	114
1.3.1.1.2	Wareneingang der bestellten Handelsware	116
1.3.1.1.3	Erfassung der Lieferantenrechnung	120
1.3.1.2	Bezahlung der angeschafften Handelsware	122
1.3.1.2.1	Verwaltung der Lieferantenverbindlichkeiten	123
1.3.1.2.2	Bezahlung durch Banküberweisung	124
1.3.1.2.3	Anlegen eines Kontoauszugs	128
1.3.1.3	WE/RE-Verrechnungslauf	130
1.3.1.3.1	Funktion des WE/RE-Laufs	130
1.3.1.3.2	Buchungslogik des WE/RE-Laufs	130
1.3.1.4	Analyse von Einkaufspreisabweichungen	133
1.3.2	Anlagenbeschaffung	133
1.3.2.1	Beschreibung des Anlagenzugangs und dessen Kontenfindung	133
1.3.2.2	Stammdaten der Anlage	138
1.3.3	Zusammenfassende Darstellung des Beschaffungsprozesses in Bilanz und Gewinn- und Verlustrechnung	141
2	Lagerfertigung	143
2.1	Betriebswirtschaftliche Grundlagen	143
2.1.1	Vorbemerkungen	143
2.1.2	Kostenrechnung als Datenquelle für das externe Rechnungswesen	143
2.1.2.1	Kostenartenrechnung	145
2.1.2.2	Kostenstellenrechnung	145
2.1.2.3	Kostenträgerrechnung	147
2.1.3	Herstellungskosten	149
2.1.3.1	Grundlagen	149

2.1.3.2	Zweck der Herstellungskosten	151
2.1.3.3	Komponenten der Herstellungskosten	151
2.1.3.3.1	Unterscheidung zwischen Einzel- und Gemeinkosten	152
2.1.3.3.2	Einzelkosten	152
2.1.3.3.3	Gemeinkosten	154
2.1.3.3.4	Übersicht zur Wertober- und -untergrenze	159
2.1.3.4	Zulässigkeit einer Plankostenrechnung	159
2.2	Darstellung der Geschäftsvorfälle der Lagerfertigung im Fallbeispiel	160
2.2.1	Vorstellung des Produktionsablaufs	160
2.2.2	Datengrundlage zur Ermittlung der Herstellungskosten	161
2.3	Abbildung der Lagerfertigung in Business ByDesign	165
2.3.1	Vorbemerkungen	165
2.3.2	Aktivierung von Herstellungskosten	167
2.3.2.1	Die Funktion des Kontos *Ware in Arbeit*	167
2.3.2.2	Materialentnahme für die Produktion	168
2.3.2.3	Einsatz von Ressourcen in der Lagerfertigung	170
2.3.2.3.1	Ermittlung des Kostensatzes von Ressourcen	170
2.3.2.3.2	Rückmeldung der Ressource auf den Fertigungsauftrag	173
2.3.2.4	Wareneingang des Output-Materials im Lager	174
2.3.2.5	Verwendung von Zuschlägen	176
2.3.2.5.1	Verrechnung von Gemeinkosten über Zuschläge	176
2.3.2.5.2	Berücksichtigung von Umlagen	178
2.3.2.6	Herstellungskosten des produzierten Schuhs	180
2.3.3	Abrechnungslauf des Kontos *Ware in Arbeit* und Produktionsabweichungsanalyse	181
2.4	Zusammenfassende Darstellung der Lagerfertigung in Bilanz und Gewinn- und Verlustrechnung	182
3	Auftragsabwicklung	186
3.1	Betriebswirtschaftliche Grundlagen	186
3.1.1	Vorbemerkung	186
3.1.2	Externe Rechnungslegung	187
3.1.2.1	Kundenauftrag als schwebendes Geschäft	187
3.1.2.2	Gewinnrealisierung bei Warenlieferung bzw. Gefahrübergang	187
3.1.2.3	Kundenrechnung und Zahlungseingang	188
3.1.3	Kostenträgerzeitrechnung als interne Steuerungsgröße	189
3.2	Darstellung der absatzrelevanten Geschäftsvorfälle des Fallbeispiels	191
3.3	Abbildung der Auftragsabwicklung in Business ByDesign	193
3.3.1	Verkauf von Produkten und deren Bezahlung	193
3.3.1.1	Darstellung des Auftragsabwicklungsprozesses	193
3.3.1.1.1	Eingang eines Kundenauftrags	193
3.3.1.1.2	Erfassung der ausgehenden Lieferung	195
3.3.1.1.3	Kundenrechnung	197
3.3.1.2	Zahlungseingang	199

3.3.1.2.1	Verwaltung von Forderungen	199
3.3.1.2.2	Kontoauszug und Zahlungsausgleich	200
3.3.2	Erlösabgrenzung und Erlösrealisierung	204
3.3.2.1	Funktion der Erlösabgrenzung	204
3.3.2.2	Buchungslogik des Erlösabgrenzungslaufs	206
3.3.3	Kurzfristige Ergebnisrechnung	208
3.4	Zusammenfassende Darstellung in Bilanz und Gewinn- und Verlustrechnung	210
4	Projektmanagement	214
4.1	Betriebswirtschaftliche Grundlagen	214
4.1.1	Vorbemerkungen	214
4.1.2	Kundenprojekt	215
4.1.2.1	Projektplanung und Kundenauftrag	215
4.1.2.2	Projektdurchführung	216
4.1.2.3	Projektfakturierung und Zahlungseingang	217
4.1.3	Forschungs- und Entwicklungsprojekt	218
4.1.3.1	Handelsrechtliches Aktivierungswahlrecht	218
4.1.3.2	Aktivierungsfähigkeit Voraussetzung zur Bilanzierung	218
4.1.3.3	Ansatz und Bewertung von selbst geschaffenen immateriellen Vermögensgegenständen des Anlagevermögens	219
4.1.3.4	Forschungs- und Entwicklungsprojekt als Grundlage für Controlling und Bilanzierung	220
4.2	Darstellung der relevanten Geschäftsvorfälle des Fallbeispiels zur Abbildung von Projekten	221
4.2.1	Kundenprojekt: Designberatung	221
4.2.2	Internes Forschungs- und Entwicklungsprojekt	222
4.3	Abbildung von Projekten in Business ByDesign	223
4.3.1	Kundenprojekte	223
4.3.1.1	Kundenauftrag und Projektkalkulation zur Überprüfung der Auftragsannahme	224
4.3.1.2	Projektdurchführung	227
4.3.1.2.1	Ermittlung von Kostensätzen und Leistungsverrechnung auf das Projekt	227
4.3.1.2.2	Zeit- und Ausgabenerfassung von internen Mitarbeitern	228
4.3.1.2.3	Beschaffung und Einbindung von externen Arbeitsressourcen	231
4.3.1.3	Projektfakturierung und Zahlungseingang	234
4.3.1.4	Reporting zu Kostenabweichungen und Projektergebnis	236
4.3.2	Abbildung des internen Forschungs- und Entwicklungsprojekts in Business ByDesign	237
4.3.2.1	Vorbemerkungen	237
4.3.2.2	Projektdurchführung	239
4.3.2.3	Aktivierung von angefallenen Aufwendungen	241
4.3.2.4	Dokumentation des Forschungs- und Entwicklungsprojekts	242
4.4	Zusammenfassende Darstellung in Bilanz und Gewinn- und Verlustrechnung	243

5	Abschlussprozess	247
5.1	Betriebswirtschaftliche Grundlagen	247
5.1.1	Vorbemerkungen	247
5.1.2	Vorbereitende Abschlussarbeiten	247
5.1.2.1	Erfassung und Überprüfung aller operativen Geschäftsvorfälle der abschlussrelevanten Periode	247
5.1.2.2	Inventur	249
5.1.2.3	Saldenbestätigung	250
5.1.2.4	Umsatzsteuermeldung	251
5.1.3	Bewertende Abschlussarbeiten	251
5.1.3.1	Periodengerechte Erlösrealisierung	251
5.1.3.2	Folgebewertung des Anlagevermögens	252
5.1.3.2.1	Planmäßige Abschreibungen	252
5.1.3.2.2	Außerplanmäßige Abschreibungen	252
5.1.3.3	Rechnungsabgrenzungsposten	253
5.1.3.4	Folgebewertung von Verbindlichkeiten in Fremdwährung	255
5.1.3.5	Buchung von Zuschlägen und Umlagen	255
5.1.3.6	Folgebewertung des Umlaufvermögens	256
5.1.3.6.1	Vorräte	256
5.1.3.6.2	Forderungen	256
5.1.3.7	Bildung von Rückstellungen	258
5.1.4	Reporting	262
5.2	Darstellung der Geschäftsvorfälle des Beispielsachverhalts	263
5.3	Abbildung des Abschlussprozesses in Business ByDesign	265
5.3.1	Planung des Abschlusses mithilfe des Closing Cockpits und Konzept der Periodensperren	266
5.3.2	Vorbereitende Abschlussarbeiten	268
5.3.2.1	Erfassung und Überprüfung aller operativen Geschäftsvorfälle	268
5.3.2.2	Inventur und Saldenbestätigungen	269
5.3.2.3	Umsatzsteuervoranmeldung und -erklärung	270
5.3.2.4	Nebenbuchabstimmung	272
5.3.3	Bewertende Abschlussarbeiten	273
5.3.3.1	Überblick	273
5.3.3.2	Abschlussarbeiten im Bereich der Forderungen	275
5.3.3.3	Abschlussarbeiten im Bereich des Vorratsvermögens	276
5.3.3.4	Hauptbuchabstimmung	278
5.3.4	Abschlussreporting von Bilanz und Gewinn- und Verlustrechnung	279
5.3.4.1	Bilanzierung von latenten Steuern	279
5.3.4.2	Überleitung vom Umsatzkostenverfahren auf das Gesamtkostenverfahren	281
5.3.4.3	Saldovortrag	285
5.3.5	Abschließende Bilanz und Gewinn- und Verlustrechnung	285

6	Berichtswesen zur Rechnungslegung und Unternehmenssteuerung	288
6.1	Überblick	288
6.2	Cash- und Liquiditätsmanagement als wesentlicher Steuerungsaspekt	290
6.2.1	Betriebswirtschaftliche Grundlagen	290
6.2.1.1	Notwendigkeit eines integrierten Cash- und Liquiditätsmanagements	290
6.2.1.2	Aufgaben des Cash- und Liquiditätsmanagements	292
6.2.1.3	Cash- und Liquiditätsmanagement zur Krisenprävention	295
6.2.1.4	Cash- und Liquiditätsmanagement zur Optimierung eines Ratings	297
6.2.2	Abbildung des Cash- und Liquiditätsmanagements in Business ByDesign	299
6.3	Berichte des externen Rechnungswesens	303
6.3.1	Betriebswirtschaftliche Grundlagen	303
6.3.2	Berichte des externen Rechnungswesens in Business ByDesign	304
6.3.2.1	Arbeiten mit den Berichten	304
6.3.2.2	Abschlussbezogene Berichterstattung	306
6.3.2.2.1	Bilanz und Gewinn- und Verlustrechnung	307
6.3.2.2.2	Eigenkapitalspiegel und Kapitalflussrechnung	308
6.3.2.2.3	Anhangspezifische Berichterstattung	309
6.3.2.3	Unterstützende Berichte für das Rechnungswesen	311
6.4	Berichte zur operativen Steuerung	312
6.4.1	Betriebswirtschaftliche Grundlagen	312
6.4.2	Interne Berichte in Business ByDesign	313
6.4.2.1	Vorbemerkungen	313
6.4.2.2	Kurzfristige Ergebnisrechnung: Profit-Center-Bericht und Deckungsbeitragsrechnung	314
6.4.2.3	Kostenstellencontrolling und Budgetverantwortung	316
6.4.2.4	Projektkosten und -erlöse	318
6.4.2.5	Überwachung der Materialbestandsentwicklung	318
6.5	Entscheidungsunterstützung für die Geschäftsführung	319
6.5.1	Betriebswirtschaftliche Grundlagen	319
6.5.2	Kennzahlen in Business ByDesign	320
6.5.2.1	Dashboard: Monitoring der Profitabilität in den Geschäftsbereichen	320
6.5.2.2	Schlüsselkennzahlen des Unternehmens	322
6.6	Abschlussprüfung: Prüfung bis zum Beleg	323

Literaturverzeichnis 325
Stichwortverzeichnis 341

Abbildungsverzeichnis

Abbildung 1:	Lösungsumfang von Business ByDesign	3
Abbildung 2:	Projektansatz bei der betriebswirtschaftlichen Konfiguration	4
Abbildung 3:	Ausschnitt aus der Organisationsstruktur der Beispielunternehmung	7
Abbildung 4:	Zentraler Geschäftspartner *Anlagen AG* in verschiedenen Rollen	9
Abbildung 5:	Material *E_Walk* (Laufschuhe *Easy Walk*) mit seinem Bewertungsaspekt	10
Abbildung 6:	Produkte im Kundenauftrag als Material oder Service	11
Abbildung 7:	Struktur des Rechnungswesens	12
Abbildung 8:	Belegfluss eines Beschaffungsprozesses	15
Abbildung 9:	Work Center *Cash- und Liquiditätsmanagement* von *Julia Metzger*	21
Abbildung 10:	Überblick über alle Work Center und Sichten des Rechnungswesens	23
Abbildung 11:	Mögliche Divergenzen zwischen Handels- und Steuerbilanz hinsichtlich des Ansatzes von Aktiva	59
Abbildung 12:	Mögliche Ansatzdivergenzen auf der Passivseite zwischen Handels- und Steuerbilanz	64
Abbildung 13:	Ermittlung der Herstellungskosten in den verschiedenen Rechenwerken	65
Abbildung 14:	Mögliche Divergenzen zwischen Handels- und Steuerbilanz aufgrund abweichender Bewertungsvorschriften	74
Abbildung 15:	Buchungen je Rechnungslegungswerk	75
Abbildung 16:	Paralleles Absetzen von Buchungen in Business ByDesign	76
Abbildung 17:	Eröffnungsbilanz der *Nordstar GmbH*	80
Abbildung 18:	Geschäftsfelder und Kostenstellen des Beispielunternehmens	81
Abbildung 19:	Kontenfindung am Beispiel eines Wareneingangs in den Bestand	83
Abbildung 20:	Konfiguration der Kontenfindung zur Hinterlegung von Sachkonten	84
Abbildung 21:	Organisationsstruktur des Beispielunternehmens	85
Abbildung 22:	Zuordnung von Funktionen zu Organisationseinheiten	86
Abbildung 23:	Einbindung eines Kostenstellentyps in die Berichtsstruktur	87
Abbildung 24:	Stammdatensatz eines Materials	90
Abbildung 25:	Stammdaten eines Lieferanten	91
Abbildung 26:	Stammdaten einer Ressource	93
Abbildung 27:	Kundenspezifische Preisliste	94
Abbildung 28:	Beschaffungsprozess im Überblick	98
Abbildung 29:	Bilanzielle Konsequenzen der Bestellung	99
Abbildung 30:	Bilanzielle Konsequenzen der Warenlieferung	101
Abbildung 31:	Bestandteile der Anschaffungskosten	103

Abbildung 32:	Komponenten der Anschaffungskosten	106
Abbildung 33:	Bilanzielle Konsequenzen aus Lieferantenrechnung und Zahlungsausgang	108
Abbildung 34:	Grunddaten der Anlagen	111
Abbildung 35:	Grunddaten für die Beschaffung der Handelsware	112
Abbildung 36:	Ermittlung der Einfuhrumsatzsteuer	112
Abbildung 37:	Beschaffungsprozess und zugehörige Work Center	114
Abbildung 38:	Anlegen einer Bestellung	115
Abbildung 39:	Erfassung eines Wareneingangs	116
Abbildung 40:	Buchung bei Warenlieferung	117
Abbildung 41:	Lagerbestand nach Anschaffung der Handelsware	118
Abbildung 42:	Ermittlung des gleitenden Durchschnittspreises nach Wareneingang	119
Abbildung 43:	Erfassung einer Lieferantenrechnung	121
Abbildung 44:	Buchung der Lieferantenrechnung	122
Abbildung 45:	Lieferantenbezogene Darstellung der Verbindlichkeitspositionen	123
Abbildung 46:	Offene Posten Liste der Verbindlichkeiten pro Lieferant	125
Abbildung 47:	Anlegen einer ausgehenden Banküberweisung	125
Abbildung 48:	Übersicht über alle Zahlungsmittel im Zahlungsmonitor	126
Abbildung 49:	Ergebnis aus der Währungsumrechnung	127
Abbildung 50:	Buchungen des Zahlungsausgangs	128
Abbildung 51:	Erfassen eines Kontoauszugs	128
Abbildung 52:	Buchungen bei Anlegen des Kontoauszugs	129
Abbildung 53:	Belegfluss des Beschaffungsprozesses	129
Abbildung 54:	Anlegen eines WE/RE-Verrechnungslaufs	131
Abbildung 55:	Buchung des WE/RE-Verrechnungslaufs	132
Abbildung 56:	Ermittlung des gleitenden Durchschnittspreises nach dem WE/RE-Lauf	132
Abbildung 57:	Gleitender Durchschnittspreis im Materialstammdatensatz	133
Abbildung 58:	Bericht zur Analyse von Einkaufspreisabweichungen	133
Abbildung 59:	Erfassung einer Lieferantenrechnung zur Anlagenbeschaffung	134
Abbildung 60:	Zuordnung der Anlagenklasse zu einer Produktkategorienummer	135
Abbildung 61:	Manuelle Erfassung der Lieferantenrechnung ohne Bestellung	136
Abbildung 62:	Anlagevermögen der *Nordstar GmbH* nach Anlagenklassen	137
Abbildung 63:	Detailansicht der Bewertung einer Anlage	139
Abbildung 64:	Handelsbilanz der *Nordstar GmbH* nach dem Beschaffungsprozess	141
Abbildung 65:	GuV (Gesamtkostenverfahren) der *Nordstar GmbH*	142
Abbildung 66:	GuV (Umsatzkostenverfahren) der *Nordstar GmbH*	142
Abbildung 67:	Prozess der Lagerfertigung im Überblick	143
Abbildung 68:	Systematik der Kosten und Leistungsrechnung	145
Abbildung 69:	Grundablaufschema einer Kostenrechnung	149

Abbildung 70:	Herstellungsvorgänge	150
Abbildung 71:	Wertunter- und -obergrenze nach Handels- und Steuerrecht	159
Abbildung 72:	Ablauf und Kostenstellenstruktur der Lagerfertigung	161
Abbildung 73:	Ermittlungsschema der Herstellungskosten pro Paar Schuhe	162
Abbildung 74:	Beschaffung produktionsrelevanter Roh-, Hilfs- und Betriebsstoffe	162
Abbildung 75:	Fertigungsgemeinkosten	163
Abbildung 76:	Produktionsrelevanter Personalaufwand	164
Abbildung 77:	Bezogene (Dienst-)Leistungen zur Herstellung der Schuhe	164
Abbildung 78:	Produktionsnahe Gemeinkosten	165
Abbildung 79:	Prozess der Lagerfertigung und zugehörige Work Center	166
Abbildung 80:	Freigegebener Produktionsauftrag	166
Abbildung 81:	Buchungslogik des Kontos *Ware in Arbeit*	167
Abbildung 82:	Stückliste mit geplanten Verbrauchsmengen	169
Abbildung 83:	Materialeinzelkosten der hergestellten Schuhe	169
Abbildung 84:	Buchungen aus der Rückmeldung der Materialentnahmen	170
Abbildung 85:	Verwaltung von Kostensätzen einer Ressource	171
Abbildung 86:	Fertigungskosten der eingesetzten Personalressourcen	172
Abbildung 87:	Fertigungskosten der eingesetzten Equipmentressourcen	172
Abbildung 88:	Belastung des Kostenträgers durch die Ressourcenleistung	173
Abbildung 89:	Buchungen bei Rückmeldung der eingesetzten Ressourcen	174
Abbildung 90:	Buchungen bei Fertigstellung des Produktionsloses	175
Abbildung 91:	Belegfluss der Lagerfertigung	176
Abbildung 92:	Festlegung von Zuschlagsregeln	177
Abbildung 93:	Verbuchung des Gemeinkostenzuschlags	177
Abbildung 94:	Ermittlung des Verrechnungssatzes für die Gemeinkosten der Qualitätssicherung	178
Abbildung 95:	Umlage der Abschreibungen auf die Zielkostenstelle	179
Abbildung 96:	Umlage der produktionsnahen Gemeinkosten	179
Abbildung 97:	Herstellungskosten der *Hiking*-Schuhe	180
Abbildung 98:	Buchungen auf einem Produktionslos	180
Abbildung 99:	Buchungen des Abrechnungslaufs des Kontos *Ware in Arbeit*	181
Abbildung 100:	Analyse von Produktionsabweichungen	182
Abbildung 101:	Handelsbilanz der *Nordstar GmbH* nach der Lagerfertigung	183
Abbildung 102:	GuV (Gesamtkostenverfahren) der *Nordstar GmbH*	184
Abbildung 103:	GuV (Umsatzkostenverfahren) der *Nordstar GmbH*	185
Abbildung 104:	Auftragsabwicklungsprozess im Überblick	186
Abbildung 105:	Bilanzielle Konsequenzen aus einem Kundenauftrag	187
Abbildung 106:	Warenlieferung als frühester Zeitpunkt der Gewinnrealisierung	188
Abbildung 107:	Bilanzielle Konsequenzen aus Kundenrechnung und Zahlungseingang	189
Abbildung 108:	Ermittlung des Leistungserfolgs nach GKV auf Vollkostenbasis	190

Abbildung 109:	Ermittlung des Leistungserfolgs je Kostenträger nach UKV auf Vollkostenbasis 190
Abbildung 110:	Ermittlung des Leistungserfolgs je Kostenträgergruppe nach UKV auf Vollkostenbasis 191
Abbildung 111:	Verkaufspreise der Produktpalette pro Vertriebsweg 191
Abbildung 112:	Verkauf der Handels- und Produktionsware 192
Abbildung 113:	Auftragsabwicklungsprozess und zugehörige Work Center 193
Abbildung 114:	Erfassen eines Kundenauftrags 194
Abbildung 115:	Auftragsvolumen *Hiking*-Schuhe 195
Abbildung 116:	Bestätigung des Warenausgangs 196
Abbildung 117:	Buchungen bei Warenausgang 197
Abbildung 118:	Erfassung von Kundenrechnungen 198
Abbildung 119:	Buchungen bei Freigabe der Kundenrechnung 199
Abbildung 120:	Auflistung der Kundenkonten mit ausstehenden Forderungen 200
Abbildung 121:	Erfassung des Kontoauszugs 201
Abbildung 122:	Buchungen der Geschäftsvorfälle des Zahlungseingangs 202
Abbildung 123:	Manueller Ausgleich einer Forderungsposition 203
Abbildung 124:	Belegfluss des Auftragsabwicklungsprozesses 204
Abbildung 125:	Zeitliches Auseinanderfallen von Warenausgang und Kundenrechnung 205
Abbildung 126:	Zusammenhang von Erlösabgrenzung und Gewinnrealisierung 206
Abbildung 127:	Erlösabgrenzungslauf: Gewinnrealisierung bei Kundenrechnung 207
Abbildung 128:	Erlösabgrenzungslauf: Gewinnrealisierung bei Lieferung ohne Kundenrechnung 207
Abbildung 129:	Erfolgsbeitrag des Produkts *Hiking-Schuh* 209
Abbildung 130:	Erfolgsbeitrag von Handelsware und produzierten Schuhen 209
Abbildung 131:	Umsatzkosten und -erlöse je Vertriebsweg 210
Abbildung 132:	Umsatzkosten und -erlöse der Verkaufsvorgänge 211
Abbildung 133:	Bilanz der *Nordstar GmbH* nach dem Auftragsabwicklungsprozess 212
Abbildung 134:	GuV (Gesamtkostenverfahren) der *Nordstar GmbH* 213
Abbildung 135:	GuV (Umsatzkostenverfahren) der *Nordstar GmbH* 213
Abbildung 136:	Prozess eines Kundenprojekts im Überblick 215
Abbildung 137:	Kostenkalkulation des Kundenprojekts 221
Abbildung 138:	Istkosten des Kundenprojekts 222
Abbildung 139:	(Ist-)Kosten der Forschungs- und Entwicklungsphase 223
Abbildung 140:	Teilprozesse des Projektmanagements und zugehörige Work Center 224
Abbildung 141:	Aufsetzen des Projektplans 225
Abbildung 142:	Projektkalkulation auf Basis von Plankosten 227
Abbildung 143:	Zuordnung des Kostensatzes zu einem Mitarbeiter 227
Abbildung 144:	Zeitrückmeldung auf dem Projekt 229
Abbildung 145:	Buchungen bei Zeitrückmeldung eines internen Mitarbeiters ..230

Abbildung 146:	Buchungen bei Spesenabrechnungen	230
Abbildung 147:	Beschaffung externer Dienstleistung	232
Abbildung 148:	Buchungen bei Zeitrückmeldung einer externen Dienstleistung	233
Abbildung 149:	Lieferantenrechnung des externen Dienstleisters	233
Abbildung 150:	Buchungen bei Lieferantenrechnung (externe Dienstleistung)	234
Abbildung 151:	Rechnungsstellung an den Kunden	235
Abbildung 152:	Buchungen bei Rechnungsstellung	236
Abbildung 153:	Abweichung von Plan- und Istkosten	237
Abbildung 154:	Istkosten, Isterlös und Gewinnspanne des Projekts	237
Abbildung 155:	Prozess eines Forschungs- und Entwicklungsprojekts	238
Abbildung 156:	Projektplan des Forschungs- und Entwicklungsprojekts	238
Abbildung 157:	Buchungen bei der Durchführung des FuE-Projekts	239
Abbildung 158:	Manueller Erfassungsbeleg zur Umbuchung der Abschreibungen	240
Abbildung 159:	Manuelle Aktivierung der Herstellungskosten auf einer Anlage	241
Abbildung 160:	Buchungen auf dem Projekt	242
Abbildung 161:	Zuordnung von Kosten zur Projektaufgabe und Buchungsperiode	243
Abbildung 162:	Bilanz der *Nordstar GmbH* nach Abschluss der Projekte	244
Abbildung 163:	GuV (Gesamtkostenverfahren) der *Nordstar GmbH* nach Projekten	245
Abbildung 164:	GuV (Umsatzkostenverfahren) der *Nordstar GmbH* nach Projekten	245
Abbildung 165:	Abschlussprozess im Überblick	247
Abbildung 166:	Geschäftsvorfall Inventur im Teilprozess „Vorbereitende Abschlussarbeiten"	249
Abbildung 167:	Auswahl von Geschäftsvorfällen des Teilprozesses „Bewertende Abschlussarbeiten"	251
Abbildung 168:	Grobdarstellung der Ermittlung des zu versteuernden Einkommens für KSt und GewSt	261
Abbildung 169:	Teilprozess Reporting im Überblick	262
Abbildung 170:	Angefallene Vor- und Umsatzsteuer	263
Abbildung 171:	Handels- und steuerrechtliche Wertansatzdifferenzen	265
Abbildung 172:	Abschlussprozess und Auszug zugehöriger Work Center	266
Abbildung 173:	Closing Cockpit mit einer Auswahl abschlussrelevanter Aktivitäten	267
Abbildung 174:	Rückmeldung der Zählaufgabe für die Inventur	269
Abbildung 175:	Buchung von Inventurdifferenzen	270
Abbildung 176:	Umsatzsteuermeldung	271
Abbildung 177:	Buchungen bei der Umsatzsteuermeldung	272
Abbildung 178:	Teilprozess „Bewertende Abschlussarbeiten"	274
Abbildung 179:	Buchung von Einzelwertberichtigungen	276
Abbildung 180:	Buchungen bei der Bestandsumbewertung	278

Abbildung 181: Abstimmbericht von Hauptbuch und Nebenbüchern 279
Abbildung 182: Einzeldifferenzenbetrachtung zwischen Handels- und
Steuerbilanz..280
Abbildung 183: Buchung latenter Steuern 281
Abbildung 184: Verbuchung von Aufwendungen nach UKV 282
Abbildung 185: Neutralisierende Anpassungsbuchungen bei Überleitung
auf das GKV 283
Abbildung 186: Produktionsdaten für die Anpassungsbuchungen
für das GKV 283
Abbildung 187: Anpassungsbuchungen Gesamtkostenverfahren 284
Abbildung 188: (Abschluss-)Bilanz der *Nordstar GmbH*
des Geschäftsjahrs 2009 286
Abbildung 189: GuV nach dem Gesamtkostenverfahren
des Geschäftsjahres 2009 287
Abbildung 190: GuV nach dem Umsatzkostenverfahren
des Geschäftsjahres 2009 287
Abbildung 191: Mögliche Anpassungsmaßnahmen zur Optimierung
der Liquidität im Rahmen der Liquiditätsdisposition...............294
Abbildung 192: Übersicht zum Tagesfinanzstatus...300
Abbildung 193: Komponenten des Tagesfinanzstatus und
der Liquiditätsvorschau..301
Abbildung 194: Liquiditätsvorschau nach Zahlungswegen 302
Abbildung 195: Größenkriterien des § 267 HGB..304
Abbildung 196: Variableneingabe bei dem Aufrufen eines Berichts 305
Abbildung 197: Navigation innerhalb eines Berichts...306
Abbildung 198: Übersicht zu den Berichtskategorien
im Work Center *Hauptbuch* 307
Abbildung 199: Bilanz der *Nordstar GmbH* 308
Abbildung 200: Kapitalflussrechnung der *Nordstar GmbH*
(indirekte Ermittlung)..309
Abbildung 201: Anlagenspiegel der *Nordstar GmbH* 310
Abbildung 202: Summen- und Saldenliste pro Buchungsperiode.....................311
Abbildung 203: Work Center *Mein Verantwortungsbereich* 314
Abbildung 204: Deckungsbeitragsrechnung 316
Abbildung 205: Erfolgsbeitrag des Produkts *Hiking*-Schuh 316
Abbildung 206: Buchungen auf einer Kostenstelle...317
Abbildung 207: Plan-/Ist-Vergleich von Kosten auf einer Kostenstelle 317
Abbildung 208: Projektkosten und -erlöse je Projektaufgabe 318
Abbildung 209: Materialbestandsentwicklung je Sachkonto 319
Abbildung 210: Dashboard im Work Center *Geschäftsführung* 321
Abbildung 211: Kennzahlenmonitor im Work Center *Geschäftsführung* 322
Abbildung 212: Work Center *Prüfung und Revision* 323

Abkürzungsverzeichnis

A

a.A.	anderer Ansicht
AB	Anfangsbestand
Abs.	Absatz
Abt.	Abteilung
a.F	alte Fassung
AfA	Absetzung für Abnutzung
AG	Aktiengesellschaft
AHK	Anschaffungs- und Herstellungskosten
AK	Anschaffungskosten
AktG	Aktiengesetz
allg.	allgemeinen
Anl.	Anlagen
APR	April
aRAP	aktiver Rechnungsabgrenzungsposten
Aufl.	Auflage
Aufwend.	Aufwendung(en)
AUG	August
AV	Anlagevermögen
AWV	Außenwirtschaftsverordnung

B

Basel II	Gesamtheit der Eigenkapitalvorschriften des Basler Ausschuss für Bankenaufsicht
BB	Betriebs Berater (Zeitschrift)
BBK	Zeitschrift für Buchführung, Bilanzierung, Kostenrechnung
BC	Bilanzbuchhalter und Controller (Zeitschrift)
Bd.	Band
BFH	Bundesfinanzhof
BFuP	Betriebswirtschaftliche Forschung und Praxis (Zeitschrift)
BGA	Betriebs- und Geschäftsausstattung
BGB	Bürgerliches Gesetzbuch
BGH	Bundesgerichtshof
bibu	Bilanz und Buchhaltung (Zeitschrift)
BilMoG	Bilanzrechtsmodernisierungsgesetz
BMF	Bundesministerium der Finanzen
BR-Drucksache	Drucksache des Bundesrates
BRZ	Zeitschrift für Bilanzierung und Rechnungswesen
bspw.	beispielsweise
BStBl.	Bundessteuerblatt
BT-Drucksache	Drucksache des Bundestages
Buchst.	Buchstabe
bzgl.	bezüglich
bzw.	beziehungsweise

C

Co.	Compagnie

D

d.	der, die, das
DB	Der Betrieb (Zeitschrift), auch: Deckungsbeitrag
DEZ	Dezember
d.h.	das heißt
DIN	Deutsches Institut für Normung
Dipl.-Kffr.	Diplom-Kauffrau
Dipl.-Kfm.	Diplom-Kaufmann
Dr.	Doktor
DRS	Deutsche(r) Rechnungslegungs Standard(s)
DStR	Deutsches Steuerrecht (Zeitschrift)
DStRE	DStR-Entscheidungsdienst (Zeitschrift)
durchschnittl.	durchschnittlicher
DV	Datenverarbeitung
d. Verf.	die Verfasser

E

ea	each
EDV	Elektronische Datenverarbeitung
EGHGB	Einführungsgesetz zum Handelsgesetzbuch
ELSTER	Elektronische Steuererklärung
ERS	Entwurf einer Stellungnahme zur Rechnungslegung
EStDV	Einkommensteuer-Durchführungsverordnung
EStG	Einkommensteuergesetz
EStH	Einkommensteuer-Hinweis
EStR	Einkommensteuer-Richtlinie
et al.	et alii
etc.	et cetera
EuGH	Europäischer Gerichtshof
EUR	Euro
EUSt	Einfuhrumsatzsteuer
e.V.	eingetragener Verein

F

f.	folgende(m/n/r/s)
FB	Finanz Betrieb (Zeitschrift)
FEB	Februar
ff.	fortfolgende(m/n/r/s)
Fifo	First in first out (Bewertungsverfahren)
FuE	Forschung und Entwicklung
FW	Fremdwährung

G

gem.	gemäß
Gewinn-RL	Gewinnrücklage(n)
GewSt	Gewerbesteuer
gez.	gezeichnet(es)
gg.	gegenüber

ggf.	gegebenenfalls
GK	Gemeinkosten
GKR	Gemeinschaftskontenrahmen der Industrie
GKV	Gesamtkostenverfahren
GKZ	Gemeinkostenzuschlag
GLD	gleitender Durchschnitt
GmbH	Gesellschaft mit beschränkter Haftung
GmbHG	Gesetz betreffend die Gesellschaften mit beschränkter Haftung
GoB	Grundsätze ordnungsmäßiger Buchführung
GoBS	Grundsätze ordnungsmäßiger DV-gestützter Buchführungssysteme
grds.	grundsätzlich
GrS	Große(r) Senat
GuV	Gewinn- und Verlustrechnung
GWG	geringwertige(r/s) Wirtschaftsgut/Wirtschaftsgüter

H

h	Stunde(n)
HFA	Hauptfachausschuss des Instituts der Wirtschaftsprüfer in Deutschland e.V.
HGB	Handelsgesetzbuch
h.M.	herrschende(r) Meinung
Hrsg.	Herausgeber

I

IAS	International Accounting Standard(s)
IASB	International Accounting Standards Board
ID	Identification
IDW	Institut der Wirtschaftsprüfer in Deutschland e.V.
i.d.S.	im dem (diesem) Sinn
i.e.S.	im engeren Sinn
IFRS	International Financial Reporting Standard(s)
i.H.d.	in Höhe der, des
i.H.v.	in Höhe von
IKR	Industriekontenrahmen
immat.	immateriell(e/es)
Incoterms	International Commercial Terms
inkl.	inklusive
InsO	Insolvenzordnung
Instandhaltg.	Instandhaltung
i.S.d.	im Sinne der, des
i.S.v.	im Sinne von
i.V.m.	in Verbindung mit
i.w.S.	im weiteren Sinne

J

J.	Jahr(e/en)
JAN	Januar
JUL	Juli
JUN	Juni

K

Kap.	Kapitel
Kap-RL	Kapitalrücklagen
kfm.	kaufmännisch(er)
kg	Kilogramm
KI	Kreditinstitute
KMU	kleine und mittlere Unternehmen
KoR	Zeitschrift für internationale und kapitalmarktorientierte Rechnungslegung
KS	Kostensatz
KST	Kostenstelle
KSt	Körperschaftsteuer
KStG	Körperschaftsteuergesetz
kWh	Kilowattstunde(n)

L

L.	Lieferung, auch: Leistung
langfr.	langfristig(em/en/er/es)
LB	Landesbank
Lifo	Last in first out (Bewertungsverfahren)
Ltd.	Limited
LuL	Lieferung(en) und Leistung(en)

M

M.	Maschine(n)
MAI	Mai
max.	maximal
ME	Mengeneinheit(en)
min.	Minuten
MRZ	März
M&A	Mergers & Acquisitions
m.w.N.	mit weiteren Nachweisen

N

n.a.	nicht angegeben
ND	Nutzungsdauer(n)
NOV	November
Nr.	Nummer(n)
NWB	Neue Wirtschaftsbriefe (Zeitschrift)
NYSE	New York Stock Exchange
NZD	Nutzungsdauer(n)
NZI	Neue Zeitschrift für das Recht der Insolvenz und Sanierung

O

OKT	Oktober
o.O.	ohne Ortsangabe
OP	offene(r) Posten

P

p	Preis
PiR	Praxis der internationalen Rechnungslegung (Zeitschrift)
pRAP	passiver Rechnungsabgrenzungsposten
Prof.	Professional, auch: Professor
PS	Prüfungsstandard
PublG	Publizitätsgesetz

Q

qm	Quadratmeter
QS	Qualitätssicherung(en)

R

R	Richtlinie
RE	Rechnungseingang
RegE	Regierungsentwurf
RHB	Roh-, Hilfs- und Betriebsstoffe
Rn.	Randnummer(n)
Rst./RST	Rückstellungen

S

S.	Seite, auch: Satz
SaaS	Software as a Service
SAP	Systeme, Anwendungen, Produkte
SAS	Statement on Auditing Standard Number 70
SEP	September
SKR	Standardkontenrahmen
SMEs	Small and Medium-sized Entities
sog.	sogenannte(m/n/r/s)
sonst.	sonstige(n)
StC	SteuerConsultant (Zeitschrift)
Stk.	Stück
StR	Steuerrecht
StuB	Unternehmensteuern und Bilanzen (Zeitschrift)

U

u.	und
u.a.	unter anderem
u.E.	unseres Erachtens
UKV	Umsatzkostenverfahren
US	United States
USA	United States of America
USD	US-Dollar
US-GAAP	United States – Generally Accepted Accounting Principles
u.U.	unter Umständen

V

v.	vom, auch: von
VBLK	Verbindlichkeit(en)
Verb.	Verbindlichkeit(en)
verb.	verbundenen

Verw.	Verwaltung
Verwaltungsgeb.	Verwaltungsgebäude
VG	Vermögensgegenstand(stände)
vgl.	vergleiche
VPN	Virtual Private Network
vs.	versus
VSt	Vorsteuer

W

WE	Wareneingang
WE/RE	Wareneingang/Rechnungseingang
WIP	Work in Process (= Ware in Arbeit)
WiSt	Wirtschaftswissenschaftliches Studium (Zeitschrift)
WP	Wirtschaftsprüfer
WPg	Die Wirtschaftsprüfung (Zeitschrift)
WP-Handbuch	Wirtschaftsprüfer-Handbuch
WpHG	Wertpapierhandelsgesetz
www	World Wide Web

X

x	unbekannte Menge

Z

z.B.	zum Beispiel
ZfB	Zeitschrift für Betriebswirtschaft
ZfbF	Zeitschrift für betriebswirtschaftliche Forschung
z.T.	zum Teil
zzgl.	zuzüglich

A Konzepte eines geschäftsprozessbasierten Rechnungswesens

1 Business ByDesign – eine On-Demand-Lösung

Business ByDesign stellt alle Geschäftsprozesse eines Unternehmens in einer integrierten Mietsoftware dar, die Unternehmen über das Internet zur Verfügung gestellt wird.[1] Aus einer online-basierten ganzheitlichen Softwarelösung ergeben sich vielfältige Vorteile für mittelständische Unternehmen:

Vorteile

- Niedrige Investitionskosten: Es sind keine kostenintensiven Investitionen notwendig. Vielmehr werden monatliche Mietzahlungen pro Nutzer in Abhängigkeit des genutzten Umfangs fällig.
- Reduzierte Technikressourcen: Business ByDesign hat einen erheblich geringeren Bedarf an IT-Ressourcen. Es sind nur internetfähige Computer notwendig, keine umfangreiche IT-Abteilung im Unternehmen. Wartungsleistungen und ähnlicher Service werden durch den Anbieter der Software abgedeckt. Damit können sich mittelständische Unternehmen auf ihre Kernkompetenzen und die Wertschöpfung konzentrieren.
- Regelmäßige Updates: Die Software wird durch regelmäßige Aktualisierungen auf dem neuesten Stand gehalten. Betriebswirtschaftliche Inhalte wie veränderte Bilanzierungs- und Steuerregelungen, Funktionserweiterungen und neue oder erweiterte Standardgeschäftsprozesse in Business ByDesign werden den Unternehmen damit automatisch verfügbar gemacht.
- Integrierte Service- und Supportanbindung: Fehler oder Anfragen können direkt aus dem System gestellt werden. Die übermittelte Kontextinformation für den Support erlaubt schnellere Antworten in höherer Qualität.
- Schrittweise Einführung: Über die betriebswirtschaftliche Konfiguration ist es möglich, die gewünschte Funktionalität schrittweise einzuführen.
- Einfache Nutzung über Browser: Die Standardoberfläche ist überall und jederzeit verfügbar.

Datenschutz

Die unternehmensindividuellen Daten werden in von SAP betriebenen Rechenzentren,[2] die mit einer ausfallsicheren Stromversorgung ausgestattet sind, mit aktuellster Verschlüsselungstechnologie verwaltet. Ein sicherer Webzugriff auf die Unternehmensdaten wird mittels einer mehrstufigen hard- und softwarebasierten Sicherheitsarchitektur sichergestellt. So kombiniert Business ByDesign bspw. verschiedene Zugangskontrollen. Hierzu zählen etwa die VPN-Verbindung sowie eindeutige Benutzer-ID und Kennwörter. Ein entscheidendes Element ist der sog. On-Site-Link. Als physischer „Eingang" regelt er, dass nur der Kunde von seinem Unternehmensnetzwerk aus über die verschlüsselte VPN-Verbindung

---

[1] Über das Internet bereitgestellte betriebswirtschaftliche Software wird auch als sog. Software as a Service (SaaS) bezeichnet.

[2] Mit umfangreichen Sicherheitsmaßnahmen wird im Rechenzentrum für Schutz und Integrität der Unternehmensdaten gesorgt. Zu den Details vgl. https://www.sme.sap.com /irj/sme/solution/whybusinessbydesign/saasredefined.

Zugriff auf seine Unternehmensdaten im Rechenzentrum erhält. Dies gilt selbst dann, wenn sich Unbefugte Benutzer-ID und Passwort verschafft haben.[3]

Lösungsumfang

Business ByDesign dient Unternehmen sowohl aus der Dienstleistungsbranche als auch aus dem produzierenden Gewerbe (vgl. Abbildung 1) und unterstützt alle wichtigen Geschäftsprozesse[4] im Unternehmen wie Beschaffungsprozess, Auftragsabwicklung, Lagerfertigung oder Projektmanagement in derzeit sechs ausgewählten Ländern.[5] Die Integration der Geschäftsvorfälle in das Rechnungswesen erfolgt automatisch. Die Ordnungsmäßigkeit der in Business ByDesign abgebildeten Rechnungslegung wurde von Wirtschaftsprüfern ausführlich geprüft und nach dem Prüfungsstandard PS 880 *Erteilung und Verwendung von Softwarebescheinigungen* bestätigt.

Abbildung 1: Lösungsumfang von Business ByDesign[6]

In dem vorliegenden Buch wird der Lösungsumfang von Business ByDesign unter dem Blickwickel der wachsenden Anforderungen an ein Rechnungswesen betrachtet. Dieses einleitende Kapitel erklärt die betriebswirtschaftlichen Grundkonzepte und wirft einen ganzheitlichen Blick auf das Produkt über das Rechnungswesen hinaus. Es beschreibt die projektbasierte betriebswirtschaftliche Konfiguration, gibt einen Einblick in die Konzepte der wichtigsten Stammdaten und beleuchtet die betriebswirtschaftliche Struktur des Rechnungswesens sowie ihre Integration in die Geschäftsprozesse eines Unternehmens. Trotz aller Auto-

Fokus Rechnungswesen

---

[3] Vgl. Zertifizierung nach SAS 70.
[4] In Business ByDesign werden Geschäftsprozesse auch Szenarien genannt. Im Buch wird häufig nur noch von Prozessen die Rede sein.
[5] Weitere Länderversionen sind für die Zukunft bereits in Planung.
[6] © Copyright 2010. SAP AG. Alle Rechte vorbehalten.

matisierung steht der Benutzer im Mittelpunkt von Business ByDesign. Benutzeroberflächen, die ihn bei der Bearbeitung von Geschäftsvorfällen unterstützen, ihn aber in Zukunft verstärkt durch seine Aufgaben führen und seinen Arbeitsschwerpunkt auf die Analyse von Berichten lenken, verändern möglicherweise in Zukunft seine Rolle im Unternehmen.

2 Betriebswirtschaftliche Konfiguration

Konfigurationsdaten sind Steuerungsdaten von Geschäftsprozessen, die von SAP ausgeliefert und von Kunden vor der produktiven Nutzung von Business ByDesign festgelegt werden. Nach dem Produktivstart bleiben die Konfigurationsdaten im Allgemeinen unverändert.

Projektorientierter Ansatz

Die betriebswirtschaftliche Konfiguration wird den Anforderungen von Unternehmen in verschiedenen Ländern und Industrien gerecht und erlaubt es effizient, die von SAP vorausgelieferten Steuerungsdaten zu kontrollieren und den unternehmensspezifischen Bedürfnissen anzupassen. Der projektorientierte Ansatz (vgl. Abbildung 2) der Konfiguration eines Kundensystems verläuft schrittweise:

1. Vorbereitung (Scoping),
2. Fine Tuning,
3. Datenübername und Erweiterungen,
4. Test,
5. Produktivstart.

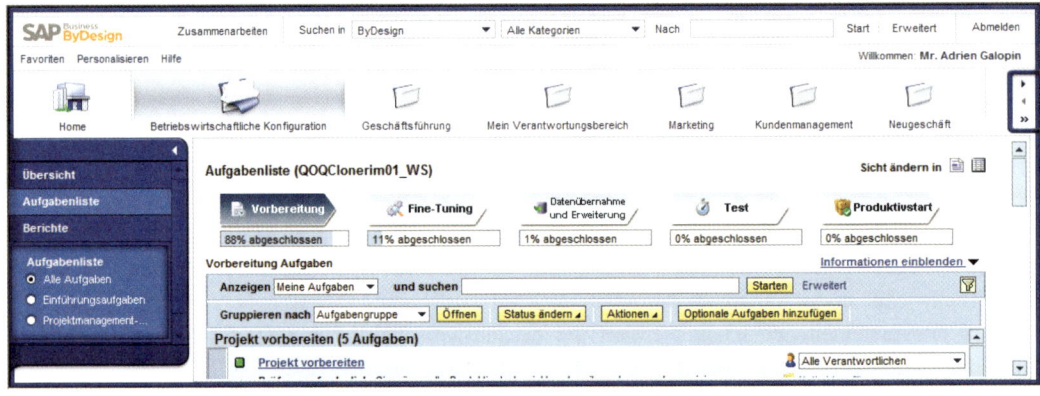

Abbildung 2: Projektansatz bei der betriebswirtschaftlichen Konfiguration

Vereinfachte Implementierung

Mit dem Produkt wird eine standardisierte, phasenbasierte Einführungsmethodik geliefert, die in einem automatisch generierten Projekt im System abgebildet ist. Das Einführungsprojekt enthält eine Aufgabenliste. Der Arbeitsvorrat in der Aufgabenliste ist reduziert und angepasst auf den ausgewählten Lösungsumfang.

Änderungsprojekte

Nach dem Produktivstart ist eine kontrollierte Änderung der Konfiguration über Änderungsprojekte möglich. Erweiterungen des Lösungsumfangs durchlaufen denselben Zyklus auf einer Kopie der Konfigurationsdaten. Eine aktuelle Systemkopie (*Clone*) erlaubt effiziente Tests der Erweiterungen auf aktuellen Daten. Mit dem Produktivstart wird die erweiterte Konfiguration in das Produktivsystem übernommen. Die Lösung wächst mit dem Unternehmen.

Im Folgenden werden nur einige für das Rechnungswesen wichtige Aspekte der ersten drei Schritte beleuchtet.

Bei der Einführung von Business ByDesign können die Kundenanforderungen direkt in der betriebswirtschaftlichen Konfiguration erfasst und als Lösungsvorschlag dokumentiert werden. Darauf basiert eine Abschätzung des Implementierungsaufwands über die Voreinstellung des Lösungsumfangs (*Scope*). **Direkte Konfiguration der Kundenanforderung im System**

Eine Vorauswahl der Funktionalität des Lösungskatalogs nach Land und Industrie wird bereitgestellt. Geschäftslogik und Konsistenz sind im System in einem betriebswirtschaftlichen Regelwerk eingebaut. Geschäftsjahresvarianten sind definiert, Kontenpläne werden ausgeliefert, Gesetze zur Umsatzsteuer oder Spesenabrechnung oder Regeln zur bilanziellen Behandlung von Anlagen sind in Form von Konfigurationsdaten ausgeliefert. **Auslieferung von regel- und gesetzeskonformen Steuerungsdaten**

In einem Rechnungslegungswerk sind Kontenplan, Rechnungslegungsvorschrift, Geschäftsjahr und Berichtswährung gebündelt. Es definiert eine in sich geschlossene Buchhaltung. Sie kann sich an handelsrechtlichen Normen (HGB inkl. der Neuerungen durch das Bilanzrechtsmodernisierungsgesetz (BilMoG)), steuerlichen Vorschriften oder an internationalen Standards (z.B. IFRS) orientieren. Einem Unternehmen können mehrere Rechnungslegungswerke parallel zugeordnet werden. Dadurch wird eine parallele Bilanzierung ermöglicht. **Bedeutung des Rechnungslegungswerks und parallele Bilanzierung**

Unternehmen können schnell bewährte standardisierte Prozesse einführen, die bei Bedarf über die Funktionalität eines Rechnungswesens weit hinausgehen.[7] Die Abhängigkeit zu anderen Prozessen wird automatisch berücksichtigt. Möchte man z.B. einen Beschaffungsprozess für Verbrauchsmaterialien nutzen,[8] wählt das System automatisch die notwendige Funktionalität hinzu, damit der Prozess vollständig ablaufen kann. So beinhaltet der Beschaffungsprozess u.a. die Geschäftsvorfälle *Bestellung*, *Wareneingang* und *Lieferantenrechnung*, die Zahlungs- und Buchhaltungsfunktionen des Rechnungswesens werden automatisch hinzugefügt. **Auslieferung bewährter Prozesse**

Im sog. Fine Tuning werden die für die Prozesssteuerung notwendigen Steuerungsdaten gepflegt. Zahlungs- und Ausgleichsstrategien werden verfeinert, Spesentypen neu definiert, Formulare zur Umsatzsteuervoranmeldung eingerichtet und die Kommunikationsprotokolle zur Bank aktiviert. **Verfeinerung der Prozesssteuerung im Fine Tuning**

---

[7] Selbstverständlich kann der Lösungsumfang zu Beginn ausschließlich aus den Funktionen eines Rechnungswesens bestehen.

[8] Hierzu nutzen Sie im Lösungsumfang der *Betriebswirtschaftlichen Konfiguration* unter *Operativer Einkauf* die Funktion „Beschaffung von Services und Nichtlagermaterialien".

Konfiguration in Geschäftssprache

Die betriebswirtschaftliche Konfiguration ist in Geschäftssprache und mit umfassender Hilfefunktion dargestellt, Varianten der Geschäftsszenarien werden als Fragen an den Benutzer dargestellt. Das reduziert den Beratungsaufwand bei der Einführung von Business ByDesign.

Einführung betriebswirtschaftlicher Software als Herausforderung für ein Unternehmen

Die Standardprozesse von Business ByDesign können zur Vereinheitlichung von Unternehmensprozessen herangezogen werden. Im Allgemeinen sind aber Unternehmensprozesse und betriebswirtschaftliche Software aufeinander abzustimmen. Eine effiziente Nutzung beschränkt sich auch in Zukunft nicht auf die reine Implementierung der Softwarelösung, sondern bleibt eine herausfordernde Aufgabe für das Management eines Unternehmens.

3 Stammdaten

Stammdaten sind meist unternehmensspezifische Daten,[9] die die Grundlage von Geschäftsprozessen darstellen und relativ seltenen Änderungen unterliegen. Die Unternehmensorganisation, Geschäftspartner und Produkte bilden das Fundament der Stammdaten eines Unternehmens, ohne die keine Geschäftsvorfälle durchgeführt werden können. Sie tragen zentral zu einer effizienten Nutzung des Systems bei und werden im Folgenden einzeln beleuchtet.

3.1 Die Unternehmensorganisation

Anforderungen an eine Organisationsstruktur

Die Organisationsstruktur des Unternehmens ist grundlegend für Business ByDesign. In ihr werden die Unternehmen und Betriebsstätten (rechtliche Eigenschaften) modelliert und in ihrer Aufbauorganisation ausgestaltet. Diese Aufbauorganisation besteht aus Abteilungen, denen die Mitarbeiter zugeordnet sind. Es werden Berichtslinien zum Management der Mitarbeiter und Kostenstellenstrukturen zur Kostenüberwachung eingezogen. Die Ergebnisverantwortung in der Organisation wird durch Vergabe der Profit-Center-Eigenschaft markiert. Ist diese Verantwortung nicht entlang der Aufbauorganisation definiert, so kann sie alternativ in einer Ergebnisrechnung nach Marktsegmenten (z.B. Produktgruppe, Kundengruppe) dargestellt werden. Die Abbildung der Ergebnisverantwortung nach Profit-Centern in der Organisationsstruktur und/oder die Ausprägung nach Marktsegmenten bilden eine wichtige Grundlage für die Entscheidungsunterstützung in einem Unternehmen.

Aufbauorganisation

Die Aufbauorganisation eines Unternehmens ist normalerweise an den vorhandenen Geschäftsfeldern und/oder funktionalen Unternehmensbereichen ausgerichtet. Sie wird untergliedert in Abteilungen, die für gewisse Aufgaben zuständig sind und in denen Mitarbeiter eingestellt werden. Die Aufgabenverteilung auf Abteilungsebene wird im Organisationsmanagement Busines ByDesign im

---

[9] SAP liefert u.a. das Verzeichnis von Banken aus.

Detail beschrieben; diese wird genutzt, um Vorschläge für die Vergabe von Work Centern an die Systembenutzer zu machen.

Die Organisationsbegriffe des Rechnungswesens repräsentieren sich in der Unternehmensorganisation strukturell durch die legale Unternehmenseinheit, die Profit-Center und die Kostenstellen. Die rechtlichen Eigenschaften beziehen sich auf die legale Unternehmenseigenschaft der obersten Organisationseinheit der Organisationsstruktur. Unter den rechtlichen Eigenschaften ist auch die Bestimmung eines geografischen Standorts des Unternehmens (Betriebsstätte) zu fassen. Ein Profit-Center[10] ist eine Organisationseinheit, die eine ergebnisverantwortliche aber rechtlich unselbstständige Teileinheit eines Unternehmens darstellt. Für ein Profit-Center wird ein eigener Periodenerfolg ermittelt. Ziel der Profit-Center-Rechnung ist die Dezentralisierung von Verantwortlichkeit. Sie erhöht die Transparenz des Unternehmens und ermöglicht eine bessere Überwachung und Steuerung.

Profit-Center

Eine Kostenstelle ist eine Organisationseinheit, die anfallende Kosten sammelt und verantwortet. Das hierbei geltende Grundprinzip ist das Verursachungsprinzip, welches besagt, dass die Kosten ihren Verursachern zuzuordnen sind. Die Kosten aller Kostenstellen unterhalb eines Profit-Centers werden für Zwecke der Berichterstattung auf der Ebene des Profit-Centers zusammengefasst.

Kostenstellen

Abbildung 3: Ausschnitt aus der Organisationsstruktur der Beispielunternehmung

Das Organigramm des Beispielunternehmens wird in Abbildung 3 gezeigt und weiter unten im Detail beschrieben. Neben dem Unternehmen sind die Betriebs-

Ausschnitt aus dem Organigramm

---

[10] Eine Definition von Segmenten ist möglich, wird hier allerdings nicht weiter vertieft.

stätte und die Geschäftsfelder zu sehen, die als Profit-Center abgebildet sind. Einkauf und Verwaltung sind zentrale Kostenstellen.

Veränderung der Organisationsstruktur

Eine Unternehmensorganisation lebt und verändert sich. Gleichzeitig muss aus Dokumentationsgründen eine vormals bestehende Organisationsstruktur erhalten bleiben. Änderungen der Organisation sind jederzeit zeitabhängig möglich. Man kann damit eine Organisationsveränderung für die Zukunft planen und bereits im System implementieren, ohne dass sie aktuell wirksam wird.

Abbildung mehrerer Unternehmen

Besteht die Unternehmensorganisation aus einer Gruppe von Unternehmen, werden alle Unternehmen eigenständig in Business ByDesign angelegt. Die Verbundbeziehungen von Unternehmen und Profit-Center werden in den Geschäftsvorfällen abgebildet.[11] Das Projektgeschäft mit Mitarbeitern verschiedener Unternehmen wird unterstützt.[12] Insbesondere ist es möglich, dass einzelne Abteilungen Dienstleistungen für andere Unternehmen durchführen. So kann die Erstellung von Kundenrechnungen oder der ganze Beschaffungsprozess zentralisiert werden.

Auswirkungen der Organisationsstruktur auf das Rechnungswesen

Die Organisationsstruktur reicht tief in alle Geschäftsvorfälle und in die Berichte des Rechnungswesens hinein. Verkaufsorganisationen[13] und Verkaufseinheiten erzeugen im Auftragsabwicklungsprozess Kundenaufträge und Kundenrechnungen, und liefern damit Informationen über Profit-Center und Marktsegmente, die der Erlöszuordnung dienen. Serviceorganisationen liefern über Projekte Services (Dienstleistungen) und in Betriebsstätten werden Güter produziert; es entstehen Kosten des Umsatzes in den entsprechenden Kostenstellen. Erlöse und Kosten des Umsatzes werden unter dem gemeinsamen Dach der legalen Einheit, in einem der Profit-Center und in den Marktsegmenten im Hauptbuch gebucht. Die Gemeinkosten entstehen in den verschiedensten Abteilungen, die eine Kostenstelle darstellen. Die Kosten- und Leistungsrechnung wälzt Kosten auf die Kostenträger um, die wiederum über verschiedene Kriterien Profit-Centern zugeordnet sind. Der Periodenerfolg wird für die Geschäftsfelder (Profit-Center) ermittelt. Die Materialien werden auf der Ebene der Betriebsstätte bewertet. Genehmigungen von Aufgaben werden durch den Manager der jeweiligen Organisationseinheit durchgeführt.

Mit den Beispielen soll der Eindruck vermittelt werden, dass der Unternehmensorganisation im Allgemeinen und ihrer Abbildung in Business ByDesign im Besonderen große Aufmerksamkeit gewidmet werden sollte.

---

[11] Diese Beziehung gilt für Unternehmen, Profit-Center und Segmente, die im Organisationsmanagement des Systems gepflegt sind. Diese Informationen unterstützen eine Konsolidierung außerhalb des Systems.

[12] Dabei wird Ihnen nach der Lektüre des entsprechenden Prozesses Projektmanagement in einem Unternehmen sicher rasch klar werden, dass das Projektgeschäft mit Mitarbeitern verschiedener Unternehmen ein sehr hohes Maß an Integration und Automatisierung für die Geschäftsvorfälle verlangt.

[13] Für diesen Begriff wird im Folgenden auch synonym der Begriff „Vertriebsorganisation" verwendet.

3.2 Geschäftspartner

Eine zentrale Adressdatei von Kunden und Lieferanten, die frei von Dubletten ist und von den Mitarbeitern im Unternehmen in allen Geschäftsvorfällen verwendet wird, kann häufig schon als Wert angesehen werden. Wenn Kunden zu Lieferanten werden, wenn mehr als ein Unternehmen zur Unternehmensgruppe gehört, dann steigt der Wert zentraler Stammdaten von Kunden und Lieferanten. Die Deckungsbeiträge werden pro Kunde sichtbar, die Mitarbeiterspesen genauso gezahlt wie die Verbindlichkeiten der Lieferanten. Der Geschäftspartner in Business ByDesign vereint viele Aspekte, die einem Unternehmen direkten Nutzen bringen.

Bedeutung

In Business ByDesign ist ein Geschäftspartner eine Person (z.B. Privatkunde) oder eine Organisation, an der das eigene Unternehmen ein geschäftliches Interesse hat. Als Geschäftspartner wird eine Vielzahl von Personen und Organisationen betrachtet. Kunden und Lieferanten sind offensichtlich, aber auch Hausbanken und Finanzbehörden werden als Geschäftspartner abgebildet. Selbst Mitarbeiter und Dienstleister, bspw. Projektmitarbeiter, die Angestellte eines anderen Unternehmens sind, werden als Geschäftspartner geführt.

Ausprägungen

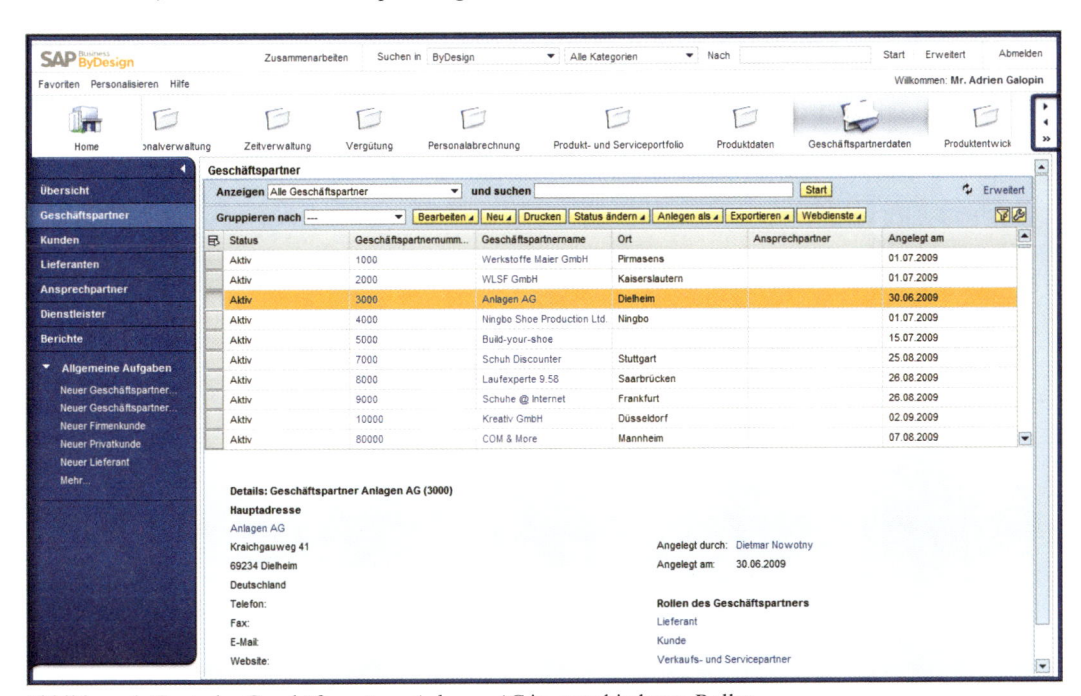

Abbildung 4: Zentraler Geschäftspartner *Anlagen AG* in verschiedenen Rollen

Die Geschäftspartner sind für alle Unternehmen im System sichtbar. Eine Vertriebsorganisation ordnet sich einem Kunden zu, wenn sie an ihn Produkte verkaufen will. In den Geschäftspartnerstammsatz wird das Unternehmen eingetragen, das die Kundenrechnung verschickt. Damit wird das Unternehmen zum

Kundenkonto, Lieferantenkonto, Mitarbeiterkonto

Eigentümer der Forderungen. Mit diesem Eintrag entsteht für das Unternehmen ein Kundenkonto, auf dem die Forderungen verwaltet werden. Das Gleiche gilt für Lieferanten: Der Eintrag eines Unternehmens in den Stammsatz führt zu einem Lieferantenkonto, das die Verbindlichkeiten verwaltet. Für Mitarbeiter werden Mitarbeiterkonten angelegt, wenn eine Spesenabrechnung erfolgt, also eine Verbindlichkeit entsteht.

Kunde ist auch Lieferant

Die einheitliche Abbildung des Geschäftspartners hat wesentliche Vorteile: Die Adressverwaltung ist zentral und man kann Lieferanten leicht zu Kunden machen, ohne eine weitere Nummer im System zu vergeben (vgl. Abbildung 4). Der zentrale und einheitliche Geschäftspartner wirkt sich aber insbesondere auf die Einheitlichkeit der Geschäftsprozesse aus.

3.3 Produkte

Zentrale Bedeutung von Produkten

Produkte konkretisieren eine Geschäftsidee, sind Vertragsbestandteil in Kundenaufträgen oder Bestellungen. Produkte erscheinen als materielle Güter, die als Rohmaterialien gelagert und aus denen Komponenten und Verkaufsgüter gefertigt werden, oder sind Services (Dienstleistungen), die als Standardprodukte verkauft werden.

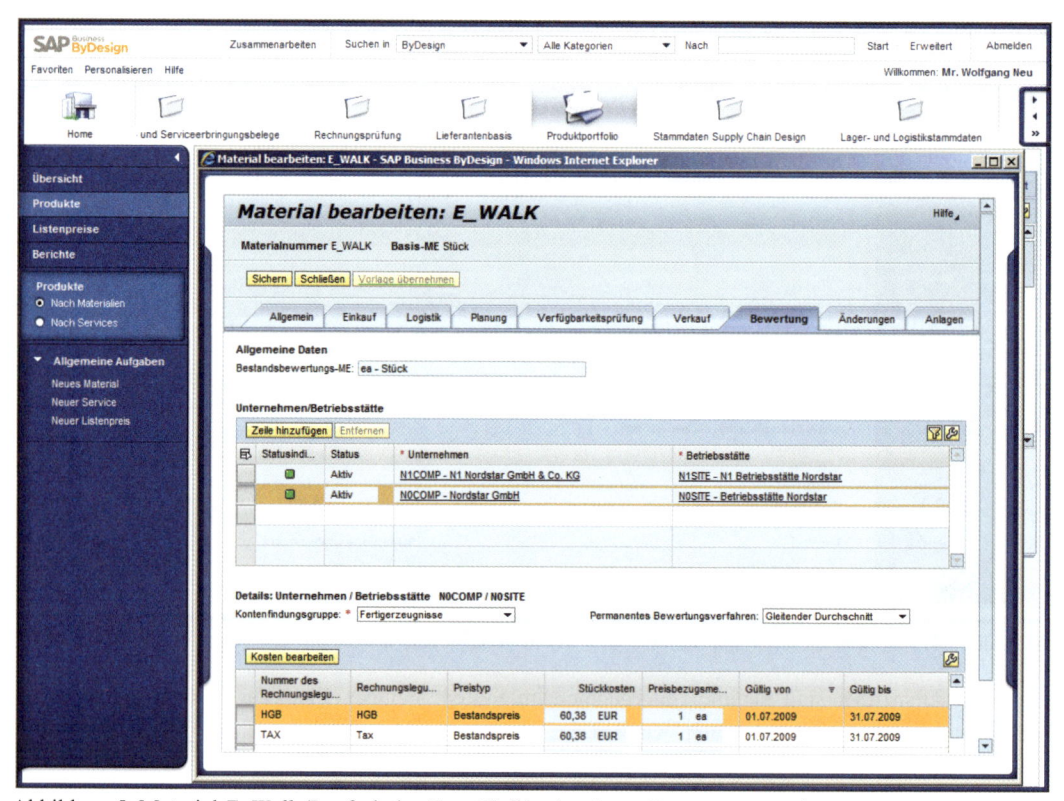

Abbildung 5: Material *E_Walk* (Laufschuhe *Easy Walk*) mit seinem Bewertungsaspekt

Der Marktdruck führt zu einer immer stärkeren Differenzierung gegenüber den Wettbewerbern. Ein Mittel dazu ist die Definition neuer Angebote an die Kunden, die Güter, Services oder eine Kombination davon umfassen. Genau diesem flexiblen Ansatz wird Business ByDesign mit seiner Definition eines Produkts gerecht: Das Produkt[14] stellt Materialien[15] und Services dar.

Produkt umfasst Material und Service

Produktstammdaten bilden verschiedene Aspekte ab. Der für das Rechnungswesen relevante Aspekt ist seine Bewertung. In Abbildung 5 ist der Bewertungsaspekt des Materials *E_Walk (*Laufschuhe *Easy Walk)* dargestellt. Das Material ist Eigentum der *Nordstar GmbH* und seine Werte werden auf der Ebene der *Betriebsstätte Nordstar* mit der Bewertungsmethode des gleitenden Durchschnittspreises geführt. Sein aktueller Bestandswert ist 60,38 EUR pro Paar. Durch die Zuordnung der Kontenfindungsgruppe *Fertigerzeugnisse* werden alle Geschäftsvorfälle, die dieses Material betreffen, auf das richtige Sachkonto gebucht.[16]

Bewertungsaspekt des Materials

Diese Schuhe sind Handelsware des Unternehmens. Deshalb werden für den Beschaffungsprozess im Materialstammsatz die Einkaufsdaten, für die Lagerhaltung die Daten für Logistik und Planung und für den Auftragsabwicklungsprozess schließlich die Verkaufsdaten gepflegt.

Weitere Aspekte des Materials

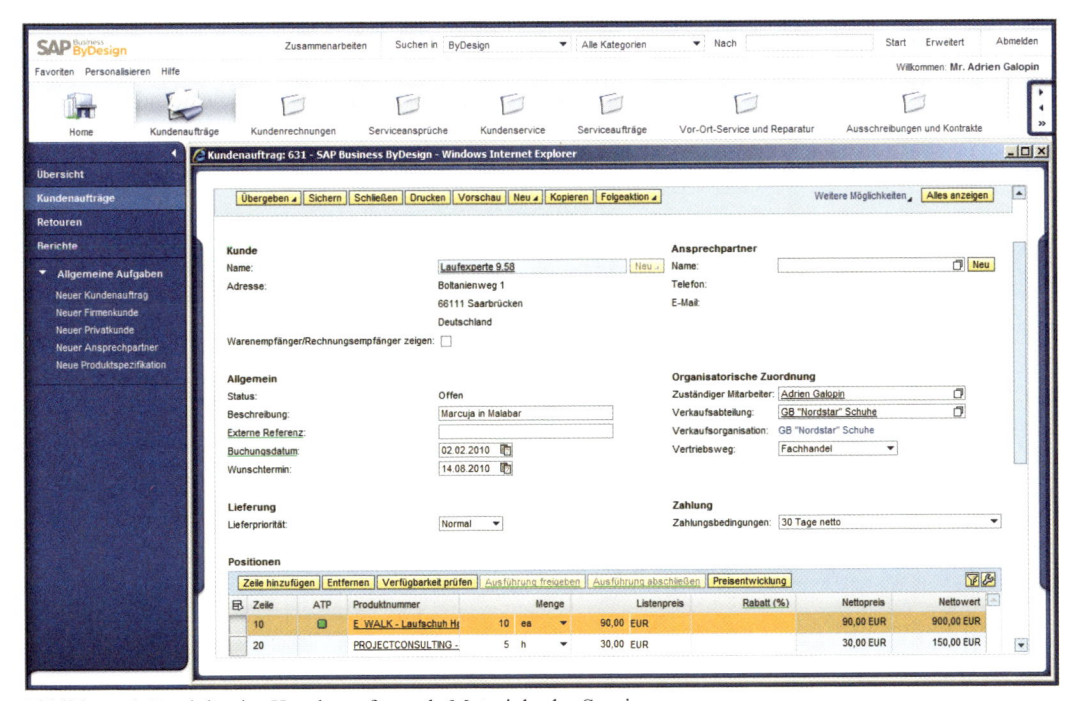

Abbildung 6: Produkte im Kundenauftrag als Material oder Service

---

[14] Das Material bildet nur Güter des Umlaufvermögens ab, jedoch keine Anlagen.
[15] Der Begriff „Material" steht in Business ByDesign synonym für Güter.
[16] Eine Beschreibung der Kontenfindung erfolgt in Kapitel D2.2.

Aspekte des Service

Services stellen sich völlig analog dar, nur fehlen ihnen naturgemäß die Aspekte Logistik, Planung und Verfügbarkeitsprüfung. Werden Services nur intern im Unternehmen verwendet (z.B. bei der Rückmeldung von Mitarbeitern auf Projekte), so besitzen sie nur den Bewertungsaspekt, nämlich ihren Kostensatz.[17]

Produkt vereinheitlicht und flexibilisiert Geschäftsprozesse

In Abbildung 6 ist ein Kundenauftrag zu sehen, in dem zwei Produkte verkauft werden: ein Material, dessen Verfügbarkeit geprüft wurde und ein Service. Auch wenn die Geschäftsprozesse der Leistungserbringung für beide Positionen deutlich variieren,[18] ist durch die einheitliche Behandlung des Produkts in Auftrag und Rechnung der Verkaufs- und Beschaffungsprozess deutlich vereinfacht. Der gemeinsame zentrale Produktbegriff vereinheitlicht und flexibilisiert gleichzeitig viele Geschäftsprozesse.

4 Betriebswirtschaftliche Grundstruktur eines geschäftsprozessbasierten Rechnungswesens

Unternehmenstransparenz

Das Rechnungswesen bildet alle Geschäftsvorfälle im sog. externen und internen Rechnungswesen ab und ist die Grundlage für Bilanzierung, Unternehmensplanung und -steuerung. Die Zahlungsprozesse, Planung, Disposition und Kontrolle der Liquidität liegen im sog. Cash Flow Management und runden die Aufgaben des Rechnungswesens ab (vgl. Abbildung 7).

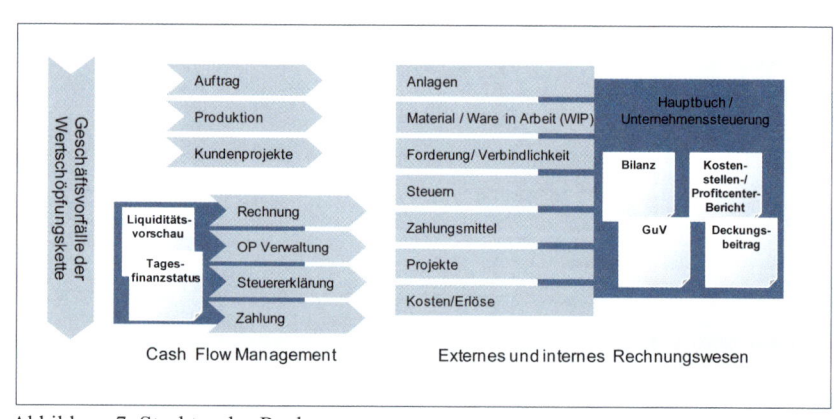

Abbildung 7: Struktur des Rechnungswesens

---

[17] Allerdings erfolgt die Leistungsbewertung im Unternehmen grds. über die Ressource. Das Konzept wird in Kapitel E4.1.2.1 beschrieben.

[18] Die Geschäftsprozesse Auftragsabwicklung als Lagerverkauf und die Auftragsabwicklung projektbasierter Services werden in Kapitel E3 und E4 beschrieben.

4.1 Geschäftsprozesse und Geschäftsvorfälle

Geschäftsprozesse sind das tägliche operative Geschäft jedes Unternehmens, egal ob Produkte verkauft, Dienstleistungen eingekauft oder Güter produziert werden. Im Folgenden werden die Prozesse genauer benannt und die Bedeutung der Geschäftsvorfälle insbesondere für das Rechnungswesen beschrieben.

SAP liefert in Business ByDesign ein Modell betriebswirtschaftlicher Geschäftsprozesse[19] aus. Beispiele für solche Prozesse sind:

Liste der ausgelieferten Geschäftsprozesse

- **Projektmanagement,**
- Marketing-to-Opportunity,
- **Auftragsabwicklung (Varianten),**
- Kundenretourenabwicklung,
- Produktdefinition,
- Produktentwicklung,
- Produktkatalogverwaltung,
- Bedarfsvorplanung,
- **Lagerfertigung,**
- Inventurabwicklung,
- Unternehmensinterne Umlagerung,
- Qualitätssicherung,
- Bearbeitung von Kundenanfragen,
- Vor-Ort-Service und Reparatur,
- Strategische Bezugsquellenfindung,
- **Beschaffung (Varianten),**
- Ressourcenmanagement,
- Arbeitszeitmanagement,
- Personalabrechnung,
- Spesenerstattung,
- Cash- und Liquiditätsmanagement,
- Anlagenbuchhaltung,
- **Abschluss.**

Die überwiegende Zahl der Prozesse wirkt sich auf das Rechnungswesen aus. Die wichtigsten davon werden in diesem Buch ausführlich behandelt und sind in der Liste fett markiert.

---

[19] Im Kontext von Business ByDesign wird auch von Geschäftsszenarien gesprochen. Im Folgenden werden Geschäftsprozesse nur noch Prozesse genannt.

Zusammenhang von Prozessen und Geschäftsvorfälle	Prozesse setzen sich aus Geschäftsvorfällen zusammen. Die Beschaffung besteht z.B. im einfachsten Fall aus den Geschäftsvorfällen Bestellung, Erfassung des Lieferscheins,[20] Wareneingang, Lieferantenrechnung, Zahlungsausgang und Kontoauszug.
Prima Nota Konzept – der Ursprungsbeleg –	Jeder Geschäftsvorfall wird in Business ByDesign individuell durch spezielle Benutzeroberflächen abgebildet. Nach der Erfassung eines Geschäftsvorfalls wird ein Ursprungsbeleg, die sog. Prima Nota, im System dokumentiert. Hier finden sich wichtige Informationen, wie bspw. die am Geschäftsvorfall beteiligten Geschäftspartner, insbesondere die Eigentumsverhältnisse von Material, Forderung oder Verbindlichkeit oder dem Zahlungsmittel, Dokumentendatum sowie Gegenstand des Geschäftsvorfalls (z.B. Produkt, Menge, Preise, Abzüge etc.), verantwortliche Mitarbeiter und der Status des Geschäftsvorfalls.
Automatisierung von operativen Prozessen	Nach der Erfassung eines Geschäftsvorfalls wird die Verarbeitung der ihm folgenden Geschäftsvorfälle weitestgehend automatisiert. Die Prüfung einer Lieferantenrechnung erfolgt durch Vergleich mit Bestellung und Wareneingang, Ausgangszahlungen und Kontoauszugsverarbeitung können, abgesehen von Genehmigungen, automatisch erfolgen. Die Dienstleistung eines externen Projektmitarbeiters kann direkt aus einem Projekt heraus bestellt werden, der gesamte Beschaffungsprozess läuft weitgehend automatisch ab. Treten keine Abweichungen vom vorgesehenen Prozess auf (die Waren werden entsprechend der Bestellung in Menge, Preis und Qualität geliefert), wird der manuelle Arbeitsaufwand minimiert. Rechnungsprüfer konzentrieren sich auf die Klärungen von Abweichungen in Lieferantenrechnungen (Konzentration auf Ausnahmebehandlung). Das System unterstützt dadurch die Effizienz der Mitarbeiter.
Automatisierung von Buchungen	Die automatische Buchung aus den Geschäftsvorfällen erfordert ein umfangreiches betriebswirtschaftliches Prozesswissen, das in der Konfiguration von Business ByDesign bereits im Wesentlichen ausgeliefert wird.[21] Der Mitarbeiter des Rechnungswesens wird von der Eingabe des Buchungsstoffs weitgehend befreit. Das eröffnet ihm neue Freiräume, die er für die Analyse der Daten verwenden kann.
Transparenz durch Audit Trail	Business ByDesign bietet Unternehmenstransparenz der Daten des Rechnungswesens über den sog. Audit Trail. Aus der Bilanz gelangt man über eine Saldenliste des Hauptbuchs weiter zu den Einzelposten des Nebenbuchs, die diesen Saldo erklären. Jeder Einzelposten trägt die Nummer des Buchungsbelegs. Dadurch gelangt man jederzeit bei Bedarf von dem Einzelposten in die Übersicht

---

[20] Am Beispiel der Geschäftsvorfälle Bestellung und Erfassung des Lieferscheins erkennt man, dass das im Folgenden dargestellte Konzept der Prima Nota nicht mit der Buchung eines Geschäftsvorfalls verknüpft ist. So könnten auch Waren in Kommission auf Lager gelegt werden. Sie werden ebenfalls nicht gebucht.

[21] Die Änderungen der nationalen und internationalen Bilanzierungsnormen werden stets aktuell berücksichtigt und gewährleisten jederzeit eine gesetzeskonforme Bilanzierung.

des Buchungsbelegs. Jeder Buchungsbeleg verweist eindeutig auf einen Ursprungsbeleg, dessen Grundinformation direkt in einer Übersicht (Fact Sheet) angezeigt wird. Der Ursprungsbeleg wiederum ist Teil eines Prozesses, der aus weiteren Geschäftsvorfällen besteht, die ggf. weitere Ursprungsbelege erzeugt haben. Einen Überblick über den Prozess erhält man im Belegfluss. So gelangt man bspw. von der Position *Aufwand für Mieten* zum Saldo der Aufwandskonten, von dort zu den Aufwandsposten eines Aufwandskontos und weiter zu einem Buchungsbeleg und zur Lieferantenrechnung, die den Ursprungsbeleg darstellt. Die Einbettung der Lieferantenrechnung in den Beschaffungsprozess zeigt dann der Belegfluss (vgl. Abbildung 8), von dem ein Absprung auf die Ursprungsbelege Bestellung oder Kontoauszug über die Lupe möglich wird. Entstehen aus einem Ursprungsbeleg Buchungsbelege, so sind sie ebenfalls direkt über den gelben Pfeil erreichbar.

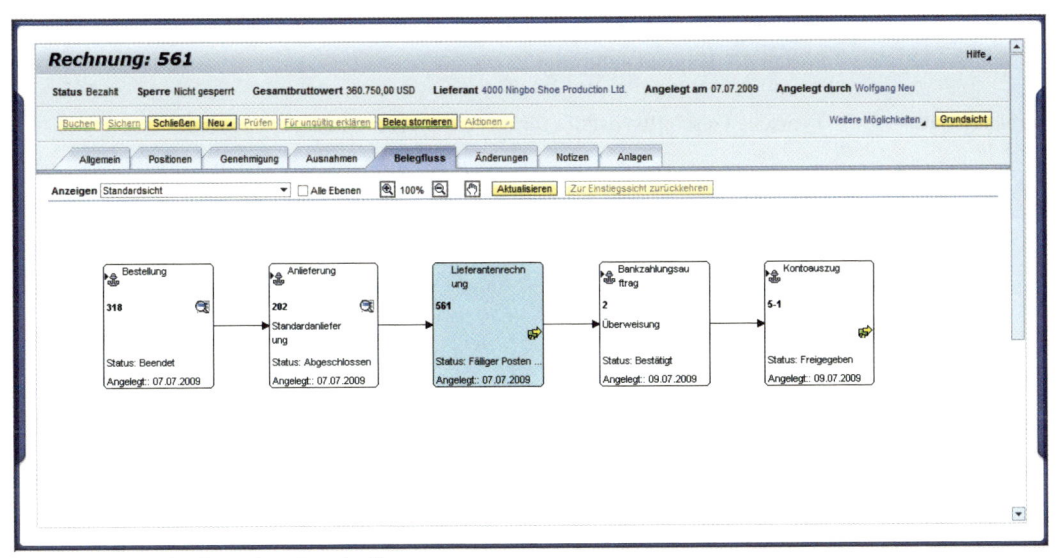

Abbildung 8: Belegfluss eines Beschaffungsprozesses

4.2 Struktur des Cash Flow Managements

Das Cash Flow Management des Rechnungswesens bildet die Zahlungsprozesse ab, plant, disponiert und kontrolliert die Liquidität von Unternehmen. Es verfolgt zwei wesentliche Ziele:

Wesentliche Ziele des Cash Flow Managements

1. Es werden standardisierte Geschäftsvorfälle zum Verwalten von Forderungen und Verbindlichkeiten sowie für die Zahlungsabwicklung zur Verfügung gestellt, die vom Kunden nach seinem Bedarf automatisiert werden können. Dabei werden Forderungsaußenstände minimiert und Verbindlichkeiten optimiert gezahlt.
2. Die Liquidität eines Unternehmens kann geplant, disponiert und kontrolliert werden.

Verwaltung von Forderungen und Verbindlichkeiten	Forderungen und Verbindlichkeiten eines Unternehmens entstehen aus Rechnungen, Gutschriften, Anzahlungen, Spesenabrechnungen von Mitarbeitern und ähnlichen Geschäftsvorfällen. Dabei fällt im Allgemeinen auch Umsatzsteuer an. Mit der periodischen Umsatzsteuervoranmeldung wird diese Verbindlichkeit an das Finanzamt beglichen. Die optimierte Zahlung von Verbindlichkeiten, der automatisierte Zahlungsausgleich von offenen Posten sowie die Mahnung überfälliger offener Posten gehört zum Kerngeschäft eines Unternehmens.
Management von Zahlungsmitteln	Das Zahlungsmanagement umfasst die Verarbeitung aller Zahlungsmittel (Geldeinlagen auf Girokonten,[22] Kreditkartenbestände, Schecks, Wechsel, Geldeinlagen in Barkassen). Ausgangsüberweisungen werden an die Hausbank übertragen und Kontoauszüge automatisch verarbeitet. Einzahlungen von Kunden werden automatisch den Kundenkonten zugeordnet und ggf. automatisch ausgeglichen. Jeder automatisch ausgeführte Geschäftsvorfall kann auch manuell erfasst werden. Bei der manuellen Erfassung eines Eingangsschecks werden bspw. sofort alle offenen Posten des Kunden angezeigt.
Geschäftsvorfälle	Typische Geschäftsvorfälle für das Cash Flow Management sind: • Kundenrechnung, • Lieferantenrechnung, • Spesenabrechnung, • Zahlungsausgang, • Eingangsscheck, • Kundenavis, • Kontoauszug, • Zahlungsausgleich, • Umsatzsteuermeldung.
Kontierung auf Kostenstelle, Kostenträger, Anlage, Sachkonto	Kundenrechnung und Lieferantenrechnung werden im Kontext eines kleinen Rechnungswesens als manueller Geschäftsvorfall betrachtet. Werden in Business ByDesign Beschaffungs- und Auftragsabwicklungsprozess genutzt, so trifft man darin auf dieselben Rechnungen; jedoch wird die Erfassung der Rechnungen nun durch das System unterstützt. Wie bei den meisten anderen Geschäftsvorfällen des Cash Flow Managements kann bei der Erfassung einer Rechnung direkt auf eine Kostenstelle, einen Kostenträger, eine Anlage oder direkt auf ein Sachkonto[23] kontiert werden.
Regelwerk des Cash Flow Managements	Das Regelwerk der Geschäftsvorfälle des Cash Flow Managements ist in der Konfiguration abgelegt und beinhaltet u.a. Strategien zur Durchführung eines

---

[22] Einlagen von Festgeldern gehören genau genommen in eine Verwaltung von längerfristigen Geldanlagen (Treasury). Eine solche Komponente ist erst in Zukunft geplant.

[23] Es handelt sich genauer gesagt um die in Kapitel D2.2 erwähnte Kontenfindungsgruppe. Die Begründung, warum nicht direkt auf ein Sachkonto kontiert wird, liegt in der Möglichkeit der parallelen Bewertung: Falls mehr als ein Rechnungslegungswerk bebucht wird, gibt es kein eindeutiges Sachkonto mehr.

Forderungsausgleichs, Optimierung der Zahlwege (z.B. verschiedene Bankkonten) bei der Ausgangszahlung, die Unterstützung elektronischer Zahlverfahren mit den Banken oder die Definition interner Genehmigungsaufgaben.

Aktuelle und geplante Zahlungsmittelbestände nach Valutadatum und alle offenen Forderungen und Verbindlichkeiten sind die Informationsbasis des Liquiditätsmanagements. Tagesfinanzstatus und Liquiditätsvorschau bieten die Basis zu einer kurzfristigen Finanzdisposition und einer mittelfristigen Liquiditätsplanung, eine zentrale Aufgabe jedes Unternehmens.

Liquiditätsplanung, -disposition und -kontrolle

4.3 Struktur des externen und internen Rechnungswesens

Alle buchungspflichtigen Ursprungsbelege werden automatisch im sog. externen und internen Rechnungswesen von Business ByDesign gebucht. Zusätzlich werden weitere Geschäftsvorfälle für das interne Berichtswesen aufgezeichnet.[24] Das externe und interne Rechnungswesen arbeitet auf der Basis eines homogenen Einkreissystems[25] in dem Bilanzierung, Kostenrechnung und Ergebnisrechnung in einem Rechnungskreis auf einem gemeinsamen Kontenplan koexistieren. Damit verschmilzt das externe und interne Rechnungswesen und schafft eine gemeinsame Datenbasis in einem Rechnungskreis.

Externes und internes Rechnungswesen als Einkreissystem

Fundament des externen und internen Rechnungswesens ist der zentrale Buchungsbeleg; er ist Basis von Berichten und Bewertung. Die Bewertung zum Stichtag basiert auf den homogenen Nebenbüchern:

Zentraler Buchungsbeleg und homogene Nebenbücher

- Anlagen,
- Material,
- Forderungen und Verbindlichkeiten,
- Steuern,
- Zahlungsmittel,
- Ware in Arbeit (WIP),
- Projekte,
- Kosten und Erlöse.

Diese Nebenbücher speichern ihre spezifischen Informationen in demselben zentralen Buchungsbeleg. Natürlich benötigt jedes Nebenbuch andere Informationen für die Bewertung zum Stichtag. So verwendet bspw. das Anlagennebenbuch für seine periodischen Abschreibungen die Anlage und ihre Anlagenklasse zur Ermittlung der richtigen Abschreibungsvorschrift. Einzelwertberich-

Bewertung zum Stichtag

---

[24] Die interne Rückmeldung von Leistungen auf ein Projekt führt zu einer Buchung, bei der eine Kostenstelle entlastet und das Projekt belastet wird, ohne dass sich die Sachkonten unterscheiden müssen.
[25] Vgl. hierzu ausführlich Kapitel B.

tigungen im Forderungsnebenbuch benötigen den Geschäftspartner und seine einzelne Forderung (Rechnungsnummer).

Rechnungswesen für alle Länder und Industrien

Das externe und interne Rechnungswesen wird überdies der wachsenden Anforderung nach paralleler Rechnungslegung gerecht.[26] Business ByDesign bündelt in seinem externen und internen Rechnungswesen das betriebswirtschaftliche Wissen zur Bewertung von Geschäftsvorfällen unterschiedlichster Industrien nach Rechnungslegungsvorschriften verschiedenster Länder.

Die wesentlichen Strukturmerkmale des externen und internen Rechnungswesens in Business ByDesign lassen sich wie folgt zusammenfassen:

1. Alle Geschäftsvorfälle werden nach Bedarf auch parallel nach Rechnungslegungsnormen verschiedener Länder periodengerecht bewertet und in Buchungsbelegen dokumentiert.
2. Das externe Berichtswesen stellt normgerecht Bilanz, Gewinn- und Verlustrechnung (GuV), etc. zur Verfügung. Stakeholder werden mit Informationen zur Vermögens-, Finanz- und Ertragslage versorgt.
3. Interne Berichte der Ergebnisrechnung nach Produkt- und Kundengruppen und Verantwortungsbereichen, Kostenberichte nach Kostenstelle und Kostenträger dienen der Entscheidungsunterstützung und der Unternehmenssteuerung.

Belegprinzip, Bedeutung von Ursprungsbeleg und Buchungsbeleg

Basis der Informationen des Rechnungswesens ist der Beleg im erweiterten Sinn. Genauer gesagt die zwei Belege, die das Belegprinzip in Business ByDesign verkörpern: der Buchungsbeleg und sein Ursprungsbeleg. Der Zusammenhang wird im Folgenden erläutert. Der Buchungsbeleg bewertet die Information der Ursprungsbelege in Unternehmenswährung für ein Rechnungslegungsnormensystem (z.B. HGB) und speichert sowohl Nebenbuch- als auch Hauptbuchinformationen periodengerecht in demselben Dokument ab. Ein Buchungsbeleg ohne Ursprungsbeleg ist nicht möglich.[27] Einmal gebuchte Ursprungsbelege können nur noch storniert werden. Auch der Storno erzeugt einen eigenständigen Buchungsbeleg. Änderungen von Buchungsbelegen sind, bis auf Texte, nicht möglich.

Regelwerk des externen und internen Rechnungswesens

Mit Business ByDesign wird umfangreiches Bewertungswissen von Geschäftsvorfällen in der Konfiguration ausgeliefert. Geschäftsjahre werden definiert, Standardkontenpläne werden durch eigene Sachkonten erweitert. Die Regeln zur Kontenfindung werden verfeinert und die Berichtsstrukturen z.B. für Deckungsbeitragsrechnung, Bilanz und GuV angepasst. Anlagenklassen und ihre Abschreibungsmethoden werden bei Bedarf angelegt oder ergänzt. Die Bewertungsvorschriften verschiedener Rechnungslegungsnormensysteme werden in dem sog. Rechnungslegungswerk gebündelt. Mit ihm können Sie eine parallele Bilanzierung (z.B. nach HGB und steuerrechtlichen Vorschriften) realisieren.

---

[26] Vgl. ausführlich Kapitel C.
[27] Buchungen im Hauptbuch werden durch einen sog. Erfassungsbeleg erzeugt. Er stellt den Ursprungsbeleg für die Buchungsbelege dar.

Das Rechnungswesen in Business ByDesign arbeitet generell nach dem Umsatzkostenverfahren.[28] Dazu werden Funktionsbereiche ausgeliefert, die erweitert werden können. Die Ableitung eines Funktionsbereichs erfolgt im Allgemeinen aus dem Kostenstellentyp, nach dem die Kostenstellen des Organisationsmanagements klassifiziert werden.

Umsatzkostenverfahren

Informationsbedarfe können nach innen oder nach außen entstehen. Nach innen gerichtet unterstützt er die Unternehmenssteuerung. Ein mächtiges Steuerungsinstrument ist bspw. der Bericht des Deckungsbeitrags, der das Ergebnis aus Erlösen, Kosten des Umsatzes und sonstigen Kosten darstellt. Er kann sachlich nach Produkt, Produktgruppe, Kunde, Kundengruppe oder Verkaufsorganisation gegliedert sein. Er zeigt die Ergebnisse nicht nur zum Zeitpunkt seiner Realisierung, sondern bereits zum Auftragseingang.

Interner Informationsbedarf

Externer Informationsbedarf verfolgt verschiedene Zwecke: Analysten oder Kreditinstitute (Basel II) erwarten im Allgemeinen eine umfangreiche Finanzberichterstattung, Finanzbehörden fordern Angaben nach steuerlichen Normen. Je härter und anspruchsvoller die Wirtschaftslage, desto schneller und umfangreicher sind Informationen zu liefern, um für Betrachtungen und Bewertungen von Risiken gewappnet zu sein. Externer Informationsbedarf stellt hohe Qualitätsanforderungen, wie man am Beispiel des Abschlussprozesses im Folgenden leicht erkennen kann.

Externer Informationsbedarf

Die Arbeiten am Jahresabschluss sind ein wichtiger Unternehmensprozess. Der Abschluss umfasst eine große Anzahl von Geschäftsvorfällen und Aufgaben, die auf systematische Art zu konsistenten Berichtszahlen zum Stichtag führen. Der Prozess zielt auf eine zeitnahe Aufstellung von Abschlüssen. Die Basis dieser Berichtszahlen ist die vollständige Anzahl der Ursprungsbelege aller relevanten Geschäftsvorfälle, die systematisch und periodengerecht im Buchungsbeleg entsprechend den Rechnungslegungsnormen bewertet wurden. Die Buchungsbelege sind sachlich nach Sachkonten und zeitlich nach Buchungsdatum gegliedert. Sie beinhalten aber auch Nebenbuchinformationen und garantieren die Konsistenz zwischen Neben- und Hauptbuch. Die Informationen des Rechnungswesens genügen den Anforderungen der Grundsätze ordnungsmäßiger Datenverarbeitungsgestützter Buchführungssysteme (GoBS). Die Journal- und die Kontenfunktion lassen sich durch Berichte darstellen. Die Nachweis-[29], Dokuments- und Prüfungspflicht wird in hohem Maße über den oben beschriebenen Audit Trail und die Verknüpfung zwischen Ursprungsbeleg und Buchungsbeleg (Belegfunktion) erreicht. Die Aufbewahrungsfristen von Ursprungsbeleg und Buchungsbelegen werden gewährleistet.

Zeitnahe Jahresabschlusserstellung und Einhaltung der GoBS

---

[28] Eine Überleitung der am Periodenende ermittelten Kosten in das Gesamtkostenverfahren ist möglich. Vgl. dazu Kapitel E5.3.4.2.
[29] Vgl. hierzu ausführlich das BMF-Schreiben vom 07.11.1995.

Geschäftsvorfälle	Typische Geschäftsvorfälle für das externe und interne Rechnungswesen sind:

- Erfassungsbeleg,
- Anlagenabschreibung,
- Wareneingangs-/Rechnungseingangsverrechnung Ausgleich,
- Ware in Arbeit-Abrechnung,
- Erlösabgrenzung,
- Gemeinkostenzuschläge,
- Gemeinkostenumlage.

Die Leistungsverrechnungen der Kostenstellenbezugsgrößen[30] passieren automatisch über die Rückmeldungen von Mitarbeiterstunden und/oder Maschinenstunden. Mit dem Erfassungsbeleg werden Buchungen in einem Rechnungslegungswerk erfasst. Neben den Umbuchungen im Hauptbuch können damit aber auch Kosten zwischen Kostenstellen und Kostenträgern oder Erlöse zwischen Profit-Centern „umgebucht" werden. Alle weiteren oben genannten Geschäftsvorfälle fassen automatisch die Nebenbuchinformationen zusammen, erzeugen gleichartige Protokolle und ggf. Buchungen.

Offene Prozesse und Verrechnungskonten	Offene Prozesse sind von besonderem Interesse für die operative Steuerung eines Unternehmens. Dazu gehören Wareneingänge, denen noch keine Lieferantenrechnung gegenübersteht, Warenausgänge, die noch nicht fakturiert wurden, Eingangsschecks oder Ausgangsüberweisungen, die noch nicht auf der Bank gutgeschrieben wurden. Solche offenen Prozesse spiegeln sich in Verrechnungskonten der Buchhaltung wider. Die Abweichungsanalyse offener Prozesse im Periodenvergleich bietet einen möglichen Kontrollmechanismus über das Rechnungswesen an.
Kalkulation	Natürlich können Wertansätze im Rechnungswesen auch zur „Kalkulation"[31] verwendet werden. Sie dienen als Basis zur Materialkalkulation und Projektkalkulation. Dabei werden auf der Basis des Mengengerüstes Ist- oder Plankosten herangezogen.
Informationsrückgrat des Unternehmens	Das externe und interne Rechnungswesen bildet das Informationsrückgrat eines Unternehmens. Es adaptiert sich an alle relevanten Geschäftsvorfälle, bewertet und normiert sie zum Zwecke der Entscheidungsunterstützung für das Management und liefert verlässliche und nachprüfbare Daten nach innen und außen.

---

[30] Dies wird in Business ByDesign durch die Ressource abgebildet und in Kapitel E2.1.2 ausführlich erklärt.
[31] Eine umfassende Kalkulationsfunktionalität ist in Business ByDesign erst in zukünftigen Releases vorgesehen.

5 Work Center, Aufgaben und Berechtigungen

Automatisierung und Abweichungsanalyse

Business ByDesign ist auf ein hohes Maß an Automatisierung ausgerichtet. Es soll die Mitarbeiter eines Unternehmens von Routinearbeit entlasten und ihr Augenmerk auf Abweichungen in den Prozessen richten, wie z.B.: Ein Kunde zahlt weniger als erwartet oder gar nicht. Überdies soll die Analyse der eigenen Prozesse und Organisationseinheiten erleichtert und damit notwendige Veränderungen im Unternehmen initiiert werden. Es wird im Folgenden umrissen, welche Rolle ein Benutzer von Business ByDesign spielt.

Verfolgen wir, wie *Julia Metzger,* Mitarbeiterin der *Nordstar GmbH* zu einem Systembenutzer wird, was sie nach dem ersten Zugang zu sehen bekommt, welche Berechtigungen sie erhält, wie sie ihre Aufgaben im System bewältigt und wie sie dabei ihre neue Rolle findet.

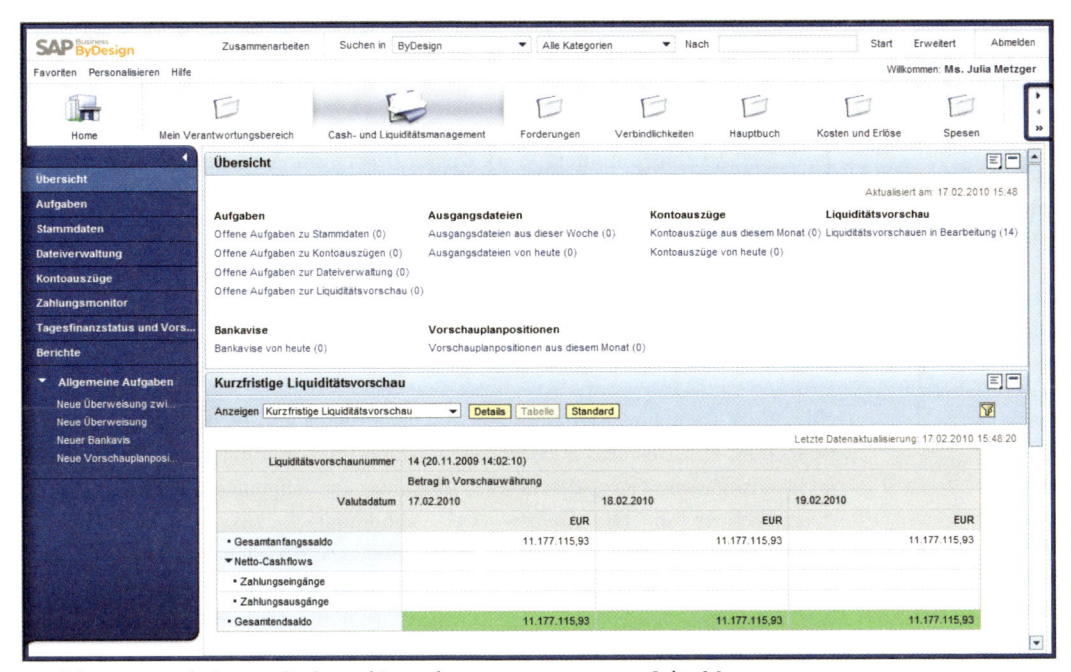

Abbildung 9: Work Center *Cash- und Liquiditätsmanagement* von *Julia Metzger*

Einschränkung von Berechtigungen durch Work Center

Julia Metzger ist Buchhalterin, bringt aber auch Erfahrung im Controlling mit. Sie wird am 01.01.2009 deshalb in der *Nordstar GmbH* in der Abteilung *Buchhaltung* als Leiterin des Rechnungswesens eingestellt. Die Abteilung ist im Organisationsmanagement von Business ByDesign abgebildet und hat die betriebliche Funktion *Finanzen und Verwaltung.* Diese Funktion umfasst Work Center, wie bspw. das *Cash- und Liquiditätsmanagement, Forderungen, Verbindlichkeiten* und *Verwaltung der Steuern,* das *Zahlungsmanagement* sowie die Überwachung von *Kosten und Erlösen* und dem *Hauptbuch.* Genau diese betrieblichen Funktionen werden beim ersten Anmelden am System als Work Center angezeigt (vgl. Abbildung 9). Ein einzelnes Work Center bündelt alle Aufgaben, Geschäftsvorfälle und Berichte für die genannten Arbeitsbereiche. Allein die Auswahl der Work Center schränkt die Berechtigung der Mitarbeiter schon ein: Bestellungen oder Kundenaufträge kann *Julia Metzger* nicht anlegen.

Einschränkung von Berechtigungen

Neben der *Nordstar GmbH* gibt es noch ein weiteres Tochterunternehmen der gleichen Gruppe, das in demselben Business ByDesign-System implementiert ist. Es wurde diskutiert, ob *Julia Metzger* für beide Unternehmen die gleichen Aufgaben übernimmt. Am Ende wurde die Idee verworfen und deshalb die Berechtigung für sie auf die *Nordstar GmbH* eingeschränkt. In den Benutzerdaten[32] wurde dazu die Berechtigung für alle einzelnen Funktionen *Finanzen und Verwaltung* auf die eigene Organisation beschränkt. Es wurde auch diskutiert, ob *Julia Metzger* interne Projekte[33] leiten und durchführen soll, die Entscheidung darüber aber bis auf Weiteres vertagt.

Zentrale Serviceorganisationen

Eine zentrale Fakturierung und Beschaffung als Serviceorganisation für die ganze Unternehmensgruppe ist aber weiterhin im Gespräch und soll in Zukunft auch realisiert werden.

Integrierte Lernumgebung, Dokumentation, Service und Support

Julia Metzger findet in ihrem Work Center *Home* zahlreiche Self-Services wie die Zeiterfassung, aber insbesondere auch eine integrierte Lern- und Hilfeumgebung. Weitere Dokumentationen stellt das *Help Center* zur Verfügung. Sollte ein Problem dort nicht beantwortet werden können, kann direkt aus dem *Help Center* ein sog. Vorfall erzeugt werden. Er wird nach der Bestätigung durch den Systemadministrator direkt an den SAP Support weitergeleitet. *Julia Metzger* kann den Status mit dem Self-Service *Service und Supportteam* verfolgen.

Struktur der Work Center

Alle Work Center weisen eine einheitliche Struktur auf, wodurch eine intuitive Benutzung von Business ByDesign unterstützt wird. Ein einzelnes Work Center bildet Aufgaben, Geschäftsvorfälle, Berichte und allgemeine Aufgaben eines Arbeitsgebiets ab. Die *Sichten* (vgl. Abbildung 9, links) gliedern sich in Überblick, Aufgaben, Geschäftsvorfälle, periodische Arbeiten und Berichte. In der Sicht *Überblick* sind häufig Berichtsdaten zu sehen. So ist im Work Center *Cash- und Liquiditätsmanagement* bspw. die kurzfristige Liquiditätsvorschau des Unternehmens gezeigt. Die Berichte dienen der Analyse in diesem Work Center. In den *Allgemeinen Aufgaben* können häufig verwendete Geschäftsvorfälle direkt per Link aufgerufen werden.

Work Center des Rechnungswesens und Trennung der Verantwortlichkeiten

Der Arbeitsumfang eines Mitarbeiters, der die vollständige Funktionalität des Rechnungswesens übernimmt, ist in Abbildung 10 zu sehen. Es sei aber darauf hingewiesen, dass schon bei der Einrichtung von Systembenutzern und der Vergabe von Work Centern auf eine Trennung von einzelnen Arbeitsaufgaben hingewiesen wird. Die Verwaltung der Verbindlichkeiten sollte bspw. von der

---

[32] Das ist im Work Center *Anwendungs- und Benutzerdaten* in der Sicht *Benutzer- und Zugriffsverwaltung* in den Benutzerdaten möglich.
[33] Interne Projekte sind Gemeinkostenprojekte und werden in Kapitel E4 behandelt.

Zahlungsverwaltung getrennt werden. Die Work Center des Rechnungswesens sind:

- *Cash- und Liquiditätsmanagement,*
- *Forderungen,*
- *Verbindlichkeiten,*
- *Spesen,*
- *Verwaltung der Steuern,*
- *Zahlungsverwaltung,*
- *Hauptbuch,*
- *Kosten und Erlöse,*
- *Anlagen,*
- *Bestandsbewertung.*

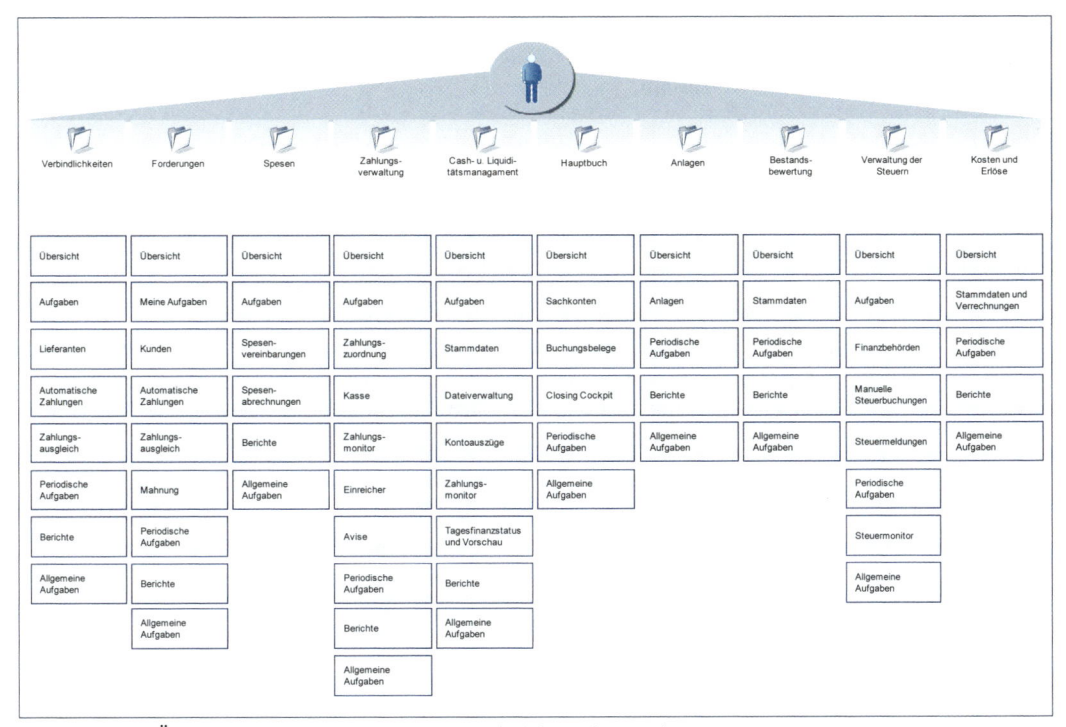

Abbildung 10: Überblick über alle Work Center und Sichten des Rechnungswesens

Als leitende Mitarbeiterin verfügt *Julia Metzger* zusätzlich über das Work Center *Mein Verantwortungsbereich*. Hierin genehmigt sie Aufgaben, die aufgrund der Konfigurationseinstellung ein Genehmigungsverfahren durch den Vorgesetzten erfordern. Damit wird für Geschäftsvorfälle wie Urlaubsantrag, Zahlungsausgang, Spesenabrechnung oder Leistungsrückmeldung auf einem Projekt ein Kontrollmechanismus bereitgestellt. Berichte, die das Team oder das Budget der Kostenstelle betreffen, sind standardmäßig aktuell verfügbar. *Julia Metzger* sieht dort

Work Center für den Manager

überdies Berichte zum Cash- und Liquiditätsmanagement, Hauptbuchberichte und viele mehr.

Aktive Aufgabensteuerung – die Arbeit kommt zum Benutzer

Neben den Genehmigungen fallen weitere Aufgaben im täglichen Geschäft eines Finanzbuchhalters und Controllers an. So erreichen Kontoauszugsdateien der Hausbank das Unternehmen. Sie sollten so bald wie möglich freigegeben werden. Möglicherweise wurden einige im Kontoauszug enthaltene Zahlungen keinem Kundenkonto oder keinem offenen Posten auf diesem Konto zugeordnet. Einer ihrer Mitarbeiter hat einem Kunden einen Skonto gewährt, der über die Standardwerte hinausgeht. Die Zahlungen ihrer Lieferanten gehen heute an die Bank und sollten überprüft werden. Ggf. haben sie Anweisungen von der Geschäftsleitung, eine Verbindlichkeit unbedingt zur Zahlung zu sperren. Außerdem werden heute Mahnungen an säumige Kunden verschickt. In jedem Fall entstehen Aufgaben, die an genau die Systembenutzer gehen, die für die entsprechenden Funktionen (i.S.d. Organisationsmanagements) zuständig sind. Die Arbeit kommt zum Benutzer, sie werden aktiv auf offene Aufgaben hingewiesen – ein zentrales Konzept von Business ByDesign.

Workflow Ansatz und Kollaboration über Unternehmensgrenzen

Geschäftsprozesse werden naturgemäß von Mitarbeitern verschiedener Organisationseinheiten durchgeführt, die Work Center spiegeln diese Form von Arbeitsteilung wider. Die verschiedenen Geschäftsvorfälle eines Beschaffungsprozesses verbinden einerseits die einzelnen Organisationseinheiten untereinander und andererseits das Unternehmen mit seinen Lieferanten und Banken. Diesen Workflow-Aspekt unterstützt Business ByDesign durch Schnittstellen zu Geschäftspartnern und Banken insbesondere dadurch, dass das eigene System den nächsten folgenden offenen Geschäftsvorfall des Prozesses bereits antizipiert. Die bestellten Rohmaterialien lassen einen Wareneingang erwarten, nach dem Wareneingang kann mit der Lieferantenrechnung gerechnet werden, nach dem Einreichen eines Kundenschecks bei der Bank oder nach einer Überweisung der Verbindlichkeit quittiert der nachfolgende Kontoauszug die Gutschrift des Schecks und die Überweisung. Solange alles im Rahmen der zeitlichen Erwartung abläuft, gibt es keine Rückmeldung des Systems. Beim Überschreiten von Fristen werden die Systembenutzer durch Nachrichten jedoch zum Handeln aufgefordert.

Vom Buchhalter zum Manager

Die meisten Zahlungsvorgänge laufen automatisch ab. Bei *Julia Metzger* landen nur Kontrollaufgaben und Genehmigungen. Überdies berichtet sie nun regelmäßig über den Auftragseingang an die Geschäftsleitung. Sie kennt das Volumen der Lieferungen, für die noch keine Lieferantenrechnung geschickt wurde. Sie kennt den aktuellen Bestandswert aller Rohmaterialien, kennt die Ausschussquote in der Produktion und hat einen Überblick über alle laufenden und noch nicht fakturierten Projekte. Sie kennt das Volumen der offenen Forderungen und insbesondere das Zahlungsverhalten der Kunden und hat sich vorgenommen, das Forderungsmanagement in den nächsten sechs Monaten zu optimieren und die Forderungslaufzeit (Day Sales Outstanding) um 20 % zu verringern. Sie kennt den Liquiditätszustand des Unternehmens im Detail. Durch die Vorlage des Liquiditätsplans für die *Nordstar GmbH* bei ihrer Hausbank konnte der Kreditzins für das anstehende Bankdarlehen um 0,3 % gesenkt werden. Natürlich obliegt die Organisation des Periodenabschlusses ganz ihrer Verantwortung, die sie über das Closing Cockpit[34] an die entsprechenden Mitarbeiter delegiert. Die Berichtszahlen werden in einigen Monaten wieder der genauen Prüfung des Wirtschaftsprüfers[35] standhalten müssen. *Julia Metzger* stellt nach einer Zeit der Einarbeitung fest, dass sie sich von ihrem alten Job als Buchhalter weit entfernt hat.

Das Rechnungswesen von Business ByDesign ist in die Geschäftsprozesse des Unternehmens bestmöglich integriert und liefert Unternehmenstransparenz in Echtzeit. Die Daten basieren dabei auf einem harmonisierten Rechnungswesen, das die Trennung in verschiedene Rechnungskreise überwindet.

Geschäftsprozessbasiertes Rechnungswesen: Unternehmenstransparenz in Echtzeit

---

[34] Vgl. hierzu Kapitel E5.3.1.
[35] Der Wirtschaftsprüfer ist als Dienstleister im System angelegt und hat ein eigenes Work Center, mit dem er alle Zahlen über den gesamten Audit Trail hinweg bis hin zu den Quelldokumenten prüfen kann. Änderungen sind ihm vorenthalten.

B Möglichkeit zur Harmonisierung des Rechnungswesens in der Umgebung eines Einkreissystems

1 Einführung

Harmonisierungs-diskussion

Im deutschsprachigen Raum erfolgt traditionell eine strenge Trennung zwischen internem und externem Rechnungswesen.[36] Erst Anfang der 1990er Jahre begann – ausgelöst durch eine damalige Umstrukturierung des Rechnungswesens im Hause der Siemens AG – eine breite Diskussion über die Sinnhaftigkeit einer Harmonisierung des Rechnungswesens.[37] Zunächst hatte eine Debatte über die grundsätzliche Verzichtbarkeit einer Kostenrechnung begonnen,[38] später wurde die Diskussion unter den Schlagworten „Harmonisierung" bzw. „Konvergenz" des internen und externen Rechnungswesens weitergeführt. In den letzten Jahren erfuhr diese Diskussion insbesondere vor dem Hintergrund der zunehmenden Kapitalmarktorientierung deutscher Unternehmen und der fortschreitenden Internationalisierung der Rechnungslegung neue Dynamik.[39]

Einfluss des BilMoG

Die nachfolgend dargestellten Ergebnisse dieser Debatte sind aktuell durch die Einführung des BilMoG neu auf den Prüfstand zu stellen. Durch die mit dem BilMoG gestärkte Informationsfunktion der Handelsbilanz aufgrund der Abkopplung der handelsrechtlichen von der steuerlichen Gewinnermittlung sowie die Annäherung des Handelsrechts an die internationalen Vorschriften, ergeben sich insbesondere für den Einzelabschluss und damit auch verstärkt für mittelständische Unternehmen neue Implikationen.[40] Am 26.03.2009 wurde das BilMoG vom Deutschen Bundestag verabschiedet. Am 03.04.2009 fand das BilMoG dann die Zustimmung des Bundesrats,[41] sodass es schließlich mit Wirkung zum 29.05.2009 in Kraft treten konnte. Damit wurde ein umfassendes Gesetzgebungsverfahren abgeschlossen, das insbesondere für den deutschen Mittelstand zentrale Bedeutung erlangt.[42] Das Ziel des Gesetzes liegt darin, „das bewährte HGB-Bilanzrecht zu einer dauerhaften und im Verhältnis zu den internationalen Rechnungslegungsstandards vollwertigen, aber kostengünstigeren und einfacheren Alternative weiterzuentwickeln, ohne die Eckpunkte des HGB-Bilanzrechts – die HGB-Bilanz bleibt Grundlage der Ausschüttungsbemessung und der steuerlichen Gewinnermittlung – und das bisherige System der Grundsätze ordnungsmäßiger Buchführung[43] aufzugeben. Darüber hinaus sollen die

---

[36] Vgl. KÜMPEL, T. (2002), S. 343.
[37] Vgl. KÜTING, K./LORSON, P. (1998a), S. 483. Zur damaligen Literaturdiskussion vgl. u.a. PFAFF, D. (1994), S. 1065; SCHILDBACH, T. (1995), S. 1; WAGENHOFER, A. (1995), S. 81.
[38] Vgl. hierzu bspw. PFAFF, D. (1994), S. 1067 ff.
[39] Vgl. GÜNTHER, T./ZURWEHME, A. (2008), S. 101; vgl. auch bereits KÜTING, K./ LORSON, P. (1998a), S. 483.
[40] Vgl. hierzu auch LORSON, P./ZÜNDORF, H. (2009), S. 719; Business ByDesign bietet für die Abkopplung der Handels- von der Steuerbilanz die systemseitigen Voraussetzungen. Im Rahmen einer parallelen Bilanzierung, in der nach Handels- und Steuerrecht jeweils getrennt Rechnung gelegt wird, kann sie optimal unterstützt werden; vgl. hierzu Kapitel C5.
[41] Vgl. BR-Drucksache (270/09).
[42] Vgl. HERZIG, N./BRIESEMEISTER, S. (2009a), S. 926.
[43] Wird im Folgenden mit GoB abgekürzt.

Unternehmen – wo möglich – von unnötigen Kosten entlastet werden.[44] Das BilMoG kann wie auch in der Vergangenheit bereits die zunehmende Internationalisierung der Rechnungslegung als „Katalysator" für die Harmonisierung des internen und externen Rechnungswesens bezeichnet werden.[45] Diese Rolle kann dem BilMoG u.a. deshalb zugesprochen werden, weil in der Handelsbilanz nunmehr keine steuerlichen Verzerrungen enthalten sind.

Im vorliegenden Kapitel sollen aufbauend auf der Diskussion um die Sinnhaftigkeit einer Konvergenz – insbesondere vor dem Hintergrund der aktuellen Einführung des BilMoG – in der Literatur aufgeführte Vor- und Nachteile eines harmonisierten Rechnungswesens abgewogen und mögliche Umsetzungsstrategien aufgezeigt werden. Die anschließende Analyse zeigt, dass sich ein harmonisiertes Rechnungswesen im Mittelstand aufgrund des BilMoG und der damit verbundenen Stärkung der Informationsfunktion immer mehr durchsetzen wird. Es können damit Kosten reduziert und gleichzeitig Informationen transparenter werden: Der Ansatz von Business ByDesign unterstützt mittelständische Unternehmen hierbei durch ein Einkreissystem. Das ermöglicht beide Denkwelten in einen Rechnungskreis zu integrieren.

2 Traditionelle Zweiteilung des Rechnungswesens deutscher Unternehmen

Historisch betrachtet wird bereits seit Beginn des 20. Jahrhunderts in deutschen Unternehmen eine klare Trennung zwischen internem und externem Rechnungswesen vorgenommen.[46] Diese grundlegende Organisationsstruktur des Rechnungswesens wird grds. durch die divergierenden Zielsetzungen der beiden Rechensysteme begründet.[47]

Unterschiedliche Zielsetzungen

2.1 Ziele des externen Rechnungswesens

Die externe Rechnungslegung nach HGB erfüllt eine Informations-, Dokumentations- und Entscheidungsfunktion sowie eine Ausschüttungsbemessungsfunktion.[48] Über die Maßgeblichkeit der Handelsbilanz für die Steuerbilanz kommt der handelsrechtlichen Rechnungslegung darüber hinaus eine fundamentale Bedeutung für die Ermittlung der Steuerbemessungsgrundlage zu.[49] In der Vergangenheit stellte dabei die Zahlungs- bzw. Ausschüttungsbemessungs-

Funktionen

---

[44] Vgl. BT-Drucksache (16/10067), S. 1.
[45] Vgl. dahin gehend auch HARING, N./PRANTNER, R. (2005), S. 147.
[46] Vgl. zur historischen Entwicklung des Rechnungswesens bspw. MÜLLER, S. (2003), S. 53 ff.; SCHWEITZER, M./WAGENER, K. (1998), S. 439 ff.
[47] Vgl. KERKHOFF, G./THUN, S. (2007), S. 455.
[48] Vgl. z.B. COENENBERG, A. G./HALLER, A./SCHULTZE, W. (2009), S. 16 ff.; KÜTING, K./WEBER, C.-P. (2009), S. 10 f.
[49] Vgl. KÜTING, K./WEBER, C.-P. (2008), S. 77; PFITZER, N. /OSER, P. (2003), Kap. 2, Rn. 1 ff.

funktion in Form einer vorsichtigen, unter Gläubigerschutzaspekten vorgenommenen Ermittlung des besteuerungs- und ausschüttungsfähigen Gewinns, den dominierenden Zweck des externen Rechnungswesens dar.[50] Die Gewinnermittlung im Rahmen des externen Rechnungswesens ist durch das Handels- und Steuerrecht gesetzlich normiert und unter Beachtung der Grundsätze ordnungsmäßiger Buchführung durchzuführen. Im Zuge der Bilanzrechtsmodernisierung hat sich die Bedeutung der Ziele des externen Rechnungswesens allerdings zu Gunsten der Informationsfunktion verschoben. Eines der Ziele des BilMoG war die Erreichung einer erhöhten internationalen Anerkennung des Handelsrechts durch eine Annäherung an die bestehenden internationalen Vorschriften und die Stärkung der Informationsfunktion der Handelsbilanz.[51]

2.2 Ziele des internen Rechnungswesens

Planungs-, Steuerungs- und Kontrollfunktion

Das interne Rechnungswesen richtet sich im Gegensatz zum externen Rechnungswesen grds. nicht an unternehmensexterne, sondern vielmehr an unternehmensinterne Adressaten. Das interne Rechnungswesen erfolgt im Wesentlichen im Eigeninteresse der Unternehmensleitung und soll ein an der betrieblichen Leistung orientiertes Planungs-, Steuerungs- und Kontrollsystem für die Unternehmensführung darstellen.[52] Abgesehen von Spezialvorschriften (wie bspw. für Krankenhäuser) unterliegt das interne Rechnungswesen keinen gesetzlichen Restriktionen wie dem Handels- und Steuerrecht. Es kann daher konkret an den spezifischen Informationsbedürfnissen der Unternehmensführung ausgerichtet werden.[53] Durch die vorhandenen Gestaltungsspielräume findet sich eine Vielzahl von Ergebnisgrößen als Rechnungsziele. Von perioden- und stückbezogenen Kosten, Erlös- und Deckungsbeitragsgrößen sowie diverser Gewinngrößen bis hin zu Rentabilitätskennzahlen oder auch mehrperiodigen Kapitalwerten ist alles in der Unternehmenspraxis vorzufinden.[54] Die Unterschiede in den Gewinngrößen werden durch die Verwendung von Voll- oder Teilkostenrechnungen und durch Bestandsbewertungen mit oder ohne anteilige Fixkosten hervorgerufen. Die Höhe des Erfolgs wird ferner erheblich durch die Verwendung kalkulatorischer Kosten, wie bspw. kalkulatorische Abschreibungen und Zinsen, beeinflusst. Der Rechnungszweck des internen Rechnungswesens liegt in der Ermittlung des entziehbaren Periodenerfolgs; dieser soll die Substanzerhaltung des Unternehmens gewährleisten.[55]

Zusammenfassend beruht die klassische Zweiteilung auf der Divergenz der Anforderungen zwischen externem und internem Rechnungswesen. Während das externe Rechnungswesen vom Vorsichtsprinzip geprägt ist, bildet das interne

---

[50] Vgl. KÜMPEL, T. (2002), S. 343.
[51] Vgl. hierzu bspw. PFIRMANN, A./SCHÄFER, R. (2009), S. 121.
[52] Vgl. KÜTING, K./LORSON, P. (1998b), S. 469.
[53] Vgl. HOKE, M. (2001), S. 12.
[54] Vgl. BRUNS, H.-G. (1999), S. 593.
[55] Vgl. KÜTING, K./LORSON, P. (1998b), S. 469.

Rechnungswesen die Situation des Unternehmens so realistisch wie möglich ab. Diese Trennung wurde vor der Verabschiedung des BilMoG durch die von der umgekehrten Maßgeblichkeit herrührenden steuerlich bedingten Verzerrungen erheblich vergrößert.[56] Durch die bislang vorherrschende Dominanz des Gläubigerschutzes in Form des Vorsichtsprinzips über die Informationsfunktion und vor allem aufgrund der steuerlichen Einflüsse wurden die Ergebnisgrößen im Modell des Einzelabschlusses im externen Rechnungswesen in der Vergangenheit für die Planungs-, Kontroll- und Steuerungszwecke des internen Rechnungswesens als nicht anwendbar angesehen.[57] Aufgrund der zunehmenden Kapitalmarktorientierung deutscher Unternehmen und der Internationalisierung der Rechnungslegung galt dies – wie nachfolgend dargestellt – für die Ergebnisgrößen des externen Konzernrechnungswesens nicht in gleichem Maße. Die in der internationalen Rechnungslegung dominierende Informationsfunktion wird durch das BilMoG auch im deutschen Handelsrecht gestärkt. In Zukunft wird sich u.E. externes und internes Rechnungswesen in dem Maße annähern, wie sich die Steuerbilanz von der Handelsbilanz entfernt.

3 Internationalisierung der Rechnungslegung und BilMoG als Ausgangspunkt der Harmonisierung

Aufgrund der vorangehend bereits genannten unterschiedlichen Zielsetzungen zwischen internem Rechnungswesen und dem handelsrechtlichen Einzelabschluss beschränkten sich bisher sämtliche Überlegungen bezüglich des Harmonisierungsspielraums auf den Konzernabschluss.[58]

Im Gegensatz zum Einzelabschluss besitzt der Konzernabschluss in Deutschland grds. keine Ausschüttungsbemessungs-, sondern lediglich eine Informationsfunktion.[59] Kapitalmarktorientierte Unternehmen sind ferner verpflichtet ihren Konzernabschluss nach den International Financial Reporting Standards (IFRS) aufzustellen. Nicht kapitalmarktorientierte Unternehmen können dies auf freiwilliger Basis tun. Hinsichtlich des Einzelabschlusses ist ebenfalls eine freiwillige Anwendung der IFRS möglich.[60] Die Unternehmen selbst sind ebenfalls einer zunehmenden Internationalisierung ausgesetzt, die sich vorrangig aus dem zunehmenden globalen Wettbewerb ergibt. Eine steigende Anzahl international agierender Unternehmen mit internationalen Tochterunternehmen und Auslandsniederlassungen ist die Folge. Durch solche internationale Strukturen müssen sich die Unternehmen häufig zwangsläufig mit den internationalen Rechnungs-

Anwendung der IFRS

---

[56] Vgl. zu der Thematik der Streichung der umgekehrten Maßgeblichkeit und der damit verbundenen Abkopplung der Handels- von der Steuerbilanz Kapitel C.
[57] Vgl. HALLER, A. (1997), S. 271; COENENBERG, A. G. (1995), S. 592, 2083; KÜMPEL, T. (2002), S. 343.
[58] Vgl. HARING, N./PRANTNER, R. (2005), S. 148.
[59] Vgl. KÜTING, K./LORSON, P. (1999), S. 60.
[60] Vgl. BUCHHOLZ, R. (2008), S. 1.

legungsvorschriften befassen. Diese Entwicklungen nehmen auch Einfluss auf die Struktur des Rechnungswesens, da die traditionelle deutsche Zweiteilung des Rechnungswesens international weitgehend unbekannt ist.[61] Die internationalen Rechnungslegungsvorschriften, insbesondere die IFRS, orientieren sich primär an den Informationsbedürfnissen der Kapitalinvestoren. Im Mittelpunkt der Standards steht „der anonyme Eigenkapitalgeber als prototypischer Abschlussadressat"[62].

IFRS als Ausgangspunkt einer Harmonisierung

Die Zielsetzung der IFRS-Rechnungslegung besteht in der Vermittlung entscheidungsrelevanter Informationen. Den Abschlussadressaten soll durch den Abschluss ein reelles Bild der Unternehmenslage vermittelt werden.[63] Der Übergang vom deutschen alten HGB zu den internationalen Standards bedingt somit eine Verschiebung der Grundprinzipien der Rechnungslegung, indem Gläubigerschutz und Vorsichtsprinzip durch den Vorrang der wirtschaftlichen Betrachtungsweise zurückgedrängt werden.[64] Die Informationsfunktion als zentrale Aufgabe des Konzernabschlusses im Allgemeinen, insbesondere aber der IFRS, führt zu einer im – Vergleich zum HGB vor dem BilMoG – stärkeren Kongruenz der Ziele des externen und internen Rechnungswesen. Eine bessere Eignung der externen Ergebnisgrößen für Zwecke der internen Steuerung und Kontrolle war die Folge.[65] Im Rahmen des Konzernrechnungswesens und aufgrund der Internationalisierung der Rechnungslegung boten sich somit Ansatzpunkte für eine Harmonisierung des internen und externen Rechnungswesens.[66] Aufgrund der Beschränkung des Harmonisierungspotenzials auf das Konzernrechnungswesen und die Anwendung internationaler Rechnungslegungsvorschriften war für die überwiegende Mehrheit des deutschen Mittelstands allerdings nach wie vor kein Spielraum zur Harmonisierung des Rechnungswesens vorhanden.

Stärkung der Informationsfunktion durch das BilMoG

Mit der Einführung des BilMoG im Jahr 2009 erfolgte eine umfassende Reform des bis dahin geltenden Handelsrechts. Im Zuge des BilMoG wurde eine Annäherung des alten HGB an die internationalen Rechnungslegungsvorschriften vorgenommen. Gleichzeitig bewirkte der Wegfall der umgekehrten Maßgeblichkeit eine Abkopplung des handelsrechtlichen Einzelabschlusses von der steuerlichen Gewinnermittlung.[67] Explizites Ziel des BilMoG war die Stärkung der Informationsfunktion des Handelsrechts.[68] Damit gewährleistet der handelsrechtliche Einzelabschluss einen entscheidungsnützlichen Einblick in die Vermögens-, Finanz und Ertragslage eines Unternehmens.

Beispiele

Konkrete Beispiele für die gestärkte Informationsfunktion des handelsrechtlichen Jahresabschlusses durch das BilMoG sind bspw.:

---

[61] Vgl. HEBELER, C. (2003), S. 33.
[62] PELLENS, B. et al. (2008), S. 111.
[63] Vgl. PELLENS, B. et al. (2008), S. 111.
[64] Vgl. KÜTING, K./LORSON, P. (1999), S. 62; MÜLLER, M. (2006), S. 40.
[65] Vgl. u.a. HOKE, M. (2001), S. 65 f.
[66] Vgl. hierzu bspw. HEBELER, C. (2003), S. 35 f.
[67] Vgl. hierzu ausführlich Kapitel C.
[68] Vgl. BT-Drucksache (16/10067), S. 34.

- Die Einführung eines Aktivierungswahlrechts für selbst geschaffene immaterielle Vermögensgegenstände des Anlagevermögens (§ 248 HGB),
- die Streichung des Wahlrechts zur Übernahme rein steuerlicher Abschreibungen (§ 254 HGB),
- die Einführung eines allgemeinen Zuschreibungsgebots für in der Vergangenheit vorgenommene außerplanmäßige Abschreibungen (§ 253 Abs. 3 HGB)[69] oder auch
- die umfangreichen Erweiterungen der Berichtspflichten im Anhang.[70]

Aufgrund dieser gestärkten Informationsfunktion des externen Rechnungswesens durch das BilMoG und der dadurch erhöhten Zielkongruenz zwischen internem und externem Rechnungswesen, ist nun auch im Bereich des Einzelabschlusses nach deutschem Handelsrecht eine Harmonisierung des internen und externen Rechnungswesens möglich und nützlich. Bevor nachfolgend die Möglichkeiten, Vorteile und Grenzen einer Harmonisierung detailliert aufgezeigt werden, soll zunächst auf die Richtung der Harmonisierung eingegangen werden.

Höhere Zielkongruenz

4 Analyse der Vor- und Nachteile von Harmonisierungsbestrebungen im Rechnungswesen

4.1 Vorbemerkungen

Eine Harmonisierung des Rechnungswesens kann auf unterschiedliche Weise erreicht werden. Einerseits kann das interne Rechnungswesen an das externe Rechnungswesen angepasst werden. Andererseits besteht die Möglichkeit einer umgekehrten Vorgehensweise, sprich der Bewegung der externen hin zur internen Rechnungslegung; schließlich können sich auch beide Rechensysteme in engen Grenzen aufeinander zubewegen.[71]

Harmonisierungsrichtung

Grds. muss allerdings eine Annäherung des internen an das externe Rechnungswesen erfolgen, da dieses aufgrund der gesetzlichen bzw. privatrechtlichen Vorschriften keinen mit dem internen Rechnungswesen vergleichbaren Umfang an Flexibilität aufweist.[72] Die Anpassung des internen an das externe Rechnungswesen bedeutet, dass die interne Steuerung, Kontrolle und Entscheidungsfindung anhand der Daten des externen Rechnungswesens durchgeführt wird.[73] Kalkulatorische Kosten können bei dieser Anpassungsstrategie nicht berück-

Anpassungsstrategie

---

[69] Vor dem BilMoG bestand für Nicht-Kapitalgesellschaften diesbzgl. ein Zuschreibungswahlrecht.
[70] Vgl. zu den erweiterten Berichtspflichten im Anhang ausführlich STRICKMANN, M. (2009), S. 515 ff.
[71] Vgl. BURGER, A./BUCHHART, A. (2001), S. 549.
[72] Vgl. MÜLLER, M. (2006), S. 38.
[73] Vgl. BRUNS, H.-G. (1999), S. 594.

Kosten-Nutzen-Erwägung der Harmonisierung

sichtigt werden.[74] Weil kalkulatorische Kosten unberücksichtigt bleiben, ergeben sich diverse Vor- und Nachteile einer solchen Harmonisierungsstrategie.

Nach der Bilanzrechtsmodernisierung durch das BilMoG und der damit einhergehenden Abkopplung der Handelsbilanz von der steuerlichen Gewinnermittlung gewinnt das Rechnungswesen selbst für kleinere und mittelständische Unternehmen an Komplexität. Im Rahmen des externen Rechnungswesens – insbesondere aufgrund der Verpflichtung zur Abgrenzung latenter Steuern – wird künftig in aller Regel eine Steuerbilanz und eine Handelsbilanz gesondert aufgestellt werden müssen. Mit der Anwendung des Steuerrechts für die Steuerbilanz, des Handelsrechts für den Einzelabschluss und der etwaigen Kosten- und Leistungsrechnung als Grundlage des Controlling können bereits für mittelständische Unternehmen schon mindestens drei verschiedene Rechnungswesensysteme zu beachten sein. Kommen des Weiteren noch Tochterunternehmen im In- und/oder Ausland hinzu, müssen unter Umständen zusätzlich noch Rechnungslegungsvorschriften für den Konzernabschluss berücksichtigt werden. Daher erscheint in der Praxis schon allein aufgrund von organisatorischen Überlegungen und Kosten-Nutzen-Erwägungen eine stärkere Harmonisierung sinnvoll zu sein.[75]

Die einzelnen, wesentlichen in der Literatur beschriebenen Vor- und Nachteile einer Harmonisierung werden nachfolgend im Detail dargestellt. Zunächst werden die in Literatur und Praxis angeführten Nachteile einer Harmonisierung dargestellt. Sie führen letztendlich zu der Kritik, dass das interne Rechnungswesen nicht in der Lage ist, mit den Daten der externen Rechnungslegung die ihm zugeordnete interne Steuerungs-, Planungs- und Kontrollfunktion optimal auszufüllen. Die in der Literatur vorzufindenden Vorteile werden sodann den Nachteilen gegenübergestellt. Zudem werden mittlerweile veraltete Argumente gegen die Harmonisierung entkräftet und eine Bewertung aller Argumente zu Gunsten einer Harmonisierung des Rechnungswesen vorgenommen.

4.2 Nachteile und Kritik
4.2.1 Abhängigkeit der internen Steuerung von der externen Normensetzung

Einfluss Dritter auf interne Kennzahlen

Der in verschiedenen Umfragen in der Unternehmenspraxis am häufigsten genannte Nachteil einer Harmonisierung stellt die Abhängigkeit von der externen Festlegung von Rechnungslegungsnormen dar.[76] Die für das interne Rechnungswesen verwendeten Kennzahlen und Informationen werden durch gesetzliche bzw. richtlinienartige Vorgaben externer Dritter festgelegt und können nicht mehr vom Unternehmen frei gestaltet werden. Neben den gesetzlich kodifizierten Normen durch den Gesetzgeber werden die nationalen Vorgaben zur externen Rechnungslegung zusätzlich durch privatrechtlich organisierte Standardsetzer be-

---

[74] Vgl. KÜMPEL, T. (2002), S. 345.
[75] Vgl. GÜNTHER, T./ZURWEHME, A. (2008), S. 112.
[76] Vgl. u.a. HARING, N./PRANTNER, R. (2005), S. 153; HOKE, M. (2001), S. 158.

einflusst, die sich oftmals an internationalen Bedürfnissen und Besonderheiten orientieren. Das interne Rechnungswesen muss also für die unternehmensinterne Steuerung, Planung und Kontrolle fremdbestimmte Standards verwenden, auf die sie grds. keinen Einfluss haben und die nicht an die individuellen Gegebenheiten des jeweiligen Unternehmens angepasst werden können.

4.2.2 Beeinflussung der internen Steuerung durch bilanzpolitische Maßnahmen

Eng verbunden mit dem vorangehend angeführten Kritikpunkt ist die Beeinflussung der internen Steuerungsgrößen durch die Bilanzpolitik. Durch bilanzpolitische Gestaltungsmaßnahmen kann ein erheblicher Einfluss auf die Vermögens-, Finanz- und Ertragslage eines Unternehmens genommen werden. Dabei ist zu beobachten, dass bilanzpolitische Strategien die tatsächliche Unternehmenslage in zumindest zwei Perioden verfälschen. Erstens in der Periode, in der aufgrund einer durchgeführten Maßnahme z.B. stille Reserven gelegt werden; dann aber auch in der Periode, in der diese wiederum aufgelöst werden. Zu Zwecken der internen Steuerung wird bei einer vollständigen Harmonisierung auf die gleiche – durch bilanzpolitische Maßnahmen beeinflusste – Datenbasis zurückgegriffen.[77] Seit dem BilMoG sind die bilanzpolitischen Möglichkeiten aufgrund der Streichung vieler Wahlrechte jedoch eingeschränkt worden,[78] sodass dieser Kritikpunkt seit dem BilMoG an Bedeutung verloren hat.

Bilanzpolitik

4.2.3 Nichteinbeziehung kalkulatorischer Kosten

Kalkulatorische Kosten dienen im Rahmen der internen Steuerung u.a.

Vergleichbarkeit dezentraler Einheiten

- zur Beurteilung des Managements dezentraler Einheiten und
- zum Vergleich zwischen diesen Einheiten.

Die Ergebnisse der Geschäftseinheiten sollen unabhängig von ihrer Finanzierungsstruktur miteinander vergleichbar gemacht werden. Um diese Vergleichbarkeit herzustellen, wird die Rentabilität regelmäßig als Gesamtkapitalgröße gemessen, sodass eine verzerrte Darstellung der Vergleichsgrößen durch den sog. Leverage-Effekt[79] vermieden wird. Gleichzeitig trägt diese Vorgehensweise auch der Tatsache Rechnung, dass die Finanzierungsentscheidungen dezentraler Einheiten häufig außerhalb der jeweiligen Kompetenzen dieser Einheiten liegen. Die Vergleichsgrößen werden daher um kalkulatorische Eigenkapitalzinsen ergänzt.[80]

---

[77] Vgl. KÜTING, K./LORSON, P. (1998c), S. 2254.
[78] Vgl. SCHEREN, M. (2009), S. 711.
[79] Der sog. Leverage-Effekt bezeichnet die Tatsache, dass unter Rentabilitätsgesichtspunkten eine möglichst hohe Verschuldung sinnvoll ist, solange die Gesamtkapitalrentabilität (Rendite des investierten Kapitals) über dem Fremdkapitalzinssatz liegt; vgl. hierzu bspw. KÜTING, K./WEBER, C.-P. (2009), S. 137.
[80] Vgl. KÜTING, K./LORSON, P. (1998c), S. 2254.

Die Einbeziehung kalkulatorischer Kosten ist jedoch mit einer vollständigen Harmonisierung nicht vereinbar, da die Berücksichtigung einbeziehungsfähiger Kosten gesetzlich normiert ist.

4.2.4 Fehlende Abschottung des internen Rechnungswesens nach außen

Transparenz nach außen

Ein weiterer Nachteil – zumindest einer vollständigen Harmonisierung – wird teilweise in der fehlenden Abschottung der Zahlen des internen Rechnungswesens gegen Einblicke von außen gesehen.[81] Durch die Verwendung der an Unternehmensexterne gerichteten Zahlen zu internen Steuerungszwecken sind die Ausgangsdaten zur Steuerung und Planung weitgehend auch für die Öffentlichkeit ersichtlich. Eine derartige hohe Transparenz könnte u.U. die Gefahr von Wettbewerbsnachteilen mit sich bringen.[82]

4.2.5 Durch steuerliche Vorschriften verfälschte Datenbasis

Parallele Bilanzierung

Einer der wesentlichen in der Vergangenheit angeführten Nachteile eines harmonisierten Rechnungswesens war die Verfälschung der handelsrechtlichen Rechnungslegung durch steuerliche Vorschriften. Durch die enge Verknüpfung zwischen Handels- und Steuerbilanz über die Maßgeblichkeit und die Umkehrmaßgeblichkeit wurde der handelsrechtliche Jahresabschluss stark von steuerlichen Elementen geprägt. Oftmals spiegelte dieser daher nicht die tatsächliche Lage des Unternehmens wider. Die handelsrechtlichen Daten wurden infolgedessen als zur Verwendung für interne Steuerungszwecke nicht geeignet angesehen.[83] Insbesondere aufgrund dieser engen Verknüpfung des Einzelabschlusses mit dem Steuerrecht wurden sämtliche Harmonisierungsdiskussionen auf das externe Konzernrechnungswesen bzw. auf den Einzelabschluss nach internationalen Vorschriften begrenzt. Durch die Abschaffung der umgekehrten Maßgeblichkeit im Zuge des BilMoG erfolgte eine Abkopplung der Handelsbilanz von den steuerrechtlichen Vorschriften.[84] Der in der Vergangenheit angeführte Kritikpunkt wurde damit weitgehend gegenstandslos. Durch die weitere Entfernung zwischen Handelsbilanz und steuerlicher Gewinnermittlung, aber auch vor dem Hintergrund der Verpflichtung zur Ermittlung latenter Steuern nach dem sog. Timing-Konzept, ist eine separate Aufstellung einer Handels- und einer Steuerbilanz in aller Regel unverzichtbar.[85] Es bietet sich die Möglichkeit, die einzelgesellschaftliche Handelsbilanz von rein steuerlichen Komponenten zu befreien und betriebswirtschaftlich so auszugestalten, dass diese handelsrechtlichen Daten auch für

---

[81] Vgl. KÜTING, K./LORSON, P. (1998b), S. 471.
[82] Vgl. HOKE, M. (2001), S. 160.
[83] Vgl. KÜTING, K./LORSON, P. (1998c), S. 2254.
[84] Vgl. hierzu ausführlich Kapitel C.
[85] Zum Timing-Konzept und der Notwendigkeit einer parallelen Bilanzierung vgl. ausführlich Kapitel C3.

Zwecke des internen Rechnungswesens geeignet sind.[86] Im Rahmen einer parallelen Bilanzierung kann nach Handels- und Steuerrecht jeweils getrennt Rechnung gelegt werden. Im Hinblick auf eine Harmonisierung zwischen externem und internem Rechnungswesen kann daher problemlos auf die in Business ByDesign gesondert abgebildete einzelgesellschaftliche Rechnungslegung nach HGB für Zwecke der internen Steuerung zurückgegriffen werden.[87]

4.3 Vorteile
4.3.1 Verständlichkeit und interne Kommunizierbarkeit

Ein wichtiger Beweggrund für eine Harmonisierung des Rechnungswesens besteht in den oftmals schwer vermittelbaren Unterschieden zwischen interner und externer Rechnungslegung. Das interne Rechnungswesen verwendet regelmäßig kalkulatorische und steuerungsorientierte Größen und Kennzahlen, die oftmals zu größeren Differenzen zwischen Ergebnis bzw. Kennzahlen des internen und externen Rechnungswesens führen. Solche Differenzen sind häufig nicht selbsterklärend, sondern bedürfen sowohl unternehmensintern als auch -extern arbeits- und zeitintensiver Erläuterungen.[88] Daraus ergeben sich regelmäßig Schwierigkeiten im Rahmen der internen und der externen Kommunikation.

Abweichende Ergebnisgrößen

Hinsichtlich der internen Kommunikation entsteht die Gefahr, dass der Erläuterung und Erklärung der Differenzen zwischen den verschiedenen Ergebnisgrößen mehr Aufmerksamkeit gewidmet wird als der Interpretation der eigentlichen Zahlen.[89] Eine Einschränkung der Glaubwürdigkeit und dadurch auch der Steuerungsrelevanz der Ergebnisse kann die Folge sein. Bei der Anwendung unterschiedlicher Bemessungsgrundlagen im Zuge einer erfolgsorientierten Entlohnung können ebenfalls Irritationen und Konflikte hervorgerufen werden. Werden erfolgsabhängige Gehaltsbestandteile oberer Managementstufen auf Grundlage der Daten des Jahresabschlusses und die tieferer Führungsebenen auf Basis der internen Erfolgsrechnung berechnet, können bei entsprechenden Divergenzen Konflikte und Interessendivergenzen auftreten.[90] Es gilt daher, eine einheitliche Terminologie zu schaffen, die die Verständlichkeit und die Akzeptanz im internen wie auch im externen Rechnungswesen einheitlich verwendeter Inhalte innerhalb des Unternehmens erhöhen.[91]

Interne Kommunikation

Die Kommunikation gegenüber externen Adressaten zu Ergebnis- und Steuerungsdaten des internen Rechnungswesens wirken grds. transparenter und vertrauenswürdiger, wenn dabei auf begriffs- und bedeutungsgleiche Größen wie in der

Externe Kommunikation

---

[86] Vgl. LORSON, P./ZÜNDORF, H. (2009), S. 719.
[87] Vgl. Kapitel E6.1. Die Ermittlung der Kennzahlen basiert auf dem Rechnungslegungswerk HGB. Die Kennzahlen können daher zu entsprechenden Steuerungszwecken eingesetzt werden.
[88] Vgl. FREYGANG, W./GELTINGER, A. (2009), S. 183 f.
[89] Vgl. HOKE, M. (2001), S. 108.
[90] Vgl. KÜTING, K./LORSON, P. (1998b), S. 471.
[91] Vgl. ERDMANN, M.-K. (2008), S. 239.

externen Rechnungslegung zurückgegriffen wird. Neben der Konsistenz der Zahlen wird bei einem Rückgriff zudem auf die Daten des externen Jahresabschlusses eine geprüfte Ausgangsbasis zugrunde gelegt.[92] Durch eine Kommunikation von vereinheitlichten Größen wird gegenüber allen Stakeholdern in einer konsistenten „Finanzsprache" gesprochen, sodass die jeweils präsentierten Zahlen eine höhere Glaubwürdigkeit erfahren.[93] Diese Einheitlichkeit der Kommunikation erlangt umso größere Bedeutung, wenn internationale Adressaten (intern wie auch extern) existieren, die nicht mit der deutschspezifischen Zweiteilung des Rechnungswesens vertraut sind.

4.3.2 Vereinfachung und Kosteneffizienz

Kostenreduktion

Neben der vorangehend angesprochenen Verständlichkeit des Rechnungswesens sprechen auch erzielbare Kosteneinsparungen für eine Harmonisierung des internen und externen Rechnungswesens. Dabei kann insbesondere der Kommunikations- und der Organisationsaufwand sowie der informationstechnologische Aufwand gesenkt werden. Darüber hinaus können Unternehmen, die bisher kein eigenes Rechnungswesen besitzen, die Daten eines harmonisierten Rechnungswesen ohne zusätzlichen Aufwand zu Steuerungszwecken verwenden.

Verminderter Erklärungsbedarf

Durch eine Harmonisierung können Verständnisprobleme und Fehlinterpretationen vermieden werden. Zeit-, arbeits- und somit auch kostenintensive Erläuterungen werden dadurch minimiert.[94]

Vermeidung von Doppelarbeiten

Ebenfalls einleitend bereits erläutert wurde die gestiegene Komplexität der Aufgaben des Rechnungswesens, wonach verschiedene Rechnungslegungsnormen Beachtung finden müssen. Dies führt zu einem komplexen Aufgabenfeld, das durch entsprechende organisatorische Strukturen mit den vorhandenen – meist relativ geringen – Ressourcen bewältigt werden muss. Durch eine Integration von internem und externem Rechnungswesen kann die Komplexität verringert und so u.a. Doppelarbeiten vermieden werden. Kosteneinsparpotenziale sind damit auch hier durch einen geringeren Ressourceneinsatz möglich.[95]

4.3.3 Verringerung von Manipulationsspielräumen

Einschränkung der Gestaltungsspielräume

Sowohl das externe als auch das interne Rechnungswesen bieten Gestaltungsspielräume, die zu Gestaltungszwecken ausgenutzt werden können. Während allerdings die externe Rechnungslegung explizit durch umfangreiche gesetzlich normierte Vorschriften weitgehend reglementiert ist, kann das interne Rechnungs-

---

[92] Entsprechend den handelsrechtlichen Vorschriften sind Jahresabschluss und Lagebericht von mittelgroßen und großen Kapitalgesellschaften durch einen Abschlussprüfer zu prüfen. Gleiches gilt für den Konzernabschluss und -lagebericht (§ 316 HGB i.V.m. § 267 HGB).
[93] Vgl. FREYGANG, W./GELTINGER, A. (2009), S. 184.
[94] Vgl. MÜLLER, M. (2006), S. 57.
[95] Vgl. JONEN, A./LINGNAU, V. (2006), S. 8.

wesen grds. von der Unternehmensführung unabhängig von externen Einschränkungen ausgestaltet werden. Die Ermessensspielräume des traditionell an die Kostenrechnung angelehnten internen Rechnungswesens liegen insbesondere bei der Bestimmung und Einbeziehung kalkulatorischer Kosten. Die Bestimmung solcher kalkulatorischer Kosten erfolgt typischerweise nicht durch Anlehnung an eindeutig bestimmbare Auszahlungen der Vergangenheit, sondern wird insbesondere von Opportunitätskostenüberlegungen beeinflusst.[96] Darüber hinaus treten Handlungsspielräume vor allem bei der Verteilung von Fix- und Gemeinkosten (insbesondere bei der Zerlegung in fixe und variable Kosten und bei Verteilungsprinzipien- und Maßstäben) sowie bei der Bestimmung von Plankosten (erwartete Preise, Verbrauchsmengen, etc.) auf.[97] Vor dem Hintergrund dieser Ermessensspielräume besteht die Gefahr, dass diese, statt die unterschiedlichen angedachten Rechnungslegungszwecke zu erfüllen, zur bewussten Manipulation genutzt werden.[98] Unternehmensexterne, aber auch unternehmensinterne Adressaten können so bei entsprechenden Gestaltungen bewusst getäuscht und zu einem bestimmten Entscheidungsverhalten beeinflusst werden.

4.4 Zwischenfazit

Durch die Stärkung der Informationsfunktion des handelsrechtlichen Jahresabschlusses sowie durch die weitere Abkopplung zwischen Handels- und Steuerbilanz im Zuge des BilMoG ist nun auch eine Konvergenz im Bereich der einzelgesellschaftlichen Rechnungslegung möglich.[99] Unter Kosten-Nutzen-Erwägungen, insbesondere unter Berücksichtigung der vorangehend dargestellten Vorteile eines integrierten Rechnungswesen kann eine Harmonisierung durchaus sinnvoll sein. Inwiefern die im Rahmen einer Harmonisierung gewonnene erhöhte Wirtschaftlichkeit und bessere Kommunizierbarkeit den eventuell auftretenden Informationsverlust zum Zwecke der internen Steuerung überkompensiert, ist allerdings in jedem Einzelfall zu beurteilen. Die im Zuge einer Konvergenz für das interne Rechnungswesen verloren gehenden Informationen können hingegen bei Bedarf durch Sonderrechnungen (ggf.) außerhalb der eigentlichen Rechenwerke z.T. aufgefangen werden, verursachen allerdings wiederum zusätzlichen Aufwand. Eine konkrete Gegenüberstellung von Kosten und Nutzen einer Harmonisierung erscheint sowohl theoretisch als auch im konkreten praktischen Einzelfall häufig nur schwer erbringbar zu sein.[100]

Kosten-Nutzen-Erwägungen

Insbesondere für viele mittelständische Unternehmen mit wenig ausgeprägten oder einfachen Strukturen des internen Rechnungswesens erscheinen Harmonisierungsbestrebungen jedoch durchaus lohnenswert zu sein. Mittelständische Unternehmen, die bislang kein eigenes internes Rechnungswesen besitzen bzw. sich

Harmonisiertes Rechnungswesen im Mittelstand

---

[96] Vgl. HOKE, M. (2001), S. 105.
[97] Vgl. KÜPPER, H.-U. (1998), S. 147.
[98] Vgl. KÜPPER, H.-U. (1998), S. 149.
[99] Vgl. ähnlich LORSON, P./ZÜNDORF, H. (2009), S. 733.
[100] Vgl. GÜNTHER, T./ZURWEHME, A. (2008), S. 119.

im Auf- oder Ausbau eines solchen befinden, können durch die systemseitige Unterstützung von Business ByDesign die handelsrechtliche Datenbasis als Grundlage für interne Steuerungszwecke implementieren. Demnach kann ohne zusätzlichen Aufwand auf die handelsrechtlichen Zahlen als Berechnungsgrundlage für Schlüsselkennzahlen für Zwecke der internen Steuerung und Kontrolle zurückgegriffen werden.[101] Aufgrund der oben genannten Vorteile, die u.E. die Nachteile eines vollständig harmonisierten Rechnungswesens insbesondere in mittelständischen Unternehmen oftmals überwiegen, basiert der in Kapitel D und E dargestellte Beispielsachverhalt auf einem vollständig harmonisierten Rechnungswesen.[102]

Große Unternehmen

Bei großen Unternehmen mit komplexen Strukturen und einer Vielzahl von internen Steuerungsgrößen und -ebenen stellt sich das Integrationspotenzial jedoch differenzierter dar. Das interne Rechnungswesen stellt dabei oftmals umfangreiche Informationen und Kennzahlen auf verschiedenen Hierarchieebenen bereit.[103] Angefangen von der Konzern- bzw. Divisionsebene, über Profit-Center und Geschäftsbereiche werden bis hin zu Einzelunternehmen, Kostenstellen, einzelnen Produkten sowie Prozessen spezifische Steuerungsgrößen ermittelt.[104] Aufgrund der großen Komplexität und der Vielzahl von Funktionen in solchen ausgeprägten Unternehmensrechnungen scheint eine vollständige Integration nur begrenzt möglich bzw. sinnvoll zu sein.[105] Vor diesem Hintergrund empfiehlt sich bei derartigen komplexen Strukturen des Rechnungswesens eine sog. partielle Integration.[106]

5 Umsetzung des Einkreissystems in Business ByDesign

Organisatorisches Zusammenwirken

Aus organisatorischer Sicht stellt sich die Frage nach der systemseitigen Gestaltung und des Zusammenwirkens des internen und externen Rechnungswesens. Im Rahmen der Diskussion über die Harmonisierung ist daher der Aufbau und die Gestaltung der Softwaresysteme, insbesondere vor dem Hintergrund von Schnittstellenproblemen und eventuell der Integration unterschiedlicher Systeme, von entscheidender Bedeutung.[107] Als Ordnungsinstrument spielt der Kontenrahmen eine bedeutende Rolle. Es lassen sich zwei Gestaltungsmöglichkeiten differenzieren, die als Einkreissystem bzw. Zweikreissystem charakterisiert werden kön-

---

[101] Vgl. zu den Unterstützungsmöglichkeiten bei der Unternehmenssteuerung in Business ByDesign ausführlich Kapitel E6.
[102] Andere Umsetzungsformen sind mit Business ByDesign allerdings auch möglich. Vgl. hierzu nachfolgendes Kapitel B5.
[103] Vgl. zum Begriff „Kennzahlen" Kapitel E6.4.1.
[104] Vgl. ERDMANN, M.-K. (2008), S. 241.
[105] Vgl. GÜNTHER, T./ZURWEHME, A. (2008), S. 116.
[106] Vgl. WEIßENBERGER, B. E. (2006), S. 619 f.
[107] Vgl. HETTICH, G. O. (1997), S. 449.

nen.[108] Der Kontenrahmen kann das interne Rechnungswesen in einem formal geschlossenen Rechnungskreis mit der externen Rechnungslegung integrieren (Einkreissystem) oder aber in einem getrennten Rechnungskreis (Zweikreissystem) an die externe Rechnungslegung angliedern.[109]

Zweikreissystem

In der Struktur eines Zweikreissystems besteht für internes und externes Rechnungswesen jeweils ein gesonderter Rechnungskreis, die unabhängig voneinander abschließen. Buchungen von einem Konto des einen Rechnungskreises auf ein Konto des anderen Rechnungskreises sind nicht vorgesehen.[110] Beide Rechnungskreise besitzen einen eigenen Kontenplan und können unabhängig voneinander abgeschlossen werden.[111] Die Verbindung zwischen den beiden Rechnungskreisen wird dann durch zwei Übergangskonten herbeigeführt, wobei beide Konten im jeweils anderen Rechnungskreis ein spiegelbildliches Konto besitzen.[112]

Einkreissystem

Im Einkreissystem wird das interne Rechnungswesen in das Kontensystem des externen Rechnungswesens integriert.[113] Die beiden Bereiche bilden ein Ganzes und können nicht unabhängig und getrennt voneinander abgeschlossen werden.[114] Der von Business ByDesign verwendete Standardkontenrahmen folgt dabei dem Prozessgliederungsprinzip, d.h. die Kontenklassen orientieren sich an den Phasen des Unternehmensprozesses und sind in der Reihenfolge angeordnet, in denen sich dieser Prozess vollzieht.[115] Im Einkreissystem existiert für das interne und externe Rechnungswesen ein gemeinsamer Rechnungskreis, in dem grds. Buchungen von Konten des internen auf Konten des externen Rechnungswesens und umgekehrt vorgenommen werden können.[116] Eine Kontenklasse kann zu Zwecken dieser partiellen Harmonisierung die zeitliche, sachzielorientierte und kalkulatorische Abgrenzung des internen Rechnungswesens zur externen Rechnungslegung übernehmen.[117] In einem vollständig harmonisierten Rechnungswesen werden allerdings gerade keine zusätzlichen Buchungen durchgeführt. Werden interne Leistungsverrechnungen von einer Kostenstelle zu einer anderen Kostenstelle verrechnet, wird eine Buchung abgesetzt, die aus Sicht des externen Rechnungswesens ein Nullsummenspiel darstellt.[118] Auswertungen des externen und internen

---

[108] Vgl. MOEWS, D. (1992), S. 64.
[109] Vgl. HEBELER, C. (2003), S. 105 f.
[110] Vgl. MOEWS, D. (1992), S. 64.
[111] Vgl. EISELE, W. (2002), S. 583.
[112] Vgl. FREIDANK, C.-C. (2008), S. 186. Der Gemeinschaftskontenrahmen (GKR) sowie die von Business ByDesign verwendeten Standardkontenrahmen (SKR 03 und SKR 04) folgen bspw. dem Einkreissystem, der Industriekontenrahmen (IKR) dagegen dem Zweikreissystem; vgl. hierzu auch COENENBERG, A. G./FISCHER, T. M./ GÜNTHER, T. (2009), S. 96 ff.
[113] Vgl. HOITSCH, H.-J./LINGNAU, V. (2007), S. 306.
[114] Vgl. EISELE, W. (2002), S. 582.
[115] Vgl. LITTKEMANN, J./HOLTRUP, M./SCHULTE, K. (2007), S. 29. Zu Kontenrahmen im Einkreissystem vgl. bspw. ausführlich EISELE, W. (2002), S. 565 ff.
[116] Vgl. MOEWS, D. (1992), S. 64.
[117] Vgl. HEBELER, C. (2003), S. 106; Vgl. mit Beispiel HABERSTOCK, L. (2008), S. 76 ff.
[118] Der GuV-Ausweis kann sich allerdings durchaus ändern, z.B. s ist dann der Fall, wenn die empfangende Kostenstelle einem anderen Funktionsbereich als die leistende

Rechnungswesens, wie bspw. die GuV und Deckungsbeitragsrechnungen, erfolgen auf einer gemeinsamen Datenbasis.[119] Da der Buchungszusammenhang durch den gemeinsamen Rechnungskreis nicht unterbrochen ist, macht die Nutzung eines Einkreissystems die Abstimmung der Zahlen auch bei nur partieller Harmonisierung von internem und externem Rechnungswesen überflüssig.

Business ByDesign

Business ByDesign ist als ein solches Einkreissystem aufgebaut. Geschäftsvorgänge müssen lediglich einmal in dem gemeinsamen Rechnungskreis erfasst werden. Ein solcher Rechnungskreis wird in Business ByDesign als „Rechnungslegungswerk" bezeichnet. Auf der Grundlage der einheitlichen Datenbasis werden sowohl die Auswertungen und Kennzahlen des internen als auch des externen Rechnungswesens gewonnen. Neben dem geringeren Erfassungsaufwand entfallen auch die bereits angeführten Abstimmungsarbeiten. Durch den Rückgriff auf die gemeinsame Datenbasis werden abweichende interne bzw. externe Ergebnisgrößen vermieden. Durch eine vollständige Harmonisierung des Rechnungswesens werden somit eine verbesserte Verständlichkeit und eine leichtere interne Kommunizierbarkeit der Zahlen des internen und externen Rechnungswesens insbesondere in mittelständischen Unternehmen erreicht.

6 Zusammenfassung und Fazit

Entwicklung

In der Vergangenheit trug die zunehmende Rechnungslegung deutscher Unternehmen nach den international anerkannten Rechnungslegungsstandards zu deutlichen Harmonisierungstendenzen im Rechnungswesen bei. Durch das Ziel der internationalen Standards, entscheidungsrelevante Informationen bereitzustellen und eine wirtschaftliche Betrachtungsweise anzustellen, sind sie auch zur Steuerung und Kontrolle im Rahmen des internen Rechnungswesen geeignet.[120] Das aus dieser Zielkongruenz abgeleitete Harmonisierungspotenzial zwischen internem und externem Rechnungswesen wurde bis zur Einführung des BilMoG ausschließlich im Bereich des Konzernrechnungswesens gesehen.[121] Durch die Stärkung der Informationsfunktion des handelsrechtlichen Jahresabschlusses und durch die Abkopplung der Handelsbilanz von der steuerlichen Gewinnermittlung im Zuge des BilMoG ist nun auch auf Ebene des handelsrechtlichen Einzelabschlusses das Potenzial für eine Harmonisierung gegeben.[122] Business ByDesign bietet hierfür die Möglichkeit einer parallelen (handelsrechtlichen und steuerlichen) Bilanzierung in zwei getrennten Rechnungslegungswerken, wonach systemseitig eine eigenständige – nicht durch steuerliche Sachverhalte verfälschte – Handelsbilanz geführt werden kann. Dieses nun stärker informationsorientierte,

---

Kostenstelle zugewiesen ist und die GuV nach dem Umsatzkostenverfahrens aufgestellt wird.

[119] Vgl. HEBELER, C. (2003), S. 106.
[120] Vgl. MÜLLER, M. (2006), S. 256 f.
[121] Vgl. HALLER, A. (1997), S. 271; COENENBERG, A. G. (1995), S. 592, 2083; KÜMPEL, T. (2002), S. 343.
[122] Vgl. ähnlich auch LORSON, P./ZÜNDORF, H. (2009), S. 720.

externe Rechnungswesen eignet sich auch für interne Steuerungs- und Kontrollzwecke. Insbesondere für mittelständische Unternehmen bietet sich die Chance, unter Beachtung von Kosten-Nutzen-Erwägungen eine Konvergenz des einzelgesellschaftlichen Rechnungswesens herzustellen.

Für kleinere und mittlere Unternehmen, die lediglich über ein einfaches internes Rechnungswesen verfügen, erscheint eine vollständige Harmonisierung des Rechnungswesens lohnenswert. In solchen Fällen besteht die Möglichkeit die wesentlichen Vorteile einer erhöhten Wirtschaftlichkeit und einer verbesserten Verständlichkeit sowie Kommunizierbarkeit zu nutzen, ohne dadurch einen zu bedeutenden Informationsverlust hinnehmen zu müssen. Gleiches gilt für Unternehmen, die bislang kein eigenständiges internes Rechnungswesen aufgebaut haben. Die Nutzung der Zahlen des externen Rechnungswesens für Steuerungs- und Kontrollzwecke ist dabei in einem Einkreissystem – wie es Business ByDesign bietet – ohne Mehraufwand möglich.

Vollständige Harmonisierung

Ob ein vollständig integriertes Rechnungswesensystem die Aufgaben eines komplexen internen Rechnungswesens in großen Unternehmen und Konzernen in ausreichender Form erfüllen kann, lässt sich allgemein nur schwer beurteilen. Die Abwägung von Kosten und Nutzen einer Harmonisierung ist dabei in jedem Einzelfall in Abhängigkeit der gegebenen Rechnungswesenstrukturen zu beurteilen. Ein sinnvoller Zwischenweg kann hierbei eine partielle, hierarchisch abgestufte Harmonisierung des Rechnungswesens darstellen.[123]

In der Unternehmenspraxis scheint die Harmonisierung des Rechnungswesens ebenfalls überwiegend positiv beurteilt zu werden. Untersuchungen zufolge wurden die im vorliegenden Kapitel dargelegten Vor- und Nachteile von den befragten Unternehmen bestätigt. Als am bedeutendste Argumente für eine Harmonisierung wurden dabei die Beseitigung von internen Kommunikationsschwierigkeiten und die Komplexitätsreduktion sowie Transparenz angeführt. Als nachteilig wurde die Abhängigkeit der internen Größen von der externen Normensetzung erachtet.[124] Die Notwendigkeit einer Harmonisierung des Rechnungswesens wurde in einer Studie von HARING/PRANTNER von ca. 70 % der Unternehmen als wichtig eingestuft, wobei wiederum 80 % dabei eine möglichst vollständige Harmonisierung bevorzugen.

Unternehmenspraxis

Große, internationale Unternehmen weisen bislang einen höheren Harmonisierungsgrad auf als kleine und mittelständische Unternehmen. Nach der Einführung des BilMoG scheint aber gerade für den Mittelstand ein hohes Harmonisierungspotenzial vorhanden zu sein. Business ByDesign liefert hierfür insbesondere durch die Charakteristik des Einkreissystems den erforderlichen Rahmen.

Harmonisierungspotenzial im Mittelstand

---

[123] Vgl. dahin gehend auch GÜNTHER, T./ZURWEHME, A. (2008), S. 119.
[124] Vgl. hierzu HOKE, M. (2001), S. 155, 158.

C Bilanzierung und Bewertung nach unterschiedlichen Rechnungslegungsnormen

1 Chancen einer parallelen Bilanzierung durch den Wegfall der umgekehrten Maßgeblichkeit nach BilMoG

Grundsatz der Maßgeblichkeit

Der HGB-Einzelabschluss stellt auch nach dem BilMoG die Grundlage der Ausschüttungsbemessung und – über den Grundsatz der Maßgeblichkeit – die Ausgangsgröße für die steuerliche Gewinnermittlung dar.[125] An dem Maßgeblichkeitsgrundsatz des § 5 Abs. 1 Satz 1 EStG (sog. materielle Maßgeblichkeit) hält der Gesetzgeber daher weiterhin fest.[126] Aufgrund des Gebots der materiellen Maßgeblichkeit sind die handelsrechtlichen GoB im Zuge der steuerlichen Gewinnermittlung zugrunde zu legen.[127]

Umgekehrte Maßgeblichkeit

Während der Gesetzgeber im Rahmen der Bilanzrechtsmodernisierung an der materiellen Maßgeblichkeit festgehalten hat, wurde zur Reduktion der steuerlichen Beeinflussung und mit dem Ziel einer Stärkung der Informationsfunktion des handelsrechtlichen Jahresabschlusses, die im § 5 Abs. 1 Satz 2 EStG a.F. kodifizierte umgekehrte Maßgeblichkeit aufgegeben.[128] Ebenso wurden die handelsrechtlichen Öffnungsklauseln der §§ 247 Abs. 3, 254, 273, 279 Abs. 2, 280 Abs. 2, 281 HGB a.F. gestrichen, die eine Übernahme rein steuerlicher – nicht GoB-konformer – Regelungen in die Handelsbilanz erlaubten.[129] Das Prinzip der umgekehrten Maßgeblichkeit i.S.d. § 5 Abs. 1 Satz 2 EStG a.F. verlangte bisher, dass steuerrechtliche Wahlrechte in Übereinstimmung mit der handelsrechtlichen Vorgehensweise auszuüben waren.[130] Steuerliche Vergünstigungen konnten demnach nur dann in Anspruch genommen werden, sofern sie korrespondierend in der Handelsbilanz abgebildet wurden. Hierdurch wurde eine Verfälschung der Handelsbilanz durch steuerliche Vorschriften hervorgerufen, die einen verminderten Informationsgehalt und dadurch eine geringere internationale Akzeptanz deutscher Jahresabschlüsse zur Folge hatte.[131] Von der umgekehrten Maßgeblichkeit wurden sowohl korrespondierende Wahlrechte in Handels- und Steuerbilanz,[132] als auch solche steuerlichen Wahlrechte, die nur über die vorgenannten handelsrechtlichen Öffnungsklauseln Eingang in die Handelsbilanz fanden, erfasst.[133] Im Zusammenhang mit der Abschaffung der umgekehrten Maßgeblichkeit wurde auch eine Ergänzung des § 5 Abs. 1 Satz 1 EStG vor-

---

[125] Vgl. dahin gehend auch PFIRMANN, A./SCHÄFER, R. (2009), S. 121.
[126] Vgl. BT-Drucksache (16/10067), S. 32.
[127] Vgl. § 5 Abs. 1 Satz 1 EStG.
[128] Vgl. THEILE, C./HARTMANN, A. (2008), S. 2031; LORSON, P./TOEBE, M. (2009), S. 454.
[129] Vgl. FÖRSTER, G./SCHMIDTMANN, D. (2009), S. 1342.
[130] Vgl. KUßMAUL, H. (2008), S. 81.
[131] Vgl. ARBEITSKREIS BILANZRECHT DER HOCHSCHULLEHRER RECHTSWISSENSCHAFT (2008), S. 1057 f.; KÜNKELE, K. P./ZWIRNER, C. (2009), S. 1278.
[132] Der Begriff „Steuerbilanz" ist nicht gesetzlich definiert. Gem. § 60 Abs. 2 EStDV existiert nur die Pflicht zur steuerlichen Anpassungsrechnung. Nachfolgend wird trotzdem der etablierte Begriff „Steuerbilanz" auch als Synonym für steuerliche Gewinnermittlung oder steuerliche Anpassung i.S.d. § 60 Abs. 2 EStDV gebraucht.
[133] Vgl. HERZIG, N./BRIESEMEISTER, S. (2009a), S. 929.

genommen, der nun nach dem BilMoG wie folgt lautet: „Bei Gewerbetreibenden, die aufgrund gesetzlicher Vorschriften verpflichtet sind, Bücher zu führen und regelmäßig Abschlüsse zu machen, oder die ohne eine solche Verpflichtung Bücher führen und regelmäßig Abschlüsse machen, ist für den Schluss des Wirtschaftsjahres das Betriebsvermögen anzusetzen (§ 4 Abs. 1 Satz 1 EStG), das nach handelsrechtlichen Grundsätzen ordnungsmäßiger Buchführung auszuweisen ist, es sei denn, im Rahmen der Ausübung eines steuerlichen Wahlrechts wird oder wurde ein anderer Ansatz gewählt."[134]

Steuerliche Wahlrechte sind nun also nicht mehr generell in Übereinstimmung mit der Handelsbilanz auszuüben.[135] In diesem Zusammenhang ist durch die Ergänzung des zweiten Halbsatzes in § 5 Abs. 1 Satz 1 EStG i.V.m. dem Wegfall des § 5 Abs. 1 Satz 2 EStG a.F. in der Literatur eine umfangreiche Diskussion entfacht worden, in welchem Umfang nach neuer Rechtslage steuerliche Wahlrechte autonom – d.h. unabhängig von der handelsrechtlichen Vorgehensweise – ausgeübt werden können. Unstrittig ist dabei, dass zukünftig eine unabhängige Ausübung rein steuerlicher Wahlrechte, die zu GoB-widrigen Wertansätzen in der Handelsbilanz führen, d.h. für solche Wahlrechte, denen kein entsprechendes handelsrechtliches Wahlrecht gegenübersteht, möglich ist.[136] Verschiedene Auffassungen bestehen hingegen hinsichtlich der autonomen steuerlichen Ausübung inhaltsgleicher Wahlrechte für die Steuer- und die Handelsbilanz. Nach überwiegender Meinung ist nach neuem Recht allerdings auch für solche parallele Wahlrechte in Handels- und Steuerbilanz keine Pflicht zur übereinstimmenden Ausübung mehr erkennbar.[137] Obwohl im Rahmen der Begründung zum Regierungsentwurf ausschließlich auf steuerliche Wahlrechte abgestellt wurde, die von den handelsrechtlichen Grundsätzen ordnungsmäßiger Buchführung abweichen,[138] kann aus dem Gesetzeswortlaut diese eventuell intendierte Beschränkung nicht entnommen werden.[139] Dieser Auffassung wurde auch in einem Entwurf eines BMF-Schreibens entsprochen, das für handels- und steuerliche Wahlrechte keine Pflicht zur übereinstimmenden Ausübung gegeben sieht.[140]

Ausübung von Wahlrechten

Im Ergebnis führt die Abschaffung der umgekehrten Maßgeblichkeit in jedem Falle zu einem weiteren Auseinanderfallen der beiden Rechenwerke. Eine einheitliche Handels- und Steuerbilanz rückt damit in weite Ferne, sodass spätestens nach der Bilanzrechtsmodernisierung der „Traum der Einheitsbilanz ausgeträumt"[141] scheint. Zukünftig wird es in aller Regel ratsam sein, eine eigen-

Ergebnis des Wegfalls der Umkehrmaßgeblichkeit

---

[134] § 5 Abs. 1 Satz 1 EStG.
[135] Vgl. LORSON, P./TOEBE, M. (2009), S. 454.
[136] Vgl. hierzu u.a. ORTMANN-BABEL, M./BOLIK, A./GAGEUR, P. (2009), S. 934; FÖRSTER, G./SCHMIDTMANN, D. (2009), S. 1342.
[137] Vgl. u.a. sowie weiterführend zur Diskussion in der Literatur HERZIG, N. (2009), S. M 1; THEILE, C./HARTMANN, A. (2008), S. 2031 ff.; STOBBE, T. (2008), S. 2432 ff.; a.A. FÖRSTER, G./SCHMIDTMANN, D. (2009), S. 1342 ff.
[138] Vgl. BT-Drucksache (16/10067), S. 99.
[139] Vgl. HERZIG, N./BRIESEMEISTER, S. (2009a) S. 929.
[140] Vgl. BMF (2009), S. 4.
[141] PFIRMANN, A./SCHÄFER, R. (2009), S. 123.

ständige Steuerbilanz aufzustellen, die neben die Handelsbilanz tritt. Für die Unternehmen wird eine parallele Bilanzierung nach Handels- und nach Steuerrecht demnach praktisch unverzichtbar. Die bereits vor Inkrafttreten des BilMoG bestehenden sowie die zukünftig zusätzlich auftretenden Abweichungen zwischen Handels- und Steuerbilanz durchziehen sämtliche Bereiche des Bilanzrechts; sie betreffen sowohl Ansatz- als auch Bewertungsfragen. Durch die im Zuge des BilMoG außerdem in § 285 Nr. 29 HGB kodifizierte Angabepflicht, welche Differenzen zu latenten Steuern führen, ist zwingend ein Vergleich zwischen Handels- und Steuerbilanz vorzunehmen.[142] Ein weiteres, für eine parallele Bilanzierung anzuführendes Argument, stellt die Ergänzung des § 5 Abs. 1 Satz 2 EStG dar. Demnach können steuerliche Ansatz- und Bewertungswahlrechte nur dann abweichend von der handelsrechtlichen Abbildung vorgenommen werden, sofern die betreffenden Wirtschaftsgüter in „besondere, laufend zu führende Verzeichnisse aufgenommen werden"[143], in denen der Tag der Anschaffung bzw. Herstellung, die Anschaffungs- oder Herstellungskosten, die vorgenommenen Abschreibungen sowie die Vorschrift des ausgeübten steuerlichen Wahlrechts anzugeben sind. Soll die Inanspruchnahme steuerlicher Erleichterungen in Form der gegebenen Wahlrechte in Anspruch genommen werden, muss daher ohnehin – zumindest für Wirtschaftsgüter – eine getrennte Bilanzierung im Rahmen der aufzustellenden Verzeichnisse erfolgen. Die möglicherweise auftretenden Divergenzen zwischen Handelsbilanz und Steuerbilanz werden an späterer Stelle dieses Kapitels im Einzelnen betrachtet.[144]

2 Parallele Bilanzierung aufgrund internationaler Rechnungslegungsnormen

Rechnungslegung nach IFRS

Neben der HGB-Bilanzierung und der steuerlichen Gewinnermittlung kann für deutsche Unternehmen auch eine Rechnungslegung nach internationalen Vorschriften verpflichtend oder auch freiwillig zur Anwendung gelangen. Seit dem 01.01.2005 sind kapitalmarktorientierte Gesellschaften dazu verpflichtet einen eventuell aufgrund nationaler Vorschriften (§ 290 HGB bzw. § 11 PublG) aufzustellenden Konzernabschluss unter Beachtung der IFRS aufzustellen.[145] Für in einen eventuell bestehenden Konzernverbund eingegliederte Tochterunternehmen können im Falle einer Einbeziehungspflicht daher die internationalen Regelungen ebenfalls Bedeutung erlangen. Für solche Tochterunternehmen wird dann eine zusätzliche parallele Aufstellung eines Abschlusses nach IFRS erforderlich. In jedem Fall werden zum Zweck der Konzernrechnungslegung an den internationalen Bilanzierungs- und Bewertungsrahmen des Mutterunternehmens an-

---

[142] Vgl. KÜTING, K./SEEL, C. (2009), S. 520 f.
[143] § 5 Abs. 1 Satz 2 EStG.
[144] Vgl. dazu ausführlich Kapitel C4.
[145] Vgl. zur Konzernaufstellungspflicht ausführlich KÜTING, K./WEBER, C.-P. (2008), S. 92 ff.

gepasste Reporting Packages erstellt werden müssen.[146] Darüber hinaus kann auch auf freiwilliger Basis eine neben dem handelsrechtlichen Jahresabschluss parallele Bilanzierung nach IFRS erfolgen. Auch für Unternehmen ohne Konzernstrukturen kann hierdurch ein zusätzlicher Nutzen generiert werden. Unternehmen können sich mit einer Rechnungslegung nach IFRS bspw. besser bei Verhandlungen mit Banken und Investoren, insbesondere im internationalen Vergleich, darstellen. Abzuwarten bleibt, inwiefern der am 09.07.2009 veröffentlichte International Financial Reporting Standard for Small and Medium-sized Entities (IFRS for SMEs) Wirkung für deutsche Unternehmen entfaltet. Derzeit ist noch offen, ob die vereinfachten IFRS-Regelungen des neuen Standards von kleinen und mittleren Unternehmen in Deutschland und Europa zukünftig angewendet werden können oder gar müssen.[147]

Zusammenfassend kann festgehalten werden, dass für Unternehmen künftig eine parallele Bilanzierung nach verschiedenen Rechnungslegungsnormen erforderlich scheint. Einerseits ist aufgrund des weiteren Auseinanderfallens zwischen Handels- und Steuerbilanz in aller Regel das Aufstellen einer Einheitsbilanz nicht mehr möglich; eine gesonderte Bilanzierung nach steuerrechtlichen Vorschriften erscheint notwendig. Andererseits hat die Abgrenzung latenter Steuern künftig im Rahmen des international bekannten Temporary-Konzepts auf der Grundlage von Einzeldifferenzen zwischen Handels- und Steuerbilanz zu erfolgen. Eine reine Gesamtdifferenzbetrachtung auf Grundlage der GuV ist nicht mehr ausreichend.[148] Eine parallele Bilanzierung nach Handels- und Steuerrecht erscheint daher auch zur Ermittlung der Steuerlatenzen erforderlich zu werden. Sofern – wie vorangehend dargestellt – ein Unternehmen zusätzlich zur Rechnungslegung nach internationalen Vorschriften verpflichtet ist, oder solche auf freiwilliger Basis anwendet, kann eine parallele Bilanzierung nach bis zu drei verschiedenen Rechnungslegungsnormen notwendig werden. Business ByDesign bietet hierbei die Möglichkeit der Implementierung einer solchen parallelen Bilanzierung mithilfe von verschiedenen Rechnungslegungswerken.[149]

Parallele Bilanzierung nach verschiedenen Rechnungslegungsnormen

Im Folgenden soll zunächst auf die nach BilMoG geltende Konzeption der latenten Steuern eingegangen werden. Im Anschluss folgt eine Darstellung der einzelnen potenziellen Abweichungen zwischen Handels- und Steuerbilanz. Diese Divergenzen bestanden zum einen bereits vor der Einführung des BilMoG, zum anderen werden sie gerade erst durch die Änderungen im Rahmen des BilMoG hervorgerufen.

---

[146] Bei entsprechenden Konzernverflechtungen und Mutterunternehmen in den USA kann analog auch eine Notwendigkeit zur Rechnungslegung nach US-GAAP entstehen.
[147] Vgl. hierzu ausführlich BEIERSDORF, K./EIERLE, B./HALLER, A. (2009), S. 1549 ff.
[148] Vgl. zur künftigen Steuerabgrenzung und der veränderten Differenzenbetrachtung Kapitel C3.
[149] Vgl. hierzu auch Kapitel C5.

3 Latente Steuern

Übergang vom Timing- zum Temporary-Konzept

Im Rahmen der Änderungen durch das BilMoG wurde ein Übergang von dem bislang gültigen Timing-Konzept auf das international bereits gebräuchliche Temporary-Konzept vollzogen. Latente Steuern haben bisher im deutschen Handelsrecht, im Vergleich zur internationalen Rechnungslegung, eine untergeordnete Rolle gespielt. Dies war auf die enge Verzahnung zwischen Handels- und Steuerbilanz zurückzuführen, die aufgrund der umgekehrten Maßgeblichkeit bestand. Die latente Steuerabgrenzung wird durch den Übergang auf das Temporary-Konzept und vor dem Hintergrund des vorangehend dargelegten weiteren Auseinanderfallens zwischen Handels- und Steuerbilanz zukünftig an Bedeutung gewinnen.[150]

3.1 Konzeption der latenten Steuerabgrenzung

Timing-Konzept

Nach § 274 HGB a.F. hatte eine Abgrenzung von latenten Steuern auf Ansatz- und Bewertungsunterschiede zwischen Handels- und Steuerbilanz zu erfolgen, welche sowohl zum Zeitpunkt ihrer Entstehung als auch ihrer Umkehr ein abweichendes handels- und steuerrechtliches Ergebnis hervorrufen. Ansatz- und Bewertungsunterschiede führten dazu, dass der tatsächliche Steueraufwand auf Grundlage des zu versteuernden Einkommens nicht mit dem fiktiven Steueraufwand übereinstimmte, der sich auf Basis des handelsrechtlichen Ergebnisses ergeben hätte. Dieses GuV-orientierte Timing-Konzept hat das Ziel, in der GuV einen Steueraufwand auszuweisen, der mit dem Ergebnis der Handelsbilanz korrespondiert. Es soll demnach ein periodengerechter Erfolgsausweis erreicht werden.[151] Nicht Gegenstand der Steuerabgrenzung sind solche Differenzen, die sich niemals mit steuerlicher Wirkung umkehren, sog. permanente Differenzen. Als Beispiele seien hier steuerfreie Erträge oder auch nicht abzugsfähige Betriebsausgaben angeführt. Ebenso unbeachtlich bleiben nach h.M. die sog. quasi-permanenten Differenzen. Quasi-permanente Differenzen sind Ergebnisunterschiede, die aus Bilanzierungs- und Bewertungsunterschieden resultieren, die sich nicht von alleine ausgleichen und mit deren Umkehrung nicht in absehbarer Zukunft zu rechnen ist. Solche quasi-permanenten Differenzen sind bspw. Bewertungsunterschiede bei Beteiligungen oder unbebauten Grundstücken.[152]

Temporary-Konzept

Im bilanzorientierten Temporary-Konzept werden latente Steuern auf Wertunterschiede von Vermögensgegenständen, Schulden und Rechnungsabgrenzungsposten zwischen Handels- und Steuerbilanz abgegrenzt, die sich zukünftig umkehren und damit Steuerbe- oder -entlastungen zur Folge haben. Der Zweck der Steuerabgrenzung liegt nun nicht mehr in einem periodengerechten Erfolgsausweis, sondern vielmehr in einer zutreffenden Darstellung der Vermögenslage. Im

---
[150] Vgl. KÜTING, K./SEEL, C. (2009), S. 501.
[151] Vgl. KOZIKOWSKI, M./FISCHER, N. (2010), Rn. 4; KÜTING, K./SEEL, C. (2009), S. 501.
[152] Vgl. CASSEL, J./VAN HALL, G./KESSLER, H. (2009), S. 388 f.

Unterschied zum Timing-Konzept sind im Rahmen des Temporary-Konzepts aufgrund der Betrachtung zukünftiger Steuerbe- oder -entlastungen zum Bilanzstichtag auch auf erfolgsneutral entstandene Wertdifferenzen latente Steuern abzugrenzen. Diese entfalten bei ihrer erfolgswirksamen Auflösung in der Zukunft steuerliche Wirkung. Nicht von Bedeutung für die Steuerabgrenzung nach BilMoG ist die Zeitdauer bis zur Umkehrung; Voraussetzung ist lediglich, dass sich die Differenzen überhaupt in der Zukunft auflösen. Dementsprechend sind nach dem Temporary-Konzept auch auf quasi-permanente Wertunterschiede latente Steuern abzugrenzen, während permanente Differenzen – analog zum Timing-Konzept – unberücksichtigt bleiben.[153] Im Ergebnis liegt dem Temporary-Konzept eine umfassendere Steuerabgrenzung als dem Timing-Konzept zugrunde, da künftig auch quasi permanente und erfolgsneutral entstandene Wertunterschiede in die Abgrenzung der latenten Steuern einbezogen werden. Kleine Kapitalgesellschaften i.S.d. § 267 HGB brauchen die Vorschriften des § 274 HGB über die Abgrenzung latenter Steuern nicht zu beachten.[154]

Bewertung latenter Steuern

Die Bewertung der latenten Steuern hat mit den „unternehmensindividuellen Steuersätzen zum Zeitpunkt des Abbaus der Differenzen" (§ 274 Abs. 2 HGB) zu erfolgen. Der Begriff „unternehmensindividuell" erlangt im Rahmen der Steuerabgrenzung auf Konsolidierungsmaßnahmen im Konzernabschluss Bedeutung. Dabei sind die individuellen Steuersätze der einbezogenen Tochterunternehmen heranzuziehen. Bei den anzuwendenden „zukünftigen" Steuersätzen ist davon auszugehen, dass die Steuersätze zugrunde zu legen sind, die zum Bilanzstichtag vom Gesetzgeber verabschiedet wurden.

Behandlung in Folgejahren

Die Auflösung der latenten Steuern hat dann zu erfolgen, wenn die jeweilige Steuerbe- oder -entlastung eintritt. Die angesetzten latenten Steuern sind zu jedem Stichtag im Hinblick auf die erwartete Be- oder Entlastung zu überprüfen und ggf. anzupassen oder aufzulösen. Bei Änderungen der zugrunde gelegten Steuersätze sind die bereits bilanzierten latenten Stauern bei Anwendung der sog. Liability-Methode neu zu bewerten. Evtl. entstehende Auflösungsbeträge sind analog zu ihrer Bildung erfolgswirksam zu erfassen.[155]

3.2   Aktive latente Steuern

Abgrenzung

Latente Steuern sind nach § 274 HGB immer dann abzugrenzen, wenn „[…] zwischen den handelsrechtlichen Wertansätzen von Vermögensgegenständen, Schulden und Rechnungsabgrenzungsposten und ihren steuerlichen Wertansätzen Differenzen [bestehen, d. Verf.], die sich in späteren Geschäftsjahren voraussicht-

---

[153] Vgl. KÜTING, K./SEEL, C. (2009), S. 502.
[154] Vgl. § 274a HGB. Aus der Regierungsbegründung zum BilMoG kann jedoch auch für kleine Kapitalgesellschaften eine Pflicht zur Passivierung latenter Steuern abgeleitet werden. Vgl. hierzu BT-Drucksache (16/10067), S. 68.
[155] Vgl. hierzu auch KÜTING, K./SEEL, C. (2009), S. 517.

lich abbauen [...]"[156]. Für den Fall, dass sich insgesamt eine zukünftige Steuerentlastung ergibt, besteht nach § 274 Abs. 1 Satz 2 HGB nach wie vor ein Wahlrecht zum Ansatz aktiver latenter Steuern. Zu einer solchen Abgrenzung aktiver latenter Steuern kommt es immer dann, wenn

- Aktivposten in der Handelsbilanz mit einem niedrigeren Wert angesetzt werden als in der Steuerbilanz (z.B. bei Einbeziehung von Kosten der allgemeinen Verwaltung in die steuerrechtliche Ermittlung der Herstellungskosten bei gleichzeitiger Aktivierung zur Wertuntergrenze in der Handelsbilanz; vgl. hierzu Kapitel C4.2.1);
- Aktivposten nur in der Steuerbilanz, nicht jedoch in der Handelsbilanz zum Ansatz gelangen (z.B. bei steuerbilanzieller Aktivierung aufwandswirksamer Zölle, bei denen der steuerlichen Aktivierungspflicht ein handelsrechtliches Aktivierungsverbot gegenübersteht; vgl. hierzu Kapitel C4.1.1.3);
- Passivposten in der Handelsbilanz mit einem höheren Wert angesetzt werden als in der Steuerbilanz (z.B. bei Rückstellungen mit einer Laufzeit größer als ein Jahr, sofern der durchschnittliche Marktzins der letzten sieben Jahre unterhalb des steuerlich anzuwendenden Zinssatzes von 5,5 % liegt; vgl. hierzu Kapitel C4.2.2.1);
- Passivposten, die in der Handelsbilanz, nicht jedoch in der Steuerbilanz zum Ansatz gelangen (z.B. bei Passivierung einer Drohverlustrückstellung in der Handelsbilanz, die steuerlich unzulässig ist; vgl. hierzu Kapitel C4.1.1.7).

Vergleich fiktiver und tatsächlicher Steueraufwand

In den vorgenannten Fällen besteht ein größeres steuerliches Abzugspotenzial als dies im Handelsrecht der Fall ist. Im Jahr der Umkehr der Differenzen resultiert daraus ein – im Vergleich zum handelsrechtlichen Ergebnis – niedrigeres zu versteuerndes Einkommen. Im Vergleich zum fiktiven Steueraufwand auf Basis der Handelsbilanz entsteht in der Zukunft also eine Steuerentlastung. Im Jahr der Entstehung wird bei erfolgswirksam entstandenen Differenzen die zukünftige Steuerentlastung durch die Buchung eines Steuerertrags antizipiert. Die erfolgswirksame Auflösung der aktiven latenten Steuern führt in der Zukunft „zur Buchung eines (fiktiven) Steueraufwands und dadurch zu einer Angleichung des (effektiven) Steueraufwands an das handelsrechtliche Ergebnis"[157]. In einem solchen Fall käme es zu folgenden Buchungen:

Bei Entstehung: aktive latente Steuern   an   Steuerertrag

Bei Auflösung: Steueraufwand   an   aktive latente Steuern

---

[156] § 274 HGB.
[157] KÜTING, K./SEEL, C. (2009), S. 506.

3.3 Passive latente Steuern

Für passive latente Steuern ist in § 274 HGB nach wie vor eine Pflicht zur Passivierung latenter Steuern kodifiziert. Im umgekehrten Fall zu den voranstehend dargestellten aktiven latenten Steuern sind nach dem Temporary-Konzept immer dann passive latente Steuern abzugrenzen, wenn

- Aktivposten in der Handelsbilanz mit einem höheren Wert angesetzt werden als in der Steuerbilanz (z.B. bei Inanspruchnahme erhöhter steuerlicher Absetzungen i.S.d. §§ 7c, 7d, 7h, 7i, 7k EStG oder steuerlicher Sonderabschreibungen i.S.d. §§ 7g, 7f EStG, die handelsrechtlich nicht zulässig sind; vgl. hierzu Kapitel C4.2.4),
- Aktivposten nur in der Handelsbilanz, nicht jedoch in der Steuerbilanz zum Ansatz gelangen (z.B. bei Aktivierung selbst erstellter immaterieller Vermögensgegenstände des Anlagevermögens in der Handelsbilanz, für die steuerrechtlich ein Aktivierungsverbot besteht; vgl. hierzu Kapitel C4.1.1.1),
- Passivposten in der Handelsbilanz mit einem niedrigeren Wert angesetzt werden als in der Steuerbilanz (z.B. bei Rückstellungen mit einer Laufzeit größer als ein Jahr, sofern der durchschnittliche Marktzins der letzten sieben Jahre oberhalb des steuerlich anzuwendenden Zinssatzes von 5,5 % liegt; vgl. hierzu Kapitel C4.2.2.1),
- Passivposten nur in der Steuerbilanz, nicht jedoch in der Handelsbilanz zum Ansatz gelangen (z.B. bei der Passivierung steuerfreier Rücklagen in der Steuerbilanz, für die handelsrechtlich kein Passivposten gebildet werden darf; vgl. hierzu Kapitel C4.1.2.2).

Entstehung

Im Vergleich mit dem handelsrechtlichen Ergebnis besteht aus steuerrechtlicher Sicht ein niedrigeres zukünftiges Abzugspotenzial. Eine aus Sicht der Handelsbilanz zukünftige Steuerbelastung ist die Folge. Die Umkehrung der Wertunterschiede wird dazu führen, dass der auf Basis des zu versteuernden Einkommens ermittelte (tatsächliche) Steueraufwand höher als der (fiktive) Steueraufwand ist, der sich auf Grundlagen des handelsbilanziellen Ergebnisses ergeben würde. Die Auflösung der gebildeten passiven latenten Steuern zieht eine Buchung eines Steuerertrags nach sich, wodurch der effektive Steueraufwand und das handelsrechtliche Ergebnis aneinander angepasst werden.[158]

Vergleich fiktiver und tatsächlicher Steueraufwand

3.4 Ansatz und Bewertung latenter Steuern

Nach altem Recht wurde bereits aufgrund der methodischen Vorgehensweise der Gesamtdifferenzbetrachtung ein saldierter Ausweis von aktiven und passiven latenten Steuern hervorgerufen. Dem Timing-Konzept zufolge war die Gesamtdifferenz zwischen handelsrechtlichem und steuerrechtlichem Ergebnis zu ermitteln. Auf diese um quasi-permanente und permanente Unterschiede korrigierte

Gesamtdifferenzbetrachtung nach altem Recht

---

[158] Vgl. KÜTING, K./SEEL, C. (2009), S. 511.

Gesamtdifferenz wurde dann die latente Steuerabgrenzung vorgenommen. Eine Saldierung von aktiven und passiven latenten Steuern war dieser Vorgehensweise demnach immanent, da die Gesamtergebnisse der beiden Rechenwerke und nicht Einzeldifferenzen die Grundlage für die Abgrenzung der latenten Steuern bildeten.[159] Da für aktive latente Steuern nach § 274 HGB a.F. ein Aktivierungswahlrecht bestand und aus der Gesamtdifferenzbetrachtung in der Regel ein Aktivüberhang an latenten Steuern hervorging, kam es bislang weitgehend nicht zu einem bilanziellen Ansatz latenter Steuern.[160]

Einzeldifferenzenbetrachtung nach neuem Recht

Das im Zuge des BilMoG verankerte bilanzorientierte Konzept erfordert grds. eine (bilanzpostenbezogene) Einzeldifferenzenbetrachtung, da die handels- und steuerrechtlichen Wertansätze der einzelnen Vermögensgegenstände, Schulden und Rechnungsabgrenzungsposten verglichen werden. Auf die jeweiligen entstehenden Wertunterschiede, die sich in der Zukunft abbauen müssen, ist dann der jeweils unternehmensindividuelle Steuersatz im Zeitpunkt der Umkehr der Unterschiede anzuwenden. Die Komplexität der Abgrenzung der latenten Steuern und das hierzu notwendige Know-how werden durch das Temporary-Konzept zunehmen.[161] Der Ermittlungs- und Dokumentationsaufwand wird erheblich steigen. Der Gesetzgeber hat es auch nach dem BilMoG – entgegen der Konzeption des Regierungsentwurfs – bei einem Ansatzwahlrecht für aktive und einer Ansatzpflicht für passive latente Steuern belassen.

Saldierung

Vor dem Hintergrund des Wortlauts des § 274 HGB und der Gesetzesbegründung geht der Gesetzgeber grds. von einer Saldierung aktiver und passiver latenter Steuern aus. Nach § 274 Abs. 1 Satz 3 HGB ist allerdings auch explizit die Möglichkeit einer unsaldierten Darstellung gegeben. Im Ergebnis kann durch dieses Saldierungswahlrecht i.V.m. dem Ansatzwahlrecht im Falle eines Aktivüberhangs latenter Steuern zwar in der Bilanz nach wie vor auf einen Ansatz verzichtet werden,[162] aufgrund der geforderten Anhangangaben gem. § 285 Nr. 29 HGB ist eine Berichterstattung über latente Steuern aber unerlässlich.[163]

Nachfolgend sollen die möglichen Divergenzen zwischen Handels- und Steuerbilanz – die dann grds. auch zur Abgrenzung latenter Steuern führen – aufgezeigt und erläutert werden.

---

[159] Vgl. BAETGE, J./KIRSCH, H.-J./THIELE, S. (2009), S. 561.
[160] Vgl. KÜTING, K. (2009c), S. 293.
[161] Vgl. HERZIG, N. (2008), S. 1345.
[162] Vgl. KÜTING, K./SEEL, C. (2009), S. 518.
[163] Sowohl die Bilanzierung (§ 274a Nr. 5 HGB) als auch die Anhangangaben (§ 288 Abs. 1 HGB) sind für kleine Kapitalgesellschaften nicht verpflichtend.

4 Mögliche Divergenzen zwischen Handels- und Steuerbilanz

4.1 Unterschiede bei den Ansatzvorschriften

4.1.1 Aktiva

4.1.1.1 Selbst erstellte immaterielle Vermögensgegenstände des Anlagevermögens

Das Vollständigkeitsgebot des § 246 Abs. 1 HGB verpflichtet den Bilanzierenden grds. zur Aktivierung sämtlicher Vermögensgegenstände, soweit gesetzlich nichts anderes bestimmt ist. Bislang war durch § 248 Abs. 2 HGB a.F. für selbst erstellte immaterielle Vermögensgegenstände des Anlagevermögens ein Aktivierungsverbot im Handelsrecht vorgesehen. Im Rahmen des BilMoG und der beabsichtigten Stärkung der Informationsfunktion der Handelsbilanz sowie der Annäherung an die internationalen Rechnungslegungsvorschriften sollte in der Fassung des Regierungsentwurfs zunächst das Bilanzierungsverbot des § 248 Abs. 2 HGB a.F. aufgehoben und durch ein Bilanzierungsgebot ersetzt werden.[164] An dieser Verankerung eines Bilanzierungsgebots wurde letztendlich jedoch aus Kosten-Nutzen-Erwägungen nicht festgehalten.[165]

In dem schließlich verabschiedeten Gesetzestext wurde im neuen § 248 Abs. 2 Satz 1 HGB für selbst erstellte immaterielle Vermögensgegenstände des Anlagevermögens ein Aktivierungswahlrecht verankert. Nach § 248 Abs. 2 Satz 2 HGB bleiben von einer Aktivierung weiterhin selbst geschaffene Marken, Drucktitel, Verlagsrechte, Kundenlisten oder vergleichbare immaterielle Werte des Anlagevermögens explizit ausgeschlossen. In Zusammenhang mit dem neu geschaffenen Aktivierungswahlrecht ist zu beachten, dass mit § 255 Abs. 2 Satz 4 HGB Forschungskosten ausdrücklich nicht mit in die Herstellungskosten einbezogen werden können, sondern aufwandswirksam in der GuV zu erfassen sind. Ein Aktivierungswahlrecht besteht demnach lediglich für die Entwicklungskosten selbst erstellter immaterieller Werte des Anlagevermögens.[166]

Handelsrechtliches Aktivierungswahlrecht

Im Steuerrecht existiert demgegenüber ein solches Wahlrecht für selbst erstellte immaterielle Vermögensgegenstände des Anlagevermögens nicht. Vielmehr heißt es in § 5 Abs. 2 EStG: „Für immaterielle Wirtschaftsgüter des Anlagevermögens ist ein Aktivposten nur anzusetzen, wenn sie entgeltlich erworben wurden."[167] Im Steuerrecht steht dem handelsrechtlichen Wahlrecht demnach ein Aktivierungs-

Steuerrechtliches Aktivierungsverbot

---

[164] Vgl. hierzu ausführlich KÜTING, K./PFIRMANN, A./ELLMANN, D. (2008), S. 689 ff.
[165] Vgl. hierzu KÜTING, K. (2009a), S. 95.
[166] Im Zuge des BilMoG wurde erstmals eine gesonderte Begriffsbestimmung für „Forschung und Entwicklung" ins HGB aufgenommen. Aufgrund der relativ allgemein gehaltenen Definition und der fehlenden Trennschärfe der Begriffe kann es dabei zu Abgrenzungsschwierigkeiten kommen. Sofern keine verlässliche Trennung möglich ist, ist nach § 255 Abs. 2a Satz 4 HGB eine Aktivierung explizit ausgeschlossen; vgl. auch weiterführend zum Aktivierungswahlrecht des § 248 Abs. 2 HGB KÜTING, K./ELLMANN, D. (2009), S. 269 ff.
[167] § 5 Abs. 2 EStG.

verbot gegenüber. Divergenzen zwischen Handels- und Steuerbilanz ergeben sich daher immer dann, wenn das im Handelsrecht bestehende Wahlrecht zur Aktivierung von selbst erstellten immateriellen Vermögensgegenständen des Anlagevermögens in Anspruch genommen wird.

4.1.1.2 Disagio

Handelsrechtliches Aktivierungswahlrecht

Die handelsrechtlichen Vorschriften zur bilanziellen Behandlung eines Disagios haben im Rahmen der Bilanzrechtsmodernisierung grds. keine Veränderung erfahren. Der § 250 Abs. 3 HGB sieht für die Handelsbilanz nach wie vor ein Wahlrecht zur Aktivierung eines Disagios vor. Im Steuerrecht ist in § 5 Abs. 5 Satz 1 Nr. 1 EStG hingegen kein Wahlrecht, sondern eine Aktivierungspflicht verankert.

Steuerrechtliche Aktivierungspflicht

Gem. der vorgenannten steuerlichen Vorschrift ist für Ausgaben, die vor dem Abschlussstichtag anfallen, immer dann ein Rechnungsabgrenzungsposten zu bilden, wenn sie Aufwand für eine bestimmte Zeit nach diesem Stichtag darstellen.[168] Im Ergebnis entsteht bei Vorliegen eines Disagios immer dann eine Abweichung zwischen der Handels- und der Steuerbilanz, wenn der Bilanzierende im handelsrechtlichen Jahresabschluss vom Aktivierungswahlrecht des § 250 Abs. 3 HGB keinen Gebrauch macht.

4.1.1.3 Rechnungsabgrenzungsposten für als Aufwand berücksichtigte Zölle und Verbrauchsteuern sowie Umsatzsteuer auf Anzahlungen

Steuerrechtliche Aktivierungspflicht

Nach den steuerlichen Regelungen des § 5 Abs. 5 Satz 2 Nr. 1 und Nr. 2 EStG sind als Aufwand erfasste Zölle und Verbrauchsteuern – soweit sie auf am Stichtag zu bilanzierende Wirtschaftsgüter des Vorratsvermögens entfallen – ebenso als Rechnungsabgrenzungsposten zu aktivieren, wie die als Aufwand erfasste Umsatzsteuer auf am Stichtag auszuweisende Anzahlungen.[169] Handelsrechtlich war hierfür bisher in § 250 Abs. 1 Satz 2 Nr. 1 HGB ein Aktivierungswahlrecht kodifiziert. Abweichungen zwischen Handels- und Steuerbilanz traten demnach nur dann auf, sofern für die aufwandswirksamen Zölle, Verbrauchsteuern bzw. die Umsatzsteuer auf Anzahlungen keine Aktivposten in der Bilanz angesetzt wurden. Zölle fallen bei Warenbewegungen über eine Zollgrenze an. Verbrauchsteuern sind z.B. die Mineralölsteuer, Schaumweinsteuer oder Tabaksteuer; sie fallen bei der Überführung von Gegenständen aus einem der Besteuerung unterliegenden Bereich in einen nicht steuerlichen Bereich an.[170] Das Aktivierungswahlrecht der Umsatzsteuer bezieht sich ausschließlich auf erhaltene Anzahlungen, d.h. für Anzahlungen auf Wirtschaftsgüter, deren Eigentum noch beim Bilanzierenden liegt.[171]

---

[168] Vgl. § 5 Abs. 5 Satz 1 Nr. 1 EStG.
[169] Vgl. § 5 Abs. 5 Satz 2 Nr. 1 und 2 EStG; LORSON, P./TOEBE, M. (2009), S. 457.
[170] Vgl. TRÜTZSCHLER, K. (2002), § 250, Rn. 62.
[171] Vgl. TRÜTZSCHLER, K. (2002), § 250, Rn. 67.

Die Bildung eines solchen Rechnungsabgrenzungspostens für aufwandswirksame Zölle, Verbrauchsteuern und Umsatzsteuer auf Anzahlungen ist künftig in der Handelsbilanz nicht mehr zulässig. Im Rahmen der Bilanzrechtsmodernisierung wurde das Wahlrecht des § 250 Abs. 1 Satz 2 HGB a.F. aufgehoben. Im handelsrechtlichen Jahresabschluss ist für die genannten Sachverhalte daher künftig stets eine aufwandswirksame Erfassung vorzunehmen. Handelsbilanz und Steuerbilanz werden somit in Zukunft in diesen Fällen der Rechnungsabgrenzung zwingend voneinander abweichen.

Handelsrechtliches Aktivierungsverbot

4.1.1.4 Aktivierung anschaffungsnaher Aufwendungen bei Gebäuden

Nach § 255 Abs. 2 Satz 1 HGB sind bei der Aktivierung von Vermögensgegenständen – und somit auch bei Gebäuden – die Aufwendungen zu berücksichtigen, die „für die Herstellung eines Vermögensgegenstands, seine Erweiterung oder für eine über seinen Ursprung hinausgehende wesentliche Verbesserung entstehen"[172]. Steuerrechtlich wird die Aktivierung der sog. anschaffungsnahen Herstellungskosten von Gebäuden in § 6 Abs. 1 Nr. 1a EStG geregelt. In der Steuerbilanz sind demzufolge solche Aufwendungen zu aktivieren, die für Instandhaltungs- und Modernisierungsmaßnahmen anfallen und innerhalb von drei Jahren nach der Anschaffung eines Gebäudes vorgenommen werden.[173] Explizit ausgeschlossen vom Ansatz in der Steuerbilanz sind hingegen Erweiterungsaufwendungen i.S.d. § 255 Abs. 2 Satz 1 HGB und jährlich üblicherweise anfallende Erhaltungsaufwendungen.[174] Dieser ausdrückliche Ausschluss von Erweiterungsaufwendungen i.S.d. HGB stellt daher einen weiteren Sachverhalt dar, der im Falle einer handelsrechtlichen Aktivierung solcher steuerlich nicht ansetzbaren Aufwendungen zu Divergenzen zwischen Handels- und Steuerbilanz führt.

Steuerrechtliches Aktivierungsverbot für Erweiterungsaufwendungen

4.1.1.5 Phasengleiche Aktivierung von Dividendenforderungen

Die Frage ob, und falls ja, unter welchen Voraussetzungen zukünftige Dividendenansprüche aus der Sicht eines beherrschenden Unternehmens schon mit Ablauf des der Ausschüttung vorangehenden Abschlussstichtags als wirtschaftlich entstandene Forderungen in der Handels- respektive Steuerbilanz angesetzt werden können, ist in der Vergangenheit ausgiebig und kontrovers diskutiert worden.[175]

Handelsrechtlich können Dividendenforderungen grds. erst dann entstehen, wenn die Hauptversammlung des Beteiligungsunternehmens gem. § 174 AktG über die Verwendung des Bilanzgewinns und den auszuschüttenden Betrag entschieden hat. Demnach könnten Beteiligungserträge grds. erst phasenverschoben im darauffolgenden Geschäftsjahr vereinnahmt werden.[176] Allerdings befasste sich der BGH

Handelsrecht

---

[172] § 255 Abs. 2 Satz 1 HGB.
[173] Vgl. § 6 Abs. 1 Nr. 1a Satz 1 EStG.
[174] Vgl. § 6 Abs. 1 Nr. 1a Satz 2 EStG.
[175] Vgl. BLAUM, U./KESSLER, H. (2000), S. 1233 sowie zur Diskussion ausführlich u.a. KÜTING, K. (1996), S. 1947 ff.; HOFFMANN, W.-D. (1999), S. 788 ff.
[176] Vgl. COENENBERG, A. G./HALLER, A./SCHULTZE, W. (2009), S. 244.

im Jahr 1998 mit dieser Fragestellung im sog. Tomberger Verfahren und entschied, dass für Dividendenansprüche unter bestimmten Voraussetzungen zwingend eine phasengleiche Aktivierung vorzunehmen ist.[177] Zu den Voraussetzungen, die zu einer solchen verpflichtenden Aktivierung der Ansprüche im Jahr der Entstehung führen, gehören bspw. eine Deckungsgleichheit der Geschäftsjahre der beiden Unternehmen, der vorliegende Beschluss der Gesellschafterversammlung des Tochterunternehmens über die Feststellung des Jahresabschlusses und die Gewinnverwendung vor Beendigung der Prüfung des Jahresabschlusses des Mutterunternehmens.[178]

Steuerrecht

Steuerrechtlich steht diesen handelsrechtlichen Regelungen der Beschluss des Großen Senats des BFH vom 07.08.2000 gegenüber. Demnach kann „eine Kapitalgesellschaft, die mehrheitlich an einer anderen Kapitalgesellschaft beteiligt ist, […] Dividendenansprüche aus einer zum Bilanzstichtag noch nicht beschlossenen Gewinnverwendung der nachgeschalteten Gesellschaft grds. nicht aktivieren"[179]. Eine phasengleiche Vereinnahmung von Dividendenansprüchen ist daher im Steuerrecht, diesem Beschluss folgend, grds. nicht möglich. Ausnahmsweise kann eine Aktivierung allerdings dann möglich sein, wenn zusätzliche restriktive Bedingungen (Muttergesellschaft muss Kenntnis über mindestens ausschüttungsfähigen Gewinn der Tochtergesellschaft haben; Muttergesellschaft muss entschlossen sein, im Folgejahr für eine bestimmte Ausschüttung zu stimmen) erfüllt sind.[180] Hinsichtlich einer möglichen Divergenz zwischen Handels- und Steuerrecht führt dies im Ergebnis immer dann zu einem Auseinanderfallen von Handels- und Steuerbilanz, wenn die handelsrechtlichen Voraussetzungen zur Aktivierung von Dividendenansprüchen erfüllt sind, während in der Steuerbilanz das grundsätzliche Aktivierungsverbot zur Anwendung gelangt.

4.1.1.6 Saldierung von Altersversorgungsverpflichtungen mit dem Planvermögen

Handelsrechtlicher Nettoausweis

Nach wie vor ist für die Handelsbilanz – auch nach Inkrafttreten des BilMoG – grds. das Saldierungsverbot des § 246 Abs. 2 HGB zu beachten, wonach u.a. Posten der Aktivseite nicht mit Posten der Passivseite verrechnet werden dürfen. Die Neuregelungen des BilMoG führen hinsichtlich der bilanziellen Abbildung von Altersversorgungsverpflichtungen im Ergebnis allerdings – dem allgemeinen Saldierungsverbot widersprechend – lediglich zu einem Ausweis der Nettoverpflichtung und vollziehen dahin gehend eine Annäherung an die internationalen Rechnungslegungsvorschriften. Zukünftig sind aufgrund des neu aufgenommenen § 246 Abs. 2 Satz 2 HGB solche Vermögensgegenstände, die dem Zugriff aller übrigen Gläubiger entzogen sind und ausschließlich der Erfüllung von Altersversorgungsverpflichtungen dienen (sog. Planvermögen) mit diesen Altersver-

---

[177] Vgl. BGH-Urteil vom 12.01.1998.
[178] Vgl. weiterführend u.a. GROH, M. (1998), S. 813 ff.
[179] BFH-Beschluss vom 07.08.2008, S. 1265.
[180] Vgl. GROH, M. (2000), S. 2444.

sorgungsverpflichtungen zu saldieren.[181] Diejenigen Vermögensgegenstände, die als Planvermögen deklariert und damit zur Verrechnung herangezogen werden, sind gem. § 253 Abs. 1 Satz 4 HGB mit dem beizulegenden Zeitwert zu bewerten. Sofern der beizulegende Zeitwert der Vermögensgegenstände die Verpflichtung übersteigt, ist nach § 246 Abs. 2 Satz 3 HGB unter Beachtung einer Ausschüttungssperre ein gesonderter Posten unter der Bezeichnung „Aktivischer Unterschiedsbetrag aus der Vermögensverrechnung" zu aktivieren.[182]

Für die Aufstellung der Steuerbilanz sind die Vorschriften des § 5 Abs. 1a Satz 1 EStG maßgebend, der explizit zum Ausdruck bringt, dass in der Steuerbilanz keine Posten der Aktivseite mit Posten der Passivseite verrechnet werden dürfen.[183] Im Hinblick auf die bilanzielle Vorgehensweise im Rahmen von Altersversorgungsverpflichtungen bleibt schließlich festzuhalten, dass eine handelsrechtlich zulässige Saldierung von Planvermögen mit den entsprechenden Verpflichtungen ein Auseinanderfallen des Ausweises von Vermögensgegenständen und Schulden (handelsrechtlich: Nettoausweis; steuerrechtlich: Bruttoausweis) in Handels- und Steuerbilanz nach sich zieht.

Steuerrechtlicher Bruttoausweis

4.1.1.7   Zusammenfassender Überblick

Die möglichen Divergenzen hinsichtlich der Ansatzvorschriften auf der Aktivseite sind in der nachfolgenden Übersicht zusammengefasst:

Sachverhalt	Handelsrecht (nach BilMoG)	Steuerbilanz
Ansatzunterschiede		
selbst erstellte immaterielle Vermögensgegenstände des AV	**Aktivierungswahlrecht** gem. 248 Abs. 2 HGB	**Aktivierungsverbot** gem. § 5 Abs. 2 EStG
Disagio	**Aktivierungswahlrecht** gem. § 250 Abs. 3 HGB	**Aktivierungspflicht** gem. § 5 Abs. 5 S. 1 Nr. 1 EStG
aRAP für als Aufwand berücksichtigte Zölle und Verbrauchsteuern	**Aktivierungsverbot** (Streichung des § 250 Abs. 1 S. 2 HGB)	**Aktivierungspflicht** gem. § 5 Abs. 5 S. 2 Nr. 1 EStG
aRAP für als Aufwand berücksichtigte Ust auf Anzahlungen	**Aktivierungsverbot** aufgrund Streichung des § 250 Abs. 1 S. 2 HGB	**Aktivierungspflicht** gem. § 5 Abs. 5 S. 2 Nr. 2 EStG
Aktivierung anschaffungsnaher Aufwendungen bei Gebäuden	**Aktivierungspflicht** Vorraussetzung: Herstellung/Erweiterung/wesentliche Verbesserung eines VG	**Aktivierungspflicht** Voraussetzung: Aufwendungen für Instandhaltung und Modernisierung innerhalb 3 J. nach Anschaffung und größer 15 % der AK (§ 6 Abs. 1 Nr. 1a EStG)
phasengleiche Aktivierung von Dividendenforderungen	Bei Vorliegen gewisser Vorraussetzungen: **Aktivierungspflicht** (BGH-Urteil vom 12.01.1998)	Grundsätzlich: **Aktivierungsverbot** (BFH-Urteil vom 07.08.2000; bestätigend vom 07.02.2007)
Saldierung von Altersversorgungsverpflichtungen mit dem Planvermögen	**Pflicht** zur Saldierung gem. § 246 Abs. 2 S. 2 HGB	**Verbot** gem. § 5 Abs. 1a S. 1 EStG

Abbildung 11: Mögliche Divergenzen zwischen Handels- und Steuerbilanz hinsichtlich des Ansatzes von Aktiva

---

[181] Vgl. § 246 Abs. 2 Satz 1 HGB.
[182] Vgl. ERNST & YOUNG (2009), S. 10 f.
[183] Vgl. § 5 Abs. 1a Satz 1 EStG.

4.1.2 Passiva
4.1.2.1 Rückstellungen

Ein weiteres Auseinanderfallen zwischen Handels- und Steuerbilanz hinsichtlich des Ansatzes von Rückstellungen hat sich durch das BilMoG lediglich im Bereich der Pensionsrückstellungen ergeben. Zwar wurden durch die Neufassung des § 249 HGB die handelsrechtlichen Möglichkeiten zur Bildung von Aufwandsrückstellungen eingeschränkt (gem. § 249 Abs. 2 Passivierungsverbot für Aufwendungen für unterlassene Instandhaltung im Folgejahr nach Ablauf von drei Monaten (§ 249 Abs. 1 Satz 3 a.F.) und für ihrer Eigenart genau umschriebene Aufwendungen (§ 249 Abs. 2 a.F.)); dies führt allerdings aufgrund der bereits bestehenden steuerlichen Passivierungsverbote zu einer Annäherung zwischen den beiden Rechenwerken.[184]

Pensionsrückstellungen

Nach § 249 Abs. 1 Satz 1 HGB sind in der Handelsbilanz Rückstellungen für ungewisse Verbindlichkeiten zu passivieren. Unter ungewisse Verbindlichkeiten sind auch Pensionsverpflichtungen zu subsumieren.

Unmittelbare Altzusagen

Nach der Bilanzrechtsmodernisierung besteht hierbei nach wie vor die Ausnahmeregelung, welche für solche Pensionsverpflichtungen, die auf vor dem 01.01.1987 erteilten unmittelbaren Zusagen (sog. Altzusagen) beruhen, keine Pflicht zur Bildung einer Rückstellung vorsieht; es besteht ein Passivierungswahlrecht.[185] Die steuerrechtlichen Regelungen sind in § 6a EStG kodifiziert, wobei auch diese von den Änderungen des BilMoG unberührt bleiben. Das Steuerrecht räumt dem Bilanzierenden im Hinblick auf die vorgenannten Altzusagen in § 6a Abs.1 und 2 EStG ein Passivierungswahlrecht unter Beachtung des steuerlichen Nachholverbots des § 6a Abs. 4 EStG ein. Grds. haben sowohl die handels- als auch die steuerrechtlichen Vorschriften keine Veränderungen erfahren. Durch den Wegfall der umgekehrten Maßgeblichkeit im Zuge des BilMoG müssen nach überwiegender Meinung steuerrechtliche Wahlrechte nicht mehr in Übereinstimmung mit der handelsrechtlichen Vorgehensweise ausgeübt werden.

Unmittelbare Neuzusagen

Die Möglichkeit der autonomen Ausübung des steuerlichen Passivierungswahlrechts für unmittelbare Pensionszusagen vor dem 01.01.1987 führt daher bei abweichender Vorgehensweise zur Handelsbilanz zu einer weiteren Abweichung zwischen Handels- und Steuerbilanz. Für den Ansatz unmittelbarer Neuzusagen und die Passivierung mittelbarer Pensionsverpflichtungen ergeben sich keine Veränderungen durch das BilMoG. Sowohl handels- als auch steuerrechtlich gilt nach wie vor eine Pflicht zur Passivierung unmittelbarer Neuzusagen. Während die handelsrechtliche Ansatzpflicht aus den allgemeinen Passivierungskriterien bzgl. Rückstellungen für ungewisse Verbindlichkeiten resultiert (§ 249 Abs. 1 Satz 1 HGB), sind für die Steuerbilanz die Voraussetzungen des § 6a Abs. 1 und 2 EStG zu beachten. Durch diese steuerlichen Voraussetzungen (Rückstellungsbildung

---

[184] Vgl. hierzu auch ZÜLCH, H./HOFFMANN, S. (2009), S. 369; REINKE, K./MARTENS, S. (2009), S. 18.
[185] Vgl. RHIEL, R./VEIT, A. (2009), S. 167.

vor Eintritt des Versorgungsfalls nur, wenn die Zusage schriftlich erteilt wurde; frühestens für das Geschäftsjahr, bis zu dessen Mitte der Berechtigte das 28. Lebensjahr vollendet, oder für das Geschäftsjahr, in dessen Verlauf die Pensionsanwartschaft gem. dem Betriebsrentengesetz unverfallbar wird) kann wie bereits vor der Bilanzrechtsmodernisierung ein abweichender Bilanzansatz zwischen Handels- und Steuerbilanz hervorgerufen werden.[186] Entgegen dem Referentenentwurf des BilMoG sieht das verabschiedete Gesetz für mittelbare Pensionsverpflichtungen nach wie vor ein handelsrechtliches Passivierungswahlrecht vor (Art. 28 Abs. 1 Satz 2 EGHGB).[187]

Im Bereich der sonstigen Rückstellungen haben lediglich die Aufwandsrückstellungen durch das BilMoG eine Änderung hinsichtlich der Vorschriften zum Bilanzansatz erfahren. Die vorgenommenen Einschränkungen zur Rückstellungsbildung des § 249 Abs. 2 HGB führten allerdings zu einer Annäherung zwischen Handels- und Steuerrecht, sodass in diesem Bereich vormals möglicherweise auftretende Divergenzen zwischen Handels- und Steuerbilanz künftig nicht mehr auftreten können.[188]

Weitere Divergenzen bei dem Bilanzansatz von sonstigen Rückstellungen können sich bei Drohverlustrückstellungen (§ 249 Abs. 1 Satz 1 HGB; § 5 Abs. 4a Satz 1 EStG), bei Rückstellungen wegen der Verletzung fremder Patent-, Urheber- oder ähnlicher Schutzrechte (§ 249 Abs. 1 Satz 1 HGB; § 5 Abs. 3 Satz 1 EStG) und bei Rückstellungen für Jubiläumszuwendungen (§ 249 Abs. 1 Satz 1 HGB; § 5 Abs. 4 EStG) ergeben. Außerdem bestehen abweichende Regelungen bei Rückstellungen für künftige aktivierungspflichtige Aufwendungen (§ 249 Abs. 1 Satz 1 HGB; § 5 Abs. 4b Satz 1 EStG), für einem steuerlichen Abzugsverbot unterliegende Aufwendungen (§ 249 Abs. 1 Satz 1 HGB; § 5 Abs. 4b Satz 2 EStG) und für Aufwendungen, die zur Gewinnung wiederverwendbarer radioaktiver Brennelemente führen (§ 249 Abs. 1 Satz 1 HGB; Hinweis 5.7 EStH). In der Handelsbilanz gelangen für die vorgenannten Rückstellungen die allgemeinen handelsrechtlichen Rückstellungskriterien zur Anwendung; gem. § 249 Abs. 1 Satz 1 HGB besteht demnach für alle genannten Aufwendungen eine Rückstellungspflicht in der Handelsbilanz. Der aus dem Imparitätsprinzip resultierenden handelsrechtlichen Rückstellungspflicht für drohende Verluste aus schwebenden Geschäften steht im Steuerrecht grds. das Passivierungsverbot des § 5 Abs. 4a EStG gegenüber. Hinsichtlich des Ansatzes von Jubiläumsrückstellungen wird ein Abweichen der Handels- von der Steuerbilanz dadurch hervorgerufen, dass diese Rückstellung im Steuerrecht nach § 5 Abs. 4 EStG nur in eingeschränktem Umfang (das Dienstverhältnis muss mindestens zehn Jahre bestanden haben, das Jubiläum muss das Bestehen eines Dienstverhältnisses von mindestens 15 Jahren

Sonstige Rückstellungen

---

[186] Vgl. LORSON, P./TOEBE, M. (2009), S. 457.
[187] Vgl. REINKE, K./MARTENS, S. (2009), S. 18.
[188] Vgl. auch KÜTING, K./CASSEL, J./METZ, C. (2009), S. 232 f.; WEIGL, R./WEBER, H. G./COSTA, M. (2009), S. 1062 f.

voraussetzen und die Zusage muss schriftlich erteilt sein) zulässig ist.[189] Der handelsrechtlichen Pflicht zur Bildung von Rückstellungen für einem steuerlichen Abzugsverbot unterliegende Aufwendungen und für Aufwendungen, die zur Gewinnung wiederverwendbarer radioaktiver Brennelemente führen, stehen steuerrechtlich die Ansatzverbote des § 5 Abs. 4b Satz 1 EStG und des Einkommensteuerhinweises H 5.7 Abs. 1 EStH gegenüber. Weitere Abweichungen können sich außerdem im Zuge der Bildung von Rückstellungen für künftige Anschaffungs- und Herstellungskosten in der Handelsbilanz ergeben, da für die Steuerbilanz stets das Passivierungsverbot des § 5 Abs. 4b Satz 2 EStG zur Anwendung gelangt. Eine solche Rückstellungsbildung kommt allerdings nur in Einzelfällen in Betracht, wenn die Anschaffungs- bzw. Herstellungskosten den Zeitwert eines Vermögensgegenstands übersteigen.[190]

4.1.2.2 Rücklagen

§ 6b EStG-Rücklage

Das Steuerrecht gestattet für bestimmte Sachverhalte die Bildung sog. steuerfreier Rücklagen. Zu den dabei in der Praxis am häufigsten vorkommenden Rücklagen gehören die Rücklage für Veräußerungsgewinne bei bestimmten Gütern des Anlagevermögens (sog. § 6b-Rücklage) nach § 6b EStG und die Rücklage für Ersatzbeschaffung nach Richtlinie R 6.6 EStR. Gem. § 6b EStG können bei einem Verkauf von Grund und Boden, Aufwuchs auf Grund und Boden (sofern dieser zu land- und forstwirtschaftlichem Betriebsvermögen zugehörig ist), Gebäuden oder Binnenschiffen entstehende Buchgewinne im Geschäftsjahr der Veräußerung von den Anschaffungs- oder Herstellungskosten bestimmter im gleichen oder im vorangegangenen Geschäftsjahr angeschafften bzw. hergestellten Wirtschaftsgütern abgesetzt werden.[191] Alternativ können diese aber auch in eine sog. § 6b-Rücklage eingestellt und später übertragen werden.

Rücklage für Ersatzbeschaffung

Im Rahmen der steuerlichen Rücklage für Ersatzbeschaffung nach Richtlinie R 6.6 Abs. 1 EStR können unter bestimmten Voraussetzungen durch unbeabsichtigten Abgang eines Wirtschaftsguts aus dem Betriebsvermögen entstandene Gewinne einer sofortigen Besteuerung entzogen werden. Die bei einem solchen Ausscheiden eventuell aufgedeckten stillen Reserven i.H.d. Differenz zwischen Entschädigung (z.B. einer Versicherung) und Buchwert zum Zeitpunkt des Ausscheidens, können unter den Voraussetzungen von R 6.6 Abs. 1 EStR auf ein Ersatzwirtschaftsgut übertragen werden.[192] Soweit am Schluss des Wirtschaftsjahres, in dem das Wirtschaftsgut aus dem Betriebsvermögen ausgeschieden ist, noch keine Ersatzbeschaffung vorgenommen wurde, kann i.H.d. aufgedeckten stillen Reserven in der Steuerbilanz eine steuerfreie Rücklage gebildet werden.

---

[189] Vgl. KOZIKOWSKI, M./SCHUBERT, W. J. (2010), § 249, Rn. 100; sowie weiterführend PITZKE, J. (2009), S. 360 ff.
[190] In diesem Fall wäre in der Handelsbilanz eine Rückstellung i.H.d. Differenzbetrags zwischen Anschaffungs- bzw. Herstellungskosten und dem Zeitwert des Vermögensgegenstands zu passivieren. In der Steuerbilanz ist eine solche Rückstellungsbildung unzulässig. Vgl. KOZIKOWSKI, M./SCHUBERT, W. J. (2010), § 249, Rn. 100.
[191] Vgl. § 6b Abs. 1 Satz 1 EStG.
[192] Vgl. COENENBERG, A. G./HALLER, A./SCHULTZE, W. (2009), S. 338 f.

Voraussetzung hierfür ist, dass zu diesem Zeitpunkt eine Ersatzbeschaffung ernstlich geplant und auch zu erwarten ist.[193] Die Zuführungen zu diesen Rücklagen bewirken eine Minderung der steuerlichen Bemessungsgrundlage. Die Rücklagen werden aus unversteuerten Gewinnen gebildet. Sie sind allerdings nicht steuerfrei, sondern in Folgeperioden gewinnerhöhend aufzulösen oder von der Abschreibungsbemessungsgrundlage anderer Wirtschaftsgüter abzusetzen. Es kommt daher lediglich zu einer Steuerstundung.[194] In der Handelsbilanz war nach bisherigem Recht in diesen Fällen der steuerlichen Rücklagenbildung ein Sonderposten mit Rücklageanteil zu passivieren.[195] Für Kapitalgesellschaften und diesen gleichgestellten Personengesellschaften schränkte § 273 HGB a.F. den § 247 Abs. 3 HGB a.F dahin gehend ein, dass die Bildung eines Sonderpostens mit Rücklageanteil nur dann gebildet werden durfte, sofern die Anerkennung des Wertansatzes in der Steuerbilanz von einer gleich gerichteten Verfahrensweise in der Handelsbilanz abhängig war (Umkehrmaßgeblichkeit).[196]

Durch den Wegfall der Umkehrmaßgeblichkeit und die Aufhebung der handelsrechtlichen Öffnungsklauseln (u.a. § 247 Abs. 3, § 270 Abs. 1 Satz 2 und § 273 HGB a.F.) im Zuge des BilMoG besteht nun ein handelsrechtliches Passivierungsverbot für die vorgenannten Sachverhalte.

Handelsrechtliches Passivierungsverbot

Die nach wie vor bestehenden steuerlichen Wahlrechte können nach neuem Recht unabhängig von der Vorgehensweise in der Handelsbilanz ausgeübt werden.[197] Durch den Ansatz einer § 6b EStG-Rücklage oder einer Rücklage für Ersatzbeschaffung in der Steuerbilanz kommt es künftig zu einer weiteren Abkopplung der Handels- von der Steuerbilanz. Allerdings können bereits vor BilMoG nach altem Handelsrecht gebildete Sonderposten unter Anwendung der für sie geltenden Vorschriften in der Fassung vor Einführung des BilMoG in der Handelsbilanz beibehalten werden.[198]

Steuerrechtliches Passivierungswahlrecht

4.1.2.3 Zusammenfassender Überblick

Die angeführten, möglichen Divergenzen zwischen Handels- und Steuerbilanz hinsichtlich der Ansatzvorschriften auf der Passivseite werden in folgender Übersicht zusammenfasst:

---

[193] Vgl. R 6.6 Abs. 3 EStR.
[194] Vgl. KÜNKELE, K. P./ZWIRNER, C. (2009), S. 1278.
[195] Vgl. § 247 Abs. 3 HGB a.F. i.V.m. § 273 HGB a.F.
[196] Vgl. CASSEL, J./VAN HALL, G./KESSLER, H. (2009), S. 379.
[197] Vgl. bspw. KÜMPEL, T. (2009), S. 22.
[198] Vgl. auch weiterführend KESSLER, H./LEINEN, M./PAULUS, B. (2009), S. 1913.

Sachverhalt	Handelsrecht (nach BilMoG)	Steuerbilanz
Rückstellungen		
Verpflichtungen, die nur bei Anfall künftiger Gewinne/Einnahmen zu erfüllen sind (Rückstellungen bzw. Verbindlichkeiten)	Passivierungspflicht	Passivierungsverbot gem. § 5 Abs. 2a EStG
Rückstellungen für drohende Verluste aus schwebenden Geschäften	Passivierungspflicht gem. § 249 Abs. 1 S. 1 HGB	Passivierungsverbot gem. § 5 Abs. 4a S. 1 EStG (sofern keine Bewertungseinheiten, für die eine Passivierungspflicht besteht)
Rückstellungen wegen Verletzung fremder Patent-, Urheber- oder ähnlicher Schutzrechte	Passivierungspflicht gem. § 249 Abs. 1 S. 1 HGB und Auflösung bei Wegfall des Grunds gem. § 249 Abs. 2 S. 2 HGB	Passivierungspflicht bei Vorliegen bestimmter Voraussetzungen gem. § 5 Abs. 3 S. 1 EStG i.V.m. einer Auflösungsfrist von drei Jahren gem. § 5 Abs. 3. S. 2 EStG
Rückstellungen für Dienstjubiläen	Passivierungspflicht gem. § 249 Abs. 1 S. 1 HGB	Passivierungspflicht bei kumulativer Erfüllung der Voraussetzungen des § 6 Abs. 4 EStG
Rückstellungen für künftig aktivierungspflichtige Aufwendungen	Passivierungspflicht soweit künftige AHK eines VG > Zeitwert gem. § 249 Abs. 1 S. 1 HGB, d.h. dann, wenn den Aufwendungen keine Werthaltigkeit gegenübersteht	Passivierungsverbot gem. § 5 Abs. 4b S. 1 EStG
Rückstellungen für dem steuerlichen Abzugsverbot unterliegenden künftigen Aufwendungen	Passivierungspflicht gem. § 249 Abs. 1 S. 1 HGB	Passivierungsverbot gem. H 5.7 Abs. 1 EStH
Rückstellung für Aufwendungen zur Gewinnung radioaktiver Brennstoffe	Passivierungspflicht gem. § 249 Abs. 1 S. 1 HGB	Passivierungsverbot gem. § 5 Abs. 4b S. 2 EStG
Rücklage für Ersatzbeschaffung	Passivierungsverbot	Passivierungswahlrecht gem. R 6.6 EStR
§ 6b EStG-Rücklage	Passivierungsverbot	Passivierungswahlrecht gem. § 6b EStG
Pensionsrückstellungen		
unmittelbare Neuzusage	Passivierungspflicht gem. § 249 Abs. 1 S. 1 HGB	Passivierungswahlrecht gem. § 5 Abs. 1 S. 1 EStG unter Voraussetzungen gem. § 6a Abs. 1 u. 2 EStG und Beachtung des Nachholverbots des § 6a Abs. 4 EStG
unmittelbare Altzusage	Passivierungswahlrecht gem. Art. 28 Abs. 1 S. 1 EGHGB	Passivierungswahlrecht unter Voraussetzungen des § 6a Abs. 1 u. 2 EStG und Beachtung des Nachholverbots des § 6a Abs. 4 EStG
mittelbare Verpflichtung	Passivierungswahlrecht gem. Art. 28 Abs. 1 S. 2 EGHGB	Passivierungsverbot

Abbildung 12: Mögliche Ansatzdivergenzen auf der Passivseite zwischen Handels- und Steuerbilanz

4.2 Unterschiede bei den Bewertungsvorschriften

Im Rahmen der Bewertungsvorschriften ergaben sich bereits vor der Bilanzrechtsmodernisierung zahlreiche Unterschiede zwischen der handelsrechtlichen Rechnungslegung und der steuerlichen Gewinnermittlung. Durch das BilMoG wird künftig zudem ein noch weiteres Auseinanderfallen der beiden Rechenwerke hervorgerufen. Aufgrund des großen Umfangs der Divergenzen der Bewertungsvorschriften werden im Folgenden nur die Abweichungen detailliert betrachtet, die durch die neuen Bilanzierungsregeln künftig erstmals auftreten werden.

4.2.1 Herstellungskosten

Umfang

Der Umfang der in die Herstellungskosten zwingend einzubeziehenden Kosten ist durch das BilMoG erheblich erweitert worden. Zukünftig sind auch die Materialgemeinkosten, die Fertigungsgemeinkosten und der Werteverzehr des Anlagevermögens verpflichtend in die Herstellungskosten einzubeziehen. Die Wertobergrenze der Herstellungskosten wurde nicht verändert. Die Ermittlung der Herstellungskosten nach altem Recht, nach BilMoG sowie nach den steuerrechtlichen Regelungen ist in Abbildung 13 detailliert dargestellt.

Kostenarten	Handelsrecht (nach BilMoG)		Steuerbilanz
	HGB a.F.	HGB n.F.	
Einzelkosten			
Materialeinzelkosten	Pflicht	Pflicht	Pflicht
Fertigungseinzelkosten	Pflicht	Pflicht	Pflicht
Sondereinzelkosten der Fertigung	Pflicht	Pflicht	Pflicht
Gemeinkosten			
Materialgemeinkosten	Wahlrecht	Pflicht	Pflicht
Fertigungsgemeinkosten	Wahlrecht	Pflicht	Pflicht
Werteverzehr des Anlagevermögens	Wahlrecht	Pflicht	Pflicht
Verwaltungskosten des Material- und Fertigungsbereichs	Wahlrecht	Pflicht	Pflicht
Allgemeine Verwaltungskosten	Wahlrecht	Wahlrecht	Wahlrecht
Kosten für freiwillige soziale Leistungen	Wahlrecht	Wahlrecht	Wahlrecht
Kosten für betriebliche Altersversorgung	Wahlrecht	Wahlrecht	Wahlrecht
Kosten für soziale Einrichtungen des Betriebs	Wahlrecht	Wahlrecht	Wahlrecht
Fremdkapitalzinsen	Wahlrecht (unter bestimmten Voraussetzungen)	Wahlrecht (unter bestimmten Voraussetzungen)	Wahlrecht (unter bestimmten Voraussetzungen)
Vertriebskosten	Verbot	Verbot	Verbot
Forschungskosten	Verbot	Verbot	Verbot

Abbildung 13: Ermittlung der Herstellungskosten in den verschiedenen Rechenwerken.[199]

Ein Aktivierungswahlrecht besteht sowohl handels- als auch steuerrechtlich hinsichtlich der allgemeinen Verwaltungskosten, der Kosten für freiwillige soziale Leistungen, der Kosten für betriebliche Altersversorgung, der Kosten für soziale Einrichtungen des Betriebs sowie für Fremdkapitalzinsen. Vor Einführung des BilMoG mussten steuerrechtliche Wahlrechte in Übereinstimmung mit der handelsrechtlichen Vorgehensweise ausgeübt werden. Durch die Abschaffung der umgekehrten Maßgeblichkeit können steuerrechtlich bestehende Wahlrechte künftig unabhängig von der handelsrechtlichen Rechnungslegung ausgeübt werden. Verdeutlicht am konkreten Beispiel des handels- und steuerrechtlichen Wahlrechts für allgemeine Verwaltungskosten bedeutet dies, dass die Verwaltungskosten aufgrund der umgekehrten Maßgeblichkeit bisher bei Aktivierung in der Steuerbilanz auch in der Handelsbilanz anzusetzen waren. Nach BilMoG können die beiden Rechenwerke künftig getrennte Wege gehen und unterschiedliche Wertansätze bilanzieren.[200]

---

[199] In Anlehnung an KÜTING, K. (2009b), S. 178.
[200] Vgl. KÜTING, K. (2009b), S. 162.

Die losgelöste Ausübung steuerlicher Wahlrechte betrifft im Rahmen der Ermittlung der Herstellungskosten zukünftig ebenso das steuerliche Wahlrecht zur Übertragung stiller Reserven nach § 6b EStG bei handelsrechtlichem Aktivierungsverbot sowie das steuerrechtlich bestehende Wahlrecht zwischen erfolgswirksamer Vereinnahmung und erfolgsneutraler Absetzung von den Anschaffungs- bzw. Herstellungskosten für Investitionszuschüsse.[201]

4.2.2 Rückstellungsbewertung
4.2.2.1 Bewertung von sonstigen Rückstellungen

Auch die Bewertung von sonstigen Rückstellungen in der Handelsbilanz hat durch das BilMoG Änderungen erfahren. Nach § 253 Abs. 1 Satz 2 HGB sind Rückstellungen nun i.H.d. nach vernünftiger kaufmännischer Beurteilung notwendigen Erfüllungsbetrags anzusetzen.[202]

Künftige Preis- und Kostensteigerungen

Bei der Bewertung der Rückstellungen ist demnach auf die Verhältnisse im Zeitpunkt der Erfüllung abzustellen; künftige Preis- und Kostensteigerungen sind demnach zwingend zu berücksichtigen. Bisher waren solche Preisänderungen nach ständiger BFH-Rechtsprechung – wenn auch handelsrechtlich stark umstritten – nicht relevant.[203] Steuerbilanziell legt § 6 Abs. 1 Nr. 3a Buchst. f EStG fest, dass die Wertverhältnisse zum Abschlussstichtag maßgeblich sind. Künftige Preis- und Kostensteigerungen sind in der Steuerbilanz nicht zu berücksichtigen; es kommt daher zu einer abweichenden Bewertung zwischen Handels- und Steuerbilanz.[204]

Diskontierung

Übereinstimmung zwischen Handels- und Steuerrecht herrscht künftig bei der Frage, welche Rückstellungen abzuzinsen sind. Eine Abzinsung hat gem. § 253 Abs. 2 Satz 1 HGB und § 6 Abs. 1 Nr. 3a Buchst. e EStG für Rückstellungen mit einer Laufzeit von über einem Jahr zu erfolgen.[205] Divergierende Vorschriften, die wiederum zu einer abweichenden Bewertung in den beiden Rechenwerken führen, bestehen allerdings hinsichtlich des anzuwendenden Zinssatzes. Während steuerlich nach § 6 Abs. 1 Nr. 3a Buchst. e EStG der Diskontierung ein Zinssatz von 5,5 % zugrunde zu legen ist, sieht das Handelsrecht eine Abzinsung mit dem der Laufzeit entsprechenden durchschnittlichen Marktzins der vergangenen sieben Geschäftsjahre vor. Die Diskontierungssätze für Rückstellungen mit einer Laufzeit zwischen einem und fünfzig Jahren werden monatlich von der Deutschen Bundesbank veröffentlicht.[206]

---

[201] Vgl. zur Behandlung von Investitionszuschüssen ausführlich ADLER, H./DÜRING, W./SCHMALTZ, K. (1995), § 255, Rn. 56; BAETGE, J./KIRSCH, H.-J./THIELE, S. (2009), S. 189.
[202] Vgl. § 253 Abs. 1 Satz 2.
[203] Vgl. PFIRMANN, A./SCHÄFER, R. (2009), S. 143.
[204] Vgl. § 6 Abs. 1 Nr. 3a Buchst. f EStG.
[205] Vgl. KÜNKELE, K. P./ZWIRNER, C. (2009), S. 1281.
[206] Vgl. ZÜLCH, H./HOFFMANN, S. (2009), S. 372.

4.2.2.2 Bewertung von Pensionsrückstellungen

Ebenso wie die sonstigen Rückstellungen sind nach BilMoG gem. § 253 Abs. 1 Satz 2 HGB Pensionsrückstellungen mit ihrem Erfüllungsbetrag zu passivieren. Künftige Preis- und Kostensteigerungen, wie bspw. zukünftige Gehalts- und Rententrends, sind daher zu berücksichtigen.[207] Die Diskontierung hat handelsrechtlich ebenfalls analog zur Bewertung der sonstigen Rückstellungen mit ihrer Laufzeit entsprechenden durchschnittlichen Marktzins der letzten sieben Jahre zu erfolgen. Alternativ dazu dürfen Pensionsrückstellungen allerdings auch pauschal mit dem durchschnittlichen Marktzins diskontiert werden, der sich bei einer unterstellten Laufzeit von 15 Jahren ergibt.[208] — *Handelsrecht*

Im Steuerrecht sind die Regelungen zur Bewertung von Pensionsrückstellungen in § 6a EStG kodifiziert. Hiernach sind Pensionsrückstellungen mit dem Teilwert gem. § 6a Abs. 3 EStG unter Zugrundelegung eines Rechnungszinssatzes von 6 % zu diskontieren. Auch im Rahmen der Bewertung von Pensionsverpflichtungen bestehen demnach umfangreiche Differenzen zwischen Handels- und Steuerbilanz. — *Steuerrecht*

Abweichungen bei der Bewertung von Rückstellungen zwischen den beiden Rechenwerken ergeben sich ebenfalls aufgrund der künftig handelsrechtlich zu beachtenden Preis- und Kostensteigerungen bei Rückstellungen für Altersteilzeit im Blockmodell.[209]

4.2.3 Planmäßige Abschreibungen

Durch die Streichung der umgekehrten Maßgeblichkeit des § 5 Abs. 1 Satz 2 EStG a.F. können die bei den planmäßigen Abschreibungsmethoden bestehenden steuerlichen Wahlrechte künftig unabhängig von der handelsrechtlich gewählten Abschreibungsmethode ausgeübt werden.[210] Dies ist für bewegliche Wirtschaftsgüter des Anlagevermögens der Fall, für die neben der linearen Abschreibung (§ 7 Abs. 1 Satz 1 EStG) auch eine leistungsabhängige Abschreibung (§ 7 Abs. 1 Satz 6 EStG) oder eine degressive Abschreibung[211] (§ 7 Abs. 2 EStG) zulässig ist. Vor Einführung des BilMoG bestand bei übereinstimmenden Wahlrechten hingegen nach § 5 Abs. 1 Satz 2 EStG a.F. eine Bindung an die handelsrechtlich gewählte Abschreibungsmethode.[212] Ein weiteres Auseinanderfallen zwischen Handels- und Steuerbilanz ist die Folge. — *Methode*

---

[207] Vgl. WOLZ, M./OLDEWURTEL, C. (2009), S. 425.
[208] Vgl. RHIEL, R./VEIT, A. (2009), S. 168.
[209] Vgl. hierzu ausführlich BODE, C./GRABNER, E. (2000), S. 141 ff.
[210] Vgl. § 5 Abs. 1 EStG; sowie Kapitel C1.
[211] Steuerrechtlich ist die degressive Abschreibung nur für solche Wirtschaftsgüter zulässig, die nach dem 31.12.2008 und vor dem 01.01.2011 angeschafft bzw. hergestellt werden. Der maximal zulässige Abschreibungssatz beträgt das 2,5-fache der linearen Abschreibung, maximal jedoch 25 %; vgl. hierzu COENENBERG, A. G./HALLER, A./SCHULTZE, W. (2009), S. 158.
[212] Vgl. HERZIG, N./BRIESEMEISTER, S. (2009b), S. 977.

4.2.4 Außerplanmäßige Abschreibungen

Im Steuerrecht hat der Gesetzgeber aus meist primär wirtschaftspolitischen Gründen steuerrechtliche Begünstigungen für bestimmte Sachverhalte verankert.[213]

Erhöhte Absetzungen und Sonderabschreibungen

Zu diesen Begünstigungen zählen erhöhte Absetzungen i.S.d. §§ 7c, 7d, 7h, 7i, 7k EStG sowie der §§ 82a, 82g, 82i EStDV, die anstelle der normalen Abschreibungen durchgeführt werden dürfen (bspw. erhöhte Absetzungen für Baumaßnahmen an Gebäuden zur Schaffung neuer Mietwohnungen nach § 7c EStG oder erhöhte Absetzungen für Wohnungen mit Sozialbindung nach § 7k EStG) und Sonderabschreibungen i.S.d. §§ 7g, 7f EStG sowie der §§ 81, 82f EStDV, die zusätzlich zu vorgenommenen planmäßigen Abschreibungen gewährt werden (bspw. Abschreibungen zur Förderung kleiner und mittlerer Betriebe nach § 7g EStG). Des Weiteren sieht das Steuerrecht gem. §§ 4 Abs. 8, 11a, 11b EStG die Möglichkeit vor, bestimmte Erhaltungsaufwendungen (z.B. bei Baudenkmälern) gleichmäßig über mehrere Jahre zu verteilen. Unter diese steuerrechtlichen Begünstigungen sind darüber hinaus auch die Bewertungsabschläge von den Anschaffungs- bzw. Herstellungskosten (z.B. wegen Übertragung von § 6b EStG-Rücklagen) zu subsumieren.[214] Nach bisheriger Rechtslage vor Inkrafttreten des BilMoG konnten diese sog. steuerrechtlichen Mehrabschreibungen über die Öffnungsklausel des § 254 i.V.m. § 279 Abs. 2 HGB a.F. auch Einzug in die Handelsbilanz erhalten.[215] Im Zuge des BilMoG wurde die Öffnungsklausel des § 254 i.V.m. § 297 Abs. 2 HGB a.F. ebenso wie die umgekehrte Maßgeblichkeit gestrichen. Handelsrechtlich sind die oben genannten steuerlichen Mehrabschreibungen nach BilMoG nicht mehr zulässig. Die Inanspruchnahme der steuerlichen Begünstigungen in der Form erhöhter Absetzungen und Sonderabschreibungen in der Steuerbilanz zieht demnach künftig in jedem Fall eine abweichende Bewertung des zugrunde liegenden Wirtschaftsguts in der Handelsbilanz nach sich.

Verlustfreie Bewertung

Im Umlaufvermögen stellt die retrograde Wertermittlung im Rahmen der Vorratsbewertung („verlustfreie Bewertung") den wichtigsten Anwendungsfall steuerlicher Mehrabschreibungen dar. In der Steuerbilanz sind die Vorräte dabei auf den eventuell niedrigeren Teilwert abzuschreiben. Bei dessen Ermittlung sind nicht nur alle noch anfallenden Kosten und Erlösschmälerungen, sondern auch ein angemessener Rohgewinnaufschlag zu subtrahieren.[216] Handelsrechtlich hingegen ist eine solche Berücksichtigung einer Gewinnspanne nicht zulässig. Vor BilMoG konnte ein niedrigerer steuerlicher Teilwert durch die Öffnungsklausel des § 254 HGB noch in die Handelsbilanz übernommen werden. Nach der Bilanzrechtsmodernisierung ist dies künftig nicht mehr möglich.

---

[213] Vgl. ELLROTT, H./LORENZ, C. (2006), § 254, Rn. 30 f.
[214] Vgl. VAN HALL, G./KESSLER, H. (2009), S. 207.
[215] Vgl. § 254 HGB a.F.; § 279 Abs. 2 HGB a.F.
[216] Vgl. VAN HALL, G./KESSLER, H. (2009), S. 255.

4.2.5 Währungsumrechnung

Gem. § 256a HGB sind unter Berücksichtigung der §§ 253 Abs. 1 Satz 1 und 252 Abs. 1 Nr. 4 Halbsatz 2 HGB auf fremde Währung lautende Vermögensgegenstände und Verbindlichkeiten mit einer Restlaufzeit von mehr als einem Jahr am Abschlussstichtag zum Devisenkassamittelkurs umzurechnen. Hiernach erfolgt ein Zugang der mit dem am Zugangszeitpunkt gültigen Devisenkassamittelkurs umgerechneten Fremdwährungsposten. Zu jedem weiteren Bilanzstichtag ist eine neue Wechselkursänderung zu überprüfen und unter Berücksichtigung des Realisations- und Anschaffungskostenprinzips mit dem Buchwert zu verrechnen. Diese Währungsumrechnungsmethode des § 256a Satz 1 HGB hat aufgrund der vorher bestehenden Regelungslücke an den GoB abgeleitete Bewertungsmethode für Fremdwährungsposten durch die weiterhin in § 5 Abs. 1 Satz 1 EStG kodifizierte materielle Maßgeblichkeit grds. auch Gültigkeit für die Steuerbilanz. Unterschiede zwischen handels- und steuerrechtlicher Bewertung ergeben sich demnach nicht.

Restlaufzeit > 1 Jahr

Beträgt die Restlaufzeit der Vermögensgegenstände und Verbindlichkeiten allerdings ein Jahr oder weniger, sind weder § 253 Abs. 1 Satz 1 HGB noch § 252 Abs. 1 Nr. 4 Halbsatz 2 HGB anzuwenden. In diesen Fällen erfolgt stets eine Bewertung zu dem Ansatz am Bilanzstichtag, der sich aus der Umrechnung des Buchwerts mit dem neuen am Bilanzstichtag gültigen Devisenkassamittelkurs ergibt. Diese in § 256a Satz 2 HGB enthaltene Ausnahme für kurzfristige Fremdwährungsposten stellt jedoch eine Durchbrechung des steuerrechtlichen Anschaffungskostenprinzips des § 6 EStG dar. Für die Steuerbilanz dürfte diese handelsrechtliche Regelung somit keinen Bestand haben. Es kommt schließlich zu einer abweichenden Bewertung kurzfristiger Fremdwährungsposten in der Handels- bzw. der Steuerbilanz.[217]

Restlaufzeit < 1 Jahr

4.2.6 Zusammenfassender Überblick

Abschließend werden die möglichen Divergenzen zwischen Handels- und Steuerbilanz aufgrund abweichender Bewertungsvorschriften nochmals zusammenfassend in der nachfolgenden Übersicht dargestellt.

---

[217] Vgl. hierzu auch KÜTING, K./MOJADADR, M. (2009), S. 473 ff.

Sachverhalt	Handelsrecht (nach BilMoG)	Steuerbilanz
Herstellungskosten		
Werteverzehr des Anlagevermögens	**Aktivierungspflicht** gem. § 255 Abs. 2 S. 2 HGB	**Aktivierungspflicht** gem. R 6.3 Abs. 3 S. 1 EStR
Aufwendungen für soziale Einrichtungen, freiwillige Sozialleistungen, betriebliche Altersversorgung (z.T.) und Kosten der allg. Verwaltung	**Aktivierungswahlrecht** gem. § 255 Abs. 2 S. 3 HGB	Aufhebung § 5 Abs. 1 S. 1 EStG / **Aktivierungswahlrecht** gem. R 6.3 Abs. 4 EStR
„fertigungsbedingte" Fremdkapitalzinsen	**Aktivierungswahlrecht** gem. § 255 Abs. 3 S. 2 HGB	**Aktivierungswahlrecht** gem. R 6.3 Abs. 4 EStR
AHK-Reduktion durch Übertragung einer § 6b-Rücklage	Verbot	**Wahlrecht** gem. R 6.6 EStR i.V.m. § 6b EStG
Investitionszuschüsse	**Wahlrecht** zwischen erfolgsneutraler Minderung der AHK und erfolgswirksamer Vereinnahmung	Aufhebung § 5 Abs. 1 S. 1 EStG / **Wahlrecht** zwischen erfolgsneutraler Minderung der AHK und erfolgswirksamer Vereinnahmung gem. R 6.5 EStR
Vorräte		
Durchschnittsbewertung	**gewogener Durchschnitt** gem. § 240 Abs. 4 HGB	**gewogener Durchschnitt** gem. R 6.8 Abs. 4 EStR
Verbrauchsfolgeverfahren	**Lifo/Fifo** gem. § 256 HGB	Aufhebung § 5 Abs. 1 S. 1 EStG / **Lifo** gem § 6 Abs. 1 Nr. 2a EStG
Verbindlichkeiten		
Laufzeit größer ein Jahr und unverzinslich	**Erfüllungsbetrag** gem. § 253 Abs. 1 S. 2 HGB	**Erfüllungsbetrag abgezinst** gem. § 6 Abs. 1 Nr. 3 EStG

4. Mögliche Divergenzen zwischen Handels- und Steuerbilanz

Sachverhalt	Handelsrecht (nach BilMoG)	Steuerbilanz
Rückstellungen		
Bewertungsgrundsatz	**Erfüllungsbetrag** nach vernünftiger kfm. Beurteilung gem. § 253 Abs. 1 S. 2 HGB	**Erfüllungsbetrag** gem. § 5 Abs. 1 S. 1 EStG unter Berücksichtigung der Restriktionen des § 6 Abs. 1 Nr. 3a EStG
Berücksichtigung von Preis- und Kostensteigerungen	**Pflicht** gem. § 253 Abs. 1 S. 2 HGB	**Verbot** gem. § 6 Abs. 1 Nr. 3a Buchst. f EStG
Abzinsung bei Laufzeit größer ein Jahr	**Pflicht** zur Abzinsung mit einem laufzeitkongruenten durchschnittlichen Marktzins der letzten sieben Jahre gem. § 253 Abs. 2 S. 1 HGB	**Pflicht** zur Abzinsung gem. § 6 Abs. 1 Nr. 3a Buchst. e EStG
Abzinsung bei Laufzeit kleiner ein Jahr	keine Abzinsungspflicht gem. § 253 Abs. 2 S. 1 HGB	Keine Abzinsung gem. § 6 Abs. 1 Nr. 3 S. 2 EStG
Abzinsung von RST, die verzinslich sind oder auf einer Anzahlung/Vorausleistung beruhen.	Pflicht zur Abzinsung mit einem laufzeitkongruenten durchschnittlichem Marktzins der letzten sieben Jahre gem. § 253 Abs. 2 S. 1 HGB	Keine Abzinsung gem. § 6 Abs. 1 Nr. 3 S. 2 EStG
Pensionsrückstellungen	nach allg. Grundsätzen der Rückstellungsbewertung. Gem. § 253 Abs. 2 S. 2 HGB vereinfachend Abzinsung mit durchschnittlichem Marktzins bei unterstellter 15-jähriger Laufzeit	Teilwert gem. § 6a Abs. 3 EStG
Rückstellungen für Verpflichtungen aus Altersteilzeitvereinbarungen	Regelarbeitsentgelt/Aufstockungsbeträge: Ansammlung Verbindlichkeitsrückstellung (Erfüllungsrückstand des Arbeitgebers während der Beschäftigungsphase); allg. Bewertungsgrundsätze (--> Abweichung zum StR durch handelsrechtliche Berücksichtigung von Preis- und Kostensteigerungen)	Regelarbeitsentgelt/Aufstockungsbeträge: Ansammlung Verbindlichkeitsrückstellung (§ 5 Abs. 1 S. 1 EStG); Gegenrechnung von Erstattungsansprüchen gem. § 6 Abs. 1 Nr. 3a Buchst. c EStG

Sachverhalt	Handelsrecht (nach BilMoG)	Steuerbilanz
Planmäßige Abschreibungen		
Gebäude	Nutzungsdauer nach vernünftigem kaufmännischem Ermessen	Festgelegte Nutzungsdauern (je nach Art: 33 1/3, 40 bzw. 50 Jahre), es sei denn die tatsächliche Nutzungsdauer ist geringer (§ 7 Abs. 4 EStG)
Bewegliche VG des Anlagevermögens	Wahlrecht zwischen linearer, leistungsabhängiger, degressiver und progressiver Abschreibung	Gem. § 7 Abs 1 und 2 EStG im Ergebnis linear, leistungsabhängig oder mit Einschränkungen degressiv (max. 2,5 fache der linearen AfA und max. 25 %)
nach Einlage eines zur Einkünfteerzielung verwendeten Wirtschaftsguts	Allgemeine Abschreibungsgrundsätze	Aufhebung § 5 Abs. 1 S. 1 EStG Gem. § 7 Abs. 1 S. 5 EStG geringere Abschreibung aufgrund verminderter AHK um AfA für Zeitraum zwischen Anschaffung/Herstellung und Einlage
GWG < 410 EUR	Möglichkeit zur Aktivierung und vollständiger Abschreibung im Jahr des Zugangs bzw. vereinfachend sofortige aufwandswirksame Erfassung	Gem. § 6 Abs. 2 S. 1 EStG sofortige Erfassung als Aufwand möglich
GWG zwischen 150 EUR und 1.000 EUR	Möglichkeit zur Bildung eines Sammelpostens und Auflösung analog zu § 6 Abs. 2a EStG sofern von untergeordneter Bedeutung. Falls Sammelposten wesentlich, sind allg. Abschreibungsgrundsätze anzuwenden	Gem. § 6 Abs. 2a EStG Bildung Sammelposten und aufwandswirksame Auflösung zu je ein Fünftel im Jahr der Bildung und den folgenden vier Jahren unabhängig von Verbrauch, Verkauf oder Untergang
Geschäfts- oder Firmenwert	Betriebsgewöhnliche Nutzungsdauer mit Begründung im Anhang sofern ND größer als fünf Jahre	Gem. § 7 Abs. 1 S. 3 EStG linear über 15 Jahre

Sachverhalt	Handelsrecht (nach BilMoG)	Steuerbilanz
Außerplanmäßige Abschreibungen/Sonderabschreibungen		
dauerhafte Wertminderung	Abschreibungspflicht gem. § 253 Abs. 3 S. 3 HGB	Gesetzeswortlaut als Wahlrecht bei dauerhafter Unterschreitung der handelsrechtlichen Wertuntergrenze durch Teilwert ausgestaltet. Umstritten ob hr. Pflicht über materielle Maßgeblichkeit durchschlägt und daher auch st. Pflicht besteht.
vorübergehende Wertminderung (Finanzanlagevermögen)	Abschreibungswahlrecht gem. § 253 Abs. 3 S. 4 HGB	Abschreibungsverbot gem. § 6 Abs. 1 Nr. 2 S. 2 EStG
vorübergehende Wertminderung (Umlaufvermögen)	Abschreibungspflicht gem. § 253 Abs. 4 HGB	Abschreibungsverbot gem. § 6 Abs. 1 Nr. 2 S. 2 EStG
Abschreibung bei retrograder Wertermittlung im Vorratsvermögen	Handelsrechtliche Bewertungsobergrenze = Zeitwert ohne Berücksichtigung eines Rohgewinnaufschlags	Steuerliche Bewertungsobergrenze = Teilwert = handelsrechtlicher Zeitwert ./. durchschnittl. Unternehmergewinn
Sonderabschreibung gem. § 7g EStG	Verbot	Wahlrecht gem. § 7g EStG
Sonderabschreibung gem. § 7f EStG; §§ 81, 82 EStDV	Verbot	Wahlrecht gem. § 7f EStG; §§ 81, 82 EStDV
erhöhte Absetzungen gem. §§ 7c; 7d; 7h; 7i; 7k EStG	Verbot	Wahlrecht gem. §§ 7c; 7d; 7h; 7i; 7k EStG
erhöhte Absetzungen gem. §§ 82a; 82g; 82i EStDV	Verbot	Wahlrecht gem. §§ 82a; 82g; 82i EStDV
Sonderbehandlung von Erhaltungsaufwand gem. §§ 4 Abs. 8; 11a; 11b EStG	Verbot	Wahlrecht gem. §§ 4 Abs. 8; 11a; 11b EStG
Wertaufholung		
Geschäfts- oder Firmenwert	Verbot gem. § 253 Abs. 5 S. 2 HGB	Gem. § 6 Abs. 1 Nr. 1 S. 4 EStG Aktivierungspflicht (bei Geltung der Einheitstheorie). Allerdings Verbot gem. § 5 Abs. 2 EStG (bei Geltung der Trennungstheorie)

Sachverhalt	Handelsrecht (nach BilMoG)	Steuerbilanz
Einlagen	Grds. Zeitwert	Gem. § 6 Abs. 1 Nr. 5 EStG grds. zum Teilwert. Für die Fälle des § 6 Abs. 1 Nr. 5 a-c EStG max. zu AHK des zugegangenen Wirtschaftsguts mit Verminderung um AfA für Zeitraum zwischen Anschaffung/Herstellung und Einlage bei abnutzbaren Wirtschaftsgütern. *Entnahmewert bei Einlage Wirtschaftsgut aus Betriebsvermögen*
Entnahmen	Buchwert (i.d.R.)	Teilwert mit Ausnahme Buchwert bei Entnahme zu Sachspende
Tauschgeschäfte	Bewertung zum Buchwert des hingegebenen Vermögensgegenstands oder zum vorsichtig geschätzten Zeitwert des hingegebenen Vermögensgegenstands	Grundsätzlich Bewertung zum gemeinen Wert des hingegebenen Wirtschaftsguts gem. § 6 Abs. 6 EStG (Beachtung einzelner Ausnahmen)
Unentgeltliche Übertragung	Nach h.M. Bewertungswahlrecht	*Einzelwirtschaftsgut:* gemeiner Wert (§ 6 Abs. 4 EStG) bzw. Buchwert (§ 6 Abs. 5 EStG) *Betrieb/Teilbetrieb/Mitunternehmeranteil:* Buchwert gem. § 6 Abs. 3 EStG mit Ausnahme bei Veräußerung bzw. Aufgabe innerhalb von fünf Jahren

soweit nicht selbst erstellte immaterielle Vermögensgegenstände

Abbildung 14: Mögliche Divergenzen zwischen Handels- und Steuerbilanz aufgrund abweichender Bewertungsvorschriften[218]

---

[218] Ähnlich mit Rechtsstand Regierungsentwurf vgl. HERZIG, N./BRIESEMEISTER, S. (2009c), S. 5 ff.

5 Umsetzung der parallelen Rechnungslegung in Business ByDesign

In den Kapiteln C1 und C2 wurde bereits auf die Notwendigkeit zur Bilanzierung nach unterschiedlichen Normensystemen (parallele Bilanzierung) eingegangen. Durch die Aufgabe der umgekehrten Maßgeblichkeit sowie die vom HGB unabhängige Ausübung aller steuerlichen Wahlrechte rückt die parallele Aufstellung einer Handels- und einer (gesonderten) Steuerbilanz in den Fokus; eine Überleitungsrechnung wird wohl nur bei einer überschaubaren Anzahl von Abweichungen weiter praktiziert werden. Business ByDesign erfüllt die Anforderung der parallelen Rechnungslegung durch die Möglichkeit der Verwendung von mehreren sog. Rechnungslegungswerken für ein Unternehmen.

Ein Rechnungslegungswerk umfasst einen vollständigen und konsistenten Satz an Büchern (Haupt- und Nebenbücher), der für eine ordnungsmäßige Buchführung und die Erstellung einer GuV notwendig ist. Die Zuordnung von einem (oder mehreren) Rechnungslegungswerk(en) zu einem Unternehmen nehmen Sie in den Systemeinstellungen vor. Dem Rechnungslegungswerk weisen Sie in der Konfiguration maßgebende Charakteristiken wie die zu verwendenden Rechnungslegungsvorschriften (z.B. die handelsrechtlichen oder steuerrechtlichen Normen), den vorgesehenen Kontenplan und Berichtsverfahren (z.B. Umsatzkostenverfahren) zu. So werden mit der Rechnungslegungsvorschrift z.B. die Vorgehensweise bei der Fremdwährungsumrechnung oder anlagenspezifische Bewertungsmodalitäten definiert.

Rechnungslegungswerk

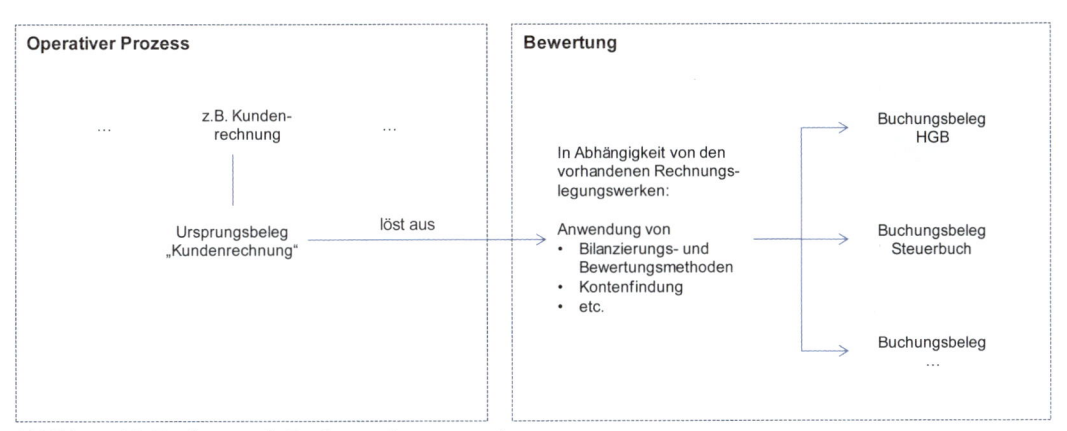

Abbildung 15: Buchungen je Rechnungslegungswerk

Bei der Verwendung von mehreren Rechnungslegungswerken wird für jeden Geschäftsvorfall eine Buchung je Rechnungslegungswerk erzeugt. Für die Bewertung des Geschäftsvorfalls bedient sich Business ByDesign u.a. der zugrundeliegenden Bilanzierungs- und Bewertungsmethoden (vgl. auch Abbildung 15). Ein Vorteil der Verwendung der parallelen Rechnungslegung liegt darin, dass für jedes Rechnungslegungswerk eine vollständige Menge von Buchungsstoff entsteht, auf deren Basis zum Periodenende spezifische Bewertungen durchgeführt werden. Als Ergebnis können Sie aus diesen Daten z.B. eine Bilanz oder eine GuV des jeweiligen Rechnungslegungsnormensystems direkt erstellen. Die Gegenüberstellung von Handels- und Steuerbilanz ermöglicht Ihnen die Ermittlung von Differenzen zur Bildung von latenten Steuerpositionen.[219] Neben automatisch veranlassten Buchungen aus einem Geschäftsvorfall sind für bestimmte Sachverhalte manuelle Buchungen vorzunehmen. Für eine manuelle Buchung bestimmen Sie in dem sog. Erfassungsbeleg[220] das Rechnungslegungswerk gesondert. So ist auch bei manuellen Buchungen eine unterschiedliche Behandlung des zugrundeliegenden Bilanzierungs- oder Bewertungsvorgangs je Rechnungslegungswerk möglich. In Abbildung 16 sehen Sie die Buchungen, die sich aus einem Geschäftsvorfall (hier: Lieferantenrechnung) sowohl im Handels- als auch im Steuerbuch automatisch ergeben.

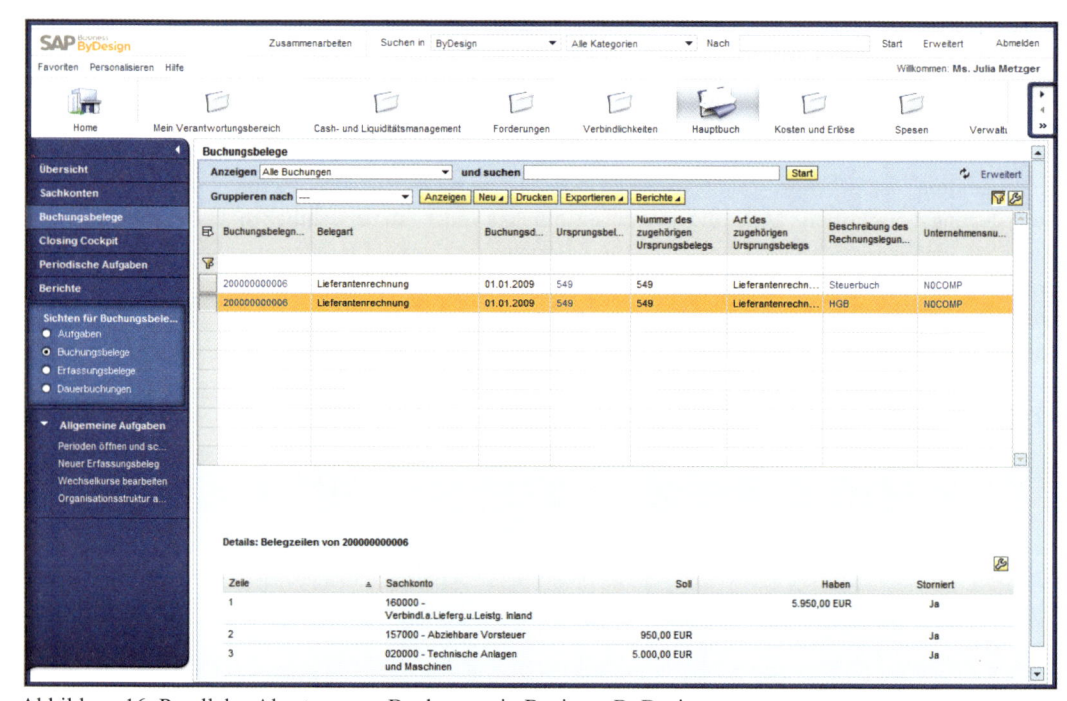

Abbildung 16: Paralleles Absetzen von Buchungen in Business ByDesign

Das Potenzial des Gebrauchs mehrerer Rechnungslegungswerke entfaltet sich z.B. in der Anlagenbuchhaltung sehr deutlich. Während die Zugangsbewertung in aller Regel im Gleichklang geschieht, laufen die steuerlichen und handelsbilanziellen Wertansätze in der Folge oftmals auseinander und erfordern damit die Ermittlung

---

[219] Vgl. zur Bildung von latenten Steuern mithilfe der Funktionalität der parallelen Rechnungslegung auch Kapitel E5.3.4.
[220] Den Erfassungsbeleg legen Sie im Work Center *Hauptbuch* unter der Sicht *Buchungsbelege* an. Vgl. beispielhaft zum Anlegen eines Erfassungsbelegs Kapitel E4.3.2.

von latenten Steuern.[221] Die Fortführung dieser unterschiedlichen Wertansätze aufgrund differierender Bewertungsweisen erfolgt in Business ByDesign je Rechnungslegungswerk automatisch.

---

[221] Vor dem BilMoG mussten steuerliche Sonderabschreibungen auch handelsbilanziell Berücksichtigung finden. Seit dem BilMoG müssen rein steuerliche Wahlrechte unabhängig von der Handelsbilanz ausgeübt werden.

D Modellierung eines Beispielunternehmens

1 Einführung in das Fallbeispiel

Gründung des Beispielunternehmens

In dem vorliegenden Kapitel werden die Grundzüge des Fallbeispiels sowie die Geschäftsvorfälle zur Ableitung der Eröffnungsbilanz (vgl. Abbildung 17) für das Beispielunternehmen, der *Nordstar GmbH*, dargestellt. Darüber hinaus werden in diesem Kapitel die Grundlagen gelegt, die für die spätere Durchführung der Geschäftsprozesse – Beschaffung, Lagerfertigung, Auftragsabwicklung, Projektmanagement und Abschluss – benötigt werden.

Die *Nordstar GmbH* ist ein mittelständisches Unternehmen mit Sitz in Saarbrücken, das seine Geschäftstätigkeit zum 01.01.2009 durch eine Bargründung aufgenommen hat. Die Barmittel wurden in einer Höhe von 5.550.000 EUR (gezeichnetes Kapital) in das Unternehmen eingelegt. Zusätzlich zu dieser Bareinlage nimmt die *Nordstar GmbH* gegenüber der Hausbank zum 01.01.2009 ein Darlehen mit einer Laufzeit von fünf Jahren i.H.v. 2.450.000 EUR auf. Insgesamt befinden sich zum 01.01.2009 also Barmittel i.H.v. 8.000.000 EUR im Unternehmen.

Bilanzposition	Eröffnungsbilanz
Bilanz gem. HGB § 266 - SKR03	
Aktiva	8.000.000,00
Anlagevermögen	0,00
Immaterielle Vermögensgegenstände	0,00
Sachanlagevermögen	0,00
Umlaufvermögen	8.000.000,00
Vorräte	0,00
Forderungen und sonstige Anlagen	0,00
Kassenbest., Guthaben Kl. und Schecks	8.000.000,00
Passiva	-8.000.000,00
Eigenkapital	-5.550.000,00
Gezeichnetes Kapital	-5.550.000,00
Jahresüberschuss/Jahresfehlbetrag	0,00
Rückstellungen	0,00
Verbindlichkeiten	-2.450.000,00
Verbindlichkeiten gegenüber Kreditinstituten	-2.450.000,00
Verbindl. aus Lieferungen und Leistungen	0,00
Verbindl. gegenüber verb. Unternehmen	0,00
Sonstige Verbindlichkeiten	0,00

Abbildung 17: Eröffnungsbilanz der *Nordstar GmbH*

Aufbauorganisation

Die Geschäftstätigkeit der *Nordstar GmbH* setzt sich aus drei Geschäftsfeldern zusammen (vgl. Abbildung 18). Das Unternehmen handelt mit Schuhen, die aus dem Ausland bezogen werden (Geschäftsfeld Handelsware); ebenfalls werden Schuhe selbst hergestellt und verkauft (Geschäftsfeld *Hiking*-Schuhe). Neben dem Schuhhandel und der Schuhproduktion besitzt die *Nordstar GmbH* ein drittes Geschäftsfeld: die Erbringung von Beratungsdienstleistungen (Geschäftsfeld Designberatung). Jedes Geschäftsfeld ist für den Vertrieb (jeweils Kostenstelle *Verkauf*) der Ware bzw. Dienstleistung selbst verantwortlich. Der Einkauf der *Nordstar GmbH* ist dagegen zentral organisiert. Unter die zentrale Verwaltung fallen die Kostenstellen *Buchhaltung*, *Personalwirtschaft* und *zentrales Marketing*.

Verwendung der Lagerhalle

Die Lagerhalle wird sowohl für die Lagerung der Handelsware, der Inputfaktoren der Produktion als auch der produzierten Waren verwendet.[222] Die Lagerhalle weist insgesamt eine Größe von 20.000 qm auf. Davon entfallen 4.000 qm (= 20 %) Lagerfläche auf die aus China bezogene Handelsware. Es werden ebenfalls 4.000 qm (= 20 %) zur Lagerung des selbst gefertigten *Hiking*-Schuhs benutzt. Die restlichen 60 % des Lagers werden für die zu verarbeitenden Inputfaktoren (= 5.000 qm) und zur Produktion (= 7.000 qm) verwendet. Kosten, die in den genannten Lagerbereichen anfallen, belasten die in Verbindung stehenden Kostenstellen, d.h. die auf die Lagerhalle und das Lagersystem entfallenden Abschreibungen[223] werden in diesen Verhältnissen auf diese Kostenstellen der einzelnen Lagerbereiche verteilt.

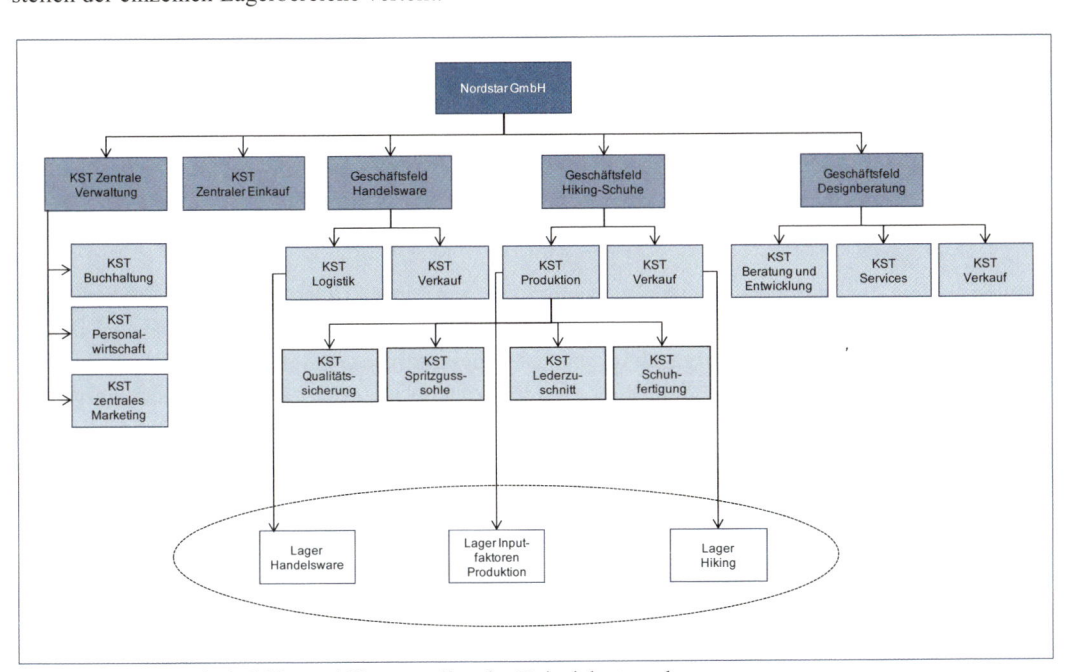

Abbildung 18: Geschäftsfelder und Kostenstellen des Beispielunternehmens

Heizungskosten

Im Unternehmen fallen des Weiteren insgesamt Heizungskosten[224] i.H.v. 41.667 EUR an: Diese Kosten verteilen sich auf die Kostenstellen der einzelnen Lagerbereiche (25.000 EUR) gem. den oben aufgeführten Verhältnissen

---

[222] Die für diese Zwecke vorgesehenen Lagerorte müssen Sie in Business ByDesign im Work Center *Stammdaten Supply Chain Design* (Sicht *Lokationen*) auch getrennt anlegen, sodass z.B. bei Anlieferung von Produkten der eindeutige Lagerbereich bestimmt werden kann.
[223] Vgl. diesbzgl. zu den Daten des Fallbeispiels Kapitel E1.2
[224] Vgl. zur Verteilung dieser Kosten auf die Geschäftsprozesse Kapitel E2 und E3.

(60:20:20). Auf die Kostenstelle *Zentrale Verwaltung* entfallen Heizkosten i.H.v. 16.667 EUR.

Migration von Altdaten

Im Beispielsachverhalt wird die Neugründung eines Unternehmens angenommen; eine Übernahme von Altdaten ist somit im System nicht notwendig. Wenn das Unternehmen bereits mehrere Jahre am Markt bestehen würde, hätten Sie die Möglichkeit, die Daten in Business ByDesign über einen Upload in das System einzuspielen.

2 Betriebswirtschaftliche Konfiguration
2.1 Ableiten des Lösungsumfangs

Lösungsumfang

Bevor der Produktivstart in Business ByDesign erfolgen kann, sind zunächst einige Grundeinstellungen vorzunehmen. Im Fallbeispiel liegt ein deutsches Unternehmen vor, das sowohl handelt, produziert als auch Serviceleistungen erbringt. Aufgrund dieser Angaben zum Unternehmen wie das Land, die Branche und die benötigten Geschäftsprozesse, werden im sog. Scoping[225] in Business ByDesign Voreinstellungen hinsichtlich Work Center und Feineinstellungen der betriebswirtschaftlichen Konfiguration getroffen.

2.2 Kontenfindung

Kontenplan

In einem Kontenplan werden alle von einem Unternehmen verwendeten Sachkonten zusammengefasst. Der Kontenplan besitzt typischerweise sowohl landesspezifische als auch rechnungslegungsspezifische Anforderungen. Die in Business ByDesign ausgelieferten Standardkontenpläne (SKR03-Prozessgliederungsprinzip bzw. SKR04-Abschlussgliederungsprinzip) können nach Ihren individuellen Bedürfnissen angepasst werden. Der Kontenplan stellt die Grundlage nicht nur für die Kontenfindung, sondern auch für die Struktur von Berichten dar. Neu hinzugefügte Sachkonten müssen in die Kontenfindung und die Berichtsstruktur eingebunden werden.

Konzept der Kontenfindung

Es sei im Besonderen auf die Konfiguration der zentralen Kontenfindung eingegangen. Wie werden die Hauptbuchkonten eines Buchungsbelegs abgeleitet? Dazu beginnt man auf dem Ursprungsbeleg eines beliebigen Geschäftsvorfalls. Er beinhaltet Stammdaten wie Produkt, Geschäftspartner, Bankkonto oder Steuerkennzeichen. Beim Wareneingang (vgl. Abbildung 19) dient das Produkt zur Ableitung eines passenden Materialbestandskontos, bei der Lieferantenrechnung wird das Abstimmkonto für die Verbindlichkeit über den Lieferanten bestimmt.[226]

---

[225] Das Scoping nehmen Sie im Work Center *Betriebswirtschaftliche Konfiguration* unter der Sicht *Übersicht* vor.
[226] Vgl. zur Kontenfindung von Anlagengütern auch Kapitel E1.3.2.1.

Genauer dienen z.B. die Stammdaten von Geschäftspartnern und Produkt oder Steuerkennzeichen und der Typ des Geschäftsvorfalls zur Ableitung einer sog. Kontenfindungsgruppe. Sie kann als logisches Sachkonto betrachtet werden. So wird bspw. die Verbindlichkeit der Lieferantenrechnung einem nicht verbundenen, einem verbundenen inländischen oder ausländischen Unternehmen zugeordnet.[227] Auf die Kontenfindungsgruppe setzt die zentrale und homogene Kontenfindung über alle Nebenbücher auf. Kontenfindungsgruppen werden je Nebenbuch ausgeliefert oder ggf. erweitert. Jeder Kontenfindungsgruppe wird in dem entsprechenden Nebenbuch das passende Hauptbuchkonto zugeordnet.

Zentrale Kontenfindung im Rechnungswesen

```
Geschäftsvorfall          Kontenfindungsgruppe          Sachkonten                    Soll-Buchung
                     →    Nebenbuch: Bestände      →    397000 - Bestand         →         397000
                          Gruppe: Fertigerzeugnisse      Rohstoffe                      800,-€
Wareneingang
10 Paar Easy Walk              ↑ |
                          Automatisch abgeleitet        Sachkonten                    Haben-Buchung
                     →    Nebenbuch: Kreditoren    →    168900 - Noch nicht fakt. →         168900
                          Kategorie: Materialerwerb      Verbindlichkeiten                    800,-€

        Geschäftsvorfall              Positionstyp des
        Wareneingang in Bestand       Geschäftsvorfalls
   ↳    Stammdaten              ↳     Materialzugang
        Produkt Easy Walk
        Kosten: 80 € / Paar
```

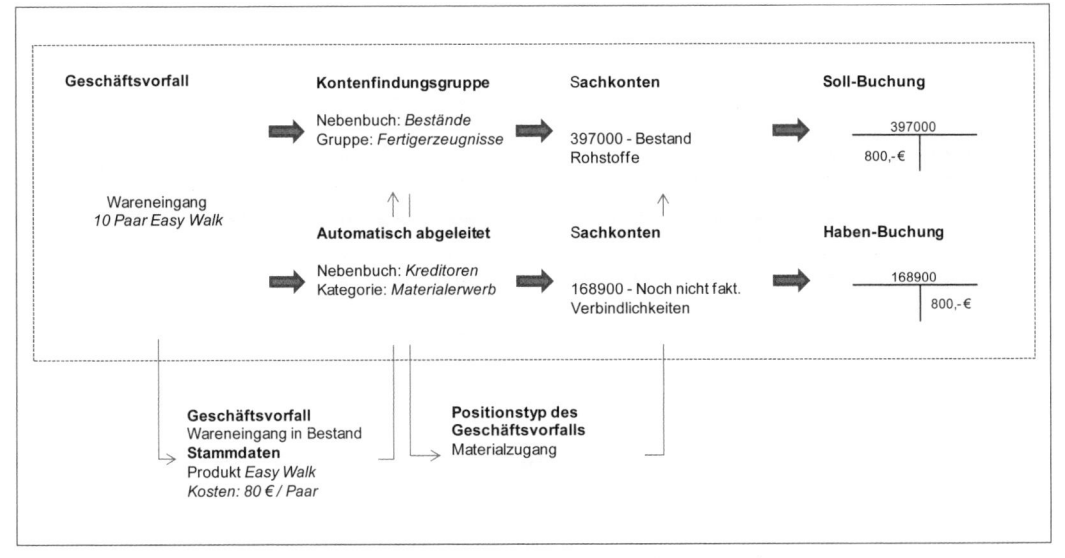

Abbildung 19: Kontenfindung am Beispiel eines Wareneingangs in den Bestand

Bei genauerem Blick auf die Sachkonten eines Nebenbuchs gliedern sie sich für eine Kontenfindungsgruppe nach verschiedenen Kategorien, die für das betrachtete Nebenbuch von Relevanz sind (vgl. Abbildung 20): Beim Vorratsvermögen (Nebenbuch *Bestände*) sind dies z.B. die Kategorien *Bestände*, *Differenzen*, *Erträge und Aufwendungen* und *Inventur*. Bei Zugang von Rohstoffen in den Materialbestand wird das Sachkonto *397000 – Bestand Rohstoffe* gewählt, wird der Rohstoff direkt verbraucht, wird auf dem Sachkonto *400000 – Aufwendungen für Rohstoffe* gebucht. Damit ist die Soll-Buchung des Wareneingangs erklärt. Die Haben-Buchung geht auf das Verrechnungskonto *168900 – Noch nicht fakturierte Verbindlichkeiten* unabhängig von der Art des Materials. Das Verrechnungskonto wird im Nebenbuch *Kreditoren* gefunden, da der Wareneingang sich auf die Bestellung eines Lieferanten bezieht.

Ableitung der Sachkonten

---

[227] Verbindlichkeiten gegenüber Mitarbeitern werden über Spesenabrechnungen erzeugt.

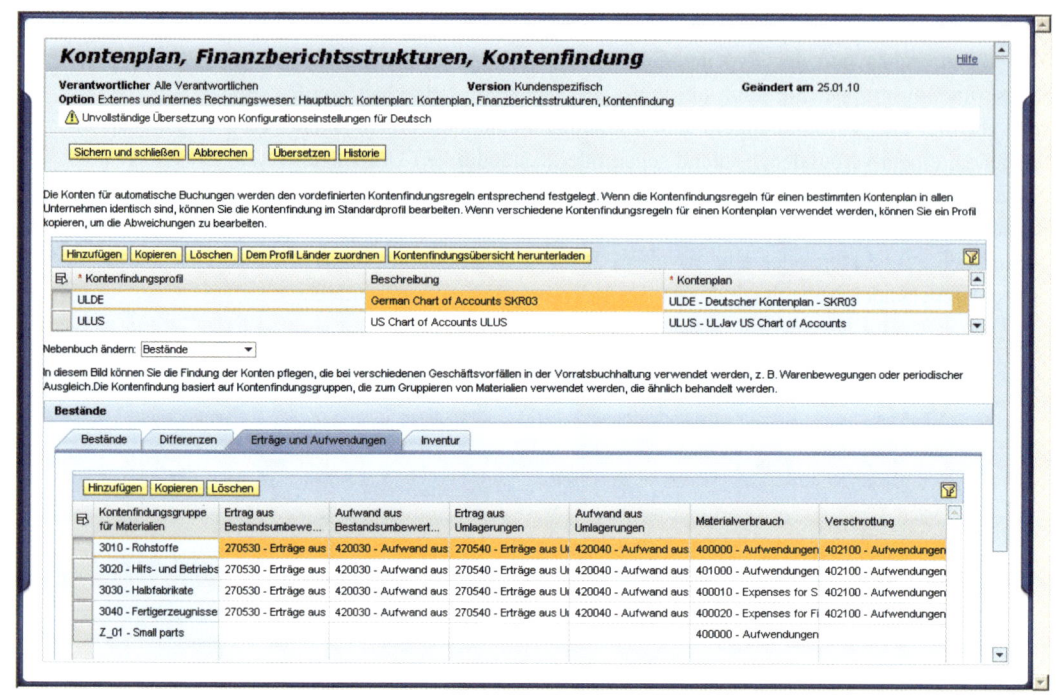

Abbildung 20: Konfiguration der Kontenfindung zur Hinterlegung von Sachkonten

3 Die Unternehmensorganisation in Business ByDesign

3.1 Einrichten der Unternehmensorganisation

Modellierung der Organisationsstruktur

Die Aufbauorganisation eines Unternehmens ist an den vorhandenen Geschäftsfeldern und/oder Unternehmensbereichen ausgerichtet. Beim Einrichten der Unternehmensorganisation in Business ByDesign ist diese Struktur in das System zu übertragen.[228] Sie legen Organisationseinheiten an, die das Unternehmen und seine Abteilungen repräsentieren. Die Abteilungen werden für das Rechnungswesen als Kostenstellen und ggf. als Profit-Center klassifiziert. Im Work Center *Organisationsmanagement* modellieren Sie Ihre Organisationsstruktur, um z.B. die rechtlichen, rechnungswesenrelevanten Aspekte in Ihrem Unternehmen und deren Linienverantwortung (Berichtszuständigkeit) abzubilden. Ausgehend von den Daten des Beispielsachverhalts in Kapitel D wurde die Organisationsstruktur (Geschäftsfelder und Kostenstellen) der *Nordstar GmbH* in Business ByDesign abgebildet (vgl. Abbildung 21).

---

[228] Es wird in diesem Kapitel keine detaillierte Beschreibung des Modellierungsvorgangs vorgenommen, sondern vielmehr auf einige wesentliche Einstellungen eingegangen.

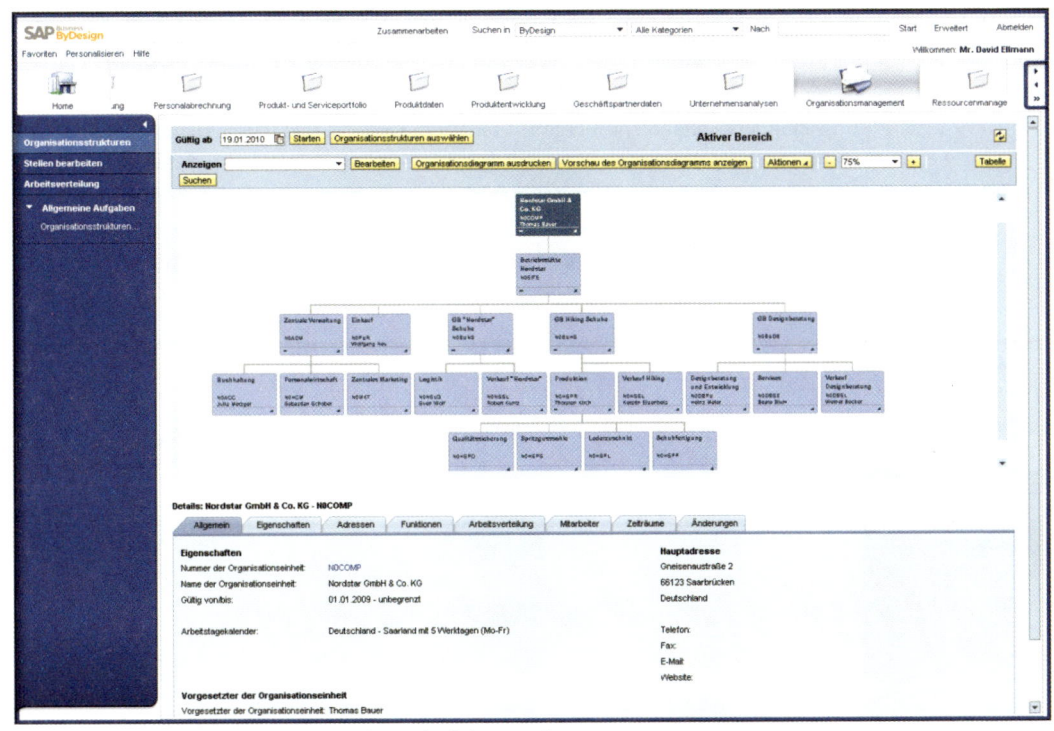

Abbildung 21: Organisationsstruktur des Beispielunternehmens

Rechtliche Eigenschaften

Die rechtlichen Eigenschaften beziehen sich auf die (legale) Unternehmenseigenschaft der obersten Organisationseinheit einer Organisationsstruktur.[229] Dem Unternehmen als rechtlich unabhängige Organisationseinheit (hier: *Nordstar GmbH*) ist z.B. das Rechnungslegungswerk zuzuordnen; aber auch Finanzdaten für ein Produkt sind immer für ein bestimmtes Unternehmen zu pflegen. Ebenfalls unter die rechtlichen Eigenschaften ist die Bestimmung eines geografischen Standorts des Unternehmens (Betriebsstätte) zu fassen.

Finanzrechtliche Eigenschaften

Für eine Organisationseinheit werden des Weiteren finanzrechtliche Eigenschaften bestimmt[230]: Handelt es sich bei der vorliegenden Organisationseinheit um ein Profit-Center oder eine Kostenstelle? Im Beispielsachverhalt legen wir die drei Profit-Center Handelsware, *Hiking* sowie Designberatung und Entwicklung an. In dem Profit-Center *Hiking* finden Sie zudem die Kostenstellenstruktur der Produktion mit den Kostenstellen *Spritzgusssohle*, *Lederzuschnitt*, *Schuhfertigung* und *Qualitätssicherung*.[231]

Funktion einer Organisationseinheit

Neben der Zuweisung der oben beschriebenen Eigenschaften sind einer Organisationseinheit des Weiteren Funktionen zuzuordnen (vgl. Abbildung 22).

---

[229] Jede Organisationsstruktur muss mindestens eine als Unternehmen definierte Organisationseinheit enthalten.
[230] Vgl. hierzu auch Kapitel A3.1.
[231] Ein genaues Bild dieser Struktur können Sie Abbildung 18 entnehmen.

Mit der Auswahl der Funktion – in Business ByDesign werden die zentralen Funktionen Finanzen und Verwaltung, Personalmanagement, Einkauf, Vertrieb und Marketing, Service und Support sowie Supply Chain Management angeboten – sind Vorschläge zur Vergabe von Work Centern und damit Berechtigungen verbunden.[232] Die vorgeschlagenen Work Center decken inhaltlich die über die betriebswirtschaftliche Funktion gestellten Anforderungen ab. So werden bspw. u.a. die Work Center *Hauptbuch, Anlagen, Cash- und Liquiditätsmanagement, Forderungen, Verbindlichkeiten* und *Kosten und Erlöse* für die Funktion Finanzen und Verwaltung zur Auswahl gestellt.

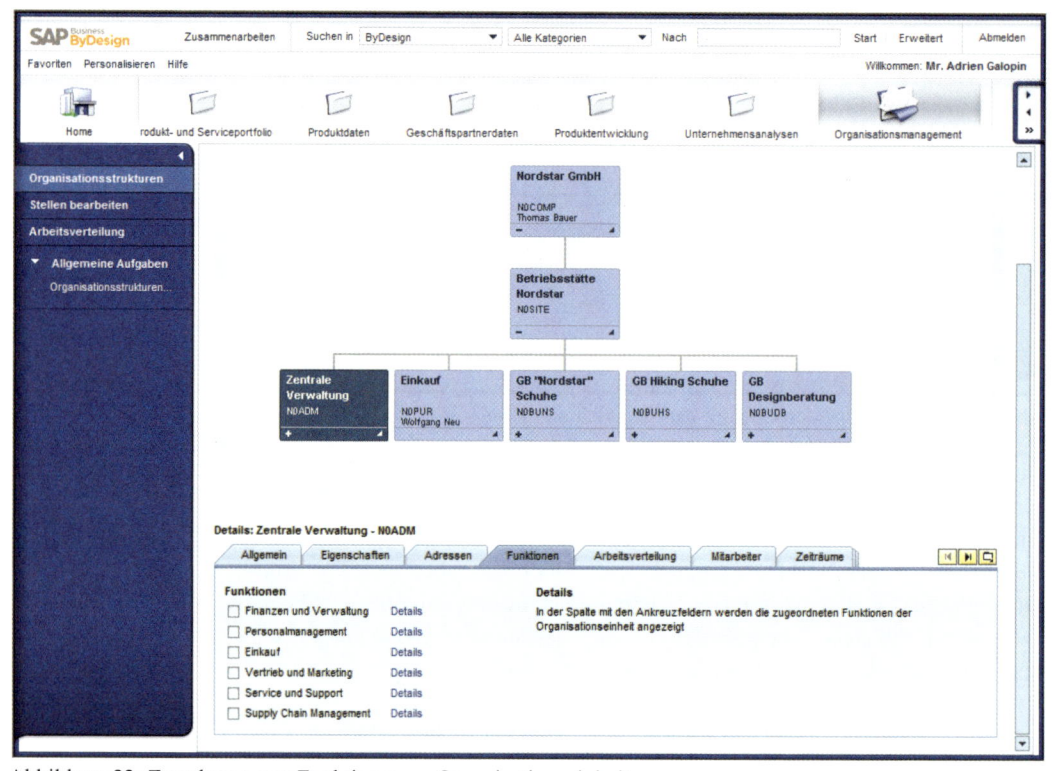

Abbildung 22: Zuordnung von Funktionen zu Organisationseinheiten

Bei dem Einstellen von Mitarbeitern – und dementsprechend dem Anlegen eines Systembenutzers – werden diesen die betreffenden Organisationseinheiten zugewiesen[233]; der Vorgesetzte der Organisationseinheit ist über die Registerkarte *Allgemein* festzulegen. Die über die Funktion vergebene organisatorische Zuständigkeit einer Organisationseinheit wird sodann für die Zugangsberechtigungen

---

[232] Die zur Auswahl stehenden Bereiche finden Sie in der rechten Spalte der Registerkarte *Funktionen*.

[233] Die einer Organisationseinheit zugewiesenen Mitarbeiter werden in der gleichnamigen Registerkarte aufgeführt (vgl. auch Abbildung 22). Die Zuordnung von Mitarbeitern zu einer Kostenstelle wird auch für die Bestimmung von Verrechnungssätzen interner Leistungserbringung relevant; vgl. hierzu auch Kapitel E4.1.2.2.

zu bestimmten Work Centern verwendet, indem für den jeweiligen Mitarbeiter die der Funktion entsprechenden Work Center automatisch vorgeschlagen werden. Inwiefern eine Einschränkung bzw. eine Erweiterung der vorgeschlagenen Work Center erfolgen soll, kann einzelfallabhängig entschieden werden.[234]

3.2 Bedeutung des Funktionsbereichs einer Kostenstelle für das Rechnungswesen

Den Kostenstellen werden im Work Center *Organisationsmanagement* (Sicht *Organisationsstrukturen*) Funktionen unter der gleichnamigen Registerkarte zugewiesen. Darüber hinaus wird jeder Kostenstelle ein Kostenstellentyp zugeordnet; dieser ist für den Kostenausweis in einem Funktionsbereich der GuV (nach dem Umsatzkostenverfahren) oder in dem Deckungsbeitragsschema[235] entscheidend.[236]

Funktionsabhängiger Ausweis von Kosten

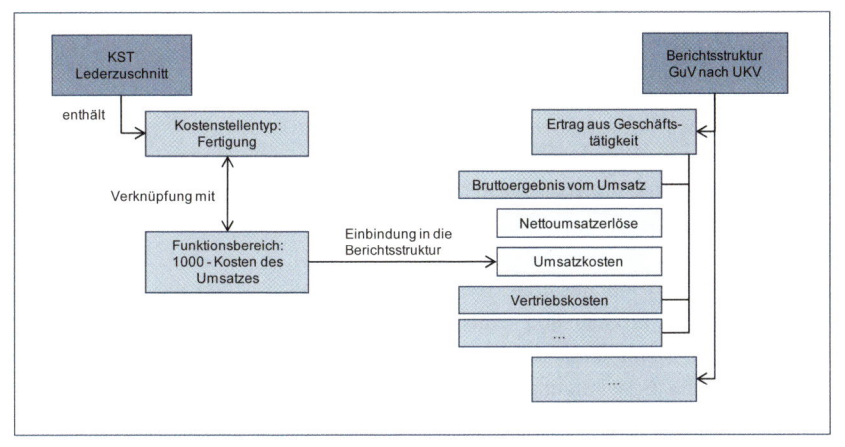

Abbildung 23: Einbindung eines Kostenstellentyps in die Berichtsstruktur

In Abbildung 23 wird der Zusammenhang zwischen dem Kostenstellentyp und dem Ausweis seiner Kosten beispielhaft an der Kostenstelle *Lederzuschnitt* veranschaulicht. Dieser (Produktions-)Kostenstelle wird der Kostenstellentyp Fertigung zugewiesen. Diesem Kostenstellentyp ist wiederum in der Konfiguration der Funktionsbereich „1000 – Kosten des Umsatzes" hinterlegt. Daraus wird abgeleitet, dass die in der Kostenstelle anfallenden Kosten immer diesem Funktionsbereich zugeordnet werden. Um sicherzustellen, dass diese Kosten in der GuV

---

[234] Business ByDesign besitzt in diesem Zusammenhang die Funktionalität, die Vergabe von Work Centern unter der Einhaltung von Compliance-Gesichtspunkten vorzunehmen. Eine potenzielle Gefährdung von Compliance durch z.B. eine fälschlicherweise funktionsübergreifende Zuordnung von Work Centern würde vom System kenntlich gemacht werden.
[235] Im Folgenden wird aus Vereinfachungsgründen nur noch auf die GuV abgestellt.
[236] In der Konfiguration können Sie weitere Kostenstellentypen definieren. Die Kostenstellentypen werden je Rechnungslegungsvorschrift (z.B. handelsrechtliche Rechnungslegungsnormen) festgelegt.

korrekt ausgewiesen werden, findet ebenfalls in der Konfiguration eine Einordnung des Funktionsbereichs an die maßgebliche Stelle in der Berichtsstruktur statt; im vorliegenden Fall sind dies konkret die Umsatzkosten. Sollte eine Kostenstelle für den Verkauf von Produkten zuständig sein, wäre dem Kostenstellentyp Verkauf der Funktionsbereich „Vertrieb" zuzuweisen und die Einbindung in die Berichtsstruktur hätte in die Vertriebskosten zu erfolgen.

3.3 Vertriebsorganisation und -wege

Innerhalb der Organisationsstruktur sind die Organisationseinheiten zu benennen, die als Vertriebsorganisation auftreten. In der Regel wird auf Ebene eines Profit-Centers (Geschäftsfeld) eine Vertriebsorganisation existieren; sie ist somit normalerweise die oberste Einheit einer Organisationsverkaufshierarchie. In Business ByDesign ist das Einrichten einer Vertriebsorganisation obligatorisch, wenn Sie in einem Geschäftsfeld (Profit-Center) Produkte absetzen wollen. Sie können den Erfolgsbeitrag für die einzelnen Geschäftsfelder – für den Beispielsachverhalt sind dies konkret die Geschäftsfelder Handelsware, *Hiking*-Schuhe, Designberatung und Entwicklung[237] – bestimmen. Für eine Vertriebsorganisation können Sie bei Bedarf auch unterschiedliche Vertriebswege[238] einrichten und somit die Analyse auf eine weitere Betrachtungsebene vertiefen. Im Beispielsachverhalt werden die Vertriebswege Discounter, Fachhandel und Internet für den Verkauf der Schuhe genutzt.[239]

Relevante Stammdaten Für eine Vertriebsorganisation werden zudem verkaufsrelevante Stammdaten definiert. Ob ein Produkt über einen angelegten Vertriebsweg abgesetzt werden darf, ist in den Stammdaten des Produkts festzulegen. Darüber hinaus ist auch die Pflege bzw. die Berechtigung zur Änderung von Preislisten für eine Vertriebsorganisation ein weiterer Aspekt, der zu einer Abgrenzung von Zuständigkeiten zwischen Vertriebsorganisationen beiträgt.

4 Stammdaten in Business ByDesign

Das Anlegen und Verwalten von Stammdaten ermöglicht Ihnen die Abbildung Ihrer Geschäftsprozesse in Business ByDesign. Stammdaten werden grds. zentral angelegt, sodass in Abhängigkeit von der Berechtigung eine Nutzung durch die einzelnen Benutzer im System erfolgen kann.[240] Daraus wird es jedoch unter Umständen notwendig, die vorgenommenen Einstellungen für bestimmte Unter-

---

[237] Vgl. auch Abbildung 18.
[238] Das Einrichten von Vertriebswegen erfolgt – entgegen der Definition von Vertriebsorganisationen – nicht im Work Center *Organisationsmanagement*, sondern in der Systemkonfiguration.
[239] Vgl. zur Berücksichtigung von Vertriebswegen im Beispiel und diesbezüglich Auswertungsmöglichkeiten je Vertriebsweg Kapitel E3.3.3.
[240] Wenn mehrere Unternehmen im System modelliert sind, können alle Unternehmen auf diese Stammdaten zurückgreifen.

nehmen oder Unternehmensbereiche einzuschränken. In den folgenden Kapiteln wird Ihnen aufgezeigt, welche Stammdaten für den Beispielsachverhalt angelegt wurden.

4.1 Material und Service

In Business ByDesign werden unter Produkten sowohl materielle Produkte (Materialien) als auch Dienstleistungen (Services) verstanden. Beide Produkttypen werden im Work Center *Produktportfolio* angelegt[241] und verwaltet. Aus der Grundgesamtheit angelegter Materialien und Services heraus erfolgt sowohl die Beschaffung, die Disposition als auch der Verkauf. Im Fallbeispiel wird bspw. das Material *Easy Walk* angelegt,[242] welches von einem ausländischen Lieferanten bezogen und in Deutschland verkauft wird. In dem Stammdatensatz des Materials *Easy Walk* ist es notwendig, für jeden vorgesehenen Prozess – darunter fällt der Einkauf, die Logistik, die Planung, die Verfügbarkeitsprüfung, der Verkauf und die Bewertung – Stammdaten zu pflegen. Sowohl die Verwendung als auch das Anlegen der Stammdaten von Materialien und Services erfolgt gleichartig, sodass im Folgenden nur auf das Material *Easy Walk* abgestellt wird.

Bewertung und Ausweis

In der Registerkarte *Bewertung* des Materialstammdatensatzes richten Sie Finanzdaten des Produkts ein. Diese Daten sind für ein Unternehmen (*Nordstar GmbH*) in Kombination mit einer Betriebsstätte (Betriebsstätte *Nordstar*) zu vergeben. Für dieses Unternehmen wählen Sie das maßgebliche Bewertungsverfahren aus.[243] In Abhängigkeit davon erfolgt die Bestandsbewertung bzw. die Ermittlung z.B. des Abgangswerts[244] des Materials *Easy Walk*. Des Weiteren ist für Zwecke der Kontenfindung die Kontenfindungsgruppe im Materialstammdatensatz zu bestimmen. Dadurch wird sichergestellt, dass entsprechend der Verwendung des Materials – z.B. bei einem Wareneingang von Gütern oder dem Verbrauch von Rohstoffen – eine korrekte Abbildung im Rechnungswesen erfolgt. Für das Material *Easy Walk* wird das Bewertungsverfahren „Gleitender Durchschnitt" (Bestandspreis 60,38 EUR) und die Kontenfindungsgruppe *Fertigerzeugnisse* verwendet (vgl. Abbildung 24).

---

[241] Beim Anlegen von Materialien vergeben Sie eine Materialnummer, eine Materialbeschreibung, eine Produktkategorie und eine Basis-Mengeneinheit.
[242] Im Beispielsachverhalt werden weitere Materialien und Services angelegt.
[243] Vgl. zum Bewertungsverfahren auch Kapitel E1.3.1.1.2.
[244] Der Abgangswert spielt insbesondere bei der Bestimmung des Deckungsbeitrags von abgesetzten Leistungen eine Rolle.

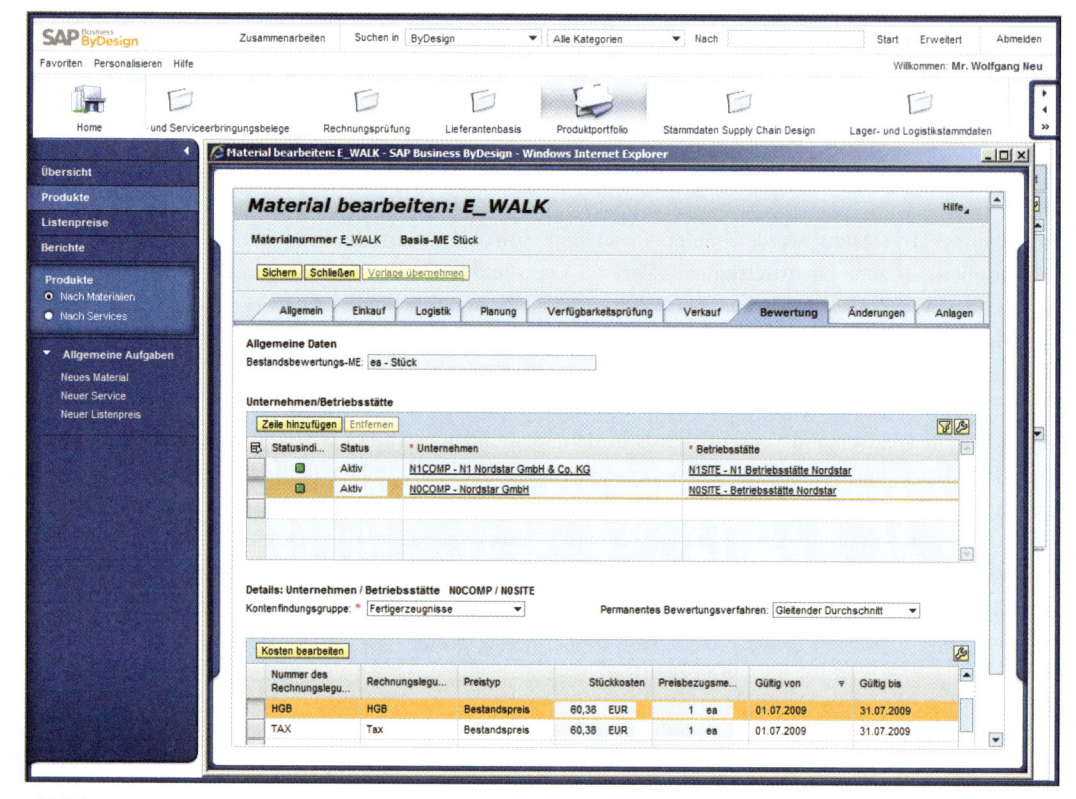

Abbildung 24: Stammdatensatz eines Materials

4.2 Anlegen von Geschäftspartnern

Ausprägungen von Geschäftspartnern

Natürliche oder juristische Personen, zu denen Sie geschäftliche Beziehungen pflegen, legen Sie als sog. Geschäftspartner an. Analog zu den Stammdaten von Produkttypen wird auf die Daten der Geschäftspartner zentral zurückgegriffen. Für den Beispielsachverhalt werden folgende Geschäftspartner[245] angelegt.

- Kunden und Lieferanten,
- Banken und Finanzbehörden,
- Mitarbeiter und Dienstleister.

Da sich die geschäftliche Beziehung zu einem anderen Unternehmen z.B. sowohl als Kunde als auch als Lieferant darstellen kann, wird in Business ByDesign durch eine einheitliche Darstellung der Geschäftspartner eine Zuweisung zu unterschiedlichen Geschäftspartnerausprägungen ermöglicht.

---

[245] Das Unternehmen *Nordstar GmbH* ist ebenfalls ein Geschäftspartner. Dieser Aspekt wird hier nicht näher beleuchtet.

4.2.1 Lieferanten und Kunden

Lieferanten legen Sie im Work Center *Lieferantenbasis*, Kunden im Work Center *Kundenmanagement*, an (Sicht *Allgemeine Aufgaben*). Neben allgemeinen Informationen wie Adresse und konkrete Ansprechpartner werden in den Stammdaten Finanzdaten hinterlegt (vgl. Abbildung 25). Darunter fallen z.B. Angaben zu den zulässigen Zahlungsmethoden[246] (Überweisung, Scheck), die für die Zahlung von Rechnungen relevante Bankverbindung und die Kontenfindungsgruppe je Unternehmensnummer (hier: *Nordstar GmbH*). Ein Lieferant der *Nordstar GmbH* ist die *Werkstoffe Maier GmbH*. Dieser Lieferant ist ein im Inland ansässiges, nicht verbundenes Unternehmen. Forderungen aus Lieferungen und Leistungen dieses Lieferanten werden grds. durch Überweisungen beglichen.

Lieferant

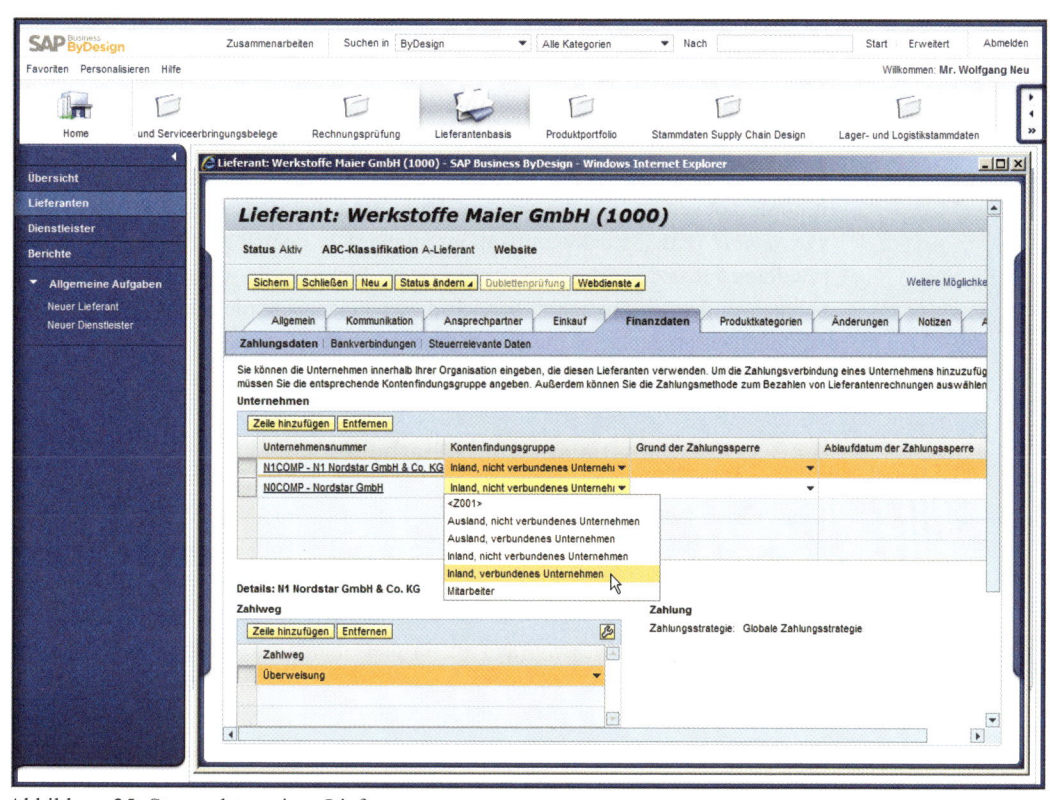

Abbildung 25: Stammdaten eines Lieferanten

Neben den bereits für den Lieferanten angeführten Angaben wie Zahlungsmethode und Kontenfindungsgruppe sind für Kunden weitere Angaben von Bedeutung. Zum einen bestimmen Sie für den Kunden die relevante(n) Verkaufsorganisation(en) und Vertriebswege. Für die Analyse von erzielten Erlösen können Sie dem Kunden eine Kundengruppe – z.B. Handelsunternehmen,

Kunde

---

[246] Die für eine Banküberweisung benötigten Bankdaten des Lieferanten legen Sie ebenfalls in den Stammdaten an.

Industriekunde, Öffentlicher Sektor – zuweisen. In dem Stammdatensatz erhalten Sie außerdem Informationen zu kundenspezifischen Preislisten oder Rabatten, wenn für den vorliegenden Kunden diesbezüglich Daten hinterlegt wurden.[247]

4.2.2 Banken und Finanzbehörden

Bank

Zur Begleichung von Lieferantenrechnungen oder der Aufnahme von Kapital ist das Anlegen einer (Haus-)Bank notwendig. Das Bankkonto richten Sie im Work Center *Cash- und Liquiditätsmanagement* ein. Alle vorhandenen Bankkonten werden in diesem Work Center verwaltet. Im Beispielsachverhalt werden in den Stammdaten der Hausbank Sparkasse Saarbrücken die zulässigen Zahlungsmethoden (z.B. Überweisung, Scheckeinreichung) für das Bankkonto ausgewählt. Ebenso wird festgelegt, dass Einzahlungen in Fremdwährung akzeptiert werden und Auszahlungen in Fremdwährung zulässig sind, um den ausländischen Lieferanten der Handelswaren in US-Dollar zahlen zu können. Des Weiteren wird dem Bankkonto eine Kontenfindungsgruppe zugeordnet.

Finanzbehörde

Für Umsatzsteuer(voran)meldungen ist das Einrichten der zuständigen Finanzbehörde notwendig. Für die Steuermeldung sind die Steuergrunddaten der *Nordstar GmbH* (z.B. Steueridentifikationsnummer) in dem Stammdatensatz der zuständigen Finanzbehörde in Saarbrücken zu hinterlegen; sollten mehrere Unternehmen in den Zuständigkeitsbereich dieser Finanzbehörde fallen, sind diese im Stammdatensatz anzugeben. Die sich ergebende Steuerzahlung erfolgt an die hinterlegten Bankdaten der Finanzbehörde.

4.2.3 Dienstleister und Mitarbeiter

Dienstleister

Unter einem Dienstleister wird diejenige Person verstanden, die im Auftrag Ihrer Lieferanten Dienstleistungen für Sie erbringt. Im Fallbeispiel leistet ein Mitarbeiter der *Kreativ GmbH* im Rahmen eines Kundenprojekts Beratungsleistung. Den externen Berater legen Sie als Dienstleister im Work Center *Geschäftspartnerdaten* (Sicht *Dienstleister*) an. In den Stammdaten halten Sie neben allgemeinen Angaben insbesondere den Lieferanten (*Kreativ GmbH*), für den der Dienstleister arbeitet, fest. Dem Dienstleister können Sie einen Systemzugang geben. Dies erleichtert die Zusammenarbeit, da der externe Berater als Teil des Projektteams arbeitet und die geleisteten Arbeitszeiten für das Projekt erfassen kann.[248] Nach diesem Konzept wird auch dem Abschlussprüfer die Möglichkeit gegeben, einen Zugang zum System zu erhalten. Die Besonderheit beim Abschlussprüfer besteht allerdings darin, dass ihm in Business ByDesign das gesonderte Work Center *Prüfung und Revision* für seine Arbeit zur Verfügung gestellt werden kann.[249]

---

[247] Vgl. zur Verwaltung dieser Stammdaten Kapitel D4.4.
[248] Vgl. auch für den Beispielsachverhalt Kapitel E4.1.2.2.
[249] Vgl. Kapitel E6.6.

Bisher wurden nur externe Gruppen als Geschäftspartner beschrieben. Jedoch sind auch Mitarbeiter des Unternehmens als Geschäftspartner anzusehen und anzulegen. So nimmt ein Mitarbeiter im Kundenprojekt „Designberatung" eine Spesenabrechnung vor, wodurch analog zu einer Leistung eines Lieferanten eine Verbindlichkeit entsteht.

Mitarbeiter

4.3 Ressourcen

Die Ressource ist ein weiteres Stammdatenobjekt, über das Sie alle Daten einer Maschine, eines Fahrzeugs oder Mitarbeiters definieren können, die sowohl für die Planung und die Ausführung bestimmter Geschäftsprozesse (z.B. Lagerfertigung) als auch für die Bewertung der dabei entstehenden Kosten relevant sind. Die Ressource wird im Work Center *Stammdaten Supply Chain Design* (Sicht *Ressource*) angelegt. Im Beispielsachverhalt wird z.B. eine Personalressource für die Kostenstelle *Lederzuschnitt* verwendet, um die auf dieser Kostenstelle erbrachten Arbeitsleistungen im Rahmen der Schuhproduktion auf den Kostenträger zu verrechnen. Die Ressource enthält einen Kostensatz i.H.v. 39 EUR/Stunde.

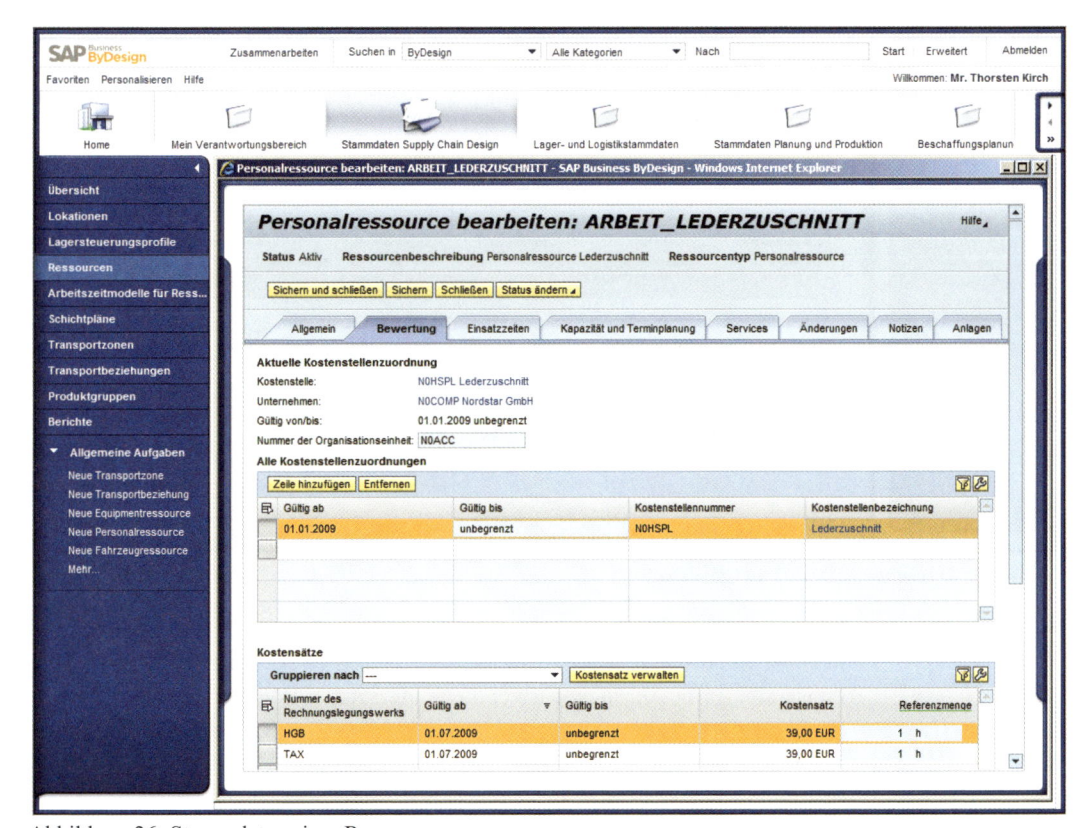

Abbildung 26: Stammdaten einer Ressource

4.4 Kontrakte und Preislisten

Kontrakte

Ein Kontrakt ist eine vertragliche Vereinbarung zwischen einem Unternehmen und seinem Lieferanten. In einem Kontrakt[250] mit einem (zuvor angelegten) Lieferanten halten Sie z.B. die Laufzeit, die Preise und die abzunehmende Zielmenge für ein oder mehrere Produkte (Material bzw. Service) fest. Ebenso können die vereinbarten Zahlungsbedingungen in einem Kontrakt hinterlegt werden. Das Anlegen eines Kontrakts ist für die Automatisierung des Beschaffungsprozesses nützlich: Dieser erleichtert die Erfassung einer Bestellung, da die hinterlegten Daten für das zu erwerbende Produkt direkt in die Bestellung übernommen werden.[251]

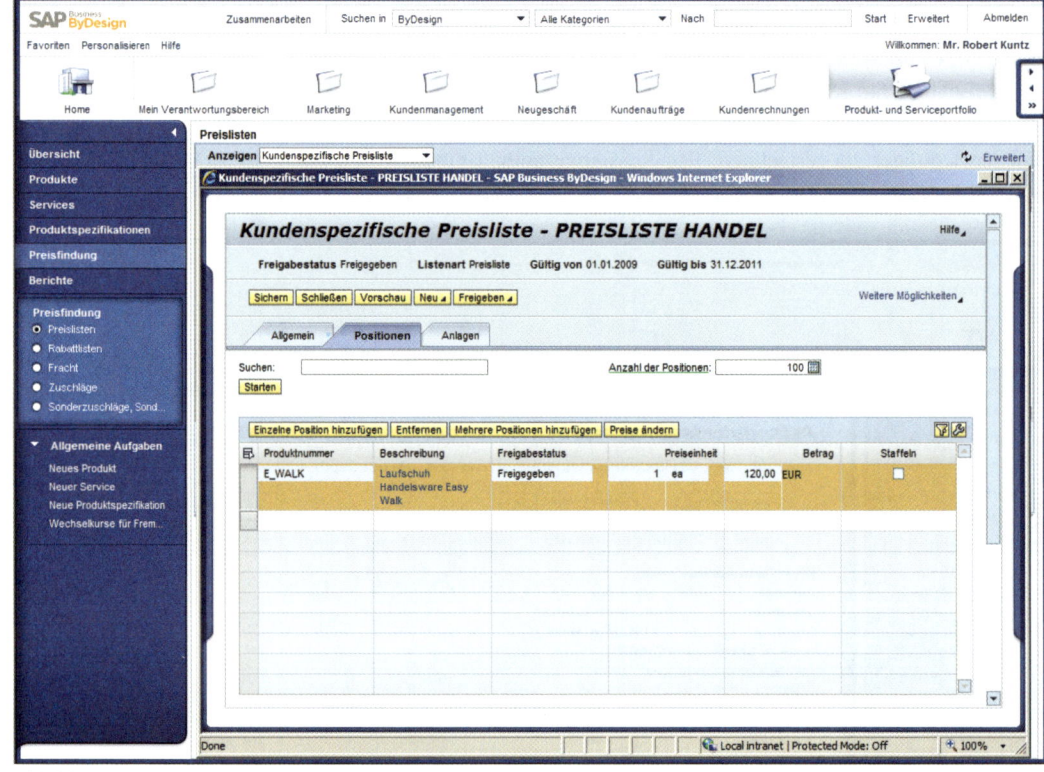

Abbildung 27: Kundenspezifische Preisliste

Preislisten

In einer Preisliste bestimmen Sie generell den Preis für einen Produkttyp, der dann in einen Kundenauftrag bei Auswahl des Produkts direkt übernommen wird. Die Preise können in Abhängigkeit von dem abgesetzten Volumen gestaffelt werden (Preisreduzierung mit steigender Menge). In Business ByDesign werden unterschiedliche Arten von Preislisten angeboten: Sie können die Preisliste für einen bestimmten Kunden oder für eine Vertriebslinie einrichten. Für den Kunden

---

[250] Einen Kontrakt legen Sie im Work Center *Ausschreibungen und Kontrakte* an.
[251] Vgl. zur Bestellung im Rahmen des Beschaffungsprozesses Kapitel E1.3.1.1.1.

Schuh Discounter wird im Beispielsachverhalt eine kundenspezifische Preisliste für das Schuhmodell *Easy Walk* angelegt (vgl. Abbildung 27). Das Anlegen und Pflegen von Preislisten[252] dient der Automatisierung von Absatzprozessen.

---

[252] Preislisten pflegen Sie in dem Work Center *Produkt- und Serviceportfolio* unter der Sicht *Preisfindung*.

E Darstellung der Geschäftsprozesse und Ableitung der rechnungswesenrelevanten Daten

1 Beschaffungsprozess
1.1 Betriebswirtschaftliche Grundlagen
1.1.1 Vorbemerkung

Der Beschaffungsprozess beginnt im Allgemeinen mit einer Bestellung für einen Vermögensgegenstand bzw. eine Dienstleistung. Die voranstehende Geschäftsanbahnungsphase bleibt im Folgenden unberücksichtigt, da sie keine Auswirkung auf das Rechnungswesen hat. Nach der Lieferung des Gegenstands bzw. der Dienstleistung geht eine Lieferantenrechnung ein. Daran schließt der Zahlungsausgang an. In der Unternehmenspraxis stellt sich dieser Beschaffungsprozess häufig flexibel dar. So finden die dargestellten Teilprozesse oftmals in einer abweichenden Reihenfolge statt. Hierbei ist zu beachten, dass die anschließende Abbildung im Rechnungswesen unabhängig von der Reihenfolge der Teilprozesse zu identischen Ergebnissen führen muss. Im Folgenden wird die Beschaffung von Waren und Anlagen beschrieben. Die Erläuterung der Beschaffung von Dienstleistungen erfolgt in Kapitel E4.

Bestellung	Warenlieferung	Lieferanten-rechnung	Zahlungs-ausgang

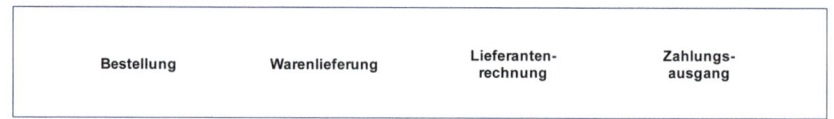

Abbildung 28: Beschaffungsprozess im Überblick

Überblick

Neben der Behandlung eines bestellten – aber noch nicht in der wirtschaftlichen Verfügungsmacht des bestellenden Unternehmens – befindlichen Vermögensgegenstands als schwebendes Geschäft, wird der für die (Erst-)Bilanzierung relevante Anschaffungszeitpunkt erläutert. Wie an späterer Stelle gezeigt wird, muss er nicht mit dem Zeitpunkt der Lieferung übereinstimmen. In dem Zusammenhang der Zugangsbilanzierung werden die Pflichtbestandteile der Anschaffungskosten inkl. Anschaffungsnebenkosten sowie Anschaffungspreisminderungen betrachtet. Den Besonderheiten von Beschaffungsvorgängen in fremder Währung sowie der Behandlung sog. geringwertiger Wirtschaftsgüter (GWG) werden ebenso eigene Unterkapitel gewidmet wie den zu beachtenden Eigenheiten von zugehenden Vermögensgegenständen des Anlagevermögens.

1.1.2 Bestellung als schwebendes Geschäft

Definition

Ein schwebendes Geschäft ist aus bilanzieller Sicht gegeben, wenn ein gegenseitiger, auf Leistungsaustausch abzielender Vertrag vorliegt und der zur Sach- oder Dienstleistung Verpflichtete noch nicht geleistet hat.[253] Je nach Gattung des dem Vertrag zugrunde liegenden Vermögensgegenstands können schwebende Geschäfte in Beschaffungs- oder Absatzgeschäfte sowie Dauerschuldverhältnisse unterteilt werden.

---

[253] Anzahlungen beenden den Schwebezustand dagegen nicht, sondern werden buchhalterisch als sog. geleistete Anzahlungen bzw. erhaltene Anzahlungen erfasst.

Grds. beginnt der Schwebezustand im Zeitpunkt des Vertragsabschlusses. Allerdings kann es bilanzrechtlich davon abweichend erforderlich werden, das Vorliegen eines schwebenden Geschäfts bereits bei Abgabe eines bindenden Angebots zu bejahen.[254] Aus Sicht des Beschaffungsprozesses stellt die rechtlich bindende Bestellung also den Anfangszeitpunkt des Schwebezustands dar. Beendet wird der Schwebezustand mit der Erbringung der Sach- oder Dienstleistung.

Dauer

Für Ansprüche und Verpflichtungen, die aus schwebenden Geschäften entstehen, gilt der Grundsatz der Nichtbilanzierung (vgl. Abbildung 29). Dabei gilt die Ausgeglichenheitsvermutung zwischen der vertraglich zu erbringenden Leistung sowie dem Anspruch auf Gegenleistung. Nur im Fall eines drohenden Verlusts aus dem schwebenden Geschäft ist handelsrechtlich eine bilanzielle Erfassung in Form einer Drohverlustrückstellung verpflichtend vorzunehmen.[255] Sollte der Bilanzierende jedoch einen Gewinn aus dem schwebenden Geschäft erwarten, bliebe es aufgrund des Realisationsprinzips, das einer bilanziellen Erfassung entgegensteht, zwingend unberücksichtigt.

Nichtbilanzierung schwebender Geschäfte

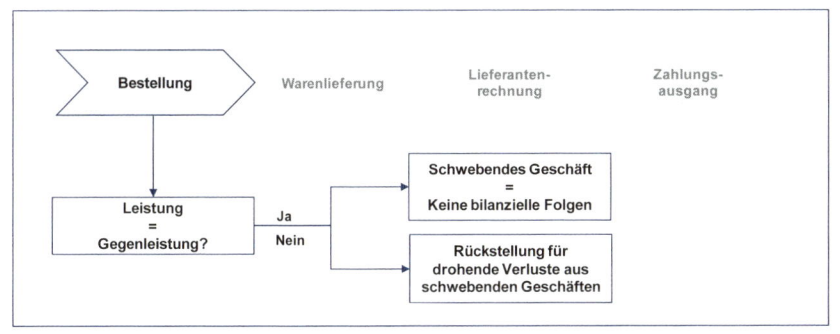

Abbildung 29: Bilanzielle Konsequenzen der Bestellung

1.1.3 Anschaffungszeitpunkt bei Warenlieferung bzw. Leistungserbringung

Der Anschaffungszeitpunkt markiert das Ende des Schwebezustands. Dieser Zeitpunkt wird durch „das Erlangen der wirtschaftlichen Verfügungsmacht"[256] erreicht. Er ist identisch mit dem Zeitpunkt, in dem der Lieferant seiner Sachleistungspflicht aus dem gegenseitigen Vertrag nachkommt. Infolge der erbrachten Sachleistung gehen regelmäßig „Eigenbesitz, Gefahr, Nutzen und Lasten"[257] auf den Käufer über und es entsteht eine unbedingte Aktivierungspflicht für den insoweit zugegangenen Vermögensgegenstand sowie eine Passivierungspflicht der vertraglich vereinbarten Gegenleistung (vgl. Abbildung

Anschaffungszeitpunkt

---

[254] Vgl. m.w.N. BAETGE, J./KIRSCH, H.-J./THIELE, S. (2009), S. 447.
[255] Steuerbilanziell ist die Passivierung einer Drohverlustrückstellung aus schwebenden Geschäften jedoch unzulässig.
[256] ELLROTT, H./BRENDT, P. (2010), § 255, Rn. 31.
[257] BFH-Urteil v. 28.04.1977, S. 553.

30).[258] In der Regel geht die Verfügungsmacht – und damit die Chancen und Risiken aus dem Vermögensgegenstand – mit erfolgter Lieferung auf den Käufer über.[259] Allerdings können je nach Vertragsgestaltung auch andere Zeitpunkte den Übergang der wirtschaftlichen Verfügungsmacht markieren.[260] Immer dann, wenn die Preisgefahr[261] an dem gekauften Vermögensgegenstand bereits vor „Erlangung des unmittelbaren oder mittelbaren Besitzes"[262] an dem gekauften Vermögensgegenstand auf den Käufer übergeht, muss der bilanzierende Käufer den Gegenstand aktivieren und gleichzeitig eine (grds. entsprechende) Verbindlichkeit i.H.d. zu erbringenden Gegenleistung passivieren.[263] Ein Beispiel hierfür ist der Versendungskauf gem. § 447 BGB, bei dem die Preisgefahr bereits vor erfolgter Lieferung auf den Käufer eines Gegenstands übergeht.[264]

Incoterms

In der Regel wird der Zeitpunkt des Preisgefahrübergangs auf den Empfänger des Vermögensgegenstands durch die vereinbarten Lieferbedingungen im Kaufvertrag bestimmt. Im internationalen Handelsverkehr haben sich hierfür die sog. Incoterms[265] herausgebildet, die international einheitliche Standards für vertraglich zu vereinbarende Lieferbedingungen gesetzt haben, wie z.B.:

- Ab Werk: Der Verkäufer stellt dem Käufer den Vermögensgegenstand ab Werk zur Abholung zur Verfügung. Mit dem Zeitpunkt der Abholung geht die Preisgefahr auf den Käufer über.
- Frei an Bord: Mit Überschreiten der Reeling der verkauften Ware geht die Preisgefahr auf den Käufer über, d.h. der Empfänger der Ware trägt für den Rest des Transports das Risiko des Untergangs oder der Beschädigung.[266] Als bilanzielle Konsequenz muss der Käufer der Ware im Anschluss der Verladung auf das Schiff einen Vermögensgegenstand aktivieren sowie die vertraglich vereinbarte Kaufsumme passivieren.

---

[258] Die Erlangung des zivilrechtlichen Eigentums ist im Zweifel nicht entscheidend. Stattdessen ist in diesen Zweifelsfragen immer auf den Erlangungszeitpunkt des wirtschaftlichen Eigentums i.S.d. § 246 Abs. 1 HGB abzustellen.
[259] Vgl. hierzu SELCHERT, F. W. (2002), § 252, Rn. 103 f.
[260] Vgl. WINKELJOHANN, N./BÜSSOW, T. (2010), § 252, Rn. 44.
[261] Bei der sog. Preisgefahr handelt es sich um einen schuldrechtlichen Begriff. Mit Übergang der Preisgefahr ist der Käufer einer Dienst- oder Sachleistung verpflichtet, seiner vertraglich vereinbarten Gegenleistung nachzukommen. Er muss dieser Verpflichtung gerade unabhängig davon nachkommen, ob er die Sachdienstleistung tatsächlich empfangen hat.
[262] ELLROTT, H./BRENDT, P. (2010), § 255, Rn. 31.
[263] Der Verkäufer realisiert in dem Moment des Preisgefahrübergangs den Verkauf, indem er den verkauften Vermögensgegenstand ausbucht und eine Forderung aktiviert. Die Differenz wird erfolgswirksam behandelt.
[264] Der Verbleib des zivilrechtlichen Eigentums beim Verkäufer bis zur Ablieferung bleibt unbeachtlich; vgl. WERNDL, J. (1994), § 6 B 30.
[265] Die Abkürzung „Incoterms" steht für International Commercial Terms.
[266] Weitere Differenzierungsmöglichkeiten bzgl. der international gebräuchlichen Lieferbedingungen können unter http://www.icc-deutschland.de abgerufen werden.

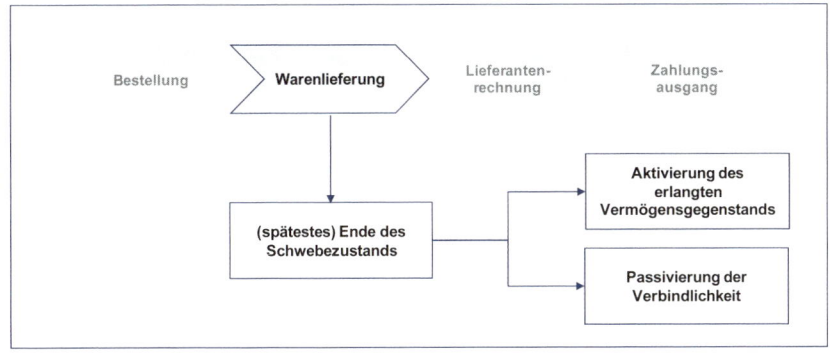

[Abbildung 30: Flussdiagramm mit Bestellung → Warenlieferung → Lieferantenrechnung → Zahlungsausgang; Warenlieferung führt zu (spätestes) Ende des Schwebezustands, dann Aktivierung des erlangten Vermögensgegenstands und Passivierung der Verbindlichkeit.]

Abbildung 30: Bilanzielle Konsequenzen der Warenlieferung

Anschaffungszeitraum

Grds. können Anschaffungskosten sowohl vor als auch nach dem Anschaffungszeitpunkt entstehen. Die Anschaffungskosten umfassen alle „Aufwendungen, die geleistet werden, um einen Vermögensgegenstand zu erwerben und ihn in einen betriebsbereiten Zustand zu versetzen, soweit sie dem Vermögensgegenstand einzeln zugeordnet werden können"[267]. So fallen bspw. bei Kauf eines Grundstücks Notarkosten bei Vertragsschluss vor Zugang des Grundstücks an, die als Anschaffungsnebenkosten (vgl. Kapitel E1.1.4.3.2) bei der Aktivierung des Grundstücks zu berücksichtigen sind.[268] Gleichermaßen können Anschaffungskosten aber auch nach dem Anschaffungszeitpunkt entstehen. Als Beispiel hierfür seien nachträgliche Anschaffungskosten genannt (vgl. Kapitel E1.1.4.3.3).

1.1.4 Anschaffungskosten
1.1.4.1 Inhalt der Anschaffungskosten

Bewertungsmaßstab

Normiert werden die Anschaffungskosten im HGB in Abs. 1 des § 255 „Bewertungsmaßstäbe".[269] Der Bewertungsmaßstab „Anschaffungskosten" ist immer dann relevant, wenn das bilanzierende Unternehmen Vermögensgegenstände anzusetzen hat, denen ein Beschaffungsvorgang von außen zugrunde liegt. In der Bilanzierungspraxis wird üblicherweise der Begriff „fortgeführte Anschaffungskosten" verwendet, da in der Folgebilanzierung grds. Abschreibungen oder Zuschreibungen vorgenommen werden (vgl. Kapitel E1.1.6). Der Bewertungsmaßstab Anschaffungskosten zählt neben den Herstellungskosten, dem beizulegenden Wert und dem beizulegenden Zeitwert zu den zentralen Bewertungsmaßstäben des deutschen Bilanzrechts.

Erfolgsneutralität des Anschaffungsvorgangs

Die Anschaffungskosten stellen die aufgrund eines Kaufvertrags hinzugebende zum Zeitwert bewertete Gegenleistung dar, „die ein Betrieb aufwenden muß, um einen Vermögensgegenstand zu beschaffen und einsatzfähig zu machen"[270]. Aus dieser Definition wird deutlich, dass pagatorische Werte des externen

---

[267] § 255 Abs. 1 Satz 1 HGB.
[268] Vgl. ADLER, H./DÜRING, W./SCHMALTZ, K. (1995), § 255, Rn. 11.
[269] Die Regelungen des § 255 Abs. 1 HGB werden durch den Maßgeblichkeitsgrundsatz gem. § 5 Abs. 1 EStG steuerbilanziell relevant.
[270] WÖHE, G. (1997), S. 376.

Rechnungswesens die Anschaffungskosten wertmäßig festlegen. Dies folgt automatisch aus dem im § 252 Abs. 1 Nr. 4 HGB verankerten Realisationsprinzip, das für den Bewertungsmaßstab der Anschaffungskosten uneingeschränkt seine Wirkung entfaltet.[271] Daher ist ein Beschaffungsvorgang stets erfolgsneutral bilanziell abzubilden.[272] Es handelt sich bei einem Anschaffungsvorgang also immer um eine Vermögensumschichtung.

1.1.4.2 Verfahren zur Ermittlung der Anschaffungskosten

Einzelbewertungsgrundsatz vs. Vereinfachungsmethoden

Der Einzelbewertungsgrundsatz gem. § 252 Abs. 1 Nr. 3 HGB zwingt den Bilanzierenden zwar grds. dazu, die Anschaffungskosten eines jeden einzelnen Vermögensgegenstands zu ermitteln. Allerdings würde dies insbesondere beim Vorratsvermögen zu einem übermäßigen buchhalterischen Aufwand führen. Daher werden im HGB einige Verfahren normiert, die eine zulässige Durchbrechung des Einzelbewertungsverfahrens darstellen:

- Verbrauchsfolgefiktionen gem. § 256 Satz 1 HGB: Hiernach sind nach dem BilMoG nur noch die beiden Verbrauchsfolgeverfahren Lifo und Fifo zulässig.[273]
- Festbewertung gem. § 256 Satz 2 i.V.m. § 240 Abs. 3 HGB,
- Gruppenbewertung gem. § 256 Satz 2 i.V.m. § 240 Abs. 4 HGB.[274]

Daneben werden zwei weitere Vereinfachungsmethoden als GoB-konform angesehen:

Durchschnittsmethode

- (Gleitende) Durchschnittsmethode: Die Anschaffungskosten werden in einer fortlaufenden Rechnung erfasst, in der die Abgänge zu dem jeweiligen gleitenden Durchschnitt bewertet werden. Dieser ergibt sich aus dem ermittelten Anfangsbestand und der bis zum Abgang erfolgten Zugänge (vgl. beispielhaft Kapitel E1.3.1.1.2).
- Retrograde Ermittlung durch Abzug der Bruttospanne vom Verkaufswert.[275]

1.1.4.3 Bestandteile der Anschaffungskosten

Anschaffungsvorgang

Gem. § 255 Abs. 1 HGB umfassen die Anschaffungskosten alle Aufwendungen, die anfallen, um einen Vermögensgegenstand zu erwerben und in einen betriebsbereiten Zustand zu versetzen. Daraus wird deutlich, dass nicht nur die Aufwendungen, die zur Verschaffung der wirtschaftlichen Verfügungsmacht anfallen,

---

[271] Vgl. KNOP, W./KÜTING, K. (2009), § 255, Rn. 8.
[272] In Falle eines überhöhten Kaufpreises kann es in der Folge jedoch zu einer außerplanmäßigen Abschreibung zum Bilanzstichtag kommen.
[273] Die Abkürzung „Lifo" steht für Last in first out und die Abkürzung „Fifo" für First in first out; vgl. zu den nach BilMoG noch zulässigen Verbrauchsfolgeverfahren ZÜNDORF, H. (2009), S. 112.
[274] Vgl. KNOP, W. (2003), § 240, Rn. 73 ff.
[275] Die retrograde Ermittlung der Anschaffungskosten durch Abzug der Bruttospanne vom Verkaufswert erfreut sich vor allem bei Einzelhandelsunternehmen großer Beliebtheit.

Anschaffungskosten darstellen. Darüber hinaus sind gerade auch die Aufwendungen zu den Anschaffungskosten eines Vermögensgegenstands zu zählen, die entstehen, um einen Vermögensgegenstand in einen betriebsbereiten Zustand zu versetzen.[276] Während die Erlangung des betriebsbereiten Zustands das Ende des Anschaffungsvorgangs darstellt, sind als Beginn solche Tätigkeiten zu werten, die auf die konkrete Beschaffung des Vermögensgegenstands hinzielen.[277]

Die Bestandteile der Anschaffungskosten werden in Anschaffungspreis, Anschaffungsnebenkosten, nachträgliche Anschaffungskosten sowie Anschaffungspreisminderungen untergliedert (vgl. Abbildung 31). — *Bestandteile*

```
  Anschaffungspreis (ohne Umsatzsteuer)
+ Anschaffungsnebenkosten
+ nachträgliche Anschaffungskosten
- Anschaffungspreisminderungen
= Anschaffungskosten i.S.d. § 255 Abs. 1 HGB
```

Abbildung 31: Bestandteile der Anschaffungskosten

1.1.4.3.1 Anschaffungspreis

Der Anschaffungspreis stellt regelmäßig die Ausgangsgröße und in der Regel den größten Bestandteil der zu ermittelnden Anschaffungskosten dar. In den Fällen, in denen eine Eingangsrechnung existiert, ist der Kaufpreis unproblematisch zu ermitteln. In Rechnung gestellte Umsatzsteuer dürfen nur im Ausnahmefall der Nichtabzugsfähigkeit in die Anschaffungskostenermittlung eingehen. — *Rechnung*

Es existieren aber auch Situationen, in denen keine Rechnungen für einen bestimmten Vermögensgegenstand vorhanden sind. Bei einer Gesamtrechnung kann bspw. der Fall eintreten, dass eine Aufteilung eines Gesamtpreises auf mehrere Vermögensgegenstände notwendig wird. Bei gleichartigen Vermögensgegenständen folgen hieraus keine Probleme, da eine Verteilung nach dem arithmetischen Mittel in diesen Fällen denkbar ist.[278] Weitaus schwieriger gestaltet sich die Zuordnung eines Gesamtpreises auf verschiedenartige Vermögensgegenstände. In diesen Fällen hat sich eine Zuordnung grds. an den Zeitwerten der als Gesamtheit erworbenen Vermögensgegenstände zu orientieren.[279] — *Gesamtpreisaufteilung*

1.1.4.3.2 Anschaffungsnebenkosten

Zu den Anschaffungskosten gehören explizit die Anschaffungsnebenkosten, die in vielen Fällen einen erheblichen Teil der Anschaffungskosten ausmachen — *Bedeutung und Definition*

---

[276] Die Aufwendungen, die zur Erlangung eines betriebsbereiten Zustands in die Anschaffungskosten einzubeziehen sind, haben im Wesentlichen für Vermögensgegenstände des Sachanlagevermögens Bedeutung. Vgl. hierzu KNOP, W./KÜTING, K. (2009), § 255, Rn. 12, m.w.N.
[277] Vgl. FÜLLING, F. (1976), S. 85.
[278] Vgl. KNOP, W./KÜTING, K. (2009), § 255, Rn. 23.
[279] Vgl. ADLER, H./DÜRING, W./SCHMALTZ, K. (1995), § 255, Rn. 104 ff.

können.[280] Anschaffungsnebenkosten sind dabei gerade die Kosten, die zusätzlich zu dem Kaufpreis anfallen und keine nachträglichen Anschaffungskosten darstellen. Sie müssen im Zusammenhang mit dem Erwerb oder der Herstellung des betriebsbereiten Zustands – also während des Anschaffungsvorgangs[281] – anfallen.

Anschaffungsnebenkosten bei Erwerb

Zu den Anschaffungskosten, die in der Phase des Erwerbs entstehen, gehören bspw.:[282]

- Courtagen,
- Eingangsfrachten und Zölle,
- Speditionskosten und Transportversicherungsaufwand,
- Notariats-, Gerichts- und Registerkosten und
- Grunderwerbsteuer.

Aufwendungen zur Herstellung des betriebsbereiten Zustands

Aufwendungen, die in der Phase der Herstellung des betriebsbereiten Zustands entstehen, sind bspw.:[283]

- Aufwendungen bei Montage- und Fundamentierungsarbeiten,
- Aufwendungen der Sicherheitsüberprüfung und
- Aufwendungen für die Abnahme von Gebäuden und Anlagen.[284]

Einzel- vs. Gemeinkosten

Grds. sind Anschaffungsnebenkosten, die in der Phase der Herstellung des betriebsbereiten Zustands anfallen, aktivierungspflichtig. Dies gilt allerdings nur, wenn sie dem erworbenen Vermögensgegenstand einzeln und direkt zurechenbar sind. Bei fremdbezogenen Leistungen ist dies stets der Fall. Werden diese Leistungen dagegen im Unternehmen selbst erbracht, ergeben sich oftmals Zurechnungsprobleme der entstandenen Aufwendungen zu den angeschafften Vermögensgegenständen. In diesen Fällen gilt grundsätzlich, dass Einzelkosten in die Ermittlung der Anschaffungskosten einbezogen werden müssen, während für Gemeinkosten ein Einbeziehungsverbot besteht.[285]

1.1.4.3.3 Nachträgliche Anschaffungskosten

Nachträgliche Anschaffungskosten sind Aufwendungen, die erst nach dem Anschaffungsvorgang anfallen. Sie dürfen den Charakter des erworbenen Vermögensgegenstands nicht verändern und müssen gleichwohl eine sachliche Verbindung zum Anschaffungsvorgang aufweisen. Die nachträglichen Anschaffungskosten werden allgemein unterteilt in:

---

[280] Vgl. AWV (1960), S. 213.
[281] Vgl. zur zeitlichen Bestimmung des Anschaffungsvorgangs Kapitel E1.1.3.
[282] Vgl. hierzu HUSEMANN, K.-H. (1976), S. 92 ff.
[283] Vgl. hierzu HUSEMANN, K.-H. (1976), S. 92 ff.
[284] Vgl. zu den einzelnen Anschaffungsnebenkosten ebenfalls BAETGE, J./KIRSCH, H.-J./THIELE, S. (2009), S. 198 f.
[285] Vgl. KNOP, W./KÜTING, K. (2009), § 255, Rn. 34, m.w.N.

- Nachträgliche Aufwendungen: Hierunter fallen insbesondere Erschließungsbeiträge für die Erstanlage einer Straße oder für den Erstanschluss an eine Kanalisation als nachträgliche Anschaffungskosten eines Grundstücks.[286]
- Nachträgliche Anschaffungspreiserhöhungen: Sie treten bspw. bei Kaufvertragsklauseln, die den endgültigen Kaufpreis von späteren Ereignissen abhängig machen, auf.[287]

Komponenten der nachträglichen Anschaffungskosten

1.1.4.3.4 Anschaffungskostenminderungen

Die Anschaffungskostenminderungen stellen die negative Komponente der Anschaffungskostenermittlung dar. Sie werden notwendig, um der geforderten Erfolgsneutralität von Beschaffungsvorgängen gerecht zu werden. Grds. kann zwischen Nachlässen und Zuwendungen[288] unterschieden werden.

Erfordernis der Erfolgsneutralität

Die Nachlässe werden in Boni, Skonti und Rabatte unterteilt. Allerdings wirken nur Skonti und Rabatte im bilanziellen Sinn Anschaffungskosten mindernd. Boni reduzieren zwar den Kaufpreis; sie können allerdings nicht einer bestimmten Lieferung zugeordnet werden. Sie werden vielmehr auf eine bestimmte abgenommene Gesamtmenge pro definierter Periode gewährt, was eine bilanzielle Berücksichtigung in den Anschaffungskosten aufgrund der fehlenden direkten Zuordnungsmöglichkeit zu einem bestimmten Vermögensgegenstand unmöglich macht.

Nichtabzugsfähigkeit von Boni

Der Rabatt bezeichnet einen Abschlag auf den Absatzpreis, den ein „Lieferer für die Übernahme bestimmter, bei dem einzelnen Bezug feststellbarer Leistungen einräumt"[289]. Sie müssen von den Anschaffungskosten in voller Höhe abgezogen werden.

Rabatt

Der Skonto ist die Differenz zwischen dem Bar- und dem Zielpreis oder zwischen mehreren Zielpreisen. Es ist umstritten, ob Skonti immer – unabhängig von der Inanspruchnahme – oder erst bei der Inanspruchnahme zu einer Anschaffungskostenminderung führen. U.E. sind erst bei tatsächlicher Inanspruchnahme des Skontos die Anschaffungskosten zu mindern (vgl. Abbildung 33).[290]

Skonto

Im Ergebnis ergibt sich nachfolgende Systematik zur Bestimmung der Anschaffungskosten (vgl. Abbildung 32).

---

[286] Vgl. ELLROTT, H./BRENDT, P. (2010), § 255, Rn. 111, m.w.N.
[287] Vgl. ADLER, H./DÜRING, W./SCHMALTZ, K. (1995), § 255, Rn. 45.
[288] Die bilanzielle Behandlung von Zuwendungen wird hier aufgrund ihrer geringen Bedeutung in der Praxis nicht weiter thematisiert.
[289] ZIEGLER, F. (1955), S. 302.
[290] Vgl. zu dieser Diskussion KNOP, W./KÜTING, K. (2009), § 255, Rn. 58 ff. In Business ByDesign erfolgt die Berücksichtigung des Skontos ebenfalls erst bei Zahlung.

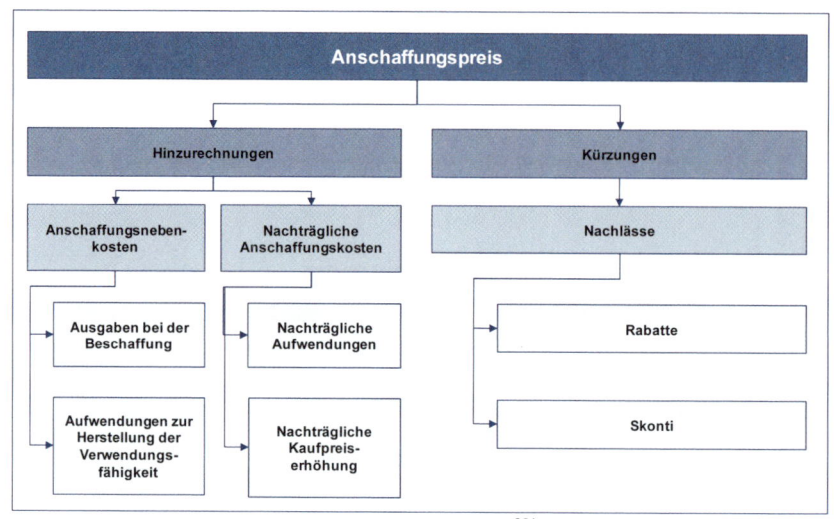

Abbildung 32: Komponenten der Anschaffungskosten[291]

1.1.4.4 Sonderproblematik Anschaffungskosten in Fremdwährung

Notwendigkeit zur Währungsumrechnung

Oftmals werden Vermögensgegenstände in einer fremden Währung gekauft und die entsprechenden Rechnungen in Fremdwährung erstellt.[292] § 244 HGB schreibt vor, dass der Jahresabschluss in Euro aufzustellen ist, sodass eine Umrechnung der einzelnen in fremder Währung lautenden Vermögensgegenstände und Schulden in Euro erforderlich ist. § 256a HGB regelt explizit lediglich die Umrechnung in Euro für die Folgebilanzierung, d.h. für die Bewertung an einem Abschlussstichtag nach Anschaffung der Vermögensgegenstände.[293] Allerdings ist der Gesetzesbegründung zum BilMoG zu entnehmen, dass aus der verpflichtenden Anwendung des Devisenkassamittelkurses für die Folgebewertung unter Berücksichtigung des Anschaffungskostenprinzips folgt, dass auf Fremdwährung lautende Geschäftsvorfälle auch im Zugangszeitpunkt mit dem Devisenkassamittelkurs umzurechnen sind.[294] Die Vorschrift des § 256a HGB beinhaltet insofern eine Vereinfachung, dass der Devisenkassamittelkurs als Kursart nun festgelegt ist und die bis zum BilMoG aufwendige Entscheidung, welche Kursart (Geld-, Brief- oder Mittelkurs) auf verschiedene Geschäftsvorfälle anzuwenden ist, entfällt.

Einfluss der Währungsumrechnung

Entscheidend für die Wahl des anzuwendenden Umrechnungskurses ist der Tag der Realisation des Anschaffungsvorgangs, d.h. der Tag der Erlangung der wirtschaftlichen Verfügungsmacht durch den Erwerber (vgl. Kapitel E1.1.3).[295] Wird der Erwerb des Vermögensgegenstands durch eine Voraus- oder Anzahlung finanziert, so ist der tatsächlich aufgewandte Eurobetrag als Anschaffungskosten

---

[291] Modifiziert entnommen aus BAETGE, J./KIRSCH, H.-J./THIELE, S. (2009), S. 201.
[292] Vgl. LANGENBUCHER, G./BLAUM, U. (2003), Kap. 6, Rn. 501 ff.
[293] Vgl. BT-Drucksache (16/10067), S. 43, 62.
[294] Vgl. BT-Drucksache (16/10067), S. 62.
[295] Vgl. HFA (1984), S. 586.

im Zeitpunkt der Erlangung der wirtschaftlichen Verfügungsmacht zu erfassen. Liegt ein Zielkauf vor, so ergeben sich die Anschaffungskosten unter Berücksichtigung der am Tag der Erlangung der wirtschaftlichen Verfügungsmacht einzubuchenden Fremdwährungs-Verbindlichkeit. Spätere Kursveränderungen berühren nur die Höhe eventuell noch bestehender Verbindlichkeiten aus der Anschaffung.[296] Die Anschaffungskosten des erworbenen und in der Bilanz im Zeitpunkt der Erlangung der wirtschaftlichen Verfügungsmacht angesetzten Vermögensgegenstands werden von danach veränderten Kurswerten hingegen nicht mehr berührt. Die durch Kursänderungen in ihrer Höhe beeinflussten Verbindlichkeiten sind im Zeitpunkt ihrer Begleichung erfolgswirksam zu erfassen (vgl. Abbildung 33). Steigt der Wert der Verbindlichkeit, ist die Differenz zum ursprünglichen Wert in den Posten „sonstiger betrieblicher Aufwand" einzutragen. Eine Verminderung der Verbindlichkeit ist korrespondierend als „sonstiger betrieblicher Ertrag" zu erfassen.[297]

1.1.5 Bilanzielle Konsequenzen der Teilprozesse Lieferantenrechnung und Zahlungsausgang

Nach der Bestellung und der Lieferung des Vermögensgegenstands schließt sich sowohl der Erhalt der Lieferantenrechnung als auch die Bezahlung an. Wenn die Rechnung des Lieferanten bereits bei bilanziellem Zugang des Vermögensgegenstands vorliegt, ergeben sich aus der Rechnung keine weiteren buchhalterischen Konsequenzen. In diesem Fall wurde der Vermögensgegenstand bereits mit dem Wert, der sich aus der Lieferantenrechnung ergibt, eingebucht. Da der Wert der Rechnung im Grundsatz immer ausschlaggebend für die Bewertung des zugegangenen Vermögensgegenstands und der analogen Verbindlichkeit ist, muss bei einem – im Vergleich zur Einbuchung – abweichenden Rechnungsbetrag eine Anpassung vorgenommen werden.[298] Je nach Ausprägung müssen der Vermögensgegenstand und die Verbindlichkeit wertmäßig erfolgsneutral nach oben oder nach unten korrigiert werden.

Anpassung an den Rechnungsbetrag

Aus der Zahlung können sich ebenfalls bilanzielle Konsequenzen ergeben. Zum einen werden die Anschaffungskosten bei Inanspruchnahme eines Skontos gemindert (vgl. Kapitel E1.1.4.3.4). Zum anderen können sich erfolgswirksame Effekte aus der Währungsumrechnung ergeben, die allerdings gerade keinen Ein-

Inanspruchnahme des Skontos und Fremdwährungseffekte

---

[296] Für Verbindlichkeiten, die noch eine geringe Restlaufzeit (ein Jahr oder weniger) aufweisen, wird in § 256a Satz 2 HGB klargestellt, dass die ursprünglichen Anschaffungskosten nicht als Obergrenze zu beachten sind.

[297] Im Rahmen der Abschlussarbeiten sind analog die durch Kursänderungen beeinflussten Wertänderungen noch zum Abschlussstichtag in fremder Währung bestehenden Verbindlichkeiten erfolgswirksam zu erfassen. Bei langfristigen Verbindlichkeiten mit einer Laufzeit über einem Jahr sind die Grenzen durch das Imparitäts- und Anschaffungskostenprinzip zu beachten; bei kurzfristigen Verbindlichkeiten entfallen die Bewertungseinschränkungen durch die GoB; vgl. zu den Besonderheiten der Währungsumrechnung bei den Abschlussarbeiten Kapitel E5.1.3.4.

[298] Dies kann bspw. durch die unerwartete Berechnung von Anschaffungsnebenkosten, wie z.B. durch Frachtkosten entstehen.

fluss mehr auf die Anschaffungskosten des zugegangenen Vermögensgegenstands haben (vgl. Kapitel E1.1.4.4). Durch eine Abweichung des Fremdwährungskurses am Tag der Begleichung der Verbindlichkeit vom Kurs am Tag des Zugangs der Verbindlichkeit resultiert je nach Veränderung ein „sonstiger betrieblicher Ertrag" oder ein „sonstiger betrieblicher Aufwand" (vgl. Abbildung 33).[299]

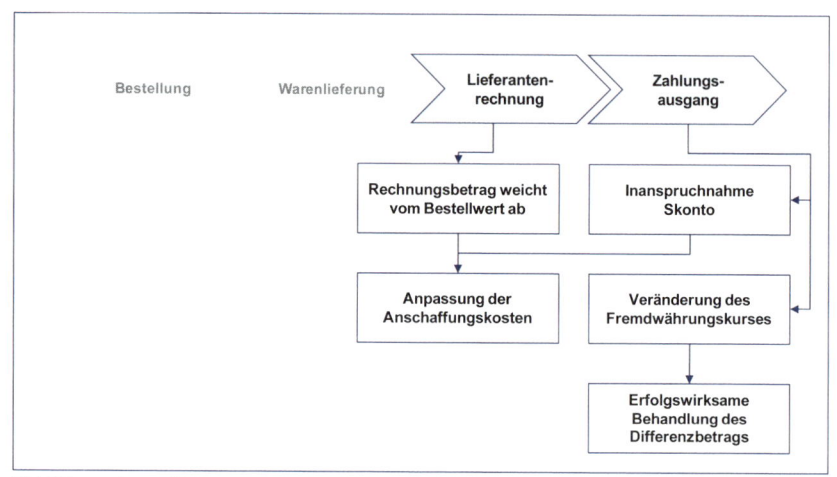

Abbildung 33: Bilanzielle Konsequenzen aus Lieferantenrechnung und Zahlungsausgang

1.1.6 Besonderheiten beim Zugang von Anlagengütern

Anlagengüter sind Vermögensgegenstände, die dauerhaft dem Geschäftsbetrieb dienen. Neben der Zugangsbilanzierung zu Anschaffungskosten sind ferner bereits beim Zugang Angaben notwendig, nach welchen Prinzipien die Vermögensgegenstände (planmäßig) bilanziell fortzuschreiben sind und in welcher betrieblichen Funktion (Produktion, Verwaltung, Vertrieb) diese eingesetzt werden sollen.

1.1.6.1 Kostenstellenzuordnung von Anlagengütern

Für die Bestimmung der Herstellungskosten von Vermögensgegenständen des Umlaufvermögens ist es notwendig, die beschafften Vermögensgegenstände des Anlagevermögens den Kostenstellen zuzuordnen. Des Weiteren ist es aus Gründen der internen Leistungsverrechnung unerlässlich, die Vermögensgegenstände den jeweiligen Verantwortungsbereichen zuzuordnen. Ebenfalls notwendig werden die Zuordnungen im Zusammenhang mit Profit-Center-Analysen und – falls gewünscht oder erforderlich – der Erstellung einer Segmentberichterstattung.

1.1.6.2 Bestimmung der Nutzungsdauer

Wirtschaftliche Nutzungsdauer im HGB

Die Nutzungsdauer legt den Abschreibungszeitraum fest. In dieser Periode werden zeitlich begrenzt nutzbare Vermögensgegenstände des Anlagevermögens um

---

[299] Vgl. im Beispielsachverhalt Kapitel E1.3.1.2.2.

planmäßige Abschreibungen ratierlich im Wert gemindert. Im Jahr des Zugangs müssen die Abschreibungen monatsgenau berechnet werden. Grds. wird durch die Inbetriebnahme eines Vermögensgegenstands der Beginn des Abschreibungszeitraums festgelegt. Dieser endet handelsrechtlich, wenn die Maschine aus Rentabilitätsgesichtspunkten nicht mehr sinnvoll genutzt werden kann. Insoweit stellt das HGB also auf die wirtschaftliche Nutzungsdauer eines Vermögensgegenstands ab.

Für das Steuerrecht werden gem. § 7 Abs. 1 Satz 2 EStG AfA-Tabellen der Finanzverwaltung zugrunde gelegt. Von diesen normierten Nutzungsdauern darf steuerlich nur in Ausnahmefällen abgewichen werden. *AfA-Tabellen im Steuerrecht*

Bisher wurden die Vorgaben der AfA-Tabellen bzgl. der Nutzungsdauer in der Bilanzierungspraxis aufgrund der engen Verzahnung zwischen der Steuer- und Handelsbilanz auch handelsrechtlich verwendet. Nach dem Wegfall der umgekehrten Maßgeblichkeit durch das BilMoG (vgl. Kapitel C) ist diese Verfahrensweise zwar weiterhin als zulässig zu erachten, allerdings ist aufgrund der Stärkung der Informationsfunktion im HGB grds. ein gesondertes Abstellen auf die wirtschaftliche Nutzungsdauer vorzuziehen. *Anwendung der AfA-Tabellen im HGB nach BilMoG*

1.1.6.3 Abschreibungsmethode

Das Handelsgesetzbuch fixiert keine bestimmte Abschreibungsmethode, die vom Bilanzierenden anzuwenden ist. Grds. existieren zwei grundlegend unterschiedliche Abschreibungsmethoden: *Handelsrechtliche Abschreibungsverfahren*

- Leistungsabschreibung: In jedem Geschäftsjahr werden Abschreibungsbeträge in Abhängigkeit von der Inanspruchnahme des Vermögensgegenstands ermittelt.
- Zeitabschreibung: Innerhalb der geplanten Nutzungsdauer werden den einzelnen Geschäftsjahren gleichbleibende Abschreibungsbeträge (lineare Abschreibung), fallende Abschreibungsbeträge (degressive Abschreibung) oder steigende Abschreibungsbeträge (progressive Abschreibung) zugerechnet.

In der Steuerbilanz sind die gewählten Abschreibungsverfahren des HGB über den Maßgeblichkeitsgrundsatz gem. § 5 Abs. 1 EStG zwar grds. auch im Steuerrecht bindend. Allerdings führt der Bewertungsvorbehalt gem. § 5 Abs. 6 EStG zu einer erheblichen Einschränkung dieses Grundsatzes. Bspw. ist die geometrisch-degressive Abschreibung steuerlich gem. § 7 Abs. 2 EStG nur noch für in den Jahren 2009 und 2010 erworbene bewegliche Wirtschaftsgüter des Anlagevermögens zulässig.[300] Für danach erworbene Vermögensgegenstände ist diese Abschreibungsmethode für steuerliche Zwecke nicht mehr gestattet. Die steuerliche Normabschreibungsmethode ist gem. § 7 Abs. 1 Satz 1 EStG die lineare Abschreibungsmethode. *Steuerliche Abschreibungsverfahren*

---

[300] Der Abschreibungssatz darf hierbei max. den 2,5-fachen Satz der linearen Abschreibung betragen. Die Höchstgrenze liegt hierbei bei 25 %.

Konsequenz des Wegfalls der umgekehrten Maßgeblichkeit

Aufgrund des Wegfalls der umgekehrten Maßgeblichkeit ist das Ziel einheitlicher Wertansätze im Anlagevermögen jedoch in weite Ferne gerückt. So dürfen die gesamten steuerlichen Begünstigungsregeln seit dem BilMoG nur noch steuerlich geltend gemacht werden. Sie haben durch den Wegfall der Öffnungsklausel in § 254 HGB a.F. keine Auswirkungen mehr auf die Handelsbilanz.[301]

1.1.6.4 Behandlung von geringwertigen Wirtschaftsgütern in Handels- und Steuerbilanz

Steuerliche Behandlung

Mit dem Wachstumsbeschleunigungsgesetz führt der Gesetzgeber die (Alt-)Regelung zur Sofortabschreibung von Wirtschaftsgütern mit Anschaffungskosten bis zu 410 EUR als Wahlrecht wieder ein. Darüber hinaus können alternativ für sog. geringwertige Wirtschaftsgüter des Anlagevermögens, deren Anschaffungskosten zwischen 150 und 1.000 EUR netto liegen, gem. § 6 Abs. 2a EStG Sammelposten gebildet werden, die im Jahr der Bildung und den folgenden vier Jahren linear abzuschreiben sind. Diese Regelung gilt unabhängig davon, ob die Wirtschaftsgüter in diesem Zeitraum im Unternehmen verbleiben. Die Wahlrechte sind für jedes Jahr neu einheitlich anzuwenden. Wird keines dieser beiden Wahlrechte in Anspruch genommen, sind die Wirtschaftsgüter planmäßig über ihre Nutzungsdauer abzuschreiben.

Handelsrechtliche Behandlung

Die Vermögensgegenstände mit Anschaffungskosten zwischen 150 und 1.000 EUR netto müssen handelsrechtlich grds. über ihre wirtschaftliche Nutzungsdauer abgeschrieben werden. Die Bildung eines (steuerlichen) Sammelpostens ist handelsrechtlich grds. abzulehnen, da sie sowohl gegen den Einzelbewertungsgrundsatz gem. § 252 Abs. 1 Nr. 3 HGB als auch gegen das Imparitätsprinzip gem. § 252 Abs. 1 Nr. 4 Halbsatz 1 HGB verstößt. Allerdings können aufgrund des Wesentlichkeitsgebots in den Fällen, in denen eine analoge Anwendung dieser steuerlichen Regelung von untergeordneter Bedeutung ist, diese Bewertungsprinzipien des HGB durchbrochen werden.

Bei Anschaffungskosten bis zu 410 EUR netto kann eine Vollabschreibung im Zugangsjahr grds. als GoB-konform angesehen werden. Diese Sofortabschreibung ist jedoch durch die Stärkung der Informationsfunktion des handelsrechtlichen Jahresabschlusses durch das BilMoG restriktiver als in der Vergangenheit anzuwenden.

1.2 Darstellung der beschaffungsrelevanten Geschäftsvorfälle des Fallbeispiels

Erwerb der Anlagegüter

Die *Nordstar GmbH* erwirbt von der *Anlagen AG* die für den Betrieb ihres Geschäftsbetriebs notwendigen Anlagegüter. Für den Kauf der Investitionsgüter werden die in Abbildung 34 enthaltenen Stammdaten für das einzelne Anlagegut

---

[301] Vgl. zu den unterschiedlichen Wertansätzen in der Steuer- und Handelsbilanz ausführlich Kapitel C.

zugrunde gelegt. In der Fallstudie werden alle Vermögensgegenstände des Anlagevermögens linear über ihre wirtschaftliche Nutzungsdauer (NZD) abgeschrieben. Die Höhe der Jahresabschreibungen und die Zuordnung der Anlagen zu den Kostenstellen sind ebenso Abbildung 34 zu entnehmen. Steuerlich sind die Vorgaben der Finanzverwaltung hinsichtlich der Abschreibungsbestimmung zu beachten; insofern muss die für handelsbilanzielle Zwecke gewählte Abschreibungsmethode nicht zwingend mit der steuerlichen Abschreibung übereinstimmen. Daraus können für den Vermögens- und Ertragsausweis Unterschiede zwischen Handels- und Steuerbilanz entstehen.

Anschaffungsnebenkosten

Der Aufbau des Lagersystems macht die Errichtung eines Betonsockels notwendig. Dieser wird von der *Werkstoffe Maier GmbH* gegossen und kostet die *Nordstar GmbH* 50.000 EUR (zzgl. Vorsteuer: 9.500 EUR); es handelt sich bei den Kosten zur Errichtung des Sockels um Anschaffungsnebenkosten des Lagersystems. Die Anlagengüter werden Mitte Januar von der *Nordstar GmbH* gezahlt. Auf die Beschaffung der Anlagen entfällt Vorsteuer i.H.v. 760.000 EUR.[302]

Lieferung am	Anlagengut	AK (EUR)	NZD (Jahre)	Abschreibung (EUR)	Kostenstelle
01.01.2009	Grundstück	2.000.000	--	--	Betriebsstätte
01.01.2009	Lagerhalle	1.000.000	15	66.666,66	Betriebsstätte
01.01.2009	Lagersystem*	2.050.000	5	410.000,00	Betriebsstätte
01.01.2009	Verwaltungsgebäude	750.000	10	75.000,00	Zentrale Verwaltung
01.01.2009	Spritzgussanlage	100.000	10	10.000,00	Spritzguss
01.01.2009	Laserschneidsystem	75.000	10	7.500,00	Lederzuschnitt
01.01.2009	Nähmaschine	10.000	10	1.000,00	Schuhfertigung
01.01.2009	Messinstrumente (2 Stk.)	2.000	5	400,00	Qualitätssicherung
01.01.2009	Computer (15 Stk.)	13.000	3	4.333,33	Zentrale Verwaltung
Summe:		6.000.000		574.900,00	

Abbildung 34: Grunddaten der Anlagen

Erwerb der Handelsware

Neben dem Kauf der Anlagengüter zum 01.01.2009 bezieht die *Nordstar GmbH* die von ihrem Geschäftsfeld *Handelsware* vertriebenen Schuhe *Easy Walk* und *Professional Walk* von einem Lieferanten. Grundlage der Geschäftsbeziehung zu dem in China ansässigen Unternehmen (*Ningbo Shoe Production Ltd.*) ist ein bestehender Rahmenvertrag, der zu Beginn des Jahres zwischen den beiden Parteien abgeschlossen wurde.[303] Die Eckdaten des Vertrags wie Liefermenge, Lieferzeitpunkt und Preis pro Schuh (in US-Dollar) können nachstehender Abbildung ent-

---

[302] Der Erwerb eines (inländischen) Grundstücks ist umsatzsteuerbefreit, unterliegt aber der Grunderwerbsteuer. Im vorliegenden Beispielsachverhalt wurde dies aus Vereinfachungsgründen nicht berücksichtigt.
* In den Anschaffungskosten des Lagersystems sind die Kosten des Betonsockels enthalten.
[303] In Business ByDesign können die Kontrakte mit Geschäftspartnern in einem gesonderten Work Center *Ausschreibungen und Kontrakte* verwaltet werden; vgl. zu der Thematik des Geschäftspartnerkonzepts Kapitel A3.2.

nommen werden. Des Weiteren sind die zum jeweiligen Lieferzeitpunkt gültigen Fremdwährungskurse (FW-Kurs) in Abbildung 35 angegeben.

Die Handelsware wird zu verschiedenen Zeitpunkten bestellt und geliefert. Für jede gelieferte Tranche fallen Frachtkosten i.H.v. 750 USD an. Die Bestandsbewertung der beiden Produkte *Easy Walk* und *Professional Walk* basiert auf dem Verfahren des gleitenden Durchschnittspreises.[304] Mit dem Lieferanten sind unterschiedliche Zahlungsziele vereinbart worden. Die Zeitpunkte und die entsprechenden Fremdwährungskurse sind den letzten beiden Spalten der Abbildung 35 zu entnehmen.

Produkt	Bestellung am	Menge (Paare)	AK (USD)	Fracht (USD)	Lieferung am	FW-Kurs (USD/EUR)	Bezahlung am	FW-Kurs (EUR/USD)
Easy Walk	10.01.2009	4.000	90	750	10.03.2009	1,50	10.04.2009	1,55
	10.02.2009	4.000	90	750	05.04.2009	1,60	05.05.2009	1,50
	10.04.2009	4.000	90	750	30.06.2009	1,40	09.07.2009	1,45
Professional Walk	31.01.2009	5.000	180	750	31.03.2009	1,50	30.04.2009	1,55

Abbildung 35: Grunddaten für die Beschaffung der Handelsware

Einfuhrumsatzsteuer

Da die Handelsware aus China importiert wird, unterliegt der Erwerb der Schuhe der Einfuhrumsatzsteuer (EUSt). Diese wird vom Zollamt erhoben und in einer Höhe von insgesamt 251.587,99 EUR der *Nordstar GmbH* in Rechnung gestellt. Die Höhe der Einfuhrumsatzsteuer wird durch Anwendung des Steuersatzes (19 %) auf die Bemessungsgrundlage (= Zollwert[305]) ermittelt und mit dem zum Lieferzeitpunkt gültigen Fremdwährungskurs in Euro umgerechnet. Im Einzelnen entfallen auf den jeweiligen Beschaffungsvorgang folgende Beträge:

Produkt	Lieferung vom	Zollwert (USD)	FW-Kurs (USD/EUR)	Bemessungsgrundlage (EUR)	EUSt (EUR)
Easy Walk	10.03.2009	360.750	1,50	240.500,00	45.695,00
	05.04.2009	360.750	1,60	225.468,75	42.839,06
	30.06.2009	360.750	1,40	257.678,57	48.958,93
Professional Walk	31.03.2009	900.750	1,50	600.500,00	114.095,00
Summe:		1.983.000		1.324.147,32	251.587,99

Abbildung 36: Ermittlung der Einfuhrumsatzsteuer

---

[304] Das Bewertungsverfahren ist in den Stammdaten des Produkts zu vergeben. Es besteht die Auswahl zwischen dem Verfahren des gleitenden Durchschnittspreises und des Standardkostensatzes. Die Bewertungsmethode wird in den Stammdaten des Materials in der Registerkarte *Bewertung* eingestellt. Vgl. auch Kapitel D4.

[305] Es wird hier vereinfachend unterstellt, dass der Zollwert dem Rechnungsbetrag entspricht (= Anschaffungspreis zzgl. Frachtkosten). Von der Berücksichtigung etwaiger Zollbeträge wird abgesehen. Der umgerechnete Zollwert stellt die Bemessungsgrundlage für die Einfuhrumsatzsteuer dar. Der Umrechnungskurs wird in der Regel vom Zollamt für einen Monat festgelegt; hier wird vereinfachend der betreffende Kurs des Lieferdatums verwendet.

1.3 Abbildung der Beschaffungsprozesse in Business ByDesign

Überblick

Der Beschaffungsprozess setzt sich in Business ByDesign aus den Teilprozessen Bestellung, Warenlieferung, Lieferantenrechnung und anschließendem Zahlungsausgang zusammen. Beschafft werden Bestandsmaterial (z.B. Handelsware, Rohmaterial), Verbrauchsmaterial, Dienstleistungen oder Anlagen. Die Beschaffung der verschiedenen Güter unterscheidet sich fast ausschließlich im Teilprozess Warenlieferung. Hier geschieht der Zugang von Bestandsmaterial per Wareneingang ins Lager, während der Zugang von Verbrauchsmaterial, Dienstleistungen oder Anlagen nur quittiert wird.

In den folgenden Abschnitten werden die einzelnen Teilprozesse sowohl der Beschaffung der Handelsware als auch der Beschaffung von Anlagen[306] nebst ihren Auswirkungen auf die Rechnungslegung näher dargestellt. Im Anschluss daran wird weiter aufgezeigt, wie die Bezahlung der entstandenen Verbindlichkeiten aus der Beschaffung der Handelsware systemseitig erfolgt.

1.3.1 Beschaffungsprozess der Handelsware

Teilprozesse

Der Beschaffungsprozess ist durch vier wesentliche Teilprozesse gekennzeichnet. Angestoßen wird die Beschaffung durch eine Bestellung von Produkten, also von Materialen oder Dienstleistungen. In einem nachgelagerten Schritt erfolgt die Lieferungs- bzw. Leistungserfüllung durch den Lieferanten, der abschließend dem Besteller eine Lieferantenrechnung zukommen lässt. Schließlich wird der in Rechnung gestellte Betrag in einem letzten Schritt durch Bezahlung an den Lieferanten beglichen.

Flexibilität in der systemseitigen Abbildung

Der in Abbildung 37 dargestellte Prozess muss nicht in dieser Abfolge ablaufen. Die Lieferung der Ware kann der Rechnungserstellung auch nachgelagert sein. Die systemseitige Verbuchung des Sachverhalts erfolgt in Business ByDesign automatisch auf der Grundlage der Informationen der zugrunde liegenden Teilprozessen wie Warenlieferung oder Lieferantenrechnung; die zeitliche Reihenfolge dieser Teilprozesse spielt für die Buchung indes keine Rolle. Es ist daher nicht notwendig auf den Wareneingang zu warten, um eine Lieferantenrechnung erfassen zu können.[307]

---

[306] Vgl. Kapitel E1.3.2. Die Anlagenbeschaffung im Beispielsachverhalt erfolgt – zeitlich gesehen – vor der Beschaffung der Handelsware. Aus didaktischen Gründen wird jedoch zunächst der Beschaffungsvorgang der Handelsware beschrieben, da zuerst der Regelfall des Beschaffungsprozesses erläutert werden soll. Anschließend wird auf die Besonderheiten des Anlagenkaufs eingegangen.

[307] Diese Unabhängigkeit wird auch an der Buchungslogik der beiden Prozesse deutlich; vgl. hierzu Kapitel E1.3.1.1.2 und E1.3.1.1.3.

E. Darstellung der Geschäftsprozesse und Ableitung der rechnungswesenrelevanten Daten

| Bestellung | Warenlieferung | Lieferanten-rechnung | Zahlungs-ausgang |

| Bestellanforderungen und Bestellungen | Wareneingang | Rechnungsprüfung | Zahlungsverwaltung |
| | Wareneingang und Leistungserbringung | | Cash- und Liquiditäts-management |

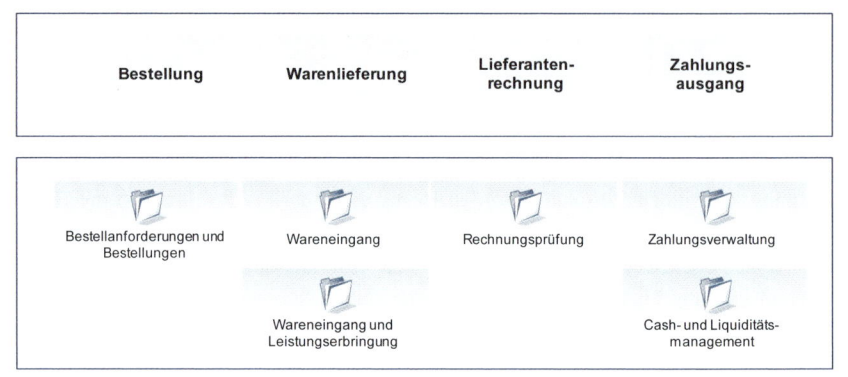

Abbildung 37: Beschaffungsprozess und zugehörige Work Center

Prozessorientierung

Dem realen Beschaffungsprozess mit seinen Teilprozessen werden in Abbildung 37 die in Business ByDesign vorhandenen zentralen Work Center zugeordnet. Die Benutzeroberfläche in Business ByDesign mit seinen Work Centern ist auf die ergonomische Erfassung der in den Teilprozessen ablaufenden Geschäftsvorfälle ausgelegt.

In den nachfolgenden Gliederungspunkten werden die wesentlichen Geschäftsvorfälle dieses Prozesses und deren Buchungen beschrieben. Exemplarisch wird der Prozess für einen Beschaffungsvorgang – die Beschaffung der ersten Tranche des Produkts *Easy Walk* zum 10.01.2009 – veranschaulicht. Die weiteren im Beispielsachverhalt existierenden Beschaffungsvorgänge werden analog im System abgebildet und deshalb nicht gesondert beschrieben.

1.3.1.1 Beschaffung der Handelsware
1.3.1.1.1 Bestellung als Ausgangspunkt des Beschaffungsvorgangs

Bestellung als Ausgangspunkt

Die Auslösung einer Bestellung ist als Ausgangspunkt des Beschaffungsvorgangs der Handelsware zu verstehen. Im Work Center *Bestellanforderungen und Bestellungen* können Sie eine neue Bestellung erstellen.[308] Eine Bestellung löst im System noch keinen buchhalterisch relevanten Sachverhalt aus; es liegt ein schwebendes Geschäft vor.[309] Dennoch ist die Erfassung einer Bestellung bedeutsam für die weitere Systemverarbeitung, denn die Bestellung dient mit ihrer individuellen Ursprungsbelegnummer als Basisinformation für die sich anschließende Warenlieferung und Lieferantenrechnung. Die Bestellung ermöglicht eine weitestgehend automatische Verarbeitung der folgenden Geschäftsvorfälle. Durch die Referenzierung und die dadurch einhergehende logische Verknüpfung der einzelnen Geschäftsvorfälle ist es dem System möglich, die Ursprungsbelege (Bestellung, Warenlieferung und Lieferantenrechnung) miteinander zu verbinden und an späterer Stelle (auf eventuell bestehende Abweichungen) abzugleichen.[310]

---

[308] Business ByDesign differenziert zwischen der Beschaffung von Materialien und Services. Die Bestellung von Services wird gesondert in Kapitel E4 aufgezeigt.
[309] Vgl. dazu die Ausführungen in Kapitel E1.1.2.
[310] Diese Verknüpfung ist für den WE/RE-Lauf von Bedeutung (vgl. Kapitel E1.3.1.3).

Bei der Abbildung der Bestellung im System wird der Anwender dahin gehend unterstützt, dass auf bereits bestehende Stammdaten im System zurückgegriffen werden kann. Durch Auswahl bzw. Eingabe des zu bestellenden Materials im Bestellauftrag (hier: *E_Walk*) werden automatisch die in einem Stammdatensatz hinterlegten Informationen, wie z.B. Preis pro Stück, in die Eingabemaske übertragen. Die Stammdaten von Materialien werden im Work Center *Produktportfolio* (oder: *Produktdaten*) unter der Sicht *Produkte* gepflegt. Beim Anlegen eines Materials im Work Center *Produktportfolio* wird die Kontenfindungsgruppe festgelegt. Des Weiteren ist sicherzustellen, dass der Lieferant als Geschäftspartner im System angelegt ist.[311] Das Anlegen eines Lieferanten erfolgt im Work Center *Lieferantenbasis*. Bei der Anlage machen Sie allgemeine Angaben wie die Adresse des Geschäftspartners oder den zuständigen Ansprechpartner. Für die buchhalterische Weiterverarbeitung sind indes Angaben wie die Auswahl der Zahlungsweise des Lieferanten (z.B. Überweisung oder Scheck) oder die Einordnung des Geschäftspartners als verbundenes bzw. nicht verbundenes Unternehmen wichtig, denn in Abhängigkeit von der Verbundbeziehung zu dem Geschäftspartner und der damit korrespondierenden Kontenfindungsgruppe erfolgt z.B. der Ausweis von Forderungen oder Verbindlichkeiten.

Übernahme von Informationen aus Stammdaten

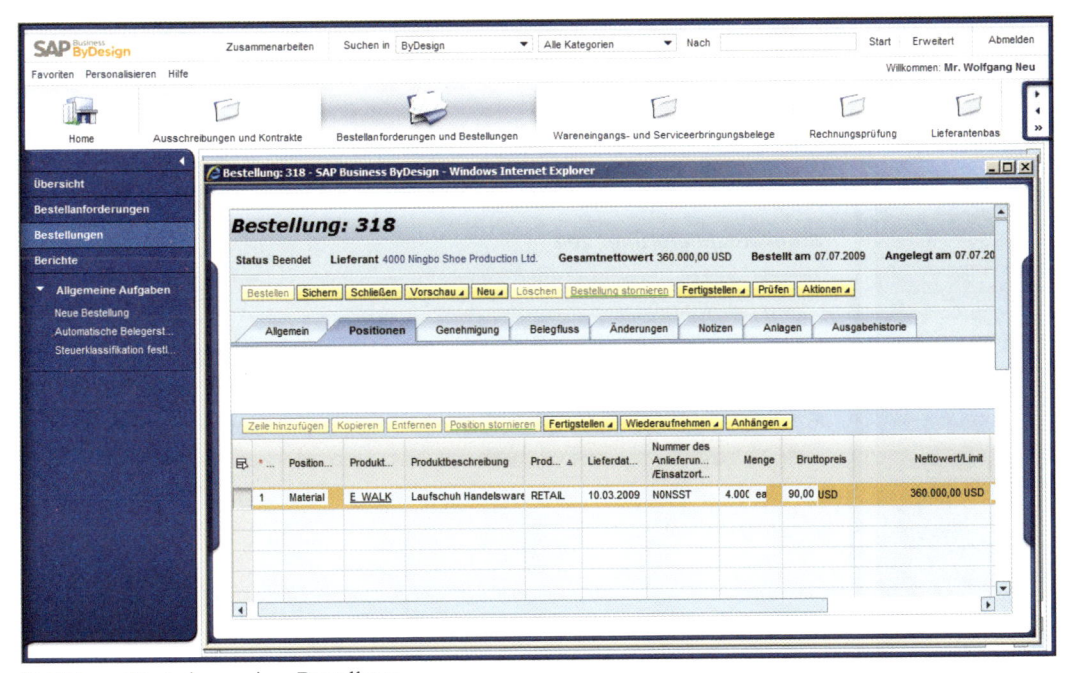

Abbildung 38: Anlegen einer Bestellung

In Abbildung 38 sehen Sie die Erfassung der Bestellung für die erste Tranche an *Easy Walk*-Schuhen. In der ersten Tranche wird eine Menge von 4.000 Schuhen zu einem Gesamtpreis von 360.000 USD bestellt. Als Lieferdatum wurde der 10.03.2009 festgesetzt. Im Bestellvorgang wird bereits festgelegt, an welchen

Beispielsachverhalt

---

[311] Vgl. zum Konzept des Geschäftspartners Kapitel A3.2.

Lagerort die Bestellung angeliefert werden soll; in unserem Beispielsachverhalt ist das Lager für die Handelsware relevant (Lagerort *NONSST*).

1.3.1.1.2 Wareneingang der bestellten Handelsware

Erfassung des Lieferscheins

Wird die bestellte Ware am Lagerort angeliefert, können Sie systemseitig den Lieferschein erfassen und einen Wareneingangsschein erstellen. Im Work Center *Wareneingang* (Sicht *Bestellungen*) werden hierzu die noch nicht gelieferten bzw. teilgelieferten Bestellungen angezeigt.[312] Wählen Sie aus dieser Gesamtheit die Bestellung aus, deren Lieferschein Sie nun anlegen möchten. Der Lieferschein erhält somit einen logischen Bezug zur Bestellposition und die relevanten produktbezogenen Daten werden automatisch in den Beleg übernommen. Innerhalb des Lieferscheins wird der Ursprungsbeleg der Bestellposition aufgeführt. Über den bestehenden Verweis auf diesen Ursprungsbeleg können Sie im Lieferschein Details der Bestellung bei Bedarf aufrufen. Der einfache Zugriff auf die dem Prozess zugrunde liegenden Dokumente ermöglicht dem Anwender eine schnelle Nachvollziehbarkeit des vorliegenden Geschäftsvorfalls. Sollte der Lieferschein nicht Ihrer Erwartung entsprechen (z.B. falsche Menge), können Sie bei dessen Erfassung direkt Änderungen vornehmen.

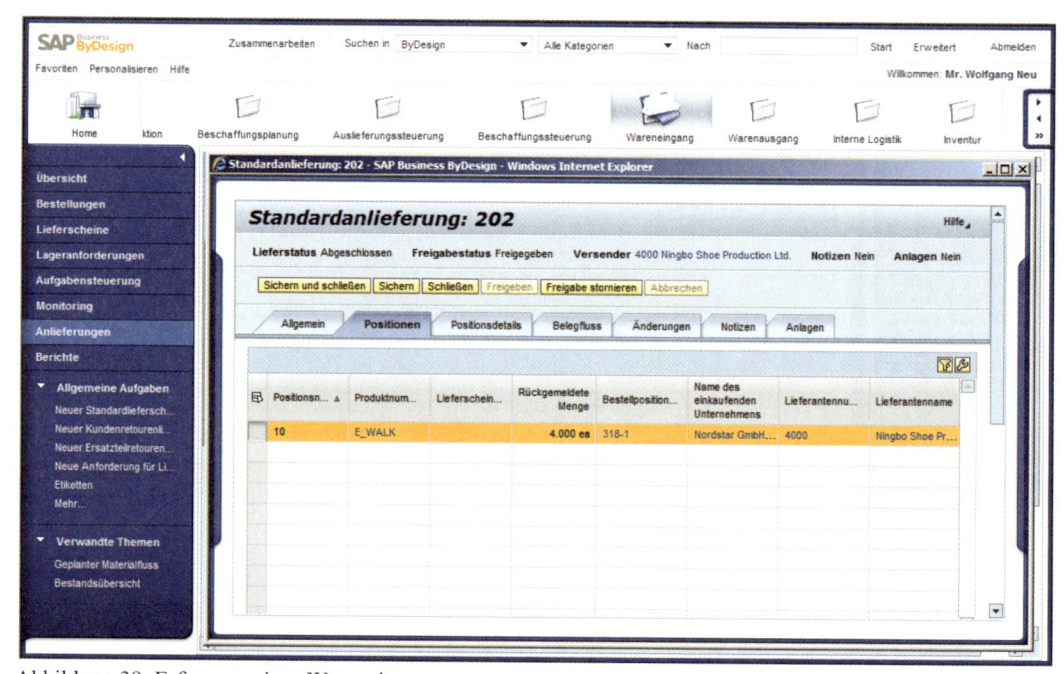

Abbildung 39: Erfassung eines Wareneingangs

Bestätigung des Wareneingangs

Sie können aus dem angelegten Lieferschein heraus (Sicht *Lieferscheine*) direkt den Wareneingang buchen. Bevor ein Wareneingang gebucht wird, erfolgt

---
[312] Die Erfassung des Wareneingangs bei Verbrauchsmaterial (keine Bestandsführung) ist im Work Center *Wareneingang und Leistungserbringung* vorzunehmen.

typischerweise bei der Anlieferung der bestellten Ware eine Wareneingangskontrolle. Hierbei wird überprüft, ob die Lieferung sowohl quantitativ als auch qualitativ der bestellten Ware entspricht. Sollten mengenmäßige Abweichungen zwischen der Bestellung und dem registrierten Lagereingang bestehen, so können Sie diese auf dem Wareneingangsbeleg durch Angabe der tatsächlich gelieferten Menge festhalten;[313] ansonsten kann eine Freigabe unmittelbar erteilt werden.

Abgesetzte Buchungen aus dem Wareneingang

Bei einer Lieferung wird der Lieferschein erfasst und danach der Wareneingang quittiert (vgl. Abbildung 39). Erst der Wareneingang führt zu der in Abbildung 40 dargestellten Buchung. Durch die hinterlegte Kontenfindung im Stammdatensatz des bestellten Produkts wird das Konto *Fertige Erzeugnisse und Waren* i.H.v. 240.000 EUR im Soll angesprochen. Dieses Konto wurde über die in den Stammdaten des Produkts *Easy Walk* zugewiesene Kontenfindungsgruppe *Fertigerzeugnisse* festgelegt.[314] Die Gegenbuchung erfolgt automatisiert zunächst auf dem Passivkonto *Noch nicht fakturierte Verbindlichkeiten*.[315] Für die Bestimmung des Zugangswerts wird der Bestellwert in Fremdwährung (4.000 ME * 90 USD/ME = 360.000 USD) zum Zeitpunkt der Lieferung mit dem zu diesem Stichtag gültigen Fremdwährungskurs (1,50 USD/EUR) umgerechnet.[316]

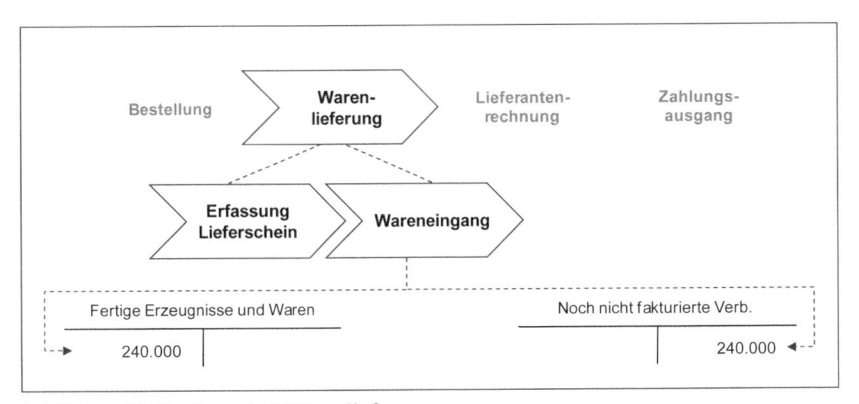

Abbildung 40: Buchung bei Warenlieferung

Berücksichtigung von Fremdwährungsgeschäften

Business ByDesign unterstützt Sie bei der Verarbeitung von Fremdwährungsgeschäften, indem bei der Erfassung des Wareneingangs auf die im Work Center *Hauptbuch* (Sicht *Allgemeine Aufgaben*) festgelegten Währungskursrelationen

---

[313] Im vorliegenden Fall wurde auf eine Abweichung zwischen bestellter Menge und gelieferter Menge verzichtet.
[314] Beim Anlegen des Materials muss die Kontenfindungsgruppe in der Registerkarte *Bewertung* vergeben werden.
[315] Die Verbindlichkeit gegenüber dem chinesischen Lieferanten enthält keine Einfuhrumsatzsteuer; diese wird dem zuständigen Zollamt geschuldet.
[316] Bei Anwendung des Bewertungsverfahrens *Standard* würde der im Materialstammsatz hinterlegte Wert für die Ermittlung des Bestandspreises verwendet. Dieser gültige Wertansatz wird nicht durch Warenbewegungen, sondern nur bei manueller Anpassung verändert. Zwischen dem Standardpreis und dem Bestellpreis bestehende Differenzen führen zu einer erfolgswirksamen Erfassung; vgl. Kapitel E2.3.2.

zurückgegriffen wird.[317] Neben der Bestimmung der Höhe der Verbindlichkeit bei Wareneingang dienen die Fremdwährungskurse z.B. auch als Grundlage für den Niederstwert- bzw. Höchstwerttest von Forderungen und Verbindlichkeiten zum Bilanzstichtag.[318]

HIGHLIGHT

> In Business ByDesign kann je Rechnungslegungswerk ein Währungsumrechnungsprofil hinterlegt werden, welches pro Geschäftsvorfall den Umrechnungskurs und das Umrechnungsdatum definiert.

Verrechnungskonto

Aus dem Buchungssatz wird deutlich, dass der physische Zugang der bestellten Ware als Vermögensmehrung auf der Aktivseite der Bilanz seinen Niederschlag findet. Wie vorstehend erläutert, ist ferner zu erkennen, dass die Warenlieferung per se nicht eine Erfassung als Verbindlichkeit (*Verbindlichkeiten aus Lieferungen und Leistungen*) oder Kassen-/Bankzahlung auslöst. Stattdessen erfolgt zunächst eine Erfassung auf dem Verrechnungskonto *Noch nicht fakturierte Verbindlichkeiten*.[319] Die Verwendung von Verrechnungskonten ermöglicht einen Überblick über noch in Transfer befindlichen Warenlieferungen und Rechnungseingängen.

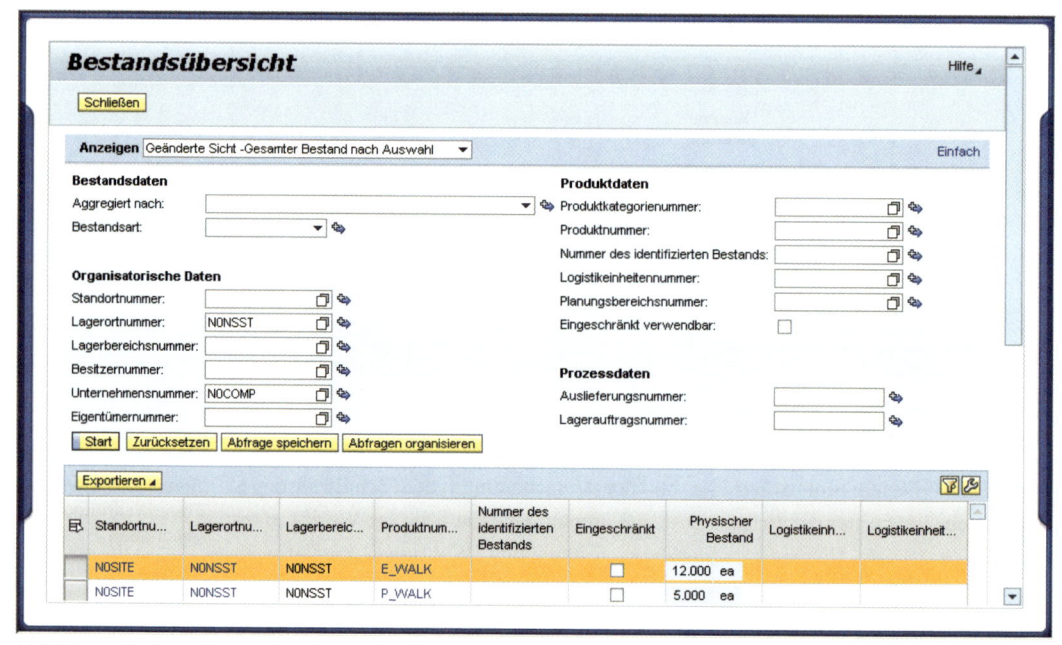

Abbildung 41: Lagerbestand nach Anschaffung der Handelsware

Mengenmäßige Bestandsführung

Im Work Center *Wareneingang* kann der Bestand von im Lager eingegangener und/oder bereits lagerhaltiger Waren analysiert werden. Über produktbezogene bzw. lagerortsspezifische Abfragen sind Sie in der Lage, sich immer einen

---

[317] Das System kann eine Unterscheidung zwischen Geld-, Brief- und Mittelkurs treffen.
[318] Vgl. zu diesem Themenkreis auch Kapitel E5.3.3.2.
[319] Vgl. zur Bedeutung des Verrechnungskontos im Rahmen des WE/RE-Laufs Kapitel E1.3.1.3.2.

aktuellen Überblick über ihren Lagerbestand zu verschaffen. Abbildung 41 ist zu entnehmen, dass die von der *Nordstar GmbH* vertriebenen Schuhe *Easy Walk* mit 12.000 Stück und *Professional Walk* mit 5.000 Stück in dem Lager *N0NSST* geführt werden.[320] In den Lagerorten findet nur eine mengenmäßige Bestandsführung statt. Für die verschiedenen Rechnungslegungswerke gibt es eine wertmäßige Bestandsführung. Damit besteht grds. die Möglichkeit, mehrere Bewertungssichten an die mengenmäßige Erfassung des Lagerbestands anzuhängen (z.B. unterschiedliche Bewertungsmethoden nach HGB und Steuerbilanz oder IFRS).

> Die rein mengenmäßige Bestandsführung auf Lagerorten ermöglicht eine unabhängige Bewertung in parallel geführten Rechnungslegungswerken.

HIGHLIGHT

Die Bestandsbewertung der eingekauften Produkte erfolgt in Abhängigkeit von der Wahl der Bewertungsmethode. In Business ByDesign können Sie den gleitenden Durchschnittspreis oder den Standardkostensatz[321] wählen. Wir wählen den gleitenden Durchschnittspreis als Bewertungsmethode. Bei Wahl dieses Verfahrens (vgl. Abbildung 42) wird der Preis pro Schuhpaar mit jeder gelieferten Tranche neu ermittelt. Der Bezugspreis pro Schuh in Fremdwährung (90 USD/Paar) bleibt im Geschäftsjahr 2009 zwar konstant[322], jedoch stellt die im Fallbeispiel gewählte Entwicklung des Fremdwährungskurses die Ursache für das Schwanken des gleitenden Durchschnittspreises im Zeitablauf dar.

Bewertungsverfahren gleitender Durchschnittspreis

Die Entwicklung des gleitenden Durchschnittspreises kann in den Stammdaten des Materials unter der Registerkarte *Bewertung* nachvollzogen werden. Business ByDesign gibt über Zeitintervalle die zeitraumbezogene Gültigkeit des gleitenden Durchschnittspreises an. Die angeführten Intervalle umfassen eine Buchungsperiode (ein Monat). Innerhalb dieser Ansicht ist stets nur der aktuell gültige Preis ausgewiesen. Darüber hinaus haben Sie die Möglichkeit, sich eine detaillierte Preishistorie des gleitenden Durchschnittspreises derselben Buchungsperiode – z.B. aufgrund mehrerer Lieferungen innerhalb eines Monats – anzeigen zu lassen.

Produkt	Lieferung vom	Verbindlichkeit (in EUR)	Bezahlung am	FW-Kurs (USD/EUR)	Zahlungsbetrag (in EUR)	Ergebnis aus Währungsumrechnung
Easy Walk	10.03.2009	240.500,00	10.04.2009	1,55	232.741,94	7.758,06
	05.04.2009	225.468,75	05.05.2009	1,50	240.500,00	-15.031,25
	30.06.2009	257.678,57	09.07.2009	1,45	248.793,10	8.885,47
Professional Walk	31.03.2009	600.500,00	30.04.2009	1,55	581.129,03	19.370,97
Summe:		1.324.147,32			1.303.164,07	20.983,25

Abbildung 42: Ermittlung des gleitenden Durchschnittspreises nach Wareneingang[323]

---

[320] Diese Mengenangaben beziehen sich auf die insgesamt eingekaufte Handelsware des Geschäftsjahrs 2009.
[321] Die Bewertungsmethode wird in den Stammdaten des Materials in der Registerkarte *Bewertung* bestimmt. Vgl. zur Bestandsbewertung im Rahmen der Abschlussarbeiten Kapitel E5.3.3.3.
[322] Vgl. zu den Grunddaten Kapitel E1.2.
[323] In diesem Beispiel werden die Verkaufsvorgänge, die eigentlich zeitlich zwischen den Beschaffungsvorgängen liegen, nicht berücksichtigt. Vgl. hierzu Kapitel E3.3.

	E. Darstellung der Geschäftsprozesse und Ableitung der rechnungswesenrelevanten Daten
Entwicklung des gleitenden Durchschnittspreises	Mit Lieferung der ersten Tranche zum 10.03.2009 werden 4.000 ME zu einem Gesamtpreis von 240.000 EUR erfasst. Pro Schuh ergibt sich daraus ein gleitender Durchschnittspreis i.H.v. 60,00 EUR. Dieser Bestandspreis ändert sich jedoch durch Zugang der zweiten Tranche am 05.04.2009. Der Bestandswert beläuft sich zu diesem Stichtag auf 465.000 EUR (= 60 EUR/ME * 4.000 ME (Altbestand) + 56,25 EUR/ME[324] * 4.000 ME (neu erworbene Tranche)). Bei einer Bestandsmenge von 8.000 ME errechnet sich daraus ein gleitender Durchschnittspreis i.H.v. 58,125 EUR/ME. Demnach vermindert sich der gleitende Durchschnittspreis nach Zugang der zweiten Tranche, erhöht sich aber aufgrund eines gestiegenen Dollarkurses nach der Lieferung zum 30.06.2009 auf 60,178 EUR (analoge Ermittlung zu oben) pro Paar *Easy Walk*.

Es erfolgt somit eine permanente Anpassung des Bestandswerts, der durch die Zugänge des Lagerbestands verursacht ist. Abgänge des Lagerbestands wirken sich dagegen nicht auf den gleitenden Durchschnittspreis aus, sondern werden mit dem zu diesem Zeitpunkt gültigen Durchschnittspreis als Herstellungskosten des Umsatzes (bei Anwendung des Umsatzkostenverfahrens) bzw. Wareneinsatz (bei Anwendung des Gesamtkostenverfahrens) in der GuV erfasst.

1.3.1.1.3 Erfassung der Lieferantenrechnung

Bestellung als Grundlage

Grundlage der Erfassung der Lieferantenrechnung ist die ausgelöste Bestellung. Dem Anwender von Business ByDesign wird die Arbeit erleichtert, indem in allen folgenden Geschäftsvorfällen auf die Daten der Bestellung zurückgegriffen wird. Im Work Center *Rechnungsprüfung* können Sie aus den Informationen der bestehenden Bestellung die Erfassung der Lieferantenrechnung vornehmen. Wählen Sie hierzu in der Sicht *Rechnungserfassung* mithilfe des Anzeigefilters *Alle zu berechnenden Bestellungen* die zugrunde liegende Bestellung aus. Über die Funktion in der Menüleiste *Neue Rechnung* wird die Eingangsrechnung erfasst.

Zahlungsvereinbarungen

Sollten bestimmte Zahlungsvereinbarungen (Skonti) mit dem Lieferanten vorliegen, können Sie die in dem Vertrag festgesetzten Zahlungsmodalitäten in der Lieferantenrechnung ggf. noch ändern.[325] Das System bietet eine Auswahl unterschiedlicher Bedingungen für das Zahlungsziel bzw. die Höhe des Skontos an.[326] Die Zahlungsvereinbarungen werden zur Optimierung von Zahlungsausgängen verwendet.[327] Des Weiteren ist in der Lieferantenrechnung sowohl das Eingangsdatum als auch das Buchungsdatum zu vergeben (vgl. Abbildung 43).

---

[324] 56,25 EUR/ME = 225.000 EUR/4.000 ME.
[325] Inwiefern diese Zahlungsvereinbarungen auch wirklich in Anspruch genommen werden, stellt sich letztendlich erst bei der Zahlung der entstandenen Verbindlichkeit heraus.
[326] Im Fallbeispiel sind Anschaffungspreisminderungen nicht berücksichtigt worden.
[327] Vgl. dazu Kapitel E1.3.1.2.2.

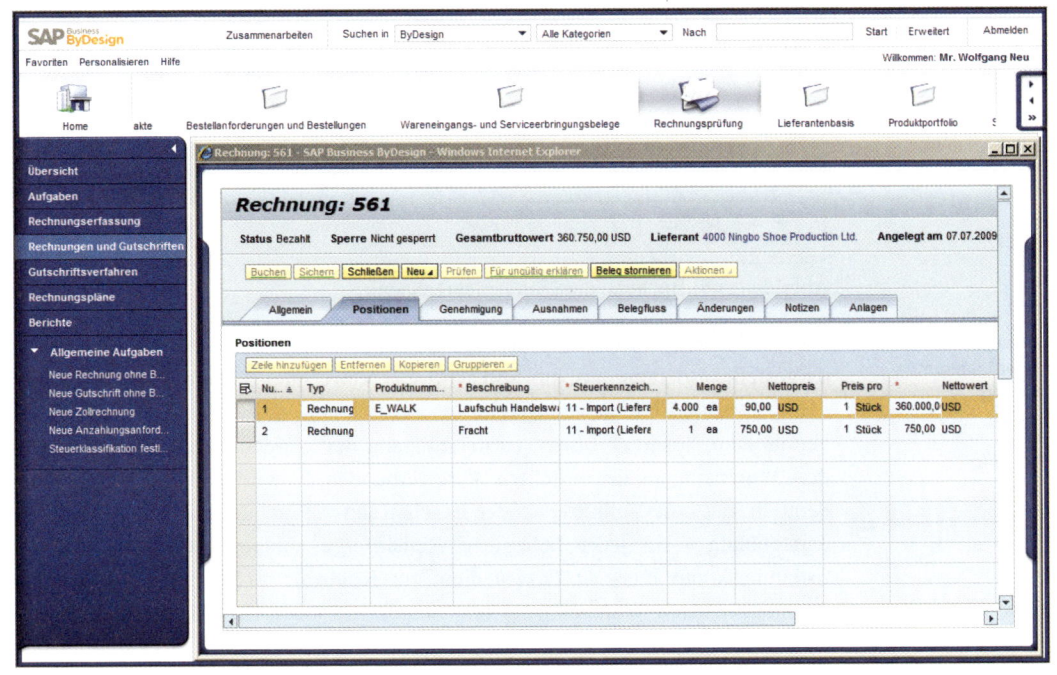

Abbildung 43: Erfassung einer Lieferantenrechnung

Wenn Sie die Rechnung über die Funktion *Neue Rechnung* aus einer bestehenden Bestellung aufgerufen haben, sind bereits die in der Bestellung aufgeführten Artikel – im konkreten Beispielfall die erste Rechnungszeile – enthalten.[328] Zusätzlich zu dem Anschaffungspreis der Handelswaren wurde der Transport der ersten Tranche an *Easy Walk*-Schuhen mit Frachtkosten i.H.v. 750 USD berechnet und in Rechnung gestellt. Bei der Erfassung der Eingangsrechnung können nun diese Informationen ergänzt werden.[329] Durch Eintragen einer zusätzlichen Rechnungszeile werden die Frachtkosten dem Rechnungsbetrag hinzuaddiert und insofern auch als Anschaffungskostenbestandteil der bezogenen Waren betrachtet. Da Vermögensgegenstände grds.[330] dem Einzelbewertungsgrundsatz unterliegen,[331] sind die Frachtkosten auf die bestellte Menge der Tranche (4.000 ME) zu verteilen. In Business ByDesign müssen Sie diese Verteilung durch ein Setzen der Checkbox *Kostenverteilung* in der Lieferantenrechnung für die Bestellposition „Frachtkosten" durchführen. Dieser zusätzliche Anschaffungskostenbestandteil hat demzufolge auch Auswirkungen auf den gleitenden Durchschnittspreis eines einzelnen Produkts.[332]

Anschaffungsnebenkosten

---

[328] Die Bestellung (vgl. Abbildung 38) enthielt nur eine Menge von 4.000 *Easy Walk*-Schuhen zu einem Bestellpreis von 360.000 USD.
[329] Vgl. zur Vorgehensweise bei Anlagengütern Kapitel E1.3.2.1.
[330] Bei gleichartigen Vermögensgegenständen des Vorratsvermögens darf nach § 240 HGB auch der Durchschnittspreis angesetzt werden.
[331] Vermögensgegenstände und Schulden sind gem. § 252 Abs. 1 Nr. 3 HGB einzeln zu bewerten.
[332] Vgl. zur Auswirkung der Erfassung der Frachtkosten auf den gleitenden Durchschnittspreis Kapitel E1.3.1.3.2.

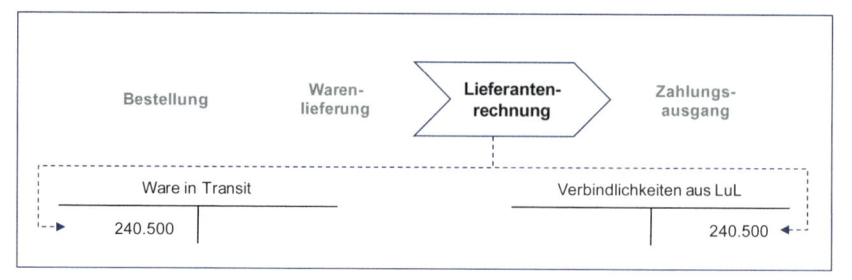

```
┌─────────────────────────────────────────────────────────────────────┐
│                        Waren-      Lieferanten-     Zahlungs-       │
│     Bestellung        lieferung     rechnung        ausgang         │
│                                                                     │
│  ┌──────────── Ware in Transit ────────┬──── Verbindlichkeiten aus LuL ────┐
│  └─▶ 240.500                           │                        240.500 ◀─┘
└─────────────────────────────────────────────────────────────────────┘
```

Abbildung 44: Buchung der Lieferantenrechnung

Abgesetzte Buchungen aus der Lieferantenrechnung

Die systemseitige Erfassung der Lieferantenrechnung löst die in Abbildung 44 dargestellte Buchung aus. Im Soll wird das Verrechnungskonto *Ware in Transit* i.H.v. 240.500 EUR gebucht. Wie die Bezeichnung dieses Verrechnungskontos bereits zum Ausdruck bringt, ist der Eingang der Lieferantenrechnung nicht mit dem Wareneingang der bestellten Ware verbunden. Es wird auch hier noch einmal deutlich, dass die Teilprozesse der Beschaffung – Warenlieferung und Lieferantenrechnung – in jeder beliebigen Reihenfolge ablaufen können. Das Verrechnungskonto *Ware in Transit* dient zur Kontrolle ausstehender Lieferantenrechnungen nach Wareneingang und umgekehrt sowie der Zuordnung von Abweichungen zwischen beiden Geschäftsvorfällen. Dieser Abgleich bestimmt final die Anschaffungskosten. Neben der Buchung auf dem Verrechnungskonto wird auf der Passivseite eine *Verbindlichkeit aus Lieferungen und Leistungen* i.H.v. 240.500 EUR eingebucht. Der Vergleich von Lieferantenrechnung und Wareneingangsbeleg zeigt, dass sich diese beiden Dokumente i.H.d. Frachtkosten um 500 EUR unterscheiden. Diese Differenz wird im Rahmen des WE/RE-Laufs genauer analysiert und entsprechend seiner Ursache auf ein zweckmäßiges Konto verbucht.

Erfassung der Zollrechnung

Die erworbene Handelsware wurde aus China importiert; in der Lieferantenrechnung wird folglich keine gesonderte Steuerposition ausgewiesen (vgl. Abbildung 43). In der Rechnung wird dem System dieses Merkmal über das Steuerkennzeichen *Import* automatisch mitgegeben und deshalb kein Steuerbetrag ermittelt. Da der beschriebene Beschaffungsvorgang der Einfuhrumsatzsteuer unterliegt, erhält das Unternehmen – analog zur Lieferantenrechnung – eine Rechnung zur Zahlung der Steuer vom Zollamt.[333] In Business ByDesign können Sie für diese Art der Zahlungsverpflichtung eine gesonderte Rechnung im Work Center *Rechnungsprüfung* mit der Funktion *Neue Zollrechnung* (Sicht *Allgemeine Aufgaben*) erfassen.

1.3.1.2 Bezahlung der angeschafften Handelsware

Unterteilung des Zahlungsprozesses

Nachdem die Beschaffung mit dem Wareneingang und der Erfassung der Lieferantenrechnung abgeschlossen ist, muss abschließend noch der Zahlungsausgang betrachtet werden. Unter diesen Teilprozess fallen die Geschäftsvorfälle

---

[333] Im Beispielsachverhalt wird explizit nur auf die Einfuhrumsatzsteuer abgestellt. Weitere Zollgebühren werden hier nicht betrachtet.

Zahlung der Verbindlichkeit durch Überweisung und Erfassung des abgegangenen Bankguthabens auf einem Kontoauszug. Bevor diese Geschäftsvorfälle näher dargestellt werden, soll zunächst kurz ein Überblick über die Verwaltung von Verbindlichkeiten in Business ByDesign gegeben werden.

1.3.1.2.1 Verwaltung der Lieferantenverbindlichkeiten

In Business ByDesign können Sie sich schnell einen Überblick über die offenen Verbindlichkeiten Ihrer Lieferanten verschaffen. Im Work Center *Verbindlichkeiten* unter der Sicht *Lieferanten* (Untersicht *Lieferantenkonten*) erhalten Sie eine lieferantenbezogene Auflistung der offenen Verbindlichkeiten (vgl. Abbildung 45).[334] Neben den ausstehenden Beträgen pro Lieferant befinden sich in dieser Übersicht zusätzlich auch Informationen zur Kontenfindungsgruppe.

Verbindlichkeiten im Lieferantenkontomonitor

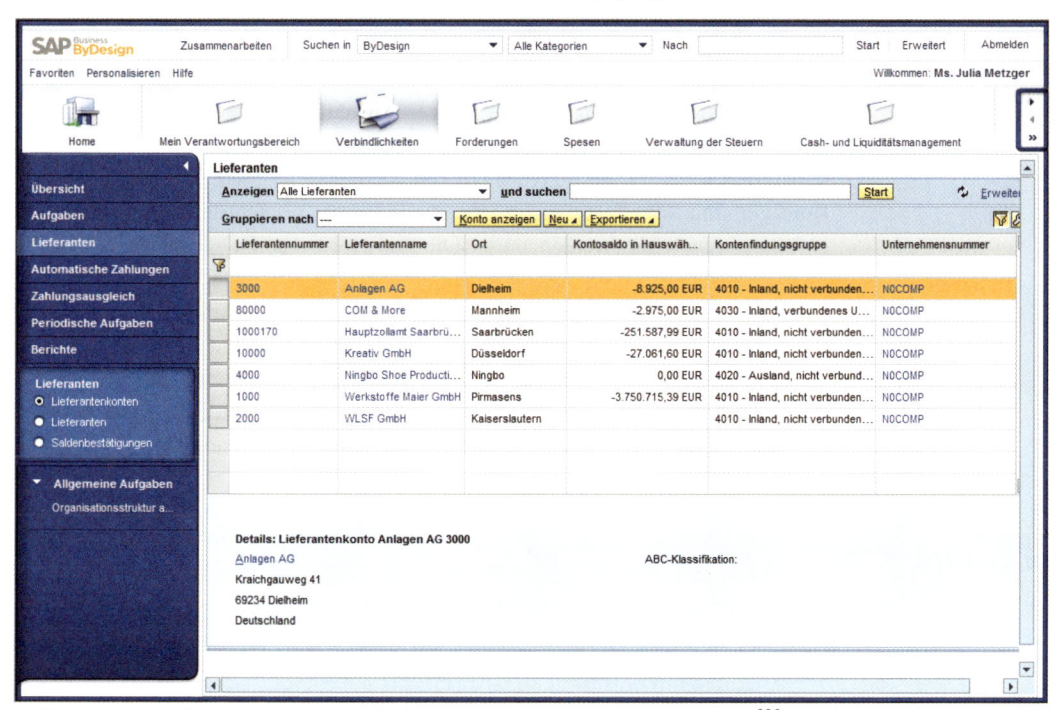

Abbildung 45: Lieferantenbezogene Darstellung der Verbindlichkeitspositionen[335]

Über eine solche Übersicht sind Sie ferner in der Lage, schnell einen Zugriff auf eine geschäftsvorfallsbezogene Zusammensetzung der Verbindlichkeiten pro Lieferant zu erhalten. Damit haben Sie direkten Zugriff auf Lieferantenrechnungen, -gutschriften und Ausgangszahlungen. In dem *Lieferantenkontomonitor* können neben den offenen Posten auch (teilweise) ausgeglichene sowie stornierte Posten angezeigt werden. Er gestattet Ihnen zudem, sowohl die Ursprungsbelege (wie

---

[334] Voraussetzung für die Entstehung einer Verbindlichkeit gegenüber einem Lieferanten ist das Erfassen der Lieferantenrechnung.
[335] Diese Abbildung wird beispielhaft angeführt; diese spiegelt nicht die bisher beschriebene Situation des Fallbeispiels wider.

z.B. die Lieferantenrechnung) der vorliegenden Transaktionen als auch die Buchungsbelege anzuschauen.

HIGHLIGHT

> Business ByDesign erlaubt Ihnen, im Work Center *Verbindlichkeiten* schnell einen Überblick über die Verbindlichkeitenstruktur Ihres Unternehmens zu gewinnen.

Analyse mithilfe von Berichten

Mit der Sicht *Berichte* bietet Ihnen Business ByDesign des Weiteren Analysemöglichkeiten Ihrer Verbindlichkeiten. Mithilfe von Berichten werden Ihnen z.B. Informationen zu bereits (über)fälligen Zahlungen zur Verfügung gestellt oder Sie bekommen einen Überblick von noch in der Zukunft liegenden Zahlungen.

1.3.1.2.2 Bezahlung durch Banküberweisung

Einrichtung von automatischen Zahlungsabläufen

Die Zahlung von Verbindlichkeiten läuft im Allgemeinen völlig automatisch ab. Sie können im Work Center *Verbindlichkeiten* (Sicht *Automatische Zahlungen*) Zahlungsläufe definieren, die alle fälligen Posten in Zahlungsvorschläge zusammenfassen und die Überweisung in eine Datei schreiben, die dann an die Bank transferiert werden kann. In Abhängigkeit von der Höhe einer Zahlung kann in der Konfiguration festgelegt werden, dass diese vor der Ausführung durch einen Vorgesetzten genehmigt werden muss. Die Aufgabensteuerung leitet die Genehmigungsaufgabe[336] automatisch an den zuständigen Mitarbeiter weiter und unterstützt Sie auf diese Weise bei der Organisation des Genehmigungsprozesses.[337] Ein Kontoauszug[338] quittiert zu einem späteren Zeitpunkt die Überweisung automatisch. Die Fälligkeit der Posten wird abhängig von Skontobedingungen über Zahlungsstrategien optimiert. Die Zahlungsvorschläge werden kontrolliert und ggf. korrigiert. Offene Posten können daraus entfernt, Zahlungs- oder Skontobeträge verändert werden.

Manueller Zahlungsprozess

Zahlungen können Sie auch jederzeit manuell ausführen. Im Folgenden werden wir Ihnen den grundlegenden Prozess des manuellen Zahlungsausgangs vorstellen. Für eine offene Verbindlichkeit können sie einen Zahlungsausgang, z.B. als Überweisung, vornehmen (vgl. Abbildung 46). Dabei wählen sie die Hausbank, von der diese erfolgen soll. Die Banküberweisung lösen Sie im Work Center *Verbindlichkeiten* aus, indem Sie in der Sicht *Lieferanten* die zu zahlende Verbindlichkeit im *Lieferantenkontomonitor* auswählen und sich das Konto anzeigen lassen. Über die Funktion *Manuell bezahlen per* und der anschließenden Auswahl *Ausgehende Überweisung* können Sie eine Banküberweisung öffnen. Im vorliegenden Fall soll ein Betrag i.H.v. 360.750 USD überwiesen werden.[339] Da die Überweisung aus dem *Lieferantenkontomonitor* initiiert wurde, erfolgt direkt eine Verknüpfung des Zahlungsausgangs mit der korrespondierenden Verbindlichkeit.

---

[336] Diese Aufgabe befindet sich dann bei dem Vorgesetzten im Work Center *Mein Verantwortungsbereich* unter der Sicht *Genehmigungen*.
[337] Vgl. zur Aufgabensteuerung Kapitel A5.
[338] Vgl. Kapitel E1.3.1.2.3.
[339] Um eine Zahlung in Fremdwährung leisten zu können, muss in den Stammdaten der Hausbank diese Möglichkeit der Zahlungsweise eingerichtet sein.

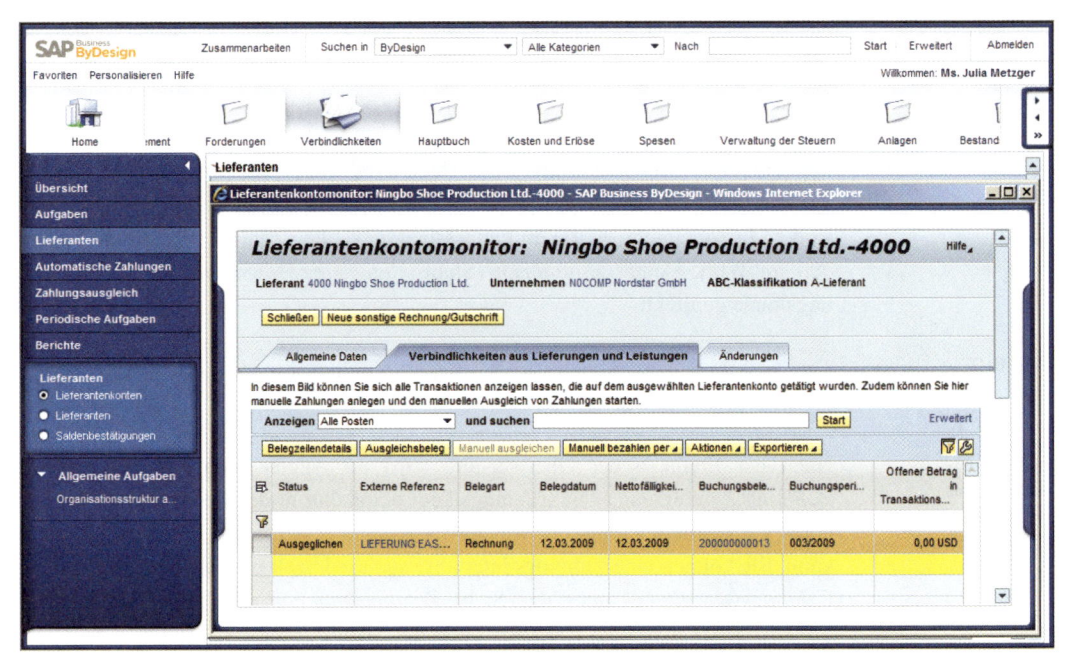

Abbildung 46: Offene Posten Liste der Verbindlichkeiten pro Lieferant

In der Banküberweisung (vgl. Abbildung 47) wird mit dem Feld *Zahlwegdetails* festgehalten, um welche Art von Zahlung es sich handelt. Neben diesem Feld ist das Datum der Bankausführung sowie das Belegdatum anzugeben. Zudem können Sie festlegen, wer die Bankgebühren der Transaktion übernehmen soll.

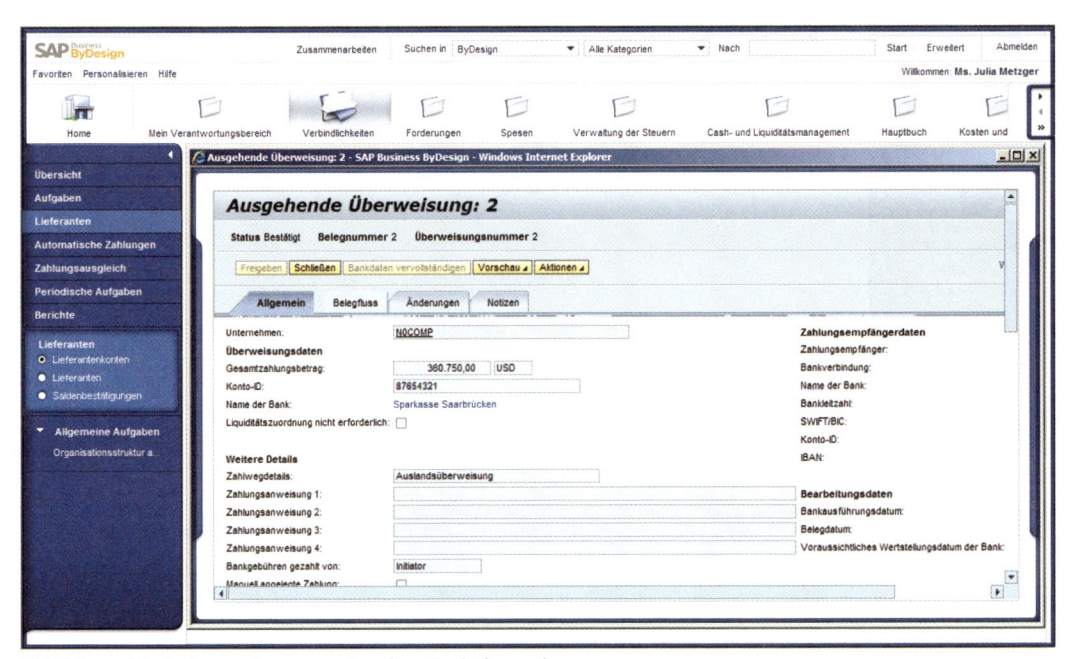

Abbildung 47: Anlegen einer ausgehenden Banküberweisung

Besonderheiten bei Fremdwährungsgeschäften	Die Eingabe des Buchungsdatums legt den Tag fest, zu dem die Buchung des Geschäftsvorfalls im System stattfindet; diese Festlegung ist insbesondere bei Fremdwährungsgeschäften von Bedeutung. Ebenso wie bei der Buchung der Verbindlichkeit im Rahmen der Lieferantenrechnung, ist es bei Zahlung von Verbindlichkeiten in Fremdwährung von Bedeutung, dass die zugrunde liegenden Währungsumrechnungskurse für die Zahlungszeitpunkte im System gepflegt sind.[340] In Anlehnung an die im Fallbeispiel gewählten Zahlungszeitpunkte[341] wurden im Work Center *Hauptbuch* (Sicht *Allgemeine Aufgaben*) die Fremdwährungskurse gepflegt.
HIGHLIGHT	Das Task Management unterstützt Sie beim Zahlungsprozess durch kontextspezifische Aufgabenzuteilung.
Automatische Erstellung der Zahlungsdatei	Nach der Freigabe der Überweisung wird im Allgemeinen automatisch eine *Zahlungsdatei* erzeugt. Die Zahlungsdatei beinhaltet in der Regel alle Zahlungen einer vordefinierten Periode, welche dann an die Hausbank übertragen werden kann. Sie können eine Zahlungsdatei aber auch jederzeit manuell im Work Center *Zahlungsverwaltung* unter der Sicht *Zahlungsmonitor* (Funktion *Aktionen für Banktransaktionen*) oder alternativ unter der Sicht *Periodische Aufgaben* erstellen.

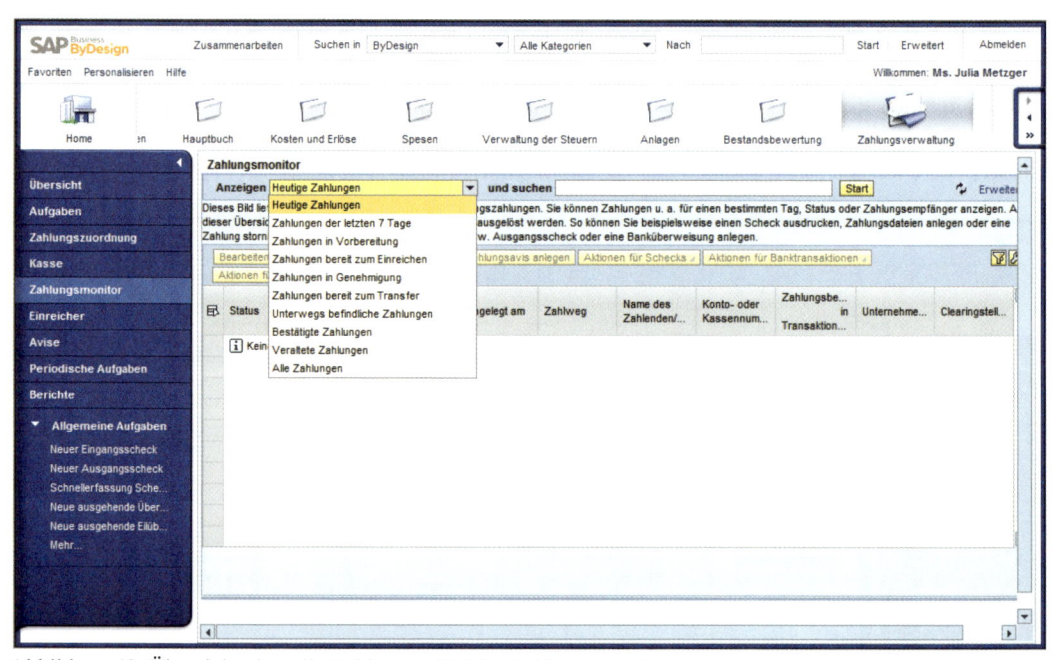

Abbildung 48: Übersicht über alle Zahlungsmittel im Zahlungsmonitor

Zahlungsmonitor	Der Zahlungsmonitor (vgl. Abbildung 48) dient Ihnen als Übersicht eingehender bzw. ausgehender Zahlungen. Analog zum Lieferantenkontomonitor erhalten Sie

---

[340] Diese Kurse stellen die Grundlage für die Umrechnung zum relevanten Stichtag dar.
[341] Vgl. Abbildung 35.

auf einen Blick die wichtigsten Informationen von z.B. ausstehenden oder sich in Vorbereitung befindlichen Zahlungen. Aus dieser Ansicht können Sie ebenfalls eine Überweisung ausführen.

Buchhalterische Berücksichtigung des Zahlungsausgangs

Die Banküberweisung löst eine weitere Buchung aus, denn nun wird die *Verbindlichkeit aus Lieferungen und Leistungen* gegenüber dem Lieferanten ausgebucht (vgl. Abbildung 50). Dementsprechend ist durch diesen Vorgang im *Lieferantenkontomonitor* (Work Center *Verbindlichkeiten*) kein offener Posten mehr vorhanden. Zwischen dem Datum des Rechnungseingangs (12.03.20009) und dem Zeitpunkt der Zahlung (10.04.2009) ist der Euro gegenüber dem Dollar stärker geworden. Aufgrund dieser Entwicklung des Fremdwährungskurses ist die Zahlung in der Berichtswährung EUR geringer als die zum Lieferzeitpunkt erfasste Verbindlichkeit.[342] Die *Nordstar GmbH* muss daher nur einen Betrag i.H.v. 232.742 EUR (= 360.750 USD / 1,55 USD/EUR) leisten, um die Verbindlichkeit gegenüber dem Lieferanten zu begleichen. In der nachfolgenden Abbildung 49 sind die Ergebnisse der jeweiligen Transaktion detailliert aufgelistet.[343]

Produkt	Lieferung vom	Verbindlichkeit (in EUR)	Bezahlung am	FW-Kurs (USD/EUR)	Zahlungsbetrag (in EUR)	Ergebnis aus Währungsumrechnung
	10.03.2009	240.500,00	10.04.2009	1,55	232.741,94	7.758,06
Easy Walk	05.04.2009	225.468,75	05.05.2009	1,50	240.500,00	-15.031,25
	30.06.2009	257.678,57	09.07.2009	1,45	248.793,10	8.885,47
Professional Walk	31.03.2009	600.500,00	30.04.2009	1,55	581.129,03	19.370,97
Summe:		1.324.147,32			1.303.164,07	20.983,25

Abbildung 49: Ergebnis aus der Währungsumrechnung

Der Differenzbetrag zwischen der Verbindlichkeit und der abgehenden Zahlung stellt einen Ertrag aus Kursdifferenzen dar; dieser wird erfolgswirksam in der GuV erfasst. In Abhängigkeit von der Abweichungsursache (Fremdwährungs-, Preis-, Rundungsdifferenzen) wird über die Kontenfindung festgelegt, welches Konto angesprochen werden soll. Der Ertrag aus den Kursdifferenzen wird somit automatisch gebucht.

Notwendigkeit eines Verrechnungskontos

Da die effektive Geldbewegung erst bei der Erfassung des Zahlungsmittelabflusses, d.h. bei der Erfassung der Kontoauszüge, gebucht wird, wird wieder ein Verrechnungskonto verwendet. Der ausgehende Betrag wird zunächst im Haben auf dem Verrechnungskonto *Geld in Transit* gebucht. Auch hier wird das Verrechnungskonto in einem späteren, weitgehend automatischen Schritt – nämlich zum Datum der Feststellung des abgehenden Betrags in Form einer Bankbestätigung (Kontoauszug) – ausgeglichen.

---

[342] Für Passivposten der Bilanz gilt das sog. Höchstwertprinzip. Wenn zwischen der Buchung der Verbindlichkeit und der Zahlung ein Bilanzstichtag liegen würde, würde aus Vorsichtsgesichtspunkten keine Anpassung der Verbindlichkeit auf den aktuellen (niedrigeren) Betrag vorgenommen werden dürfen.

[343] Der FW-kurs bezieht sich auf den Zahlungszeitpunkt und findet Anwendung auf den in der Lieferantenrechnung des betreffenden Geschäftsvorfalls enthalten Betrag.

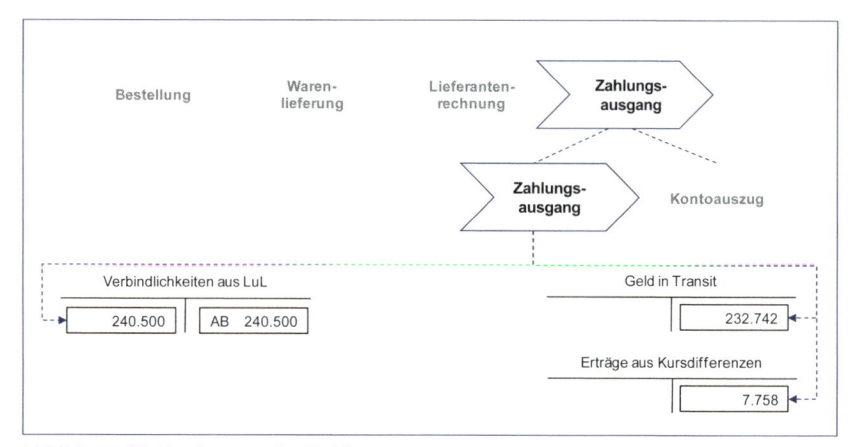

Abbildung 50: Buchungen des Zahlungsausgangs

1.3.1.2.3 Anlegen eines Kontoauszugs

Eine Änderung im Kassen- bzw. Bankbestand wird erst dann gebucht, wenn anhand eines Kontoauszugs der Abfluss dokumentiert ist. Kontoauszüge werden im Allgemeinen automatisch eingespielt. Im Work Center *Cash- und Liquiditätsmanagement* können Sie Ihre Kontoauszüge unter der gleichnamigen Sicht im System auch manuell erfassen.

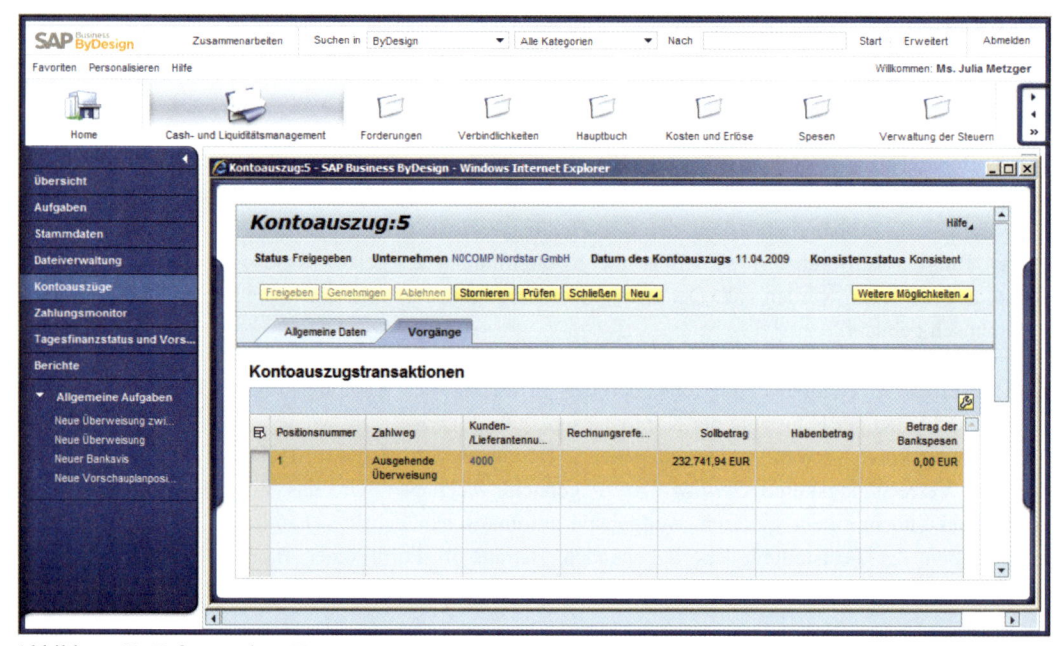

Abbildung 51: Erfassen eines Kontoauszugs

Prozessorientierte Benutzeroberfläche

Bei der Erfassung des Kontoauszugs in Business ByDesign werden Sie in aufeinander aufbauenden Schritten durch den Vorgang geführt (sog. aufgabenbasierte Benutzeroberfläche). In einem ersten Schritt übernehmen Sie zunächst Anfangs-

und Endsaldo vom Kontoauszug und legen das Buchungsdatum für den aktuellen Kontoauszug fest. Überweisungen, die bereits zur Bank geschickt wurden, können in einem zweiten Schritt quittiert werden. Wählen Sie die aufgeführte Position aus, um dem Geschäftsvorfall den aktuellen Kontoauszug zuzuordnen (vgl. Abbildung 51). Bevor der Kontoauszug freigegeben werden kann, prüft Business ByDesign den Kontoauszug abschließend auf Konsistenz. Mit der Erfassung des Kontoauszugs wird nun das Verrechnungskonto *Geld in Transit* über eine Soll-Buchung ausgeglichen und die effektive Abnahme des Bankkontos i.H.v. 232.742 EUR gebucht.

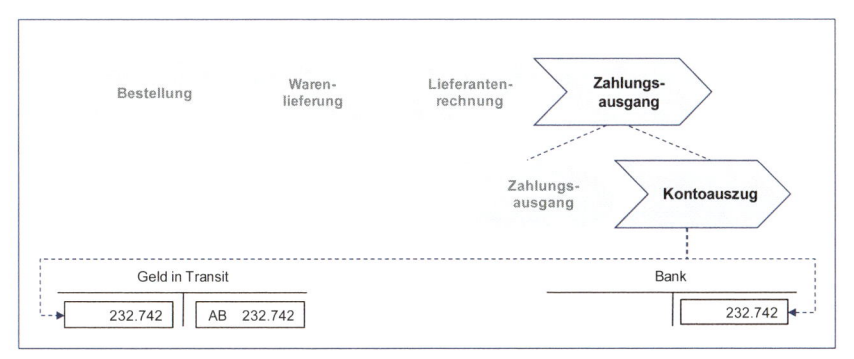

Abbildung 52: Buchungen bei Anlegen des Kontoauszugs

Die Verknüpfung der Geschäftsvorfälle des Beschaffungsprozesses wird dokumentiert und anhand eines Belegflusses im System abgebildet (vgl. Abbildung 53). Dieser verdeutlicht den Zusammenhang der verschiedenen Geschäftsvorfälle.

Belegfluss des Beschaffungsprozesses

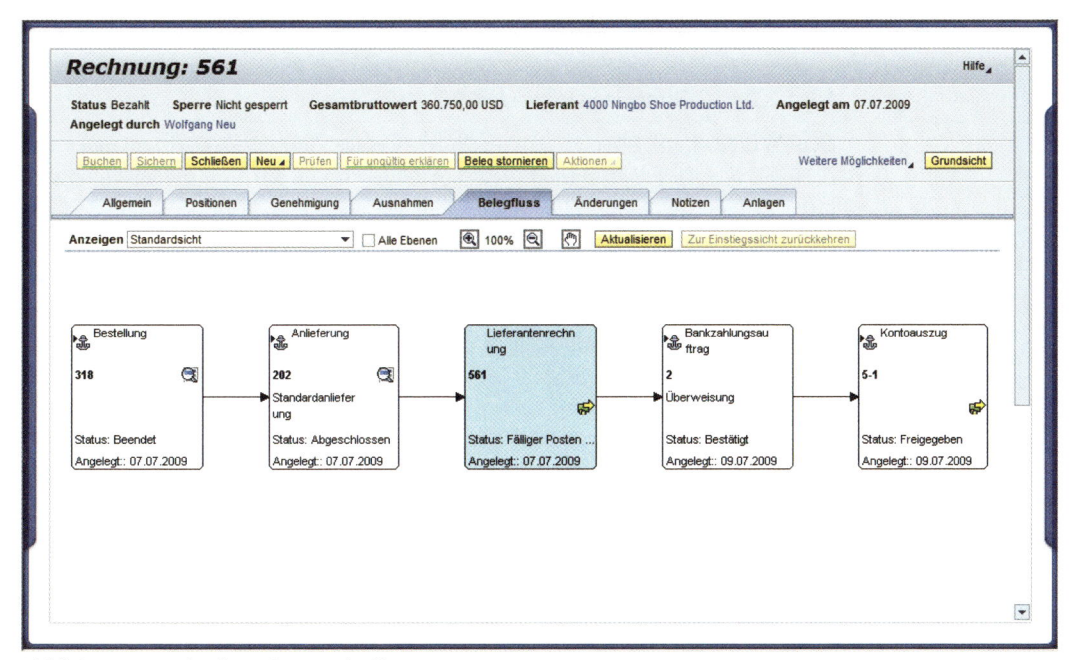

Abbildung 53: Belegfluss des Beschaffungsprozesses

1.3.1.3 WE/RE-Verrechnungslauf
1.3.1.3.1 Funktion des WE/RE-Laufs

Zweck des WE/RE-Laufs

Die genannten Geschäftsvorfälle – Wareneingang, Lieferantenrechnung und Zahlungsausgang – laufen unabhängig voneinander ab und lösen automatisch bei Auftreten des jeweiligen Geschäftsvorfalls ihre Buchungen im System aus. Der WE/RE-Lauf bezweckt, eventuell auftretende Differenzen bzw. Unstimmigkeiten zwischen den beschriebenen Geschäftsvorfällen auszuräumen. Differenzen sind aufgrund mengen- bzw. preismäßiger Abweichungen zwischen Wareneingang und Lieferantenrechnung oder z.B. der Inanspruchnahme von Skonti bei Zahlung denkbar. Abweichungen zwischen Waren- und Rechnungseingang müssen akzeptiert werden; d.h. bei Anlieferung bzw. Erhalt der Lieferantenrechnung durch den zuständigen Mitarbeiter Berücksichtigung finden. Auf dieser Basis werden die Differenzen im Rahmen des WE/RE-Laufs gebucht. Durch den nachträglichen Abgleich dieser unabhängig voneinander ablaufenden Geschäftsvorfälle und deren Erfassung im System wird nach Durchlaufen der Prozesskette mit der WE/RE-Verrechnung sichergestellt, dass der Beschaffungsvorgang mit den tatsächlich angefallenen Anschaffungskosten bewertet wird und somit eine richtige Zugangsbewertung bzw. ein richtiger Erfolgsausweis vorliegt.

HIGHLIGHT

> Der WE/RE-Lauf berücksichtigt Preis- und Mengendifferenzen zwischen Wareneingang, Rechnungseingang und Zahlungsausgang und stellt dadurch eine korrekte Zugangsbewertung von Vermögensgegenständen sicher.

Einrichtung des WE/RE-Laufs

Der WE/RE-Lauf findet automatisch am Periodenende statt oder kann jederzeit manuell gestartet werden. Sie können also bspw. auf monatlicher Basis einen solchen Lauf einplanen.

1.3.1.3.2 Buchungslogik des WE/RE-Laufs

Den WE/RE-Lauf können Sie im Work Center *Bestandsbewertung* unter den *Periodischen Aufgaben* starten (vgl. Abbildung 54). In der Eingabemaske müssen insbesondere sowohl das Unternehmen als auch die Periode (Monat) und das Jahr angegeben werden. Zusätzlich bietet Ihnen das System die Option, erst im Rahmen eines Testlaufs sich die potenziellen Ergebnisse des WE/RE-Laufs anzusehen, bevor tatsächliche Buchungen abgesetzt werden. Die Auswirkungen des WE/RE-Verrechnungslaufs können unmittelbar nach dem Start direkt aufgerufen werden (*Protokoll anzeigen*).

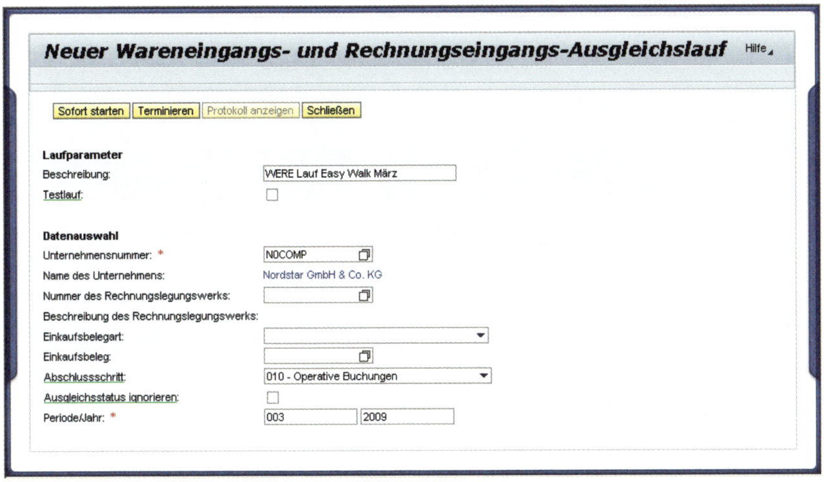

1. Beschaffungsprozess

Abbildung 54: Anlegen eines WE/RE-Verrechnungslaufs

Bezogen auf den Beispielsachverhalt wird bei Ausführung des WE/RE-Verrechnungslaufs in einem ersten Schritt (vgl. (1) in Abbildung 55) das Verrechnungskonto *Noch nicht fakturierte Verbindlichkeiten* durch Buchung i.H.v. 240.000 EUR ausgeglichen. Die in dem Verrechnungskonto *Ware in Transit* durch den WE/RE-Lauf identifizierte Differenz i.H.v. 500 EUR wird in einem zweiten Schritt (vgl. (2) in Abbildung 55) den bestellten Fertigerzeugnissen zugeschrieben.[344] Betriebswirtschaftlich steckt hinter dieser Buchung die Berücksichtigung der Frachtkosten als Anschaffungs(neben)kosten der Handelsware. Es wurde mehr in Rechnung gestellt, als auf der Bestellung ersichtlich war und daraus resultierend mehr für den Bezug der Ware aufgewendet, als dies bisher über den Wareneingangsbeleg berücksichtigt wurde. In diesem Fall handelt es sich um Preisdifferenzen. Diese Frachtkosten wurden nicht über den Wareneingangsbeleg erfasst, sondern bisher nur über die Lieferantenrechnung fakturiert. Mit dem WE/RE-Lauf wurden folglich die Verrechnungskonten geräumt und die zwischen diesen Konten enthaltenen Differenzen auf die Hauptbuchkonten verteilt.

Buchungslogik

Wenn unterstellt wird, dass bei der Bezahlung ein Skonto (500 EUR) in Anspruch genommen worden wäre, so hätte diese Reduzierung des Zahlungsbetrags eine Anpassung des Verrechnungskontos *Ware in Transit* auf der Habenseite in gleicher Höhe zur Folge. Daraus würde bei dem in Abbildung 55 vorliegenden Sachverhalt beim WE/RE-Lauf keine Differenz zwischen den Verrechnungskonten mehr entstehen. Im Ergebnis würden die Fertigerzeugnisse mit einem Wertansatz von 240.000 EUR in der Bilanz geführt werden.

Berücksichtigung eines Skontos

---

[344] In Business ByDesign werden nicht zwei Buchungsschritte im Verrechnungskonto *Ware in Transit* durchlaufen. Das Konto wird über eine Buchungszeile glattgestellt. Für Zwecke einer detaillierteren Herleitung wird in der Beschreibung eine Aufteilung des Vorgangs vorgenommen.

Buchungen des WE/RE-Laufs

Hauptbuchkonten

Waren-eingang:

Fertige Erzeugnisse und Waren

AB	240.000	
	500	

Noch nicht fakturierte Verb. (Verrechnungskonten)

	240.000	AB	240.000

(2)

Rechnungs-Eingang:

Verbindlichkeiten aus LuL

		AB	240.500

Ware in Transit

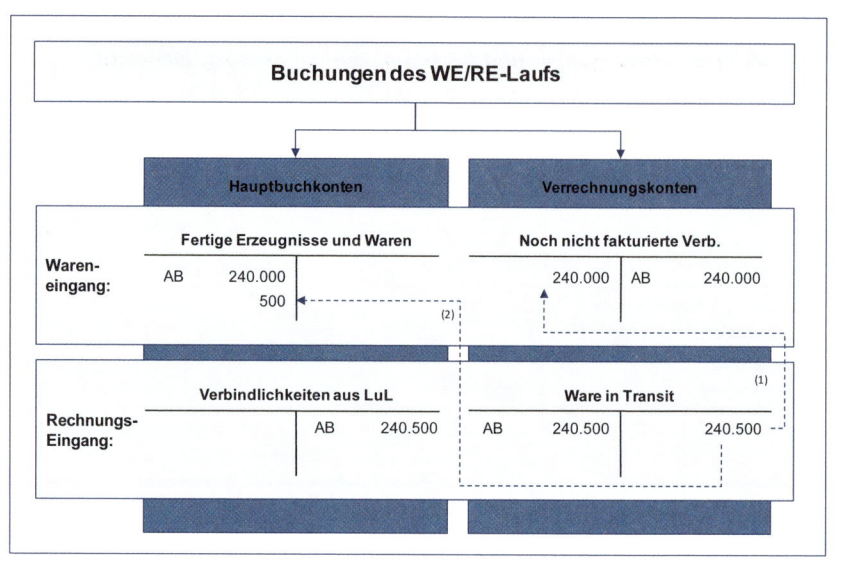

AB	240.500		240.500

(1)

Abbildung 55: Buchung des WE/RE-Verrechnungslaufs

Veränderung des gleitenden Durchschnittspreises

Da sich nun die Anschaffungskosten der bezogenen Handelsware *Easy Walk* durch die Frachtkosten etwas erhöht haben, ist auch der gleitende Durchschnittspreis dieses Produktes gestiegen (vgl. Abbildung 56). Mit Rechnungsstellung der ersten Tranche zum 12.03.2009 werden 4.000 ME zu einem Gesamtpreis von 240.500 EUR erfasst. Pro Schuh ergibt sich daraus ein gleitender Durchschnittspreis i.H.v. 60,125 EUR. Die Berücksichtigung der Frachtkosten als Anschaffungskosten wirkt sich somit im Vergleich zu der Ermittlung des gleitenden Durchschnittspreises in Abbildung 42 um zusätzlich 0,125 EUR/ME (= 500 EUR/4.000 ME) auf dessen Höhe aus. Der Bestandswert des Produkts *Easy Walk* ändert sich durch Beschaffung der zweiten Tranche am 05.04.2009. Der Bestandswert beträgt zu diesem Stichtag 465.968,75 EUR (= 60,125 EUR/ME * 4.000 ME (Altbestand) + 56,367 EUR/ ME[345] * 4.000 ME (neu erworbene Tranche)). Bei einer Bestandsmenge von 8.000 ME errechnet sich daraus ein gleitender Durchschnittspreis i.H.v. 58,246 EUR/ME. Demnach vermindert sich der gleitende Durchschnittspreis nach Zugang der zweiten Tranche, erhöht sich aber aufgrund eines gestiegenen Dollarkurses nach der Lieferung zum 30.06.2009 auf 60,304 EUR pro Paar *Easy Walk*.

Produkt	Lieferantenrechnung	AK in USD (Tranche)	FW-Kurs (USD/EUR)	AK (EUR)	GLD (EUR pro Paar)
	10.03.2009	360.750	1,50	240.500,00	60,125
Easy Walk	05.04.2009	360.750	1,60	225.468,75	58,246
	30.06.2009	360.750	1,40	257.678,57	60,304
Professional Walk	31.03.2009	900.750	1,50	600.500,00	120,100

Abbildung 56: Ermittlung des gleitenden Durchschnittspreises nach dem WE/RE-Lauf

---

[345] 56,367 EUR/ME = 225.468,75 EUR/4.000 ME. Der Wert wurde gerundet.

In Business ByDesign wird berichtsperiodenbezogen pro Rechnungslegungswerk der gleitende Durchschnittspreis im Materialstammdatensatz festgehalten (vgl. Abbildung 57). Den Stammdatensatz eines Materials rufen Sie im Work Center *Bestandsbewertung* unter der Sicht *Stammdaten* auf.

Nummer des Rechnungslegun...	Rechnungslegun...	Preistyp	Stückkosten		Preisbezugsmenge		Gültig von	Gültig bis
HGB	HGB	Bestandspreis	60,13	EUR	1	ea	01.03.2009	31.03.2009
TAX	Tax	Bestandspreis	60,13	EUR	1	ea	01.03.2009	31.03.2009
HGB	HGB	Bestandspreis	58,25	EUR	1	ea	01.04.2009	30.04.2009
TAX	Tax	Bestandspreis	58,25	EUR	1	ea	01.04.2009	30.04.2009
HGB	HGB	Bestandspreis	58,25	EUR	1	ea	01.05.2009	31.05.2009

Abbildung 57: Gleitender Durchschnittspreis im Materialstammdatensatz

1.3.1.4 Analyse von Einkaufspreisabweichungen

Wie bereits erläutert wurde, können Abweichungen zwischen dem Bestellpreis, dem Rechnungsbetrag und dem Zahlbetrag bestehen. Mit dem Bericht *Einkaufspreisabweichungen* (Work Center *Bestandsbewertung*) können Sie auftretende Abweichungen eines Beschaffungsvorgangs weiter analysieren. In Abbildung 58 werden die Abweichungsgründe gesondert für ein Produkt bzw. für eine Produktkategorie aufgelistet. Neben der im Beispiel erwähnten Preisabweichung und der Möglichkeit einer Zahlungsdifferenz aufgrund der Inanspruchnahme eines Skontos können Differenzen auch von Wechselkursänderungen verursacht werden. Diese unterschiedlichen Gründe werden für die Analyse dezidiert in dem Bericht aufbereitet. Des Weiteren erhalten Sie eine Übersicht von Wareneingängen und in Rechnung gestellte Mengen mit ihren jeweiligen Wertansätzen. Der dargestellte Bericht liefert konkret die (Preis-)Abweichung, die auf die Berücksichtigung der Frachtkosten zur Lieferung der ersten Tranche (Lieferung vom 10.03.2009) der *Easy Walk*-Schuhe zurückzuführen ist.

Produktkategorie	Produkt	Preisabweichung	Wechselkurs	Zahlungs-differenz	Gesamt-differenz	Ausgeglichener Wareneingangswert	Ausgeglichene Wareneingangsmenge	Ausgeglichener Rechnungswert	Ausgeglichene Rechnungsmenge
		EUR	EUR	EUR	EUR	EUR	ea	EUR	ea
Retail	E_WALK	500,00	0,00	0,00	500,00	240.000,00	4.000,000	-240.500,00	-4.000,000
	Ergebnis	500,00	0,00	0,00	500,00	240.000,00	4.000,000	-240.500,00	-4.000,000
Gesamtergebnis		500,00	0,00	0,00	500,00	240.000,00	4.000,000	-240.500,00	-4.000,000

Abbildung 58: Bericht zur Analyse von Einkaufspreisabweichungen

1.3.2 Anlagenbeschaffung
1.3.2.1 Beschreibung des Anlagenzugangs und dessen Kontenfindung

Eine Anlage kann einem Unternehmen auf verschiedene Arten zugehen. Neben dem Kauf des Vermögensgegenstands ist die eigene Herstellung als Zugangsform zu nennen. Die Ausführungen in diesem Gliederungspunkt beziehen sich auf den

Unterschiedliche Beschaffungs-möglichkeiten

Kauf eines Anlageguts.[346] Die Beschaffung einer Anlage und die daraus resultierende Erfassung der Anlage mit seinen Anschaffungskosten ist in Business ByDesign auf unterschiedlichen Wegen möglich.

- Die Anlagenbeschaffung kann über die Abbildung eines normalen Bestellvorgangs erfolgen.
- Die Beschaffung einer Anlage ist durch Erfassung einer manuellen Lieferantenrechnung ohne Bestellung möglich.

Beschaffung ohne Bestellung

Der Beschaffungsprozess einer Anlage kann sich am Bestellvorgang[347] orientieren, wie er insbesondere für Vermögensgegenstände des Umlaufvermögens angewendet wird. Der Beschaffungsprozess von Anlagen unterscheidet sich davon allerdings in einem wesentlichen Punkt: Für Anlagen existiert in Business ByDesign bisher noch keine Bestandsführung; diese gehen nicht per Wareneingang[348] zu, sondern werden nur in der Buchhaltung geführt. Alternativ hierzu können Sie mit Punkt 2 eine Variante ohne vorgelagertem Bestellvorgang wählen. Die Aktivierung des Anlageguts erfolgt mit der Erfassung und Freigabe der Lieferantenrechnung. Diese Vorgehensweise erläutern wir Ihnen nachfolgend. Wir wechseln hierzu in das Work Center *Rechnungsprüfung* und wählen die Funktion *Neue Rechnung ohne Bestellung erfassen* (vgl. Abbildung 59).

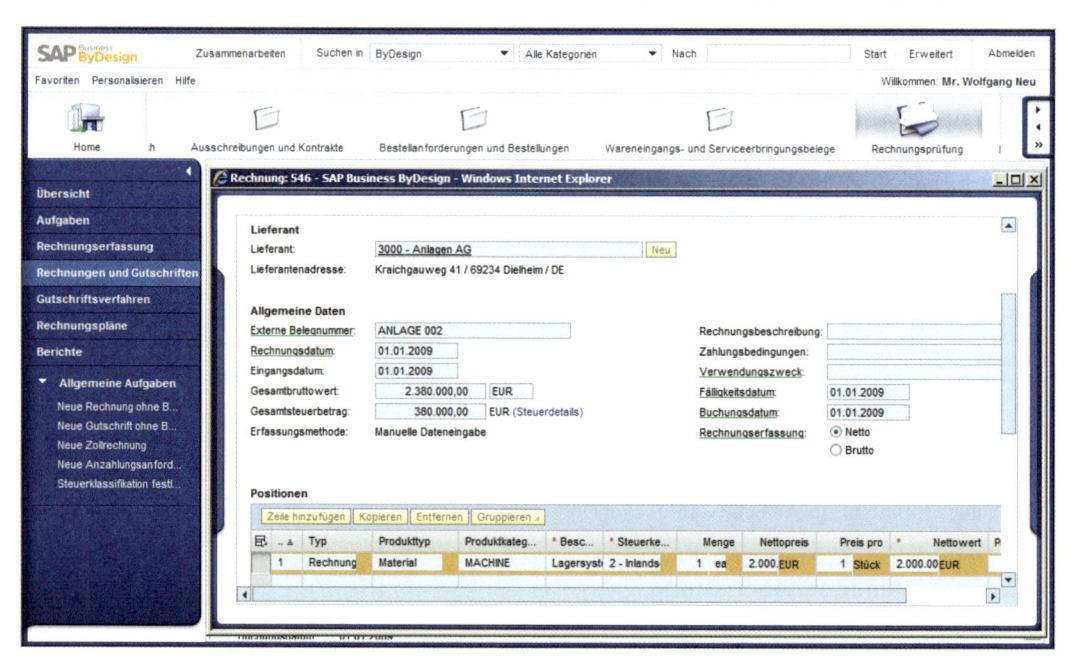

Abbildung 59: Erfassung einer Lieferantenrechnung zur Anlagenbeschaffung

---

[346] Auf die Bezahlung der angeschafften Anlagegüter wird nicht näher eingegangen. Zur Vorgehensweise bei der Bezahlung wird auf Kapitel E1.3.1.2 verwiesen.

[347] Der Ablauf dieses Prozesses wird ausführlich für die Beschaffung der Handelsware dargestellt und aus diesem Grund an dieser Stelle auf Kapitel E1.3.1.1 verwiesen.

[348] Vgl. zum Vorgang des Wareneingangs bei Bestandsmaterial Kapitel E1.3.1.1.2.

1. Beschaffungsprozess

Mit der Freigabe der Lieferantenrechnung erfolgt in der Buchhaltung die Einbuchung der Verbindlichkeit aus Lieferungen und Leistungen. Gleichzeitig ist ab diesem Zeitpunkt die erworbene Anlage in der Sicht *Anlagen* im Work Center *Anlagen* unter der in der Lieferantenrechnung gewählten Bezeichnung ausgewiesen. Die Anlage wird also automatisch in Business ByDesign angelegt. Ein vorheriges Anlegen eines Anlagenstammsatzes ist nicht erforderlich. Sofern alle benötigten Angaben für den Anlagenstammsatz in den Systemeinstellungen hinterlegt sind, ist kein weiteres Eingreifen des Anlagenbuchhalters notwendig.[349]

Automatisches Anlegen eines Anlagenstammsatzes

> Business ByDesign legt aus der Lieferantenrechnung heraus automatisch eine Anlage an. Die gesonderte Erstellung eines Anlagenstammsatzes ist nicht notwendig.

HIGHLIGHT

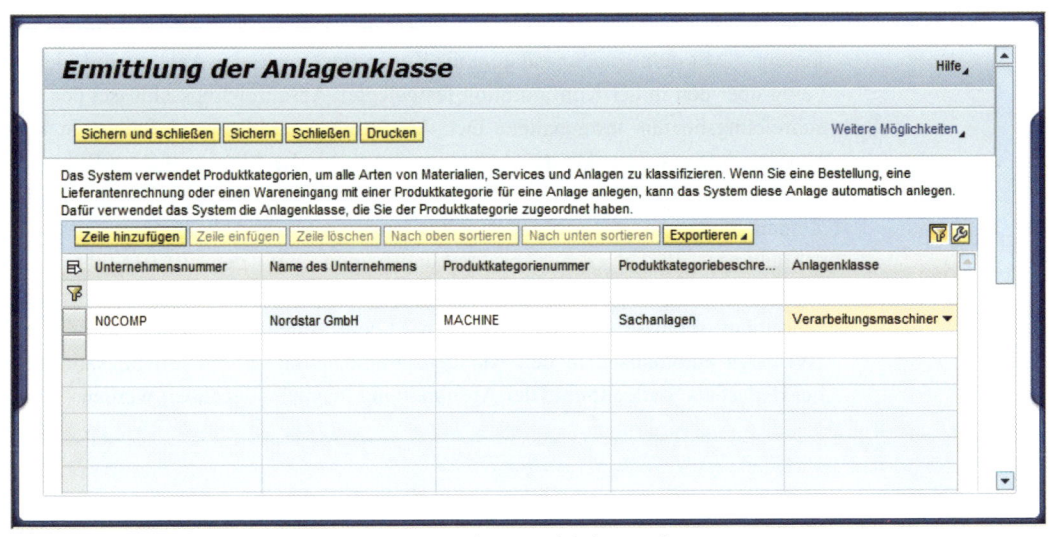

Abbildung 60: Zuordnung der Anlagenklasse zu einer Produktkategorienummer

Bevor Sie die Lieferantenrechnung freigeben, wählen Sie auf der Lieferantenrechnung u.a. die Produktkategorienummer und eine Beschreibung, die gleichzeitig als Anlagebezeichnung in der Anlagenbuchhaltung verwendet wird, aus.[350] Aus der Produktkategorie leitet das System die Anlagenklasse ab, welche die Steuerungsparameter und die Vorschlagswerte für die Abschreibungen und sonstigen Stammdaten definiert. Die Zuordnung der Produktkategorienummer zu einer Anlagenklasse erfolgt im Work Center *Anlagen* unter der Aufgabe *Ermittlung der Anlagenklasse bearbeiten* (vgl. Abbildung 60). Die von Ihnen ausgewählte Anlagenklasse ist des Weiteren über die Kontenfindung[351] mit einem be-

Produktkategorie und Anlagenklasse

---

[349] Vgl. auch nachfolgendes Kapitel E1.3.2.2.
[350] Die Einrichtung bzw. Vergabe von Produktkategorien erfolgt im Work Center *Produktdaten* unter der Sicht *Produktkategorien*.
[351] Die Kontenfindung wird im sog. Fine Tuning in der Konfiguration festgelegt. Darin kann der Anwender die Feineinstellungen der Kontenfindung auf seine Bedürfnisse ausrichten; vgl. zur Kontenfindung in Business ByDesign Kapitel D2.2.

stimmten Konto verknüpft. Dieses Konto wird in der Berichtsstruktur[352] der entsprechenden Bilanzposition zugewiesen. Mit der Auswahl der Anlagenklasse erfolgt somit automatisch eine Zuordnung, die den korrekten Ausweis des Anlageguts in der Buchhaltung und Bilanz sicherstellt. Das im Beispielsachverhalt erworbene Lagersystem wurde der Produktkategorie *Maschine* zugeordnet; dieser Produktkategorie ist die Anlagenklasse *Verarbeitungsmaschine* zugewiesen (vgl. Abbildung 60). Aus dieser Einordnung heraus wird die Anlage über die Kontenfindung in der Position *Technische Anlagen und Maschinen* in der Bilanz ausgewiesen.

Bedeutung des Buchungsdatums

Auf der Lieferantenrechnung sind weitere allgemeine Angaben vorzunehmen. Darunter fällt z.B. die Angabe des Lieferanten, sodass die aus der Beschaffung entstehende Verbindlichkeit auch dem richtigen Geschäftspartner zugewiesen wird. Weiterhin ist sowohl das Eingangs- als auch das Rechnungsdatum zu erfassen.[353] Mit dem Buchungsdatum als Zugangszeitpunkt der Anlage wird gleichzeitig über den in der Konfiguration festgelegten Abschreibungsschlüssel der Abschreibungsbeginn festgehalten. Der Abschreibungsschlüssel definiert, in Abhängigkeit des Zeitpunkts des Anlagenzugangs, ob die Abschreibung z.B. bereits im aktuellen Monat einsetzt[354] oder erst ab dem Folgemonat zu erfolgen hat. Bei Zugang einer Anlage zum 20.01.2009 kann somit in Abhängigkeit vom Abschreibungsschlüssel der Abschreibungsbeginn auf den 01.01.2009 bzw. 01.02.2009 (Beginn der nächsten Periode) gesetzt werden. Dieses über den Abschreibungsschlüssel ermittelte Datum wird beim Anlegen der Anlage in Business ByDesign automatisch in den Anlagenstammdatensatz übernommen, kann aber bei Bedarf als Startzeitpunkt der Abschreibung manuell abgeändert werden.

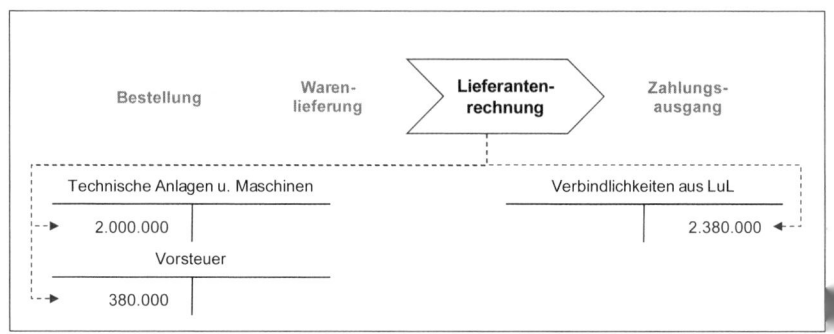

Abbildung 61: Manuelle Erfassung der Lieferantenrechnung ohne Bestellung

Automatische parallele Bilanzierung

Analog zur Buchung der handelsrechtlichen Rechnungslegung wird der Vorgang auch im zweiten Rechnungslegungswerk, der steuerrechtlichen Behandlung,

---

[352] Die standardmäßig ausgelieferte Berichtsstruktur können Sie bei Bedarf verändern bzw. an Ihre Bedürfnisse anpassen; vgl. hierzu auch Kapitel D2.2.

[353] In der vorliegenden Rechnung wurde aus Vereinfachungsgründen für das Datum stets der 01.01.2009 gewählt (Zeitpunkt der Eröffnungsbilanz).

[354] Für die Abschreibung ist stets der erste Kalendertag des betreffenden Monats zugrunde zu legen.

automatisch verbucht. Aus den verschiedenen Geschäftsvorfällen des Beschaffungsprozesses werden somit gleichzeitig zwei Rechnungslegungswerke automatisch angesprochen; weitere manuelle Buchungen sind nicht notwendig, um auch in der Steuerbilanz den Vermögensgegenstand zutreffend abzubilden.

> Anschaffungskosten von Anlagengütern werden in Business ByDesign automatisch angepasst, wenn einem Vermögensgegenstand unterschiedliche Anlagenbestandteile zugeordnet werden.

HIGHLIGHT

Neben dem Anlegen der Anlage wird durch die Lieferantenrechnung zudem ein Inventarteil erzeugt. In Abbildung 59 wird konkret das Inventarteil „Lagersystem" erfasst. Für den Aufbau des Lagersystems ist die Errichtung eines Betonsockels als Fundament notwendig.[355] Die Aufwendungen für den Betonsockel sind als Anschaffungsnebenkosten des Lagersystems zu betrachten. Da der Betonsockel in einem getrennten Vorgang von einem anderen Lieferanten erstellt wurde, ist dieser Anschaffungskostenbestandteil nicht in der Lieferantenrechnung des Lagersystems enthalten. Um den Betonsockel der Anlage zuzuordnen,[356] erfasst man eine gesonderte Rechnung, die dem Inventarteil „Lagersystem" zugewiesen wird. Die Kosten des Betonsockels werden dann automatisch den Anschaffungskosten zugerechnet und über die Abschreibung auf die wirtschaftliche Nutzungsdauer des Lagersystems verteilt.

Erfassung von Anschaffungsnebenkosten

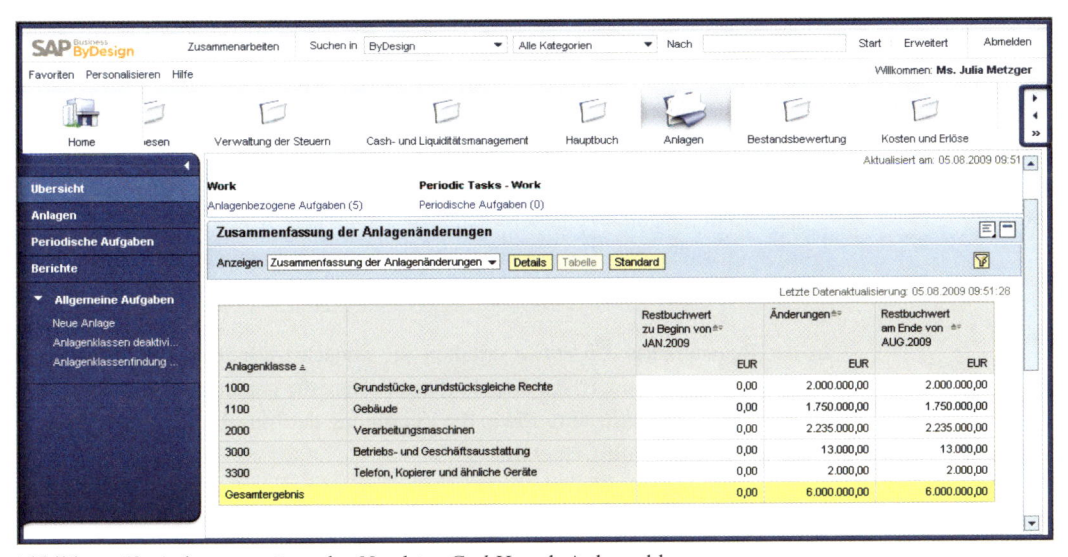

Abbildung 62: Anlagevermögen der *Nordstar GmbH* nach Anlagenklassen

---

[355] Vgl. hierzu die Beschreibung des Fallbeispiels in Kapitel E1.2.
[356] Hier ist nicht von dem aus der internationalen Rechnungslegung bekannten Komponentenansatz für Sachanlagen (IAS 16) die Rede. Nach deutschem Handelsrecht wird das Lagersystem und der Betonsockel als ein Vermögensgegenstand in der Gesamtheit abgeschrieben, während nach IAS 16 für die einzelnen Komponenten eine Nutzungsdauer vergeben wird. Das System unterstützt aber auch eine komponentenweise Bewertung von Vermögensgegenständen.

Zuordnung zu einer Kostenstelle

Mit dem in der Rechnung enthaltenen Auswahlfeld *Kostenstelle* kann die Anlage einer Kostenstelle zugewiesen werden. Die Kostenstelle wird dann mit den auf der Anlage gebuchten Abschreibungen im Zeitablauf belastet. Im Rahmen der Aufbauorganisation wurde die Kostenstellenstruktur bereits im Work Center *Organisationsmanagement* angelegt. An dieser Stelle werden Ihnen nun die vorhandenen Kostenstellen zur Auswahl gestellt. Haben Sie mehrere Anlagen (z.B. fünf Lagersysteme) erworben, möchten diese aber auf unterschiedlichen Kostenstellen gebucht sehen, so bietet es sich an, die Gesamtposition in einzelne Zeilen aufzugliedern und dementsprechend einer Kostenstelle zuzuweisen.

Nachdem alle für den Geschäftsbetrieb notwendigen Anlagengüter des Beispielsachverhalts beschafft wurden, ergibt sich die in Abbildung 62 nach Anlagenklassen gegliederte Struktur des vorhandenen Anlagevermögens).

1.3.2.2 Stammdaten der Anlage

Ableiten der Stammdaten

Im Work Center *Anlagen* können Sie sich unter der Sicht *Anlagen* die in Ihrem Unternehmen vorhandenen Anlagengüter anzeigen lassen. Mit der systemseitigen Erfassung der neu erworbenen Anlage werden die Stammdaten – die für die Folgebewertung des Investitionsguts von Bedeutung sind, z.B. Vorschlagswerte für die planmäßige Fortschreibung einer Anlagenklasse – grds. aus den Systemeinstellungen automatisch abgeleitet und erfordern kein manuelles Eingreifen des Anlagenbuchhalters. Eine manuelle Eingabe ist nur dann erforderlich, wenn im Einzelfall von der Systemeinstellung abweichende Stammdaten für die Anlage verwendet werden sollen, z.B. bei Abweichen der wirtschaftlichen Nutzungsdauer des vorliegenden Anlageguts von dem Vorschlagswert. Wählen Sie dafür die zu bearbeitende Anlage aus und öffnen Sie die Stammdaten.

HIGHLIGHT

> Anlagenstammdaten – wie z.B. Nutzungsdauer und Abschreibungsmethode – werden grds. aus den Systemeinstellungen automatisch abgeleitet. Dies führt zu einer Reduktion des Arbeitsaufwands für den Anlagenbuchhalter.

In der Registerkarte *Überblick* erhalten Sie zunächst allgemeine Informationen über die Anlage, wie z.B. die Anschaffungskosten, die geplanten Abschreibungen des aktuellen Geschäftsjahrs sowie die Zuordnung der Maschine zu einer Kostenstelle bzw. eines Profit-Centers.

Stammdaten pro Rechnungslegungswerk

Innerhalb der Registerkarte *Stammdaten* befinden sich mehrere Detailbilder; für die bilanzielle Bewertung ist insbesondere das Detailbild *Anlagenbewertung* relevant. Wenn Sie in Ihrem Unternehmen die Buchhaltung parallel nach zwei oder mehreren Rechnungslegungsnormen führen, wie wir es in unserem Beispielsachverhalt vorgesehen haben, so werden diese Stammdaten pro einzelnem Rechnungslegungswerk gesondert geführt (vgl. Abbildung 63). Sind die Stammdaten einmal gepflegt, so findet die Folgebewertung der angelegten Anlage im Zeitablauf pro Rechnungslegungswerk automatisch unabhängig voneinander statt und erfordert keinen zusätzlichen Aufwand in den Folgeperioden.

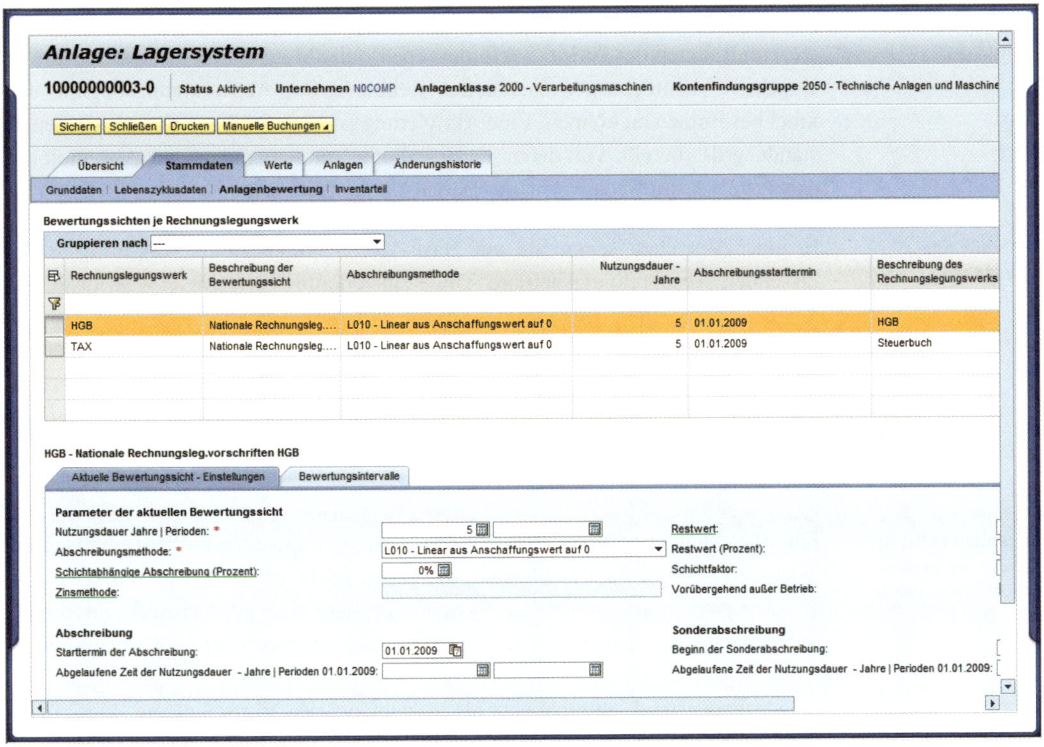

Abbildung 63: Detailansicht der Bewertung einer Anlage

Grds. stellt Business ByDesign alle handels- und steuerrechtlich zulässigen Abschreibungsmethoden zur Verfügung. Insbesondere bei steuerrechtlichen Sonderabschreibungen kann es zu unterschiedlichen Wertansätzen des Vermögensgegenstands in Handels- und Steuerbilanz kommen. Diese unterschiedlichen Wertansätze werden durch die parallele Bewertungsmöglichkeit in Business ByDesign getrennt voneinander weitergeführt. Im Zeitablauf werden keine weiteren Anpassungen mehr erforderlich, da das System die Höhe der zukünftigen Abschreibungen (in steuerlicher Hinsicht) automatisch anpasst. Für den Beispielsachverhalt wird die lineare Abschreibung ohne verbleibenden Restwert ausgewählt.

Abschreibungsmethoden

Zudem wird in diesem Detailbild der Beginn der Abschreibung eines Anlageguts festgelegt. Insbesondere für Anlagen im Bau, bei denen eine planmäßige Abschreibung erst mit Fertigstellung der Anlage vorgenommen werden darf, ist diese Funktion von Relevanz. Business ByDesign stellt für diesen Bilanzposten einen gesonderten Abschreibungsschlüssel zur Verfügung, der – analog zu nicht abnutzbaren Vermögensgegenständen – keine Abschreibung vorsieht. Mit Fertigstellung der Anlage kann dann die passende Abschreibungsregel gewählt werden. Die Einführung des Aktivierungswahlrechts von selbst erstellten immateriellen Vermö-

Beginn der Abschreibung

gensgegenständen des Anlagevermögens[357] (z.B. Patente, Produktionsverfahren etc.) im Rahmen des BilMoG erfordert ebenso die Möglichkeit im System, für den einzelnen Vermögensgegenstand den Zeitpunkt des Abschreibungsbeginns flexibel bestimmen zu können. Eine Aktivierung ist auch für diese Vermögensgegenstände grds. bereits vor deren Fertigstellung vorzunehmen; eine Abschreibung darf aber erst mit Beendigung der Entwicklung einsetzen.

Abschreibungsvorausschau

In einer Vorschau sehen Sie auf Basis der Stammdaten die zukünftig zu erfassenden Abschreibungsbeträge. Die Registerkarte *Werte* bietet eine dezidierte Auflistung der Anlagenbuchwerte im Zeitablauf. Mit dieser Funktion ist die Entwicklung planmäßiger Abschreibungen sowie die Vornahme außerplanmäßiger Abschreibungen transparent nachzuvollziehen. Die Buchungen der Abschreibungen auf die Anlagen erfolgen automatisch über periodische Abschreibungsläufe. Diese legen Sie im Work Center *Anlagen* (Sicht *Periodische Aufgaben*) pro Buchungsperiode in Business ByDesign fest.

Unterstützung bei der Bilanzierung geringwertiger Wirtschaftsgüter

Für die steuerrechtliche Behandlung von geringwertigen Wirtschaftsgütern existieren gesetzliche Vorschriften, die genau festlegen, wann ein Wirtschaftsgut als geringwertig einzustufen ist. Systemseitig wird eine automatisierte Zuordnung unterstützt, wenn festgelegte Wertgrenzen unterschritten werden. Es kann ein gewünschtes Intervall angegeben werden, innerhalb dessen der zugegangene Vermögensgegenstand automatisch als geringwertiges Wirtschaftsgut klassifiziert wird. Mit dieser Klassifizierung werden sodann die Bewertungsmodalitäten für geringwertige Wirtschaftsgüter in den Anlagenstammdatensatz übernommen.[358] Sollte ein angeschafftes Anlagengut handelsbilanziell entgegen der Voreinstellung nicht als geringwertiges Wirtschaftsgut eingestuft werden, so bietet Business ByDesign in der Registerkarte *Stammdaten* (Detailbild *Lebenszyklusdaten*) die Möglichkeit, manuell die Zuordnung als geringwertiges Wirtschaftsgut aufzuheben und entsprechende Bewertungsmodalitäten individuell zu vergeben.

Es ist der Fall denkbar, dass ein Anlagengut ursprünglich als geringwertiges Wirtschaftsgut eingestuft wurde, jedoch nachträglich Anschaffungskosten anfallen, die zu einem Überschreiten der vordefinierten Grenzen führen.[359] In Business ByDesign wird der bisher als geringwertiges Wirtschaftsgut klassifizierte Vermögensgegenstand als (normales) Anlagengut „umgegliedert". Über das im System implementierte Task Management[360] erhält der für die Buchhaltung zuständige Mitarbeiter eine Geschäftsaufgabe, die auf die Änderung hinweist.

---

[357] Vgl. zur Funktionalität von Projekten als Kostensammler, die sowohl eine Aktivierung dieser Vermögensgegenstände als auch der Anlagen im Bau unterstützen, Kapitel E4.

[358] Vgl. zur betriebswirtschaftlichen Behandlung von geringwertigen Wirtschaftsgütern nach Handels- und Steuerrecht Kapitel E1.1.6.4.

[359] Analog ist der umgekehrte Fall denkbar, dass ein Anlagengut aufgrund einer Verminderung der Anschaffungskosten in die Kategorie des geringwertigen Wirtschaftsguts rutscht.

[360] Ebenso würde der Mitarbeiter bei unvollständigen Stammdaten einer Anlage eine Aufgabe aufgezeigt bekommen. Vgl. zur Aufgabensteuerung Kapitel A5.

1.3.3 Zusammenfassende Darstellung des Beschaffungsprozesses in Bilanz und Gewinn- und Verlustrechnung

Zusammenfassend ergibt sich für die Beschaffung der Handelsware und des Anlagevermögens nachfolgende Bilanz (vgl. Abbildung 64) und GuV.

Bilanzposition	Eröffnungsbilanz	Delta Beschaffung	Bilanz EUR
Bilanz gem. HGB § 266 - SKR03			
Aktiva	8.000.000,00	272.571,00	8.272.571,00
Anlagevermögen	0,00	6.000.000,00	6.000.000,00
Immaterielle Vermögensgegenstände	0,00	0,00	0,00
Sachanlagevermögen	0,00	6.000.000,00	6.000.000,00
Grundstücke	0,00	2.000.000,00	2.000.000,00
Gebäude	0,00	1.750.000,00	1.750.000,00
Technische Anlagen und Maschinen	0,00	2.237.000,00	2.237.000,00
Betriebs- und Geschäftsausstattung	0,00	13.000,00	13.000,00
Umlaufvermögen	8.000.000,00	-5.727.429,00	2.272.571,00
Vorräte	0,00	1.324.147,00	1.324.147,00
Rohstoffe, Hilfs- und Betriebsstoffe	0,00	0,00	0,00
Fertige Erzeugnisse und Waren	0,00	1.324.147,00	1.324.147,00
Forderungen und sonstige Anlagen	0,00	1.011.588,00	1.011.588,00
Forderung aus Lieferung und Leistung	0,00	0,00	0,00
Aus Steuern	0,00	1.011.588,00	1.011.588,00
Kassenbest., Guthaben Kl. und Schecks	8.000.000,00	-8.063.164,00	-63.164,00
Passiva	-8.000.000,00	-272.571,00	-8.272.571,00
Eigenkapital	-5.550.000,00	-20.983,00	-5.570.983,00
Gezeichnetes Kapital	-5.550.000,00	0,00	-5.550.000,00
Jahresüberschuss/Jahresfehlbetrag	0,00	-20.983,00	-20.983,00
Rückstellungen	0,00	0,00	0,00
Verbindlichkeiten	-2.450.000,00	-251.588,00	-2.701.588,00
Verbindlichkeiten gegenüber Kreditinstituten	-2.450.000,00	0,00	-2.450.000,00
Verbindl. aus Lieferungen und Leistungen	0,00	-251.588,00	-251.588,00
Verbindl. gegenüber verb. Unternehmen	0,00	0,00	0,00
Sonstige Verbindlichkeiten	0,00	0,00	0,00
Aus Steuern	0,00	0,00	0,00
Sonstige Verbindlichkeiten	0,00	0,00	0,00

Abbildung 64: Handelsbilanz der *Nordstar GmbH* nach dem Beschaffungsprozess

Anlage- und Umlaufvermögen

Die für den Geschäftsbetrieb notwendigen Anlagen werden unter den Sachanlagen i.H.v. 6.000.000 EUR ausgewiesen. Die erworbene Handelsware (*Easy Walk* und *Professional Walk*) steht mit einem Wert von 1.324.147 EUR in den Büchern. Von diesem Vorratsvermögen entfallen 723.647 EUR[361] auf das Produkt *Easy Walk* und 600.500 EUR auf die *Professional Walk*-Schuhe. Die Verbindlichkeiten aus der Lieferung der Handelsware und der Anlagen wurden bereits bezahlt. Aufgrund der Änderungen der Währungskurse ist jedoch nur ein Betrag von

---

[361] Vgl. dazu auch Abbildung 56.

1.303.164 EUR für die Bezahlung der Vorräte abgeflossen.[362] Da mit den Beschaffungsvorgängen das Bankkonto überzogen werden musste, wird ein Kontokorrentkredit i.H.v. 63.164 EUR ausgewiesen.[363]

Steuern

Die Forderungen aus Steuern i.H.v. 1.011.588 EUR setzen sich aus der Vorsteuer der Anlagenbeschaffung (760.000 EUR) und dem Erwerb der Handelsware aus China (Einfuhrumsatzsteuer: 251.588 EUR) zusammen. Da die Einfuhrumsatzsteuer noch nicht bezahlt wurde, besteht eine Verbindlichkeit in gleicher Höhe.

GuV

Die Transaktionen in Fremdwährung haben schließlich dazu geführt, dass Erträge bzw. Aufwendungen i.H.v. 36.014 EUR bzw. 15.031 EUR entstanden sind.[364] Diese werden unter den sonstigen betrieblichen Erträgen/Aufwendungen in der GuV ausgewiesen und führen zu einem Jahresüberschuss i.H.v. 20.983 EUR.[365]

Bilanzposition	GuV Beschaffung
	EUR
Gewinn- und Verlustrechnung	
Ergebnis der gewöhnlichen Geschäftstätigkeit	-20.983,00
Umsatz	0,00
Erhöhung oder Verminderung des Bestands	0,00
sonstige betriebliche Erträge	-36.014,00
Materialaufwand	0,00
Personalaufwand	0,00
Abschreibung	
für Sachanlagen	0,00
für immaterielle Vermögensgegenstände	0,00
sonstige betriebliche Aufwendungen	15.031,00
GuV Ergebnis	-20.983,00

Abbildung 65: GuV (Gesamtkostenverfahren) der *Nordstar GmbH*

Bilanzposition	GuV Beschaffung
	EUR
Nettogewinn/Nettoverlust	
Ergebnis der gewöhnlichen Geschäftstätigkeit	-20.983,00
Bruttoergebnis vom Umsatz	0,00
Nettoumsatzerlös	0,00
Umsatzkosten	0,00
Vertriebskosten	0,00
allgemeine Verwaltungskosten	0,00
sonstige betriebliche Erträge	-36.014,00
sonstige betriebliche Aufwendungen	15.031,00
GuV Ergebnis	-20.983,00

Abbildung 66: GuV (Umsatzkostenverfahren) der *Nordstar GmbH*

---

[362] Vgl. zur Auflistung der Zahlungsbeträge im Detail Abbildung 49.
[363] Dieser wird als negativer Geldbestand auf der Aktivseite ausgewiesen.
[364] Vgl. auch Abbildung 49.
[365] Das System stellt in der GuV Erträge mit negativem, Aufwendungen mit positivem Vorzeichen dar.

2 Lagerfertigung
2.1 Betriebswirtschaftliche Grundlagen
2.1.1 Vorbemerkungen

Der Prozess der Lagerfertigung unterteilt sich in die Teilprozesse Planungsvorbereitung, Produktionsplanung und Produktionsdurchführung (vgl. Abbildung 67).

```
Planungs-          Produktions-         Produktions-
vorbereitung       planung              durchführung
```

Abbildung 67: Prozess der Lagerfertigung im Überblick

In dem Teilprozess Planungsvorbereitung plant das Unternehmen im Produktionsmodell den Ablauf der Lagerfertigung für ein bestimmtes Produkt. Hierfür werden in der Stückliste die geplanten Einsatzmengen der bestandsgeführten Materialien für eine bestimmte Losgröße bestimmt. Außerdem werden im Arbeitsplan die sonstigen unmittelbar an der Lagerfertigung beteiligten Produktionsfaktoren wie Maschinen und Arbeitskräfte geplant. Im Mittelpunkt der Produktionsplanung stehen hingegen z.B. die Materialbedarfsplanung sowie die Kapazitätsplanung der eingesetzten Einsatzfaktoren, während der Teilprozess Produktionsdurchführung die tatsächliche Produktion eines Loses beschreibt.

Arbeitsplan und Stückliste

In der Produktionsdurchführung findet eine mengenmäßige Betrachtung der eingehenden Inputfaktoren statt. Die Ermittlung der Herstellungskosten eines Vermögensgegenstands obliegt dagegen durch Bewertung der Inputfaktoren dem Rechnungswesen. Diese bewertende Betrachtung des (externen) Rechnungswesens ist eng mit dem Teilprozess Produktionsdurchführung verknüpft, weil sie zeitlich zusammenfallen. Als Ergebnis des Bewertungsvorgangs stehen die (handelsrechtlichen) Herstellungskosten, deren Ermittlung im folgenden Unterkapitel dargestellt wird.

Mengenmäßige Betrachtung vs. bewertende Betrachtung

2.1.2 Kostenrechnung als Datenquelle für das externe Rechnungswesen

Bestandteile der Herstellungskosten dürfen nur solche Werteverzehre sein, die zu Ausgaben führen bzw. geführt haben und als Aufwand erfasst werden. Dies ergibt sich aus dem der handels- und ertragsteuerrechtlichen Bilanzierung zugrunde liegenden pagatorischen Prinzip, nach dem alle Aktiva und Passiva und alle Erträge und Aufwendungen auf Ein- bzw. Auszahlungen – also auf Zahlungseingänge bzw. Zahlungsausgänge – zurückgeführt werden müssen. Diese Aufwandserfassung erfolgt gegliedert nach Aufwandsarten. Da aber zur handelsbilanziellen Bestandsbewertung keine artenbezogene, sondern eine stückbezogene Aufwandsrechnung erforderlich ist und eine solche „Aufwandsrechnung in der Finanzbuchhaltung in der Regel nicht existiert, sind die ‚Herstellungskosten' von selbst

Kostenrechnung als Datenbasis

erstellten Vermögensgegenständen aus den Kostenrechnungsdaten zu ermitteln"[366].

Möglicher Korrekturbedarf

Die Kostenrechnung kann andere Ziele als die Finanzbuchhaltung verfolgen. Daher ist grds. zu prüfen, ob die Kostenrechnungsdaten der Herstell(ungs)-kosten[367] ohne Weiteres in die Finanzbuchhaltung übernommen werden können. An den Kostenrechnungswerten können nachfolgende Korrekturen erforderlich werden:[368]

- Korrekturen aufgrund eines fehlenden Ausgabencharakters der Kosten,
- Korrekturen aufgrund eines fehlenden zeitlichen Bezugs zur Produktion der Periode,
- Korrekturen aufgrund eines fehlenden sachlichen Bezugs zum Herstellungsprozess.

Implikation eines Einkreissystems

In einem auf Basis eines Einkreissystems vollständig harmonisierten Rechnungswesens, wie Business ByDesign es beinhaltet, sind solche Anpassungen allerdings nicht notwendig, bei Bedarf aber durchaus möglich. Vielmehr existiert regelmäßig ein gemeinsamer konsistenter Buchungsstoff, der gleichermaßen für Zwecke des internen als auch des externen Rechnungswesens genutzt wird.[369] Bspw. sind kalkulatorische Kosten für Zwecke der Kostenrechnung in einem derart harmonisierten Einkreissystem unbekannt.[370] Daher werden in Fällen einer konsistenten Datenbasis hieraus auch keine Korrekturen für das externe Rechnungswesen aufgrund eines fehlenden Ausgabencharakters notwendig, vielmehr sind die handelsrechtlichen Herstellungskosten maßgeblich.

Ein Vergleich mit der Bestimmung der Anschaffungskosten zeigt, dass die Herstellungskosten in der Regel wesentlich schwieriger zu ermitteln sind. Während die Anschaffungskosten „im allgemeinen auf Grund von Rechnungen, die bei der Beschaffung eines Vermögensgegenstandes erteilt werden, genau zu bestimmen sind"[371], fehlen vergleichbare Fremdbelege bei der Ermittlung der Herstellungskosten. Vielmehr müssen – wie gezeigt – die einzelnen Bestandteile der Herstel-

---

[366] BAETGE, J./UHLIG, A. (1985), S. 274; vgl. hierzu auch EGGER, A. (1994), S. 206.
[367] Die Herstellungskosten i.S.v. § 255 Abs. 2 HGB sind nicht identisch mit den sog. Herstellkosten. Herstellkosten sind ein Begriff der „Kostenrechnung" und bezeichnen eine Zwischensumme im allgemeinen kostenrechnerischen Kalkulationsschema; vgl. KILGER, W. (1992), S. 267 ff.
[368] Vgl. BAETGE, J./UHLIG, A. (1985), S. 277.
[369] Vgl. zu dem auf Basis eines Einkreissystems harmonisierten Rechnungswesen in Business ByDesign ausführlich Kapitel B.
[370] In diesem Fall können im Vergleich zu den für Zwecke des externen Rechnungswesens notwendigen Daten sog. Zusatzkosten oder Anderskosten entstehen, die korrigiert werden müssten. Um Zusatzkosten handelt es sich, wenn die kalkulatorischen Kosten des internen Rechnungswesens keinen Kosten des externen Rechnungswesens gegenüberstehen, wie bspw. kalkulatorische Unternehmerlöhne. Anderskosten stellen dagegen lediglich Aufwand in abweichender Höhe dar, wie bspw. kalkulatorische Abschreibungen.
[371] WÖHE, G. (1997), S. 385.

lungskosten erst aus der (betriebsindividuell ausgestaltbaren) Kostenrechnung abgeleitet werden.

2.1.2.1 Kostenartenrechnung

Die Kostenartenrechnung stellt vor der Kostenstellen- und Kostenträgerrechnung das erste Kostenrechnungsteilgebiet dar. Die Funktion der Kostenartenrechnung besteht in der systematischen Erfassung aller in einem Abrechnungszeitraum anfallenden primären Kosten.[372] In der Kostenartenrechnung werden demnach alle Kosten gesammelt, die im Unternehmen anfallen. Sie dient damit als Grundlage zur Verteilung der Kosten an die einzelnen Kostenstellen und Kostenträger in der Kostenstellenrechnung bzw. Kostenträgerrechnung (vgl. Abbildung 68).[373]

Funktion der Kostenartenrechnung

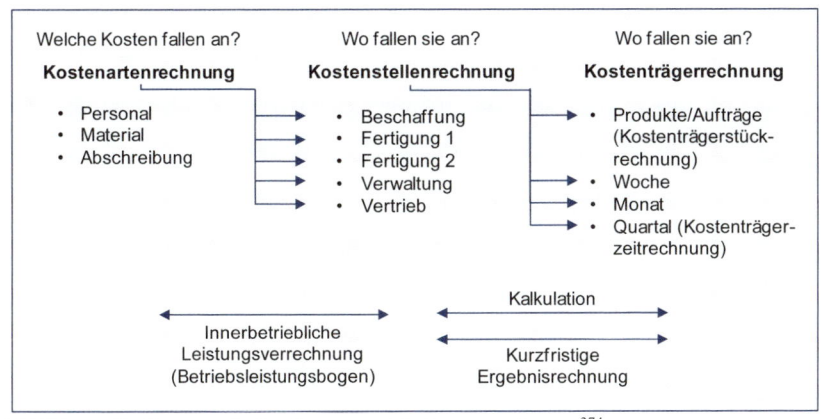

```
Welche Kosten fallen an?        Wo fallen sie an?           Wo fallen sie an?
Kostenartenrechnung             Kostenstellenrechnung       Kostenträgerrechnung

• Personal              →      • Beschaffung       →       • Produkte/Aufträge
• Material              →      • Fertigung 1       →         (Kostenträgerstück-
• Abschreibung          →      • Fertigung 2                 rechnung)
                        →      • Verwaltung        →       • Woche
                        →      • Vertrieb          →       • Monat
                                                    →      • Quartal (Kostenträger-
                                                             zeitrechnung)

                                           Kalkulation
                    ←────────────────────────────────────────→
                        Innerbetriebliche
                        Leistungsverrechnung
                        (Betriebsleistungsbogen)    Kurzfristige
                                            ←───── Ergebnisrechnung ─────→
```

Abbildung 68: Systematik der Kosten und Leistungsrechnung[374]

In einem auf Basis eines Einkreissystems harmonisierten Rechnungswesens, wie Business ByDesign es beinhaltet, wird die Kostenartenrechnung implizit mittels der Sachkontenbuchungen durchgeführt.

2.1.2.2 Kostenstellenrechnung

Die Kostenstellenrechnung stellt nach der Kostenartenrechnung das zweite Kostenrechnungsteilsystem dar. Sie dient insbesondere der innerbetrieblichen Leistungsverrechnung und ermöglicht gleichzeitig eine Weiterverrechnung der Gemeinkosten auf die einzelnen Kostenträger. Ganz allgemein können ihre Funktionen wie folgt umrissen werden:[375]

Funktion der Kostenstellenrechnung

- Übernahme der relevanten Kosten aus der Kostenartenrechnung und Verteilung auf die zugehörigen Kostenstellen,

---

[372] Vgl. HUMMEL, S./MÄNNEL, W. (2000), S. 128.
[373] Vgl. DÄUMLER, K.-D./GRABE, J. (2000), S. 133.
[374] Entnommen aus COENENBERG, A. G./FISCHER, T. M./GÜNTHER, T. (2009), S. 58.
[375] Vgl. KILGER, W. (1992), S. 15.

- Weiterverrechnung der relevanten Kosten der sekundären (Hilfs-)Kostenstellen auf die primären (Haupt-)Kostenstellen,
- Bildung von Kalkulationssätzen für die Bezugsgröße[376] aller Kostenstellen ggf. getrennt nach Kostenarten,
- Durchführung einer stellenbezogenen Kostenkontrolle.

Ein Kostenrechnungssystem wird der Kontrollfunktion dann gerecht, wenn die Kontrolle unterjährig möglichst zeitnah stattfindet. Business ByDesign ermöglicht dies auf Basis einer (Soll-)Kostenrechnung[377] in Echtzeit.

Differenzierung von Kostenstellen

Grds. stellt eine Kostenstelle einen eigenständigen Verantwortungsbereich in einem Unternehmen dar, denen Kosten zugerechnet werden.[378] Sie können nach unterschiedlichen Kriterien klassifiziert werden. So ist eine Differenzierung sowohl nach betrieblichen Funktionen, nach produktionstechnischen Gesichtspunkten als auch nach rechentechnischen Gesichtspunkten möglich.[379] Werden die Kostenstellen nach rechentechnischen Gesichtspunkten differenziert, erfolgt eine Unterscheidung in sog. Vorkostenstellen[380] und Endkostenstellen[381]. Vorkostenstellen sind nicht direkt an der Produktion von Endprodukten beteiligt, sondern erbringen innerbetriebliche Leistungen für andere Kostenstellen, die auf diese verrechnet werden. Endkostenstellen hingegen zeichnen sich dadurch aus, dass ihre Kosten in der Kalkulation direkt auf die Kostenträger verrechnet werden.[382]

Innerbetriebliche Leistungsverrechnung

Die innerbetriebliche Leistungsverrechnung wird in der Regel mithilfe eines Betriebsabrechnungsbogens durchgeführt. Hierbei wird in zwei Schritten vorgegangen:[383]

- Primärkostenverrechnung: Alle Kosten, die aus Sicht einer Kostenstelle Einzelkosten (Kostenstelleneinzelkosten) darstellen, werden den Kosten-

---

[376] Bezugsgrößen stellen Maßgrößen der Kostenverrechnung dar, mit deren Hilfe eine indirekte Kostenverteilung nach dem Grundsatz der Kostenverursachung gewährleistet werden soll. Hierbei werden die beiden unterschiedlichen Kategorien Wertschlüssel (Beispiel: Materialeinzelkosten, Lohneinzelkosten) und Mengenschlüssel (Beispiel: Maschinenstunden) unterschieden. Werden Wertschlüssel als Bezugsgröße gewählt, ergibt sich ein prozentualer Kalkulationssatz. Werden hingegen Mengenschlüssel als Bezugsgröße gewählt, resultieren daraus Kalkulationssätze je Bezugsgrößeneinheit; vgl. HABERSTOCK. L. (2008), S. 121 f.

[377] Auf den Kostenträgern verrechnete Sollkosten ergeben sich durch Multiplikation der Istbeschäftigung mit dem Plankalkulationssatz. Plankosten ergeben sich hingegen durch Multiplikation von Planbeschäftigung mit dem Plankalkulationssatz. Istkosten ermitteln sich durch Multiplikation der Istbeschäftigung mit dem Istkalkulationssatz.

[378] In Abhängigkeit der erbrachten Tätigkeit können dies z.B. Kostenstellen der Fertigung oder der allgemeinen Verwaltung sein.

[379] Vgl. hierzu ausführlich COENENBERG, A. G./FISCHER, T. M./GÜNTHER, T. (2009), S. 106 f.

[380] Vorkostenstellen werden auch als sekundäre Kostenstellen oder Hilfskostenstellen bezeichnet.

[381] Endkostenstellen werden auch als primäre Kostenstellen oder Hauptkostenstellen bezeichnet.

[382] Vgl. hierzu ausführlich HABERSTOCK, L. (2008), S. 112.

[383] Vgl. COENENBERG, A. G./FISCHER, T. M./GÜNTHER, T. (2009), S. 107 f.

stellen direkt zugerechnet. Nicht eindeutig zuordenbare Kosten (Kostenstellengemeinkosten) werden dagegen mit einem geeigneten Schlüssel auf die betroffenen Kostenstellen umgelegt.

- Sekundärkostenverrechnung: Hierbei werden Kosten für innerbetriebliche Leistungen von Vorkostenstellen auf die (End-)Kostenstellen umgewälzt. In diesem Zusammenhang kommt der Ermittlung der Kalkulationssätze für den innerbetrieblichen Leistungsaustausch eine besondere Bedeutung zu. Hierzu stehen unterschiedlich genaue Verfahren zur Verfügung.[384] In Business ByDesign wird der innerbetriebliche Leistungsaustausch entweder mithilfe von Umlagen oder „Ressourcen"[385] auf Gemeinkostenprojekte als Kostensammler vorgenommen. Für Zwecke der Leistungsverrechnung wird ihnen ein Kalkulationssatz zugeordnet.[386]

Die auf den Endkostenstellen gesammelten (Kostenträger-)Gemeinkosten werden in der Kostenträgerrechnung mithilfe von Kalkulationssätzen möglichst verursachungsgerecht auf die Kostenträger verrechnet. Die Herausforderung bei der Ermittlung von geeigneten Kalkulationssätzen stellt dabei oftmals das Herausfinden der geeigneten Bezugsgröße dar.[387] In Business ByDesign können die (Kostenträger-)Gemeinkosten zum einen über einen klassischen prozentualen Zuschlagssatz mithilfe von Wertschlüsseln verrechnet werden. Zum anderen ist die Verteilung von Gemeinkosten auch über Ressourcen möglich. Hierbei wird der Kostenträger i.H.d. bewerteten zeitlichen Inanspruchnahme einer Ressource belastet.[388] Als Bezugsgröße werden hierbei also Mengengrößen wie Maschinenstunden verwendet.

Bildung von Kalkulationssätzen

2.1.2.3 Kostenträgerrechnung

Die Kostenträgerrechnung stellt das dritte Kostenrechnungsteilsystem dar. Innerhalb der Kostenträgerrechnung werden die Kosten ermittelt, die zur Herstellung eines Kostenträgers aufgewendet werden mussten. Kostenträger können in diesem Zusammenhang ganz unterschiedlicher Natur sein. Ganz allgemein stellen Kostenträger selbstständige Produkt- oder Leistungseinheiten eines Unter-

Funktion der Kostenträgerrechnung

---

[384] Die Ermittlung der Kalkulationssätze für die innerbetriebliche Leistungsverrechnung von einer Vorkostenstelle zu einer anderen Vorkostenstelle kann mittels verschiedener Verfahren durchgeführt werden. Das Anbauverfahren, das Stufenleiterverfahren sowie das Gleichungsverfahren sind hierbei die üblichen Verfahren; vgl. hierzu ausführlich HABERSTOCK, L. (2008), S. 125 ff.

[385] Zur Definition von Ressourcen wird auf Kapitel E4.1.2 und E4.3.1.2 verwiesen. In diesem Kapitel wird eine innerbetriebliche Leistungsverrechnung auf Basis von Ressourcen – nicht auf Services – vorgenommen.

[386] Vgl. zur Vorgehensweise bei der Ermittlung des Kostensatzes an einem Beispiel Kapitel E2.3.2.3.1.

[387] Im Materialbereich wird in der Regel eine Abhängigkeit der Materialgemeinkosten von den Materialeinzelkosten angenommen. Im Fertigungsbereich werden zumeist entweder Fertigungslöhne oder – in Abhängigkeit vom Automatisierungsgrad – zunehmend Maschinenstunden als Bezugsobjekt gewählt.

[388] Business ByDesign kennt unterschiedliche Kategorien von Ressourcen. In Kapitel E2.3.2.3 wird in dem Beispielsachverhalt die Verwendung einer Personal- und einer Equipmentressource dargestellt.

nehmens dar. Hierbei können sie danach unterschieden werden, ob sie verkauft werden oder im Unternehmen verbleiben. Materielle Kostenträger, die für den Absatz bestimmt sind, führen zu einer Aktivierung im Umlaufvermögen bzw. bei erfolgtem Verkauf zu Kosten des Umsatzes. Verkaufte Dienstleistungen, die in Form von Kundenaufträgen/-projekten erbracht werden, resultieren in Kosten des Umsatzes. Innerbetrieblich in Auftrag gegebene Kostenträger müssen dahin gehend differenziert werden, ob sie aktiviert werden können oder Gemeinkosten darstellen. Ein entstandener Vermögensgegenstand führt zu einer Aktivierung.

Kostenträger in Business ByDesign

Business ByDesign unterscheidet u.a. folgende Kostenträger:

- Produktionslose,
- Kundenaufträge,
- Einzelkostenprojekte,
- Gemeinkostenprojekte.[389]

Die Ermittlung der Herstellungskosten kann z.B. auf Grundlage folgender Verfahren geschehen:[390]

Ermittlungsverfahren

- (Klassische) Zuschlagskalkulation,
- Maschinenstundensatzkalkulation.

Zuschlagskalkulation

In der Praxis sind insbesondere die Zuschlagskalkulation, deren Bezugsgrößen auf Wertschlüsseln basieren, sowie zunehmend die Maschinenstundensatzkalkulation von Bedeutung. Während die Einzelkosten den Kostenträgern direkt zugerechnet werden, müssen die Gemeinkosten mittels geeigneter Kalkulationssätze zu den Einzelkosten möglichst verursachungsgerecht auf die Kostenträger verrechnet werden.[391]

Maschinenstundensatzkalkulation

Die Maschinenstundensatzkalkulation gewinnt angesichts der in den letzten Jahren verhältnismäßig stark gestiegenen Fertigungsgemeinkosten an Bedeutung. In diesen Fällen führt die herkömmliche Zuschlagskalkulation oftmals zu keinen verursachungsgerechten Fertigungsgemeinkostenverrechnungen. Zur Ermittlung eines Maschinenstundensatzes werden sämtliche einer Maschine zurechenbaren Kosten ins Verhältnis zur Laufzeit (Bezugsgröße Maschinenstunde) gesetzt. Die Fertigungsgemeinkosten werden dem Kostenträger im Verhältnis zur eingesetzten Maschinenlaufzeit zugerechnet. In Business ByDesign wird die Maschinenstundensatzkalkulation mittels der Verrechnung über (Equipment-)Ressourcen abgebildet. „Die nicht maschinenabhängigen Gemeinkosten einer Kostenstelle

---

[389] Vgl. zu den Unterschieden zwischen Einzel- und Gemeinkostenprojekte Kapitel E4.1.
[390] Vgl. zu den Verfahren ausführlich LORSON, P./SCHWEITZER, M. (2008), S. 417 ff.; COENENBERG, A. G./FISCHER, T. M./GÜNTHER, T. (2009), S. 126 ff.
[391] Vgl. zur Auswahl geeigneter Zuschläge der einzelnen Gemeinkostenarten HABERSTOCK, L. (2008), S. 136 ff.

(Restgemeinkosten) werden auch bei diesem Verfahren unverändert als Zuschlag"[392] auf den Kostenträger verrechnet.

Abbildung 69 zeigt zusammenfassend das Kostenrechnungssystem im Überblick:

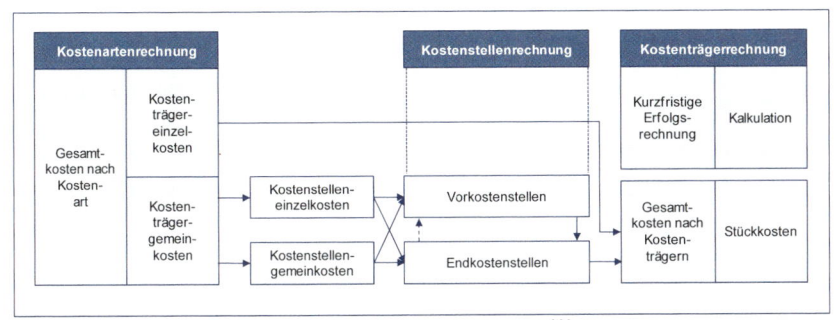

Abbildung 69: Grundablaufschema einer Kostenrechnung[393]

Die oben beschriebene Kostenträgerstückrechnung kann zeitlich in mehrere Phasen untergliedert werden: die Vor-, Zwischen- und Nachkalkulation. Business ByDesign offeriert derzeit keine Möglichkeit der Vorkalkulation von Herstellungskosten. Die analytischen Möglichkeiten einer Nachkalkulation nach Fertigstellung eines Produktionsauftrags bietet Business ByDesign hingegen an. Diese unterjährige Nachkalkulation erfolgt auf Basis der angefallenen Sollkosten.

Die Kostenträgerzeitrechnung stellt den angefallenen Kosten die durch den Absatz erzielten Erlöse gegenüber. Dies ermöglicht die Ermittlung des Deckungsbeitrags eines bzw. mehrerer Produkte über einen bestimmten Zeitraum. In Business ByDesign wird diese Analyse mithilfe der Ergebnisrechnung ermöglicht.[394]

2.1.3 Herstellungskosten
2.1.3.1 Grundlagen

Die Herstellungskosten werden häufig gleichzeitig mit den Anschaffungskosten genannt. Während die Anschaffungskosten zu ermitteln sind, wenn Vermögensgegenstände von außen erworben werden, finden die Herstellungskosten immer dann Anwendung, wenn es um die Bewertung von Vermögensgegenständen geht, die von dem bilanzierenden Unternehmen selbst hergestellt wurden. Das Gesetz führt in § 255 Abs. 2 Satz 1 HGB drei Herstellungsvorgänge an und zeigt damit gleichzeitig die Tatbestände auf, die eine Ermittlung der Herstellungskosten erforderlich machen können:

Wertmaßstab für selbst erstellte Vermögensgegenstände

---

[392] COENENBERG, A. G./FISCHER, T. M./GÜNTHER, T. (2009), S. 140.
[393] Modifiziert entnommen aus LORSON, P./SCHWEITZER, M. (2008), S. 367.
[394] Vgl. ausführlich zur Kostenträgerzeitrechnung die Ausführungen in Kapitel E3.1.3.

> 1. Herstellung eines Vermögensgegenstands im engeren Sinn
> 2. Erweiterung eines Vermögensgegenstands } nachträgliche Herstellungskosten
> 3. Wesentliche Verbesserung eines Vermögensgegenstands

Abbildung 70: Herstellungsvorgänge

Anwendungsfälle Der Hauptanwendungsfall zur Bestimmung der Herstellungskosten dürfte in aller Regel die sog. Erstherstellung sein; ein Vermögensgegenstand wird in diesem Fall neu hergestellt. Zur Herstellung eines Vermögensgegenstands i.e.S. gehört auch die sog. Zweitherstellung. Hierzu zählen die Wiederherstellung eines gänzlich verschlissenen Teils sowie die völlige Wesensänderung eines Gegenstands, „weil bei wirtschaftlicher Betrachtungsweise auch in diesen Fällen ein neuer Vermögensgegenstand entsteht"[395].

Die Erweiterung eines Vermögensgegenstands und die wesentliche Verbesserung über seinen ursprünglichen Zustand hinaus werden als „nachträgliche Herstellungskosten" betrachtet. Bewertungsgegenstände können hierbei sein:

- Güter des Anlagevermögens und des Umlaufvermögens,
- Sachgüter und immaterielle Güter,
- Lieferungen und Leistungen; so kommt z.B. eine Bewertung der noch nicht abgerechneten Leistungen im Rahmen des Bilanzpostens „unfertige Erzeugnisse, unfertige Leistungen" in Betracht[396],
- fertige und unfertige Vermögensgegenstände,
- absatzbestimmte Vermögensgegenstände und die für den Eigenverbrauch vorgesehenen selbst erstellten Vermögensgegenstände.

Besondere Bedeutung Die größte Bedeutung besitzt die Herstellungskostenermittlung in der Praxis für die unfertigen und fertigen Erzeugnisse des Umlaufvermögens. Eine große Rolle spielen die Herstellungskosten zudem bei der Selbsterstellung von Vermögensgegenständen des Sachanlagevermögens (z.B. selbst erstellte Bauten).

Umfang der Herstellung Unter Herstellung ist nicht nur der technische Vorgang der Fertigung – also die Produktion bzw. Leistungserstellung i.e.S. – zu verstehen, vielmehr schließt der Begriff „auch die Beschaffung, den Transport und die Lagerung der zur Fertigung benötigten Kostengüter (Produktionsfaktoren)"[397] ein. Die Lagerung der Fertigfabrikate darf jedoch nicht den Herstellungskosten zugeschlagen werden.

Auf dieser Grundlage werden die Herstellungskosten ganz allgemein als die Summe aller Kosten definiert, „die bei der Erstellung einer betrieblichen Leistung anfallen, bis diese Leistung absatzreif ist"[398]. Herstellungskosten schließen daher nicht nur den Werteverzehr ein, der durch die Produktion unmittelbar verursacht

---
[395] ELLROTT, H./BRENDT, P. (2010), Rn. 375.
[396] Vgl. SELCHERT, F. W. (1986), S. 2299.
[397] WÖHE, G. (1997), S. 390.
[398] WÖHE, G. (1997), S. 390.

wird; vielmehr ist außerdem auf jenen Werteverzehr abzustellen, der die Produktion mittelbar überhaupt erst ermöglicht.

Es ist davon auszugehen, dass die Aufzählung der Herstellungskostenbestandteile in § 255 Abs. 2 HGB erschöpfend ist. Demnach können weitere – in § 255 Abs. 2 HGB nicht genannte – Kostenarten nicht zum Herstellungskostenbegriff gerechnet werden. Ebenso wie die Anschaffungskosten stellen die Herstellungskosten lediglich den Ausgangswert für die (Folge-)Bewertung des betreffenden Vermögensgegenstands dar.

Erschöpfende Aufzählung der Bestandteile

2.1.3.2 Zweck der Herstellungskosten

Die Herstellungskosten stellen grds. die Wertobergrenze von selbst hergestellten Vermögensgegenständen für Zwecke der Folgebewertung dar. Mithilfe des in § 255 HGB definierten Wertmaßstabs der Herstellungskosten strebt der Gesetzgeber an, den Herstellungsvorgang soweit wie möglich erfolgsneutral – als reine Vermögensumschichtung – zu behandeln.[399] Erfolgsneutralität bedeutet, dass die durch Herstellung bedingte Veränderung eines Bilanzpostens (z.B. die Verminderung der Zahlungsmittel) gerade durch die Veränderung eines anderen Bilanzpostens (z.B. die Erhöhung der Vorräte) ausgeglichen werden soll. Dem Gebot der Erfolgsneutralität wird durch die verpflichtende Einbeziehung der wesentlichen Gemeinkosten in die Herstellungskosten seit dem BilMoG annähernd entsprochen.

Erfolgsneutralität des Herstellungsvorgangs

2.1.3.3 Komponenten der Herstellungskosten

Nachfolgend wird zwischen

- den einbeziehungspflichtigen (Wertuntergrenze),
- einbeziehungsfähigen, aber nicht einbeziehungspflichtigen (Wertobergrenze) sowie
- nicht einbeziehungsfähigen (Verbot)

Kosten unterschieden.

Zur Wertuntergrenze zählen alle Kosten, die einbeziehungspflichtig sind. Es handelt sich um die Kosten, die mindestens angesetzt werden müssen. Hierzu zählen alle Einzelkosten sowie seit dem BilMoG auch die wesentlichen Gemeinkosten. Beide Komponenten stellen damit den Mindestumfang der handelsbilanziellen Herstellungskosten dar.[400]

Wertuntergrenze

---

[399] Dies gilt entsprechend für den Wertmaßstab der Anschaffungskosten.
[400] Die handelsrechtliche Wertuntergrenze der Herstellungskosten ist seit dem BilMoG folglich identisch mit der steuerlichen Wertuntergrenze.

2.1.3.3.1 Unterscheidung zwischen Einzel- und Gemeinkosten

Einzelkosten

Hauptmerkmal der Einzelkosten ist, dass sie direkt (unmittelbar und unter Umgehung der Kostenschlüsselung im Zuge der Kostenstellenrechnung) einem selbst erstellten Vermögensgegenstand zugerechnet werden können. Die direkte Zurechenbarkeit bezieht sich dabei allein auf den zur Herstellung eingesetzten mengenmäßigen Güterverzehr, also auf das sog. Mengengerüst der Herstellungskosten und nicht auf die Bewertung.[401] Sofern „die Bewertung eines eingesetzten Produktionsfaktors bereits eine Schlüsselung erforderlich macht"[402], widerspricht dies nicht dem Einzelkostencharakter.[403] Ein typisches Beispiel hierfür ist die Berücksichtigung eines direkt zurechenbaren Zeitlohns mittels Umlage auf einen Kostenträger. Die Arbeitszeit ist einem Kostenträger demnach oftmals direkt zurechenbar, die Bewertung aber erst durch eine zeitbezogene Schlüsselung möglich. Einzelkosten sind dann diejenigen direkt messbaren Kosten, die nicht entstehen würden, wenn der jeweils betrachtete Kostenträger wegfiele. Die auf dieser Grundlage definierten Einzelkosten sind daher stets „variable Kosten, da sie durch die Produktion eines Stückes verursacht werden. Sie können vermieden werden, wenn dieses Stück nicht produziert würde"[404]. Einzelkosten sind daher grds. variable Kosten, während variable Kosten auch Gemeinkosten sein können.

Gemeinkosten

Gemeinkosten können nur im Wege der Schlüsselung und Umlage den einzelnen Bezugsobjekten zugerechnet werden. Die Verteilung der Gemeinkosten auf die Bezugsobjekte erfolgt „proportional zu Hilfsgrößen, die für die jeweiligen Bezugsgrößen durch Messung, Zählung oder Errechnung festgestellt oder aufgrund bestimmter Annahmen festgelegt werden. Bei diesen Hilfsgrößen handelt es sich z.B. um Abschreibungssätze und zur Errechnung von Zeitraumgemeinkosten, um Verteilungs- oder Umlageschlüssel für die Errechnung der Gemeinkosten von Produktionsphasen, um Äquivalenzziffern und Zuschlagsgrundlagen zur Kalkulation von Trägergemeinkosten"[405].

2.1.3.3.2 Einzelkosten

Einzelkosten müssen gem. § 255 Abs. 2 HGB immer in die Herstellungskosten einbezogen werden; für sie besteht also ein Einbeziehungsgebot. Im Einzelnen werden folgende Einzelkosten unterschieden:

- Materialeinzelkosten,
- Fertigungseinzelkosten und
- Sondereinzelkosten der Fertigung.

Die Einbeziehungspflicht von Einzelkosten gilt sowohl für das deutsche Handels- als auch für das Steuerbilanzrecht.

---

[401] Vgl. ELLROTT, H./BRENDT, P. (2010), Rn. 347.
[402] ELLROTT, H./BRENDT, P. (2010), Rn. 346, m.w.N.
[403] Vgl. auch SELCHERT, F. W. (1986), S. 2300 f.
[404] WÖHE, G. (2002), S. 1089.
[405] MENRAD, S. (1978), S. 64.

2.1.3.3.2.1 Materialeinzelkosten

Die Materialeinzelkosten umfassen den bewerteten Verbrauch an Roh- und Hilfsstoffen sowie selbst erstellten und fremdbezogenen (Einbau-)Fertigteilen. Voraussetzung für die Erfassung als Materialeinzelkosten ist, dass dieser Werteverzehr den zu bewertenden Produkteinheiten über feste Mengenrelationen direkt zurechenbar ist. Sowohl Rohstoffe als auch Einbauteile gehen als Hauptbestandteile unmittelbar in ein Erzeugnis ein;[406] die entsprechenden Kosten sind regelmäßig Einzelkosten. Die Höhe dieses Einzelkostenbetrags bemisst sich bei Fremdbezug von Einbauteilen nach deren (vollen) Anschaffungskosten und bei Eigenherstellung nach deren in einem vorgelagerten Bewertungsschritt eigenständig ermittelten Herstellungskosten.

Direkte Zurechenbarkeit

Hilfsstoffe gehen ebenfalls unmittelbar in ein Erzeugnis ein, sind aber in der Regel wert- und mengenmäßig von untergeordneter Bedeutung. Aufgrund abrechnungstechnischer Schwierigkeiten oder in Fällen, in denen die Genauigkeit der Kalkulation durch Verrechnung von Einzelkosten nicht wesentlich verbessert werden kann, werden geringwertige Kleinteile, die als Einzelmaterialien den Erzeugnissen zugerechnet werden können, häufig verrechnungstechnisch als Gemeinkosten behandelt. Sie werden auch als „unechte Gemeinkosten" bezeichnet, die vom Grundsatz her als direkt zurechenbare Aufwendungen zu den Einzelkosten gehören.

Hilfsstoffe als unechte Gemeinkosten

Von den Hilfsstoffen sind die Betriebsstoffe (z.B. Kraftstoffe, Schmieröle und Fette) abzugrenzen; sie unterscheiden sich dadurch voneinander, dass sie nicht in ein Erzeugnis eingehen, sondern zur Aufrechterhaltung der Betriebsbereitschaft und zur Durchführung des Fertigungsprozesses benötigt werden. Sie erfüllen in aller Regel nicht das Kriterium des Stückbezugs und führen damit nicht zu Einzelkosten. Folglich sind allein die Rohstoffe und Einbauteile uneingeschränkt als Einzelkosten zu behandeln. Hilfsstoffe werden als unechte Gemeinkosten verrechnet, sodass von ihrer grds. bestehenden Aktivierungspflicht unter bestimmten Voraussetzungen abgesehen werden kann. Betriebsstoffe haben vom Grundsatz her nicht den Charakter von Einzelkosten.

Abgrenzung zu Betriebsstoffen

2.1.3.3.2.2 Fertigungseinzelkosten

Fertigungskosten umfassen im Wesentlichen die im Rahmen der Produktion anfallenden Löhne und Lohnnebenkosten; ferner zählen dazu vergleichbare Aufwendungen, die durch den Einsatz von fremden Arbeitskräften für die Produktion entstanden sind.

Inwieweit es sich um aktivierungspflichtige Fertigungseinzelkosten handelt, hängt entscheidend von der jeweiligen Lohnform und dem jeweiligen Fertigungsver-

Einzelkosten- vs. Gemeinkosten

---

[406] Die verwendeten Mengen werden im Produktionsprozess über die Stückliste bestimmt.

fahren bzw. -typ ab.⁴⁰⁷ Löhne und Gehälter können kostentheoretisch nur zu den Fertigungseinzelkosten gehören, wenn sie dem jeweiligen Produkt einzeln zurechenbar sind. Die Personalkosten können diesem Kriterium bei der Einzel- und Auftragsfertigung – unabhängig von der Lohnform – vom Grundsatz her noch am ehesten entsprechen, indem Arbeiter und Angestellte projektbezogen eingesetzt und ihre Löhne und Gehälter projekt- und nicht zeitbezogen erfasst werden. Die Berücksichtigung von Löhnen und Gehältern als Einzelkosten ist dagegen bei der Serien-, Sorten- und Massenfertigung im Einzelfall zu prüfen. In der Regel werden die Lohnkosten in der Bilanzierungspraxis als Einzelkosten behandelt.⁴⁰⁸

2.1.3.3.2.3 Sondereinzelkosten der Fertigung

In der Literatur werden Sondereinzelkosten der Fertigung unterschiedlich definiert. So wird unter Sondereinzelkosten z.B. der Verzehr verstanden, der für den einzelnen Kostenträger erfasst und ihm daher direkt zugerechnet wird.⁴⁰⁹ Hiernach würden die Einzelerfassung und direkte Zurechnung nach allgemeiner Anerkennung auch die Feststellung der Kosten für eine Gruppe von Kostenträgern und die anschließende Verteilung auf die Gruppenobjekte einschließen. Nach anderer Definition sind Sondereinzelkosten „zwar nicht pro Stück, aber pro Auftrag erfassbar"⁴¹⁰. Als klassische Beispiele der Sondereinzelkosten der Fertigung werden Kosten für Modelle, Spezialwerkzeuge, Vorrichtungen und Entwürfe genannt.

2.1.3.3.3 Gemeinkosten

Seit dem BilMoG müssen im Rahmen der Herstellungskostenermittlung neben den Einzelkosten auch die wichtigsten Gemeinkostenkomponenten, nämlich

- Materialgemeinkosten,
- Fertigungsgemeinkosten und
- Werteverzehr des Anlagevermögens

in die handelsrechtlichen Herstellungskosten einbezogen werden.⁴¹¹

Angemessener Werteverzehr als Voraussetzung der Einbeziehung

Nach § 255 Abs. 2 Satz 2 HGB dürfen lediglich angemessene Teile der dem einzelnen Erzeugnis nur mittelbar zurechenbaren Kosten aktiviert werden. Dieses sog. Angemessenheitsprinzip galt bereits im Handelsrecht vor dem BilMoG. Die Angemessenheit des Werteverzehrs resultiert insbesondere aus dem Vorsichtsgrundsatz.⁴¹² „Die Verknüpfung der Regeln über die Zulässigkeit der Ermittlung

---

407 Vgl. KÜTING, K. (1992), S. 377 ff.
408 Vgl. WOHLGEMUTH, M. (2001), Rn. 26.
409 Vgl. BERGNER, H. (1970), Rn. 1596.
410 HABERSTOCK, L. (2008), S. 57.
411 Die Einbeziehungspflicht dieser Herstellungskostenkomponenten galt bereits vor dem BilMoG für das deutsche Steuerbilanzrecht, sodass die Handels- und Steuerbilanzen im Bereich der Herstellungskosten seit dem BilMoG grds. deckungsgleich sind.
412 Vgl. auch GLADE, A. (1995), Rn. 584; VAN HALL, G./KESSLER, H. (2009), S. 174.

von Herstellungskosten mit dem Vorsichtsprinzip ist deshalb geboten, weil die verursachungsgerechte Zurechnung sämtlicher Kosten zu den einzelnen Leistungseinheiten, soweit es sich um echte Gemeinkosten und fixe Kosten handelt, zu den ungeklärten betriebswirtschaftlichen Fragen gehört."[413] Konkret bringt das Angemessenheitsprinzip zum Ausdruck, dass nur tatsächlich angefallene Kosten verrechnet werden dürfen, sodass die Istkosten in jedem Fall die absolute Obergrenze darstellen. Weiterhin darf der sog. neutrale Aufwand nicht zur Herstellungskostenermittlung herangezogen werden; „die Aktivierbarkeit ist somit auf den kostengleichen Aufwand beschränkt"[414]. Auszuschalten ist demzufolge der betriebsfremde und außergewöhnliche Werteverzehr. Die Kosten müssen den Kosten einer Normalbeschäftigung entsprechen.[415] Dies entspricht der üblichen Kostendefinition, „als Kosten nur den normalen (durchschnittlichen, gewöhnlichen) Werteverzehr zu verrechnen, da andernfalls die Ergebnisse der Kostenrechnung durch Zufallsschwankungen verzerrt werden und als Grundlage ‚normaler' Dispositionen nicht mehr verwendbar sind"[416]. Bezogen auf die Beschäftigungslage heißt dies, dass bei der Umlage der Gemeinkosten von normalen Beschäftigungsverhältnissen auszugehen ist. Sog. Leerkosten dürfen somit „bei offenbarer, wesentlicher Unterbeschäftigung"[417] nicht aktiviert werden.

2.1.3.3.3.1 Materialgemeinkosten

Bei den Materialgemeinkosten handelt es sich überwiegend um Personal- und Raumkosten, soweit sie im Zusammenhang mit der Beschaffung, Lagerung, Wartung oder Verwaltung des Materials verursacht werden. Bei einem Teil dieser Kosten (z.B. des Einkaufs, der Warenannahme, der Material- und Rechnungsprüfung) liegen eigentlich Anschaffungsnebenkosten des Materials bzw. allgemeine Verwaltungskosten vor; die Einbeziehung von Anschaffungsnebenkosten erst in die Herstellungskosten wird aber als zulässig angesehen.[418] Im Interesse einer periodengerechten sowie einer verursachungsgerechten Aufwandsabgrenzung und -verrechnung sollten dennoch derartige Anschaffungsnebenkosten zusammen mit den Anschaffungskosten der beschafften Materialien zunächst aktiviert werden, soweit sie als Einzelkosten den Anschaffungskosten direkt zurechenbar sind.

Die Verrechnung von Materialgemeinkosten erfolgt bei traditionellen Verfahren der Kostenrechnung zumeist als ein globaler Zuschlag auf die Einzelmaterialkosten; im Rahmen moderner Verfahren, wie z.B. der Plankostenrechnung, werden dagegen die Materialgemeinkosten weitgehend nach Materialgruppen differenziert. Die Kosten der Beschaffung, Lagerung etc. werden also den einzel-

Verrechnung der Gemeinkosten

---

[413] SCHMIDT, A. (1988), S. 75.
[414] WOHLGEMUTH, M. (2001), Rn. 75.
[415] Vgl. GÖBEL, S. (2001), § 255, Rn. 126.
[416] HABERSTOCK, L. (1982), S. 18 f.
[417] SCHILDBACH, T. (2008), S. 180.
[418] Vgl. ADLER, H./DÜRING, W./SCHMALTZ, K. (1995), § 255, Rn. 172.

nen Materialgruppen verursachungsgerecht zugeordnet und ggf. durch unterschiedliche Zuschläge verrechnet.

2.1.3.3.3.2 Fertigungsgemeinkosten

Schwierigkeiten bei der Definition

„Die Fertigungsgemeinkosten können negativ dahin gehend umschrieben werden, dass darunter alle Kosten für die Leistung fallen, die nicht direkt als Kosten für Werkstoffe und Fertigungslöhne oder als Sonderkosten verrechnet werden können und auch nicht als Verwaltungs- oder Vertriebskosten zu betrachten sind."[419] Diese Umschreibung des Begriffs „Fertigungsgemeinkosten" verdeutlicht die Problematik der Abgrenzung der als Fertigungsgemeinkosten zu erfassenden Kostenkategorien:

- Eine positive Umschreibung des Begriffs durch eine abschließende Benennung der unter die Fertigungsgemeinkosten zu subsumierenden Kosten scheitert an deren Vielfalt bzw. deren verschiedenen Erscheinungsformen in Abhängigkeit von den jeweiligen betrieblichen Gegebenheiten.
- Weiterhin bereitet die exakte Trennung der betrieblichen Teilbereiche Fertigung, Verwaltung und Vertrieb erhebliche Schwierigkeiten.

Beispiele

Folglich können hier lediglich beispielhaft einige Komponenten der Fertigungsgemeinkosten genannt werden. Neben den Aufwendungen für die Kostenstellen gehören die Kosten der Werkstattverwaltung, der Reinigung der Produktionsräume und der Geräte, für Energie und Brennstoffe, für Betriebsstoffe (kleinere Werkzeuge und Bürobedarf) zu den Fertigungsgemeinkosten.[420]

2.1.3.3.3.3 Werteverzehr des Anlagevermögens

Die Abschreibungen werden in § 255 Abs. 2 Satz 2 HGB „Werteverzehr des Anlagevermögens" genannt. Mit dieser Formulierung wird klargestellt, „daß nicht nur der technisch bedingte Werteverzehr bei der Berechnung der Herstellungskosten in angemessenem Umfang zu berücksichtigen ist, sondern auch der wirtschaftliche, ggf. juristisch bedingte Werteverzehr"[421]. Eine Aktivierungspflicht der Abschreibungen wird im Gesetz ausdrücklich von zwei Voraussetzungen abhängig gemacht:

Voraussetzungen zur Aktivierung

- Es muss sich um angemessene Teile des Werteverzehrs handeln. Damit wird sowohl die Forderung der Zugehörigkeit zum Zeitraum der Herstellung als auch die der Veranlassung durch die Fertigung verstärkt.
- Die Abschreibungen müssen durch die Fertigung veranlasst sein. Veranlassung bezeichnet den Tatbestand, dass der Fertigungsprozess das auslösende Moment für die anfallenden Aufwendungen sein muss. Damit wird

---

[419] WP-HANDBUCH (2006), Abschnitt E, Rn. 281.
[420] Vgl. ausführlich BFH-Gutachten vom 26.01.1960, S. 193.
[421] NIEHUS, R. J. (1982), S. 162.

klargestellt, dass nur der für die Fertigung notwendige Werteverzehr berücksichtigt werden darf.

2.1.3.3.3.4 Einbeziehungswahlrechte

Zwischen der Wertuntergrenze und der Wertobergrenze der Herstellungskosten liegen die Kostenkategorien, die einbeziehungsfähig, aber nicht einbeziehungspflichtig sind. Es handelt sich damit um Wahlbestandteile, die Gegenstand der Bilanzpolitik sind. Nach § 255 Abs. 2 Satz 3 HGB gehören dazu die freiwilligen sozialen Aufwendungen und die allgemeinen Verwaltungskosten, soweit sie auf den Zeitraum der Herstellung entfallen. Unter bestimmten Voraussetzungen dürfen gem. § 255 Abs. 3 HGB auch Fremdkapitalzinsen aktiviert werden.

Wertobergrenze

Zu den freiwilligen sozialen Aufwendungen zählen solche Kosten, die nicht arbeits- oder tarifvertraglich vereinbart worden sind. Dazu gehören u.a.

Freiwillige soziale Leistungen

- Aufwendungen für freiwillige soziale Leistungen (z.B. Jubiläumsgeschenke, Weihnachtszuwendungen oder Wohnungsbeihilfen),
- Aufwendungen für soziale Einrichtungen des Betriebs (z.B. Kantinen, Ferienerholungsheime),
- Aufwendungen für die betriebliche Altersversorgung (z.B. Beiträge zu Direktversicherungen, Zuwendungen an Pensions- und Unterstützungskassen, Zuführungen zu Pensionsrückstellungen).[422]

Aufwendungen für die Beteiligung der Arbeitnehmer am Ergebnis des Unternehmens sind:

- soweit sie von Unternehmen freiwillig gewährt werden, aktivierungsfähig,
- soweit sie vertraglich vereinbart wurden und auf im Fertigungsbereich beschäftigte Arbeitnehmer entfallen, als Bestandteil der Fertigungsgemeinkosten aktivierungspflichtig,
- soweit sie vertraglich vereinbart wurden und auf anderweitig beschäftigte Arbeitnehmer entfallen, aktivierungsfähig.[423]

Da sowohl in der Handels- als auch in der Steuerbilanz für die Aktivierung der freiwilligen sozialen Aufwendungen ein Wahlrecht besteht, dürfen diese auf der Grundlage des im Zuge des BilMoG neu gefassten § 5 Abs. 1 EStG in beiden Rechenwerken unterschiedlich berücksichtigt werden.[424]

Unterschiedliche Ausübung

§ 255 Abs. 2 Satz 3 HGB gewährt in Analogie zur steuerrechtlichen Regelung ein Aktivierungswahlrecht für die Kosten der allgemeinen Verwaltung. Mit der Formulierung „Kosten der allgemeinen Verwaltung" wird zugleich klargestellt,

Allgemeine Verwaltungskosten

---

[422] Vgl. R 6.3 EStR.
[423] Vgl. R 6.3 Abs. 4 EStR.
[424] Vgl. zum Maßgeblichkeitsprinzip der Handels- für die Steuerbilanz nach BilMoG Kapitel C.

dass Kosten, soweit sie aus einer funktionsorientierten Verwaltungstätigkeit resultieren, abzugrenzen und den Kostenstellen der entsprechenden betrieblichen Teilbereiche zuzuordnen sind. Handelt es sich dabei um Kosten der Material- oder Fertigungsverwaltung, so müssen sie sowohl handelsrechtlich als auch steuerrechtlich als Bestandteil der Material- oder Fertigungsgemeinkosten aktiviert werden.

Wird allerdings nur ein einziger Vermögensgegenstand hergestellt, existiert nach einer Entscheidung des BFH neben dem Herstellungsbereich kein Bereich der allgemeinen Verwaltung.[425] Die zwangsläufig i.V.m. der Herstellung anfallenden Verwaltungskosten sind danach unmittelbar der Herstellung des Wirtschaftsguts zuzuordnen. Sie sind damit nach h.M. steuerrechtlich aktivierungspflichtig. Folglich sind sie auch in der Handelsbilanz aktivierungspflichtig.

Kostenbestandteile

Zu den Kosten der allgemeinen Verwaltung zählen nach überwiegender Ansicht die in R 6.3 Abs. 4 EStR aufgeführten „Aufwendungen für Geschäftsleitung, Einkauf und Wareneingang, Betriebsrat, Personalbüro, Nachrichtenwesen, Ausbildungswesen, Rechnungswesen – z.B. Buchführung, Betriebsabrechnung, Statistik und Kalkulation –, Feuerwehr, Werkschutz sowie allgemeine Fürsorge einschließlich Betriebskrankenkasse". Hierunter fallen insbesondere (anteilige) Löhne und Gehälter, Büromaterial, Abschreibungen, Kosten des Personalwesens, der Rechts-, Versicherungs- und sonstigen Stabsabteilungen.

Überblick

Das hier dargestellte Wahlrecht bezieht sich allein auf die allgemeinen Verwaltungskosten:

- (Produktionsnahe) Verwaltungskosten des Material- und Fertigungsbereichs sind als Material- bzw. Fertigungsgemeinkosten aktivierungspflichtig,
- Vertriebsbezogene Verwaltungskosten dagegen dürfen nicht angesetzt werden.

Da sowohl in der Handels- als auch in der Steuerbilanz für die Aktivierung der allgemeinen Verwaltungskosten ein Wahlrecht besteht, dürfen diese – ebenso wie die freiwilligen sozialen Leistungen – auf der Grundlage des neu gefassten § 5 Abs. 1 EStG in beiden Rechenwerken unterschiedlich behandelt werden.

2.1.3.3.3.5 Einbeziehungsverbot

Vertriebskosten

Die Regelung des § 255 Abs. 2 Satz 4 HGB stellt ausdrücklich klar, dass Vertriebskosten nicht zu den Herstellungskosten zählen. Sie dürfen daher nicht aktiviert werden. Der Begriff „Vertriebskosten" stellt einen unbestimmten Rechtsbegriff dar, weswegen auf Hilfslösungen bzgl. seiner Auslegung bzw. einer inhaltlichen Bestimmung zurückgegriffen werden muss. Vertriebskosten fallen im Rahmen der Verteilung der produzierten Vermögensgegenstände, nicht im Rahmen der Herstellung einzelner Erzeugnisse an. Nach § 255 Abs. 2 Satz 4 HGB

---

[425] Vgl. BFH-Urteil vom 22.04.1980, S. 444.

muss davon ausgegangen werden, dass Sondereinzelkosten des Vertriebs sowie Verwaltungskosten des Vertriebsbereichs als Unterkategorie der Vertriebskosten nicht aktiviert werden dürfen.

2.1.3.3.4 Übersicht zur Wertober- und -untergrenze

Abbildung 71 stellt die handelsbilanzielle sowie steuerliche Wertunter- und -obergrenze dar. Die Grenzen sind seit dem BilMoG in beiden Rechnungslegungswerken identisch. Zu beachten ist allerdings, dass die Wertobergrenze aufgrund unterschiedlicher Anwendung der Aktivierungswahlrechte voneinander abweichen kann.

	Materialeinzelkosten
+	Fertigungseinzelkosten
+	Sondereinzelkosten der Fertigung
+	Materialgemeinkosten
+	Fertigungsgemeinkosten
+	Verwaltungskosten des Material- und Fertigungsbereichs
+	Werteverzehr des Anlagevermögens
= Wertuntergrenze	
+	Kosten der allgemeinen Verwaltung
+	Kosten für freiwillige soziale Leistungen
+	Aufwendungen für soziale Einrichtungen des Betriebs
+	Kosten für die betriebliche Altersversorgung
+	Fremdkapitalzinsen (unter bestimmten Voraussetzungen, § 255 Abs. 3 HGB)
= Wertobergrenze	

Abbildung 71: Wertunter- und -obergrenze nach Handels- und Steuerrecht

2.1.3.4 Zulässigkeit einer Plankostenrechnung

Häufig ist in der Praxis unterjährig eine Plankostenrechnung vorzufinden. Es stellt sich die Frage, inwieweit diese Kostenrechnung als Grundlage der Ermittlung der bilanziellen Herstellungskosten angesehen werden kann. Die Herstellungskosten können aufgrund des pagatorischen Kostenverständnisses grds. nur auf Istwerten basieren. — **Fragestellung**

Gerade im Bereich der Kostenträgergemeinkosten ist es jedoch nicht möglich, auf Istwerten basierende Herstellungskosten zu verwenden, wenn die tatsächlich realisierte Beschäftigung zu einer Aktivierung von (wesentlichen) Unterbeschäftigungskosten führen würde (vgl. Kapitel E2.1.3.3.3). Aus diesem Grund kann ein Abweichen von den Istkosten ohnehin erforderlich sein. — **Erforderliche Abkehr von Istkosten**

Des Weiteren ist denkbar, dass die Istbeschäftigung zu dem Zeitpunkt, in dem die Herstellungskosten fixiert werden müssen, nicht in dem für die Ermittlung der Herstellungskosten notwendigen Genauigkeitsgrad bekannt ist. Triftige Argumente sprechen somit in diesem Bereich für die Zulässigkeit von Plankosten. — **Zulässigkeit von Plankosten**

Diese Zulässigkeit gilt umso mehr für Kostenrechnungssysteme, die unterjährig auf Basis von Sollkosten die handelsrechtlichen Herstellungskosten bestimmen.

Zulässiger Abweichungsgrad von Istkosten

Dies setzt allerdings eine adäquate Ausgestaltung der konkreten Plankostenrechnung voraus, um ein auch für bilanzielle Zwecke zulässiges Niveau der (Plan/Soll-)Herstellungskosten zu gewährleisten.[426] Insbesondere Kostenrechnungssysteme, die für interne und externe Gesichtspunkte identische Zahlengrundlagen verwenden, können dieses geforderte Genauigkeitsniveau bei einer entsprechenden Ausgestaltung erfüllen.[427] Grds. „erscheint eine Schwankungsbreite der Herstellungskosten von etwa 20 % um den ‚richtigen Wert' durchaus als realistisch"[428]. In Abhängigkeit des Genauigkeitsgrads der unterjährig auf Plandaten ermittelten Herstellungskosten kann demnach am Periodenende eine Korrektur auf Istkostenbasis notwendig werden.

2.2 Darstellung der Geschäftsvorfälle der Lagerfertigung im Fallbeispiel

2.2.1 Vorstellung des Produktionsablaufs

Ablauf der Lagerfertigung

Die Lagerfertigung des *Hiking*-Schuhs basiert auf drei Arbeitsschritten: Die Herstellung der Sohle (Kostenstelle *Spritzguss*), das Zuschneiden des gegerbten Leders (Kostenstelle *Lederzuschnitt*) und letztlich das Zusammensetzen der Sohle und des Leders sowie die Fertigstellung des Produkts in einem abschließenden Vorgang (Kostenstelle *Fertigung*). In einem nachgelagerten Schritt werden die gefertigten Schuhe einer Qualitätskontrolle unterzogen. Mithilfe von Stichproben wird die Produktion bzgl. vorgegebener Qualitätsstandards geprüft.[429]

Abbildung 72 ist zu entnehmen, welche Anlagen welcher Kostenstelle zugeordnet wurden.[430] Die auf diese Anlagen vorzunehmenden Abschreibungen belasten die dazugehörige Kostenstelle. Im Arbeitsvorgang Spritzguss kommt eine Gussform zur Sohlenherstellung zum Einsatz, die von einem externen Dienstleister angefertigt wird und für ein Geschäftsjahr genutzt werden kann. Des Weiteren enthält die Abbildung weitere Kostenarten auf den Kostenstellen.

Verwendung der Lagerhalle

Die Lagerhalle weist insgesamt eine Größe von 20.000 qm auf. Davon entfallen 4.000 qm (= 20 %) Lagerfläche auf die aus China bezogene Handelsware. Es werden ebenfalls 4.000 qm (= 20 %) zur Lagerung des fertiggestellten *Hiking*-Schuhs benutzt. Die restlichen 60 % des Lagers werden für die zu verarbeitenden Inputfaktoren (= 5.000 qm) und zur Produktion[431] (= 7.000 qm) verwendet.

---

[426] Vgl. hierzu ausführlich KNOP, W./KÜTING, K. (2010), § 255, Rn. 379 f.
[427] Vgl. zu den Vorteilen eines harmonisierten internen und externen Rechnungswesens Kapitel B4.3.
[428] WOHLGEMUTH, M. (1969), S. 74.
[429] Auf die Berücksichtigung einer Fertigungssteuerung wurde verzichtet.
[430] Vgl. zur Zuordnung der Anlagen der *Nordstar GmbH* zu Kostenstellen im Rahmen der Anschaffung Kapitel E1.2.
[431] Ein Teil der Lagerhalle wurde zu einer Produktionsstätte umfunktioniert.

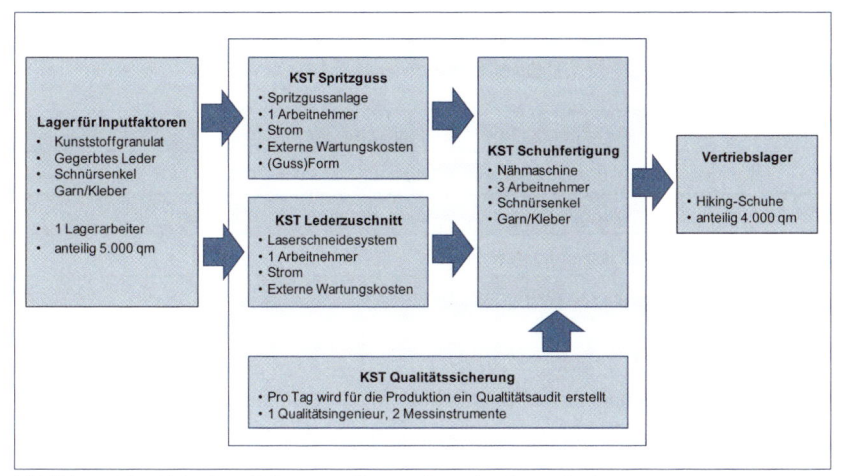

Abbildung 72: Ablauf und Kostenstellenstruktur der Lagerfertigung

2.2.2 Datengrundlage zur Ermittlung der Herstellungskosten

Wie bereits ausgeführt, setzen sich die Herstellungskosten eines Vermögensgegenstands sowohl aus Einzel- als auch aus Gemeinkostenbestandteilen zusammen. Außerdem ist zwischen Pflicht- und Wahlrechtsbestandteilen zu differenzieren. Die Einzelkosten bestehen in dem vorliegenden Sachverhalt aus den in das Produkt eingehenden Materialeinzelkosten und den Fertigungseinzelkosten. Die Fertigungslöhne werden über Stundensätze, die einer Personalressource[432] zugewiesen werden, als Einzelkosten berücksichtigt. Über einen Maschinenstundensatz werden die in den Kostenstellen anfallenden Kosten (exklusive Personalaufwendungen) auf die produzierte Menge an *Hiking*-Schuhen verrechnet. Schließlich sind die Gemeinkosten aus der Qualitätssicherung als auch die produktionsnahen Gemeinkosten (vgl. Abbildung 78) in die Herstellungskosten einzubeziehen.

Kostenarten der Schuhproduktion

Für die Ermittlung der Herstellungskosten der *Hiking*-Schuhe lässt sich folgendes Berechnungsschema zusammenfassen:

Herstellungskostenermittlung

---

[432] Vgl. zur allgemeinen Ermittlung von Kostensätzen einer Ressource Kapitel E2.3.2.3.1.

Materialeinzelkosten + Fertigungseinzelkosten (Personalressource) + Maschinenstundensatz
= Bezugsbasis für den Zuschlag der Gemeinkosten der Qualitätssicherung
+ Gemeinkosten aus der Qualitätssicherung
= Bezugsbasis für den Zuschlag der produktionsnahen Gemeinkosten
+ produktionsnahe Gemeinkosten
= Herstellungskosten des Hiking-Schuhs

Abbildung 73: Ermittlungsschema der Herstellungskosten pro Paar Schuhe

Roh-, Hilfs- und Betriebsstoffe

Für die Lagerfertigung des *Hiking*-Schuhs werden unterschiedliche Roh-, Hilfs- und Betriebsstoffe benötigt, die zu einem Preis von 3.100.450 EUR (zzgl. Vorsteuer i.H.v. 589.085,50 EUR) beschafft werden.[433] In Abbildung 74 werden sämtliche in die Produktion einfließenden Roh-, Hilfs- und Betriebsstoffe aufgeführt. Zusätzlich ist in einer gesonderten Spalte die zu belastende Kostenstelle angegeben. Die angeschafften Materialien werden in dem Lager für die Inputfaktoren der Lagerfertigung deponiert. Die Belastung der Kostenstelle tritt erst bei Verbrauch des jeweiligen Rohstoffs während des Prozesses der Lagerfertigung ein. Nach Herstellung des Schuhs wird dieser im Vertriebslager *Hiking* gelagert.[434] Im Geschäftsjahr 2009 stellt die *Nordstar GmbH* 50.000 Paar Schuhe her; 45.000 Paare werden verkauft, die verbleibende Menge wird zum Bilanzstichtag noch im Bestand geführt.[435]

RHB	Menge	EUR/ME	Preis (EUR)	Kostenstelle
Kunststoffgranulat	15.000 kg	5	75.000	Spritzguss
Leder	100.000 qm	30	3.000.000	Lederzuschnitt
Schnürsenkel	100.000 Stk.	0,25	25.000	Schuhfertigung
Garn	100 Rollen	2	200	Schuhfertigung
Kleber	2 Gebinde	125	250	Schuhfertigung
Summe:			3.100.450	

Abbildung 74: Beschaffung produktionsrelevanter Roh-, Hilfs- und Betriebsstoffe

Fertigungsgemeinkosten

Produktionsbezogene Heizungs- und Stromkosten stellen Fertigungsgemeinkosten dar. Die Heizungskosten[436] des Lagers (25.000 EUR) entfallen – entsprechend der

---

[433] Auf die Beschaffung dieser Roh-, Hilfs- und Betriebsstoffe wird in diesem Kapitel nicht eingegangen, sondern zur Vorgehensweise in Business ByDesign auf Kapitel E1.3 verwiesen.
[434] Die auf die Lagerung entfallenden Kosten dürfen nicht Bestandteil der Herstellungskosten sein.
[435] Vgl. zur Bestandsbewertung am Abschlussstichtag Kapitel E5.3.3.3.
[436] Neben den Heizungskosten werden die anfallenden Agentur-, Strom-, Telefon- und Wartungskosten in Business ByDesign über eine „Lieferantenrechnung ohne Bestellung" erfasst (Work Center *Rechnungsprüfung*).

flächenmäßigen Nutzung – zu 60 % auf die Produktion (15.000 EUR),[437] zu 20 % auf die Lagerung der Handelsware und ebenfalls zu 20 % auf die Lagerung der *Hiking*-Schuhe im Vertriebslager.

Die Heizungskosten der Verwaltung von insgesamt 16.667 EUR (Kostenstelle *Zentrale Verwaltung*) sind zu 60 % als produktionsnahe Gemeinkosten (10.000 EUR) aufzufassen; die verbleibenden 40 % dieser Heizungskosten (6.667 EUR) werden dem Auftragsabwicklungsprozess zugeordnet.[438] Die produktionsnahen Heizungskosten der Verwaltung verbleiben auf der Kostenstelle *Zentrale Verwaltung* und werden über den Gemeinkostenzuschlag der produktionsnahen Gemeinkosten auf das Produkt verrechnet. Insgesamt entfällt auf die Beschaffung der Fertigungsgemeinkosten (Nettoanschaffungspreis: 29.500 EUR) Vorsteuer i.H.v. 5.605 EUR.

Fertigungs-GK	Menge	EUR/ME	Preis (EUR)	Kostenstelle
Heizung Lager	18.750 Liter	0,8	15.000	Produktion
Heizung Verwaltung	15.500 Liter	0,8	10.000	Zentrale Verwaltung
Strom	20.000 kWh	0,10	2.000	Spritzguss
Strom	10.000 kWh	0,10	1.000	Lederzuschnitt
Strom	15.000 kWh	0,10	1.500	Schuhfertigung
Summe:			29.500	

Abbildung 75: Fertigungsgemeinkosten

Neben den Materialkosten sind der Produktion der *Hiking*-Schuhe Personalaufwendungen (vgl. Abbildung 76) zuzurechnen.[439] Die Personalaufwendungen bestehen neben dem Lohn- bzw. Gehaltsanteil aus Aufwendungen, die sich aus der Zuführung zu den Pensionsrückstellungen ergeben.[440]

Personalaufwendungen

Die Tätigkeiten des Mitarbeiters der Kostenstelle *Marketing* beziehen sich nur auf den Geschäftsbereich *Hiking*-Schuhe; im Einkauf sind der Produktion der *Hiking*-Schuhe zwei weitere Mitarbeiter zugeordnet. Des Weiteren wurde ein Mitarbeiter für die Lagerarbeiten eingestellt (Kostenstelle *Produktion*), der für das Lager der Inputfaktoren verantwortlich ist.[441]

---

[437] Diese Kosten werden durch eine Umlage auf die Kostenstelle *Zentrale Verwaltung* umgelegt; vgl. dazu auch Abbildung 78 sowie Kapitel E2.3.2.5.2.
[438] Vgl. Kapitel E3.2.
[439] Aus Vereinfachungs- und Darstellungsgründen wurde eine geringe Anzahl an Mitarbeitern im Unternehmen gewählt.
[440] Die Angaben zu Lohn bzw. Gehalt und der Zuführung zu den Pensionsrückstellungen beziehen sich jeweils auf einen Mitarbeiter. Die Höhe der Pensionsrückstellungszuführungen unterscheidet sich in Handels- und Steuerbilanz. Vereinfacht wurde hier zur Berechnung der handels- und steuerbilanziellen Herstellungskosten eine identische Zuführung berücksichtigt; vgl. zur unterschiedlichen Behandlung der Pensionsrückstellungen in der Handels- und Steuerbilanz Kapitel E5.1.3.7.
[441] Vgl. zur besseren Übersicht der Aufbauorganisation Kapitel D1.

Kostenstelle	Mitarbeiter (Anzahl)	Lohn/Gehalt (EUR)	Pensions-RST (EUR)	Personalaufwand (EUR)
Einkauf	2	35.000	10.500	91.000
Produktion*	1	25.000	7.500	32.500
Spritzguss	1	25.000	7.500	32.500
Lederzuschnitt	2	25.000	7.500	65.000
Fertigung	3	30.000	1.111	93.333
Qualität	1	35.000	10.500	45.500
Verkauf (Hiking)	1	40.000	12.000	52.000
Marketing	1	40.000	12.000	52.000
Summe:	12			463.833

Abbildung 76: Produktionsrelevanter Personalaufwand

Bezogene Dienstleistungen

Schließlich werden für die Produktion (Dienst-)Leistungen externer Anbieter in Anspruch genommen. Darunter fallen Wartungsarbeiten der im Einsatz befindlichen Maschinen und eine Gussform zur Herstellung der Schuhsohle (Kostenstelle *Spritzguss*). Außerdem sind Kosten in Zusammenhang mit der Beauftragung einer Agentur zur Vermarktung der *Hiking*-Schuhe sowie Telefonkosten in Einkauf und Vertrieb entstanden. Auf diese bezogenen Leistungen von insgesamt 30.000 EUR entfällt Vorsteuer i.H.v. 5.700 EUR.

Kostenherkunft	Kosten (EUR)	Kostenstelle
Wartung Lederzuschnitt	1.500	Lederzuschnitt
Wartung Spritzguss	1.000	Spritzguss
Formbau	5.000	Spritzguss
Marketingagentur	20.000	Marketing
Telefon Einkauf	1.000	Einkauf
Telefon Verkauf	1.500	Verkauf (Hiking)
Summe:	30.000	

Abbildung 77: Bezogene (Dienst-)Leistungen zur Herstellung der Schuhe

Neben Pflicht- und Wahlbestandteilen der Herstellungskosten existieren auch explizite Einbeziehungsverbote.[442] Aus den hier beschriebenen Daten der Lagerfertigung dürfen die folgende Positionen nicht in die Herstellungskosten des *Hiking*-Schuhs eingehen, sondern werden aufwandswirksam in der GuV gebucht:

- Personal Verkauf und Marketing (104.000 EUR),
- Marketingagenturkosten (20.000 EUR),
- Telefonkosten Verkauf (1.500 EUR).

Berücksichtigung von Gemeinkosten

Die auf der Kostenstelle *Qualitätssicherung* anfallenden Aufwendungen (Personalaufwendungen des Qualitätsingenieurs und die Abschreibungen der Messinstrumente) werden mithilfe eines Gemeinkostenzuschlags (vgl. Abbildung 73)

---

*   Personalaufwand des Lagermitarbeiters.
[442]   Vgl. dazu Kapitel E2.1.3.3.3.5.

auf den Kostenträger verrechnet. Ebenso werden die produktionsnahen Gemeinkosten über einen Gemeinkostenzuschlag berücksichtigt. Da diese Aufwendungen in unterschiedlichen Kostenstellen anfallen, werden diese zuvor über eine Umlage zentral auf die Kostenstelle *Zentrale Verwaltung* verrechnet. In diesem Zusammenhang gilt es zu beachten, dass die Abschreibungen auf die Lagerhalle und das Lagersystem zu 60 % auf die Produktion entfallen und dementsprechend auch nur in dieser Höhe auf die Kostenstelle *Zentrale Verwaltung* verrechnet werden. Aus den oben bereits aufgeführten Kosten sind die in Abbildung 78 aufgeführten Positionen als produktionsnahe Gemeinkosten zusammenzufassen.

Kostenart	Kosten (EUR)	Kostenstelle
Personal Lager	32.500	Produktion
Personal Einkauf	91.000	Einkauf
Telefon Einkauf	1.000	Einkauf
Lagerhalle (AfA)	40.000	Betriebsstätte (60%)
Lagersystem (AfA)	246.000	Betriebsstätte (60%)
Verwaltungsgebäude (AfA)	75.000	Zentrale Verwaltung
Computer (AfA)	4.333	Zentrale Verwaltung
Heizung Verwaltung	10.000	Zentrale Verwaltung (60%)
Heizung Lager	15.000	Produktion (60%)
Summe:	514.833	

Abbildung 78: Produktionsnahe Gemeinkosten

2.3 Abbildung der Lagerfertigung in Business ByDesign
2.3.1 Vorbemerkungen

Der Prozess der Lagerfertigung unterteilt sich in die Teilprozesse Planungsvorbereitung, Produktionsplanung und Produktionsdurchführung. Nur der letztgenannte Teilprozess hat Auswirkungen auf die Rechnungslegung. In den vorgelagerten Teilprozessen Planungsvorbereitung und Produktionsplanung werden dafür bereits die relevanten Grundlagen gelegt: die Stückliste mit den Materialien, die Ressourcen sowie das Produktionsmodell. Das Produktionsmodell beschreibt den Produktionsablauf mit seinen Aktivitäten.[443] Im Rahmen der Produktionsdurchführung werden die in dem Produktionsmodell vorgesehenen Aktivitäten rückgemeldet. Die Rückmeldungen über Materialverbräuche und Ressourcenleistungen werden aus buchhalterischer Sicht bewertet. Der Fokus der nachfolgenden Beschreibungen liegt auf dem Teilprozess Produktionsdurchführung.

Überblick

---

[443] Diese Stammdaten legen Sie in Business ByDesign in dem Work Center *Stammdaten Supply Chain Design* (Sicht *Ressourcen*) bzw. *Stammdaten Planung und Produktion* (Sicht *Produktionsstücklisten* und *Produktionsmodell*) fest.

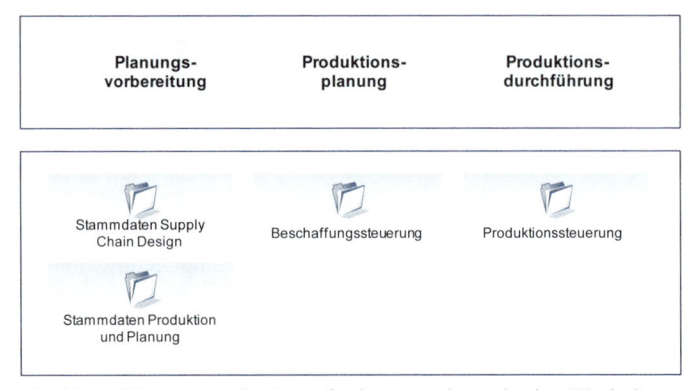

Abbildung 79: Prozess der Lagerfertigung und zugehörige Work Center

Über einen Planungsvorschlag (Work Center *Beschaffungssteuerung*) geben Sie zunächst die zu produzierende Menge ein. Den Produktionsvorschlag legen Sie in einem nächsten Schritt im Work Center *Produktionssteuerung* (Sicht *Produktionsanforderungen*) als Produktionsauftrag an und geben diesen zur Produktion frei. Die Produktion wird über Produktionslose (Kostenträger) ausgeführt. Über Rückmeldungen, die als kontextspezifische Aufgabe dem zuständigen Mitarbeiter vorliegen (Sicht *Aufgabensteuerung*), dokumentieren Sie den Arbeitsfortschritt eines Produktionsauftrags. Diese Rückmeldungen lösen die Buchungen in der Buchhaltung aus. Die mit den einzelnen Rückmeldungen verbundenen Geschäftsvorfälle im Rahmen des Teilprozesses Produktionsdurchführung werden in den nachfolgenden Kapiteln beschrieben.

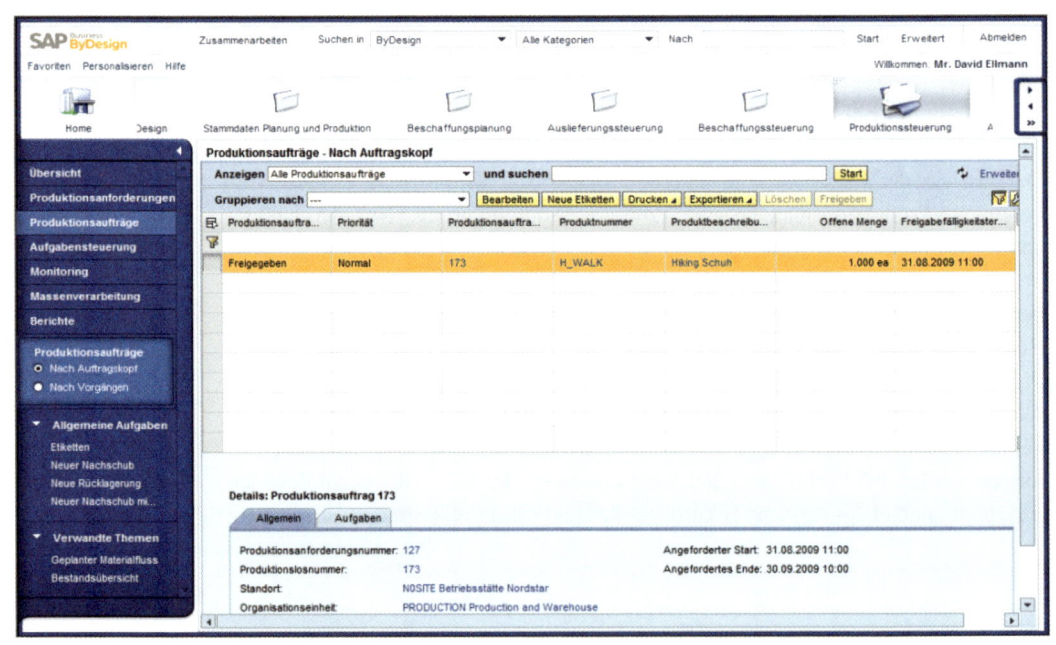

Abbildung 80: Freigegebener Produktionsauftrag

Bevor auf die Geschäftsvorfälle des Teilprozesses Produktionsdurchführung näher eingegangen wird, ist vorab die Funktion und die Buchungslogik des Kontos *Ware in Arbeit* zu erläutern.

2.3.2 Aktivierung von Herstellungskosten
2.3.2.1 Die Funktion des Kontos *Ware in Arbeit*

Die Buchungslogik von Herstellungsvorgängen in Business ByDesign ist auf den Ausweis von Aufwendungen nach dem Umsatzkostenverfahren ausgerichtet.[444] Wird die GuV nach dem Umsatzkostenverfahren aufgestellt, werden keine Bestandsveränderungen sowie Aufwendungen für die produzierten Vermögensgegenstände innerhalb der GuV ausgewiesen.[445] Zudem erfolgt kein Aufwands- bzw. Ertragsausweis nach Kostenarten, sondern nach betrieblichen Funktionen. In Business ByDesign besitzt das (Bilanz-)Konto *Ware in Arbeit* die Funktion, Bestandsveränderungen direkt in der Bilanz abzubilden.

Motivation der Buchungslogik

> Business ByDesign aktiviert über Rückmeldungen im Prozess der Lagerfertigung zeitnah die angefallenen Aufwendungen direkt auf dem Bestandskonto *Ware in Arbeit*.

HIGHLIGHT

Auf dem Bilanzkonto *Ware in Arbeit* werden die auf einem Produktionslos angefallenen aktivierungsfähigen Aufwendungen erfasst. Die Aktivierung dieser Aufwendungen erfolgt automatisch mit der Rückmeldung der im Arbeitsplan vorgesehenen Aktivitäten.[446] Diese in der Lagerfertigung getätigten Rückmeldungen erreichen einen zeitnahen Vermögensausweis der (un-)fertigen Erzeugnisse. Die Erfolgsneutralität des Herstellungsvorgangs wird somit frühestmöglich abgebildet.

Aktivierung durch Rückmeldungen

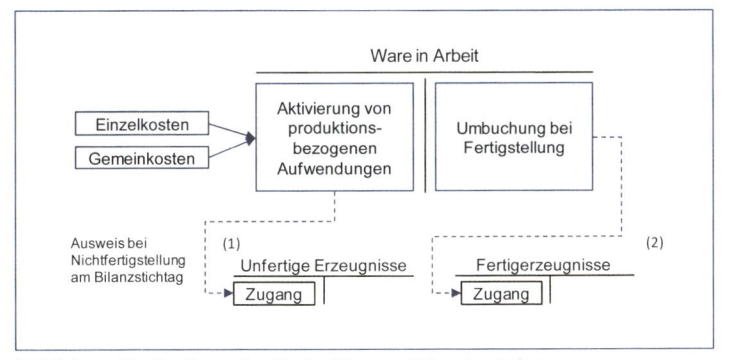

Abbildung 81: Buchungslogik des Kontos *Ware in Arbeit*

---

[444] Business ByDesign stellt die GuV primär nach dem Umsatzkostenverfahren auf, ermöglicht aber jederzeit die Darstellung der Gewinn- und Verlustrechnung nach dem Gesamtkostenverfahren; vgl. zur Vorgehensweise für die Überleitung von dem Umsatz- auf das Gesamtkostenverfahren Kapitel E5.3.4.2.

[445] Bei Anwendung des Gesamtkostenverfahrens werden alle in der Periode angefallenen Kosten nach Kostenarten gegliedert in der GuV aufgeführt.

[446] Vgl. zu den einzelnen Rückmeldungen im Prozess der Lagerfertigung und deren Auswirkungen auf das Bestandskonto die nachfolgenden Kapitel.

Tätigkeiten als Auslöser von Buchungen	Auslöser von Buchungen auf diesem Konto sind Tätigkeiten in der Produktion, wie z.b. die Entnahme und der Verbrauch von Rohstoffmaterialien sowie der Einsatz von Maschinen oder Arbeitskräften. Die Rückmeldung eines Mitarbeiters über die Fertigstellung eines bestimmten Arbeitsschritts in der Lagerfertigung bestätigt die Inanspruchnahme dieser Produktionsfaktoren. Die hinterlegten Stammdaten des jeweiligen Produktionsfaktors – der aktuelle Materialwert für die Materialbewertung, der Kostensatz der Ressource im Allgemeinen[447] für die Ermittlung der Arbeitskosten – bestimmen gleichzeitig die Bewertung der Geschäftsvorfälle. Auch die über einen Zuschlag auf einen Kostenträger verrechneten Gemeinkosten werden auf diesem Konto erfasst.[448] Die auf dem Konto *Ware in Arbeit* aktivierten Aufwendungen verbleiben so lange auf dem Konto, bis die Produktion des beabsichtigten Vermögensgegenstands vollendet ist. Sollten am Bilanzstichtag die Produkte noch nicht fertiggestellt sein (vgl. Fall (1) in Abbildung 81), werden die aktivierten Aufwendungen am Stichtag automatisch unter der Bilanzposition *Unfertige Erzeugnisse* ausgewiesen. Bei Fertigstellung erfolgt die Bestandsumbuchung[449] auf das Konto *Fertigerzeugnisse* (vgl. Fall (2) in Abbildung 81).
	Nachdem die Funktionsweise des Kontos *Ware in Arbeit* grds. dargestellt wurde, wird die Vorgehensweise zur Aktivierung der Aufwendungen während der Lagerfertigung in den nachfolgenden Kapiteln aufgezeigt.

2.3.2.2 Materialentnahme für die Produktion

Stückliste als Planungsgrundlage von Materialien	Für die Produktion von Vermögensgegenständen wird zur Produktionsplanung u.a. eine Stückliste erstellt. Die Stückliste gibt an, in welcher Menge ein bestimmter Inputfaktor in die Herstellung eines Produkts eingeht. Die Stückliste ist als Planungsgrundlage zu verstehen. Die tatsächliche Verbrauchsmenge kann sich davon letztlich unterscheiden. In Business ByDesign wird für ein herzustellendes Produkt eine Stückliste im Work Center *Stammdaten Planung und Produktion* (Sicht *Produktionsstücklisten*) angelegt. Abbildung 82 zeigt die Inputmengen der einzelnen Materialien für ein Paar *Hiking*-Schuhe an.
Dokumentation des Verbrauchs über Rückmeldungen	Der Verbrauch bestandsgeführter Materialien – Kunststoffgranulat, Leder und Schnürsenkel – wird im Herstellungsprozess von dem Mitarbeiter am jeweiligen Arbeitsschritt per Rückmeldung dokumentiert. In der Rückmeldung selbst ist die produzierte Menge des Produktionsloses anzugeben. Business ByDesign zieht daraus zunächst automatisch die in der Stückliste enthaltenen Verbrauchsmengen pro Arbeitsschritt. Falls Sie eine von der Stückliste (Planmenge) abweichende Verbrauchsmenge (Istmenge) erfassen möchten, z.B. weil in einem Arbeitsvorgang mehr Leder verarbeitet wurde als dies ursprünglich in der Stückliste vorgesehen ist, können Sie die Vorschlagsmengen in der Rückmeldung auf die Ist-

---

[447] In Ausnahmefällen können auch die Kosten des Services verwendet werden; vgl. zum Einsatz von Service- und Ressourcenkostensätzen ausführlich Kapitel E4.1.2.
[448] Vgl. zur Thematik von Gemeinkostenzuschlägen ausführlich Kapitel E2.3.2.5.
[449] Vgl. Kapitel E2.3.2.4.

mengen anpassen.[450] In den Geschäftsvorfällen der Produktionsdurchführung werden ausschließlich Mengen betrachtet (z.B.: verarbeitetes Leder in m^2 oder Arbeitszeitverbrauch in Stunden). Die Bewertung des Verbrauchs wird durch das Rechnungswesen sichergestellt. Grundlage für die Bewertung sind die in dem Stammdatensatz des Materials vorhandenen Preise und die in den Ressourcen enthaltenen Kostensätze.

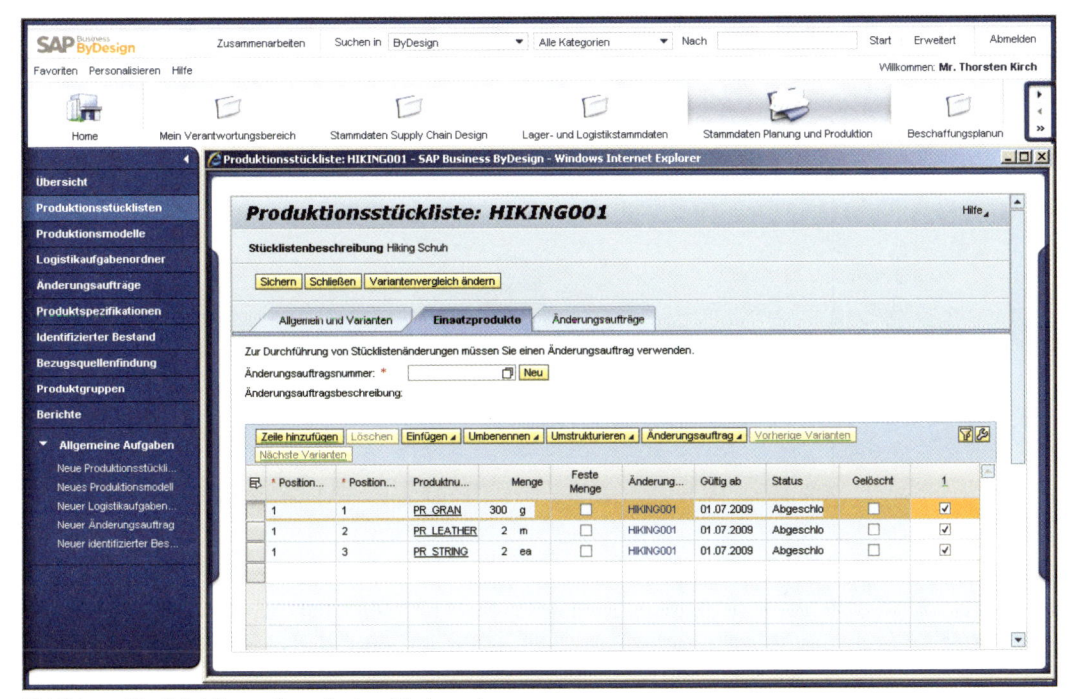

Abbildung 82: Stückliste mit geplanten Verbrauchsmengen

Die geplanten Materialeinzelkosten pro hergestelltem Paar Schuhe belaufen sich auf 62 EUR. Diese Materialeinzelkosten entstehen durch den Verbrauch der Materialien Kunststoffgranulat, Leder und Schnürsenkel. In Abbildung 83 sind zudem die geplante Verbrauchsmenge (laut Stückliste) pro Paar sowie die Kosten der Materialien für die Herstellung aufgeführt.

Materialeinzelkosten des *Hiking*-Schuhs

Material	Menge (Paar)	EUR/ME	Kosten (Paar Schuhe)
Kunststoffgranulat	0,3 kg	5	1,50 EUR
Leder	2 qm	30	60 EUR
Schnürsenkel	2 Stk.	0,25	0,50 EUR

Abbildung 83: Materialeinzelkosten der hergestellten Schuhe

Die rückgemeldete (Ist-)Menge ist die für die Buchhaltung relevante Bewertungsgröße. Auf Basis der tatsächlichen Verbrauchsmenge wird die Entnahme der in

---

[450] Vgl. zur Auswirkung von mengenmäßigen Abweichungen Kapitel E2.3.3.

die Produktion eingegangenen Rohstoffe automatisch gebucht. In dem hier vorliegenden Fallbeispiel werden bei einem Produktionslos von 1.000 Paar Schuhen insgesamt 300 kg Kunststoffgranulat (1.500 EUR), 2.000 qm Leder (60.000 EUR) und 2.000 Schnürsenkel (500 EUR) verbraucht. Der Einsatz von Rohstoffen führt zu einer Reduktion des Bestandskontos *Bestand Rohstoffe* und erhöht gleichzeitig das Konto *Ware in Arbeit* im Soll i.H.v. 62.000 EUR (vgl. Abbildung 84). Der Materialverbrauch wird also nicht erfolgswirksam in der GuV erfasst, sondern direkt erfolgsneutral[451] (Aktivtausch) auf das Bestandskonto *Ware in Arbeit* gebucht.[452]

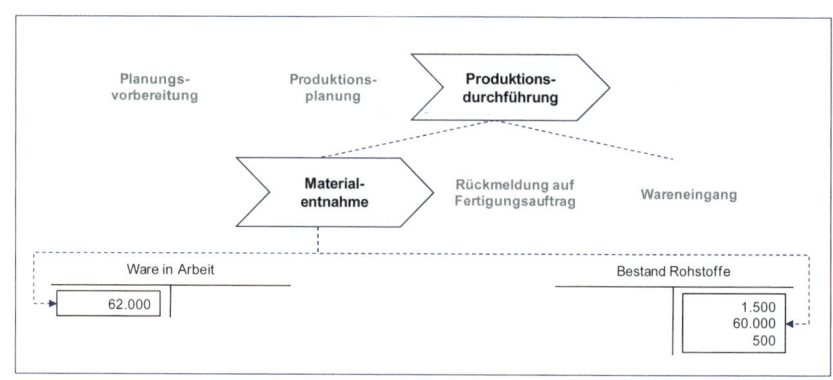

Abbildung 84: Buchungen aus der Rückmeldung der Materialentnahmen

2.3.2.3 Einsatz von Ressourcen in der Lagerfertigung

Ressource als Produktionsfaktor

In der Lagerfertigung kommen neben Materialien üblicherweise auch Ressourcen zum Einsatz. Ressourcen stellen Produktionsfaktoren wie Arbeitskräfte oder Maschinen dar. In Business ByDesign gibt es unterschiedliche Arten von Ressourcen: Personalressourcen, Equipmentressourcen und Fahrzeugressourcen. Diese Ressourcen legen Sie im Work Center *Stammdaten Supply Chain Design* (Sicht *Ressourcen*) an. Im Beispielsachverhalt werden zwei Typen von Ressourcen verwendet: die Personal- und die Equipmentressource. Die Zuordnung der Ressource zu einer Kostenstelle stellt eine verursachungsgerechte Verrechnung der entsprechenden Leistungen sicher.

2.3.2.3.1 Ermittlung des Kostensatzes von Ressourcen

Kostensatz von Ressourcen

Die Leistung von Ressourcen wird in einem bestimmten Arbeitsschritt in Anspruch genommen. Die Verwendung von Ressourcen wird im Arbeitsplan festgehalten. Um die Leistung von Ressourcen bewerten und verrechnen zu können, wird für jede Ressource ein Kostensatz pro Stunde ermittelt und in den Stammdaten hinterlegt. Zudem wird die geplante Dauer der Arbeitsleistung pro Aktivität

---

[451] Vgl. zur Erfolgsneutralität des Herstellungskostenvorgangs Kapitel E2.1.3.1.
[452] Eine erfolgswirksame Verbuchung in dem Posten *Herstellungskosten des Umsatzes* tritt erst bei Verkauf des hergestellten Produkts ein. Für die Behandlung von (in diesem Schritt nicht gebuchten) Materialverbrauch im Rahmen der Überleitung von dem Umsatz- auf das Gesamtkostenverfahren siehe E5.3.4.2.

im Arbeitsplan angegeben. Der Kostensatz errechnet sich auf Basis von Plankosten und Planbeschäftigung der zugrunde liegenden Ressource. Ausschlaggebend für die Bewertung der erbrachten Arbeitsleistung der Ressource ist dagegen die rückgemeldete Istleistung: In Abhängigkeit von der Verbrauchsdauer der Ressource in einem Produktionsprozess wird der Wertansatz des Leistungsverbrauchs für die Buchung berechnet. Die so aus Plankosten und Istbeschäftigung ermittelten Sollkosten werden über die Rückmeldung sofort in dem Bestandskonto *Ware in Arbeit* ausgewiesen.[453] In Abbildung 85 ist die Verwaltung von Kostensätzen für eine Ressource zu erkennen. In der Registerkarte *Bewertung* sind die für einen bestimmten Zeitraum gültigen Kostensätze zu pflegen.

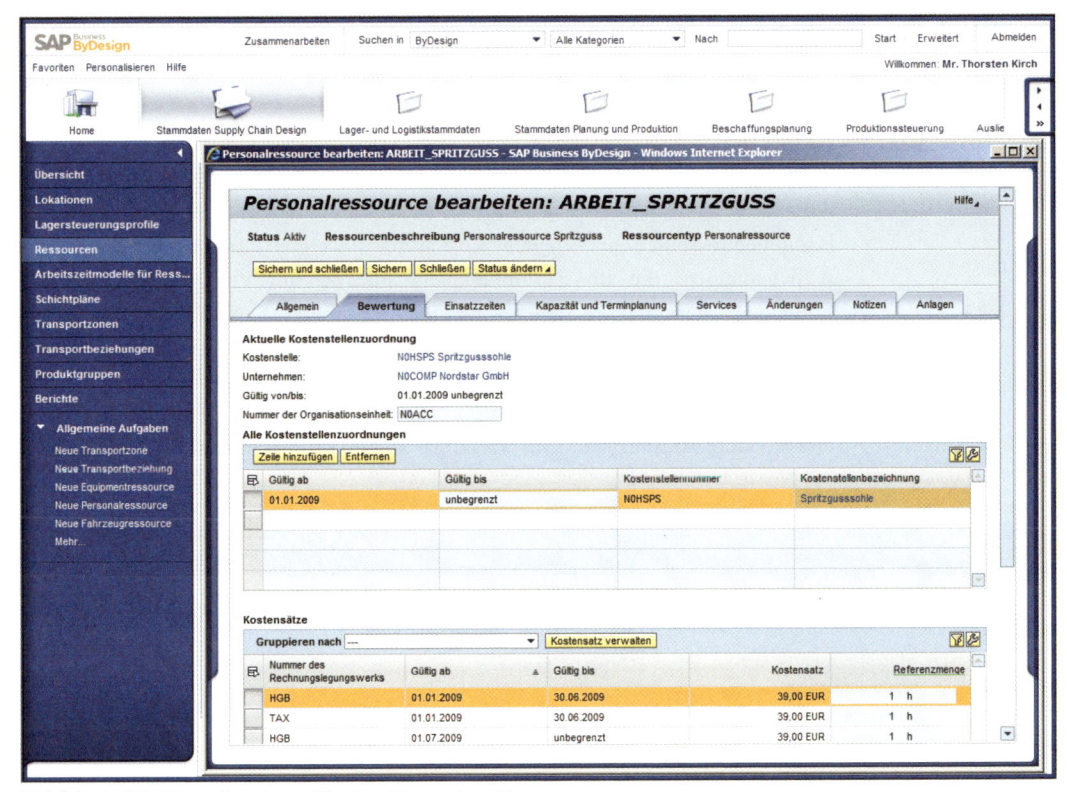

Abbildung 85: Verwaltung von Kostensätzen einer Ressource

Für die Kostenstelle *Spritzguss* errechnet sich aufgrund der geplanten anfallenden Kosten i.H.v. 32.500 EUR und der Planbeschäftigung des Mitarbeiters von 833,33 Stunden für die Personalressource ein Kostensatz von 39 EUR pro Stunde (vgl. Abbildung 86). Im Arbeitsplan wird des Weiteren eine Fertigungsdauer pro Arbeitsschritt von 1 min/Paar festgelegt. Insgesamt führen die in der Produktion eines Paars an *Hiking*-Schuhen verwendeten Personalressourcen zu einer Belastung des Kostenträgers mit Fertigungskosten in Höhe 3,82 EUR/Paar. Im vor-

Personalressource im Beispielsachverhalt

---

[453] Vgl. zur Ermittlung von Herstellungskosten auf Basis von Plan- bzw. Sollkosten Kapitel E2.1.3.4.

liegenden Beispielsachverhalt wurde keine Abweichung von Plan-, Soll- und Istkosten vorgesehen. Sollten Abweichungen vorliegen, können diese durch Anpassung des Kostensatzes an die Istkosten, z.B. am Ende jeden Monats, Rechnung getragen werden.

Kostenstelle	Kostenherkunft	Plankosten (EUR)	Planbeschäftigung (h)	Kostensatz (EUR/h)	Fertigungsdauer (min/Paar)	Fertigungskosten (EUR/Paar)
Spritzguss	Personalaufwand	32.500	833,33	39,00	1,00	0,65
Lederzuschnitt	Personalaufwand	65.000	1.666,67	39,00	2,00	1,30
Fertigung	Personalaufwand	93.333	2.916,67	32,00	3,50	1,87
Summe:		190.833				3,82

Abbildung 86: Fertigungskosten der eingesetzten Personalressourcen

Equipmentressource im Beispielsachverhalt

Analog zur Vorgehensweise bei der Personalressource muss für die Equipmentressource ein Kostensatz hinterlegt und die Dauer der Maschinenlaufzeit pro Arbeitsschritt im Arbeitsplan festgehalten werden. Für die Ermittlung des in der Equipmentressource hinterlegten Kostensatzes werden zunächst alle geplanten Aufwendungen, die im Zusammenhang mit der im Produktionseinsatz befindlichen Maschine entstehen, auf der jeweiligen Kostenstelle gesammelt. Anschließend werden diese Kosten ins Verhältnis zu den (voraussichtlichen) Maschinenstunden gesetzt (Maschinenstundensatz). Im vorliegenden Beispielsachverhalt fallen auf den Kostenstellen *Spritzguss*, *Lederzuschnitt* und *Fertigung* insbesondere Abschreibungen, Wartungs- sowie Stromkosten an (vgl. Abbildung 87).

Kostenstelle	Kostenherkunft	Plankosten (EUR)	Planbeschäftigung (h)	Kostensatz (EUR/h)	Fertigungsdauer (min/Paar)	Fertigungskosten (EUR/Paar)
Spritzguss	Spritzgussanlage (AfA)	10.000	1.666,67	10,80	2	0,36
	Stromkosten	2.000				
	Externe Wartungskosten	1.000				
	Form (Vorlage)	5.000				
Lederzuschnitt	Laserschneidsystem (AfA)	7.500	833,33	12,00	1	0,20
	Stromkosten	1.000				
	Externe Wartungskosten	1.500				
Fertigung	Nähmaschine (AfA)	1.000	819,44	3,60	1	0,06
	Stromkosten	1.500				
	Garn/Kleber	450				
Summe:		31.000				0,62

Abbildung 87: Fertigungskosten der eingesetzten Equipmentressourcen

Für die Kostenstelle *Spritzguss* wird mit Plankosten i.H.v. 18.000 EUR gerechnet. Bei einer Planbeschäftigung der Maschine von 1.666,67 Stunden ermittelt sich ein Kostensatz von 10,80 EUR pro Stunde für die Equipmentressource. Die geplante Fertigungsdauer wird im Arbeitsplan mit 2 min/Paar festgelegt. Insgesamt führen die in der Produktion eines Paars an *Hiking*-Schuhen verwendeten Equipmentressourcen dazu, dass der Kostenträger mit insgesamt 0,62 EUR/Paar belastet wird.

2.3.2.3.2 Rückmeldung der Ressource auf den Fertigungsauftrag

Die mit dem Kostensatz und der Istbeschäftigung bewertete Leistung einer Ressource belastet den die Leistung empfangenden Kostenträger und entlastet die der Ressource zugeordnete Kostenstelle (vgl. Abbildung 88). Diese Be- und Entlastung wird – analog zur Verarbeitung von Rohstoffen – über die von einem Mitarbeiter über die Verwendung von Ressourcen getätigte Rückmeldung im Work Center *Produktionssteuerung* (Sicht *Aufgabensteuerung*) ausgelöst. In der Rückmeldung können Sie abweichende Nutzungsdauern von der im Arbeitsplan geplanten Laufzeit (Beschäftigung) eines Arbeitsschritts erfassen.

Belastung des Kostenträgers über die Rückmeldung

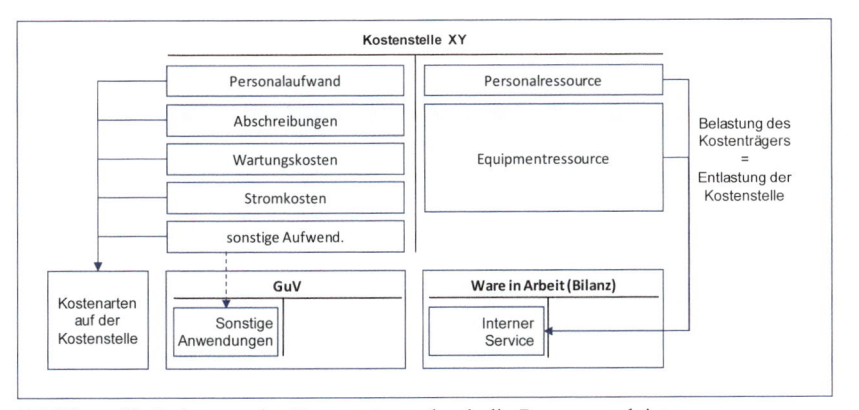

Abbildung 88: Belastung des Kostenträgers durch die Ressourcenleistung

In Abbildung 88 ist ersichtlich, dass die Kostenstelle zunächst mit (nach Kostenarten getrennt aufgeführten) Aufwendungen belastet wird. Die durch die Rückmeldung ausgelöste Buchung entlastet die Kostenstelle und belastet das Bilanzkonto *Ware in Arbeit*. Dadurch wird dem Prinzip der Erfolgsneutralität eines Herstellungsvorgangs entsprochen. Da die Aktivierung dieser Aufwendungen automatisch mit der Rückmeldung erfolgt, befindet sich die Aktivierung in Business ByDesign zeitnah am tatsächlichen Prozess der Lagerfertigung und ermöglicht demzufolge stets einen aktuellen Ausweis von (un-)fertigen Erzeugnissen.

Erfolgsneutralität des Herstellungsvorgangs durch zeitnahe Aktivierung

Kosten einer Kostenstelle, die nicht über eine Ressource entlastet werden bzw. keinen Eingang in die Herstellungskosten des Vermögensgegenstands erhalten, mindern das Jahresergebnis der aktuellen Periode.[454]

Die Beendigung einer jeden Aktivität (Arbeitsvorgang) – also die Inanspruchnahme einer Personal- oder einer Equipmentressource – wird per Rückmeldung im operativen Prozess bestätigt. Aufgrund des integrativen Ansatzes von Business

Buchung durch Rückmeldung

---

[454] Bei Anwendung des Umsatzkostenverfahrens werden diese Aufwendungen in dem Funktionsbereich ausgewiesen, der der Kostenstelle zugewiesen wurde; vgl. auch Kapitel D3.2.

ByDesign wird durch die Rückmeldung automatisch eine Buchung abgesetzt, die das Konto *Ware in Arbeit* im Soll erhöht. Im vorliegenden Fall werden 1.000 Paar Schuhe hergestellt, sodass eine Zunahme um 4.440 EUR[455] erfolgt. Außerdem werden mehrere Ertragsbuchungen im GuV-Konto *Interner Service* ausgelöst. Die einzelnen Buchungszeilen auf dem Konto *Interner Service* beziehen sich auf jede der in Abbildung 86 und Abbildung 87 dargestellten Ressourcentypen und sind auf die Rückmeldungen der erbrachten Arbeitsleistung zurückzuführen.

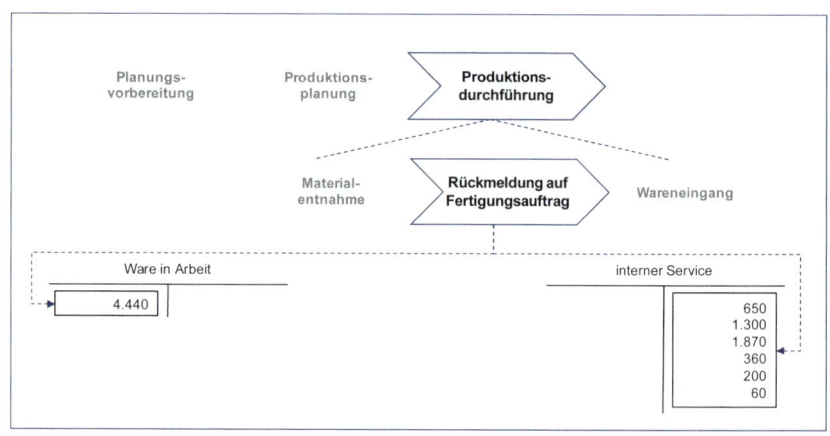

Abbildung 89: Buchungen bei Rückmeldung der eingesetzten Ressourcen

2.3.2.4 Wareneingang des Output-Materials im Lager

Rückmeldung und Buchung bei Fertigstellung der Produktion

Nach Abschluss der Herstellung wird die fertiggestellte Ware per Wareneingang auf Lager gelegt. Mit diesem Schritt wird durch die Rückmeldung auf das Produktionslos eine Erhöhung des Bestands an Fertigerzeugnissen registriert. Das Konto *Ware in Arbeit* wird gleichzeitig um den Wertansatz des Outputmaterials entlastet. Bezogen auf den Sachverhalt wird bei einer Produktionsmenge von 1.000 Paar Schuhen eine Bestandserhöhung i.H.v. 77.650 EUR erfasst (vgl. Abbildung 90).

Verwendung des Standardkostensatzes

In welcher Höhe die Ein- respektive Ausbuchung stattfindet, ist von dem zum Zeitpunkt des Wareneingangs gültigen Bestandspreis abhängig. Hinsichtlich der Bewertung des Bestands kann zwischen dem Verfahren des gleitenden Durchschnitts oder des Standardkostensatzes gewählt werden. Im Fallbeispiel verwenden wir den Standardkostensatz. Im Gegensatz zu dem gleitenden Durchschnittspreis passt sich der Standardkostensatz nicht mit jedem Geschäftsvorfall automatisch an. Der im Vorfeld der Produktion kalkulierte Standardkostensatz gibt an, wie viel die Herstellung eines Produkts auf Basis von Planungsdaten kosten sollte.[456] Mit der Festsetzung des Standardkostensatzes in den Stammdaten des Produkts wird dieser fixierte Wert für die Aktivierung der Fertigerzeugnisse

---

[455] 4.400 EUR = 1.000 Paare * (3,82 EUR/Paar + 0,62 EUR/Paar).
[456] In dem Fallbeispiel wird ein Standardkostensatz i.H.v. 77,65 EUR/Paar Schuhe verwendet; vgl. zur detaillierten Ermittlung Abbildung 97.

automatisch gezogen. Dieser Kostensatz gilt als Maßstab für die Herstellung eines Produkts: Ein Unter- bzw. Überschreiten dieser Wertgrenze löst die Buchung einer Produktionsdifferenz aus; die identifizierte Differenz kann einer Abweichungsanalyse unterzogen werden.[457] Es erfolgt (zunächst) ein Ausweis in der (im Vorfeld) ermittelten Höhe, unabhängig von den tatsächlich angefallenen Soll-/Istkosten im Produktionsablauf.

An dieser Vorgehensweise können die Auswirkungen eines Einkreissystems aufgezeigt werden. Business ByDesign liefert sowohl für das interne als auch für das externe Rechnungswesen die gleiche Datengrundlage.[458] Die Verwendung des Standardkostensatzes führt aus Sicht der externen Rechnungslegung zu einem Ausweis von Vermögensgegenständen der Höhe nach, der nicht zwingend der gesetzlichen Herstellungskostendefinition entsprechen muss.[459] Dies ist darauf zurückzuführen, dass die Istkosten erst am Ende der Periode vollständig bekannt sind und somit erst zu diesem Zeitpunkt berücksichtigt werden können.

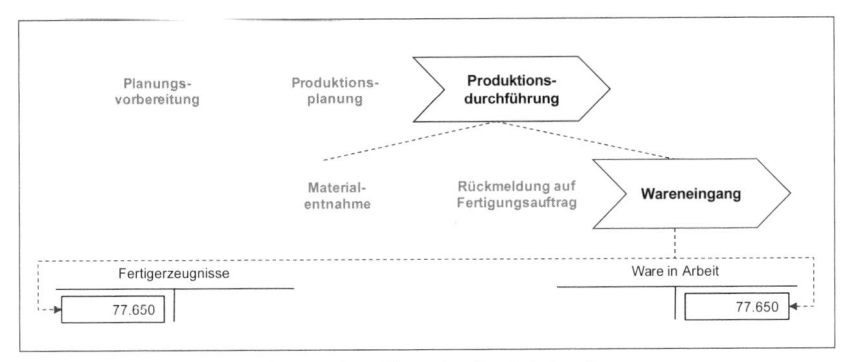

Abbildung 90: Buchungen bei Fertigstellung des Produktionsloses

Der Standardkostensatz kann auf monatlicher Basis – oder am Ende der Berichtsperiode – auf die tatsächlich angefallenen Kosten angepasst und im Stammdatensatz des herzustellenden Produkts festgehalten werden.[460] So ermöglicht Business ByDesign, den zum jeweiligen Zeitpunkt auf aktuellsten Erkenntnissen basierenden Standardkostensatz zu verwenden und dadurch zeitnah einen zutreffenden Ausweis der Bestände zu gewährleisten. Der Standardkostensatz ist dann als beste Näherung an die erwarteten (Ist-)Kosten im Verlauf der Periode zu verstehen. Business ByDesign gleicht auf Basis des angepassten Standardkostensatzes automatisch die im Bestand befindlichen Fertigerzeugnisse an.

Anpassung des Standardkostensatzes

---

[457] Vgl. zu Abweichungen zwischen dem aktivierten Wert und den angefallenen Soll- bzw. Istkosten Kapitel A1.3.3.
[458] Vgl. zur Thematik des Einkreissystems im Kontext der Harmonisierung von internem und externem Rechnungswesen Kapitel B.
[459] Vgl. auch Kapitel E2.1.3.4.
[460] Dieser auf Istkosten ermittelte Standardkostensatz dient dann gleichzeitig als Planwert für den kommenden Monat respektive das kommende Geschäftsjahr.

Belegfluss

Abschließend wird der Ablauf der Lagerfertigung anhand eines Belegflusses aufgezeigt. Ausgehend von dem Produktionsauftrag erhalten Sie schnell einen Überblick, aus welcher Planung heraus der Auftrag entstanden ist und welche Rückmeldungen dazu (bereits) vorhanden sind.

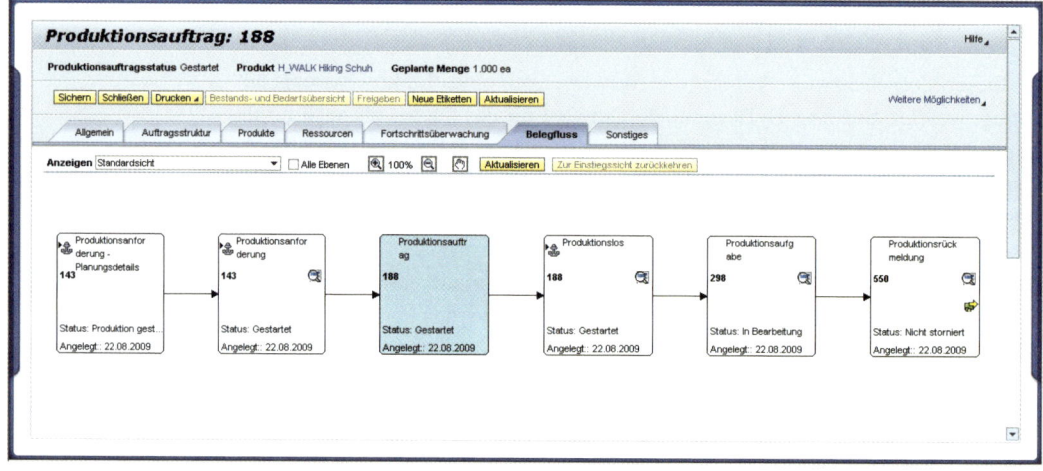

Abbildung 91: Belegfluss der Lagerfertigung

2.3.2.5 Verwendung von Zuschlägen
2.3.2.5.1 Verrechnung von Gemeinkosten über Zuschläge

Gemeinkostenzuschläge

Gemeinkosten können über Zuschläge auf den Kostenträger übertragen werden. Eine Zuschlagsregel definieren Sie im Work Center *Kosten und Erlöse* unter der Sicht *Stammdaten und Verrechnungen* (vgl. Abbildung 92). Zuschlagssätze werden primär auf der Grundlage von Plankosten berechnet. In Business ByDesign können Sie Zuschläge jedoch permanent an eventuell auftretende Änderungen der Kosten anpassen. In solchen Fällen gleicht das System durch einen Zuschlagslauf die Bestandskonten auf Basis der neu vergebenen Zuschlagssätze automatisch an. Sie sind somit in der Lage, die tatsächlich angefallenen Kosten (Istkosten) – sofern sich diese von Ihren Plankosten unterscheiden sollten – zeitnah über eine Korrektur der Zuschläge zu erfassen.

Zuschlagslauf als reiner Bewertungsvorgang

Über einen Zuschlagslauf für Produktionslose im Work Center *Bestandsbewertung* (Sicht *Periodische Aufgaben*) wird in Business ByDesign die Kostenstelle, auf der sich die Gemeinkosten befinden, entlastet und die Gemeinkosten auf den Kostenträger (das Produktionslos) übertragen. Der Zuschlagslauf ist ein Bewertungsvorgang, der nur auf der buchhalterischen Ebene ausgelöst wird und von dem operativen Prozess der Lagerfertigung entkoppelt ist.

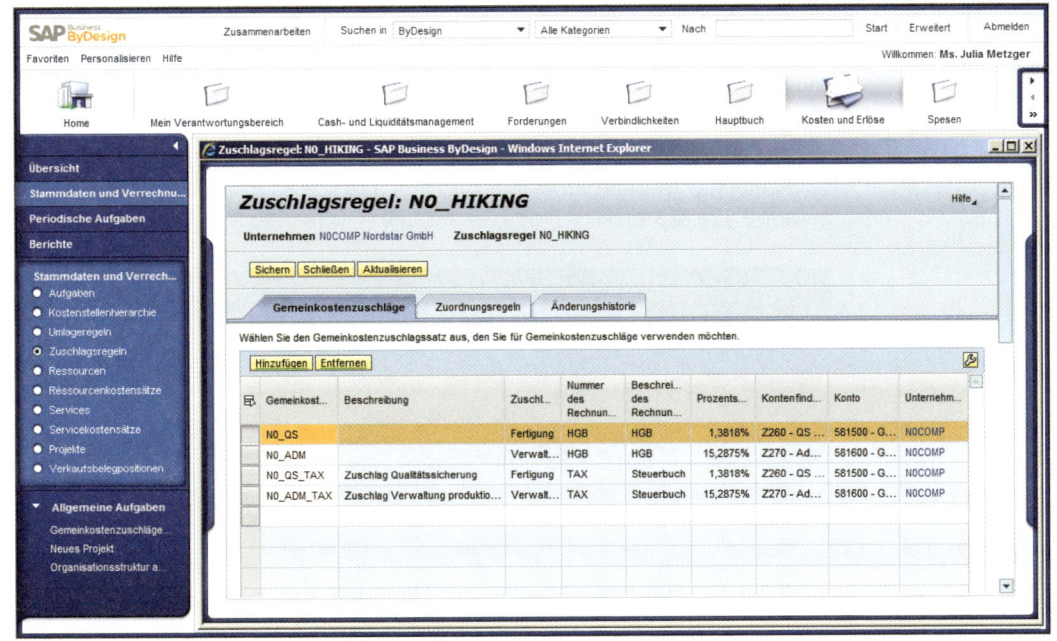

Abbildung 92: Festlegung von Zuschlagsregeln

Bezugsbasis und Höhe des Zuschlags

Die Bezugsbasis für die Zuschläge können Sie beim Anlegen des Gemeinkostenzuschlags wählen. Grds. dienen die auf dem Konto *Ware in Arbeit* gebuchten Kosten – wie z.B. Material- und Fertigungseinzelkosten – als Bezugsbasis für die Zuschläge. Neben der Bezugsbasis legen Sie in der Zuschlagsregel im Work Center *Kosten und Erlöse* auch die Höhe der einzelnen Zuschläge fest. Abbildung 92 ist zu entnehmen, dass für die Zuschlagsregel Zuschlag *Hiking* zwei Zuschläge (GKZ Qualitätssicherung und GKZ Verwaltung) vergeben wurden. Zudem ist zu berücksichtigen, dass Sie die Zuschläge – auch wenn sich der Zuschlagssatz nicht unterscheiden sollte – pro vorhandenem Rechnungslegungswerk anlegen müssen.[461]

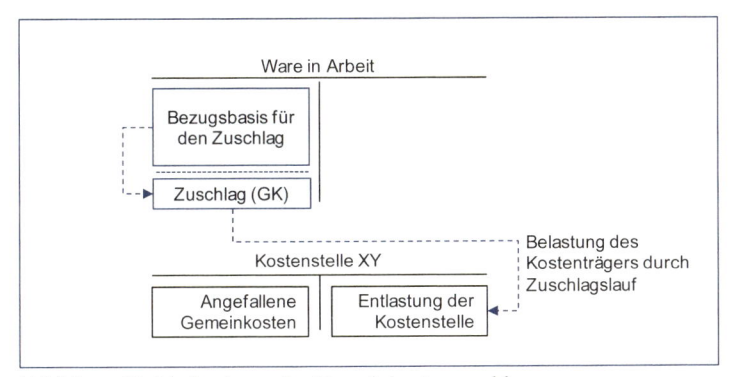

Abbildung 93: Verbuchung des Gemeinkostenzuschlags

---

[461] Dadurch können Sie eine sachgerechte Abbildung von Vermögensgegenständen erreichen, deren Herstellungskosten nach Steuer- und Handelsbilanz abweichen.

Beispielsachverhalt

Im Fallbeispiel werden zwei Gemeinkostenzuschläge verwendet. Ein Zuschlag dient der Verteilung der angefallenen Gemeinkosten im Bereich der Qualitätssicherung auf den Kostenträger; ein zweiter Zuschlag verrechnet die produktionsnahen Gemeinkosten. Als Bezugsbasis für den Zuschlag der Qualitätssicherung werden die geplanten Materialeinzelkosten und die Fertigungskosten der Personal- und Equipmentressourcen zugrunde gelegt. Diese Kosten belaufen sich auf insgesamt 3.321.833 EUR.[462] Daraus ergibt sich ein Zuschlagssatz i.H.v. 1,38 %.

Kosten der Qualitätssicherung		Bezugsbasis des Gemeinkostenzuschlags		Gemeinkostenzuschlag Qualitätssicherung
Personalaufwand	45.500 EUR	Materialeinzelkosten	3.100.000 EUR	
Messinstrumente (AfA)	400 EUR	Fertigungseinzelkosten	190.833 EUR	45.900 EUR
		Maschinenstundensatz	31.000 EUR	3.321.833 EUR
				= 1,38%
Summe:	45.900 EUR	Summe:	3.321.833 EUR	

Abbildung 94: Ermittlung des Verrechnungssatzes für die Gemeinkosten der Qualitätssicherung

2.3.2.5.2 Berücksichtigung von Umlagen

Einrichten einer Umlagenregel

In Business ByDesign können Sie zunächst Kosten zwischen Kostenstellen umlegen und anschließend die umgelegten Kosten mithilfe eines Zuschlags auf den Kostenträger verrechnen. Auf welche Art und Weise eine Umlage zu erfolgen hat, legen Sie in der Sicht *Umlageregeln* im Work Center *Kosten und Erlöse* fest (vgl. auch Abbildung 92). Nachdem Sie die Umlageregel eingerichtet haben, müssen Sie zum gewünschten Zeitpunkt einen Umlagelauf durchführen, der auf Grundlage der festgelegten Verteilungsregeln automatisch eine Umlage auf die relevanten Kostenstellen vornimmt. Eine manuelle Umbuchung der diversen Kostenblöcke ist nicht erforderlich. Im Anschluss an die Umlage können Sie über den Zuschlagslauf die auf der Kostenstelle befindlichen Gemeinkosten auf den Kostenträger verrechnen.

Für die Einrichtung von Umlageregeln sind neben den relevanten (Sender-) Kostenstellen die zugrunde liegenden Sachkonten – die letztlich umgelegt werden sollen – anzugeben. Im vorliegenden Fall wird bspw. von der (Sender-) Kostenstelle Betriebsstätte das Konto *Abschreibungen auf Sachanlagen* (Abschreibungen der Lagerhalle und des Lagersystems) gewählt und als Zielkostenstellen Zentrale Verwaltung, Logistik und Verkauf verwendet (vgl. Abbildung 95). Ein Verteilungssatz legt fest, welcher Anteil der Senderkostenstelle auf die Empfängerkostenstelle(n) umgelegt wird. So erfolgt eine Umlage der Jahresabschreibungen von den Anlagen Lagersystem und Lagerhalle i.H.v. 60 % (= die für die Produktion genutzte Fläche bzw. der Platz für das Lagersystem) auf die Kostenstelle Zentrale Verwaltung und zu jeweils 20 % auf die Kostenstelle Logistik und Verkauf.

---

[462] Die Materialeinzelkosten betragen 3.100.000 EUR (62 EUR/Paar * 50.000 Paare), die Fertigungskosten der Ressourcen belaufen sich auf 190.833 EUR und 31.000 EUR. Vgl. zu den Kosten der Ressourcen auch Abbildung 86 und Abbildung 87.

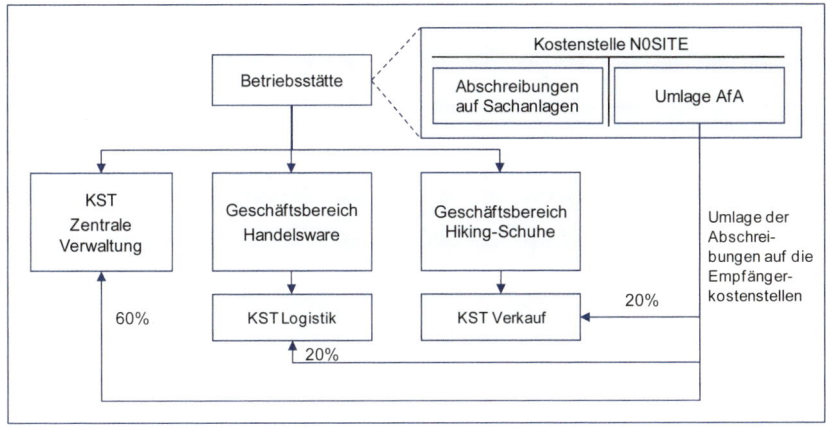

Abbildung 95: Umlage der Abschreibungen auf die Zielkostenstelle

Die in Abbildung 96 aufgeführten Kosten sollen als Gemeinkosten über einen Zuschlag auf den Kostenträger verrechnet werden. Dafür ist zunächst eine Umlage – soweit Kosten nicht schon bereits auf der vorgesehenen (Ziel-)Kostenstelle vorhanden sind – auf die Kostenstelle *Zentrale Verwaltung* notwendig. Nachdem die Kosten umgelegt wurden, werden zur Ermittlung des Gemeinkostenzuschlags der produktionsnahen Gemeinkosten die insgesamt angefallenen Kosten (514.833 EUR) auf ein Paar Schuhe verteilt. Bei einer Produktionsmenge von 50.000 Paaren ergeben sich ungefähr 10,30 EUR, die auf ein Paar *Hiking*-Schuhe entfallen. Die Bezugsgröße für die Berechnung des Zuschlagssatzes stellt die Summe aus den Materialeinzelkosten (62 EUR), den Personalressourcen (3,82 EUR), den Equipmentressourcen (0,62 EUR) und des Gemeinkostenzuschlags für die Qualitätssicherung (0,91 EUR) dar: 67,35 EUR. Somit erhält man einen Gemeinkostenzuschlag für die produktionsnahe Gemeinkosten i.H.v. 15,29 %.

Beispielsachverhalt

Kostenart	Kosten (EUR)	Kostenstelle
Personal Lager	32.500	Produktion
Personal Einkauf	91.000	Einkauf
Telefon Einkauf	1.000	Einkauf
Lagerhalle (AfA)	40.000	Betriebsstätte (60%)
Lagersystem (AfA)	246.000	Betriebsstätte (60%)
Verwaltungsgeb. (AfA)	75.000	Zentrale Verwaltung
Computer (AfA)	4.333	Zentrale Verwaltung
Heizung Verwaltung	10.000	Zentrale Verwaltung (60%)
Heizung Lager	15.000	Produktion (60%)

Abbildung 96: Umlage der produktionsnahen Gemeinkosten

2.3.2.6 Herstellungskosten des produzierten Schuhs

Abbildung 97 fasst die einzelnen Herstellungskostenbestandteile zusammen.

	Materialeinzelkosten	62,00 EUR
+	Fertigungseinzelkosten (Personalressource)	3,82 EUR
+	Maschinenstundensatz (Equipmentressource)	0,62 EUR
=	Bezugsbasis für den Zuschlag der Gemeinkosten der QS	66,44 EUR
+	Gemeinkosten aus der Qualitätssicherung	0,91 EUR
=	Herstellungskosten (inklusive GK der Qualitätssicherung)	67,35 EUR
+	Gemeinkosten der produktionsnahen Verwaltung	10,30 EUR
=	Herstellungskosten des Hiking-Schuhs	77,65 EUR

Abbildung 97: Herstellungskosten der *Hiking*-Schuhe

Buchung auf dem Produktionslos (Produktionsbericht)

Sie sich die Buchungen auf einem Produktionslos gesondert anzeigen lassen. Rufen Sie dafür im Work Center *Bestandsbewertung* (Sicht Berichte) den betreffenden Bericht auf. Auf dem Produktionslos finden Sie die über die Rückmeldungen ausgelösten Buchungen der jeweiligen Kostenstellen. Neben dem Betrag können Sie sich hiermit auch einen Einblick über die tatsächlich verbrauchte Menge (Zeit) der eingesetzten Materialien (Ressourcen) verschaffen. In Abbildung 98 werden konkret die Buchungen eines Produktionsloses zur Herstellung von 1.000 Paar Schuhen gewählt. Die Buchungen mit einem positiven Wert belasten das Konto *Ware in Arbeit* im Soll (vgl. auch Abbildung 81); die negative Buchung am Ende bezieht sich auf die Bestandsumbuchung der Fertigerzeugnisse.

	An Kostenstelle	An Material	An Ressource	Betrag EUR	Menge
Aufwendungen für Rohstoffe	Nicht zugeordnet	Kunststoffgranulat	Nicht zugeordnet	1.500,00	300.000,00 g
		Leder	Nicht zugeordnet	60.000,00	2.000,00 m
		Schnürsenkel	Nicht zugeordnet	500,00	2.000,00 ea
		Ergebnis		62.000,00	*
Aufwand interner Service	Lederzuschnitt	Nicht zugeordnet	Maschinenressource L	200,00	16,67 h
			Personalressource Le	1.300,00	33,33 h
		Ergebnis		1.500,00	50,00 h
	Schuhfertigung	Nicht zugeordnet	Maschinenressource F	60,00	16,67 h
			Personalressource Fe	1.866,67	58,33 h
		Ergebnis		1.926,67	75,00 h
	Spritzgusssohle	Nicht zugeordnet	Maschinenressource S	360,00	33,33 h
			Personalressource Sp	650,00	16,67 h
		Ergebnis		1.010,00	50,00 h
GKZ Qualitätssicherung	Qualitätssicherung	Nicht zugeordnet	Nicht zugeordnet	918,03	0,00
		Ergebnis		918,03	0,00
GKZ Verwaltung	Zentrale Verwaltung	Nicht zugeordnet	Nicht zugeordnet	10.296,85	0,00
		Ergebnis		10.296,85	0,00
				77.651,55	*
ULDE/400020	Nicht zugeordnet	Hiking Schuh	Nicht zugeordnet	-77.650,00	-1.000,00 ea

Abbildung 98: Buchungen auf einem Produktionslos

2.3.3 Abrechnungslauf des Kontos *Ware in Arbeit* und Produktionsabweichungsanalyse

Der Abrechnungslauf des Kontos *Ware in Arbeit* dient dazu, eine korrekte Bestandsbewertung der hergestellten Vermögensgegenstände zu erreichen. Dafür werden Differenzen auf dem Konto *Ware in Arbeit* ermittelt. Der Abrechnungslauf ist periodisch in dem Work Center *Bestandsbewertung* unter der Sicht *Periodische Aufgaben* einzuplanen, um möglichst zeitnah einen korrekten Vermögens- und Erfolgsausweis zu erzielen. In den Abrechnungslauf werden nur die abgeschlossenen Produktionslose einbezogen.

Zweck

Für den Abrechnungslauf ist das für den produzierten Vermögensgegenstand festgelegte Bewertungsverfahren von Bedeutung. In Abhängigkeit von dem Bewertungsverfahren (entweder Standardkostensatz oder gleitender Durchschnittspreis) werden bestehende Differenzen behandelt. Im Beispielsachverhalt wurde der Standardkostensatz als Bewertungsverfahren zugrunde gelegt. Abweichungen (positiver als auch negativer Art) zu den ermittelten Herstellungskosten (= Standardkostensatz) werden als Produktionsdifferenzen erfolgswirksam berücksichtigt.[463]

Standardkostensatz vs. gleitender Durchschnittspreis

Buchungen des Abrechnungslaufs

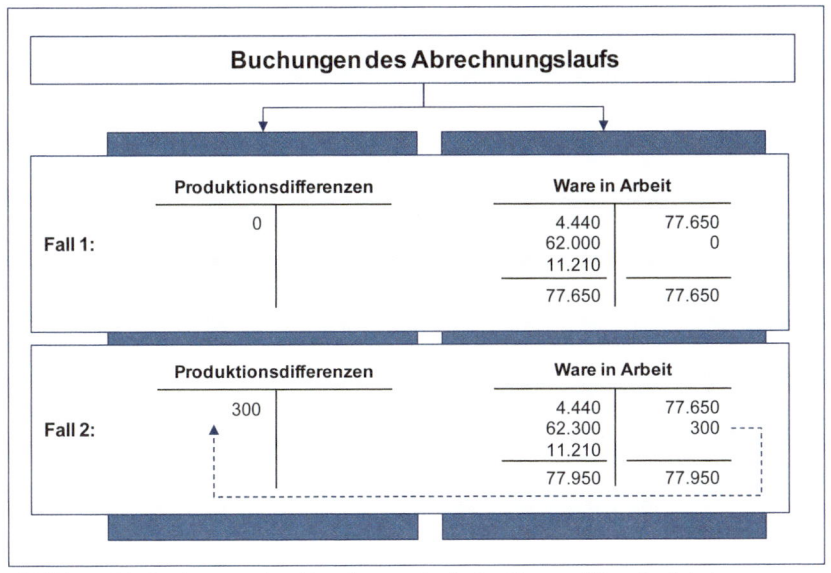

	Produktionsdifferenzen		Ware in Arbeit	
Fall 1:	0		4.440	77.650
			62.000	0
			11.210	
			77.650	77.650

	Produktionsdifferenzen		Ware in Arbeit	
Fall 2:	300		4.440	77.650
			62.300	300
			11.210	
			77.950	77.950

Abbildung 99: Buchungen des Abrechnungslaufs des Kontos *Ware in Arbeit*

In Abbildung 99 werden anhand von zwei Fallunterscheidungen die durch den Abrechnungslauf angestoßenen Buchungen aufgezeigt. In Fall 1 – dies ist der im Beispielsachverhalt beschriebene Fall – liegen keine Differenzen vor. Die im Soll

Beispielsachverhalt

---

[463] Dagegen wird bei Anwendung des gleitenden Durchschnittspreises eine Anpassung des Bestands vorgenommen. Sollte zu diesem Zeitpunkt kein Bestand vorhanden sein, werden eventuell bestehende Differenzen analog zur Bewertung mit dem Standardkostensatz als Produktionsdifferenzen erfasst.

des Kontos *Ware in Arbeit* gebuchten Kosten entsprechen den Plankosten (in Form des Standardkostensatzes). Wären im Fallbeispiel bei dem Verbrauch von Rohstoffen anstatt 62.000 EUR aufgrund von ungenauer Arbeit im Bereich des Lederzuschnitts 62.300 EUR (es wurden 10 qm (= 300 EUR) mehr verwendet als dies in der Stückliste vorgesehen ist) an Materialaufwand entstanden (Fall 2), so hätte dies im Abrechnungslauf zu der Erfassung einer aufwandswirksamen Produktionsdifferenz geführt. Das Produktionsdifferenzenkonto ist der GuV-Position *Herstellungskosten der zur Erzielung der Umsatzerlöse erbrachten Leistungen* zugeordnet; dadurch erhöht die Buchung in Fall 2 die Herstellungskosten des Umsatzes um 300 EUR.

Analyse von Produktionsabweichungen

Im Work Center *Bestandsbewertung* haben Sie unter der Sicht *Berichte* die Möglichkeit, eventuell vorhandene Produktionsabweichungen zu analysieren. Die Abweichungsanalyse bezieht sich zunächst auf einen Produktionsauftrag. In Abbildung 100 sind die Produktionsaufträge, die zu der Produktionsmenge von 50.000 Paar Schuhen im Geschäftsjahr 2009 geführt haben, aufgelistet. Im vorliegenden Fall existieren keine Produktionsabweichungen; die aufgeführten Periodenproduktionskosten (= Sollkosten) entsprechen den Plankosten. Wenn die Periodenproduktionskosten von den Plankosten abweichen würden, wäre der Differenzbetrag in der Spalte Produktionsabweichung aufgeführt. An den Buchungen des Abrechnungslaufs in Abbildung 99 ist zu erkennen, dass identifizierte Abweichungen auf spezielle Differenzenkonten gebucht werden.

Produktionslos	Periodenproduktionskosten EUR	Periodenproduktionsmenge ea	Produktionsabweichung EUR
182	388.257,68	5.000,000	
183	388.257,68	5.000,000	
184	776.515,36	10.000,000	
185	776.515,36	10.000,000	
186	776.515,36	10.000,000	
187	388.257,68	5.000,000	
188	77.651,55	1.000,000	
189	310.606,14	4.000,000	

Abbildung 100: Analyse von Produktionsabweichungen

2.4 Zusammenfassende Darstellung der Lagerfertigung in Bilanz und Gewinn- und Verlustrechnung

Übersicht

In den folgenden Ausführungen werden die Auswirkungen der Lagerfertigung auf die Handelsbilanz und die GuV der *Nordstar GmbH* beschrieben. In der ersten Spalte der Abbildung 101 wird die Bilanz ohne die Geschäftsvorfälle der Produktion aufgeführt. Die aus der Produktion resultierenden Delta-Buchungen werden in einer gesonderten Spalte betrachtet. Die Fortschreibung der Werte wird schließlich in Spalte 3 vorgenommen. Auf diese Weise wird auch die GuV nach Gesamt- bzw. Umsatzkostenverfahren fortgeführt (vgl. Abbildung 102 und Abbildung 103). Für die vorliegende Betrachtung wird davon ausgegangen, dass die 50.000 produzierten Paar Schuhe (*Hiking*) noch alle auf Lager liegen.

Die Herstellungskosten pro Paar betragen 77,65 EUR[464]. Der Herstellungsvorgang ist ein erfolgsneutraler Vorgang; der Bestand an *Hiking*-Schuhen erhöht sich um 3.882.516 EUR. Für die Herstellung wurden Materialien im Wert von 3.100.450 EUR verbraucht (Kunststoffgranulat, Leder, Schnürsenkel, Garn und Kleber). Die Roh-, Hilfs- und Betriebsstoffe wurden in der Produktion bereits verarbeitet, sodass diesbzgl. kein verbleibender Bestand existiert. Da die Roh-, Hilfs- und Betriebsstoffe jedoch noch nicht bezahlt wurden, bestehen Verbindlichkeiten aus Lieferungen und Leistungen i.H.v. 3.689.535,50 EUR (inkl. Vorsteuer i.H.v. 589.085,50 EUR), die als Forderungsposition in der Bilanz ausgewiesen wird.

Herstellungskosten

Bilanzposition	Bilanz ohne Produktion EUR	Delta-Produktion EUR	Bilanz EUR
Bilanz gem. HGB § 266 - SKR03			
Aktiva	8.272.571,00	4.098.673,50	12.371.244,50
Anlagevermögen	6.000.000,00	-384.233,00	5.615.767,00
Immaterielle Vermögensgegenstände	0,00	0,00	0,00
Sachanlagevermögen	6.000.000,00	-384.233,00	5.615.767,00
Grundstücke	2.000.000,00	0,00	2.000.000,00
Gebäude	1.750.000,00	-115.000,00	1.635.000,00
Technische Anlagen und Maschinen	2.237.000,00	-264.900,00	1.972.100,00
Betriebs- und Geschäftsausstattung	13.000,00	-4.333,00	8.667,00
Umlaufvermögen	2.272.571,00	4.482.906,50	6.755.477,50
Vorräte	1.324.147,00	3.882.516,00	5.206.663,00
Rohstoffe, Hilfs- und Betriebsstoffe	0,00	0,00	0,00
Fertige Erzeugnisse und Waren	1.324.147,00	3.882.516,00	5.206.663,00
Forderungen und sonstige Anlagen	1.011.588,00	600.390,50	1.611.978,50
Forderung aus Lieferung und Leistung	0,00	0,00	0,00
Aus Steuern	1.011.588,00	600.390,50	1.611.978,50
Kassenbest., Guthaben KI und Schecks	-63.164,00	0,00	-63.164,00
Passiva	-8.272.571,00	-4.098.673,50	-12.371.244,50
Eigenkapital	-5.570.983,00	125.500,00	-5.445.483,00
Gezeichnetes Kapital	-5.550.000,00	0,00	-5.550.000,00
Jahresüberschuss/Jahresfehlbetrag	-20.983,00	125.500,00	104.517,00
Rückstellungen	0,00	-88.833,00	-88.833,00
Verbindlichkeiten	-2.701.588,00	-4.135.340,50	-6.836.928,50
Verbindlichkeiten gegenüber Kreditinstituten	-2.450.000,00	0,00	-2.450.000,00
Verbindl. aus Lieferungen und Leistungen	-251.588,00	-3.760.340,50	-4.011.928,50
Verbindl. gegenüber verb. Unternehmen	0,00	0,00	0,00
Sonstige Verbindlichkeiten	0,00	-375.000,00	-375.000,00
Aus Steuern	0,00	0,00	0,00
Verbindlichkeiten gegenüber Personal	0,00	-375.000,00	-375.000,00

Abbildung 101: Handelsbilanz der *Nordstar GmbH* nach der Lagerfertigung

---

[464] Hierbei handelt es sich um eine gerundete Angabe. Der genaue Wert beträgt 77,6503 EUR.

	Abschreibungen	Die in Abbildung 102 aufgeführten Abschreibungen der Anlagen enthalten nur die auf die Produktion entfallenden Abschreibungen.[465] Bzgl. der Lagerhalle und dem Lagersystem sind somit nur 60 % der Jahresabschreibungen berücksichtigt.[466] Insgesamt belasten dadurch 384.233 EUR die GuV. Die Abschreibungen mindern in der Bilanz den Wert des Sachanlagevermögens.

Personalaufwand Der in der GuV ausgewiesene Personalaufwand von 463.833 EUR (Gesamtkostenverfahren) besteht aus dem Lohn-/Gehaltsbestandteil (375.000 EUR) und der Zuführung zu den Pensionsrückstellungen (88.833 EUR).[467] Es wird unterstellt, dass die Arbeitnehmer noch nicht bezahlt wurden und somit eine Verbindlichkeit gegenüber Arbeitnehmern i.H.v. 375.000 EUR besteht.

Sonstiger betrieblicher Aufwand In den Verbindlichkeiten aus Lieferungen und Leistungen sind ebenso die noch nicht bezahlten Dienstleistungen der Marketingagentur (20.000 EUR) als auch Strom-, Heizungs-, Telefon- und Wartungskosten (34.500 EUR) enthalten. Weitere 5.000 EUR beziehen sich auf die Gussform für die Herstellung der Schuhsohle. Diese Aufwendungen werden in den sonstigen betrieblichen Aufwendungen ausgewiesen. Die auf diese Aufwendungen entfallende Vorsteuer beträgt 11.305 EUR.

Bilanzposition	GuV ohne Produktion EUR	Delta Produktion EUR	GuV EUR
Gewinn- und Verlustrechnung	0,00	0,00	0,00
Ergebnis der gewöhnlichen Geschäftstätigkeit	-20.983,00	125.500,00	104.517,00
Umsatz	0,00	0,00	0,00
Erhöhung oder Verminderung des Bestands	0,00	-3.882.516,00	-3.882.516,00
sonstige betriebliche Erträge	-36.014,00	0,00	-36.014,00
Materialaufwand	0,00	3.100.450,00	3.100.450,00
Personalaufwand	0,00	463.833,00	463.833,00
Abschreibung	0,00	384.233,00	384.233,00
für Sachanlagen	0,00	384.233,00	384.233,00
für immaterielle Vermögensgegenstände	0,00	0,00	0,00
sonstige betriebliche Aufwendungen	15.031,00	59.500,00	74.531,00
GuV Ergebnis	-20.983,00	125.500,00	104.517,00

Abbildung 102: GuV (Gesamtkostenverfahren) der *Nordstar GmbH*

---

[465] Die Höhe der Abschreibungen auf die Computer ist in Handelsbilanz und Steuerbilanz aufgrund abweichender Nutzungsdauern unterschiedlich. Daraus begründet sich die Notwendigkeit zur Bildung von latenten Steuern; vgl. hierzu Kapitel E5.3.4.1.

[466] Die restlichen 40 % sind für diesen Prozess irrelevant, finden aber Berücksichtigung im Prozess der Auftragsabwicklung; vgl. Kapitel E3.2.

[467] Vgl. auch Abbildung 76.

Bilanzposition	GuV ohne Produktion	Delta Produktion	GuV
	EUR	EUR	EUR
Nettogewinn/Nettoverlust	0,00	0,00	0,00
Ergebnis der gewöhnlichen Geschäftstätigkeit	-20.983,00	125.500,00	104.517,00
Bruttoergebnis vom Umsatz	0,00	0,00	0,00
Nettoumsatzerlös	0,00	0,00	0,00
Umsatzkosten	0,00	0,00	0,00
Vertriebskosten	0,00	125.500,00	125.500,00
allgemeine Verwaltungskosten	0,00	0,00	0,00
sonstige betriebliche Erträge	-36.014,00	0,00	-36.014,00
sonstige betriebliche Aufwendungen	15.031,00	0,00	15.031,00
GuV Ergebnis	-20.983,00	125.500,00	104.517,00

Abbildung 103: GuV (Umsatzkostenverfahren) der *Nordstar GmbH*

Bei Anwendung des Gesamtkostenverfahrens werden Bestandsveränderungen in der GuV erfasst. Durch die Produktion wurden Fertigerzeugnisse i.H.v. 3.882.516 EUR aktiviert, die als Bestandsveränderung ausgewiesen werden. Des Weiteren wird der in der Produktion verursachte Materialverbrauch (Roh-, Hilfs- und Betriebsstoffe) als Aufwand berücksichtigt. Im Gegensatz zur GuV nach dem Gesamtkostenverfahren werden bei Anwendung des Umsatzkostenverfahrens nur die nicht aktivierten Aufwendungen i.H.v. 125.500 EUR als Vertriebsaufwand aufgeführt. Da die Schuhe noch nicht verkauft wurden und somit keine Umsatzerlöse erzielt wurden, entsteht durch die Produktion ein Jahresfehlbetrag i.H.v. 125.500 EUR. Dieser ist auf jene Aufwendungen zurückzuführen, die in dem Prozess der Lagerfertigung nicht aktiviert wurden (vgl. hierzu E2.2.2).

Ausweis in der GuV

3 Auftragsabwicklung
3.1 Betriebswirtschaftliche Grundlagen
3.1.1 Vorbemerkung

Überblick

Der Auftragsabwicklungsprozess beginnt im Allgemeinen mit einem Kundenauftrag für einen Vermögensgegenstand bzw. eine Dienstleistung. Dem Kundenauftrag geht in aller Regel die Geschäftsanbahnungsphase, die im Weiteren aufgrund ihrer Irrelevanz für das Rechnungswesen nicht weiter betrachtet wird, voraus. Nach der Lieferung des Gegenstands bzw. der Dienstleistung wird eine Kundenrechnung erstellt. Daran schließt die Verarbeitung des Zahlungseingangs an. In der Unternehmenspraxis stellt sich dieser Auftragsabwicklungsprozess häufig flexibel dar. So finden die dargestellten Teilprozesse oftmals in einer abweichenden Reihenfolge statt. Hierbei ist zu beachten, dass die abschließende Abbildung im Rechnungswesen unabhängig von der Reihenfolge der Teilprozesse zu identischen Ergebnissen führen muss.

In diesem Unterkapitel wird abermals[468] nur der Auftragsabwicklungsprozess von materiellen Gütern und dessen Abbildung im Rechnungswesen dargestellt. Zur Beschreibung des Auftragsabwicklungsprozesses von Dienstleistungen sei auf Kapitel E4 verwiesen.

| Kundenauftrag | Warenlieferung | Kundenrechnung | Zahlungseingang |

Abbildung 104: Auftragsabwicklungsprozess im Überblick[469]

Beim Auftragsabwicklungsprozess handelt es sich um das Spiegelbild des Beschaffungsprozesses. Daher werden die auch hier relevanten Themen wie „Behandlung von schwebenden Geschäften" und der aus dem Gefahrübergang abzuleitende Gewinnrealisierungszeitpunkt[470] nur in den Grundzügen dargestellt. Die bilanziellen Konsequenzen der ausgehenden Kundenrechnung werden ebenso wie die bilanziellen Folgen des Zahlungseingangs aufgezeigt.[471] Abschließend werden die Aspekte der kurzfristigen Erfolgsrechnung zur internen Steuerung dargestellt.

---

[468] Dieses Vorgehen ist identisch mit dem Beschaffungsprozess; vgl. Kapitel E1.
[469] Der Teilprozess Warenlieferung stellt sich in einem Dienstleistungsunternehmen als Serviceleistung/Dienstleistung dar; vgl. Kapitel E4.3.1.2.
[470] Der Gewinnrealisierungszeitpunkt ist identisch mit dem Anschaffungszeitpunkt des Kunden.
[471] Zur Behandlung von Rechnungen und Zahlungen in Fremdwährung wird auf den Beschaffungsprozess verwiesen; vgl. Kapitel E1.1.5.

3.1.2 Externe Rechnungslegung
3.1.2.1 Kundenauftrag als schwebendes Geschäft

Ein Kundenauftrag mit vertraglicher Bindungskraft stellt aus bilanzieller Sicht ein schwebendes Geschäft dar.[472] Solange kein drohender Verlust aus dem Kundenauftrag zu erwarten ist, erfolgt keine (handels-)bilanzielle Abbildung (vgl. Abbildung 105).[473]

Nichtbilanzierung schwebender Geschäfte

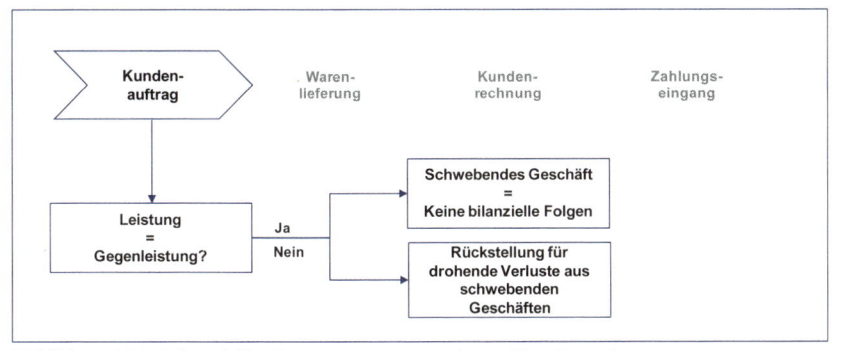

Abbildung 105: Bilanzielle Konsequenzen aus einem Kundenauftrag

3.1.2.2 Gewinnrealisierung bei Warenlieferung bzw. Gefahrübergang

Die zentrale Frage bei der bilanziellen Abbildung eines Absatzgeschäfts ist stets, wann ein Unternehmen seine Umsatzerlöse realisieren darf. Gem. § 252 Abs. 1 Nr. 4 HGB dürfen Gewinne erst berücksichtigt werden, wenn sie (am Bilanzstichtag) tatsächlich realisiert sind. Hierdurch sollen der Ausweis und die Ausschüttung unrealisierter Gewinne verhindert werden. Steuerbilanziell soll die Besteuerung unrealisierter Gewinne verhindert werden. Das Gewinnrealisierungsprinzip ist daher Bestandteil des das Handelsrecht bestimmenden Vorsichtsprinzips.

Gewinnrealisierungsprinzip Bestandteil des Vorsichtsprinzips

Gewinne gelten immer dann als realisiert, wenn der Gefahrübergang für den verkauften Vermögensgegenstand auf den Kunden stattgefunden hat. Mit dem Gefahrübergang erhält der Lieferant ein Recht auf Gegenleistung. Daher markiert der Zeitpunkt des Gefahrübergangs grds. das Ende des Schwebezustands (vgl. Abbildung 106). Je nach Vertragsbedingung kann der Realisationszeitpunkt zwischen den Zeitpunkten einer Lieferung „ab Werk" und einer Endlieferung zum Kunden liegen.[474] Verfügt der Kunde über ein Rückgaberecht, darf der Ertrag jedoch erst nach Ablauf der Rückgabefrist realisiert werden.[475]

Gefahrübergang als Ende des Schwebezustands

---

[472] Vgl. zur Begriffsbestimmung „schwebendes Geschäft" Kapitel E1.1.2.
[473] Steuerbilanziell ist die Passivierung einer Drohverlustrückstellung aus schwebenden Geschäften stets unzulässig.
[474] Vgl. zum Gefahrübergang Kapitel E1.1.3.
[475] Vgl. WP-HANDBUCH (2006), Abschnitt E, Rn. 436.

Zum Zeitpunkt der Gewinnrealisierung bucht das Unternehmen eine Forderung aus Lieferungen und Leistungen gegen Umsatzerlöse ein. Gleichzeitig muss der verkaufte Vermögensgegenstand gegen Materialaufwand oder Bestandsveränderungen[476] (GKV) bzw. Kosten des Umsatzes (UKV) ausgebucht werden.

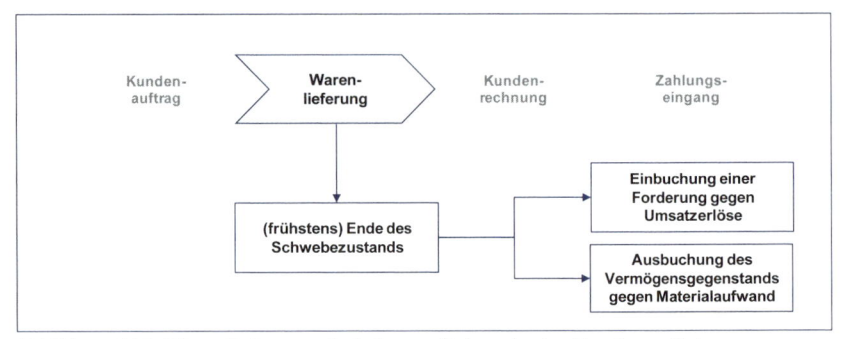

Abbildung 106: Warenlieferung als frühester Zeitpunkt der Gewinnrealisierung

3.1.2.3 Kundenrechnung und Zahlungseingang

Kundenrechnung als Hilfsrealisationszeitpunkt

Die Erstellung einer Kundenrechnung stellt grds. kein Ereignis dar, das bilanzielle Konsequenzen nach sich zieht. Dennoch führen Unternehmen oftmals die Ertragsrealisierung mit der Versendung der Kundenrechnung durch. In den Fällen, in denen der Gefahrübergang mit Lieferung „ab Werk" vereinbart wurde, ist diese Vorgehensweise in der Regel unproblematisch. Dies gilt insbesondere, wenn die Kundenrechnung in einem automatisierten Prozess im Anschluss an die Warenlieferung systemunterstützt stattfindet. Zum Bilanzstichtag ist bei einem derartigen Vorgehen allerdings immer zu prüfen, ob die Lieferung tatsächlich erbracht wurde.[477]

Bilanzielle Konsequenzen bei Zahlungseingang

Bei Zahlungseingang (per Überweisung) wird die zuvor erfasste Forderung aus Lieferungen und Leistungen aus- und der Zahlungseingang auf dem Bankkonto eingebucht. Findet der Zahlungseingang unter Nutzung eines gewährten Skontos statt, so müssen die Umsatzerlöse in der Höhe des in Anspruch genommenen Skontos korrigiert werden (vgl. Abbildung 107).[478]

Spezialfall Forderungen in Fremdwährung

Falls das Geschäft in Fremdwährung abgewickelt wurde, muss die Forderung aus Lieferung und Leistung bei Entstehung gem. § 256a HGB mit dem Devisenkassamittelkurs des Zugangstags in Euro umgerechnet werden. Entstandene Währungskursdifferenzen am Tag des Zahlungseingangs werden erfolgswirksam behandelt (vgl. Abbildung 107).[479]

---

[476] Handelswaren werden gegen Materialaufwand, selbst hergestellte Güter gegen Bestandsveränderungen ausgebucht.
[477] Vgl. SELCHERT, F. W. (2002), § 252, Rn. 105.
[478] Vgl. zum Skonto ausführlich Kapitel E1.1.5.
[479] Vgl. hingegen zur Berücksichtigung noch am Bilanzstichtag bestehender Fremdwährungsforderungen Kapitel E5.1.3.6.2.

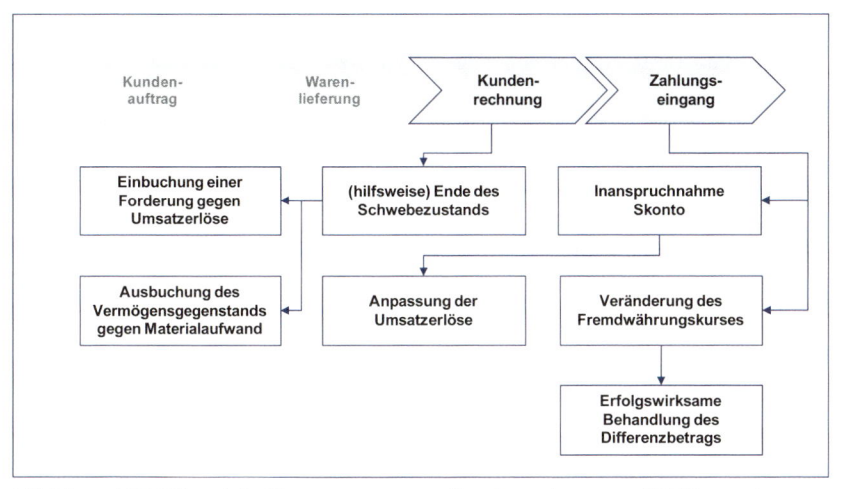

Abbildung 107: Bilanzielle Konsequenzen aus Kundenrechnung und Zahlungseingang

3.1.3 Kostenträgerzeitrechnung als interne Steuerungsgröße

Mithilfe einer Kostenträgerzeitrechnung kann der kurzfristige Erfolgsbeitrag eines Kostenträgers oder einer Gruppe bestimmter Kostenträger ermittelt werden. Hierzu werden die angefallenen Kosten den erzielten Umsatzerlösen pro Kostenträger oder Kostenträgergruppe gegenübergestellt. Kostenträgergruppen können sich bspw. wie folgt bilden: Produktgruppe, Kundengruppe, Vertriebsweg.

Zweck der Kostenträgerzeitrechnung

Marktsegmente setzen sich aus einer Kombination dieser Merkmale, z.B. Produkt oder Vertriebsweg, zusammen. Da diese Daten insbesondere in einer integrierten Rechnungswesensoftware wie Business ByDesign in Echtzeit vorliegen, können mithilfe dieser (kurzfristigen) Ergebnisrechnung die Kostenstrukturen ermittelt und die Erfolgsquellen in einem Unternehmen analysiert werden. Aufgrund der kurzfristigen Verfügbarkeit der Daten ist es somit möglich, unterjährig in Abhängigkeit von der Ergebnisrechnung, Korrekturen an vorherigen Produktions- und Absatzentscheidungen vorzunehmen.

Die unterschiedlichen Verfahren der Kostenträgerzeitrechnung werden in Abhängigkeit von den verrechneten Kosten in Teil-[480] oder Vollkostenverfahren differenziert. Außerdem werden sie jeweils in Abhängigkeit von der Untergliederung des Kostenausweises in Umsatzkosten- bzw. Gesamtkostenverfahren unterschieden.[481] Je nach Fragestellung eignen sich Teilkosten- bzw. Vollkostenverfahren in unterschiedlichem Maße. Zur Festlegung einer langfristigen Preisuntergrenze eines Kostenträgers muss die Analyse des Erfolgsbeitrags auf Basis

Unterschiedliche Ausprägungen

---

[480] Die Verfahren der kurzfristigen Ergebnisrechnung auf Teilkostenrechnung werden oftmals auch Deckungsbeitragsrechnungsverfahren genannt.

[481] Vgl. zu den Ausgestaltungen sowie den Vor- und Nachteilen der unterschiedlichen Verfahren LORSON, P./SCHWEITZER, M. (2008), Rn. 426 ff.

der Vollkosten erfolgen, da die Erlöse langfristig die Vollkosten eines Kostenträgers mindestens ausgleichen müssen. Im Falle freier Kapazitäten und kurzfristig nicht änderbarer Fixkosten reicht hingegen kurzfristig bereits eine Abdeckung der Teilkosten (= variable Kosten) durch die zu erzielenden Erlöse.

```
        Umsatzerlöse
+/−     Bestandsveränderungen
 −      Herstellungskosten
 −      weitere nach Kostenarten differenzierte Kosten
─────────────────────────────────────────────────
 =      Leistungserfolg einer Periode
```

Abbildung 108: Ermittlung des Leistungserfolgs nach GKV auf Vollkostenbasis

Gesamtkostenverfahren auf Vollkostenbasis

Bei Anwendung einer kurzfristigen Erfolgsrechnung in Form des Gesamtkostenverfahrens auf Vollkostenbasis werden den Umsatzerlösen die zu Herstellungskosten bewerteten Bestandsveränderungen an Halb- und Fertigfabrikatbeständen sowie die nach Kostenarten differenzierten Gesamtkosten gegenübergestellt (vgl. Abbildung 108). Es werden also sämtliche Erträge den gesamten Aufwendungen einer Periode gegenübergestellt. Dieses Verfahren bietet hinsichtlich der Analyse des Erfolgsausweises für ausgewählte Kostenträger keine Aussagefähigkeit, da den Umsatzerlösen je Kostenträger nicht ohne Weiteres produktbezogene Kosten direkt zugeordnet werden können.[482] Vielmehr handelt es sich hierbei in aller Regel um eine verkürzte GuV über alle erbrachten Leistungen.

```
        Umsatzerlöse
 −      Herstellungskosten des/der abgesetzten Kostenträger
─────────────────────────────────────────────────
 =      Leistungserfolg eines Kostenträgers je Periode
```

Abbildung 109: Ermittlung des Leistungserfolgs je Kostenträger nach UKV auf Vollkostenbasis

Umsatzkostenverfahren auf Vollkostenbasis

Die kurzfristige Erfolgsrechnung in Form des Umsatzkostenverfahrens auf Vollkostenbasis ist für die Analyse einzelner Kostenträger besser geeignet. Bei Anwendung dieses Verfahrens werden den Umsatzerlösen die Herstellungskosten der abgesetzten Produkte der betrachteten Periode gegenübergestellt. In Business ByDesign wird diese Art der kurzfristigen Ergebnisrechnung in Form des Umsatzkostenverfahrens auf Vollkostenbasis unterstützt.[483] Dieses Verfahren ermöglicht eine Analyse bestimmter Kostenträger hinsichtlich seiner erzielten Umsatzerlöse und der korrespondierenden Herstellungskosten in einer Periode[484] (vgl. Abbildung 109). Die kurzfristige Ergebnisrechnung kann für hierarchisch über-

---

[482] Vgl. LORSON, P./SCHWEITZER, M. (2008), Rn. 427 f.
[483] Aufgrund einer zur Zeit noch fehlenden Trennung zwischen fixen und variablen Kosten im System wird eine Erfolgsrechnung auf Teilkostenbasis im Moment noch nicht unterstützt.
[484] Oftmals werden diese Analysen auf Monatsbasis durchgeführt.

geordnete Kostenträgergruppen um ihnen zugerechnete Gemeinkosten erweitert werden (vgl. Abbildung 110).

```
    Umsatzerlöse
  – Herstellungskosten des/der abgesetzten Kostenträger
  – Verwaltungskosten
  – Vertriebskosten
  ─────────────────────────────────────────────────────
  = Leistungserfolg einer Kostenträgergruppe je Periode
```

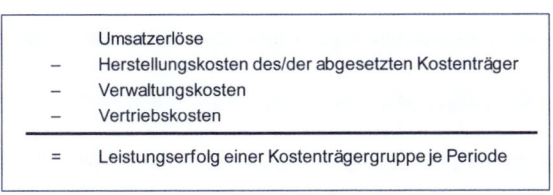

Abbildung 110: Ermittlung des Leistungserfolgs je Kostenträgergruppe nach UKV auf Vollkostenbasis

3.2 Darstellung der absatzrelevanten Geschäftsvorfälle des Fallbeispiels

Die *Nordstar GmbH* verkauft sowohl die bezogene Handelsware *Easy Walk* und *Professional Walk* als auch die hergestellten Schuhe *Hiking* nur in Deutschland. Dafür nutzt das Unternehmen unterschiedliche Vertriebswege: den Discounter, den Fachhandel und das Internet. Der Verkaufspreis eines Produkts unterscheidet sich in Abhängigkeit von dem Vertriebsweg und ergibt sich wie folgt (vgl. Abbildung 111):

<small>Verkaufspreis und Vertriebswege</small>

Vertriebsweg	Produkt		
	Easy Walk	Professional Walk	Hiking
Discounter	120 Euro	---	---
Fachhandel	180 Euro	320 Euro	150 Euro
Internet	150 Euro	300 Euro	150 Euro

Abbildung 111: Verkaufspreise der Produktpalette pro Vertriebsweg

Abbildung 111 ist auch zu entnehmen, dass nur der Schuh *Easy Walk* über alle drei Vertriebswege verkauft wird. Bei den Schuhen der Typen *Professional Walk* und *Hiking* wird auf den Vertrieb im Discounter verzichtet. Zu welchem Zeitpunkt, in welcher Höhe und über welchen Vertriebsweg die jeweiligen Schuhe verkauft werden, kann Abbildung 112 entnommen werden. Vom Typ *Easy Walk* wurden insgesamt 11.400 Paar Schuhe verkauft, daher verbleiben zum Jahresende 600 Paare auf Lager.[485] Ebenso verbleiben 5.000 Paar *Hiking*-Schuhe am Ende des Geschäftsjahrs im Bestand. Die erworbenen *Professional Walk*-Schuhe wurden dagegen vollständig abgesetzt.

Die Handelsware und der produzierte *Hiking*-Schuh werden in der Lagerhalle gelagert. Die Abschreibungen auf die Lagerhalle und das Lagersystem, die nicht auf die Lagerfertigung entfallen, werden im Auftragsabwicklungsprozess i.H.v. 190.666,66 EUR (= 40 % von 476.666,66 EUR) berücksichtigt. Ebenso werden

<small>Abschreibungen und Heizungskosten</small>

---

[485] Vgl. zur Bestandsbewertung im Rahmen der Abschlusserstellung Kapitel E5.3.3.3.

die Heizungskosten des Lagers (10.000 EUR), die sich auf die Lagerung der Handelsware und des produzierten Schuhs beziehen, dem Auftragsabwicklungsprozess zugeordnet. Des Weiteren werden 40 % der Heizungskosten der Verwaltung (6.667 EUR) den Vertriebsaktivitäten der Handels- und Produktionsware zugewiesen.[486]

Umsatzerlöse

Insgesamt beläuft sich der Umsatz aus dem Verkauf der Schuhe im Geschäftsjahr 2009 auf 10.092.000 EUR. Mit den Kunden wurde ein Zahlungsziel von 30 Tagen (ohne Skontoabzug) vereinbart. Bis auf die Forderungen gegenüber dem Kunden *Schuh Discounter* i.H.v. 214.200 EUR[487] sind die Zahlungen auch alle fristgerecht eingegangen.

Produkt	Verkaufsdatum	Vertriebsweg	Anzahl	Umsatz (EUR)
Easy Walk	31.03.2009	Discounter	500	60.000
		Fachhandel	1.000	180.000
		Internet	2.000	300.000
	01.07.2009	Discounter	500	60.000
		Fachhandel	800	144.000
		Internet	2.500	375.000
	15.07.2009	Discounter	500	60.000
		Fachhandel	1.100	198.000
		Internet	2.500	375.000
	Summe:		11.400	1.752.000
Professional Walk	31.03.2009	Fachhandel	4.500	1.440.000
		Internet	500	150.000
	Summe:		5.000	1.590.000
Hiking	01.07.2009	Fachhandel	20.000	3.000.000
		Internet	25.000	3.750.000
	Summe:		45.000	6.750.000
Gesamtsumme:			62.400	10.092.000

Abbildung 112: Verkauf der Handels- und Produktionsware

---

[486] Während der Anteil der Abschreibungen auf die Kostenstelle *Logistik* (Geschäftsfeld *Handelsware*) und *Verkauf* (Geschäftsfeld *Hiking*) umgelegt wird, werden die Heizungskosten des Lagers über die Erfassung einer Lieferantenrechnung (Work Center *Rechnungsprüfung*) zu gleichen Teilen direkt auf die Kostenstellen *Logistik* bzw. *Verkauf* kontiert. Die Heizungskosten der Verwaltung belasten zunächst die Kostenstelle *Zentrale Verwaltung* und gelangen dann per Umlage auf die Kostenstellen *Verkauf* der beiden Geschäftsfelder. Die auf den genannten Kostenstellen anfallenden Kosten werden in der GuV im Funktionsbereich Vertriebskosten ausgewiesen. Vgl. zur Umlage Kapitel 2.3.2.5.2.

[487] Die Forderung wird mit dem Bruttobetrag (inkl. USt) ausgewiesen; vgl. zur Behandlung der Wertberichtigung von Forderungen zum Geschäftsjahresende Kapitel E5.3.3.2.

3.3 Abbildung der Auftragsabwicklung in Business ByDesign
3.3.1 Verkauf von Produkten und deren Bezahlung
3.3.1.1 Darstellung des Auftragsabwicklungsprozesses

Der Auftragsabwicklungsprozess gliedert sich grds. in die Teilprozesse Eingang eines Kundenauftrags, die Veranlassung der Lieferung der bestellten Ware[488] sowie in den Versand der Kundenrechnung. Nach Erhalt der Rechnung erfolgt schließlich die Zahlung des geschuldeten Betrags durch den Kunden. In Business ByDesign werden zur Erfassung dieser Teilprozesse im Wesentlichen die in Abbildung 113 enthaltenen Work Center zur Verfügung gestellt.

Überblick

In den folgenden Kapiteln werden diese Teilprozesse näher beschrieben und die Auswirkungen auf die Rechnungslegung erläutert. Zu diesem Zweck wird der Auftragsabwicklungsprozess beispielhaft an dem Verkauf der *Easy Walk*-Schuhe über den Vertriebsweg *Fachhandel* zum 31.03.2009 dargestellt. Die Erfassung der anderen Verkaufsvorgänge erfolgt analog und wird somit nicht näher betrachtet. In einer zusammenfassenden Darstellung von Bilanz und GuV wird der Auftragsabwicklungsprozess abschließend vollständig betrachtet.

Kunden-auftrag	Warenlieferung	Kunden-rechnung	Zahlungs-eingang
Kundenauftrag	Wareneingang	Kundenrechnung	Forderungen
			Cash- und Liquiditäts-management

Abbildung 113: Auftragsabwicklungsprozess und zugehörige Work Center

3.3.1.1.1 Eingang eines Kundenauftrags

Der Kundenauftrag nimmt eine zur Bestellung beim Beschaffungsprozess[489] vergleichbare Rolle ein. Der Kundenauftrag stellt den Ausgangspunkt des Auftragsabwicklungsprozesses dar. Mit dem Kundenauftrag wird noch keine Buchung im System abgesetzt, da ein schwebendes Geschäft vorliegt. Die Erfassung des Kundenauftrags beinhaltet relevante Produkt- und Kundendaten. Diese erleichtern in einem nachgelagerten Schritt die Erstellung der Kundenrechnung, da die Daten automatisch für die Erzeugung der Rechnung zugrunde gelegt werden. Außerdem

Kundenauftrag als Ausgangspunkt der Auftragsabwicklung

---

[488] In diesem Kapitel wird explizit nur der Verkauf von Produkten (Materialien) erläutert. Zur Thematik vom Verkauf von Dienstleistungen (Services) wird auf Kapitel E4 verwiesen.

[489] Vgl. Kapitel E1.3.1.1.1.

wird auch der Warenausgang der zu liefernden Ware durch die Erfassung des Kundenauftrags unterstützt. Über den in dem Kundenauftrag enthaltenen Nettowert der zu liefernden Ware besitzen Sie zu diesem Zeitpunkt bereits einen Überblick über den aus dem Verkauf zu erwartenden Deckungsbeitrag.

Erfassung des Kundenauftrags

Den eingehenden Kundenauftrag erfassen Sie im System im gleichnamigen Work Center *Kundenaufträge* (Sicht *Kundenaufträge*). Im Kundenauftrag wird der Kunde und das bestellte Produkt in der dafür vorgesehenen Auftragsposition ausgewählt. Außerdem können Sie im Kundenauftrag den zugehörigen Vertriebsweg[490] bestimmen (vgl. Abbildung 114). Diese Auswahl dient Ihnen später dazu, eine genauere Analyse der erzielten Umsätze nach Kunden, Produkten, Vertriebsorganisationen oder Profit-Center zu erreichen. Nach Freigabe des Kundenauftrags erscheint dieser dann als Aufgabe für den für die Auslieferung zuständigen Mitarbeiter. Gleichzeitig können Sie eine Bestätigung der Auftragsbearbeitung direkt an den Kunden übermitteln.

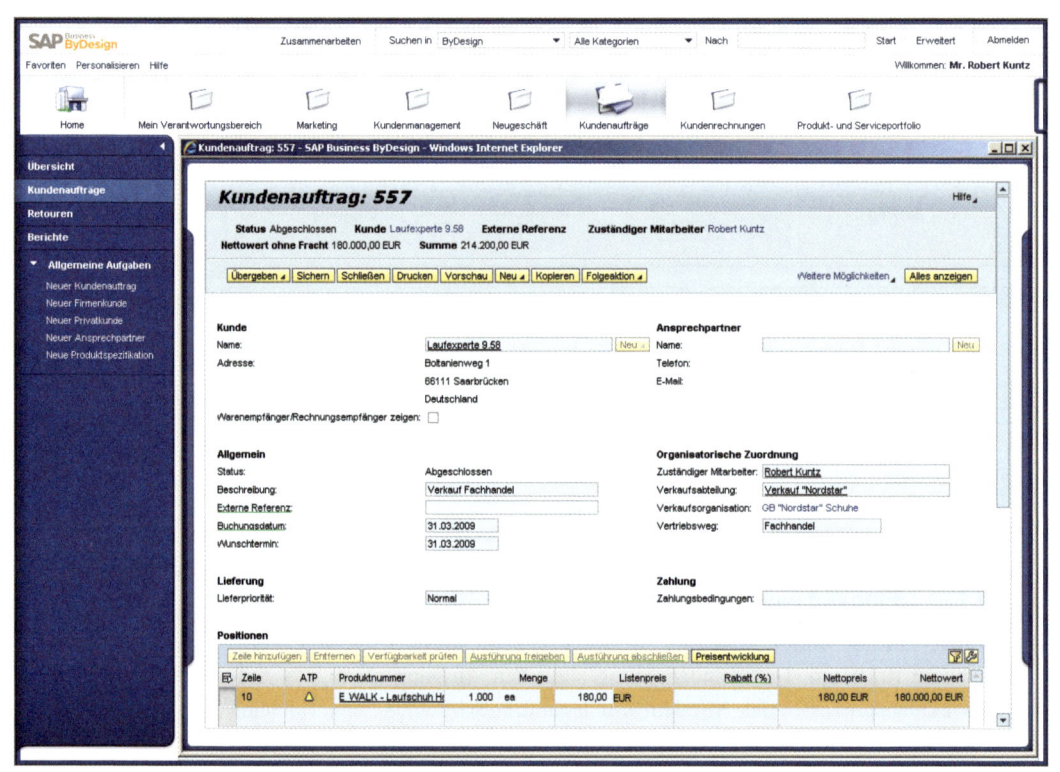

Abbildung 114: Erfassen eines Kundenauftrags

Preislisten und Rabatte

Im Work Center *Produkt- und Serviceportfolio* (Sicht *Preisfindung*) können Sie Preislisten definieren, die zur Bestimmung des Listenpreises dienen: kundenspezifische Preislisten, vertriebsliniespezifische Preislisten und Basispreislisten. Mit der Auswahl des Produkts in der Auftragsposition eines Kundenauftrags wird

---

[490] Vgl. hierzu auch Kapitel D3.3.

dann z.B. abhängig vom Kunden automatisch der Verkaufspreis gezogen. Unter der gleichen Sicht haben Sie die Möglichkeit zu gewährende Rabatte auf ein Produkt oder für einen Kunden zu bestimmen.

Über die Sicht *Berichte* im Work Center *Kundenaufträge* können Sie sich einen Überblick über das Volumen der vorhandenen Kundenaufträge verschaffen. Das vorliegende Auftragsvolumen kann als Planposten für die Liquiditätsvorschau herangezogen werden, um auf Basis von Erfahrungswerten eine Abschätzung von Liquiditätszuflüssen zu treffen.[491] Im Fall des Produkts *Hiking*-Schuh kann aufgrund des eingegangenen Auftragsvolumens (vgl. Abbildung 115) mit einem zukünftigen Liquiditätszufluss i.H.v. 6.750.000 EUR gerechnet werden.

Auftragsvolumen

Produkt	Vertriebsweg	Kunde	Nettowert der Kundenaufträge
			EUR
Hiking Schuhe	Fachhandel	Laufexperte 9.58	3.000.000,00
		Ergebnis	3.000.000,00
	Internet	Schuhe @ Internet	3.750.000,00
		Ergebnis	3.750.000,00
	Ergebnis		6.750.000,00
Gesamtergebnis			6.750.000,00

Abbildung 115: Auftragsvolumen *Hiking*-Schuhe

3.3.1.1.2 Erfassung der ausgehenden Lieferung

Dem Kundenauftrag schließt sich die Lieferung des bestellten Produkts an. Bevor der Versand durchgeführt werden kann, muss zunächst überprüft werden, ob genügend Schuhe im Bestand vorhanden sind, die ausgeliefert werden können. Im Work Center *Auslieferungssteuerung* (Sicht *Kundenbedarf*) können Sie die Verfügbarkeit der zu liefernden Ware überprüfen und schließlich die Freigabe der Auslieferung für den vorliegenden Kundenauftrag erteilen.

Prüfung der Verfügbarkeit der Auftragsmengen

Das System unterstützt Sie, die Lieferung rechtzeitig an den Kunden zu schicken. Über die bereits im Kundenauftrag eingegebenen Daten wie den Wunschtermin der Lieferung bzw. die Lieferpriorität wird dementsprechend dem zuständigen Mitarbeiter im Work Center *Warenausgang* unter der Sicht *Versandsteuerung* ein Versandvorschlag gemacht. Der Warenausgang wird unter der Sicht *Versandsteuerung* bei Versand der Ware bestätigt (vgl. Abbildung 116). In dem Warenausgangsschein ist zunächst die im Kundenauftrag enthaltene Bestellmenge angegeben. Falls eine von dieser Angabe abweichende Menge das Lager tatsächlich verlassen sollte, ist dies im Ausgangsschein zu registrieren. Wird z.B. nur eine Teillieferung durchgeführt, so können Sie hier die entsprechende Teilmenge eintragen. In Höhe der Istmenge erfolgt schließlich eine Reduzierung des Lagerbestands. Diese mengenmäßige Abnahme wird über die Erfassung des Warenausgangs automatisch in der Buchhaltung durch eine Haben-Buchung im Konto

Bestätigung des Warenausgangs

---

[491] Vgl. zur Liquiditätsvorschau und damit verbunden die Berücksichtigung von Planposten Kapitel E6.2.2.

Fertige Erzeugnisse und Waren abgebildet und mit dem zugrundeliegenden Bestandspreis bewertet (vgl. Abbildung 117).

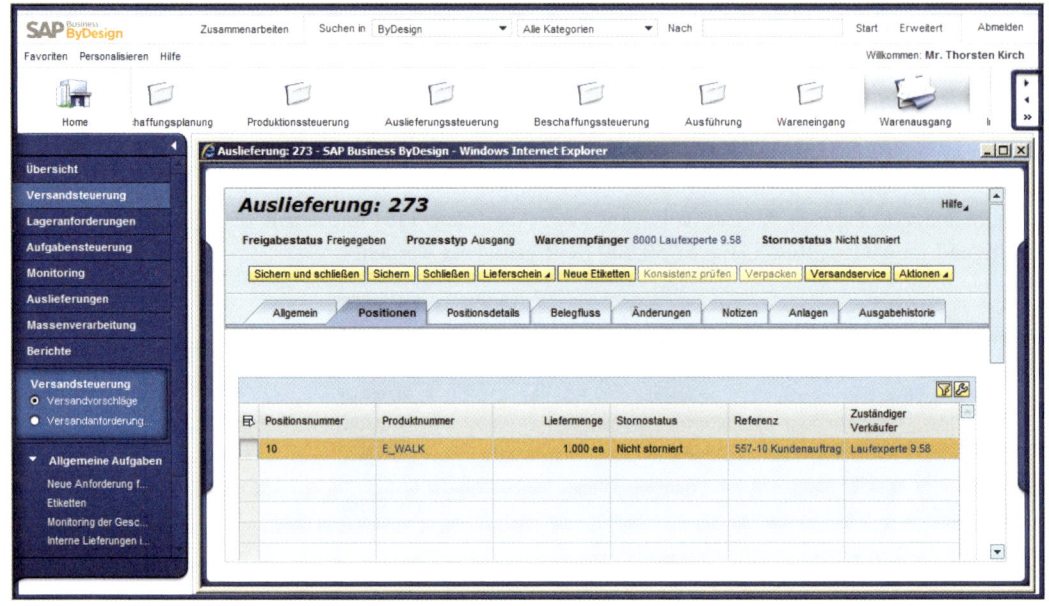

Abbildung 116: Bestätigung des Warenausgangs

Buchung der Umsatzkosten

Von Bedeutung ist auch das im Warenausgangsschein zu erfassende Versanddatum. Diese Angabe ist die Grundlage des Buchungsdatums der Bestandsabnahme an Fertigerzeugnissen. Außerdem richtet sich danach die Realisierung der Umsatzkosten, sofern diese nicht abgegrenzt werden sollen.[492] Mit der Freigabe des Warenausgangs werden die Umsatzkosten in der GuV ausgewiesen.

Beispielsachverhalt

Im vorliegenden Geschäftsvorfall werden 1.000 Paar Schuhe des Typs *Easy Walk* zum 31.03.2009 verkauft. Maßgebend für den Wert der Bestandsabnahme ist der zum Abgangszeitpunkt gültige gleitende Durchschnittspreis. In Kapitel E1 wurde die Entwicklung des gleitenden Durchschnittspreises im Rahmen des Beschaffungsprozesses aufgezeigt. Abgehende Waren werden i.H.d. zum Abgangszeitpunkt gültigen gleitenden Durchschnittspreis gebucht. Für den darzustellenden Verkauf der Tranche zum 31.03.2009 liegt der Bestandspreis pro Paar bei 60,125 EUR. Dieser Bestandspreis ist für den kompletten Verkaufsvorgang der *Easy Walk*-Schuhe vom 31.03.2009 zu verwenden (vgl. Abbildung 112).[493]

---

[492] Vgl. zur Motivation der Abgrenzung und den unterschiedlichen Zeitpunkten der Gewinnrealisierung ausführlich Kapitel E3.3.2.
[493] In Kapitel E1.3.1.1.2 und E1.3.1.3 wurde die Entwicklung des gleitenden Durchschnittspreises der einzelnen Beschaffungsvorgänge – losgelöst von den zeitlich dazwischenliegenden Absatzvorgängen – dargestellt. Abnahmen des Lagerbestands (hier 3.500 Paar *Easy Walk*-Schuhe) haben keine Auswirkungen auf den gleitenden Durchschnittspreis zum Zeitpunkt des Abgangs. Dagegen hat dieser Abgang Auswirkungen auf den Durchschnittspreis, der am Zugangszeitpunkt der zweiten und dritten Tranche (05.04.2009 und 30.06.2009) zu ermitteln ist.

Bei einem Restbestand von 500 Paar Schuhen zum 31.03.2009, die zu einem Bestandswert von 30.062,50 EUR (= 240.500 EUR ./. (3.500 ME * 60,125 EUR/ME)) geführt werden, errechnet sich durch die Zunahme des Bestands am 05.04.2009 (225.468,75 EUR) und am 30.06.2009 (257.678,21 EUR) ein Bestandswert an *Easy Walk*-Schuhen i.H.v. 513.209,46 EUR. Dies führt zu einem neuen gleitenden Durchschnittspreis: 60,378 EUR/Paar.[494] Die nach diesem Datum (30.06.2009) abgesetzten Fertigerzeugnisse – im Fall der *Easy Walk*-Schuhe die verkauften Tranchen zum 01.07.2009 und 15.07.2009 – werden mit diesem Wert in der Buchhaltung als Abgang verzeichnet.[495]

Entwicklung des gleitenden Durchschnittspreises

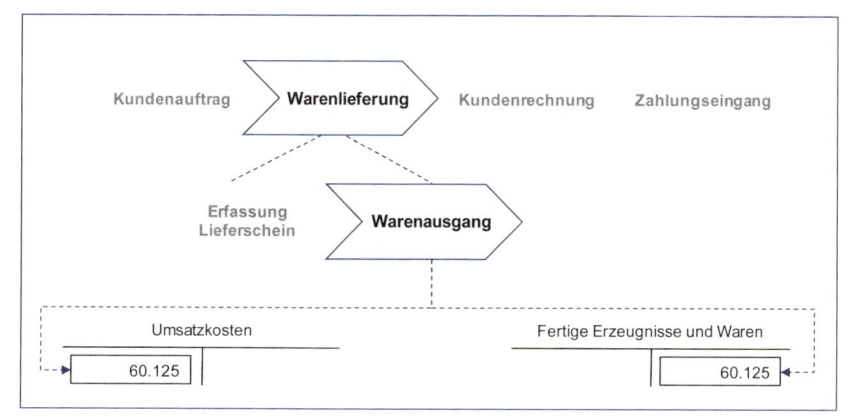

Abbildung 117: Buchungen bei Warenausgang

3.3.1.1.3 Kundenrechnung

Nach erfolgtem Warenausgang wird im Anschluss normalerweise eine Rechnung an den Kunden geschickt. Im Work Center *Kundenrechnung* können Sie die Rechnung über einen Rechnungslauf (Sicht *Rechnungslauf*) automatisch erstellen. Die aus der Lieferung oder Leistungserbringung zu stellenden Rechnungen werden automatisch gebündelt, erzeugt und können wahlweise auch direkt freigegeben werden. Sie müssen demnach nicht alle ausstehenden Kundenrechnungen im Einzelnen freigeben.

Kundenrechnung

Sie können Kundenrechnungen aber auch manuell unter der Sicht Fakturavorrat auswählen und fakturieren. Die in der Rechnung enthaltenen Vorschlagsdaten für Preise, Rabatte und Steuern stammen aus dem Kundenauftrag; die Mengen aus dem erfassten Warenausgang (vgl. Abbildung 118). Die Freigabe der Rechnung begründet eine *Forderung aus Lieferungen und Leistungen*. Im konkreten Fall (vgl. Abbildung 119) entsteht durch den Verkauf von 1.000 Paaren eine *Forderung aus Lieferungen und Leistungen* i.H.v. 214.200 EUR.

Entstehung der Forderung durch die Kundenrechnung

---

[494] 60,378 EUR/Paar = 513.209,46 EUR/8.500 Paare. Zum 05.04.2009 und 30.06.2009 werden jeweils 4.000 Paare beschafft.
[495] Aus dem Verkauf der Schuhe *Professional Walk* (Erwerb von nur einer Tranche) und der *Hiking*-Schuhe (Verwendung des Standardkostensatzes) resultieren keine Anpassungen.

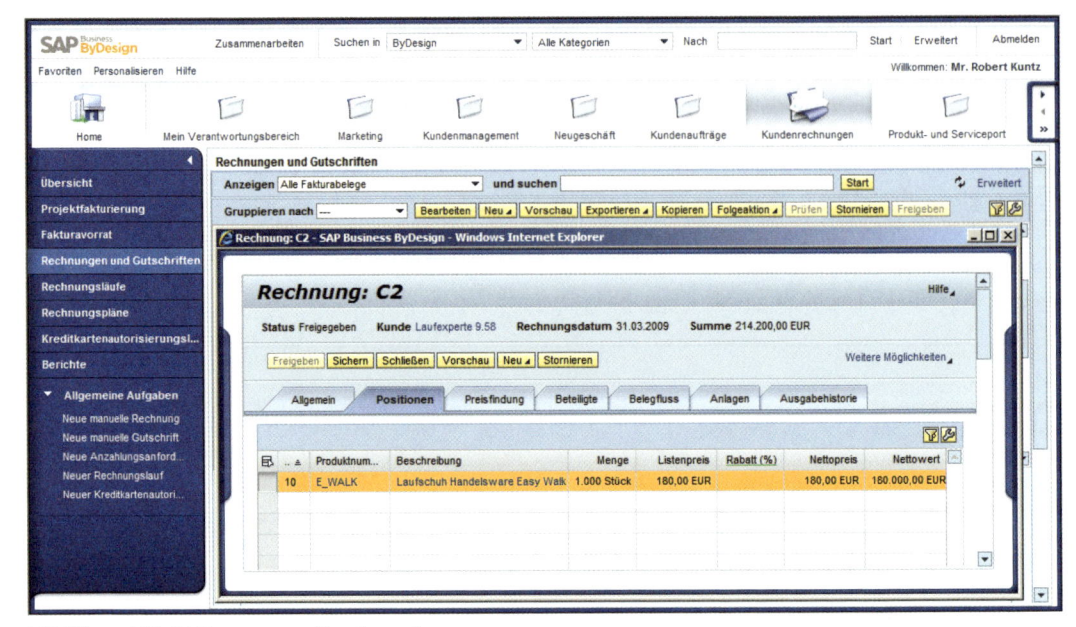

Abbildung 118: Erfassung von Kundenrechnungen

Ermittlung der Umsatzsteuer

Auf den Nettopreis der gelieferten Waren wird der Umsatzsteuerbetrag automatisch ermittelt und in der Rechnung ausgewiesen.[496] Business ByDesign leitet die steuerrelevanten Daten aus unterschiedlichen Stammdaten im System ab (sog. Steuerentscheidungsbaum) und ermittelt automatisch die zutreffende Steuerart und -höhe eines Geschäftsvorfalls. Über den im Kundenauftrag angegebenen Kunden, dem zugrundeliegenden Vorgang und die Art des zu verkaufenden Produkts wird das zutreffende Steuerkennzeichen, welches eine eindeutige Kombination der eben genannten Parameter (Steuerereignis, Steuerart und Steuersatz) darstellt, ermittelt: in diesem Fall der (umsatz-)steuerbare Verkauf von Waren im Inland. Das Steuerkennzeichen stellt zudem den korrekten Ausweis – über die Kontenfindung – der angefallenen Steuer sicher. Im Beispielsachverhalt erfolgt somit eine Buchung im Haben auf das Konto *Umsatzsteuer* i.H.v. 34.200 EUR.

HIGHLIGHT

> Business ByDesign leitet aus den Produkt- und Kundenstammdaten eines Geschäftsvorfalls automatisch die Art, Höhe und den Ausweis der angefallenen Steuer ab.

Buchung der Umsatzerlöse

Neben der Begründung der Forderung werden des Weiteren mit Freigabe der Kundenrechnung die Umsatzerlöse realisiert. Die Rechnungsstellung löst automatisch eine Buchung auf dem Konto *Umsatzerlöse* aus. Über die hinterlegten

---

[496] In dem Kundenauftrag ist bereits eine Berechnung der Steuer erfolgt. Dort hat die Höhe der Steuer allerdings noch nicht den Verbindlichkeitsgrad der ausgewiesenen Steuer in einer Rechnung. Durch das Ziehen eines Skontos ist allerdings auch eine Änderung des in einer Rechnung enthaltenen Steuerbetragsbetrags noch möglich.

Stammdaten des Kunden (Ort, Land) werden die Umsatzerlöse automatisch der zugrundeliegenden Region zugeteilt.

```
Kundenauftrag    Warenlieferung    >Kundenrechnung>    Zahlungseingang

Forderungen aus Lieferung und Leistung         Umsatzerlöse
        214.200                                            180.000

                                               Umsatzsteuer
                                                            34.200
```

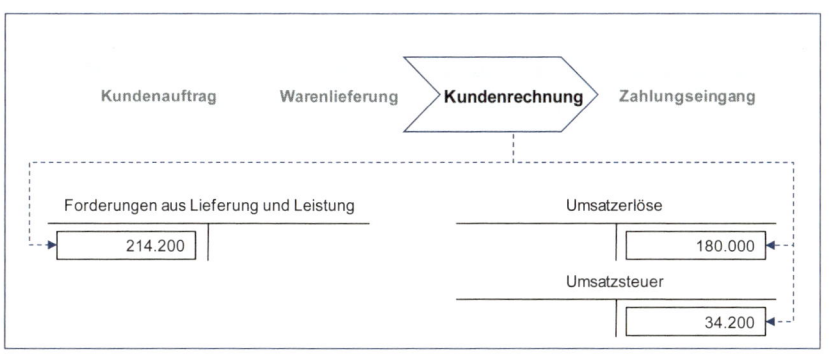

Abbildung 119: Buchungen bei Freigabe der Kundenrechnung

3.3.1.2 Zahlungseingang

Nachdem die Leistung mit der Warenlieferung erbracht und eine Rechnung an den Kunden gestellt wurde, ist abschließend der resultierende Zahlungseingang zu betrachten. In den folgenden Kapiteln wird zunächst auf die Verwaltung von Forderungen eingegangen, bevor der Zahlungseingang näher dargestellt wird.

3.3.1.2.1 Verwaltung von Forderungen

Im Work Center *Forderungen* (Sicht *Kunden*) finden Sie – analog zu den Verbindlichkeiten – kundenbezogene Forderungspositionen aufgelistet (vgl. Abbildung 120). Mit der Detailansicht *Konto anzeigen* werden Ihnen pro Kunde alle offenen Posten (Kundenrechnungen), Kundengutschriften und Zahlungseingänge angezeigt.[497] Mit dieser Ansicht erhalten Sie auch schnell einen Überblick, wann die Forderungen fällig werden. Diese Information von zu erwartenden Zahlungszuflüssen werden für die Liquiditätsplanung herangezogen[498]; eine detaillierte Auflistung von zukünftig fälligen Forderungen erhalten Sie außerdem über einen gesonderten Bericht (Sicht *Berichte*).

Überblick von Kundenkonten

Sollten Zahlungen nicht fristgerecht beglichen werden, haben Sie die Möglichkeit, Mahnungen an den/die betreffenden Kunden (Sicht *Mahnung*) zu versenden. In der Konfiguration legen Sie zu diesem Zweck Kriterien fest, die eine Mahnung auslösen sollen. Die im System bereits vordefinierten Mahnstrategien können Sie um weitere, auf Ihre Bedürfnisse abgestimmte Strategien ergänzen. So können Sie z.B. bestimmen, ab welcher Höhe eine Mahnung an einen Geschäftspartner gesendet bzw. bis wann von einer Erinnerung Gebrauch gemacht werden soll. Außerdem ist die Festlegung von Zeitabständen zwischen zwei Mahnschritten

Mahnungen

---

[497] Dazu müssen Sie den Filter in der Registerkarte auf *Alle Posten* setzen.
[498] Im Rahmen der Liquiditätsplanung in Business ByDesign werden die in der Zukunft erwarteten Zahlungseingänge aus Forderungen automatisch berücksichtigt; vgl. zur Liquiditätsplanung und Liquiditätsvorschau Kapitel E6.2.2.

möglich. Über Mahnungsläufe (Sicht *Periodische Aufgaben*) werden Mahnvorschläge automatisch erzeugt. Das System macht Sie mittels einer Geschäftsaufgabe darauf aufmerksam.

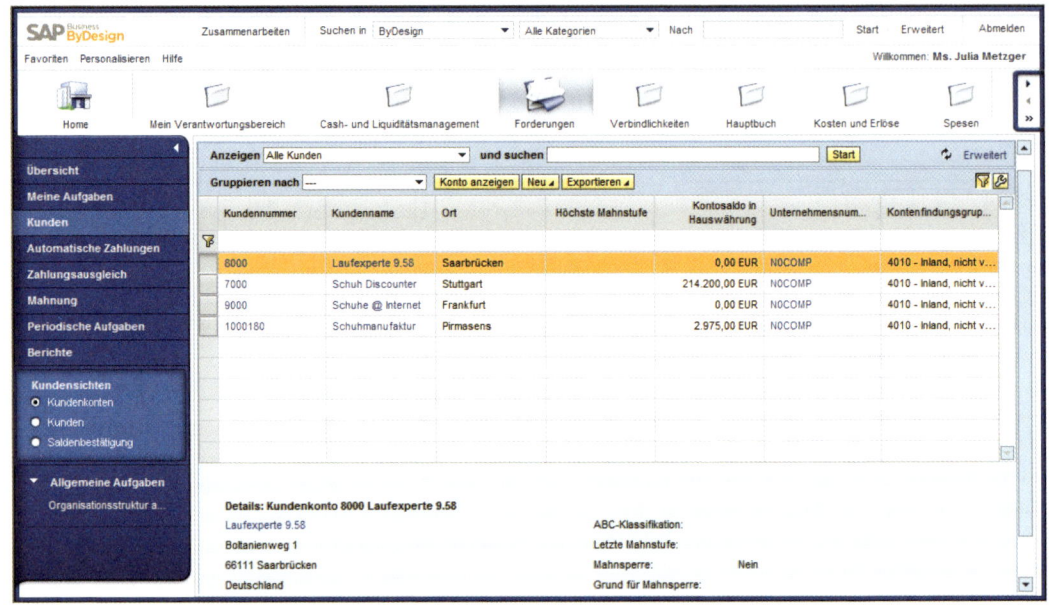

Abbildung 120: Auflistung der Kundenkonten mit ausstehenden Forderungen

Saldenbestätigungsläufe

Zur Bestätigung der Forderungshöhe und um eventuell bestehende Abweichungen zwischen der bestehenden Forderung und der korrespondierenden Verbindlichkeit auf Kundenseite zu identifizieren, können Sie Saldenbestätigungsläufe einrichten.[499] Differenzen können damit rechtzeitig erkannt und abgeklärt werden. Der Saldenbestätigungslauf ist entweder von Ihnen periodisch einzuplanen oder manuell anzustoßen. Es sind nicht notwendigerweise die gesamten Forderungspositionen in den Saldenbestätigungslauf[500] einzubeziehen. Sie können im Vorfeld z.B. die Berücksichtigung von Forderungen ab einer bestimmten Höhe festlegen oder auch nur einen speziellen Kunden auswählen.

3.3.1.2.2 Kontoauszug und Zahlungsausgleich

Der Zahlungseingang kann sich auf unterschiedliche Art und Weise vollziehen. In Abhängigkeit von der vereinbarten Zahlungsweise können Sie als Zahlungsempfänger den Zahlungseingang selbst initiieren; die Zahlung kann aber auch fremd initiiert sein.

Selbst initiierte Zahlungen

Sie können eine Zahlung dann selbst initiieren, wenn mit dem Geschäfts- bzw. Vertragspartner als Zahlungsweise bspw. das Lastschriftverfahren oder die Kredit-

---

[499] Dies ist für Verbindlichkeiten ebenso möglich.
[500] Saldenbestätigungsläufe werden insbesondere im Rahmen der Jahresabschlussprüfung benötigt; vgl. Kapitel E5.1.2.3.

kartenzahlung vereinbart wurde. In diesen Fällen besteht im Work Center *Forderungen* unter der Sicht *Periodische Aufgaben* die Möglichkeit, einen automatischen Zahlungslauf einzurichten. Für diesen Zahlungslauf definieren Sie z.B. einen bestimmten Kunden, dessen offene Posten beglichen werden sollen, und/oder ein Fälligkeitsdatum.

Ist die Zahlung dagegen fremd initiiert, wie z.B. bei einer Banküberweisung durch den Debitor, so wird der Zahlungszufluss durch einen Bankkontoauszug dokumentiert.[501] Der Zahlungseingang wird im Allgemeinen automatisch über eine Uploaddatei erfasst; Sie können den Kontoauszug auch manuell im System anlegen.[502] Mit der Freigabe des Bankkontoauszugs erhöhen sich die liquiden Mittel. Auch wenn eine Zahlungszuordnung nicht direkt erfolgen kann, wird Ihnen über diese Erhöhung immer ein aktueller Überblick über die Zahlungsmittelbestände in Ihrem Unternehmen gewährleistet. Den Kontoauszug legen Sie im Work Center *Cash- und Liquiditätsmanagement* unter der Sicht *Kontoauszüge* an.

Fremdinitiierte Zahlungen

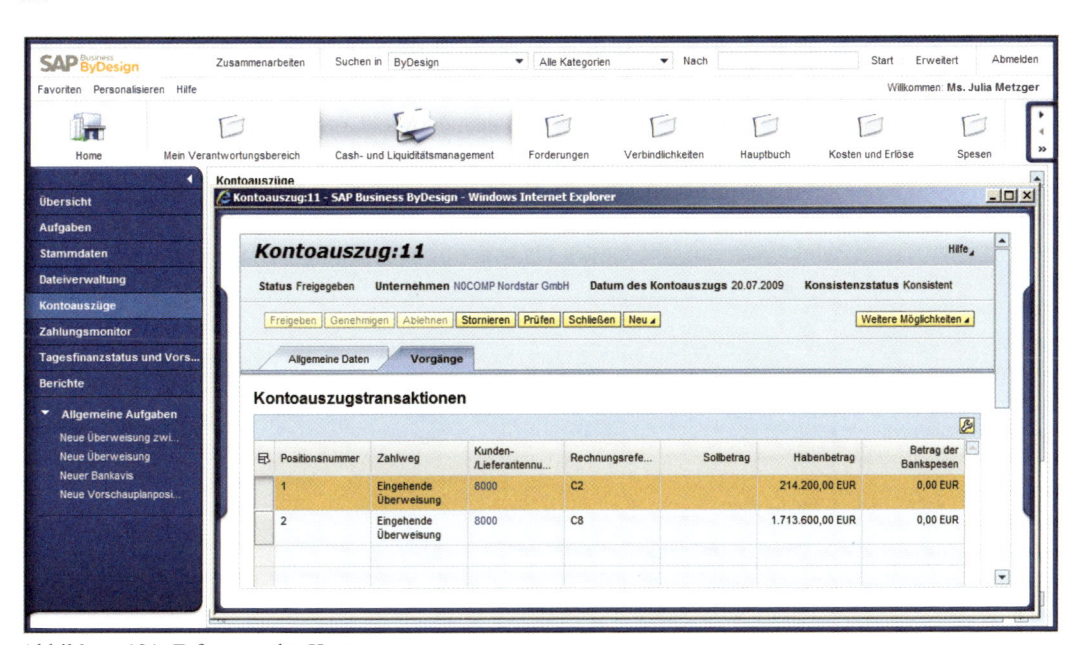

Abbildung 121: Erfassung des Kontoauszugs

Während der Erfassung des Kontoauszugs können Sie in einer Belegzeile des Auszugs neben Kundenangaben auch eine Referenznummer vermerken (vgl. Abbildung 121). Bereits beim Anlegen der Kundenrechnung wird immer eine Rechnungsnummer vergeben. Anhand dieser Nummer ist die Rechnung im System eindeutig bestimmbar. Bei der Erfassung des Kontoauszugs dienen Kunden- und Referenznummer (hier C2 und C8) dazu, den Zahlungseingang des

Erfassung des Kontoauszugs

---

[501] Neben dem Bankkontoauszug sind auch eingegangene Schecks oder Wechsel als fremd initiierte Zahlungen zu nennen.
[502] Vgl. zur Erfassung eines Kontoauszugs auch Kapitel E1.3.1.2.3.

Kunden mit der korrespondierenden Forderung zu verknüpfen. Business ByDesign ordnet also automatisch die Zahlung dem offenen Posten zu und bucht diesen aus.

Unterteilung des Teilprozesses Zahlungseingang

Wie gerade beschrieben wurde, gliedert sich der Teilprozess Zahlungseingang in die Geschäftsvorfälle Kontoauszug, Zahlungszuweisung und Forderungsausgleich.[503] Mit der Erfassung des Kontoauszugs wird zunächst nur der Betrag auf dem Bankkonto als Geldeingang gutgeschrieben und gebucht. In der Zahlungszuweisung wird geprüft, um welche Art der Zahlung es sich handelt. Geldzugänge werden als Kundenzahlungen gebucht. Diese Trennung wird an der Vorgehensweise der Buchungen ersichtlich (vgl. Abbildung 122). Als Verrechnungskonto dient das Konto *Geld in Transit*.

Abweichen der Zahlung vom Forderungsbetrag

Beim Forderungsausgleich wird geprüft, ob eine Kundenzahlung auch den vereinbarten Zahlungsbedingungen entspricht. Der Zahlungseingang und die bestehende Forderung würden sich bei Inanspruchnahme eines Skontos betragsmäßig unterscheiden: Dieser führt zu einer Verringerung der Umsatzerlöse; die Umsatzsteuer wird daraufhin automatisch korrigiert. Es kommt auch vor, dass der Kunde unerlaubterweise einen von der Forderung abweichenden Betrag auf das Bankkonto überweist. Wenn Sie Abweichungen zwischen Zahlungseingangsbetrag und ursprünglichem Rechnungsbetrag in einem bestimmten Maße tolerieren, haben Sie die Möglichkeit Toleranzgrenzen festzulegen. Sollten die vordefinierten Toleranzgrenzen überschritten werden, erstellt das System automatisch eine Genehmigungsaufgabe für den Leiter der Abteilung.

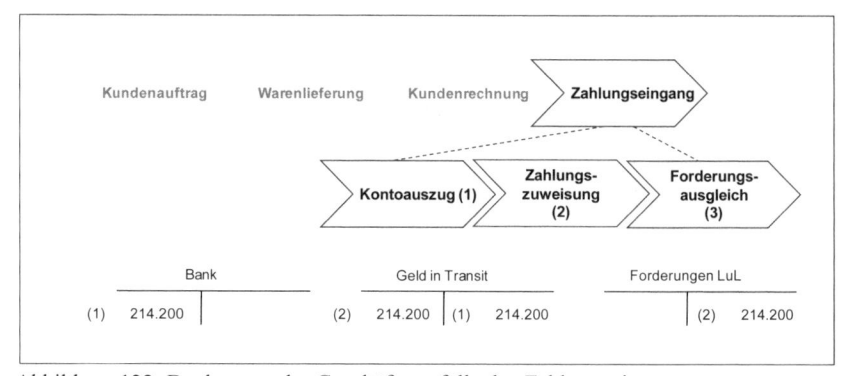

Abbildung 122: Buchungen der Geschäftsvorfälle des Zahlungseingangs

Beispielsachverhalt

Im Fallbeispiel[504] enthält der Kontoauszug einen Zahlungseingang des Kunden i.H.v. 214.200 EUR. Diese Erhöhung auf dem Konto *Bank* spricht im Haben gleichzeitig das Verrechnungskonto *Geld in Transit* an (Buchung (1)). Da in der Belegzeile des Kontoauszugs bereits ein konkreter Bezug zur Forderung über die

---

[503] Es liegt eine Zweiteilung vor, auch wenn sich der Zahlungseingang nach Freigabe des Kontoauszugs in einem Schritt vollzieht.

[504] Für die beispielhafte Darstellung wird auf den Verkauf der ersten Tranche *Easy Walk* zum 31.03.2009 abgestellt.

Rechnungsreferenz hergestellt wird, erfolgt auch automatisch die Ausbuchung der *Forderung aus Lieferungen und Leistungen*. In gleicher Höhe – im vorliegenden Sachverhalt wurde kein Skonto gewährt und es liegt auch keine Zahlungsabweichung vor – wird das Verrechnungskonto *Geld in Transit* im Soll angesprochen (Buchung (2)). Hätte der Kunde bei der Zahlung 200 EUR Skonto in Anspruch genommen[505], wäre die ursprüngliche Forderung ausgeglichen worden und im Geschäftsvorfall Forderungsausgleich in dieser Höhe ein Skontoaufwand gegen Forderungen gebucht worden. Falls die gezahlten Rechnungspositionen Umsatzsteuer beinhaltet hätte, wäre sie anteilig korrigiert und der Skontoaufwand entsprechend reduziert worden.

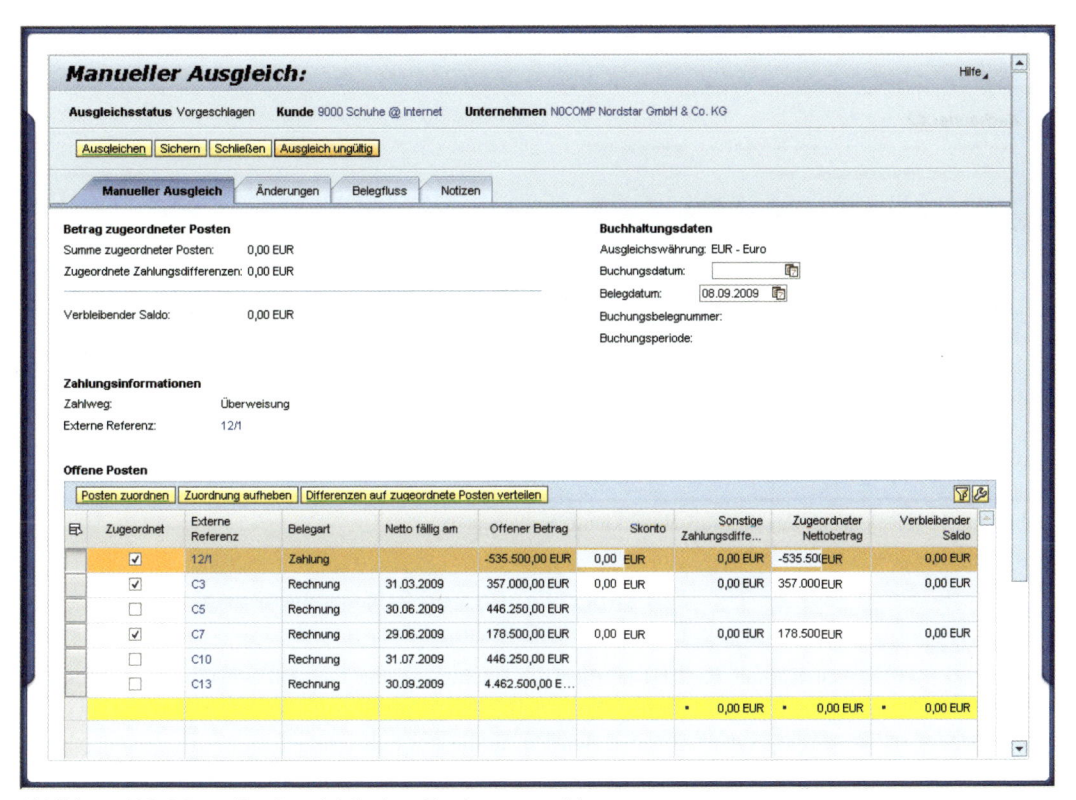

Abbildung 123: Manueller Ausgleich einer Forderungsposition

Falls Sie im Kontoauszug nur die Kundennummer, nicht aber die Rechnungsreferenz aufnehmen bzw. mit einer Zahlung Ihres Kundens mehrere Rechnungen in einem Betrag ausgeglichen werden sollen, dann bekommen Sie nach Erfassung des Kontoauszugs eine offene Ausgleichsaufgabe im Work Center *Forderungen* (Sicht *Meine Aufgaben*) auf dem Debitor. Diese können Sie dann manuell zuordnen. Dazu bekommen Sie in Business ByDesign in der Detailansicht des betreffenden Kundenkontos (Sicht *Kunden*) die eingegangene Zahlung aufgeführt.

Manueller Ausgleich

---

[505] In den Geschäftsvorfällen Kontoauszug und Zahlungszuweisung würde folglich nur ein Betrag i.H.v. 214.000 EUR berücksichtigt werden.

Diesen Betrag können Sie auf die unterschiedlichen Forderungspositionen durch Setzen der Checkbox verteilen. In Abbildung 123 wird die eingegangene (über den Kontoauszug bereits erfasste) Zahlung i.H.v. 535.000 EUR den ausstehenden Forderungsbeträgen zugewiesen. Die ausgewählten Forderungspositionen (hier: Referenz C3 und C7) werden dadurch ausgeglichen. Wenn Sie keine manuelle Zuweisung vornehmen, wird der Zahlungseingang als Akonto-Zahlung auf dem Debitorenkonto gebucht.

Belegfluss Alle Ursprungsbelege der Geschäftsvorfälle und Buchungen eines Auftragsabwicklungsprozesses werden in einem Belegfluss dokumentiert. Über den Belegfluss können Sie sowohl auf die Ursprungsbelege als auch in die Buchungsbelege abspringen.

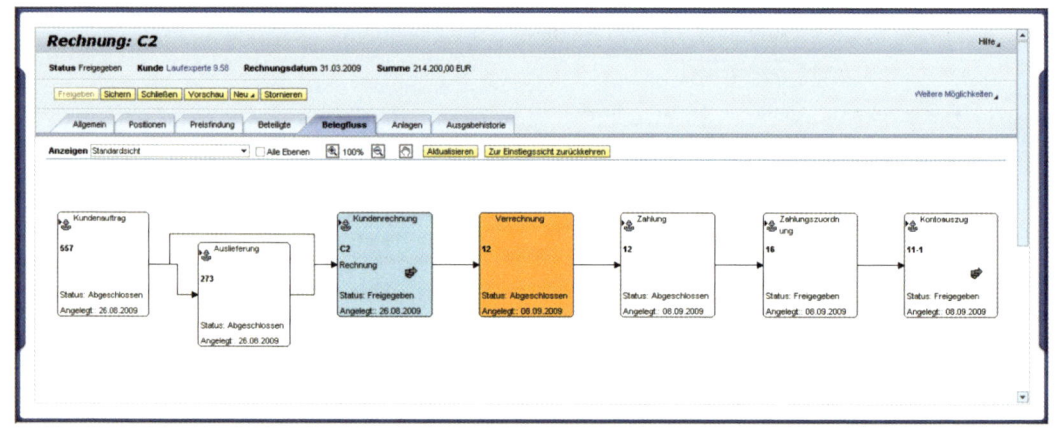

Abbildung 124: Belegfluss des Auftragsabwicklungsprozesses

3.3.2 Erlösabgrenzung und Erlösrealisierung
3.3.2.1 Funktion der Erlösabgrenzung

Direkte Gewinnrealisierung In Kapitel E3.3.1.1 werden die Buchungen der Geschäftsvorfälle Warenausgang und Kundenrechnung dargestellt: Die Umsatzkosten und Umsatzerlöse wurden direkt in der GuV ausgewiesen; in diesem Fall erfolgen keine Abgrenzungsbuchungen. Falls der Warenausgang und die Kundenrechnung stets in der gleichen Periode durchgeführt werden würden – weil dies z.B. immer am gleichen Tag passiert – dann kann auf eine Erlösabgrenzung verzichtet werden.

Abgrenzung von Umsatzerlösen und Umsatzkosten Es ist aber auch möglich, Umsatzkosten und Umsatzerlöse zunächst auf Abgrenzungskonten zu buchen (vgl. Abbildung 127). In diesem Fall löst die Rechnungsstellung automatisch eine Buchung auf das Konto *Zurückgestellte Erlöse* aus. Bei Warenausgang werden die für die Erzielung des Umsatzes aufgewendeten Kosten im Soll auf dem Konto *Zurückgestellte Umsatzkosten* gebucht. Hintergrund der Verwendung von Abgrenzungskonten ist das zeitliche Auseinanderfallen der erwähnten Geschäftsvorfälle und der sich daran anknüpfenden Fragestellung, zu welchem Zeitpunkt eine Gewinnrealisierung vorzunehmen ist.[506] Der Erlösabgrenzungslauf stellt sicher – sofern der von Ihnen in der Systemkonfiguration festgelegte Gewinnrealisierungszeitpunkt erreicht wurde –, dass die Abgrenzungsbuchungen automatisch zurückgenommen und die Aufwendungen und Erlöse in der gleichen Periode auf den Konten *Umsatzkosten* bzw. *Umsatzerlöse* ausgewiesen werden. Sollte der festgelegte Gewinnrealisierungszeitpunkt indes nicht erreicht sein, verbleiben die abgegrenzten Kosten bzw. Erlöse auf den genannten Konten und stellen damit einen periodengerechten Erfolgsausweis sicher. Die durch die Geschäftsvorfälle Kundenrechnung und Warenausgang hervorgerufene Forderungszunahme bzw. Vorratsabnahme entfaltet in der Bilanz keine Wirkung, da die abgegrenzten Konten über die Berichtsstruktur diese Forderungs- bzw. Vorratsposition wertmäßig neutralisieren.[507]

Zeitpunkt und Bedeutung der Gewinnrealisierung

Für die Gewinnrealisierung unterstützt Sie das System automatisch mit folgenden zwei Vorgehensweisen: Gewinnrealisierung bei Warenausgang oder Gewinnrealisierung bei Ausgang der Kundenrechnung.

Mithilfe der Abbildung 125 soll verdeutlicht werden, dass dem Zeitpunkt insbesondere bei zeitlichem Auseinanderfallen – wie bspw. in der Abbildung angedeutet in unterschiedlichen Geschäftsjahren oder auch auf Quartalsebene bei unterjähriger Berichterstattung – große Bedeutung zukommen kann. In Abhängigkeit von dem gewählten Gewinnrealisierungszeitpunkt wäre in dem in Abbildung 125 aufgezeigten Fall entweder der Erlös im Jahr 2009 (Realisierung bei Lieferung) oder im Jahr 2010 (Realisierung bei Rechnungsstellung) auszuweisen.

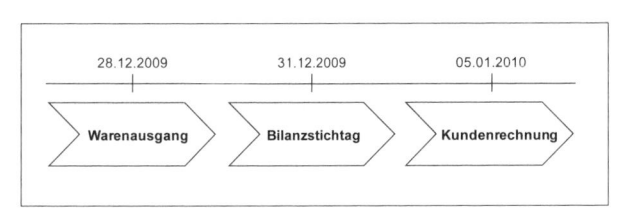

Abbildung 125: Zeitliches Auseinanderfallen von Warenausgang und Kundenrechnung

Manuelle Gewinnrealisierung

Neben der direkten Realisierung von Erlösen und Kosten (keine Abgrenzungsbuchungen) und der automatischen Unterstützung der Gewinnrealisierung zu einem vordefinierten Zeitpunkt (Warenausgang oder Kundenrechnung), besteht ebenso die Möglichkeit, den Realisationszeitpunkt manuell festzulegen. In diesem Fall können Sie manuell eine Realisierung von bereits abgegrenzten Kosten und Erlösen durchführen oder über manuelle Buchungen die Kosten und Erlöse zunächst selbst abgrenzen und in einem späteren Schritt die Realisierung vollziehen. Abbildung 126 stellt die beschriebenen Zusammenhänge noch einmal zusammenfassend dar.

---

[506] Vgl. dazu auch Kapitel E3.1.2.2.
[507] Diese Neutralisierung wird durch das Einhängen dieser Abgrenzungskonten unter die betreffende Bilanzposition in der Berichtsstruktur erreicht.

E. Darstellung der Geschäftsprozesse und Ableitung der rechnungswesenrelevanten Daten

```
                        Erlösabgrenzung
            ┌──────────────┴──────────────┐
            ▼                             ▼
         Keine                      Automatische
     Erlösabgrenzung                Erlösabgrenzung
            │                             │
            ▼                             ▼
  ┌──────────────────┐  ┌──────────────────┐  ┌──────────────────┐
  │ Direkte          │  │ Manuelle         │  │ Direkte          │
  │ (automatische)   │→ │ Abgrenzung von   │  │ (automatische)   │
  │ Buchung von      │  │ bereits gebuchten│  │ Abgrenzung von   │
  │ Umsatzkosten und │  │ Umsatzkosten und │  │ Umsatzkosten und │
  │ Umsatzerlösen    │  │ Umsatzerlösen    │  │ Umsatzerlösen    │
  │                  │  │ möglich          │  │                  │
  └──────────────────┘  └──────────────────┘  └──────────────────┘
            │                    │                      │
            ▼                    ▼                      ▼
     ┌──────────────┐   ┌──────────────┐      ┌──────────────┐
     │ Direkte      │   │ Manuelle     │      │ Vordefinierte│
     │ Gewinn-      │   │ Gewinn-      │      │ Gewinn-      │
     │ realisierung │   │ realisierung │      │ realisierung │
     │(Geschäfts-   │   │              │      │              │
     │ vorfall)     │   │              │      │              │
     └──────────────┘   └──────────────┘      └──────────────┘
            ▲                  ▲                      ▲
            └──────────────────┴──────────────────────┘
                        Gewinnrealisierung
```

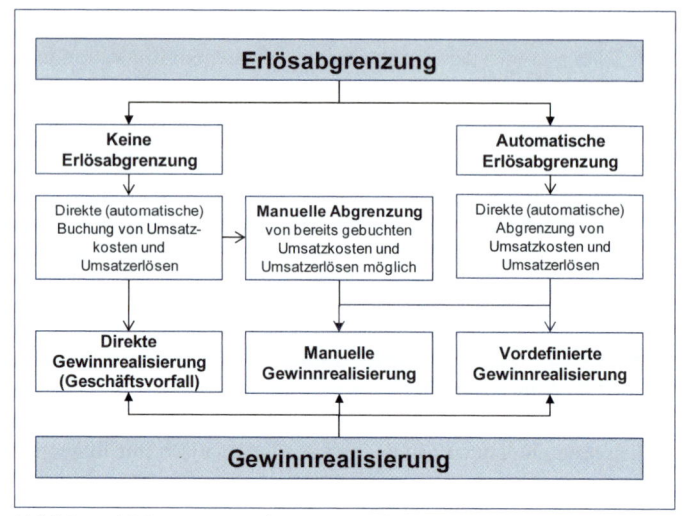

Abbildung 126: Zusammenhang von Erlösabgrenzung und Gewinnrealisierung

3.3.2.2 Buchungslogik des Erlösabgrenzungslaufs

Der Erlösabgrenzungslauf wird im Allgemeinen automatisch durchgeführt; dieser kann im Work Center *Kosten und Erlöse* unter der Sicht *Periodische Aufgaben* periodisch eingeplant werden. Analog zu bereits dargestellten *Periodischen Läufen*[508] in Business ByDesign müssen Sie auch hier die für den Lauf relevante Buchungsperiode angeben.

Gewinnrealisierung bei Kundenrechnung

Wie in Kapitel 3.3.2.1 beschrieben, knüpft der Erlösabgrenzungslauf den Zeitpunkt der Gewinnrealisierung an den (in der Konfiguration gewählten) Zeitpunkt des operativen Teilprozesses: den Lieferzeitpunkt oder die Kundenrechnung. Die bei den Geschäftsvorfällen Warenausgang und Kundenrechnung auf die Abgrenzungskonten abgesetzten Buchungen[509] (vgl. Buchung (1) und (2)) werden durch den Erlösabgrenzungslauf auf die Konten der GuV umgebucht, sofern der Zeitpunkt der Gewinnrealisierung erreicht wurde (vgl. Abbildung 127). Im vorliegenden Beispiel sind zum Zeitpunkt des Abgrenzungslaufs beide Geschäftsvorfälle bereits abgelaufen und der Realisierungszeitpunkt damit erreicht. Die Umbuchung der Umsatzerlöse der verkauften Menge von 1.000 Paar Schuhen i.H.v. 180.000 EUR wird mit Buchung (3), die der Umsatzkosten i.H.v. 60.125 EUR mit Buchung (4) dargestellt.

---

[508] Vgl. WE/RE-Lauf in Kapitel E1.3.1.3 und die WIP-Abrechnung in Kapitel E2.3.3.
[509] Vgl. zu den ursprünglichen Buchungen Kapitel E3.3.1.1.2 und E3.3.1.1.3. In der vorliegenden Abbildung wird auf den Bruttoausweis der Forderung verzichtet.

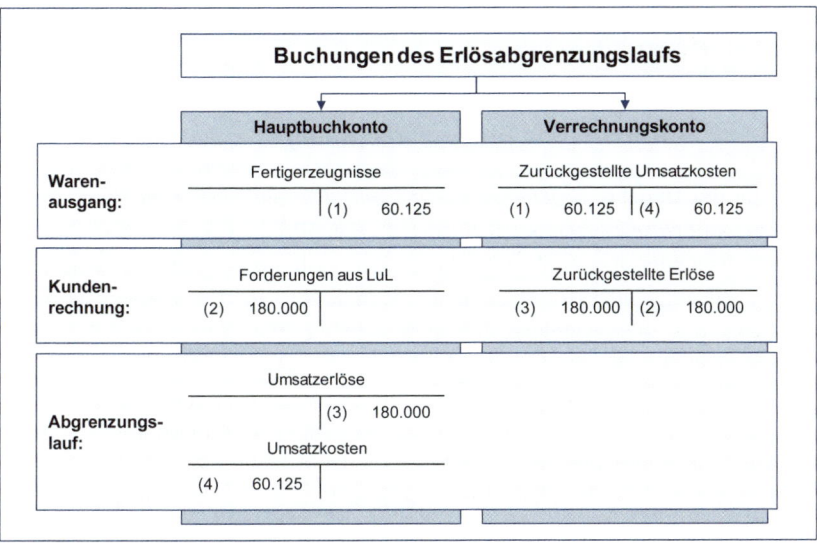

Abbildung 127: Erlösabgrenzungslauf: Gewinnrealisierung bei Kundenrechnung

Buchungen des Erlösabgrenzungslaufs

Hauptbuchkonto / Verrechnungskonto

Warenausgang:
- Fertigerzeugnisse: (1) 60.125
- Zurückgestellte Umsatzkosten: (1) 60.125 | (4) 60.125

Kundenrechnung:
- Forderungen aus LuL: (2) 180.000
- Zurückgestellte Erlöse: (3) 180.000 | (2) 180.000

Abgrenzungslauf:
- Umsatzerlöse: (3) 180.000
- Umsatzkosten: (4) 60.125

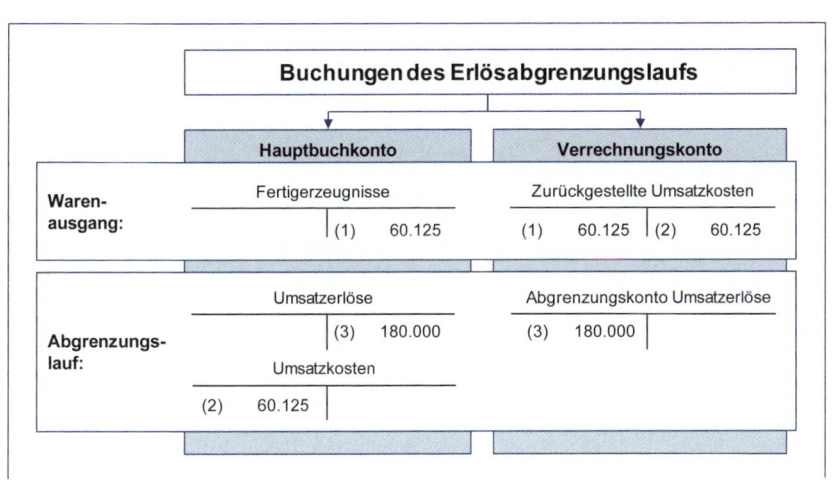

Abbildung 128: Erlösabgrenzungslauf: Gewinnrealisierung bei Lieferung ohne Kundenrechnung

Buchungen des Erlösabgrenzungslaufs

Hauptbuchkonto / Verrechnungskonto

Warenausgang:
- Fertigerzeugnisse: (1) 60.125
- Zurückgestellte Umsatzkosten: (1) 60.125 | (2) 60.125

Abgrenzungslauf:
- Umsatzerlöse: (3) 180.000
- Abgrenzungskonto Umsatzerlöse: (3) 180.000
- Umsatzkosten: (2) 60.125

Sollten Warenausgang und Zeitpunkt der Kundenrechnung in unterschiedliche Perioden fallen – wie in dem Zeitstrahl der Abbildung 125 angedeutet wird – und wäre als relevanter Zeitpunkt der Gewinnrealisierung die Lieferung zugrunde zu legen, dann würde bei einem Erlösabgrenzungslauf zum 31.12.2009 ein Gewinn i.H.v. 119.875 EUR realisiert, auch wenn noch keine Rechnung an den Kunden gesendet wurde (vgl. Abbildung 128). Mit der Lieferung wurden die Umsatzkosten abgegrenzt (vgl. Buchung (1)) und im Rahmen des Abgrenzungslaufs umgebucht (Buchung (2)). Die Umsatzerlöse sind aufgrund des gewählten Gewinnrealisierungszeitpunkts der gleichen Periode zuzuordnen. Deshalb werden die Umsatzerlöse über eine Abgrenzungsbuchung zum Zeitpunkt des Abgrenzungslaufs vorweggenommen (vgl. Buchung (3)). Dieses „Abgrenzungskonto Umsatz-

Gewinnrealisierung bei Lieferung ohne Kundenrechnung

erlöse" wird bei einem späteren Abgrenzungslauf, wenn die Kundenrechnung dann erstellt wurde, glattgestellt.

3.3.3 Kurzfristige Ergebnisrechnung

Integrierte Profitabilität

Mithilfe des Berichts *Ergebnis nach Deckungsbeitragsschema* im Work Center *Kosten und Erlöse* können Sie sich sowohl für ein Produkt als auch über Produktgruppen und/oder über weitere Merkmale hinweg in Form einer kurzfristigen Ergebnisrechnung den Erfolgsbeitrag anzeigen lassen. In den Geschäftsvorfällen Kundenauftrag oder Kundenrechnung werden u.a. die Ergebnismerkmale Auftragsnummer, Kunde, Produkt und Verkaufsorganisation in dem Ursprungsbeleg gespeichert. Aus ihren Stammdaten werden Kundengruppen und Produktgruppen als weitere Merkmale abgeleitet. Dem Kostenträger Kundenprojekt werden Merkmale manuell zugeordnet. Dadurch ist der Ausweis des Ergebnisses nach Marktsegmenten wie Kunden, Kundengruppe, Produkt und Produktgruppe, Verkaufsorganisation, aber auch feiner nach Kundenauftrag oder Projekt denkbar. Herauszustellen ist hier, dass die Buchungsbelege in einem Einkreissystem Ergebnisrechnungsmerkmale beinhalten, daraus weitere Ableitungen erfolgen und somit eine integrierte Deckungsbeitragsrechnung ermöglichen.

HIGHLIGHT

> Ausgehend von den Buchungsbelegen, die mit Ergebnisrechnungsmerkmalen versehen werden, wird in Business ByDesign eine integrierte Profitabilitätsbetrachtung mithilfe von Ergebnisberichten ermöglicht.

Produktbezogener Deckungsbeitrag

In Abbildung 129 wird der Deckungsbeitragsbericht der produzierten *Hiking*-Schuhe dargestellt. In dieser Darstellung wird für eine differenzierte Betrachtung eine Unterscheidung in die Vertriebswege *Fachhandel* und *Internet* vorgenommen. Pro Vertriebsweg werden zur Ermittlung des Bruttoergebnisses vom Umsatz den erzielten Bruttoerlösen die Umsatzkosten gegenübergestellt. Die Umsatzkosten beziehen sich in diesem Fall auf die im Rahmen der Aktivierung zugrunde gelegten Vollkosten des *Hiking*-Schuhs. In diesen Vollkosten sind neben Einzel- auch die dem Produkt zugeordneten (produktionsnahen) Gemeinkosten enthalten.[510] Allgemeine, nicht der Produktion zurechenbare Gemeinkosten, wie bspw. Vertriebskosten, könnten über die Ergebnisrechnungsmerkmale, die den Kostenstellen in dem Organisationsmanagement zugewiesen werden, bezogen auf eine Kostenträgergruppe Eingang finden.[511]

---

[510] Vgl. zur detaillierten Ermittlung der Herstellungskosten zur Produktion von *Hiking*-Schuhen Kapitel E2.2.2.
[511] Die Deckungsbeitragsrechnung in dem Beispiel weist ausschließlich Erlöse ./. Umsatzkosten aus. Es wurden keine Gemeinkosten auf einer höheren Ebene zugewiesen.

Produkt	Vertriebsweg	Ergebnisrechnungszeile	Betrag EUR
Hiking Schuh	Fachhandel	Bruttoerlöse	3.000.000,00
		Nettoumsatzerlös	3.000.000,00
		Umsatzkosten	-1.553.000,00
		Bruttoergebnis vom Umsatz	1.447.000,00
		Ertrag aus Geschäftstätigkeit	1.447.000,00
	Internet	Bruttoerlöse	3.750.000,00
		Nettoumsatzerlös	3.750.000,00
		Umsatzkosten	-1.941.250,00
		Bruttoergebnis vom Umsatz	1.808.750,00
		Ertrag aus Geschäftstätigkeit	1.808.750,00
	Ergebnis		3.255.750,00

Abbildung 129: Erfolgsbeitrag des Produkts *Hiking-Schuh*

Wenn Sie sich den Deckungsbeitrag über alle Produktgruppen hinweg anschauen (verkaufte Handelsware *Easy Walk* und *Professional Walk* sowie produzierter *Hiking*-Schuh), finden alle bisher angefallenen Kosten im Deckungsbeitragsschema Berücksichtigung. So sind in diesem Bericht (vgl. Abbildung 130) neben den Umsatzerlösen und Umsatzkosten die Vertriebskosten i.H.v. 332.833,66 EUR aufgeführt. Die Vertriebskosten setzen sich aus dem Anteil der Abschreibungen des Lagersystems und der Lagerhalle (190.666,66 EUR), den anteiligen Heizungskosten der Lagerhalle (10.000 EUR) und der Verwaltung (6.667 EUR)[512] sowie den im Prozess der Lagerfertigung bereits dargestellten Vertriebskosten i.H.v. 125.500 EUR[513] zusammen. Des Weiteren sind die Erträge bzw. Aufwendungen aus der Fremdwährungsrechnung in den sonstigen betrieblichen Erträgen bzw. Aufwendungen ausgewiesen.[514] Insgesamt ergibt sich ein Deckungsbeitrag von ca. 4,998 Mio. EUR.

Deckungsbeitrag auf Unternehmensebene

Ergebnisrechnungszeile	Betrag EUR
Bruttoerlöse	10.092.000,00
Umsatzkosten	-4.782.171,00
Bruttoergebnis vom Umsatz	5.309.829,00
Vertriebskosten	-332.833,66
allgemeine Verwaltungskosten	0,00
sonstige betriebliche Erträge	36.256,05
sonstige betriebliche Aufwendungen	-15.031,00
Ertrag aus Geschäftstätigkeit	4.998.220,39

Abbildung 130: Erfolgsbeitrag von Handelsware und produzierten Schuhen

Wie eingangs erwähnt wurde, vertreibt die *Nordstar GmbH* die Handelsware und die produzierten Schuhe über mehrere Vertriebswege: den Discounter, den Fach-

Ergebnisorientierte Kennzahlen

---

[512] Die auf den Kostenstellen *Logistik* und *Verkauf* anfallenden Kosten werden in dem Funktionsbereich Vertriebskosten ausgewiesen. Vgl. hierzu auch D3.2.
[513] Vgl. zur Zusammensetzung dieser Vertriebskosten Kapitel E2.2.2.
[514] Vgl. Kapitel E1.3.1.2.2.

handel und das Internet.[515] Über einen Bericht können Sie sich pro Vertriebsweg die erzielten Umsatzerlöse und die zugehörigen Umsatzkosten eines Produkts anzeigen lassen (vgl. Abbildung 131). Zudem bekommen Sie mit diesem Bericht differenzierte Ergebniskennzahlen angegeben.

Produkt	Produktnummer	Vertriebsweg	Nettoumsatzerlös EUR	Umsatzkosten EUR	Bruttoergebnis vom Umsatz %	Bruttoergebnis vom Umsatz EUR
Hiking Schuh	H_WALK	Fachhandel	3.000.000,00	-1.553.000,00	48,23%	1.447.000,00
		Internet	3.750.000,00	-1.941.250,00	48,23%	1.808.750,00
		Ergebnis	6.750.000,00	-3.494.250,00	48,23%	3.255.750,00
Laufschuh Handelsware	E_WALK	Discounter	180.000,00	-90.440,12	49,76%	89.559,88
		Fachhandel	522.000,00	-174.842,49	66,51%	347.157,51
		Internet	1.050.000,00	-422.138,13	59,80%	627.861,87
		Ergebnis	1.752.000,00	-687.420,74	60,76%	1.064.579,26
Laufschuh Handelsware	P_WALK	Fachhandel	1.440.000,00	-540.450,00	62,47%	899.550,00
		Internet	150.000,00	-60.050,00	59,97%	89.950,00
		Ergebnis	1.590.000,00	-600.500,00	62,23%	989.500,00
Gesamtergebnis			10.092.000,00	-4.782.170,74	52,61%	5.309.829,26

Abbildung 131: Umsatzkosten und -erlöse je Vertriebsweg

3.4 Zusammenfassende Darstellung in Bilanz und Gewinn- und Verlustrechnung

Im Geschäftsjahr 2009 wurden mehrere Tranchen unterschiedlicher Schuhtypen von der *Nordstar GmbH* verkauft. Bevor auf die Auswirkungen der absatzspezifischen Geschäftsvorfälle auf die Bilanz und die GuV eingegangen wird, erfolgt zunächst eine Darstellung derjenigen Geschäftsvorfälle, die dem Auftragsabwicklungsprozess zuzuordnen, aber nicht originär mit dem Auftragsabwicklungsprozess verbunden sind.

Abschreibungen

Die Handelsware und der produzierte *Hiking*-Schuh werden in der Lagerhalle gelagert. Auf die Lagerung dieser beiden Produkte entfallen 40 % der Abschreibungen auf die Lagerhalle und das Lagersystem.[516] Die Abschreibungen reduzieren die Bilanzpositionen Gebäude und technische Anlagen und Maschinen i.H.v. insgesamt 190.666,66 EUR (= 40 % von 476.666,66 EUR). Während diese Abschreibungen bei Anwendung des Gesamtkostenverfahrens in der gleichlautenden Position in der GuV ausgewiesen werden, erfolgt im Umsatzkostenverfahren eine Berücksichtigung unter den Vertriebskosten.[517]

Heizungskosten

Die im Geschäftsjahr 2009 angefallenen Heizungskosten des Lagers entfallen ebenfalls zu 40 % (= 10.000 EUR zzgl. Vorsteuer i.H.v. 1.900 EUR) auf die Lage-

---

[515] Die Vertriebswege werden im Kundenauftrag festgehalten; vgl. Kapitel E3.3.1.1.1.
[516] Die verbleibenden 60 % der Abschreibungen werden dem Prozess der Lagerfertigung zugerechnet.
[517] Es soll an dieser Stelle noch einmal darauf hingewiesen werden, dass die Kosten der Kostenstellen *Logistik* und *Verkauf* in den Funktionsbereich Vertriebskosten ausgesteuert werden.

rung der beiden Produkte. Diese Lagerkosten sind bei Anwendung des Gesamtkostenverfahrens als sonstige betriebliche Aufwendungen, bei Anwendung des Umsatzkostenverfahrens als Vertriebskosten auszuweisen. Darüber hinaus sind 40 % der auf die Verwaltung entfallenden Heizungskosten (6.667 EUR zzgl. Vorsteuer i.H.v. 1.266,73 EUR) als Vertriebskosten im Auftragsabwicklungsprozess zu berücksichtigen. Hinsichtlich des Ausweises in der GuV ist auch hier zu differenzieren zwischen der Anwendung von Gesamtkosten- und Umsatzkostenverfahren. Während die Heizungskosten als sonstiger betrieblicher Aufwand nach Gesamtkostenverfahren ausgewiesen werden, erfolgt nach dem Umsatzkostenverfahren eine Berücksichtigung in dem Funktionsbereich Vertriebskosten. Da die Heizungskosten noch nicht bezahlt wurden, besteht am Geschäftsjahresende eine Verbindlichkeit aus Lieferungen und Leistungen i.H.v. 19.833,73 EUR.

Produkt	Verkaufs-datum	Anzahl	Bestands-preis (EUR)	Umsatzkosten (EUR)	Umsatzerlöse (EUR)
Easy Walk	31.03.2009	3.500	60,125	210.438	540.000
	01.07.2009	3.800	60,378	229.435	579.000
	15.07.2009	4.100	60,378	247.548	633.000
Professional Walk	31.03.2009	5.000	120,100	600.500	1.590.000
Hiking	31.08.2009	45.000	77,650	3.494.250	6.750.000
Summe:		61.400		4.782.171	10.092.000

Abbildung 132: Umsatzkosten und -erlöse der Verkaufsvorgänge[518]

Der Bestandspreis der Handelsware ist während des Jahres Änderungen unterworfen, da bei der Handelsware das Bewertungsverfahren des gleitenden Durchschnitts angewendet wird (vgl. Abbildung 132). Dementsprechend ändert sich im Zeitablauf auch die Höhe der Umsatzkosten pro Paar bei Abgang der Schuhe des Typs *Easy Walk*. Zum Zeitpunkt des Verkaufs der ersten Tranche fallen 60,125 EUR/Paar an, bei der zweiten und dritten Tranche werden dagegen Umsatzkosten i.H.v. 60,378 EUR berücksichtigt. Der produzierte *Hiking*-Schuh wird mit dem (konstanten) Standardkostensatz bewertet; hier liegen keine Änderungen vor. Insgesamt entstehen durch den Verkauf der Schuhe Umsatzkosten von 4.782.171 EUR.

Umsatzkosten

---

[518] Der Bestandspreis wurde teilweise gerundet; der genaue gleitende Durchschnittspreis der zweiten und dritten Verkaufstranche der *Easy Walk*-Schuhe beträgt 60,37758 EUR/Paar.

Bilanzposition	Bilanz ohne Absatz EUR	Delta-Absatz EUR	Bilanz EUR
Bilanz gem. HGB § 266 - SKR03	0,00	0,00	0,00
Aktiva	12.371.244,50	7.039.809,07	19.411.053,57
Anlagevermögen	5.615.767,00	-190.666,66	5.425.100,34
Immaterielle Vermögensgegenstände	0,00	0,00	0,00
Sachanlagevermögen	5.615.767,00	-190.666,66	5.425.100,34
Grundstücke	2.000.000,00	0,00	2.000.000,00
Gebäude	1.635.000,00	-26.666,66	1.608.333,34
Technische Anlagen und Maschinen	1.972.100,00	-164.000,00	1.808.100,00
Betriebs- und Geschäftsausstattung	8.667,00	0,00	8.667,00
Umlaufvermögen	6.755.477,50	7.230.475,73	13.985.953,23
Vorräte	5.206.663,00	-4.782.171,00	424.492,00
Rohstoffe, Hilfs- und Betriebsstoffe	0,00	0,00	0,00
Fertige Erzeugnisse und Waren	5.206.663,00	-4.782.171,00	424.492,00
Forderungen und sonstige Anlagen	1.611.978,50	217.366,73	1.829.345,23
Forderung aus Lieferung und Leistung	0,00	214.200,00	214.200,00
Aus Steuern	1.611.978,50	3.166,73	1.615.145,23
Kassenbest., Guthaben Kl. und Schecks	-63.164,00	11.795.280,00	11.732.116,00
Passiva	-12.371.244,50	-7.039.809,07	-19.411.053,57
Eigenkapital	-5.445.483,00	-5.102.495,34	-10.547.978,34
Gezeichnetes Kapital	-5.550.000,00	0,00	-5.550.000,00
Jahresüberschuss/Jahresfehlbetrag	104.517,00	-5.102.495,34	-4.997.978,34
Rückstellungen	-88.833,00	0,00	-88.833,00
Verbindlichkeiten	-6.836.928,50	-1.937.313,73	-8.774.242,23
Verbindlichkeiten gegenüber Kreditinstituten	-2.450.000,00	0,00	-2.450.000,00
Verbindl. aus Lieferungen und Leistungen	-4.011.928,50	-19.833,73	-4.031.762,23
Verbindl. gegenüber verb. Unternehmen	0,00	0,00	0,00
Sonstige Verbindlichkeiten	-375.000,00	-1.917.480,00	-2.292.480,00
Aus Steuern	0,00	-1.917.480,00	-1.917.480,00
Verbindlichkeiten gegenüber Personal	-375.000,00	0,00	-375.000,00

Abbildung 133: Bilanz der *Nordstar GmbH* nach dem Auftragsabwicklungsprozess

Umlaufvermögen

Im Geschäftsjahr hat die *Nordstar GmbH* mit dem Absatz von insgesamt 61.400 Paar Schuhen Umsatzerlöse i.H.v. 10.092.000 EUR erzielt. Auf diesen Betrag entfällt Umsatzsteuer i.H.v. 1.917.480 EUR, die als Verbindlichkeit aus Steuern in der Bilanz ausgewiesen wird. Bis auf den Kunden *Schuh Discounter* wurden die Forderungen aus Lieferungen und Leistungen durch die Kunden beglichen: Am Ende des Geschäftsjahrs besteht aus diesem Grund gegenüber diesem Geschäftspartner noch eine Forderung i.H.v. 214.200 EUR.[519] Der aus dem Auftragsabwicklungsprozess generierte Zahlungszufluss beträgt im Geschäftsjahr 2009 somit 11.795.280 EUR. Die noch nicht abgesetzten Mengen an *Hiking*-Schuhen (5.000 Paare) und *Easy Walk*-Schuhen (600 Paare) sind am Bilanzstichtag noch auf Lager: Der Bestandswert beträgt 424.492 EUR.

---

[519] Vgl. zum Zahlenwerk Abbildung 112.

Bilanzposition	GuV ohne Absatz EUR	Delta Absatz EUR	GuV EUR
Gewinn- und Verlustrechnung	0,00	0,00	0,00
Ergebnis der gewöhnlichen Geschäftstätigkeit	104.517,00	-5.102.495,34	-4.997.978,34
Umsatz	0,00	-10.092.000,00	-10.092.000,00
Erhöhung oder Verminderung des Bestands	-3.882.516,00	3.494.250,00	-388.266,00
sonstige betriebliche Erträge	-36.014,00	0,00	-36.014,00
Materialaufwand	3.100.450,00	1.287.921,00	4.388.371,00
Personalaufwand	463.833,00	0,00	463.833,00
Abschreibung	384.233,00	190.666,66	574.899,66
für Sachanlagen	384.233,00	190.666,66	574.899,66
für immaterielle Vermögensgegenstände	0,00	0,00	0,00
sonstige betriebliche Aufwendungen	74.531,00	16.667,00	91.198,00
GuV Ergebnis	104.517,00	-5.102.495,34	-4.997.978,34

Abbildung 134: GuV (Gesamtkostenverfahren) der *Nordstar GmbH*

Bilanzposition	GuV ohne Absatz EUR	Delta Absatz EUR	GuV EUR
Nettogewinn/Nettoverlust	0,00	0,00	0,00
Ergebnis der gewöhnlichen Geschäftstätigkeit	104.517,00	-5.102.495,34	-4.997.978,34
Bruttoergebnis vom Umsatz	0,00	-5.309.829,00	-5.309.829,00
Nettoumsatzerlös	0,00	-10.092.000,00	-10.092.000,00
Umsatzkosten	0,00	4.782.171,00	4.782.171,00
Vertriebskosten	125.500,00	207.333,66	332.833,66
allgemeine Verwaltungskosten	0,00	0,00	0,00
sonstige betriebliche Erträge	-36.014,00	0,00	-36.014,00
sonstige betriebliche Aufwendungen	15.031,00	0,00	15.031,00
GuV Ergebnis	104.517,00	-5.102.495,34	-4.997.978,34

Abbildung 135: GuV (Umsatzkostenverfahren) der *Nordstar GmbH*

Während bei Anwendung des Umsatzkostenverfahrens bei Verkauf der Schuhe Umsatzkosten gebucht werden, ist nach dem Gesamtkostenverfahren zu differenzieren, ob die Handelsware oder die produzierten Schuhe abgesetzt werden. Die mit dem Verkauf der Handelsware verbundenen Kosten werden als Materialaufwendungen[520] ausgewiesen, der Verkauf der selbst hergestellten Produkte wird als Bestandsminderung erfasst. Die *Nordstar GmbH* erzielt aufgrund der Verkäufe im Geschäftsjahr 2009 einen Ertrag i.H.v. ca. 5,1 Mio. EUR.

Kostenausweis: UKV vs. GKV

---

[520] Vgl. zu den Zahlen auch Abbildung 132.

4 Projektmanagement
4.1 Betriebswirtschaftliche Grundlagen
4.1.1 Vorbemerkungen

Ein Projekt bezeichnet man allgemein als ein „Vorhaben, das im Wesentlichen durch eine Einmaligkeit der Bedingungen in ihrer Gesamtheit gekennzeichnet ist, wie z.B.:

- Zielvorgabe,
- Zeitliche, finanzielle, personelle oder andere Begrenzungen,
- Abgrenzungen gegenüber anderen Vorgaben,
- Projektspezifische Organisation."[521]

Unterscheidungsmerkmale

Projekte können nach verschiedenen Kriterien unterteilt werden. Je nach Auftraggeber wird in interne oder externe Projekte (Kundenprojekte) unterschieden. Sie können aber auch in Abhängigkeit von der Größe oder in Abhängigkeit des Schwierigkeitsgrads differenziert werden.[522] Business ByDesign erfüllt die unterschiedlichen Anforderungen, die an eine integrierte Softwarelösung von Projekten verschiedener Art und Größe gestellt werden. Business ByDesign unterteilt hierbei Projekte in Abhängigkeit des verfolgten Zwecks standardmäßig wie folgt:

Standardprojektarten in Business ByDesign

- Kundenprojekt,
- Marketingprojekt,
- Strategisches Projekt,
- Forschungs- und Entwicklungsprojekt,
- Kostensammlerprojekt.[523]

Buchungsmethodik in Abhängigkeit von der Projektart

Der Projektart wird in Business ByDesign immer eine Verbuchungsmethodik zugeordnet. Hierbei stehen die zwei unterschiedlichen Möglichkeiten „Einzelkostenprojekt" und „Gemeinkostenprojekt" zur Verfügung.[524] Einem Gemeinkostenprojekt kommen lediglich dokumentarische Funktionen zu, indem hierbei nicht das Projekt selbst, sondern immer die anfordernde Kostenstelle mit anfallenden Kosten belastet wird.[525] Einzelkostenprojekte stellen hingegen eigenständige Kostenträger dar. Alle Kosten, die während eines solchen Projekts anfallen, werden auf das Projekt selbst kontiert.[526]

---

[521] DIN 69901 (2009).
[522] Vgl. SCHRÖDER, H. J. (1970), S. 16 ff.
[523] Es können darüber hinaus weitere Projektarten angelegt werden.
[524] Die Projektart „Kundenprojekt", „Marketingprojekt", „Strategisches Projekt", „Forschungs- und Entwicklungsprojekt" sind standardmäßig Einzelkostenprojekte, während „Kostensammlerprojekte" Gemeinkostenprojekte darstellen.
[525] Genau genommen erfolgt zunächst eine Belastung des Projekts, die allerdings sofort über eine Projektabrechnung auf die Kostenstelle weitergegeben wird.
[526] Einzelkostenprojekte können in der Unternehmenspraxis einen großen organisatorischen Nutzen stiften, da sie verhindern, dass für unterschiedliche interne Projekte jeweils eigene Kostenstellen eingerichtet werden müssen.

Im Folgenden betrachten wir die rechnungslegungsrelevanten Aspekte eines Projektlebenszyklus, der sich im Falle eines (hier betrachteten) Kundenprojekts von der Projektplanung bis zur Bezahlung der erbrachten Dienstleistung erstreckt (vgl. Abbildung 136). Die Darstellung der in der Regel vorangehenden Geschäftsanbahnungsphase wird aufgrund des mangelnden Bezugs zum Rechnungswesen weggelassen. Anschließend werden die bilanziellen Voraussetzungen an ein FuE-Projekt, dessen Entwicklungskosten handelsbilanziell aktiviert werden können, dargestellt.

Projekt-planung	Kunden-auftrag	Projekt-durchführung	Projekt-fakturierung	Zahlungs-eingang

Abbildung 136: Prozess eines Kundenprojekts im Überblick

4.1.2 Kundenprojekt

Alle durch ein Kundenprojekt verursachten Kosten belasten den Kostenträger Kundenprojekt. Außerdem können die durch das Kundenprojekt erzielten Umsatzerlöse herangezogen werden, um eine Deckungsbeitragsrechnung auf Kundenprojektebene durchzuführen. Insgesamt betrifft ein Kundenprojekt das interne und externe Rechnungswesen während des Projektlebenszyklus in unterschiedlicher Weise.

4.1.2.1 Projektplanung und Kundenauftrag

Die Annahme oder Ablehnung eines Kundenprojekts basiert immer auf einer projektbezogenen Planergebnisrechnung. Bei einer Normalauslastung wird ein Unternehmen in der Regel nur Kundenprojekte annehmen, die einen positiven Ergebnisbeitrag zum Gesamtergebnis leisten.[527] Um eine Entscheidung treffen zu können, müssen also alle erwarteten Kosten und Erlöse des Kundenprojekts gegenübergestellt werden.

Annahme oder Ablehnung

Mithilfe von Business ByDesign können hierfür zu erwartende Kosten in unterschiedlichen Detaillierungsgraden geplant werden. Es stellt sich hierbei die Frage, in welcher Form die erwarteten für das Kundenprojekt zu leistenden Arbeitsstunden zu Planungszwecken berechnet werden. Interne Leistungen können grds. auf zwei verschiedene Arten bewertet werden. Sie können auf Basis eines Kostensatzes der erbrachten Tätigkeit[528] (Kostensatz des sog. Services) oder auf Basis des Kostensatzes der leistenden Einheit[529] (Kostensatz der Ressource) weiter-

Ermittlung der Plankosten

---

[527] Hierbei wird davon abgesehen, dass es sehr wohl strategische Gründe für eine Annahme eines Kundenauftrags mit planmäßig negativem Ergebnisbeitrag gibt. Ein Beispiel hierfür wäre das Neukundengeschäft.
[528] Beispiele für eine Tätigkeit: „Senior-Beratung" oder „Projektleitung".
[529] Leistende Einheiten (= Ressource) existieren in unterschiedlichen Ausprägungen. Es kann sich hierbei um Maschinen-, Personal- oder Fahrzeugressourcen handeln. Im Folgenden wird die Thematik nur anhand von Personalressourcen dargestellt.

belastet werden. Bei einem Kostensatz eines Services handelt es sich um einen Mischkalkulationssatz für eine bestimmte Tätigkeit, während Kalkulationssätze von Personalressourcen die bewertete Arbeit (unabhängig von der verrichteten Tätigkeit) einzelner Mitarbeiter oder Mitarbeitergruppen je Zeiteinheit darstellen. Aufgrund der völlig unterschiedlichen Konzeption werden diese beiden Verrechnungsmöglichkeiten in differierender Weise verwendet.

In der Projektplanung sind die später am Projekt tatsächlich beteiligten (internen oder externen) Mitarbeiter regelmäßig nicht bekannt. Daher ist es in diesem Fall für Zwecke der Kalkulation sinnvoll, auf (Misch-)Kalkulationssätze für die zu erbringenden Tätigkeiten, also auf die Kostensätze der Services, zurückzugreifen. Auf diese Weise kann bereits in dieser frühen Phase eines Projekts eine hinreichend verlässliche, auf Erfahrungswerte basierende Kostenschätzung stattfinden, die unabhängig von den später tatsächlich involvierten Mitarbeitern erfolgt. Die Verwendung von Kostensätzen der Ressourcen zu Planungszwecken ist dagegen immer dann sinnvoll, wenn die später in dem Projekt beteiligten Mitarbeiter bereits zu diesem Zeitpunkt bekannt sind.

Entscheidung über Annahme des Kundenauftrags

Sobald die Plankosten ermittelt sind, können sie den Planerlösen des Kundenprojekts gegenübergestellt werden. Stellt sich heraus, dass die Planerlöse die Plankosten übertreffen, wird der Auftrag in der Regel angenommen.

Berücksichtigung im externen Rechnungswesen

Ein Kundenauftrag mit vertraglicher Bindungskraft stellt aus bilanzieller Sicht auch im Falle eines Kundenprojekts ein schwebendes Geschäft dar.[530] Solange kein drohender Verlust aus dem Kundenauftrag zu erwarten ist, erfolgt keine bilanzielle Abbildung.

4.1.2.2 Projektdurchführung

Make-or-Buy-Entscheidung

Die Projektdurchführungsphase umfasst sowohl die Detailplanung der eingesetzten Mitarbeiter als auch die eigentliche Umsetzung und Überwachung des Kundenprojekts. Bei der Entscheidung, welche Mitarbeiter zur Durchführung der Services eingesetzt werden, stehen einem Unternehmen in der Regel zwei unterschiedliche Möglichkeiten zur Verfügung. Zum einen können Projektmitarbeiter intern bezogen werden, zum anderen ist ein Fremdbezug möglich. Ein Fremdbezug ist immer dann notwendig, wenn keine eigenen Kapazitäten für bestimmte Projektaufgaben zur Verfügung stehen.

Interne Leistungsverrechnung und Überwachung

Während der Projektdurchführungsphase eines Kundenprojekts kommen dem Rechnungswesen zwei zentrale Aufgaben zu. Zum einen gilt es, alle anfallenden Kosten auf das Projekt zu kontieren. Dies wird durch die Verrechnung der erbrachten Services auf Basis des Ressourcenkostensatzes gewährleistet, da nur über eine Gegenüberstellung von Umsatzerlösen und tatsächlichen Kosten eine richtige

---

[530] Damit ergibt sich kein Unterschied in der Behandlung eines Kundenauftrags für Waren oder Dienstleistungen; vgl. zur Begriffsbestimmung „schwebendes Geschäft" Kapitel E1.1.2.

Gewinnermittlung sicher gestellt wird.[531] Zum anderen wird auf der Basis eines Plan-Ist-Vergleichs eine Überwachung der Kosten mit entsprechender Abweichungsanalyse möglich. Alle fremdbezogenen Leistungen werden hierbei als Einzelkosten direkt auf das Projekt gebucht. Unternehmensintern erbrachte Leistungen werden per Leistungsverrechnung mit dem Ressourcenkostensatz der leistenden Mitarbeiter von der jeweiligen Kostenstelle auf das Kundenprojekt verrechnet. Darüber hinaus können Gemeinkosten der leistenden Kostenstellen per Zuschlagssatz verursachungsgerecht auf das Projekt verrechnet werden.

Aus Sicht des externen Rechnungswesens ist hier wie bei jedem Absatzgeschäft insbesondere die Frage des Zeitpunkts der Gewinnrealisierung relevant.[532] Grundsätzlich gilt, dass die Erträge aus Leistungsgeschäften bilanziell erst berücksichtigt werden dürfen, wenn die Gesamtleistung erbracht wurde.[533] Eine Ertragsrealisation kommt darüber hinaus allerdings auch in Betracht, wenn die Gesamtleistung in Teilleistungen zerlegt werden kann und zweifelsfrei Erträge zuordenbar sind.[534] In diesem Fall kann nach Erbringung dieser abgrenzbaren Teilleistungen eine Teilerlösrealisierung stattfinden. Dies ist insbesondere bei langfristigen Kundenprojekten relevant.

Externes Rechnungswesen

4.1.2.3 Projektfakturierung und Zahlungseingang

Die Erstellung einer Kundenrechnung stellt auch im Falle erbrachter Dienstleistungen grds. kein Ereignis dar, das bilanzielle Konsequenzen nach sich zieht. Dennoch führen Unternehmen oftmals die (Teil-)Ertragsrealisierung mit der Versendung der Kundenrechnung durch. In den Fällen, in denen eine bilanzwirksame Teilleistung der vereinbarten Gesamtleistung erbracht wurde, ist diese Vorgehensweise in der Regel problemlos. Dies gilt insbesondere, wenn die Kundenrechnung in einem automatisierten Prozess im Anschluss an die Teilleistung systemunterstützt stattfindet. Zum Bilanzstichtag ist bei einem derartigen Vorgehen allerdings immer zu prüfen, ob die Leistung tatsächlich erbracht wurde.[535]

Bei Zahlungseingang (per Überweisung) wird die zuvor erfasste Forderung aus Lieferungen und Leistungen aus- und der Zahlungseingang auf dem Bankkonto eingebucht. Findet der Zahlungseingang unter Nutzung eines gewährten Skontos statt, so müssen die Umsatzerlöse in der Höhe des in Anspruch genommenen Skontos korrigiert werden.[536] Insoweit ergibt sich keinerlei Abweichung im Vergleich zum Absatzgeschäft von Waren.

Bilanzielle Konsequenzen

---

[531] Diese Problematik ergibt sich bei den internen Projekten mit Ausnahme von zu aktivierenden Entwicklungsprojekten mit entsprechenden Auswirkungen auf Höhe der Herstellungskosten nicht, hier kann es höchstens zu einer ungenauen Kostenverrechnung kommen.
[532] Vgl. zur Grundproblematik Kapitel E3.1.2.2.
[533] Vgl. LEFFSON, U. (1987), S. 265.
[534] Vgl. EULER, R. (1989), S. 95; vgl. zur Aufteilung der Gesamtleistung auch SELCHERT, F. W. (2002), § 252, Rn. 111.
[535] Vgl. SELCHERT, F. W. (2002), § 252, Rn. 105.
[536] Die Höhe der Umsatzsteuer muss ebenfalls angepasst werden.

4.1.3 Forschungs- und Entwicklungsprojekt

Wenn man Kosten von Forschungs- und Entwicklungsaktivitäten in dem Funktionsbereich FuE ausweisen möchte, müssen die einzelnen FuE-Projekte einer Kostenstelle des Kostenstellentyps FuE zugeordnet werden.[537]

Die Leistungsverrechnung von FuE-Projekten ist grds. identisch zur Leistungsverrechnung auf Kundenprojekte. Deshalb beschränken sich die nachfolgenden Ausführungen auf die besonderen bilanziellen Aspekte von FuE-Projekten. Das zentrale Problem stellt hierbei stets die Frage dar, inwieweit ein aktivierungsfähiger selbst geschaffener Vermögensgegenstand aus dem FuE-Projekt entstanden ist.

4.1.3.1 Handelsrechtliches Aktivierungswahlrecht

Einführung

Selbst geschaffene immaterielle Vermögensgegenstände des Anlagevermögens dürfen seit dem BilMoG gem. § 248 Abs. 2 HGB aktiviert werden. Dieses Wahlrecht bezieht sich allerdings nicht auf alle selbst geschaffenen immateriellen Vermögensgegenstände, sondern wird durch das explizite Aktivierungsverbot für Marken, Drucktitel, Verlagsrechte, Kundenlisten oder vergleichbare Vermögensgegenstände eingeschränkt.

Bildung latenter Steuern aufgrund steuerlichen Verbots

Steuerlich gilt jedoch weiterhin ein striktes Aktivierungsverbot. Gem. § 5 Abs. 2 EStG ist die Aktivierung selbst geschaffener immaterieller Wirtschaftsgüter des Anlagevermögens untersagt. Bei Ausübung des handelsrechtlichen Wahlrechts zur Aktivierung selbst geschaffener immaterieller Vermögensgegenstände des Anlagevermögens ergibt sich daher die Pflicht zur Bildung latenter Steuern.[538]

4.1.3.2 Aktivierungsfähigkeit Voraussetzung zur Bilanzierung

Relativierung des Vollständigkeitsgebots

Das Vollständigkeitsgebot des § 246 Abs. 1 HGB verpflichtet den Bilanzierenden zur Aktivierung sämtlicher Vermögensgegenstände, soweit gesetzlich nichts anderes bestimmt ist. Dieses Vollständigkeitsgebot wird durch das Aktivierungswahlrecht gem. § 248 Abs. 2 HGB in Bezug auf selbst geschaffene immaterielle Vermögensgegenstände des Anlagevermögens eingeschränkt.

Selbstständige Verwertbarkeit als Grundvoraussetzung zur Aktivierung

(Immaterielle) Vermögensgegenstände dürfen grundsätzlich nur aktiviert werden, wenn sie den nicht kodifizierten handelsrechtlichen Aktivierungsvoraussetzungen entsprechen. Es existieren eine ganze Reihe unterschiedlicher Aktivierungsvoraussetzungen. So wird neben dem Kriterium der selbstständigen Verwertbarkeit das Kriterium der bilanziellen Greifbarkeit sowie die selbstständige Bewertbarkeit genannt.[539] Das zentrale Merkmal für die Prüfung der (abstrakten) Aktivierungsfähigkeit selbst geschaffener immaterieller Vermögensgegenstände des Anlage-

---

[537] Vgl. zur Ableitung von Funktionsbereichen Kapitel D3.2.
[538] Vgl. zur Konzeption latenter Steuern im Handelsrecht nach BilMoG Kapitel C3.
[539] Vgl. ausführlich zu den unterschiedlichen Merkmalen der (abstrakten) Aktivierungsfähigkeit sowie ihre Stellung zueinander KÜTING, K./ELLMANN, D. (2009), S. 268 f.

vermögens ist die selbstständige Verwertbarkeit.[540] Sie setzt die „Existenz eines wirtschaftlichen verwertbaren Potenzials zur Deckung von Schulden"[541] voraus.

Das Aktivierungsverbot für Marken, Drucktitel, Verlagsrechte, Kundenlisten oder vergleichbare selbst geschaffene immaterielle Vermögensgegenstände hingegen erklärt sich aus der fehlenden selbstständigen Bewertbarkeit und der daraus zweifelsfrei vorzunehmenden Abgrenzung zum originären Geschäfts- oder Firmenwert.[542]

Aktivierungsverbot aufgrund fehlender selbstständiger Bewertbarkeit

4.1.3.3 Ansatz und Bewertung von selbst geschaffenen immateriellen Vermögensgegenständen des Anlagevermögens

Wenn die Aktivierungsfähigkeit eines (zukünftig) selbst geschaffenen Vermögensgegenstands des Anlagevermögens bejaht wird, muss in einem nächsten Schritt der Zeitpunkt der Aktivierung sowie die Höhe der anzusetzenden Herstellungskosten ermittelt werden. Grundsätzlich dürfen gem. § 255 Abs. 2a HGB nur die Aufwendungen der Entwicklungsphase von dem Zeitpunkt an aktiviert werden, ab dem „mit hoher Wahrscheinlichkeit davon ausgegangen werden kann, dass ein einzeln verwertbarer immaterieller Vermögensgegenstand des Anlagevermögens zur Entstehung gelangt"[543]. Wann dieser Zeitpunkt gegeben ist, wird im Gesetz nicht weiter konkretisiert, jedoch kann nach h.M. hilfsweise auf Kriterien des IAS 38.57, der sechs Kriterien zur Beurteilung der Wahrscheinlichkeit des erfolgreichen Beendens eines Entwicklungsprojekts aufführt, zurückgegriffen werden.[544]

Aktivierungszeitpunkt

Aufwendungen, die hingegen in der Forschungsphase entstehen, dürfen nicht aktiviert werden. Forschung ist gem. § 255 Abs. 2a HGB „die eigenständige und planmäßige Suche nach neuen wissenschaftlichen oder technischen Erkenntnissen oder Erfahrungen allgemeiner Art, über deren technische Verwertbarkeit und wirtschaftliche Erfolgsaussichten grundsätzlich keine Aussagen gemacht werden können". Im Gegensatz hierzu wird Entwicklung gem. § 255 Abs. 2a HGB als „die Anwendung von Forschungsergebnissen oder von anderem Wissen für die Neuentwicklung von Gütern oder Verfahren oder die Weiterentwicklung von Gütern oder Verfahren mittels wesentlicher Änderungen" definiert. Weitere konkretisierende Angaben zur Trennung zwischen der Forschungs- und Ent-

Forschungs- vs. Entwicklungsphase

---

[540] Vgl. BT-Drucksache (16/10067), S. 60. In der Regierungsbegründung zum BilMoG wird die selbstständige Verwertbarkeit als entscheidendes Tatbestandsmerkmal explizit hervorgehoben.
[541] BAETGE, J./KIRSCH, H.-J. (2002), Rn. 96.
[542] Vgl. BT-Drucksache (16/10067), S. 50. In der Regierungsbegründung zum BilMoG wird das Verbot explizit mit der mangelnden selbstständigen Bewertbarkeit begründet.
[543] BT-Drucksache (16/10067), S. 60; vgl. zu der Thematik, wann mit hoher Wahrscheinlichkeit ein immaterieller Vermögensgegenstand entstanden ist VAN HALL, G./ KESSLER, H. (2009), S. 145 ff.
[544] Vgl. hierzu detailliert VAN HALL, G./KESSLER, H. (2009), S. 148 f.

wicklungsphase werden im Gesetz nicht genannt, sodass in Zweifelsfällen auf die Kommentarliteratur zurückgegriffen werden muss.[545]

Bewertungsmaßstab Herstellungskosten

Welche Aufwendungen in der Entwicklungsphase im Einzelnen zu aktivieren sind, regelt § 255 Abs. 2 HGB. Dies bedeutet, dass für selbst geschaffene immaterielle Vermögensgegenstände des Anlagevermögens kein eigenständiger Bewertungsmaßstab entwickelt wurde. Vielmehr ist von dem Moment an, ab dem mit hoher Wahrscheinlichkeit ein immaterieller Vermögensgegenstand entstanden ist, auf den hinlänglich bekannten Bewertungsmaßstab der Herstellungskosten mit seinen einbeziehungspflichtigen (Wertuntergrenze) und einbeziehungsfähigen (Wertobergrenze) Bestandteilen abzustellen.[546]

4.1.3.4 Forschungs- und Entwicklungsprojekt als Grundlage für Controlling und Bilanzierung

Notwendigkeit eines Entwicklungskostencontrollings

Sobald ein Unternehmen das Aktivierungswahlrecht für Entwicklungskosten in Anspruch nimmt, müssen hierfür notwendige Voraussetzungen im Bereich des Entwicklungskostencontrollings geschaffen werden.[547] Diese Voraussetzungen lassen sich unmittelbar aus den gesetzlichen Regelungen zur Aktivierung von Entwicklungskosten ableiten.

- Das Verbot der Aktivierung von Aufwendungen, die in der Forschungsphase anfallen, erfordert eine klare Trennung eines FuE-Projekts in eine FuE-Phase. Hierfür ist es notwendig, der Projektleitung die bilanziell notwendigen Unterscheidungskriterien zu vermitteln.
- Der Aktivierungszeitpunkt – also der Zeitpunkt, ab dem mit hoher Wahrscheinlichkeit ein immaterieller Vermögensgegenstand entsteht – innerhalb der Entwicklungsphase muss anhand von nachvollziehbaren Kriterien dokumentiert werden.
- Mittelgroße und große Kapitalgesellschaften i.S.d. § 267 HGB müssen bei Inanspruchnahme des Aktivierungswahlrechts von Entwicklungskosten im Anhang den Gesamtbetrag der FuE-Kosten des Geschäftsjahrs angeben. Zusätzlich muss der Betrag der Entwicklungskosten angegeben werden, der im Geschäftsjahr aktiviert wurde.

Hinreichende Umsetzung durch Business ByDesign

Die hieraus an eine Softwarelösung abzuleitenden notwendigen Anforderungen für die handelsrechtliche Aktivierung von immateriellen Vermögensgegenständen werden von Business ByDesign erfüllt. Mithilfe des Projektmanagements können einzelne FuE-Projekte geplant, gesteuert sowie dokumentiert werden. Darüber hinaus können die Kosten der FuE-Phase automatisch zugeordnet werden. Da die Aufwendungen aller FuE-Kostenstellen sowie die Aufwendungen, die auf FuE-Projekten in Form von Einzelkostenprojekten gesammelt wurden, jederzeit ver-

---

[545] Vgl. zur Abgrenzung der Forschungs- von der Entwicklungsphase KÜTING, K./ ELLMANN, D. (2009), S. 270 f.
[546] Vgl. zu den Herstellungskosten ausführlich Kapitel E2.1.3.
[547] Vgl. LORSON, P./ZÜNDORF, H. (2009), S. 722.

fügbar sind, stellen die notwendigen Anhangangaben ebenfalls keinen zusätzlichen Arbeitsaufwand dar.

4.2 Darstellung der relevanten Geschäftsvorfälle des Fallbeispiels zur Abbildung von Projekten
4.2.1 Kundenprojekt: Designberatung

Die *Nordstar GmbH* bietet neben ihrer Tätigkeit in Schuhhandel und -produktion am Markt eine individuelle Designberatung an. Für diese Beratung werden Unternehmensmitarbeiter eingesetzt, die bereits Erfahrung mit der Entwicklung von Schuhdesign gesammelt haben. Neben zwei internen Mitarbeitern kommt ein externer Mitarbeiter für die Beratungsleistung zum Einsatz. *Sachverhalt*

Die von der *Nordstar GmbH* angebotene Beratungsleistung wird von einem Unternehmen angefragt. Dieses möchte einen Tag eine Vor-Ort-Beratung erhalten. Nach einem Gespräch zwischen Unternehmensvertretern über den Beratungsinhalt ist der (potenzielle) Kunde für die Erbringung dieser Leistung bereit, ein Festpreishonorar i.H.v. 2.500 EUR (ohne USt) zu zahlen.

Auf Basis dieser Anfrage stellt der zuständige Mitarbeiter der *Nordstar GmbH* eine Kostenkalkulation auf (vgl. Abbildung 137). Die Projektkalkulation führt zu voraussichtlichen Kosten i.H.v. 1.660 EUR. Eine Marge von ca. 33 % wäre in der aktuellen Unternehmenssituation sehr erfreulich. Die Planung veranlasst somit den für die Beratungsdienstleistung verantwortlichen Vertriebsmitarbeiter, den Kundenauftrag i.H.v. 2.500 EUR (ohne USt) anzunehmen. Die beiden Parteien vereinbaren ein Zahlungsziel von Januar 2010. *Kostenkalkulation*

Kosten	Kostenstelle	Kostensatz (EUR/h)	Einsatzzeit (h)	(Plan)Kosten (EUR)
Personalkosten (intern)	Marketing	30	16	480
	Designberatung und Entwicklung	30	16	480
Externe Beratungskosten	--	75	8	600
Reise- und Unterkunftskosten	--	--	--	100
Summe:			40	1.660

Abbildung 137: Kostenkalkulation des Kundenprojekts

Die Istkosten des Projekts weichen allerdings von den Plankosten ab (vgl. Abbildung 138): Letztlich fallen Kosten i.H.v. 1.940,84 EUR an. Dies liegt in einer erhöhten Einsatzzeit der beiden internen Mitarbeiter (jeweils 20 Stunden), einer erhöhten Rechnungsstellung durch den externen Dienstleister (Stundensatz 80 EUR/Stunde) und einer minimalen Abweichung von den geplanten Reise- und Unterkunftskosten begründet. *Istkosten*

Kosten	Tätigkeit	Kostensatz (EUR/h)	Einsatzzeit (h)	(Ist)Kosten (EUR)
Personalkosten (intern)	Projektleitung/Marktanalyse	30	20	600,00
	Designentwicklung	30	20	600,00
Externe Beratung	Externe Beratung	80	8	640,00
Reise- und Unterkunftskosten	--	--	--	100,84
Summe:			48	1.940,84

Abbildung 138: Istkosten des Kundenprojekts

4.2.2 Internes Forschungs- und Entwicklungsprojekt

Sachverhalt

In der *Nordstar GmbH* wird für die Produktion des *Hiking*-Schuhs die Schuhsohle selbst gefertigt. Da die Dämpfung der Schuhsohle in einigen Studien unabhängiger Testeinrichtungen mangelhaft abgeschnitten hat, besteht der Auftrag von der Geschäftsführung, eine Sohle mit besonderer Dämpfung zur Schonung der Gelenke für die Produktion eines zukünftigen Schuhmodells zu entwickeln. Das Ergebnis dieser FuE-Leistung und dessen innovativer Charakter soll durch ein Patent geschützt werden. Zuständig ist ein Mitarbeiter der Kostenstelle Designberatung und Entwicklung. Dieser soll sich ab Juli für die nächsten vier Monate mit dieser Thematik beschäftigen.

Benötigte Inputfaktoren

Für diese Entwicklung wird jeweils zum 01.07.2009 ein Computer (Nutzungsdauer drei Jahre) und eine spezielle Software (Nutzungsdauer fünf Jahre) zu einem Preis von 3.000 EUR (ohne USt) bzw. 2.000 EUR (ohne USt) angeschafft. Diese werden der Kostenstelle *Designberatung und Entwicklung* zugeordnet. Zudem werden zwei Materialien für die neue Sohle benötigt: Kunststoffgranulat und Silikon. Insgesamt bezieht die *Nordstar GmbH* für das anstehende Projekt 35 kg Kunststoffgranulat zu einem Preis von 5 EUR/kg und 7 kg Silikon zu einem Preis von 10 EUR/kg. Der Mitarbeiter leistet auf dem Projekt 200 Stunden; der für ihn gültige Kostensatz beträgt 30 EUR/Stunde.

FuE-Tätigkeit

Die Gewinnung der Erkenntnisse zur Herstellung einer Sohle, die optimales Dämpfungsverhalten mit einem ergonomischen Laufstil verbindet (Forschungsphase) dauert doch nicht so lange wie gedacht. Nach einem Monat beginnt der Mitarbeiter bereits konkret mit der Entwicklung der Sohle. Die Entwicklungsphase endet schließlich mit der Erteilung des Patents (Rechtskosten: 2.500 EUR) am 30.09.2009.

Aktivierung von Entwicklungskosten

Für die Aktivierung des selbst geschaffenen gewerblichen Schutzrechts (Patent) ist die Zuordnung der angefallenen Aufwendungen zu der Forschungs- und der Entwicklungsphase von Bedeutung. Insgesamt entfallen 2.716,66 EUR auf die Forschungs- und 6.378,34 EUR auf die Entwicklungsphase. Es wird unterstellt, dass alle Aufwendungen, die auf die Entwicklungsphase entfallen, aktiviert werden. So stellen die Abschreibungen der Anlagen, die der Entwicklungsphase zuzuordnen sind, Bestandteile der Herstellungskosten dar. Das aus der Entwicklung hervorgehende selbst geschaffene gewerbliche Schutzrecht wird i.H.v. 6.378,34 EUR in der Bilanz aktiviert. Die Nutzungsdauer beträgt fünf Jahre.

Kostenherkunft		Forschungsphase (01.07.-31.07.09)		Entwicklungsphase (01.08.-30.09.09)	
		Eingesetzte Menge	Kosten (EUR)	Eingesetzte Menge	Kosten (EUR)
Materialverbrauch	Kunststoffgranulat	30 kg	150,00	5 kg	25,00
	Silikon	5 kg	50,00	2 kg	20,00
Personalaufwand		80 h	2.400,00	120 h	3.600,00
Abschreibungen	Computer	1 Monat AfA	83,33	2 Monate AfA	166,67
	Software	1 Monat AfA	33,33	2 Monate AfA	66,67
Rechtskosten	Patenkosten	--	--	--	2.500
Summe:			2.716,66		6.378,34

Abbildung 139: (Ist-)Kosten der Forschungs- und Entwicklungsphase

4.3 Abbildung von Projekten in Business ByDesign

In Business ByDesign wird die Abbildung unterschiedlicher Arten von Projekten abgedeckt: interne Projekte (z.B. FuE-Projekte) und externe Projekte (z.B. Kundenprojekte). Eine Projektart wird entweder als Gemeinkostenprojekt (Zuordnung der anfallenden Kosten auf der Kostenstelle, die die Arbeit angefordert hat) oder als Einzelkostenprojekt (Kosten werden dem Projekt zugeordnet) geführt. In der Standardauslieferung von Business ByDesign existieren vordefinierte Projektarten. In der Systemkonfiguration können Sie auch auf Ihre unternehmensindividuellen Bedürfnisse abgestimmte Projektarten definieren. In diesem Kapitel wird die Funktionalität der Projektabbildung in Business ByDesign anhand eines Kundenprojekts und an einem FuE-Projekt beschrieben.

Überblick

4.3.1 Kundenprojekte

Business ByDesign unterstützt die komplette Abbildung des Projektlebenszyklus eines Kundenprojekts: von der Gewinnung von Neukunden, der Entstehung des Auftrags, über die Projektdurchführung und Projektfakturierung als auch den Zahlungseingang. Die Projektplanung und das Projektcontrolling ziehen sich praktisch durch den ganzen Prozess und begleiten diesen in Form von Berichten, die eine Überwachung und Analyse kontinuierlich erlauben. In den folgenden Kapiteln werden die in Abbildung 140 aufgeführten rechnungswesenrelevanten Teilprozesse des Projektmanagements (Projektplanung und Kundenauftrag, Projektdurchführung und Projektfakturierung) näher beschrieben. Von der Darstellung des diesen Teilprozessen vorgelagerten Schritts der Gewinnung von Neukunden wird abgesehen. Auf die Darstellung des abschließenden Teilprozesses Zahlungseingang wird ebenfalls verzichtet, weil dieser bereits in Kapitel E3 beschrieben wurde und hier identisch abläuft.

Abbildung des Projektlebenszyklus

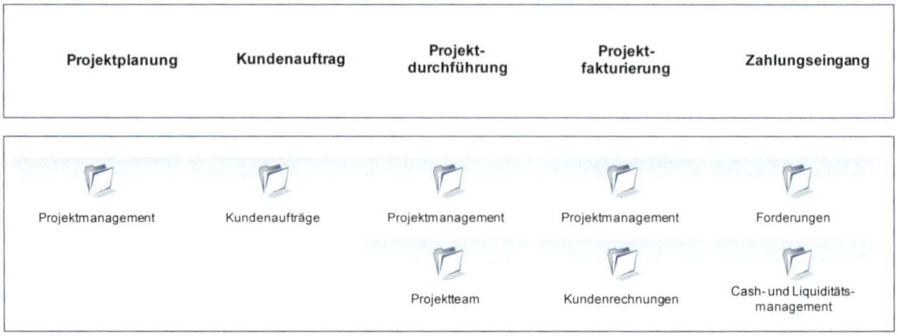

Projektplanung   Kundenauftrag   Projekt-durchführung   Projekt-fakturierung   Zahlungseingang

Projektmanagement   Kundenaufträge   Projektmanagement   Projektmanagement   Forderungen

Projektteam   Kundenrechnungen   Cash- und Liquiditätsmanagement

Abbildung 140: Teilprozesse des Projektmanagements und zugehörige Work Center

4.3.1.1 Kundenauftrag und Projektkalkulation zur Überprüfung der Auftragsannahme

Kundenauftrag und Projektplanung

Dem Kundenauftrag sind normalerweise – zumindest bei Projekten, die nicht standardisiert verkauft werden – eine Kundenanfrage und die Erstellung eines Angebots vorgelagert.[548] Der eingehende Kundenauftrag entsteht direkt aus dem Angebot.[549] Im Folgenden wird der Kundenauftrag als Auslöser der Entscheidung über die Annahme bzw. Ablehnung des Kundenprojekts betrachtet. Dieser wird zwar zunächst im Work Center *Kundenaufträge* unter der gleichnamigen Sicht erfasst, ob sich daran aber auch eine Freigabe (sprich Annahme) anschließt, stellt sich erst nach einer Projektkalkulation heraus. Der Kunde möchte in diesem Fall die Dienstleistung zu einem von ihm vorgeschlagenen (Fest-)Preis erhalten.[550] Diese Leistung ist in der Positionszeile mit der Produktnummer und dem Listenpreis i.H.v. 2.500 EUR (netto) im Auftrag enthalten.[551]

Projektkostenplanung

Die Auftragsannahme setzt eine Planung der notwendigen Ressourcen und den damit verbundenen Kosten voraus. Die Projektkalkulation stellt eine wichtige Entscheidungshilfe zur Annahme bzw. Ablehnung des Projekts dar.[552] Zu diesem Zweck wird entsprechend den Anforderungen des Kunden eine Zeit- und Kostenplanung des Projekts vorgenommen. Zur Kostenplanung wird ein neues Projekt unter der Sicht *Projekte* im Work Center *Projektmanagement* angelegt. Dabei müssen Sie u.a. die Art des Projekts (z.B. Kundenprojekt) festhalten, die (voraussichtlich) beteiligten Mitarbeiter auswählen sowie Angaben zu der Kundengruppe oder der Produktkategorie vornehmen. Zudem können Sie – sofern dies bekannt

---

[548] Der Begriff „Opportunities" bezeichnet den Ausblick auf den Verkauf einer Dienstleistung gewichtet mit einer bestimmten Wahrscheinlichkeit. Diese können im System im Work Center *Neugeschäft* erfasst werden. Im gleichen Work Center können Sie auch Angebote anlegen und an den (potenziellen) Kunden versenden.

[549] Die einem Kundenauftrag vorgelagerten Schritte werden in den Ausführungen systemseitig nicht näher dargestellt.

[550] Alternativ dazu wäre z.B. auch eine Vereinbarung denkbar, die eine Fakturierung auf Basis der erbrachten (Ist-)Leistung vorsieht.

[551] Vgl. zu dem Detailbild eines Kundenauftrags beispielhaft Kapitel E3.3.1.1.1.

[552] Die Annahme eines Auftrags muss nicht notwendigerweise immer mit der Erzielung eines positiven Ergebnisses verbunden sein. Auch die verlustreiche Durchführung eines Auftrags ist denkbar, da mit diesem Auftrag eventuell die Hoffnung auf Folgeaufträge besteht.

sein sollte – den Projektbeginn und das Projektende angeben. Da die tatsächlich beteiligten Mitarbeiter normalerweise zu diesem Zeitpunkt noch nicht abschließend bekannt sind, ist es für Zwecke der Kostenkalkulation sinnvoll, auf (Misch-)Kalkulationssätze für die zu erbringenden Tätigkeiten, also auf die Kostensätze der Services – hier der Service Designberatung – zurückzugreifen.[553]

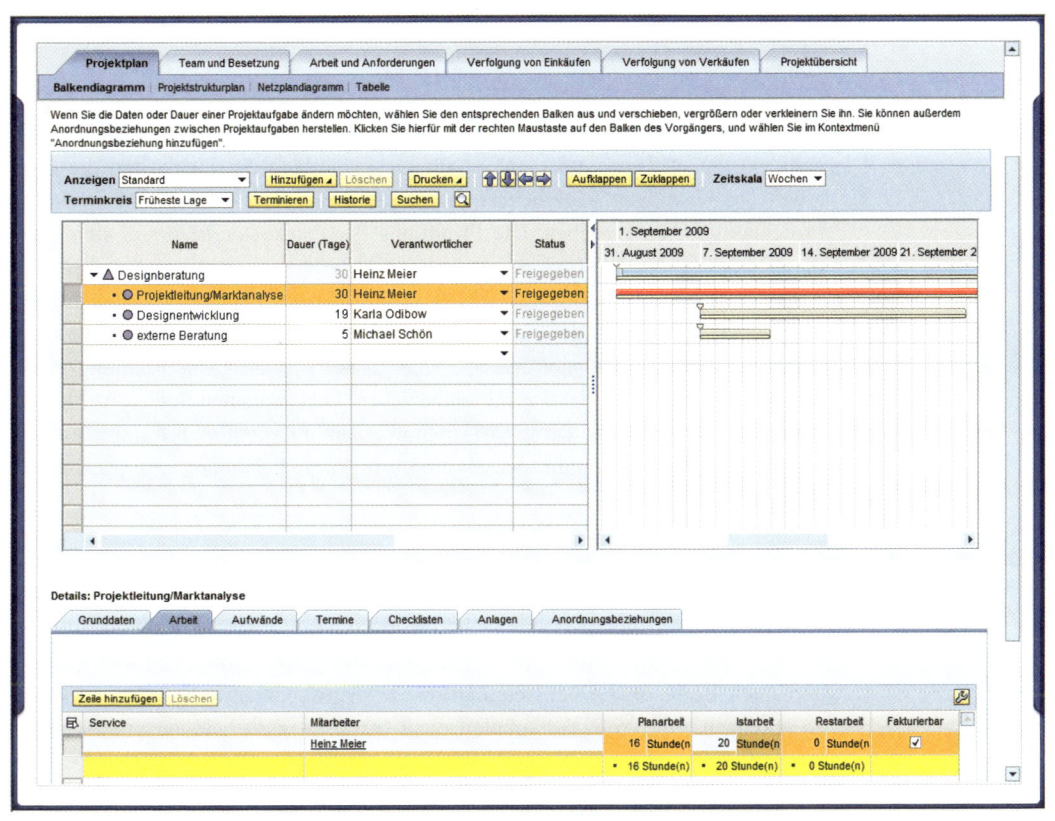

Abbildung 141: Aufsetzen des Projektplans

Bevor Sie eine Planung von Arbeitszeit und sonstigen Aufwendungen durchführen können, sind die unterschiedlichen Projektaufgaben und die daran beteiligten Mitarbeiter für das Projekt anzulegen (vgl. Abbildung 141). Die Projektaufgaben – im konkreten Fall die Projektleitung/Marktanalyse, Designentwicklung und externe Beratung – werden in der Registerkarte *Projektplan* angeordnet. Im Anschluss daran kann über die Auswahlliste in der Spalte *Verantwortlicher* die Zuordnung von Mitarbeitern zu einer dieser Projektaufgaben erfolgen, sofern diese bereits beim Anlegen des Projekts berücksichtigt wurden. Alternativ haben Sie im Work Center *Projektmanagement* unter der Sicht *Ressourcen* die Möglich-

Projektaufgaben und Verantwortliche

---

[553] Bei der Projektdurchführung ist dagegen konkret auf den Kostensatz des Leistungserbringenden abzustellen; vgl. auch Kapitel E4.3.1.2.

keit, Mitarbeiter einem Projekt bzw. einer Projektaufgabe direkt zuzuordnen.[554] Der Vorteil dieser Ansicht besteht darin, dass Sie sich Details wie die Verfügbarkeit und die Qualifikation der einzelnen Mitarbeiter anzeigen lassen können. Auf dieser Grundlage kann dann eine Entscheidung getroffen werden.[555]

HIGHLIGHT

> Business ByDesign erleichtert die personelle Besetzung eines Projekts durch ein implementiertes Ressourcenmanagement mit Verfügbarkeits- und Eignungsprofil.

Plankosten

Für den einzelnen Mitarbeiter ist der Zeitraum, über den sich für ihn das Projekt erstreckt, anzugeben. Außerdem ist für die Ermittlung der Plankosten die Planarbeit des jeweiligen Mitarbeiters einzutragen; die Planwerte (Stunden) sind je Projektaufgabe zu vergeben. Die Ermittlung der Plankosten bestimmt sich durch die Bewertung der Leistung des jeweiligen Mitarbeiters.[556] Neben der geplanten Arbeitsleistung können Sie weitere zu erwartende Aufwendungen für die Projektkalkulation berücksichtigen. In der Registerkarte *Aufwände* in der Detailansicht einer Projektaufgabe können Sie Spesen, wie bspw. Reise-, Übernachtungs- oder Materialkosten, in die Planung mit einbeziehen. Den geplanten Spesen werden die Plankosten zugeordnet. Diese Angaben werden für die Projektkalkulation zugrunde gelegt; das Rechnungswesen nimmt für diese Positionen keine gesonderte Bewertung vor.

Bericht: Projektkalkulation

Das Ergebnis der Projektkalkulation können Sie sich mit einem Bericht anzeigen lassen.[557] In Abbildung 142 werden die Plankosten pro Projektaufgabe und zuständigem Mitarbeiter, getrennt nach Positionstyp (z.B. Service, Aufwand), aufgeführt. Neben den voraussichtlichen Personalkosten (Serviceposition) sind auch die geplanten Reise- und Übernachtungskosten (Aufwandsposition) i.H.v. 100 EUR zu erkennen. Die Projektkalkulation dient Ihnen als Entscheidungsgrundlage, ob ein Auftrag zu einem bestimmten Preis angenommen oder abgelehnt werden soll und ermöglicht gleichzeitig die Ermittlung der zu erwartenden Marge bei Beendigung des Projekts.

---

[554] Ebenso ist im Projekt unter der Registerkarte *Team und Besetzung* eine Zuweisung von Mitarbeitern möglich.

[555] Die einzubindenden externen Mitarbeiter müssen zunächst als Dienstleister angelegt werden, bevor eine konkrete Verplanung dieser Ressourcen erfolgen kann; vgl. hierzu auch die Kapitel A3.2 und D4.2.3.

[556] Für die Projektplanung kann die Bewertung auf Basis des vorhandenen Ressourcenkostensatzes oder der Kostensatz des Services erfolgen; vgl. auch Kapitel 4.3.1.2.1 für die Bewertung der Leistung im Rahmen der Projektdurchführung.

[557] Den Bericht rufen Sie im (geöffnetem) Projekt über die Registerkarte *Projektübersicht* auf. In dieser Registerkarte finden Sie weitere relevante Auswertungs- und Analyseberichte, wie z.B. zu dem Projektfortschritt oder den Zeitrückmeldungen von Mitarbeitern, die Ihnen zu jedem Zeitpunkt des Projektablaufs ein Projektcontrolling ermöglichen. Alternativ kann dieser Bericht auch in dem Work Center *Projektmanagement* (Sicht *Berichte*) aufgerufen werden.

Projektaufgabe		Zuständiger Mitarbeiter	Positionstyp	Planpreis EUR
DB_1-1	Projektleitung/Marktanalyse	Meier	Serviceposition	480,00
		Meier	Aufwandsposition	100,00
		Meier	Ergebnis	580,00
		Ergebnis		580,00
DB_1-2	Designentwicklung	Odibow	Serviceposition	480,00
		Odibow	Ergebnis	480,00
		Ergebnis		480,00
DB_1-3	externe Beratung	Schön	Serviceposition	600,00
		Schön	Ergebnis	600,00
	externe Beratung	Ergebnis		600,00
Gesamtergebnis				1.660,00

Abbildung 142: Projektkalkulation auf Basis von Plankosten

Sofern das Projekt durchgeführt werden soll, müssen Sie abschließend noch die Freigabe erteilen. Markieren Sie hierfür den Projektkopf (hier Designberatung) und setzen Sie in der Registerkarte *Grunddaten* den Projektstatus auf *Freigeben*.

4.3.1.2 Projektdurchführung
4.3.1.2.1 Ermittlung von Kostensätzen und Leistungsverrechnung auf das Projekt

Die Ermittlung des Kostensatzes einer Ressource zur Bewertung von Istleistungen wurde bereits in Kapitel E2.3.2.3 erläutert. Auch für die Verrechnung von Istleistungen auf ein Projekt als Kostenträger werden – analog zu einem Produktionslos[558] – Kostensätze verwendet, die in einer Ressource hinterlegt sind. Ressourcen werden ebenso wie Mitarbeiter einer Kostenstelle zugeordnet. Für die interne Leistungsverrechnung ist es jedoch zusätzlich von Bedeutung, welche Person dieser Kostenstelle die Arbeitsleistung erbringt: Kostensätze zur Leistungsverrechnung richten sich normalerweise an der Qualifikation des Mitarbeiters aus. Um eine Leistung zu verrechnen, die sich an der Qualifikation des Mitarbeiters orientiert, müssen für eine Kostenstelle unter Umständen mehrere Personalressourcen angelegt werden.

Leistungsverrechnung mit Kostensätzen

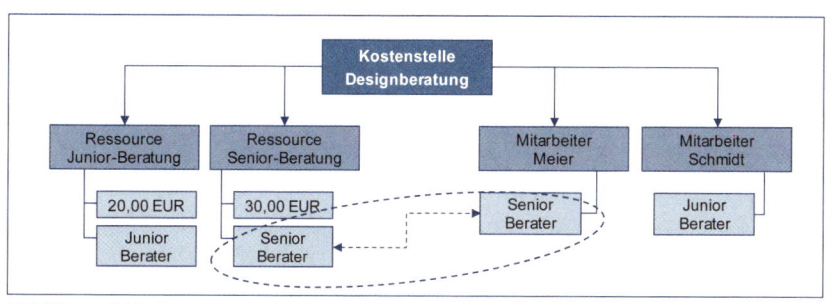

Abbildung 143: Zuordnung des Kostensatzes zu einem Mitarbeiter

---

[558] Vgl. Kapitel E2.3 zur Belastung eines Produktionsloses im Rahmen der Fertigung von Produkten.

Zuordnung eines Kostensatzes

Abbildung 143 zeigt diesen Zusammenhang beispielhaft auf: Mitarbeiter *Meier* mit der Stellenzuordnung Senior-Berater ist der Kostenstelle *Designberatung* zugewiesen. Diese Kostenstelle enthält die Personalressource Senior-Beratung mit einem Kostensatz i.H.v. 30 EUR/Stunde und der Stellenzuordnung Senior Berater. Aus der gemeinsamen Stellenzuordnung folgt, dass die interne Leistungsverrechnung des Mitarbeiters *Meier* mit dem Kostensatz 30 EUR pro Stunde bewertet wird. Die Leistung seines Kollegen *Schmidt* (Junior Berater) würde dagegen mit 20 EUR/Stunde verrechnet werden.

Belastung des Projekts

Die im Rahmen eines Projekts erbrachte Arbeit entlastet die Kostenstelle, auf der der Mitarbeiter läuft und belastet das Projekt.[559] Die Be- bzw. Entlastung erfolgt auf Basis der mit dem Kostensatz bewerteten Istleistung des Mitarbeiters.

4.3.1.2.2 Zeit- und Ausgabenerfassung von internen Mitarbeitern

Tätigkeitenerfassung in einem Arbeitszettel

Während eines Projekts erbrachte Leistungen sind auf das Projekt zu kontieren. Neben der Erfassung von Arbeitszeiten sind des Weiteren Ausgaben wie Reise- oder Unterkunftskosten zu berücksichtigen. Ein am Projekt beteiligter Mitarbeiter hält seine geleisteten Tätigkeiten im Work Center *Projektteam* mit der Aufgabe *Arbeitszettel bearbeiten* (Sicht *Allgemeine Aufgaben*) fest.[560] Nach der Auswahl der Kalenderwoche können Sie für den betreffenden Wochentag die Arbeitsstunden eintragen. Um zu dokumentieren, welche Tätigkeit durchgeführt wurde, ist in dem Arbeitszettel immer der von dem Mitarbeiter geleistete Service anzugeben. Einen Service legen Sie – analog zur Vorgehensweise bei einem Material – im Work Center *Produkt- und Serviceportfolio* (Sicht *Service*) an. Um eine eindeutige Zuordnung der Arbeitsleistung zu einem Projekt herzustellen, können Sie zusätzlich die Projektaufgabe eingeben. Im vorliegenden Fall (vgl. Abbildung 144) wird von dem Mitarbeiter *Heinz Meier* der Service *Projektmanagement* für die Projektaufgabe „Projektleitung/Marktanalyse" erbracht. Über diese Angaben wird festgehalten, welche Arbeit von wem geleistet wurde. Im Allgemeinen wird der Kostensatz der Ressource zur Bewertung bei der Rückmeldung herangezogen. Sollten sie jedoch den Kostensatz des Services vorziehen, so darf kein Ressourcenkostensatz gepflegt sein.[561]

---

[559] Auch an dieser Vorgehensweise wird die Analogie zum Prozess der Lagerfertigung mit dem Kostenträger „Produktionslos" deutlich; vgl. Kapitel E2.3.2.1.

[560] Die Zeiterfassung muss nicht persönlich von dem leistenden Mitarbeiter vorgenommen werden, sondern kann auch durch einen Zeitbeauftragten erfolgen, der die Rückmeldungen dann für den (anderen) Mitarbeiter übernimmt. Im Work Center *Zeitverwaltung* unter der Sicht *Zeiterfassung* können Sie für Mitarbeiter ein Arbeitszeitblatt bearbeiten.

[561] Es handelt sich hierbei um die „Vorfahrtsregel" bei der Verwendung von Kostensätzen: Ist ein Kostensatz der Ressource gepflegt, wird dieser für die Verrechnung zugrunde gelegt, ansonsten wird auf den Kostensatz des Services zurückgegriffen.

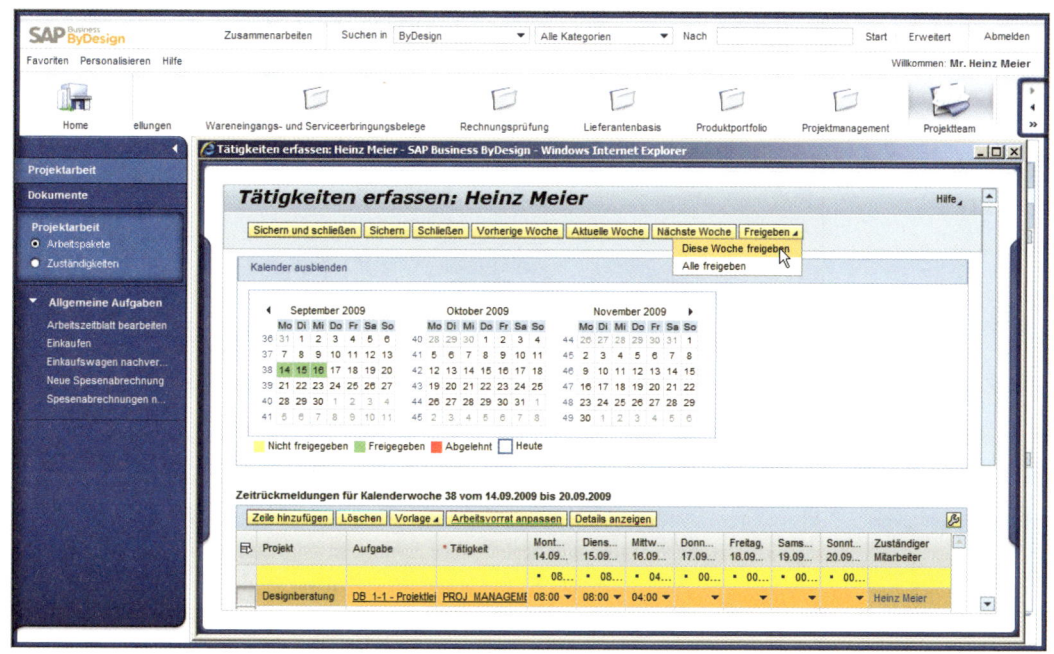

Abbildung 144: Zeitrückmeldung auf dem Projekt

Im Anschluss daran können Sie die vorgenommenen Eintragungen entweder abspeichern (und zu einem anderen Zeitpunkt freigeben) oder freigeben. Sollten Zeitrückmeldungen keiner Genehmigung bedürfen,[562] werden die damit verbundenen Aufwendungen direkt dem Projekt belastet. Ansonsten muss der Projektleiter der Zeiterfassung im Work Center *Projektmanagement* unter der Sicht *Genehmigungen* zustimmen.

Freigabe und Genehmigung der Erfassung

Die Zeitrückmeldung zeigt den Stand der Istarbeit im Projekt an.[563] Zum anderen wird über die Rückmeldung eine Bewertung der Arbeitsleistung im Rechnungswesen vorgenommen. Für die Leistungsverrechnung des Mitarbeiters Heinz Meier ist ein Kostensatz i.H.v. 30 EUR pro Stunde zugrunde zu legen.[564] Als Istarbeitszeit für das Kundenprojekt Designberatung meldet Herr Meier für die Projektaufgabe „Projektleitung/Marktanalyse" 20 Stunden zurück. Insgesamt wird durch diesen Mitarbeiter das Projekt somit i.H.v. 600 EUR belastet.[565] Mit der Zeitrückmeldung erfolgt allerdings nur aus Sicht des internen Rechnungswesens eine Buchung (vgl. Abbildung 145). Diese entlastet die Kostenstelle i.H.d. von dem

Buchungen der Zeitrückmeldung

---

[562] Ob eine Genehmigung erforderlich sein soll, können Sie beim Anlegen des Projekts durch Setzen einer Checkbox entscheiden. Die Zeitrückmeldung externer Projektbeteiligter erfordert immer eine Genehmigung durch den Projektleiter.
[563] Der Projektfortschritt kann zu jedem Zeitpunkt über einen gesonderten Bericht (Work Center *Projektmanagement*) eingesehen werden.
[564] Vgl. auch die Ausgangsdaten in Abbildung 137.
[565] Der zweite Mitarbeiter der *Nordstar GmbH* wendet ebenso 20 Stunden für das Kundenprojekt auf. Da dem Mitarbeiter ein Kostensatz von 30 EUR pro Stunde zugewiesen wird, gilt die in Abbildung 145 aufgeführte Buchung für diesen analog.

Mitarbeiter für das Projekt getätigten Leistung (Kontierung Kostenstelle) und belastet das Projekt in gleicher Höhe (Kontierung Projekt).

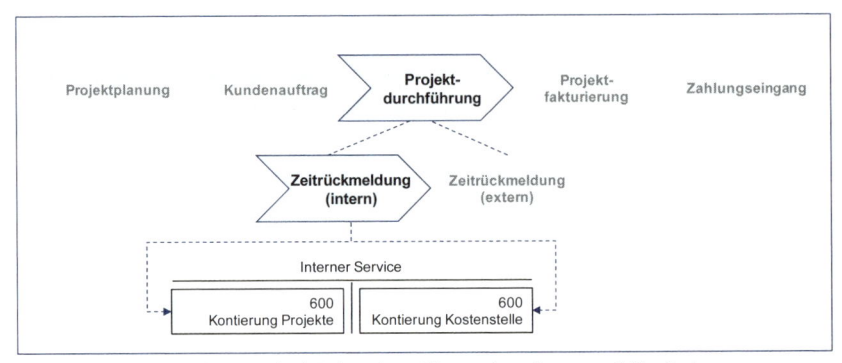

Abbildung 145: Buchungen bei Zeitrückmeldung eines internen Mitarbeiters

Berücksichtigung von Spesen

Als weitere Aufwände, die im Rahmen eines Kundenprojekts anfallen können, sind klassische Spesen wie Reise- und Unterkunftskosten zu nennen. Unter den *Allgemeinen Aufgaben* im Work Center *Projektteam* (vgl. auch Abbildung 144) finden Sie ein Formular, mit dessen Hilfe Sie Spesen erfassen und ggf. vorhandene Rechnungsbelege anhängen können. Business ByDesign bietet Ihnen die gängigsten Spesenarten zur Auswahl an. Analog zu der Genehmigung von Zeitrückmeldungen bekommt der Projektleiter auch für die Einreichung von Spesenabrechnungen eine Aufgabe unter der Sicht *Genehmigungen* im Work Center *Projektmanagement*. Im Beispielsachverhalt sind Reise- und Unterkunftskosten i.H.v. 120 EUR (inkl. USt) angefallen. Diese Aufwände werden bis zur Bezahlung als *Verbindlichkeiten gegenüber Personal* in der Bilanz ausgewiesen.

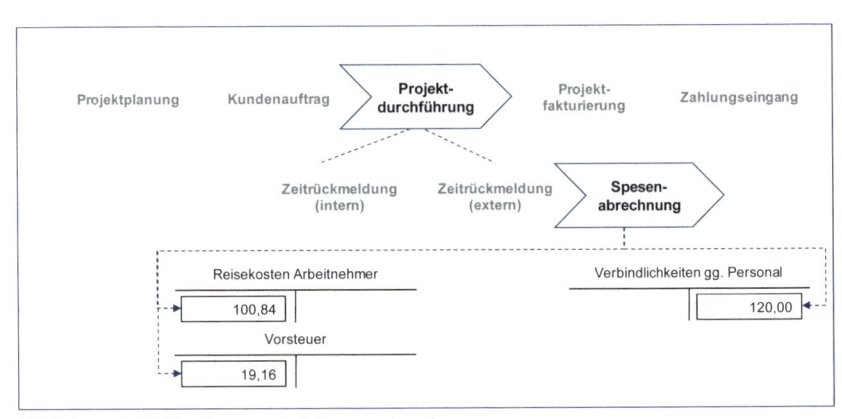

Abbildung 146: Buchungen bei Spesenabrechnungen

HIGHLIGHT

Die Möglichkeit der stetigen Anpassung des Projektplans gibt Ihnen die notwendige Flexibilität in der Projektabbildung. Die unmittelbare Verknüpfung des Prozesses mit dem Rechnungswesen erlaubt Ihnen darüber hinaus ein auf aktuellen Zahlen basierendes Projektcontrolling.

Die Planung eines Projekts kann zu jedem Zeitpunkt angepasst werden. Im Projekt besteht somit die Flexibilität, eine Anpassung z.B. durch Hinzufügen bzw. Austausch von Arbeitskräften vorzunehmen. Für grundlegende Änderungen des Projekts wie etwa die Aufnahme zusätzlicher (wesentlicher) Projektaufgaben oder die zeitliche Verlängerung der Projektdauer bietet Ihnen Business ByDesign gesonderte Möglichkeiten, den ursprünglichen Projektplan zu verändern. Dazu müssen Sie im Work Center *Änderungsmanagement* das Projekt auswählen. Die Änderungen in dem Projektplan sind abschließend von einem Vorgesetzten zu genehmigen: Der aktualisierte Plan wird über die Funktion *Genehmigen - Abschicken* im Work Center *Änderungsmanagement* als Aufgabe an den Verantwortlichen gesendet. Für das weitere Projektcontrolling gilt dieser neue Basisplan als Hauptbezugspunkt für weitere Analysen, wie z.B. Kostenabweichungen. Neben der Projektanpassung können Sie außerdem Momentaufnahmen vom Projektstatus automatisch erstellen lassen, die dann zur Bestimmung des Projektfortschritts zwischen zwei Phasen des Projektverlaufs dienen.

Änderungsmanagement

4.3.1.2.3 Beschaffung und Einbindung von externen Arbeitsressourcen

Im Rahmen der Projektplanung bzw. -durchführung gilt es Überlegungen anzustellen, inwiefern externe Dienstleistungen bezogen werden sollen. Dies kann z.B. aufgrund von fehlender Expertise im eigenen Unternehmen begründet sein; auch Kapazitätsgründe oder Kostenerwägungen können die Inanspruchnahme externer Ressourcen notwendig machen. In Business ByDesign wird der Beschaffungsprozess[566] – Bestellung, Warenlieferung, Lieferantenrechnung und Zahlungsausgang – von externen Dienstleistungen oder anderen Ressourcen direkt aus dem Projekt heraus unterstützt. Zudem wird die Beschaffung dahin gehend erleichtert, dass aus der Grundgesamtheit von in Business ByDesign gepflegten Services (= Servicekatalog) die Beschaffung der benötigten externen Dienstleistung einfach erfolgen kann. Der Beschaffungsprozess kann als Unterprozess der Projektdurchführung verstanden werden. Von einer gesonderten Darstellung wird in den folgenden Erläuterungen – bis auf die Leistungserbringung in Form der Zeitrückmeldung und die Lieferantenrechnung – abgesehen.

Notwendigkeit von externen Ressourcen

> Business ByDesign unterstützt Sie bei der Beschaffung von externen Ressourcen (z.B. Dienstleistungen) direkt aus dem Projekt heraus.

HIGHLIGHT

Um die Bestellung einer externen Dienstleistung durchführen zu können, müssen Sie im Work Center *Projektmanagement* (Sicht *Projekte*) das Projekt zunächst aufrufen (Menüfunktion *Bearbeiten*). Anschließend legen Sie in der Registerkarte *Arbeit und Anforderungen* für den vorgesehenen Service (hier: Projektberatung) eine Bestellanforderung an. In dieser Bestellanforderung halten Sie Angaben wie etwa den Lieferanten und die anzufordernde Leistung fest. Diese durch den Projektleiter erzeugte Anforderung erscheint als Genehmigungsaufgabe für den

Bestellanforderung

---

[566] Vgl. detailliert zu den einzelnen Prozessschritten Kapitel E1.

zuständigen Mitarbeiter des Einkaufs in seinem Work Center *Mein Verantwortungsbereich*. Nach der Genehmigung wird die Bestellung an den Kunden übermittelt.[567]

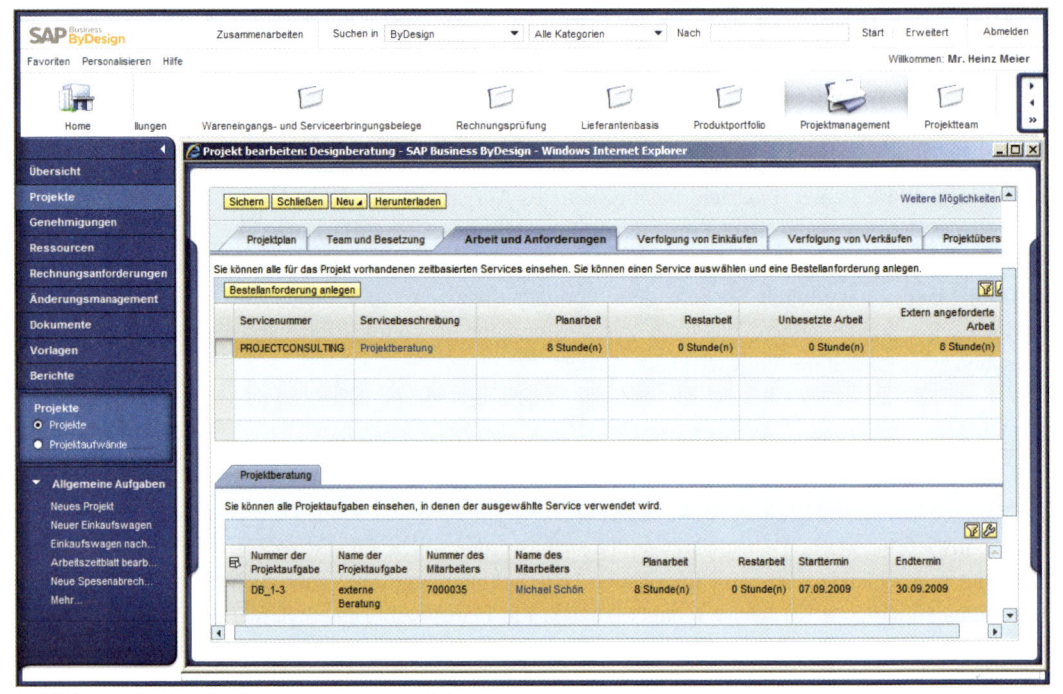

Abbildung 147: Beschaffung externer Dienstleistung

Zeiterfassung des externen Mitarbeiters

Der von dem externen Dienstleister für das Projekt zur Verfügung gestellte Mitarbeiter kann als Verantwortlicher einer Projektaufgabe (hier: externe Beratung) seinen eigenen Zugang in Business ByDesign erhalten und somit seine erbrachte Arbeitsleistung selbst zurückmelden.[568] Im Work Center *Projektteam* steht diesem Mitarbeiter die Aufgabe *Arbeitszeitblatt bearbeiten* (Sicht *Allgemeine Aufgaben*) zur Verfügung. Mit dieser Aufgabe können der Tag und die an diesem Tag geleisteten Arbeitsstunden erfasst werden.[569] Nach der Eingabe dieser Daten werden diese durch Freigabe des Rückmeldenden an den Projektleiter zur Genehmigung weitergeleitet.

---

[567] Unter der Voraussetzung, dass mit dem Lieferanten ein Kontrakt besteht, wird die Bestellung automatisch aus der Bestellanforderung erzeugt.

[568] Auch hier kann die Zeiterfassung von einem Zeitbeauftragten durchgeführt werden. Ein verantwortlicher Mitarbeiter im Unternehmen übernimmt dann die Zeiterfassung der erbrachten Leistung durch den externen Dienstleister.

[569] Vgl. Kapitel E4.3.1.2.2.

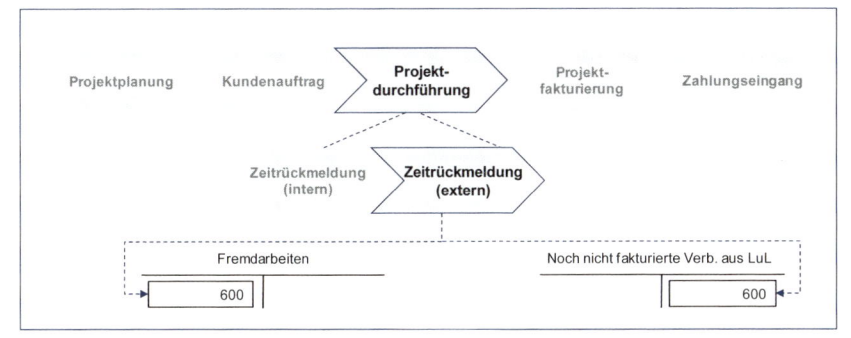

Abbildung 148: Buchungen bei Zeitrückmeldung einer externen Dienstleistung

Bei der Rückmeldung des externen Mitarbeiters werden nur Zeitangaben gemacht. Die Bewertung des beschafften Services (Projektberatung) im Rechnungswesen erfolgt auf der Grundlage des in der Bestellung enthaltenen Kostensatzes. Die externe Beratungsdienstleistung kostet 75 EUR/Stunde; insgesamt hat der externe Berater acht Stunden geleistet. Mit der Genehmigung der Zeiterfassung durch den Projektleiter wird automatisch ein Aufwand aus Fremdarbeiten i.H.v. 600 EUR gebucht. Die Gegenbuchung erfolgt auf dem Verrechnungskonto *Noch nicht fakturierte Verbindlichkeiten aus Lieferungen und Leistungen*. Die Vorgehensweise bei der Buchung der erfassten Arbeitsleistung des externen Dienstleisters erfolgt analog zur Beschaffung von Materialien.[570]

Buchungen des Beispielsachverhalts

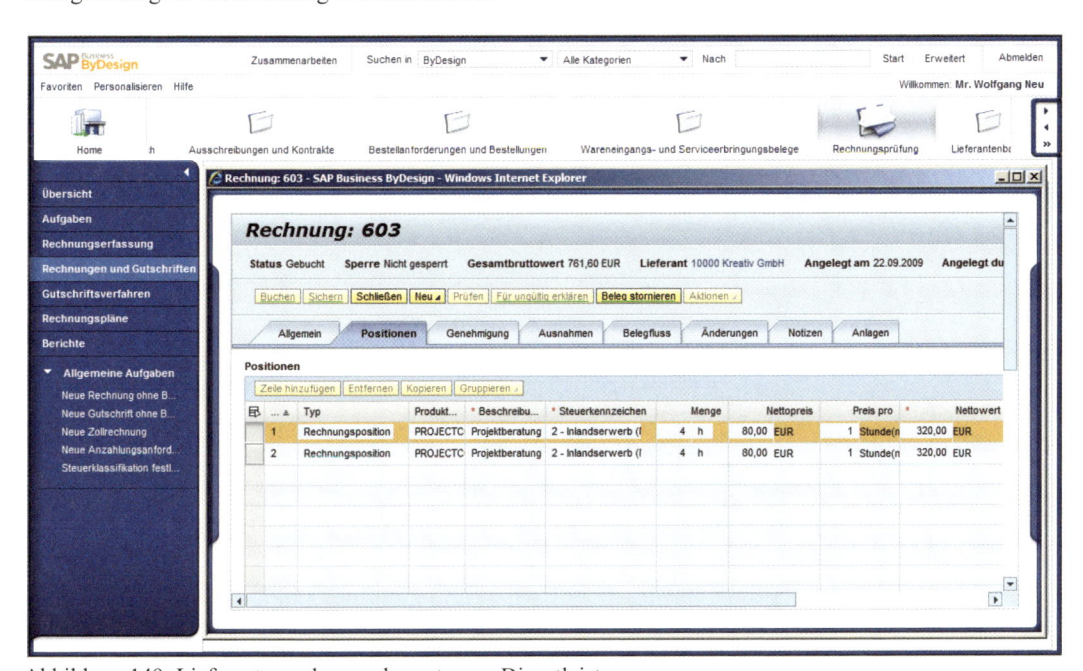

Abbildung 149: Lieferantenrechnung des externen Dienstleisters

---

[570] Vgl. Kapitel E1.3.1.1.2. Die Vorgehensweise zeichnet sich durch die Buchung auf Verrechnungskonten bei Leistungserbringung und Lieferantenrechnung aus.

Rechnungsstellung durch den externen Dienstleister

Der Arbeitgeber (*Kreativ GmbH*) des externen Beraters wird spätestens nach dessen Leistungserbringung eine Rechnung an den Empfänger senden.[571] Der Bezug der in der Lieferantenrechnung enthaltenen Rechnungszeile zu der bereits erfassten Bestellung wählt – über die Verknüpfung dieser Dokumente – das Projekt als Kontierung. Im vorliegenden Fall liegt eine Rechnung mit zwei Rechnungspositionen vor: die beiden Zeitrückmeldungen des externen Beraters von jeweils vier Stunden (vgl. Abbildung 149). Diese Rechnung ist konkret auf die Projektaufgabe „externe Beratung" zu buchen. Die *Kreativ GmbH* stellt für die Inanspruchnahme des externen Beraters einen erhöhten Stundensatz in Rechnung. Abweichend von der Bestellung werden nun 80 EUR, also 5 EUR mehr pro Stunde für die Beratungsleistung berechnet.

Buchungen des Beispielsachverhalts

Die Lieferantenrechnung wird als Bestandteil eines standardisierten Beschaffungsprozesses eines externen Beraters, der dem eines Beschaffungsprozesses von Material sehr ähnelt, unter den Teilprozess der Projektdurchführung gefasst. Der Rechnungseingang bucht automatisch eine *Verbindlichkeit aus Lieferungen und Leistungen* i.H.v. 761,60 EUR ein (vgl. Abbildung 150). Im Soll wird das Verrechnungskonto *Ware in Transit* (640 EUR) und eine Vorsteuer i.H.v. 121,60 EUR gebucht. Aufgrund der in der Rechnung enthaltenen Preiserhöhung bestehen Preisdifferenzen, die im Rahmen des WE/RE-Laufs identifiziert und verrechnet werden.[572] Im vorliegenden Fall führt dies zu einer Erfassung eines zusätzlichen Aufwands i.H.v. 40 EUR; die beiden Verrechnungskonten *Ware in Transit* und *Noch nicht fakturierte Verbindlichkeiten aus Lieferungen und Leistungen* werden – analog zu einer Beschaffung von Materialien und Anlagen – aufgelöst.

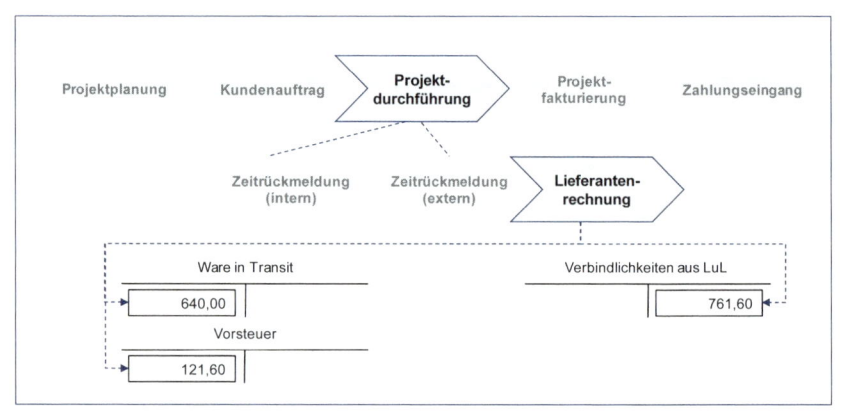

Abbildung 150: Buchungen bei Lieferantenrechnung (externe Dienstleistung)

4.3.1.3 Projektfakturierung und Zahlungseingang

Integrierte Rechnungsstellung

Alle Leistungen, die über das Projekt erbracht und auf diesem kontiert wurden, werden über die Projektfakturierung dem Kunden direkt aus dem Projekt heraus in Rechnung gestellt. Normalerweise wird der Zeitpunkt der Rechnungsstellung von

---

[571] Vgl. zu der Erfassung einer Lieferantenrechnung auch Kapitel E1.3.1.1.3.
[572] Vgl. zur Funktionsweise des WE/RE-Laufs Kapitel E1.3.1.3.

der Buchhaltungsabteilung initiiert: Bevor die Rechnung erstellt wird, ist zunächst eine Rechnungsanforderung auszulösen. Dafür müssen Sie im Work Center *Projektmanagement* unter der Sicht *Projekte* das in Rechnung zu stellende Projekt auswählen und auf *Neue Rechnungsstellung* gehen.

Im Anschluss öffnet sich ein vorgangsbezogenes Menü, mit dessen Hilfe Sie schrittweise den Prozess der Rechnungsanforderung durchlaufen. Währenddessen erhalten Sie eine Auflistung der im Projekt erbrachten Leistungen.[573] Die Aufwendungen sind über die Rückmeldungen zeitnah nach Leistungserbringung in dieser Liste vorhanden. Wenn Sie bei längeren Kundenprojekten Teilrechnungen stellen möchten, erhalten Sie zu diesen Zeitpunkten aktuell die bis zu diesem Tag erbrachten Leistungen. Für spätere Rechnungen werden bereits fakturierte Leistungen nicht mehr aufgeführt. Der Abbildung 151 ist zu entnehmen, dass die Dienstleistung (Service) „Designberatung" dem Kunden in Rechnung gestellt wird. Aus der Rechnungsanforderung wird anschließend im Allgemeinen automatisch eine Faktura. Natürlich kann sie auch manuell erzeugt werden.

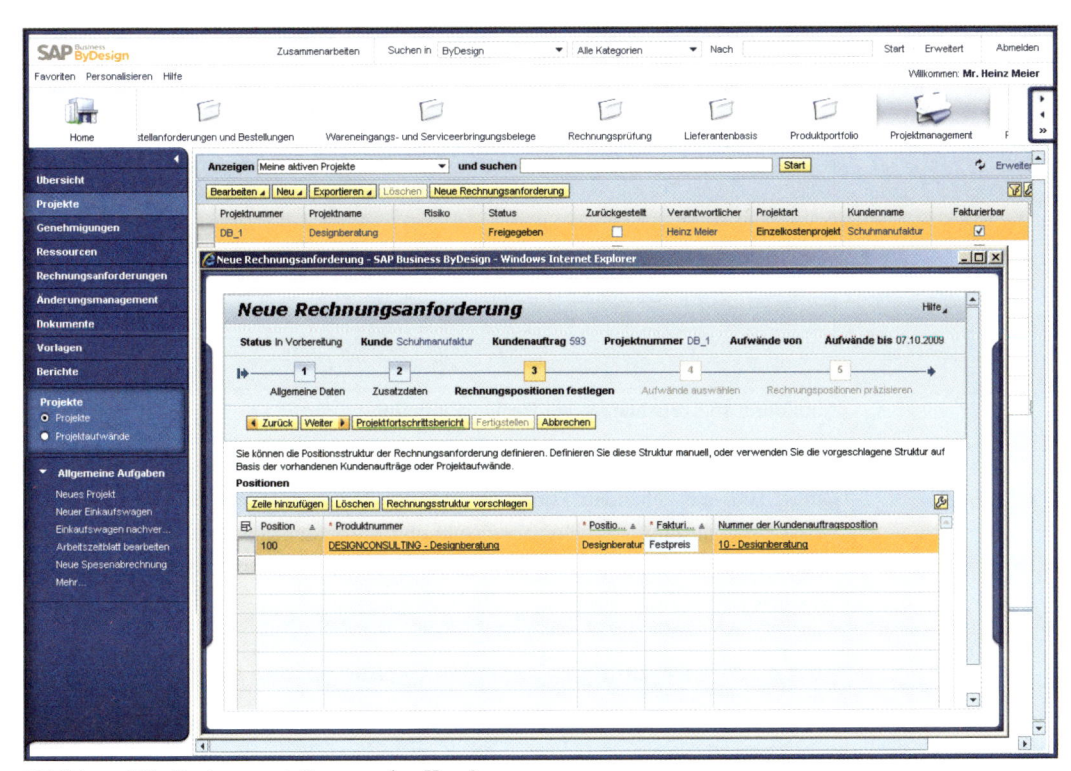

Abbildung 151: Rechnungsstellung an den Kunden

---

[573] Obwohl im Beispielsachverhalt das Projekt zu einem Festpreis angeboten wird und keine Fakturierung in Abhängigkeit von den erbrachten Leistungen stattfindet, werden in dieser Sicht die insgesamt angefallenen Leistungen angeführt. Für eine aufwandsbezogene Fakturierung ist eine solche Auflistung notwendig, da diese Positionen automatisch in die Rechnung übernommen werden.

236 E. Darstellung der Geschäftsprozesse und Ableitung der rechnungswesenrelevanten Daten

Genehmigung der Rechnungsanforderung

Wenn vor Rechnungsstellung eine Genehmigung der Rechnungsanforderung erforderlich sein sollte, würde sich eine Aufgabe für den zuständigen Mitarbeiter anschließen. Hierfür geben Sie im Work Center *Kundenrechnungen* unter der Sicht *Projektfakturierung* (Untersicht *Rechnungsanforderung*) die von der Buchhaltungsabteilung ausgelöste Anforderung frei. Danach ist die Rechnung anzulegen und abschließend freizugeben.[574]

HIGHLIGHT

Business ByDesign ermöglicht Ihnen, direkt aus dem Projekt heraus eine Fakturierung vorzunehmen.

Buchung des Beispielsachverhalts

Die Freigabe der Rechnung des Kundenprojekts löst in der Buchhaltung automatisch die Einbuchung einer *Forderung aus Lieferungen und Leistungen* i.H.v. 2.975 EUR aus. Gleichzeitig werden die daraus resultierenden Umsatzerlöse (2.500 EUR) und die mit dem Verkauf verbundene Umsatzsteuer (475 EUR) auf die entsprechenden Konten gebucht.[575] Die Forderung wird durch den Teilprozess Zahlungseingang beglichen.[576]

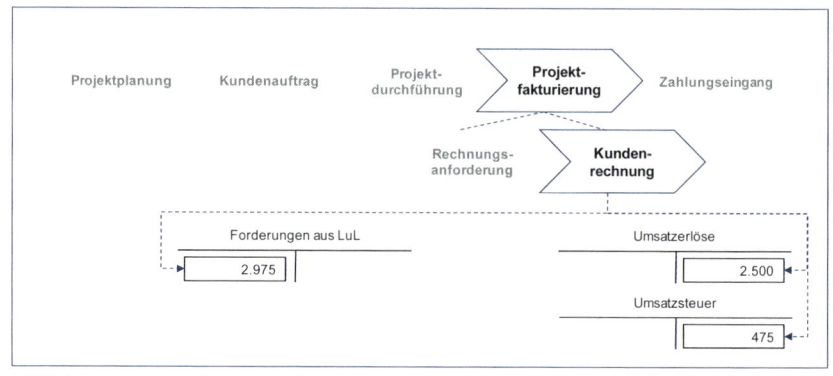

Abbildung 152: Buchungen bei Rechnungsstellung

Nach der Rechnungsstellung an den Kunden folgt abschließend der Zahlungseingang i.H.d. ausstehenden Forderung. Dieser Teilprozess mit den Geschäftsvorfällen Kontoauszug, Zahlungszuweisung und Forderungsausgleich wurde ausführlich in Kapitel E3.3.1.2 behandelt; an dieser Stelle wird auf diese Erläuterungen verwiesen.

4.3.1.4 Reporting zu Kostenabweichungen und Projektergebnis

Bericht zu Abweichung von Plan- und Istkosten

Nachdem das Projekt abgeschlossen ist, ist eine Abweichungsanalyse mit dem Bericht *Projektkosten und -erlöse* in der Registerkarte *Projektübersicht* möglich. An dieser Stelle können Sie sich Plan- und Istkosten des Projekts anzeigen lassen und

---

[574] Dazu wählen Sie in der Sicht *Fakturavorrat* die Anforderung aus und stoßen die Rechnungsstellung über die Menüfunktion *Folgeaktion – Rechnung einfache Stellung* an.
[575] Diese Vorgehensweise liegt vor, wenn keine Abgrenzung vorgenommen wird; vgl. hierzu Kapitel E3.3.2.
[576] Vgl. zum Teilprozess Zahlungseingang ausführlich Kapitel E3.3.1.2.

sich einen Überblick über die Abweichungen verschaffen. Die Projektkosten überschreiten die Plankosten um ca. 17 %. Die Ursache für die Abweichung liegt zum einen in der längeren Arbeitszeit der beiden internen Mitarbeiter von jeweils vier Stunden und zweitens in der Preiserhöhung der externen Dienstleistung (Konto *Fremdarbeiten*) um 40 EUR begründet.

Projektaufgabe		Sachkonto (Herkunft)		Istkosten EUR	Planpreis EUR	Abweichung EUR	Abweichung %
DB_1-1	Projektleitung/Marktanalyse	466000	Reisekosten Arbeitnehmer	100,84	100	0,84	0,84
		478100	Aufwand interner Service	600,00	480,00	120,00	25,00
		Ergebnis		700,84	580,00	120,84	20,83
DB_1-2	Designentwicklung	478100	Aufwand interner Service	600,00	480,00	120,00	25,00
		Ergebnis		600,00	480,00	120,00	25,00
DB_1-3	externe Beratung	478000	Fremdarbeiten	640,00	600,00	40,00	6,67
		Ergebnis		640,00	600,00	40,00	6,67
Gesamtergebnis				1.940,84	1.660,00	280,84	16,92

Abbildung 153: Abweichung von Plan- und Istkosten

Neben der Abweichungsanalyse erhalten Sie mit einem weiteren Bericht Informationen zu der Gewinnspanne des verkauften Projekts. Neben dem Betrag des aus dem Kundenprojekt erzielten Gewinns (559,16 EUR) können Sie dem Bericht die Gewinnmarge von 28,81 % entnehmen. Die Marge bezieht sich auf die insgesamt angefallenen Istkosten. Da den einzelnen Projektaufgaben keine Erlöse gegenüberstehen, erhalten Sie in diesen Positionen negative Margen.

Gewinnspanne

Projektaufgabe		Istkosten EUR	Isterlös EUR	Spanne EUR	Spanne %
DB_1	Designberatung	1.940,84	2.500,00	559,16	28,81
DB_1	Designberatung		2.500,00	2.500,00	X
DB_1-1	Projektleitung/Marktanalyse	700,84		-700,84	-100,00
DB_1-2	Designentwicklung	600,00		-600,00	-100,00
DB_1-3	externe Beratung	640,00		-640,00	-100,00

Abbildung 154: Istkosten, Isterlös und Gewinnspanne des Projekts

4.3.2 Abbildung des internen Forschungs- und Entwicklungsprojekts in Business ByDesign
4.3.2.1 Vorbemerkungen

Im Folgenden wird die Funktionalität des Projektmanagements in Business ByDesign an einem weiteren Beispiel dargestellt. Während das in Kapitel E4.3.1 beschriebene Kundenprojekt der Erzielung von Umsätzen am Markt dient, ist das FuE-Projekt als internes Projekt gedacht. Die Projektplanung/-kalkulation bzw. Einrichtung des Projektplans mit den voraussichtlich anfallenden Kosten erfolgt analog zu dem Kundenprojekt.[577] Das vorliegende FuE-Projekt beinhaltet lediglich andere Planungskomponenten, wie z.B. anfallende Materialkosten oder zuzurechnende Abschreibungen (vgl. Abbildung 156). Der Auftraggeber ist in diesem Fall nicht ein externes Unternehmen, sondern z.B. die Geschäftsleitung

Prozess des FuE-Projekts

---

[577] Vgl. Kapitel E4.3.1.1.

oder der Geschäftsbereichsleiter. Die Teilprozesse Projektfakturierung und Zahlungseingang kommen für das interne Projekt nicht infrage. Hinsichtlich der Reihenfolge der Projektplanung und die Vergabe des Auftrags gilt an dieser Stelle analog zum Kundenprojekt, dass beide Teilprozess den in Abbildung 155 dargestellten Prozess anstoßen können.

```
Projekt-          (interner)         Projekt-
planung           Auftrag            durchführung
```

Abbildung 155: Prozess eines Forschungs- und Entwicklungsprojekts

Bedeutung der Abgrenzung von FuE

Von Bedeutung im Hinblick auf die Rechnungslegung ist bei einem FuE-Projekt insbesondere die Trennung von der FuE-Phase:[578] nur Aufwendungen der Entwicklungsphase sind aktivierungsfähig. Aus diesem Grund ist die zeitliche und sachliche Kostenzuordnung entscheidend.[579]

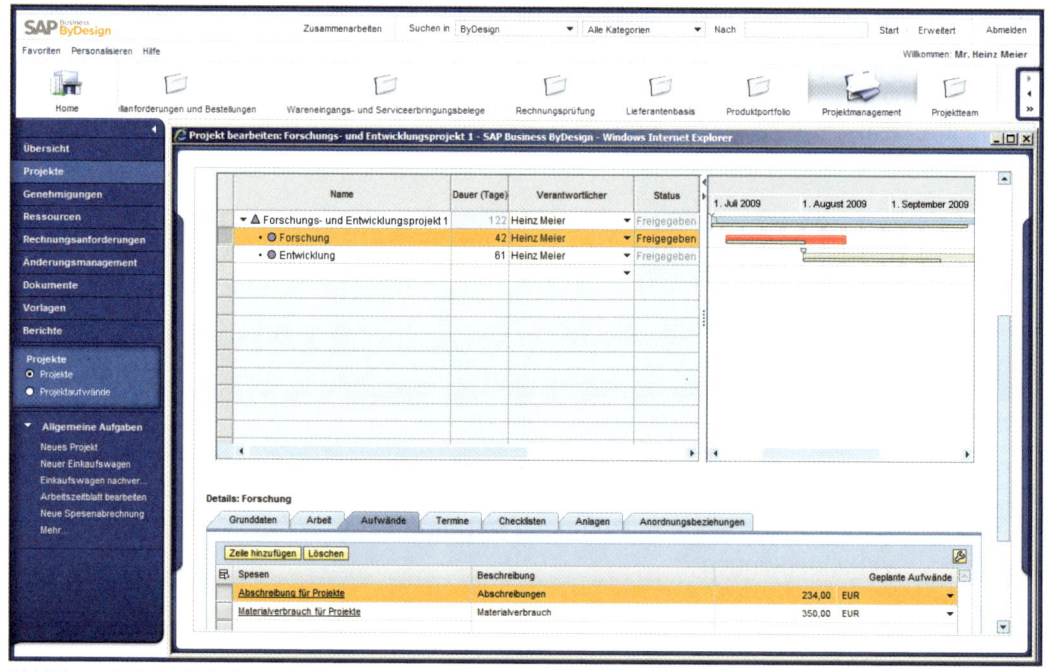

Abbildung 156: Projektplan des Forschungs- und Entwicklungsprojekts

Im vorliegenden Fall wurde ein FuE-Projekt angelegt, dessen Forschungsphase – diese wird als Projektaufgabe dargestellt – am 01.07.2009 beginnt und voraus-

---

[578] Vgl. hierzu die Ausführungen in Kapitel E4.1.3.3.
[579] Die Aktivierung von Projektkosten findet erst nach Abschluss des Projekts statt und ist weniger durch operative Handlungen geprägt als vielmehr durch eine Ansatzentscheidung für die Bilanzierung. Deswegen wird dieser Schritt nicht mit in den Prozess an sich aufgenommen.

sichtlich bis 31.08.2009 andauert. An die Forschungsphase schließt sich die Entwicklungsphase an. Auch diese wird als Projektaufgabe abgebildet und ist mit weiteren zwei Monaten eingeplant.[580] Die Plankosten der jeweiligen Phase sind in den Registerkarten *Arbeit* und *Aufwände* einzutragen. In Abbildung 156 sind die geplanten Aufwände für die Forschungsphase – die Abschreibungen der erworbenen Anlagen (Computer und Software) und der Materialverbrauch – zu sehen.

4.3.2.2 Projektdurchführung

Analog zu den Ausführungen zu dem verkaufbaren Kundenprojekt werden die operativen Teilprozesse wie der Eingang einer Lieferantenrechnung und die Zeitrückmeldung von Mitarbeitern auf dem Projekt erfasst. Die Geschäftsvorfälle dieser Teilprozesse lösen automatisch Buchungen aus. Das FuE-Projekt wird durch folgende Kostenarten belastet: Materialkosten, Personalkosten, Abschreibungen und Kosten des Patents. Um in einem späteren Schritt die angefallenen Kosten sachgerecht aktivieren zu können, müssen diese Aufwendungen auf das Projekt kontiert werden.

Angefallene Kostenarten auf dem Projekt

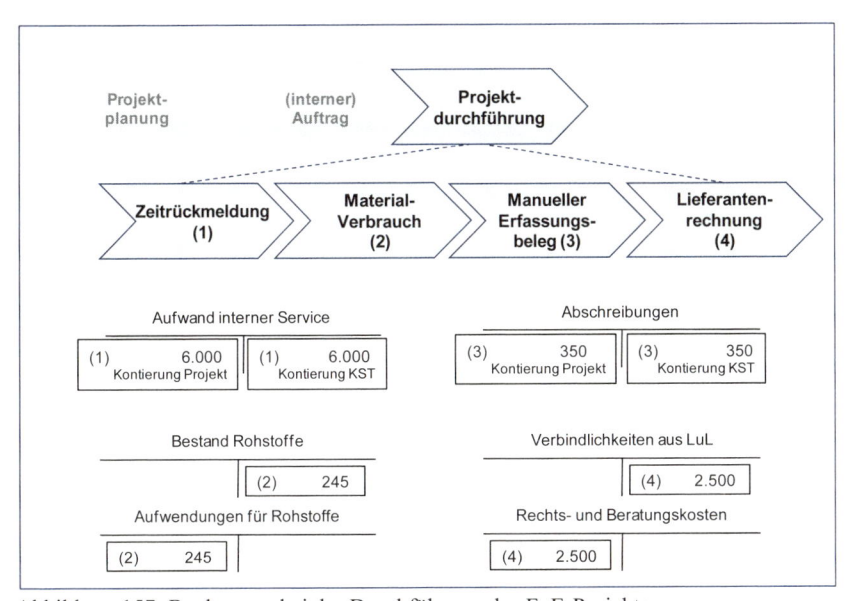

Abbildung 157: Buchungen bei der Durchführung des FuE-Projekts

Die Vorgehensweise bei den Zeitrückmeldungen des Personals wurde bereits ausführlich in Kapitel E4.3.1.2.2 beschrieben (Buchung (1)). Den Verbrauch der beschafften Materialien (Kunststoffgranulat und Silikon) können Sie im Work Center *Interne Logistik* in der Sicht *Allgemeine Aufgaben* direkt auf eine Projekt-

Belastung des Projekts mit den Kosten

---

[580] Das Projekt beinhaltet nur zwei Aufgaben und ist somit sehr grob aufgezogen. In der Praxis würde ein differenzierter Aufbau zum Tragen kommen; an dieser Stelle soll jedoch nur die Funktionalität anhand dieses schematischen Aufbaus verdeutlicht werden.

aufgabe buchen (Buchung (2)). Die Kosten des Patents ordnen Sie über die entsprechende Kontierung der Lieferantenrechnungsposition dem Projekt zu (Buchung (4)). Die konkreten Buchungssätze, die in der Phase der Projektdurchführung durch diese Geschäftsvorfälle abgesetzt werden, fasst Abbildung 157 zusammen.

Anlagengüter Der für die FuE-Tätigkeit erworbene Computer und die Software wurden der Kostenstelle *Designberatung und Entwicklung* zugeordnet. Über automatische Abschreibungsläufe wird diese Kostenstelle durch deren Abschreibungen belastet. Diese Aufwendungen müssen Sie mit einem Erfassungsbeleg im Work Center *Hauptbuch* unter der Sicht *Buchungsbelege* (Untersicht *Erfassungsbelege*) manuell auf das Projekt buchen (Buchung (3)).[581] Diese Umbuchung ist in Abbildung 158 zu erkennen:[582] im Haben erfolgt eine Entlastung der Kostenstelle auf dem betreffenden Abschreibungskonto und im Soll wird die jeweilige Projektaufgabe belastet. Im Fallbeispiel dauert der Projektzeitraum drei Monate an, sodass in dieser Zeit eine Umbuchung notwendig wird. In dem Erfassungsbeleg sind außerdem das Buchungsdatum und das Rechnungslegungswerk anzugeben.

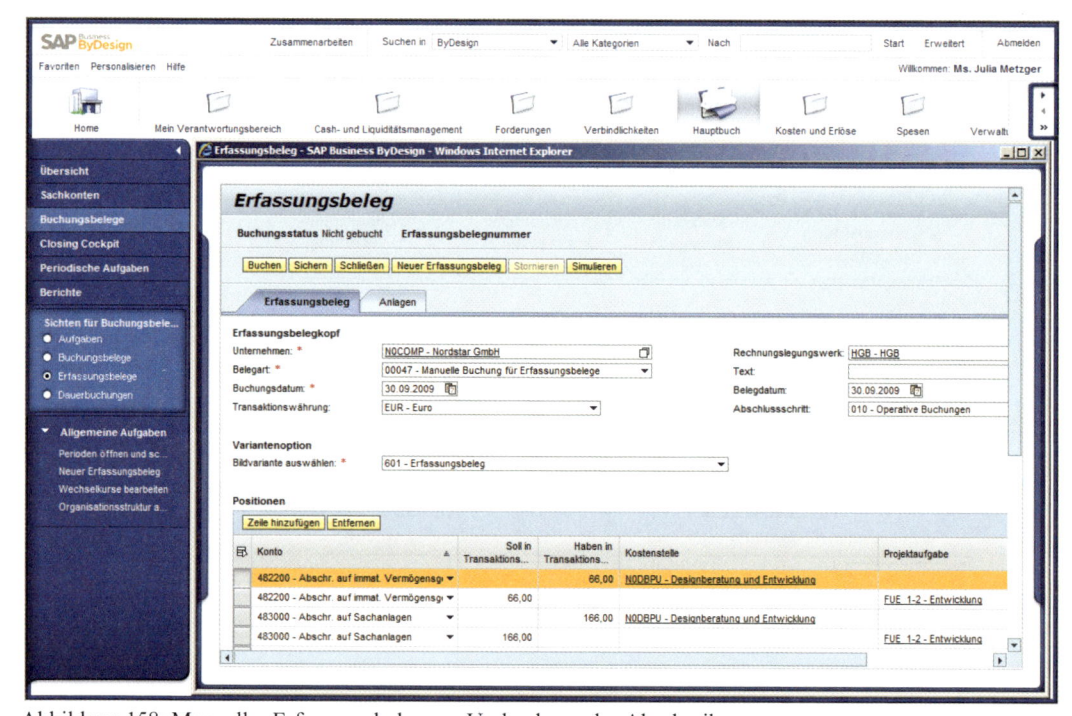

Abbildung 158: Manueller Erfassungsbeleg zur Umbuchung der Abschreibungen

---

[581] Die Buchung (3) in Abbildung 157 erfolgt – aus Vereinfachungsgründen – nur auf das Konto *Abschreibungen*.
[582] In dieser Abbildung sind konkret die Umbuchungen der Abschreibungsbeträge zu sehen, die sich auf die Entwicklungsphase (zwei Monate) beziehen. Insgesamt ist eine Umbuchung von Abschreibungen auf das Projekt i.H.v. 100 EUR (Software) bzw. 250 EUR (Computer) vorzunehmen.

4.3.2.3 Aktivierung von angefallenen Aufwendungen

Nachdem das Projekt beendet wurde, stellt sich anhand der angefallenen Aufwendungen die Frage, welche Kosten als Herstellungskosten des selbst geschaffenen Vermögensgegenstands zu aktivieren sind. Wie bereits beschrieben wurde, eignen sich nur die auf die Entwicklungsphase entfallenden Aufwendungen für eine Aktivierung. Im vorliegenden Beispielsachverhalt wird unterstellt, dass mit dem Zeitpunkt des Eintritts in die Entwicklungsphase die Voraussetzungen zur Aktivierung bereits vorliegen: Es soll also ein immaterieller Vermögensgegenstand i.H.v. 6.378,34 EUR ausgewiesen werden.[583] Mithilfe der Projektdokumentation (Berichte), erfolgt die Zuordnung von Kosten zu einer Phase.

Relevanter Aktivierungszeitpunkt

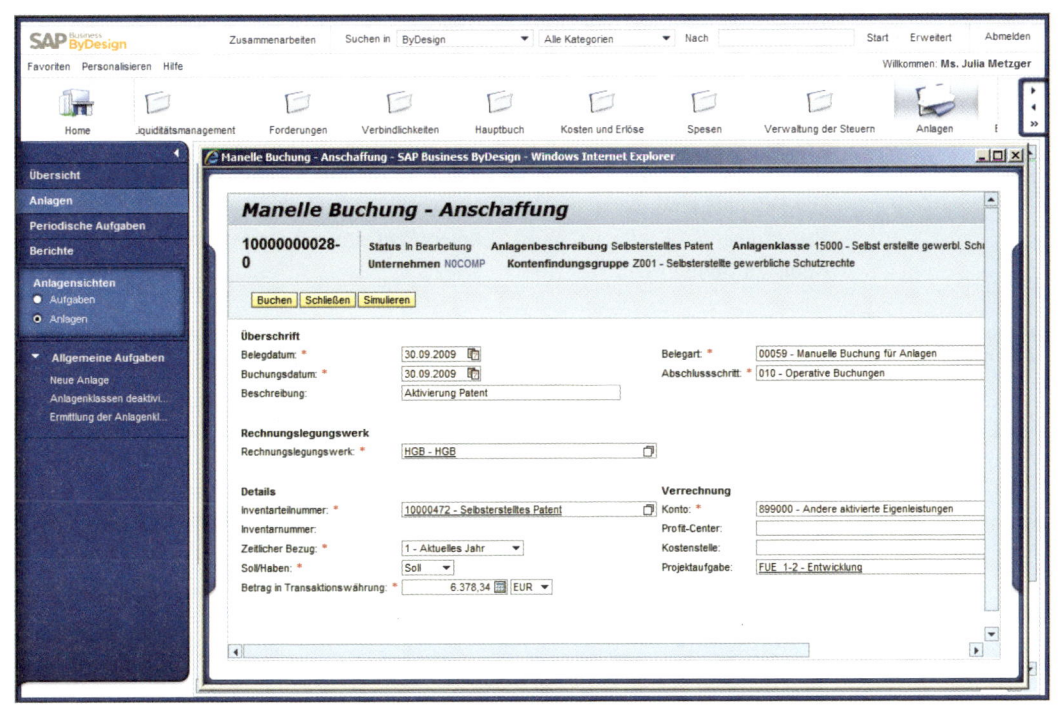

Abbildung 159: Manuelle Aktivierung der Herstellungskosten auf einer Anlage

Bevor eine Aktivierung von Aufwendungen vorgenommen wird, ist der entstandene Vermögensgegenstand als Anlage im Work Center *Anlagen* anzulegen.[584] Die Herstellungskosten dieser Anlage werden dann per manueller Umbuchung von dem Projekt auf die Anlage i.H.d. zu aktivierenden Aufwendungen bestimmt. Dafür müssen Sie im Work Center *Anlagen* unter der gleichnamigen Sicht die angelegte Anlage auswählen und über die Funktion *Manuelle Buchung – Anschaffungskosten* die Umbuchung der Kosten vornehmen. Für die manuelle Umbuchung ist neben dem Transaktionsbetrag und dem Buchungsdatum das be-

Manuelle Umbuchung auf eine Anlage

---

[583] Vgl. auch Abbildung 139.
[584] Über die Anlagenklasse werden automatisch die notwendigen Stammdaten wie bspw. Abschreibungsdauer und Abschreibungsmethode in den Anlagenstammdatensatz übernommen.

treffende Rechnungslegungswerk anzugeben. Die Aktivierung von Entwicklungskosten ist nur nach handelsrechtlichen Vorschriften erlaubt. In der Steuerbilanz ist eine Aktivierung verboten.[585] Business ByDesign führt die unterschiedlichen Buchwerte in den beiden Rechnungslegungswerken (HGB und Steuerbuch)[586] im Zeitablauf getrennt voneinander automatisch fort.

Schließlich ist noch das Gegenkonto der Buchung zu bestimmen (vgl. Abbildung 158). Der Herstellungsvorgang ist erfolgsneutral abzubilden. Aus diesem Grund erfolgt die Buchung gegen das Konto *Andere aktivierte Eigenleistungen*; dadurch werden die angefallenen Aufwendungen ihrer Höhe nach neutralisiert.[587] Der Ausweis des Herstellungsvorgangs in der GuV unterscheidet sich in Abhängigkeit von dem gewählten Darstellungsverfahren.[588]

4.3.2.4 Dokumentation des Forschungs- und Entwicklungsprojekts

Für das FuE-Projekt können Berichte sowohl für Zwecke des Projektcontrollings (während des Projektablaufs) als auch der Dokumentation herangezogen werden. Die Berichte sind, wenn Sie ein Projekt aufgerufen haben, unter der Registerkarte *Projektübersicht* oder im Work Center *Projektmanagement* unter der Sicht *Berichte* zu finden.

Buchungen auf den Sachkonten

Zusammenfassend können Sie sich die durch das Projekt verursachten Buchungen auf den Sachkonten anschauen. Mithilfe der Spalte „Geschäftsvorfallsart" sind Sie ferner in der Lage, die Kosten ihrer Ursache zuzuordnen. In dem Bericht sind die Beträge pro Konto, die dazugehörigen Verbrauchsmengen (Gewicht bzw. Zeit) und der Gesamtbetrag der angefallenen Kosten zu sehen.

Sachkonto (Herkunft)		Geschäftsvorfallsart	Menge	Betrag EUR
400000	Aufwendungen für Rohstoffe	Warenausgang für Verbrauch	42.000,00 g	245,00
400000	Aufwendungen für Rohstoffe	Ergebnis	42.000,00 g	245,00
478100	Aufwand interner Service	Interne Servicerückmeldung	200,00 h	6.000,00
478100	Aufwand interner Service	Ergebnis	200,00 h	6.000,00
482200	Abschreibungen auf immat. Vermögensgegenstände	Erfassungsbeleg	0,00	100,00
482200	Abschreibungen auf immat. Vermögensgegenstände	Ergebnis	0,00	100,00
483000	Abschreibungen auf Sachanlagen	Erfassungsbeleg	0,00	250,00
483000	Abschreibungen auf Sachanlagen	Ergebnis	0,00	250,00
495000	Rechts- und Beratungskosten	Lieferantenrechnung	0,00	2.500,00
495000	Rechts- und Beratungskosten	Ergebnis	0,00	2.500,00
Ergebnis				9.095,00

Abbildung 160: Buchungen auf dem Projekt

---

[585] Die unterschiedliche Behandlung in Handels- und Steuerbilanz begründet die Bildung von latenten Steuern; vgl. zur Bildung von latenten Steuern in Business ByDesign Kapitel E5.3.4.
[586] Da die Aktivierung in der Steuerbilanz ausbleibt, existiert für diesen Sachverhalt kein Buchwert, der fortgeführt werden kann.
[587] Diese Vorgehensweise gilt bei Anwendung des Gesamtkostenverfahrens; bei Anwendung des Umsatzkostenverfahrens hätte der Kostenträger „FuE-Projekt" in dieser Höhe entlastet werden müssen.
[588] Vgl. dazu Kapitel E4.4.

In einem weiteren Bericht haben Sie die Möglichkeit, sich die Kosten pro Phase (Projektaufgabe) anzeigen zu lassen. Sie können zusätzlich die Einstellungen des Berichts dahin gehend verfeinern, dass Sie bis auf das Buchungsdatum eines einzelnen Belegs abspringen und sich daraufhin die einzelnen Projektkostenbelegzeilen anschauen können.[589] Business ByDesign gewährleistet mit diesen Berichten eine transparente Dokumentation des Zeitpunkts und des sachlichen Bezugs der angefallenen Kosten im Rahmen eines Projekts.

Plan- vs. Istkosten

Projektaufgabe		Buchungsperiode/-jah	Istkosten EUR
FUE_1	Forschungs- und Entwicklungsprojekt	JUL 2009	2.716,66
		AUG 2009	3.645,00
		SEP 2009	2.733,34
		Ergebnis	9.095,00
FUE_1-1	Forschung	JUL 2009	2.716,66
		AUG 2009	
		Ergebnis	2.716,66
FUE_1-2	Entwicklung	AUG 2009	3.645,00
		SEP 2009	2.733,34
		Ergebnis	6.378,34

Abbildung 161: Zuordnung von Kosten zur Projektaufgabe und Buchungsperiode

4.4 Zusammenfassende Darstellung in Bilanz und Gewinn- und Verlustrechnung

Abschließend sollen die Auswirkungen der beiden Projekte – Kundenprojekt und internes FuE-Projekt – auf die Bilanz und die GuV dargestellt werden.

Die Änderungen des Anlagevermögens sind auf den Kauf der Vermögensgegenstände Computer (Betriebs- und Geschäftsausstattung) und Software (immaterielles Anlagevermögen) mit Anschaffungskosten i.H.v. 3.000 EUR bzw. 2.000 EUR und die Aktivierung des selbst erstellten immateriellen Vermögensgegenstands zu Herstellungskosten i.H.v. 6.378,34 EUR zurückzuführen. Diese Anschaffungskosten werden im Geschäftsjahr durch die anfallenden Abschreibungen vermindert. Die beschafften Anlagen werden in 2009 noch über sechs Monate (500 EUR bzw. 200 EUR) abgeschrieben; der selbst erstellte Vermögensgegenstand über drei Monate (318,92 EUR).[590]

Anlagevermögen

Die Forderungen aus Lieferungen und Leistungen i.H.v. 2.975 EUR beziehen sich auf den Verkauf des Kundenprojekts. Die darin enthaltene Umsatzsteuer (475 EUR) wird unter den sonstigen Verbindlichkeiten auf der Passivseite ausge-

Forderungen und Verbindlichkeiten

---

[589] Diese differenzierte Betrachtung kann notwendig sein, wenn die Aktivierung von Entwicklungskosten nicht direkt zu Beginn der Entwicklungsphase, sondern während dieser Phase vorgenommen werden soll.
[590] Die im Rahmen der Aktivierung eingehenden Bestandteile der Abschreibungen auf den Computer und die Software werden über die Nutzungsdauer des neu erstellten immateriellen Vermögensgegenstands (Patent) anteilig abgeschrieben.

wiesen. Die Verbindlichkeiten aus Lieferungen und Leistungen setzen sich aus den Kosten der Beschaffungsvorgänge – Anlagen (5.950 EUR), Materialien (291,55 EUR), externer Berater (761,60 EUR) – und den Patentkosten (2.500 EUR) zusammen. In diesen Preisen ist eine Vorsteuer von insgesamt 1.118,15 EUR enthalten, die unter den Forderungen aus Steuern ausgewiesen wird. Die Patentanmeldung unterliegt nicht der Umsatzsteuer.

Unter die Verbindlichkeiten gegenüber Personal fallen die Gehälter der an den Projekten beteiligten Mitarbeiter (7.320 EUR). Davon sind 6.000 EUR dem FuE-Projekt und 1.200 EUR dem Kundenprojekt zuzurechnen. Die noch nicht gezahlten Reise- und Unterkunftskosten eines Mitarbeiters befinden sich i.H.v. 120 EUR ebenfalls in dieser Bilanzposition (davon Vorsteuer: 19,16 EUR).

Bilanzposition	Bilanz ohne Projekte EUR	Delta Projekte EUR	Bilanz EUR
Bilanz gem. HGB § 266 - SKR03	0,00	0,00	0,00
Aktiva	19.411.053,57	14.471,73	19.425.525,30
Anlagevermögen	5.425.100,34	10.359,42	5.435.459,76
Immaterielle Vermögensgegenstände	0,00	7.859,42	7.859,42
Sachanlagevermögen	5.425.100,34	2.500,00	5.427.600,34
Grundstücke	2.000.000,00	0,00	2.000.000,00
Gebäude	1.608.333,34	0,00	1.608.333,34
Technische Anlagen und Maschinen	1.808.100,00	2.500,00	1.810.600,00
Betriebs- und Geschäftsausstattung	8.667,00	0,00	8.667,00
Umlaufvermögen	13.985.953,23	4.112,31	13.990.065,54
Vorräte	424.492,00	0,00	424.492,00
Rohstoffe, Hilfs- und Betriebsstoffe	0,00	0,00	0,00
Fertige Erzeugnisse und Waren	424.492,00	0,00	424.492,00
Forderungen und sonstige Anlagen	1.829.345,23	4.112,31	1.833.457,54
Forderung aus Lieferung und Leistung	214.200,00	2.975,00	217.175,00
Aus Steuern	1.615.145,23	1.137,31	1.616.282,54
Kassenbest., Guthaben Kl. und Schecks	11.732.116,00	0,00	11.732.116,00
Passiva	-19.411.053,57	-14.471,73	-19.425.525,30
Eigenkapital	-10.547.978,34	2.826,42	-10.545.151,92
Gezeichnetes Kapital	-5.550.000,00	0,00	-5.550.000,00
Jahresüberschuss/Jahresfehlbetrag	-4.997.978,34	2.826,42	-4.995.151,92
Rückstellungen	-88.833,00	0,00	-88.833,00
Verbindlichkeiten	-8.774.242,23	-17.298,15	-8.791.540,38
Verbindlichkeiten gegenüber Kreditinstituten	-2.450.000,00	0,00	-2.450.000,00
Verbindl. aus Lieferungen und Leistungen	-4.031.762,23	-9.503,15	-4.041.265,38
Verbindl. gegenüber verb. Unternehmen	0,00	0,00	0,00
Sonstige Verbindlichkeiten	-2.292.480,00	-7.795,00	-2.300.275,00
Aus Steuern	-1.917.480,00	-475,00	-1.917.955,00
Verbindlichkeiten gegenüber Personal	-375.000,00	-7.320,00	-382.320,00

Abbildung 162: Bilanz der *Nordstar GmbH* nach Abschluss der Projekte

Gesamtkosten-verfahren

Die Auswirkungen auf die GuV unterscheiden sich in Abhängigkeit von dem gewählten Verfahren. Bei Anwendung des Gesamtkostenverfahrens werden alle mit den Projekten verbundenen Aufwendungen ausgewiesen (vgl. Abbildung 163). Darunter sind der Materialverbrauch für das FuE-Projekt i.H.v. 245 EUR, der

Personalaufwand (7.200 EUR) sowie die Abschreibungen auf die Anlagen von insgesamt 1.018,92 EUR zu fassen. Zusätzlich zu diesen Aufwendungen sind in den sonstigen betrieblichen Aufwendungen die Fremdarbeiten des externen Beraters i.H.v. 640 EUR, die Patentkosten (2.500 EUR) und die Reise- und Unterkunftskosten des Arbeitnehmers (100,84 EUR) enthalten.

Positiv auf das Ergebnis wirken sich die Umsatzerlöse aus dem Verkauf des Kundenprojekts und die Aktivierung des selbst erstellten immateriellen Vermögensgegenstands (andere aktivierte Eigenleistungen) aus. Unter dem Strich verbleibt jedoch aus den Projekttätigkeiten der *Nordstar GmbH* ein negatives Ergebnis i.H.v. 2.826,42 EUR.

Bilanzposition	GuV ohne Projekte EUR	Delta Projekte EUR	GuV EUR
Gewinn- und Verlustrechnung	0,00	0,00	0,00
Ergebnis der gewöhnlichen Geschäftstätigkeit	-4.997.978,34	2.826,42	-4.995.151,92
Umsatz	-10.092.000,00	-2.500,00	-10.094.500,00
Erhöhung oder Verminderung des Bestands	-388.266,00	0,00	-388.266,00
andere aktivierte Eigenleistung	0,00	-6.378,34	-6.378,34
sonstige betriebliche Erträge	-36.014,00	0,00	-36.014,00
Materialaufwand	4.388.371,00	245,00	4.388.616,00
Personalaufwand	463.833,00	7.200,00	471.033,00
Abschreibung	574.899,66	1.018,92	575.918,58
für Sachanlagen	574.899,66	500,00	575.399,66
für immaterielle Vermögensgegenstände	0,00	518,92	518,92
sonstige betriebliche Aufwendungen	91.198,00	3.240,84	94.438,84
GuV Ergebnis	-4.997.978,34	2.826,42	-4.995.151,92

Abbildung 163: GuV (Gesamtkostenverfahren) der *Nordstar GmbH* nach Projekten

Bei Anwendung des Umsatzkostenverfahrens werden die Umsatzerlöse und die zugehörigen Umsatzkosten ausgewiesen. Die Umsatzkosten setzen sich aus den auf das Kundenprojekt gebuchten Istkosten i.H.v. 1.940,84 EUR zusammen.

Umsatzkostenverfahren

Bilanzposition	GuV ohne Projekte EUR	Delta Projekte EUR	GuV EUR
Nettogewinn/Nettoverlust	0,00	0,00	0,00
Ergebnis der gewöhnlichen Geschäftstätigkeit	-4.997.978,34	2.826,42	-4.995.151,92
Bruttoergebnis vom Umsatz	-5.309.829,00	-559,16	-5.310.388,16
Nettoumsatzerlös	-10.092.000,00	-2.500,00	-10.094.500,00
Umsatzkosten	4.782.171,00	1.940,84	4.784.111,84
Vertriebskosten	332.833,66	0,00	332.833,66
allgemeine Verwaltungskosten	0,00	0,00	0,00
sonstige betriebliche Erträge	-36.014,00	0,00	-36.014,00
sonstige betriebliche Aufwendungen	15.031,00	3.385,58	18.416,58
GuV Ergebnis	-4.997.978,34	2.826,42	-4.995.151,92

Abbildung 164: GuV (Umsatzkostenverfahren) der *Nordstar GmbH* nach Projekten

Die sonstigen betrieblichen Aufwendungen enthalten die Kosten, die im Rahmen der Aktivierung des selbst erstellten immateriellen Vermögensgegenstands (Patent) nicht aktiviert werden[591]: Dies sind die auf die Forschungsphase entfallenden Kosten. Darunter befinden sich Personalkosten i.H.v. 2.400 EUR, Abschreibungen (des Monats Juli) auf den Computer und die Software i.H.v. 116,66 EUR und Materialkosten i.H.v. 200 EUR.[592] Darüber hinaus sind in diesem Posten die Abschreibungen auf den Computer, die Software und das Patent für die Monate Oktober, November und Dezember enthalten: Es liegen Abschreibungen i.H.v. 433,31 EUR vor. Die Abschreibungen auf die Monate August und September dürfen nicht berücksichtigt werden; diese wurden als Herstellungskostenbestandteile aktiviert.

---

[591] Aus Wesentlichkeitsgründen weist die *Nordstar GmbH* den Funktionsbereich „Forschung und Entwicklung" in der GuV nicht aus.

[592] Vgl. zu diesen Zahlen auch die Ausgangsdaten des Fallbeispiels in Abbildung 139.

5 Abschlussprozess
5.1 Betriebswirtschaftliche Grundlagen
5.1.1 Vorbemerkungen

Jedes Unternehmen ist verpflichtet, einen Jahresabschluss aufzustellen. In Abhängigkeit von der Rechtsform und Größe sind hierbei Fristen von drei bis maximal zwölf Monaten einzuhalten.

Gesetzliche Verpflichtung

Der Abschlussprozess unterscheidet sich von den zuvor betrachteten Unternehmensprozessen deutlich, da der Periodenabschluss selbst keinen Einfluss mehr auf den Wertschöpfungsprozess eines Unternehmens nimmt. Vielmehr werden im Abschlussprozess überwachende und bewertende Maßnahmen notwendig. Hierbei kann es sich um gesetzlich nicht vorgeschriebene Monats- oder Quartalsabschlüsse oder um den verpflichtend zu erstellenden Jahresabschluss handeln. Der Fokus der nachfolgenden Erläuterungen liegt auf dem Jahresabschluss. Die Grundstruktur des Abschlussprozesses gilt aber auch für Monats- oder Quartalsabschlüsse, deren Erstellung einen erheblichen Mehrwert für Unternehmen darstellt. Zum einen existiert so unterjährig durchgehend eine Datenbasis, auf deren Grundlage eine verlässliche Unternehmenssteuerung möglich ist. Zum anderen wird die Erstellung des Jahresabschlusses deutlich erleichtert. Der Abschlussprozess kann in die drei Teilprozesse „Vorbereitende Abschlussarbeiten", „Bewertende Abschlussarbeiten" und das „Reporting" unterteilt werden (vgl. Abbildung 165). Ziel des ersten Teilprozesses ist die Validierung, dass alle Geschäftsvorfälle für die Periode berücksichtigt wurden sowie die Überprüfung der Vollständigkeit der Vermögensgegenstände und Schulden. Im zweiten Teilprozess werden die Vermögensgegenstände und Schulden bewertet. Das Resultat der Bewertungsarbeiten mündet in die Abschlussbestandteile GuV und Bilanz des dritten Teilprozesses, auf deren Grundlage Bilanzierungsunterschiede in Handels- und Steuerbilanz zur Ermittlung latenter Steuern herangezogen werden.

Überblick

Vorbereitende Abschlussarbeiten	Bewertende Abschlussarbeiten	Reporting

Abbildung 165: Abschlussprozess im Überblick

5.1.2 Vorbereitende Abschlussarbeiten
5.1.2.1 Erfassung und Überprüfung aller operativen Geschäftsvorfälle der abschlussrelevanten Periode

Um zu gewährleisten, dass alle Geschäftsvorfälle periodengerecht im Abschluss einer Periode erfasst werden können, bedarf es insbesondere folgender überwachender Maßnahmen.

Kundenaufträge/ Bestellungen	Es ist sicherzustellen, dass alle (wesentlichen) verbindlichen Kundenaufträge und Bestellungen erfasst wurden. Zwar haben diese Geschäftsvorfälle in der Regel keine Abschlussrelevanz,[593] da es sich bis zur Erbringung der vertraglichen Leistung um schwebende Geschäfte handelt.[594] Dennoch können hieraus drohende Verluste entstehen, die im Rahmen des nächsten Teilprozesses zu identifizieren und (handelsbilanziell) zu berücksichtigen sind.
Erfassung aller Dienstleistungen und Waren	Daneben muss überwacht werden, dass alle Wareneingänge und Warenausgänge berücksichtigt werden. Hierbei ist insbesondere beim Jahresabschluss auf die periodengerechte Erfassung zu achten. Alle hinsichtlich des Gefahrübergangs kritischen Transaktionen sind in diesem Zusammenhang gesondert zu betrachten.[595] Ebenfalls müssen alle in der betrachteten Periode erbrachten sowie empfangenen Dienstleistungen erfasst werden. Dies ist bei empfangenen Dienstleistungen besonders wichtig, da die empfangene Dienstleistung „nicht wie die Warenlieferung durch einen Eingangsschein belegt ist und die Rechnungserstellung häufig längere Zeit hinter der Leistungserstellung zurückbleibt"[596].
Erfassung der Kunden- und Lieferantenrechnungen	Ebenfalls müssen alle Lieferantenrechnungen berücksichtigt sowie die Kundenrechnungen für bereits erbrachte Lieferungen und Leistungen erstellt worden sein. Falls Waren oder Dienstleistungen geliefert bzw. erbracht wurden, aber noch keine Lieferantenrechnung eingegangen ist, muss in der Höhe der Bestellung eine Rückstellung gebucht werden.[597] Grundsätzlich haben Kundenrechnungen zwar keine bilanzielle Bedeutung, allerdings führen Unternehmen oftmals mit der Versendung der Kundenrechnung automatisch die Umsatzerlösrealisierung durch. In diesem Falle ist es daher von besonderer Bedeutung, dass alle Kundenrechnungen erfasst sind. Gleichzeitig ist zu überprüfen, ob in all diesen Fällen der Gefahrübergang stattgefunden hat. Mit der Lieferantenrechnung wird nicht nur die Verbindlichkeit und Vorsteuer erfasst, sondern es werden insbesondere auch mögliche Preis- oder Mengenabweichungen berücksichtigt, um eine korrekte Zugangsbewertung zu gewährleisten.
Skonti, Boni, Rabatte und Gutschriften	Zusätzlich müssen alle gezogenen Skonti berücksichtigt werden, um als Anschaffungskostenminderungen für eine korrekte Bewertungsgrundlage zu sorgen. Dagegen müssen von Kundenseite in Anspruch genommene Skonti zu einer Um-

---

[593] Gem. § 285 Abs. 1 Nr. 3 HGB muss seit dem BilMoG im Anhang über „Art und Zweck sowie Risiken und Vorteile von nicht in der Bilanz enthaltenen Geschäften, soweit dies für die Beurteilung der Finanzlage notwendig ist", berichtet werden. Darüber hinaus finden Aussagen über Auftragseingänge regelmäßig Einzug in den Lagebericht.
[594] Vgl. zu schwebenden Geschäften Kapitel E1.1.2.
[595] Vgl. zur bilanziellen Berücksichtigung bei Gefahrübergang ausführlich Kapitel E1.1.3.
[596] WP-HANDBUCH (2006), Abschnitt R, Rn. 562. Auf diese Weise wird ein richtiger Ausweis der Verbindlichkeiten aus Lieferungen und Leistungen gewährleistet.
[597] In Business ByDesign wird bei der Warenlieferung automatisch das Konto *Noch nicht fakturierte Verbindlichkeiten* angesprochen, das in der Bilanz unter der Position *sonstige Rückstellungen* ausgewiesen wird.

satzerlösreduzierung führen.[598] Ähnliches ergibt sich bei Boni, Gutschriften und Rabatten, die ihrem Charakter nach berücksichtigt werden müssen. Liefervereinbarungen mit Lieferanten sind auf rechtlich bereits entstandene Bonusansprüche zu prüfen und ggf. zu aktivieren.[599] Darüber hinaus müssen die noch in der Finanzbuchhaltung fehlenden Zahlungseingänge und Zahlungsausgänge gem. Kontoauszug vom Stichtag berücksichtigt werden.

Ebenso muss gewährleistet werden, dass alle intern erbrachten Leistungen zurückgemeldet wurden, um u.a. eine später zu erfolgende Bewertung selbst erstellter Vermögensgegenstände durchführen zu können. Außerdem wird damit erst ein funktionierendes Controlling ermöglicht. Neben den intern erbrachten Leistungen müssen alle Spesenabrechnungen der betrachteten Periode erfasst werden.

Berücksichtigung aller internen Leistungen sowie angefallener Spesen

Sobald alle zuvor dargestellten Geschäftsvorfälle des operativen Tagesgeschäfts der betrachteten Periode gebucht sind, ist die Basis für die bewertenden Maßnahmen geschaffen worden. Das buchhalterische Mengengerüst ist fixiert und es bedarf im Weiteren nur noch einer Überprüfung, dass alle Vermögensstände und Schulden tatsächlich vorhanden sind.

Ende der Buchungen aus dem operativen Tagesgeschäft

5.1.2.2 Inventur

Nachdem alle Geschäftsvorfälle der Periode erfasst wurden, ist eine (Stichtags-) Inventur durchzuführen (vgl. Abbildung 166). Diese Arbeiten sind nur innerhalb des Jahresabschlusses durchzuführen und sind im Rahmen von Monats- oder Quartalsabschlüssen normalerweise nicht notwendig.

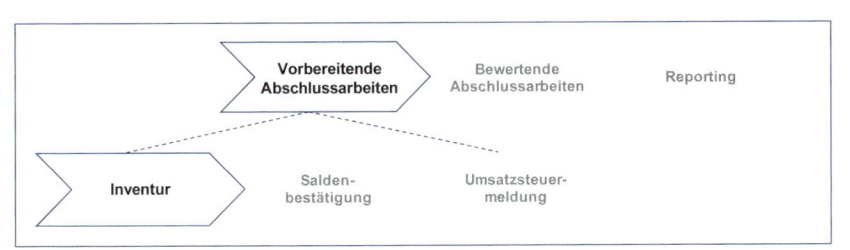

Abbildung 166: Geschäftsvorfall Inventur im Teilprozess „Vorbereitende Abschlussarbeiten"

Zwar ist der Begriff „Inventur" nicht gesetzlich normiert, jedoch ist jedes Unternehmen verpflichtet, für den Schluss eines jeden Geschäftsjahrs ein Inventar aufzustellen.[600] Die Inventur bezeichnet hierbei die Aufnahme aller Vermögens-

Begriff

---

[598] Der Kundenseite gewährte, aber noch nicht in Anspruch genommene Skonti sind ggf. als Rückstellungen im Abschluss zu berücksichtigen.
[599] Kundenvereinbarungen, bei denen Boni gewährt wurden, müssen darüber hinaus zur Ermittlung eines möglichen Rückstellungsbedarfs beachtet werden.
[600] Vgl. § 240 HGB. Ein Inventar ist hiernach ein Verzeichnis, in dem ein Unternehmen seine „Grundstücke, seine Forderungen und Schulden, den Betrag seines baren Geldes sowie seine sonstigen Vermögensgegenstände genau" aufzulisten hat.

gegenstände und Schulden nach Art und Menge in das Inventar.[601] Grundsätzlich handelt es sich bei der Inventur um eine physische Bestandserhebung, allerdings müssen bei bestimmten Vermögensgegenständen und Schulden andere Verfahren herangezogen werden. Beispielhaft sei hierbei die Inventur von Forderungen und Verbindlichkeiten genannt.[602]

Zweck

Mit der Inventur werden zwei Ziele verfolgt. Zum einen stellt sie die Grundlage des in den Jahresabschluss eingehenden Mengengerüsts dar. Zum anderen stellt die Inventur eine Sicherungs- und Überwachungsfunktion dar, weil erst durch die tatsächliche physische Erhebung des Bestands an Vermögensgegenständen und Schulden eine Überprüfung der innerperiodisch stattgefundenen buchhalterischen Erfassung durchgeführt werden kann.[603]

Ausgestaltungsmöglichkeiten

Je nach Zeitpunkt und Zeitraum werden unterschiedliche „Inventursysteme" unterschieden:[604]

- Stichtagsinventur,
- Permanente Inventur (vgl. § 241 Abs. 2 HGB),
- Vorgelagerte oder nachverlegte Stichtagsinventur (vgl. § 241 Abs. 3 HGB).

Je nach Erhebungstechnik werden zudem unterschiedliche Inventurverfahren unterschieden:[605]

- Vollständige körperliche Bestandsaufnahme,
- Buch- oder belegmäßige Erfassung,
- Stichprobeninventur,
- Kombination aus den zuvor genannten Inventurverfahren.

5.1.2.3 Saldenbestätigung

Methode und Umfang

Saldenbestätigungen für Verbindlichkeiten und Forderungen aus Lieferungen und Leistungen können als eine Sonderform der Inventur betrachtet werden. Hierbei sind zwei Methoden zu unterscheiden. Im Fall der sog. positiven Methode wird der Debitor bzw. Kreditor gebeten, seinen buchmäßig bestehenden Saldo mitzu-

---

[601] Hierbei ist es strittig, ob die Inventur auch die Bewertung der einzelnen Vermögensgegenstände und Schulden umfasst. In dem Kontext dieses Kapitels sei die Inventur als mengenmäßige Erfassung aller Vermögensgegenstände und Schulden zu verstehen, wobei hierbei natürlich auch in Währungseinheiten ausgedrückte Vermögensgegenstände und Schulden erfasst werden. Für die Erstellung eines Inventars müssen gem. § 240 Abs. 1 HGB in einem zweiten nachgelagerten Schritt jedoch Bewertungsmaßnahmen durchgeführt werden. Vgl. hierzu KNOP, W. (2003), § 240, Rn. 4.

[602] Vgl. hierzu die Ermittlung mittels Saldenbestätigung in Kapitel E5.1.2.3.

[603] Vgl. KNOP, W. (2003), § 240, Rn. 9.

[604] Vgl. ausführlich WEISS, H.-J./HEIDEN, M. (2003), § 241, Rn. 6, 25 ff.

[605] Vgl. ausführlich zu den unterschiedlichen Einsatz- und Kombinationsmöglichkeiten von Inventursystemen und Inventurverfahren WEISS, H.-J./HEIDEN, M. (2003), § 241, Rn. 6 ff.

teilen bzw. den auf der Saldenbestätigung angegebenen Saldo zu bestätigen. Bei Anwendung der sog. negativen Methode wird der Debitor bzw. Kreditor angewiesen, nur bei Abweichung vom angegebenen Saldo zu antworten.[606] Eine stichprobenhafte Anforderung von Saldenbestätigung kann in der Regel als den gesetzlichen Anforderungen an eine Inventur entsprechend angenommen werden. Dies gilt umso mehr, wenn die größten Positionen auf diese Weise abgeglichen werden.[607]

5.1.2.4 Umsatzsteuermeldung

Nachdem alle Geschäftsvorfälle, die Umsatzsteuer enthalten, für die Periode abgeschlossen wurden, kann die Umsatzsteuermeldung, ggf. auch die Zahlung durchgeführt werden. Monatlich oder quartalsweise müssen Unternehmen im Allgemeinen am 10. Tag nach Ablauf des Voranmeldezeitraums eine Umsatzsteuervoranmeldung leisten. Am Geschäftsjahrende ist eine Umsatzsteuerermeldung vorzunehmen.

Umsatzsteuermeldung

5.1.3 Bewertende Abschlussarbeiten

Nachdem die Buchungen für alle Zu- und Abgänge von Vermögensgegenständen und Schulden fixiert wurden, finden in diesem Teilprozess abschließende Bewertungsschritte als Grundlage für Bilanz und GuV statt. Für den Jahresabschluss sind alle nachfolgenden Arbeitsschritte zu berücksichtigen. Für Monats- oder Quartalsabschlüsse ist dagegen nur eine Auswahl empfehlenswert. Hierzu gehören die planmäßigen Abschreibungen, die Buchung der Umlagen und Zuschläge sowie die Verteilung von erwarteten Rückstellungen (z.B. Pensionsrückstellungen) auf die Monate. So wird sichergestellt, dass die unterjährigen Abschlüsse relevante Zahlen zur Unternehmenssteuerung verfügbar machen.

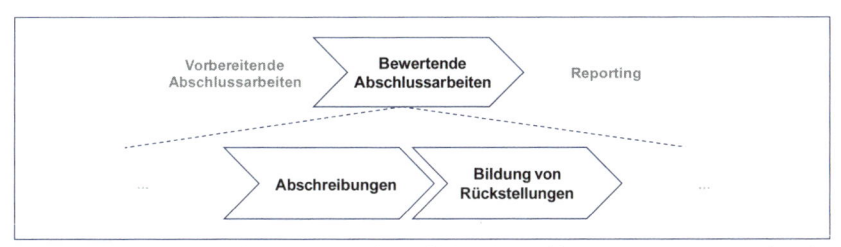

Abbildung 167: Auswahl von Geschäftsvorfällen des Teilprozesses „Bewertende Abschlussarbeiten"

5.1.3.1 Periodengerechte Erlösrealisierung

Es ist sicherzustellen, dass nur die Umsatzerlöse berücksichtigt werden, die der betrachteten Periode zugeordnet werden können. Insbesondere Warenlieferungen, die kurz vor dem Bilanzstichtag erfolgen, müssen darauf untersucht werden, in-

Waren und Kundenprojekte

---

[606] Vgl. WP-HANDBUCH (2006), Abschnitt R, Rn. 491.
[607] Vgl. WP-HANDBUCH (2006), Abschnitt R, Rn. 490.

wieweit tatsächlich eine Umsatzrealisierung stattfinden darf.[608] Zusätzlich müssen aber auch langfristige abschlussübergreifende Kundenprojekte auf mögliche Teilerlösrealisierungen geprüft werden.

5.1.3.2 Folgebewertung des Anlagevermögens
5.1.3.2.1 Planmäßige Abschreibungen

Abschreibungsplan

Alle abnutzbaren Gegenstände des Anlagevermögens müssen gem. § 253 Abs. 3 HGB planmäßig abgeschrieben werden.[609] Mittels der planmäßigen Abschreibungen werden Abnutzungen des Vermögensgegenstands periodengerecht verteilt.[610] Um abnutzbare Vermögensgegenstände planmäßig über die Nutzungsdauer abzuschreiben, bedarf es eines Abschreibungsplans. In dem Abschreibungsplan müssen die Anschaffungs- oder Herstellungskosten, die voraussichtliche Nutzungsdauer sowie die ausgewählte Abschreibungsmethode festgelegt werden.[611]

5.1.3.2.2 Außerplanmäßige Abschreibungen

Gemildertes Niederstwertprinzip im Handelsrecht

Vermögensgegenstände des abnutzbaren wie des nicht abnutzbaren Anlagevermögens müssen handelsbilanziell gem. § 253 Abs. 3 HGB außerplanmäßig abgeschrieben werden, wenn eine dauerhafte Wertminderung unterhalb der fortgeführten Anschaffungs- oder Herstellungskosten vorliegt.[612] Lediglich Vermögensgegenstände des Finanzanlagevermögens dürfen handelsbilanziell auch bei nur vorübergehender Wertminderung abgeschrieben werden.

Steuerrechtliches Wahlrecht

Steuerbilanziell besteht bei nur vorübergehender Wertminderung ein Wahlrecht für die sog. Absetzung für außergewöhnliche technische oder wirtschaftliche Abnutzung, während eine Teilwertabschreibung grundsätzlich nur bei dauerhafter Wertminderung statthaft ist.[613] Es ist umstritten, ob die handelsrechtliche Abschreibungspflicht über die materielle Maßgeblichkeit durchschlägt und daher auch steuerlich eine Pflicht zur Teilwertabschreibung besteht, oder das Wahlrecht unabhängig ausgeübt werden kann.

Niederstwerttest

Die Durchführung des Niederstwerttests in den Folgeperioden erfordert nicht jährlich die komplette Ermittlung der Korrekturwerte aller Vermögensgegenstände. Vielmehr gilt grundsätzlich die Vermutung, dass der Betrag der Anschaffungs- bzw. Herstellungskosten nach wie vor – ggf. unter Berücksichtigung einer planmäßigen Abschreibung – dem Wert des Vermögensgegenstands entspricht und dieser damit auch weiterhin werthaltig ist. Gleichwohl fordert § 253 Abs. 3 HGB

---

[608] Vgl. zur Thematik der Umsatzrealisierung bei Gefahrübergang Kapitel E3.1.2.2.
[609] Zeitlich unbegrenzt nutzbare Vermögensgegenstände des Anlagevermögens wie Grundstücke und Finanzanlagen unterliegen keiner planmäßigen Abschreibung.
[610] Vgl. zu den unterschiedlichen Erklärungsmodellen und Interpretationen von Abschreibungen RANKER, D. (2006), S. 193.
[611] Vgl. hierzu und insbesondere zu den steuerlich zulässigen Abschreibungsmethoden Kapitel E1.1.6.
[612] Vgl. zur Bestimmung der Dauerhaftigkeit einer Wertminderung VAN HALL, G./ KESSLER, H. (2009), S. 198 ff.
[613] Vgl. COENENBERG, A. G./HALLER, A./SCHULTZE, W. (2009), S. 162.

zu jedem Bilanzstichtag den Vergleich des Bilanzwerts mit einem entsprechenden Vergleichswert. Die Ermittlung des beizulegenden Werts ist in der Praxis indes nur fallweise erforderlich, und zwar dann, wenn sich für den Bilanzierenden, der die Verhältnisse seines Unternehmens am Besten kennt, Hinweise auf eine mögliche negative Wertentwicklung bei einzelnen Vermögensgegenständen oder bei bestimmten Posten ergeben oder allgemeine Umstände, die in der Unternehmensentwicklung zu sehen sind, eine Überprüfung der bilanziellen Wertansätze notwendig erscheinen lassen.

Der Niederstwerttest wird daher grundsätzlich zweistufig durchgeführt. Zunächst muss eine Analyse der Hinweise, die Aufschluss über die Wertentwicklung geben, erfolgen. Dann werden alle potenziell negativen Wertentwicklungen untersucht. Bei all jenen Vermögensgegenständen, bei denen sich keinerlei Hinweise für eine negative Wertentwicklung feststellen lassen, gilt weiterhin die Vermutung der Werthaltigkeit.

Zweistufiges Vorgehen

Bei den Positionen, bei denen Hinweise auf ein solches Risikopotenzial feststellbar sind, wird der bisherige Wertansatz zunächst plausibilisiert, bspw. durch den Vergleich mit Marktwerten einer Überprüfung unterzogen. Diese Marktwerte werden allerdings noch nicht konkret für den betrachteten Vermögensgegenstand ermittelt und können daher allenfalls Hinweise auf eine bestimmte Wertentwicklung geben. Es handelt sich noch nicht um die Ermittlung des beizulegenden Werts, sondern um eine erste Plausibilisierung der Werthaltigkeit des Buchwerts, die maßgeblich für eine weitere Wertüberprüfung ist. Erst wenn diese Plausibilisierung zu der Annahme eines dauerhaft im Wert geminderten Vermögensgegenstands führt, folgt die Ermittlung des tatsächlichen beizulegenden Werts.

Plausibilisierung des Wertansatzes

Zuschreibungen sind stets durchzuführen, sobald die Gründe der zuvor vorgenommenen außerplanmäßigen Abschreibung weggefallen sind. Sie sind in dem Umfang vorzunehmen, als dass dadurch die fortgeführten Anschaffungs- oder Herstellungskosten abzüglich der bis zum Abschlusszeitpunkt eigentlich vorzunehmenden planmäßigen Abschreibungen erreicht werden.

Zuschreibungsgebot

5.1.3.3 Rechnungsabgrenzungsposten

Rechnungsabgrenzungsposten müssen gebildet werden, um Aufwendungen und Erträge zu periodisieren und damit eine periodengerechte Erfolgsermittlung zu gewährleisten.[614] Es werden zwei Arten von Rechnungsabgrenzungsposten unterschieden: die transitorischen und die antizipativen Rechnungsabgrenzungsposten.

Periodengerechte Erfolgsermittlung

Als antizipative Abgrenzungsposten werden Erträge bzw. Aufwendungen des Geschäftsjahrs bezeichnet, die erst nach dem Abschlussstichtag zu Einnahmen bzw. Ausgaben führen. Solche antizipativen Posten werden in der Bilanz nicht als Rechnungsabgrenzungsposten ausgewiesen. Im Falle einer zukünftigen Ausgabe

Antizipative RAP

---

[614] Vgl. TRÜTZSCHLER, K. (2002), § 250, Rn. 2.

sind sie vielmehr als „sonstige Verbindlichkeit" und im Falle einer zukünftigen Einnahme als „sonstige Vermögensgegenstände" zu bilanzieren.[615] Wurde bspw. im Geschäftsjahr 2010 von einem Unternehmen die Miete für ein Bürogebäude für Dezember diesen Jahres noch nicht gezahlt, so liegt in 2010 bereits ein Aufwand vor, für den allerdings noch keine Ausgabe geleistet wurde. Es ist daher eine Verbindlichkeit auszuweisen,[616] der Ansatz eines Rechnungsabgrenzungspostens kommt nicht infrage.

Transitorische RAP

Transitorische Rechnungsabgrenzungsposten sind Einnahmen bzw. Ausgaben, die einen Ertrag bzw. Aufwand für eine bestimmte Zeit nach dem Bilanzstichtag darstellen.[617] Derartige transitorische Posten sind als Rechnungsabgrenzungsposten auszuweisen.

Aktive und passive RAP

Eine aktive Rechnungsabgrenzung ist vorzunehmen, wenn Ausgaben vor dem Bilanzstichtag anfallen, die Aufwand für eine bestimmte Zeit nach diesem Stichtag darstellen. Passive Rechnungsabgrenzungsposten sind analog hierzu dann zu bilden, wenn vor dem Abschlussstichtag Einnahmen auftreten, die einen Ertrag für eine bestimmte Zeit nach diesem Stichtag darstellen.[618] Beispielhaft für die Bildung von Abgrenzungsposten können Mietvorauszahlungen im laufenden für das darauffolgende Geschäftsjahr genannt werden. Werden solche Mieten gezahlt, entsteht eine Ausgabe, die Aufwand für das nächste Jahr darstellt. Entsprechend ist ein aktiver Rechnungsabgrenzungsposten i.H.d. vorausgezahlten Miete zu bilden. Werden solche Mietvorauszahlungen für einen bestimmten zukünftigen Zeitraum nach dem Stichtag vereinnahmt, entsteht der umgekehrte Fall. Durch das Entstehen einer Einnahme, die einen Ertrag im nächsten Geschäftsjahr darstellt, ist ein passiver Abgrenzungsposten zu bilanzieren.

Disagio

In einen aktiven Rechnungsabgrenzungsposten darf des Weiteren gem. § 250 Abs. 3 HGB ein eventuell gebildetes Disagio, also der Unterschiedsbetrag zwischen höherem Erfüllungs- und niedrigerem Ausgabebetrag einer Verbindlichkeit, einbezogen werden. Während handelsrechtlich ein Aktivierungswahlrecht im Jahr der Ausgabe der Verbindlichkeit besteht, sieht das Steuerrecht eine Aktivierungspflicht vor.[619]

Zölle, Verbrauchsteuern, Umsatzsteuer auf erhaltene Anzahlungen

Weitere Beträge wie als Aufwand verrechnete Zölle, Verbrauchsteuern und Umsatzsteuer auf erhaltene Anzahlungen, dürfen nach BilMoG nicht mehr in einen Rechnungsabgrenzungsposten einbezogen werden. Steuerrechtlich sind solche Beträge nach wie vor anzusetzen.

---

[615] Vgl. COENENBERG, A. G./HALLER, A./SCHULTZE, W. (2009), S. 460 f.
[616] Vgl. ähnlich ADLER, H./DÜRING, W./SCHMALTZ, K. (1995), § 250, Rn 6.
[617] Vgl. COENENBERG, A. G./HALLER, A./SCHULTZE, W. (2009), S. 459.
[618] Vgl. ADLER, H./DÜRING, W./SCHMALTZ, K. (1995), § 250, Rn. 22, 105.
[619] Vgl. COENENBERG, A. G./HALLER, A./SCHULTZE, W. (2009), S. 460.

5.1.3.4 Folgebewertung von Verbindlichkeiten in Fremdwährung

Verbindlichkeiten in Fremdwährung mit einer Restlaufzeit größer ein Jahr müssen zum Abschlussstichtag darauf überprüft werden, inwieweit die Veränderung des Umrechnungskurses zu einer Überschreitung der ursprünglichen „Anschaffungskosten" der Verbindlichkeit führte. In diesem Falle ist handelsbilanziell eine Zuschreibung der Verbindlichkeit aufgrund des herrschenden Höchstwertprinzips zwingend vorzunehmen.[620] Nicht realisierte Gewinne dürfen hingegen keinesfalls bilanziert werden. Insoweit bilden die „Anschaffungskosten" der Verbindlichkeit die Untergrenze der Bewertung.

Langfristige Verbindlichkeiten

Für Verbindlichkeiten in Fremdwährung mit einer Restlaufzeit kleiner gleich ein Jahr gilt handelsbilanziell gem. § 256a HGB seit dem BilMoG das Höchstwert- sowie Realisationsprinzip nicht. Dies bedeutet, unrealisierte Gewinne aufgrund einer Veränderung des Fremdwährungskurses müssen berücksichtigt werden, indem die Verbindlichkeit unterhalb der ursprünglichen „Anschaffungskosten" bilanziert wird.[621]

Kurzfristige Verbindlichkeiten

5.1.3.5 Buchung von Zuschlägen und Umlagen

Die Gemeinkostenzuschläge müssen auf die Kostenträger gebucht werden.[622] Zum einen wird dadurch gewährleistet, dass die selbst hergestellten Vermögenswerte der Höhe nach korrekt ausgewiesen werden. Zum anderen wird erst durch die Belastung eines Gemeinkostenzuschlags auf einen Kostenträger ein Controlling auf Vollkostenbasis möglich.[623] Darüber hinaus wird dadurch ein vollständiger Ausweis der von den Kundenprojekten verursachten Kosten des Umsatzes gewährleistet.[624] Zusätzlich sollten die Zuschlagssätze auf Basis der am Ende der Periode festgestellten Istkosten für die kommende Periode angepasst werden. Dies gewährleistet eine möglichst hohe Annäherung der (geplanten) Sollkosten an die (tatsächlichen) Istkosten.[625] Außerdem müssen nicht eindeutig zuordenbare Kosten (Kostenstellengemeinkosten) mit einem geeigneten Schlüssel auf die betroffenen Kostenstellen per Umlage verteilt werden.

Buchung und Anpassung der Gemeinkostenzuschläge

---

[620] Vgl. LANGENBUCHER, G./BLAUM, U. (2003), Kap. 6, Rn. 554. Steuerlich gilt indes das gemilderte Höchstwertprinzip. D.h., erst bei vermutlich dauernder Wertminderung des Fremdwährungskurses ist eine Zuschreibung statthaft.

[621] Steuerlich ist diese Vorgehensweise jedoch nicht zulässig.

[622] Vgl. zur Bewertung selbst erstellter Vermögensgegenstände nach Handels- und Steuerrecht Kapitel E2.1.3.

[623] Vgl. zur Funktion von Gemeinkostenzuschlägen und Umlagen ausführlich Kapitel E2.1.2.

[624] Die Zuschläge sind für den Jahresabschluss zwingend durchzuführen. Für Steuerungszwecke empfiehlt es sich allerdings, sie (mindestens) monatlich durchzuführen.

[625] Zum einen ermöglicht dies ein genaueres Controlling, zum anderen ist eine möglichst hohe Annäherung der Sollkosten, die per Gemeinkostenzuschläge verrechnet werden, an die Istkosten die Voraussetzung, dass die Ermittlung der Herstellungskosten auf Sollkostenbasis gesetzeskonform ist; vgl. Kapitel E2.1.3.4.

5.1.3.6 Folgebewertung des Umlaufvermögens

Strenges Niederstwertprinzip in der Handelsbilanz

Die Vermögensgegenstände des Umlaufvermögens dürfen handelsbilanziell aufgrund des Anschaffungskostenprinzips höchstens mit ihren Anschaffungs- oder Herstellungskosten bilanziert werden.[626] Allerdings sind sie gem. § 253 Abs. 4 HGB am Bilanzstichtag immer auf den niedrigeren Börsen- oder Marktpreis bzw. beizulegenden Wert abzuschreiben.

Steuerliches Wahlrecht

Steuerlich besteht ein Wahlrecht für außerplanmäßige Abschreibungen im Falle einer dauerhaften Wertminderung. „Von der Dauerhaftigkeit einer Wertminderung kann dann in der Steuerbilanz ausgegangen werden, wenn der niedrigere Wert für die voraussichtliche Verweildauer eines Wirtschaftsguts im Unternehmen angenommen werden kann."[627] Es ist umstritten, ob die handelsrechtliche Abschreibungspflicht über die materielle Maßgeblichkeit durchschlägt und daher auch steuerlich eine Pflicht zur Teilwertabschreibung besteht, oder das Wahlrecht unabhängig ausgeübt werden kann.

5.1.3.6.1 Vorräte

Bewertungsvereinfachungsverfahren

Beim Vorratsvermögen kommen für Zwecke der (Zugangs-)Bewertung häufig Bewertungsvereinfachungsverfahren zum Einsatz.[628] Unabhängig von der Ermittlung der Anschaffungs- oder Herstellungskosten muss (handelsbilanziell) aufgrund des strengen Niederstwertprinzips geprüft werden, inwieweit die Vorräte werthaltig sind.[629]

Beschaffungsmarkt oder Absatzmarkt

Hierbei stellt sich die Frage, welcher Wert als Vergleichsmaßstab gewählt wird. Der Beschaffungsmarkt ist für alle Roh-, Hilfs- und Betriebsstoffe[630] sowie unfertige und fertige Erzeugnisse, die ebenfalls fremd beschafft werden können, entscheidend. Der Absatzmarkt dagegen ist maßgeblich für alle unfertigen und fertigen Erzeugnisse, für die kein Beschaffungsmarkt existiert.[631] Für Handelswaren gilt die sog. doppelte Maßgeblichkeit, d.h. der niedrigere Wert aus Beschaffungsmarkt und Absatzmarkt ist für die Ermittlung einer außerplanmäßigen Abschreibung relevant.[632]

5.1.3.6.2 Forderungen

Einzelwertberichtigung

Die handelsbilanzielle Folgebewertung von Forderungen sowohl aus Lieferungen und Leistungen als auch aus gewährten Darlehen am Abschlussstichtag ist in der

---

[626] Vgl. zur Ermittlung der Anschaffungs- oder Herstellungskosten von Vermögensgegenständen die Ausführungen in Kapitel E1.1.4 und Kapitel E2.1.3.
[627] COENENBERG, A. G./HALLER, A./SCHULTZE, W. (2009), S. 210.
[628] Vgl. zu den Bewertungsvereinfachungsverfahren Kapitel E1.1.4.2.
[629] Steuerbilanziell gilt dies nur im Fall dauerhafter Wertminderungen.
[630] Abgesehen von Überbeständen, deren Bewertung sich am Absatzmarkt orientiert.
[631] Vgl. hierzu und zur sog. verlustfreien Bewertung ausführlich KARRENBAUER, M./DÖRING, U./BUCHHOLZ, R. (2003), § 253, Rn. 180 ff.
[632] Vgl. ausführlich ELLROTT, H./ROSCHER, K. (2010), § 253, Rn. 519.

Regel zweistufig aufgebaut.[633] Zunächst müssen bei einzelnen Forderungen erkennbare Wertminderungen durch Einzelwertberichtigungen erfasst werden. Hierbei ist in zweifelhafte und uneinbringliche Forderungen zu differenzieren. Während uneinbringliche Forderungen vollständig abzuschreiben sind, müssen zweifelhafte Forderungen mit ihrem wahrscheinlichen Wert angesetzt werden.[634] „Als uneinbringlich sind Forderungen anzusehen, die aus rechtlichen oder tatsächlichen Gründen nicht durchsetzbar sind."[635] Zweifelhafte Forderungen liegen dann vor, wenn Zahlungsausfälle mit einer gewissen Wahrscheinlichkeit drohen.[636] Einer Einzelwertberichtigung entgegen stehen allerdings andere Umstände, die die Wertminderungen ausgleichen. Als Beispiel seien saldierbare Verbindlichkeiten gegenüber dem Schuldner genannt.[637]

Da Einzelwertberichtigungen nur zulässig sind, wenn nachgewiesen werden kann, dass „Tatsachen vorliegen, aus denen eine Konkretisierung der Gefahr und eine gewisse Wahrscheinlichkeit des Ausfalls gerade im Hinblick auf die einzelne Forderung hergeleitet werden können"[638], kann bei größeren Forderungsbeständen auf das Mittel von Pauschalwertberichtigungen zurückgegriffen werden. Pauschalwertberichtigungen basieren häufig auf in der Vergangenheit durchschnittlich erlittener Forderungsausfälle in bestimmten Forderungsgruppen. Die Höhe der Pauschalwertberichtigung wird durch Anwendung eines auf Erfahrungswerte basierenden Prozentsatzes auf den zu bewertenden Forderungsbestand ermittelt. Forderungen, bei denen bereits Einzelwertberichtigungen vorgenommen wurden, dürfen nicht in die Pauschalwertberichtigung einbezogen werden. Wertberichtigungen erfolgen in der Regel auf Basis der Nettorechnungsbeträge; die Umsatzsteuer bleibt also bei der Berechnung unbeachtlich.[639]

Pauschalwertberichtigung

Falls der Grund einer zuvor vorgenommenen Wertberichtigung am Bilanzstichtag nicht mehr gegeben ist, müssen alle Kaufleute gem. § 253 Abs. 5 HGB eine Zuschreibung vornehmen.

Zuschreibung

Forderungen in Fremdwährung sind im ersten Schritt wie bei in Euro lautenden Forderungen zu verfahren. Bei zweifelhaften Forderungen ist zunächst der beizulegende Wert in Fremdwährung zu bestimmen. Im zweiten Schritt erfolgt eine Umrechnung mit dem Devisenkassamittelkurs zum Bilanzstichtag. Diese Zeitwerte sind mit den zu historischen Kursen umgerechneten Anschaffungskosten zu vergleichen. Hierbei können sich die beiden Bewertungsschritte in ihren Effekten ausgleichen oder verstärken. Forderungen in Fremdwährung mit einer Restlaufzeit

Besonderheiten bei Forderungen in Fremdwährung

---

[633] Zwar besteht steuerbilanziell nur ein Wahlrecht zur außerplanmäßigen Abschreibung (ansonsten ein Verbot), allerdings wird davon auszugehen sein, dass bei dauerhafter Wertminderung in beiden Rechnungslegungswerken gleichartig bilanziert wird.
[634] Vgl. COENENBERG, A. G./HALLER, A./SCHULTZE, W. (2009), S. 251.
[635] KARRENBAUER, M./DÖRING, U./BUCHHOLZ, R. (2003), § 253, Rn. 59.
[636] Vgl. KARRENBAUER, M./DÖRING, U./BUCHHOLZ, R. (2003), § 253, Rn. 59, m. w. N.
[637] Vgl. WP-HANDBUCH (2006), Abschnitt F, Rn. 209 für die Voraussetzungen einer Saldierung.
[638] EHMCKE, T. (2002), § 6 EStG, Rn. 920.
[639] Vgl. KARRENBAUER, M./DÖRING, U./BUCHHOLZ, R. (2003), § 253, Rn. 60.

größer als ein Jahr sind gem. § 256a HGB unter Beachtung des Anschaffungskostenprinzips und des Imparitätsprinzips zu bewerten. In diesen Fällen sind also nur Wertminderungen zu berücksichtigen.[640] Unrealisierte Gewinne dürfen aufgrund des entgegenstehenden Anschaffungskostenprinzips nicht bilanziert werden. Anders sieht es bei Vermögensgegenständen in Fremdwährung mit einer Laufzeit kleiner ein Jahr aus. In diesen Fällen ist gem. § 256a HGB handelsrechtlich auch die Realisierung unrealisierter Gewinne geboten. Steuerbilanziell entfaltet diese Regel jedoch keine Wirkung, da dem steuerbilanziell weiterhin das Anschaffungskostenprinzip in § 6 EStG entgegensteht.

Sonderfall Valutaguthaben und Sorten

Kurzfristig fällige Bankguthaben in ausländischer Währung (Valutaguthaben) sowie ausländische Zahlungsmittel (Sorten) sind am Bilanzstichtag mit dem jeweiligen Devisenkassamittelkurs zu bewerten. Das Anschaffungskostenprinzip gem. § 253 Abs. 1 HGB wird im Falle des Valutaguthabens durch die Spezialnorm des § 256a HGB außer Kraft gesetzt. Bei Sorten ist es aufgrund der vernachlässigbaren Bedeutung unbeachtlich.[641]

5.1.3.7 Bildung von Rückstellungen

Rückstellungen sind gem. § 249 Abs. 1 Satz 1 HGB für ungewisse Verbindlichkeiten sowie für drohende Verluste aus schwebenden Geschäften zu bilden. Ferner sind Rückstellungen für unterlassene Instandhaltung und Abraumbeseitigung zu passivieren, sofern die Instandhaltung innerhalb der ersten drei Monate bzw. die Abraumbeseitigung innerhalb des folgenden Geschäftsjahrs nachgeholt wird. Ebenso sind Rückstellungen für ohne rechtliche Verpflichtung erbrachte Gewährleistungen zu bilden.[642] Ersatzlos gestrichen wurden im Zuge des BilMoG die Passivierungswahlrechte beim Ansatz von Aufwandsrückstellungen. Nicht mehr möglich ist daher die Passivierung von Rückstellungen für unterlassene Instandhaltung, wenn diese nach Ablauf der Drei-Monatsfrist nachgeholt werden, sowie für ihrer Eigenart genau umschriebene, dem Geschäftsjahr oder einem früheren Geschäftsjahr zuzuordnende Aufwendungen, die am Bilanzstichtag wahrscheinlich oder sicher, aber hinsichtlich ihrer Höhe oder des Zeitpunkts ihres Eintritts unbestimmt sind.[643] Darüber hinaus war im Rahmen sonstiger Aufwandsrückstellungen vor dem BilMoG der Ansatz einer Vielzahl weiterer Rückstellungen möglich, die nicht mehr zulässig sind. Beispielhaft seien hierzu Rückstellungen für Firmenjubiläen, freiwillige Jahresabschlussprüfungen und Generalüberholungen genannt.[644] Da diesen handelsrechtlichen Wahlrechten zur Bildung von Aufwandsrückstellungen steuerrechtliche Passivierungsverbote gegenüberstanden,

---

[640] Steuerbilanziell ist dies nur bei einer dauerhaften Wertminderung, also bei dauerhaft gesunkenem Fremdwährungskurs, zulässig.
[641] Vgl. COENENBERG, A. G./HALLER, A./SCHULTZE, W. (2009), S. 253.
[642] Vgl. ZÜLCH, H./HOFFMANN, S. (2009), S. 369.
[643] Vgl. KÜTING, K./CASSEL, J./METZ, C. (2009), S. 323 f. Zur Interpretation der Begriffe „genau umschrieben", „dem Geschäftsjahr zuzuordnen", „wahrscheinlich oder sicher" und „hinsichtlich Höhe oder Zeitpunkt unbestimmt"; vgl. hierzu ausführlich MAYER-WEGELIN, E./KESSLER, H./HÖFER, R. (2008), § 249, Rn. 238 ff.
[644] Vgl. MAYER-WEGELIN, E./KESSLER, H./HÖFER, R. (2008), § 249, Rn. 251.

wurde hinsichtlich der sonstigen Rückstellungen eine Annäherung zwischen Handelsbilanz und steuerlicher Gewinnermittlung bewirkt.[645]

Zu den ungewissen Verbindlichkeiten, für die verpflichtend Rückstellungen zu bilden sind, gehören auch Pensionsverpflichtungen. Hinsichtlich der Bilanzierung dem Grunde nach unterscheidet das Handelsrecht zwischen mittelbaren und unmittelbaren Pensionsverpflichtungen. Unmittelbare Pensionsverpflichtungen liegen vor, wenn eine aus einer arbeitsrechtlichen Zusage gewachsene Leistungsverpflichtung seitens des Arbeitgebers direkt gegenüber dem Arbeitnehmer bzw. leistungsberechtigten Personen besteht. Mittelbare Verpflichtungen bestehen gegenüber einem mit der Abwicklung der betrieblichen Altersversorgung betrauten Rechtsträger, wie bspw. einer Unterstützungskasse. Die Einstufung als mittelbare bzw. unmittelbare Pensionszusage hat entscheidende Bedeutung für die bilanzielle Behandlung der Verpflichtung.[646]

Ansatz von Pensionsverpflichtungen

Für Pensionsverpflichtungen, die aufgrund einer unmittelbaren Zusage bestehen, braucht keine Rückstellung gebildet zu werden, sofern die berechtigte Person ihren Rechtsanspruch vor dem 01.01.1987 erworben hat (unmittelbare Altzusagen). Im Handelsrecht besteht somit ein Passivierungswahlrecht für vor dem 01.01.1987 erteilte unmittelbare Pensionszusagen, sowie eine Passivierungspflicht für nach diesem Zeitpunkt zugesagte unmittelbare Pensionsverpflichtungen (unmittelbare Neuzusagen).[647] Für Pensionsverpflichtungen, die auf mittelbaren Zusagen beruhen, besteht wie für unmittelbare Altzusagen ein Passivierungswahlrecht.

Unmittelbare und mittelbare Pensionszusagen

Im Hinblick auf die Bilanzierung der Höhe nach sind Rückstellungen gem. § 253 Abs. 1 Satz 2 HGB nach dem BilMoG explizit mit dem erwarteten „Erfüllungsbetrag" anzusetzen. Der Ansatz i.H.d. Erfüllungsbetrags impliziert, dass bei der Bewertung der Rückstellungen auf die Verhältnisse im Zeitpunkt der Erfüllung abzustellen ist. Künftig erwartete Preis- und Kostensteigerungen sind daher zwingend bei der Bewertung zu berücksichtigen.[648] Durch den Vorgriff auf künftige Steigerungen von Preisen und Kosten entstehen für den Bilanzierenden erhebliche Ermessensspielräume. Daher werden vom Gesetzgeber ausreichend objektive Hinweise für den Eintritt als Voraussetzung zur Berücksichtigung solcher künftigen Preis- und Kostensteigerungen gefordert. Eine trennscharfe Grenze zwischen vagen und objektiven Hinweisen zu ziehen, erscheint schwierig. Der Bilanzierende sollte daher branchenspezifische Trendfortschreibungen nutzen, um einer objektiven Bewertung Rechnung zu tragen.[649]

Erfüllungsbetrag als Bewertungsmaßstab

---

[645] Vgl. zur Entwicklung der Unterschiede zwischen Handels- und Steuerrecht im Bereich der Rückstellungen auch Kapitel C4.1.2.1 und C4.2.2.
[646] Vgl. KÜTING, K./KESSLER, H./KEßLER, M. (2009), S. 342.
[647] Vgl. RHIEL, R./VEIT, A. (2009), S. 167.
[648] Vgl. REINKE, R./MARTENS, S. (2009), S. 19.
[649] Vgl. KÜTING, K./CASSEL, J./METZ, C. (2009), S. 326.

Diskontierung

Mit dem BilMoG beseitigte der Gesetzgeber ferner die Rechtsunsicherheit bzgl. der Diskontierung der Rückstellungen. Rückstellungen mit einer Laufzeit von größer einem Jahr sind gem. § 253 Abs. 2 HGB mit dem ihrer Restlaufzeit entsprechenden durchschnittlichen Marktzinssatz der letzten sieben Geschäftsjahre zu diskontieren. Rückstellungen mit einer Restlaufzeit von weniger als einem Jahr müssen nicht abgezinst werden.[650] Der zur Diskontierung anzuwendende Durchschnittszinssatz wird monatlich von der Deutschen Bundesbank für Rückstellungen mit Laufzeiten zwischen einem und fünfzig Jahren veröffentlicht. Die Zinssätze müssen daher vom bilanzierenden Unternehmen nicht selbst berechnet werden.[651]

Bewertung von Pensionsrückstellungen

Für den konkreten Bereich der Pensionsverpflichtungen bedeutet die Berücksichtigung künftiger Preis- und Kostensteigerungen, dass nun auch zukünftige Gehalts- und Rentensteigerungen in die Bewertung der Pensionsrückstellungen mit einzubeziehen sind. Wie auch für die sonstigen Rückstellungen gilt dies wiederum unter der Voraussetzung hinreichender objektiver Hinweise über den Eintritt solcher Gehalts- und Rententrends.[652] Für den anzuwendenden Diskontierungszinssatz gelten grundsätzlich analog die allgemeinen Regelungen der Rückstellungsbildung. Alternativ zur Anwendung dieses Durchschnittszinssatzes dürfen Pensionsrückstellungen aus Vereinfachungsgründen allerdings auch pauschal mit dem durchschnittlichen Marktzinssatz diskontiert werden, der sich bei einer unterstellten Laufzeit von 15 Jahren ergibt. Die alternativen Zinssätze werden ebenfalls von der Deutschen Bundesbank ermittelt und jeweils am Monatsende bekannt gegeben.[653]

Steuerrechtliche Vorschriften

Im Gegensatz zu den handelsrechtlichen Vorschriften sind im Steuerrecht keine Preis- und Kostensteigerungen zu berücksichtigen. Ebenso bestehen Divergenzen bzgl. des anzuwendenden Zinssatzes, da die steuerrechtlichen Regelungen eine Diskontierung sonstiger Rückstellungen mit einem Steuersatz von 5,5 Prozent vorsehen. Pensionsrückstellungen sind steuerrechtlich ebenfalls in Abweichung zum Handelsrecht mit dem Teilwert unter Zugrundelegung eines Zinssatzes von sechs Prozent zu bewerten.

Ansatz von Rückstellungen für Steuern

Steuerschulden, die in der betrachteten Abschlussperiode entstanden sind, bei denen aber noch keine Festsetzung bzw. Anmeldung erfolgt ist, sind per Rückstellung zu passivieren. Dies gilt sowohl für Veranlagungssteuern wie Körperschaftsteuer und Gewerbesteuer, aber auch für laufend abzuführende Steuern, wie bspw. die Lohnsteuer. Aus einer Betriebsprüfung erwartete Steuernachzahlungen müssen hierbei mitberücksichtigt werden.[654]

---

[650] Vgl. KÜTING, K./CASSEL, J./METZ, C. (2009), S. 330 f.
[651] Vgl. ZÜLCH, H./HOFFMANN, S. (2009), S. 372.
[652] Vgl. WOLZ, M./OLDEWURTEL, C. (2009), S. 425.
[653] Vgl. RHIEL, R./VEIT, A. (2009), S. 168.
[654] Vgl. MAYER-WEGELIN, E./KESSLER, H./HÖFER, R. (2008), Rn. 229.

```
        Steuerbilanzielles Ergebnis
      + Außerbilanzielle Hinzurechnungen gem. EStG (z.B.
        nicht abzugsfähige Aufwendungen gem. § 4 Abs. 5 EStG)
      − Außerbilanzielle Kürzungen gem. EStG (z.B. steuerfreie
        Einnahmen gem. §§ 3-3c EStG)
      + Außerbilanzielle Hinzurechnungen gem. KStG (z.B.
        nicht abzugsfähige Aufwendungen gem. § 10 KStG)
      − Außerbilanzielle Kürzungen gem. KStG (z.B. Dividendenbezüge
        gem. § 8b Abs. 1 KStG)
      = Zwischenergebnis: körperschaftsteuerlicher Gewinn

  − Abziehbare Spenden (§ 9 Abs. 1 Nr. 2 KStG)      + Außerbilanzielle Hinzurechnungen (§ 8 GewStG)
  − Verlustabzug (§ 10d EStG, § 8 Abs. 4 KStG)      − Außerbilanzielle Kürzungen (§ 9 GewStG)
  − Freibeträge                                      − Gewerbesteuerlicher Verlustabzug (§10a GewStG)
  = zu versteuerndes Einkommen (KSt)                = Gewerbeertrag vor Verlustabzug
```

Abbildung 168: Grobdarstellung der Ermittlung des zu versteuernden Einkommens für KSt und GewSt

Als die beiden bedeutendsten zu beachtenden Steuerarten sind die Gewerbesteuer und (für Kapitalgesellschaften) die Körperschaftsteuer zu nennen. Grundsätzlich basieren die Berechnungsgrundlagen für diese beiden Steuerarten auf einem Betriebsvermögensvergleich des Vermögens am Anfang und am Ende einer Steuerperiode. Der (steuerliche) Betriebsvermögensvergleich wird in der Praxis oftmals von der Handelsbilanz abgeleitet (= derivative Steuerbilanz).[655] Kapitalzuführungen von Gesellschaftern und Gewinnausschüttungen müssen hierbei berücksichtigt werden. Jedoch kann im Zuge einer parallelen Bilanzierung direkt auf das steuerbilanzielle Ergebnis zurückgegriffen werden, ohne dass Korrekturen aufgrund der Ableitung aus einer Handelsbilanz notwendig werden.[656] Auf Grundlage dieses steuerbilanziellen Ergebnisses werden außerbilanzielle Hinzurechnungen und Kürzungen aufgrund von einkommensteuerlichen und körperschaftsteuerlichen (im Falle von Kapitalgesellschaften) Regelungen notwendig (vgl. Abbildung 168). Der auf diese Weise entstehende körperschaftsteuerliche Gewinn dient als unmittelbare Ausgangsgröße für die Berechnung der Körperschaft- und Gewerbesteuer. Nach jeweiliger Erfassung steuerspezifischer Besonderheiten ergibt sich zum einen der Gewerbeertrag und zum anderen das körperschaftsteuerlich zu versteuernde Einkommen.[657] Multipliziert mit dem jeweiligen Steuersatz ergibt sich die entsprechende Steuerbelastung, für die unter Berücksichtigung etwaiger Vorauszahlungen Rückstellungen zu bilden sind.

Ermittlung der Höhe der Körperschafts- sowie Gewerbesteuer

---

[655] Eine Aufstellungspflicht für eine eigenständige Steuerbilanz existiert gem. § 60 Abs. 2 EStDV nicht.

[656] Diese Vorgehensweise wurde in dem Beispielsachverhalt gewählt. Zum einen ergeben sich hieraus Vorteile für die Berechnung latenter Steuern, zum anderen dient das steuerbilanzielle Ergebnis als fundierte Grundlage für die Ermittlung des zu versteuernden Einkommens für Gewerbe- und Körperschaftsteuer.

[657] Vgl. zur Ermittlung der Körperschaft- und Gewerbesteuer ausführlich KUßMAUL, H. (2008), S. 324 ff.

5.1.4 Reporting

Bildung latenter Steuern

Mit dem Abschluss aller bewertenden Maßnahmen ist eine konsistente Datenbasis für die Bilanz und GuV geschaffen worden. Es fehlen nur noch zwei abschließende Geschäftsvorfälle auf dem Weg zur endgültigen Bilanz und GuV. Zusätzlich kann ein weiterer Schritt notwendig werden, falls eine GuV nach dem Gesamtkostenverfahren gewünscht wird (vgl. Abbildung 169).[658] Zunächst müssen die durch Bilanzierungsunterschiede in Handels- und Steuerbilanz entstehenden latenten Steuern ermittelt werden.[659] Hierfür werden die Werte der Vermögensgegenstände aus Steuerbilanz- und Handelsbilanz gegenübergestellt. Dabei entstehen aktive latente Steuern, wenn in der Handelsbilanz Vermögensgegenstände niedriger bzw. Schulden höher ausgewiesen werden als in der Steuerbilanz. Passive latente Steuern entstehen dagegen, wenn in der Handelsbilanz Vermögensgegenstände höher bzw. Schulden niedriger ausgewiesen werden als in der Steuerbilanz. Seit dem BilMoG resultieren durch die Abschaffung der umgekehrten Maßgeblichkeit wesentlich mehr passive latente Steuern als in den vergangenen Jahren.[660]

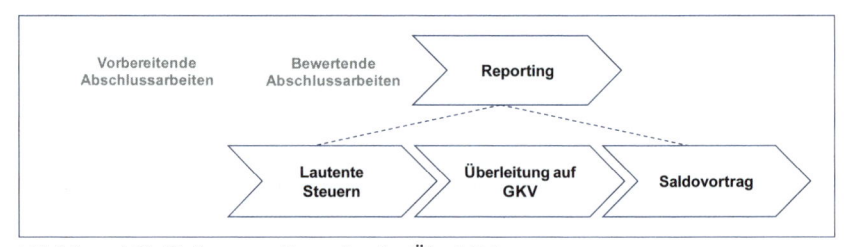

Abbildung 169: Teilprozess Reporting im Überblick

Überleitung auf GKV

Da in Business ByDesign die GuV nach dem Umsatzkostenverfahren abgebildet wird, sind Anpassungsbuchungen notwendig, wenn die GuV nach dem Gesamtkostenverfahren dargestellt werden soll.[661] Die GuV nach dem Umsatzkostenverfahren gliedert die Aufwendungen nach Funktionsbereichen und weist die Umsatzkosten der abgesetzten Leistungen aus. Die GuV nach dem Gesamtkostenverfahren weist dagegen alle Kosten basierend auf der Gesamtleistung der Periode aufgegliedert in Primäraufwendungen aus.

Saldovortrag

Abschließend müssen die Salden der Bestandskonten sowie der Jahresüberschuss bzw. Jahresfehlbetrag auf das neue Geschäftsjahr vorgetragen werden. Für

---

[658] Die meisten mittelständischen Unternehmen in Deutschland wenden das Gesamtkostenverfahren an.
[659] Passive latente Steuern müssen, aktive latente Steuern dürfen gem. § 274 HGB bilanziert werden. Zur genauen Ermittlungssystematik gesetzlicher Detailregelungen vgl. Kapitel C3.
[660] Vgl. diesen Themenkomplex ausführlich in Kapitel C1.
[661] Anpassungen in umgekehrter Reihenfolge werden hingegen bspw. stets in den Fällen notwendig, in denen eine Software auf Gesamtkostenverfahren ausgerichtet ist und die Ergebnisse für Konzernzwecke auf Basis des Umsatzkostenverfahrens gemeldet werden müssen.

Zwecke der (teilweisen) Gewinnverwendung ist der Saldovortrag des Jahresüberschusses in die entsprechenden Positionen des Eigenkapitals einzustellen.

5.2 Darstellung der Geschäftsvorfälle des Beispielsachverhalts

Die *Nordstar GmbH* stellt ihren Jahresabschluss zum 31.12.2009 auf. Nachdem die Geschäftsvorfälle aus den Geschäftsprozessen Beschaffung, Lagerfertigung, Auftragsabwicklung und Projektmanagement erfasst wurden, sind für den Jahresabschluss weitere Arbeiten notwendig. Im Folgenden werden die Aufgaben und Geschäftsvorfälle des Abschlussprozesses beschrieben. — Überblick

Die jährliche Inventur hat ergeben, dass fünf Paar Schuhe des Modells *Easy Walk*, die eigentlich im Bestand sein sollten, nicht mehr vorhanden sind. Dieser Schwund führt bei einem Bestandspreis (Kostensatz) von 60,38 EUR/Paar zu einer mengenmäßigen Anpassung des Bestands und gleichzeitig zu einer Anpassung des Bestandswerts i.H.v. 310,90 EUR. — Inventur

Umsatzsteuervorauszahlungen erfolgen normalerweise bis zu dem 10. Kalendertag eines Monats. Aus Vereinfachungsgründen wird eine Gesamtbetrachtung vorgenommen: Die Ermittlung einer Steuerschuld bzw. Steuererstattung bezieht sich auf das ganze Geschäftsjahr. Die zu beschreibende Vorgehensweise ist jedoch auf das monatliche Melden der Steuern zu übertragen. Insgesamt sind durch die beschriebenen Geschäftsprozesse Vorsteuern i.H.v. 1.616.282,54 EUR und Umsatzsteuer i.H.v. 1.917.955 EUR angefallen.[662] Darüber hinaus bildet die *Nordstar GmbH* auf Basis der erwarteten Steuerzahlung aus Gewerbe- und Körperschaftsteuer eine Steuerrückstellung i.H.v. 1.000.000 EUR. — Steuern

Prozess	Vorsteuer (EUR)		Umsatzsteuer (EUR)	
	Steuerbasisbetrag	Steuerbetrag	Steuerbasisbetrag	Steuerbetrag
Beschaffung (Handelsware)	1.324.147,00	251.588,00	--	--
Beschaffung (Anlagen)	4.000.000,00	760.000,00	--	--
Produktion (RHB)	3.159.950,00	600.390,50	--	--
Absatz	16.667,00	3.166,73	10.092.000,00	1.917.480,00
Projekte	5.985,84	1.137,31	2.500,00	475,00
Summe:		**1.616.282,54**		**1.917.955,00**

Abbildung 170: Angefallene Vor- und Umsatzsteuer

Der Kunde *Schuh Discounter* hat im Geschäftsjahr Warenlieferungen von der *Nordstar GmbH* erhalten. Dieser Kunde hat noch nicht alle Forderungen beglichen, obwohl die Zahlungen schon fällig sind. Am Ende des Geschäftsjahrs besteht noch eine Forderung i.H.v. 214.200 EUR. Der *Schuh Discounter* ist wirt- — Forderungsbewertung

---

[662] Bei der Beschaffung der Handelsware aus dem Ausland (China) handelt es sich konkret um Einfuhrumsatzsteuer i.H.v. 251.588 EUR.

schaftlich angeschlagen. Es wird nur noch mit einem Forderungseingang i.H.v. 150.000 EUR gerechnet. Daher wird eine Einzelwertberichtigung vorgenommen.

Pensionsrückstellungen

Die *Nordstar GmbH* bietet ihren engagierten Mitarbeitern bereits ab Arbeitsbeginn eine betriebliche Altersversorgung an. Über ein finanzmathematisches Gutachten wurden für 2009 zu bildende Pensionsrückstellungen i.H.v. 88.833 EUR ermittelt. Handelsbilanziell müssen die Pensionsverpflichtungen mit dem durchschnittlichen Marktzinssatz abgezinst werden; zudem sind Gehaltstrends als auch zukünftige Preis- und Kostensteigerungen für die Ermittlung der Rückstellungshöhe zu berücksichtigen. Steuerlich dürfen diese Entwicklungen nicht zugrunde gelegt werden; zudem ist ein (fixer) Zinssatz von 6 % für die Abzinsung heranzuziehen. Aus diesen Gründen sind die im Jahr 2009 zu bildenden Pensionsrückstellungen in Handels- und Steuerbilanz nicht identisch. Der steuerliche Wert beträgt 86.000 EUR.[663]

Drohverlustrückstellung

Im November 2009 wurde mit einem Stammlieferanten eine verbindliche Bestellung von Kunststoffgranulat über eine Menge von 1.000 kg zu einem Preis von 3 EUR/kg für das kommende Geschäftsjahr geschlossen. Aufgrund eines Preisverfalls des Materials liegt der Marktpreis von Kunststoffgranulat am Abschlussstichtag (31.12.2009) bei 2,50 EUR/kg. Aus diesem Grund ist die Bildung einer Rückstellung aus drohenden Verlusten in der Handelsbilanz notwendig. Steuerlich ist der Ansatz von Drohverlustrückstellungen nicht erlaubt, sodass aus diesem Sachverhalt die Notwendigkeit zur Bildung latenter Steuern besteht.

Forschung und Entwicklung

Aus dem Forschungs- und Entwicklungsprojekt ist ein neues Patent entstanden. Dieses wurde i.H.v. 6.378,34 EUR als immaterieller Vermögensgegenstand in der Handelsbilanz aktiviert. In der Steuerbilanz dürfen selbst erstellte immaterielle Vermögensgegenstände des Anlagevermögens nicht aktiviert werden; die Aufwendungen werden ergebniswirksam erfasst. Am Bilanzstichtag beträgt der Wertansatz des Patents 6.059,42 EUR.[664] Dieser Wertansatz bildet die Grundlage für die Erfassung von latenten Steuern.

Geringwertige Wirtschaftsgüter

Zu Beginn des Geschäftsjahrs wurden Computer (BGA) angeschafft, die handels- und steuerrechtlich unterschiedlich behandelt werden. In der Handelsbilanz werden diese über drei Jahre linear abgeschrieben (= 4.333,33 EUR/Jahr); steuerrechtlich führt die Einstufung als geringwertiges Wirtschaftsgut zu einer pauschalen linearen Abschreibung des „Sammelpostens" über fünf Jahre (= 2.600 EUR/Jahr). In diesem Fall ist der steuerrechtliche Ansatz höher als der handelsrechtliche Ansatz.

---

[663] Aus Wesentlichkeitsgründen gehen diese Kosten für die betriebliche Altersversorgung handels- und steuerrechtlich in gleicher Höhe in die Herstellungskosten ein; vgl. auch E2.2.2.

[664] Das Patent wurde zum 01.10.2009 aktiviert und über die verbleibenden drei Monate des Geschäftsjahrs abgeschrieben. Insgesamt beträgt die Abschreibungsdauer fünf Jahre.

Aus den beschriebenen Sachverhalten resultierende Abweichungen zwischen Handels- und Steuerbilanz bedingen die Bildung latenter Steuern in der Handelsbilanz. In Abbildung 171 sind die abweichenden Wertansätze aufgeführt. Der relevante Steuersatz der *Nordstar GmbH* beträgt 30 %. Daraus ergeben sich passive latente Steuern[665] i.H.v. 1.817,26 EUR und aktive latente Steuern i.H.v. 1.519,89 EUR. Aufgrund des Saldierungswahlrechts des § 274 HGB werden in der Bilanz nur passive latente Steuern i.H.v. 297,37 EUR ausgewiesen.

Zusammenfassung

Bilanzpositionen	Handelsrechtlicher Wertansatz (EUR)	Steuerrechtlicher Wertansatz (EUR)	Differenz (absolut in EUR)	Latente Steuern (EUR)
Pensionsrückstellungen	88.833,00	86.000,00	2.833,00	849,90
Drohverlustrückstellung	500,00	--	500,00	150,00
Geringwertige Wirtschaftsgüter	8.666,67	10.400,00	-1.733,33	519,99
Selbst erstellter immaterieller Vermögensgegenstand	6.059,42	--	6.059,42	-1.817,26
Summe:				-297,37

Abbildung 171: Handels- und steuerrechtliche Wertansatzdifferenzen

5.3 Abbildung des Abschlussprozesses in Business ByDesign

In den nachfolgenden Kapiteln wird der Prozess der Abschlusserstellung beschrieben. Dieser Prozess gliedert sich logisch in drei Teilprozessschritte: die vorbereitenden Abschlussarbeiten, die bewertenden Abschlussarbeiten und die Berichterstattung von Bilanz und GuV (Reporting). Innerhalb dieser Teilprozesse ereignen sich Geschäftsvorfälle, die Einfluss auf den zu erstellenden Jahresabschluss haben. Die Abschlusserstellung ist eine der Kernaufgaben der Rechnungswesenabteilung; insbesondere die Kontrolle über die Periodensperren unterstützt den zuständigen Mitarbeiter bei einer strukturierten Durchführung des Abschlussprozesses.

Abschlussprozess

Die anschließenden Ausführungen beziehen sich nicht nur auf die Jahresabschlussarbeiten am Ende eines Geschäftsjahrs, sondern sind allgemein auf jeden Zeitpunkt der Abschlusserstellung zu übertragen: z.B. Quartalsberichte oder aber auch monatliche Abschlüsse. Allerdings laufen für einen Monats-, Quartals- oder Jahresabschluss unterschiedlich viele Prüfungen und Geschäftsvorfälle ab.[666] Grundsätzlich ist dieser Prozess sequenziell angelegt, d.h., wenn die einzelnen Schritte nacheinander abgearbeitet werden, erhalten Sie am Ende des Prozesses den Jahresabschluss. Sollten allerdings Durchbrechungen dieser Reihenfolge notwendig werden, weil z.B. kurz vor der Bilanzerstellung die Inventurwerte korrigiert werden müssen, sind ggf. einige Arbeitsschritte des Abschlussprozesses zu wiederholen.

---

[665] Passive latente Steuern werden in Abbildung 171 mit einem (-), aktive latente Steuern mit einem (+) gekennzeichnet.

[666] Bei einem Monatsabschluss wird z.B. das Anlagevermögen in der Regel nicht auf Werthaltigkeit geprüft; vgl. auch Kapitel E5.1.1.

266 E. Darstellung der Geschäftsprozesse und Ableitung der rechnungswesenrelevanten Daten

Vorbereitende Abschlussarbeiten	Bewertende Abschlussarbeiten	Reporting

| Forderungen | Hauptbuch | Hauptbuch |
| Inventur | Kosten und Erlöse | |

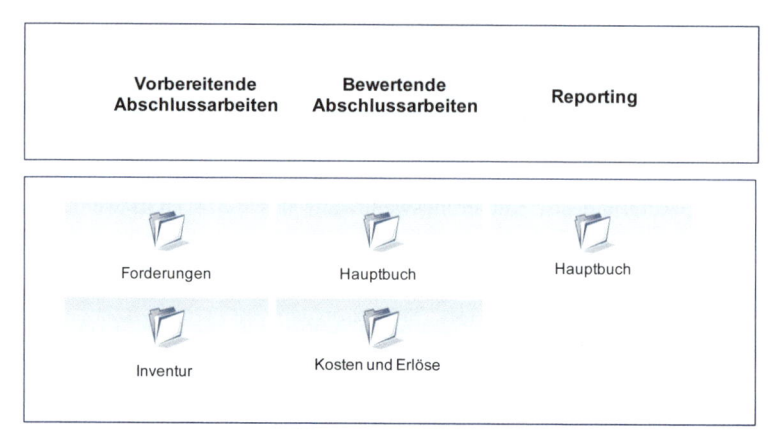

Abbildung 172: Abschlussprozess und Auszug zugehöriger Work Center

Abbildung 172 zeigt zusammenfassend die wesentlichen betroffenen Work Center für den Abschlussprozess auf. Bevor konkret auf den Prozess eingegangen wird, wird die Funktion des Closing Cockpits zur Planung und Überwachung der Jahresabschlusserstellung und damit einhergehend die Funktion der Periodensperren dargestellt.

5.3.1 Planung des Abschlusses mithilfe des Closing Cockpits und Konzept der Periodensperren

Closing Cockpit als zentraler Ausgangspunkt

Die Erstellung eines Periodenabschlusses ist ein umfangreicher Prozess, der entsprechend geplant werden muss. Hierbei unterstützt Sie das Closing Cockpit. Einen Periodenabschluss planen Sie in dem Work Center *Hauptbuch* unter der Sicht *Closing Cockpit*. Nachdem Sie diesen Schritt durchgeführt haben, finden Sie unter der gleichen Sicht eine Liste, die bestimmte, im Rahmen der Abschlusserstellung abzuarbeitende Aktivitäten vorgibt. Dieses Closing Cockpit dient als zentraler Ausgangspunkt, von dem aus Sie alle Arbeitsschritte steuern und monitoren können. Die einzelnen Aktivitäten können schrittweise von Ihnen aus dem Closing Cockpit angegangen werden; Sie springen direkt zu den einzelnen Vorgängen, die im Rahmen der Abschlusserstellung notwendig sind (Menüfunktion *Aktivität starten*). Zudem besitzen Sie immer einen aktuellen Überblick über den Bearbeitungszustand der Aktivitäten: Mit der Menüfunktion *Status setzen* wird der Zustand der Aktivität dokumentiert.

HIGHLIGHT

> Das Closing Cockpit ermöglicht als zentraler Ausgangspunkt eine Planung, Steuerung und ein Monitoring der durchzuführenden Abschlussarbeitsschritte.

Flexibilität der Aktivitätenliste

Die Aktivitätenliste des Closing Cockpit enthält in der Standardauslieferung die wesentlichen Schritte zur Durchführung einer Abschlusserstellung. In Abbildung 173 sind ausgewählte Schritte der einzelnen Teilprozesse des Abschlussprozesses zu erkennen. Das Closing Cockpit ist allerdings dahin gehend flexibel, dass Sie zum einen die vorgeschlagene Bearbeitungsreihenfolge anpassen[667] und zum anderen unternehmensindividuelle Abschlussarbeitsschritte selbst definieren und in die Aktivitätenliste einbringen können.

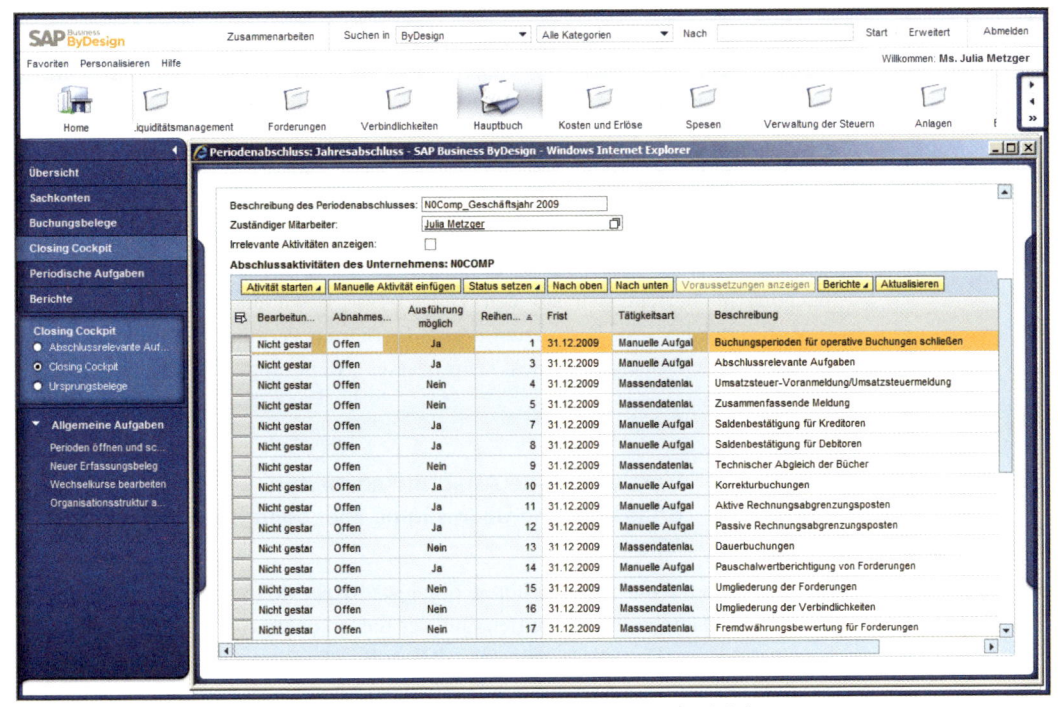

Abbildung 173: Closing Cockpit mit einer Auswahl abschlussrelevanter Aktivitäten

In dem vorgegebenen Ablaufschema befinden sich auch Aktivitäten, die sich auf das Schließen von Perioden für Buchungen beziehen.[668] Damit wird beabsichtigt, dass zum Abschluss des Teilprozesses „Vorbereitende Abschlussarbeiten" eine konsistente Datengrundlage für die Umsatzsteuermeldung gewährleistet ist. Dazu wird die Periode für „Operative Buchungen" geschlossen. Nach der Umsatzsteuermeldung ist die Datenbasis für die Bewertung fixiert, die Periode wird nun auch für „Nachträgliche operative Buchungen" geschlossen. Jetzt sind nur noch Geschäftsvorfälle der Buchhaltung möglich. Mit weiteren Periodensperren wird der Spielraum zur Veränderung von der Bilanz und der GuV immer weiter eingeschränkt, bis nach dem Saldovortrag keinerlei Buchungen mehr möglich sind. Business ByDesign bietet standardmäßig folgende Periodensperren an:

Periodensperren

- Eröffnungssaldo,
- Operative Buchungen,
- Nachträgliche operative Buchungen,

---

[667] Vgl. beispielhaft Kapitel E5.3.3.3 für einen Sachverhalt, der unterschiedlich im Closing Cockpit behandelt werden kann.
[668] Vgl. die orange markierte Zeile in Abbildung 173. Periodensperren legen Sie im Work Center *Hauptbuch* (Sicht *Allgemeine Aufgaben*) fest.

- Abschlussbuchungen,
- Anpassungsbuchungen für das Gesamtkostenverfahren,
- Abschlusssaldo,
- Gewinn- und Verlustermittlung für Bilanzergebnisse.

HIGHLIGHT

> Periodensperren verhindern Veränderungen des Buchungsstoffs im Abschlussprozess und gewährleisten damit eine konsistente Datenbasis.

Bewegungsbilanz

Mithilfe einer Bewegungsbilanz können Sie zudem die einer bestimmten Periodensperre zugehörigen Buchungen gesondert anzeigen und dementsprechend die Auswirkungen der Abschlusserstellung auf die Bilanz nachvollziehbar dokumentieren.[669] Die in der Auflistung genannte Periodensperre „Abschlussbuchungen" bezieht sich auf den Teilprozess „Bewertende Abschlussarbeiten" (vgl. Kapitel E5.3.3). Die letzten drei aufgeführten Periodensperren sind für die abschließenden Buchungen des Teilprozesses „Reporting" (vgl. Kapitel E5.3.4) von Relevanz.

5.3.2 Vorbereitende Abschlussarbeiten
5.3.2.1 Erfassung und Überprüfung aller operativen Geschäftsvorfälle

Überprüfung des Mengengerüsts

Zu den Abschlussarbeiten gehören organisatorische Maßnahmen. Diese dienen dazu, eine Datenbasis zu schaffen, auf der die originären Abschlussarbeiten aufsetzen können. Damit ist gemeint, dass z.B. alle Lieferanten- oder Kundenrechnungen der betrachteten Periode erfasst wurden. Diese Tätigkeiten des Tagesgeschäfts sollten zeitnah erfolgen und die daraus automatisch resultierenden Buchungen somit im System vorhanden sein. Insbesondere aufgrund von ausstehenden Genehmigungen oder Aufgaben ist es möglich, dass der Periode zuzuordnende Geschäftsvorfälle allerdings noch nicht gebucht wurden. Es gilt also sicherzustellen (z.B. auch unter Zuhilfenahme einer Checkliste), dass die Geschäftsvorfälle im Rechnungswesen abgebildet sind. Folgende Geschäftsvorfälle sind hierfür von Ihnen zu prüfen:

- Bestellungen/Kundenaufträge,
- Wareneingänge/-ausgänge,
- Serviceeingänge/-ausgänge,
- Lieferanten-/Kundenrechnungen (inkl. Gutschriften),
- Interne Leistungsrückmeldungen,
- Spesenabrechnungen,
- Kontoauszüge, Kasse, Schecks.

Abschlussrelevante Aufgaben

Unter die organisatorischen Maßnahmen fallen auch abschlussrelevante Aufgaben des Buchhalters im Rahmen des Abschlussprozesses. Dieser bekommt eine Liste von buchungsrelevanten Aufgaben, wie z.B. die Erteilung einer Bestätigung für

---

[669] Vgl. dazu auch Abbildung 188.

einen Zahlungsausgleich zwischen Zahlungsausgang und Verbindlichkeit, deren Erledigung Auswirkungen auf den Buchungsstoff haben können und somit in diesem Teilprozess abzuschließen sind.

5.3.2.2 Inventur und Saldenbestätigungen

Die in einem Unternehmen vorhandenen Vorräte, Materialien, Anlagen etc. werden im Rahmen der Inventur mengenmäßig in regelmäßigen Abständen erfasst. Im Work Center *Inventur* (Sicht *Allgemeine Aufgaben*) legen Sie dabei z.B. fest, welche Lagerbereiche geprüft werden sollen. Der zuständige Mitarbeiter bekommt daraufhin eine Aufgabe. Automatisch erstellte Zähllisten für einen bestimmten Lagerbereich unterstützen Sie bei der Abarbeitung der Inventuraufgabe. Nach Beendigung der Inventuraufgabe wird über eine Rückmeldung die gezählte Menge erfasst und mit dem geführten Bestand abgeglichen (vgl. Abbildung 174).

Durchführung der Inventur

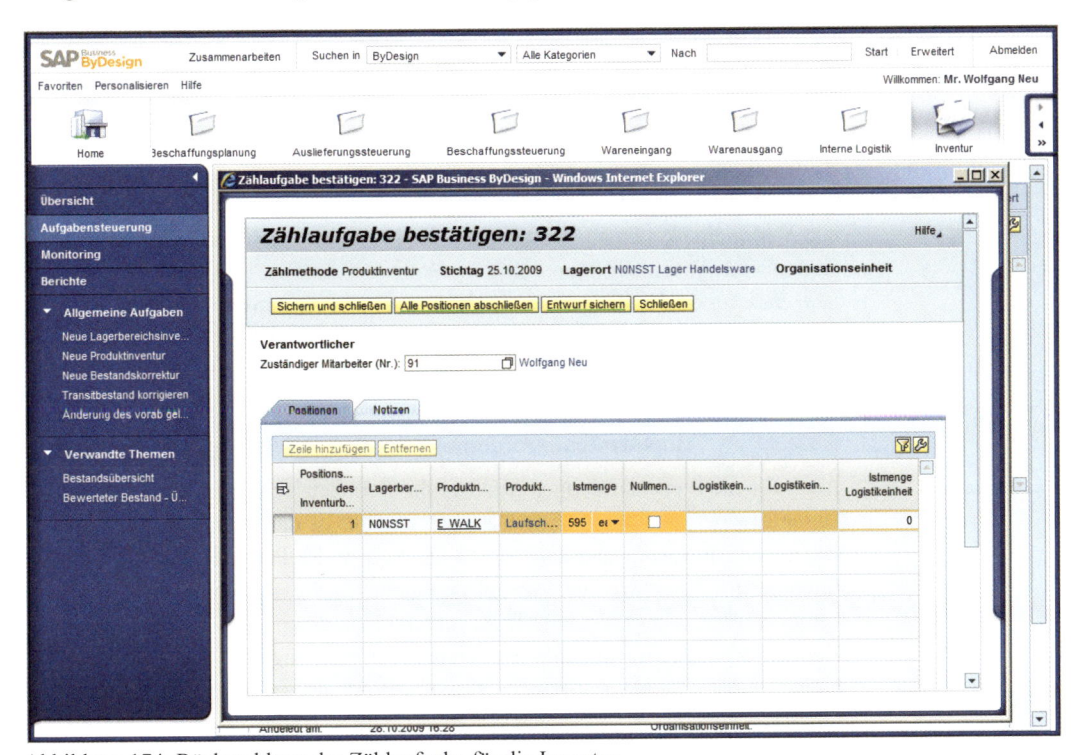

Abbildung 174: Rückmeldung der Zählaufgabe für die Inventur

Schließlich wird der Bestand nach erfolgter Genehmigung der Zählung (Sicht *Monitoring*) aktualisiert. Aus der mengenmäßigen Anpassung erfolgt automatisch die wertmäßige Korrektur des Bestandswerts im Rechnungswesen. Die Höhe der Bestandskorrektur ermittelt sich auf der Grundlage des zu diesem Zeitpunkt gültigen Kostensatzes in den Stammdaten des zugrundeliegenden Materials.

Im Beispielsachverhalt ergab die Inventur einen Schwund von fünf Paar *Easy Walk*-Schuhen. Über die mengenmäßige Erfassung des Schwunds erfolgt eine

Beispielsachverhalt

Anpassung (Verringerung) der bisherigen Bestandsmenge um fünf Paar Schuhe. Der Bestandspreis pro Paar Schuhe liegt am 31.12.2009 bei 60,38 EUR.[670] Daraus folgt eine Reduzierung des Bestandswerts im Konto *Fertigerzeugnisse* um 301,90 EUR. Der Schwund wird gleichzeitig als Inventurdifferenz aufwandswirksam in der GuV erfasst.

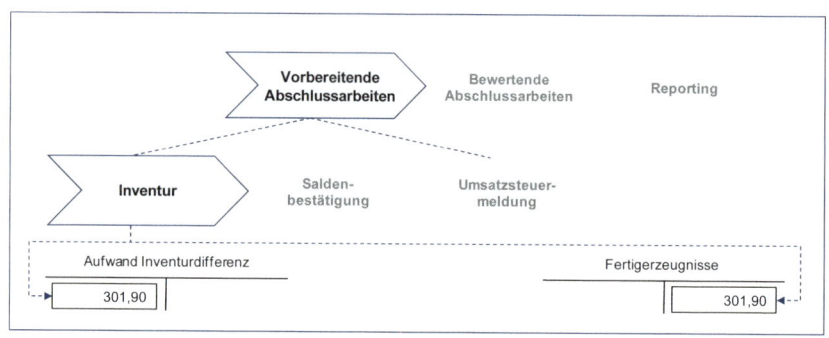

Abbildung 175: Buchung von Inventurdifferenzen

Saldenbestätigungen

Als weitere vorbereitende Abschlussarbeit ist das Versenden bzw. Einholen von Saldenbestätigungen zu vorhandenen Forderungs- bzw. Verbindlichkeitspositionen zu nennen. Mit den Saldenbestätigungen soll der Ausweis von Forderungen und Verbindlichkeiten an sich als auch der Höhe nach sichergestellt werden. Den Saldenbestätigungslauf können Sie im Work Center *Forderungen* bzw. *Verbindlichkeiten* unter der Sicht *Periodische Aufgaben* automatisch einplanen. Saldenbestätigungen besitzen nur dann eine Auswirkung auf das Rechnungswesen, wenn eine Forderungs- bzw. Verbindlichkeitsposition angepasst werden muss.

5.3.2.3 Umsatzsteuervoranmeldung und -erklärung

Periodensperren

Auch für die Steuermeldungen besitzen die Periodensperren eine wichtige Rolle. Durch die zuvor beschriebenen Geschäftsvorfälle ist die Datenbasis für die Umsatzsteuer vollständig und kann durch das Setzen der Periodensperre „Operative Buchungen" fixiert werden. Ansonsten laufen Sie Gefahr, dass sich die Steuerbemessungsgrundlage ändert (z.B. durch Erfassung von Lieferanten- oder Kundenrechnungen), wodurch eine erneute Ermittlung des Steuerbetrags verbunden wäre. Sollten seit dem letzten Steuererklärungslauf trotzdem noch Geschäftsvorfälle für die vergangene Periode berücksichtigt werden[671], die für die Umsatzsteuer(voran)meldung relevant sind, dann können Sie mithilfe von Korrekturläufen die zwischenzeitlich angefallenen Steuern zusätzlich bestimmen.

---

[670] Vgl. zur Ermittlung und Entwicklung des gleitenden Durchschnittspreises der bezogenen Handelsware Kapitel E1.3.1.1.2 und E3.3.1.1.2.
[671] Wichtige Geschäftsvorfälle können z.B. noch durch die „Nachträglichen operativen Buchungen" Eingang in den Abschluss finden.

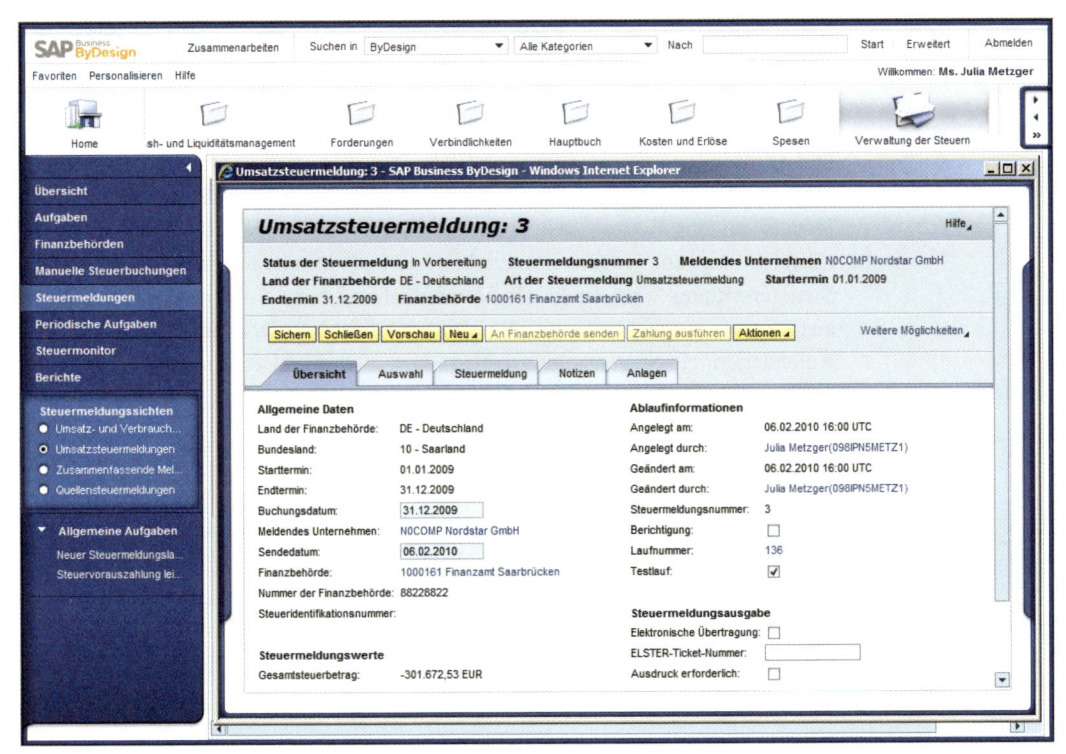

Abbildung 176: Umsatzsteuermeldung

Unternehmen müssen im Allgemeinen monatlich bis zum 10. Tag nach Ablauf des Voranmeldungszeitraumes bzw. quartalsweise eine Umsatzsteuervoranmeldung und für ein abgelaufenes Kalenderjahr eine Umsatzstcuererklärung an das Finanzamt abgeben. Umsatzsteuervoranmeldungen dürfen nur auf elektronischem Wege per ELSTER, die Umsatzsteuermeldung nur in Papierform an das Finanzamt übermittelt werden. Business ByDesign unterstützt Sie bei der monatlichen (quartalsweisen) Umsatzsteuervoranmeldung bzw. der Umsatzsteuermeldung dahin gehend, dass Sie die Daten zur Vor- bzw. Umsatzsteuer aufbereitet bekommen und dadurch die Übernahme in die Steuerformulare erleichtert wird. Für diese Aufbereitung werden alle steuerrelevanten Belege wie z.B. Kunden- oder Lieferantenrechnungen herangezogen. Die aus dem System ermittelten Daten nehmen Sie manuell in die Formulare auf und übertragen die Umsatzsteuermeldung anschließend per ELSTER an die Steuerbehörde.

Unterstützung von Steuermeldungen

Im Work Center *Verwaltung der Steuern* (Sicht *Allgemeine Aufgaben*) legen Sie zunächst einen Steuererklärungslauf an und planen diesen für einen bestimmten Zeitpunkt ein.[672] Der Steuererklärungslauf berechnet für den gewählten Zeitraum

Steuermeldungslauf

---

[672] Neben der Unterstützung von Umsatzsteuermeldungen an das Finanzamt erhalten Sie in Business ByDesign über den Meldelauf an das Bundeszentralamt für Steuern zu Lieferungen an Unternehmer in anderen Mitgliedsstaaten der EU ebenso systemseitige Unterstützung.

– im Fallbeispiel ist dies das komplette Geschäftsjahr – im Anschluss den Zahlungsbetrag bzw. die Steuerforderung automatisch.

Beispielsachverhalt Im Beispielsachverhalt sind im Geschäftsjahr Vorsteuern i.H.v. 1.616.282 EUR und Umsatzsteuer i.H.v. 1.917.955 EUR angefallen (vgl. Abbildung 176). Diese offenen Posten auf den Steuerkonten werden durch den Steuermeldungslauf jeweils auf das Konto *Umsatzsteuervorauszahlung* gebucht (Buchung (1a) und (1b)).[673] Die aus einem Steuererklärungslauf ermittelte Steuerzahlung bzw. Steuererstattung wird direkt als Verbindlichkeit bzw. Forderung in der Bilanz ausgewiesen (vgl. Buchung (2)). Im vorliegenden Sachverhalt wird für das Kalenderjahr ein Steuerzahlungsbetrag i.H.v. 301.673 EUR ermittelt.

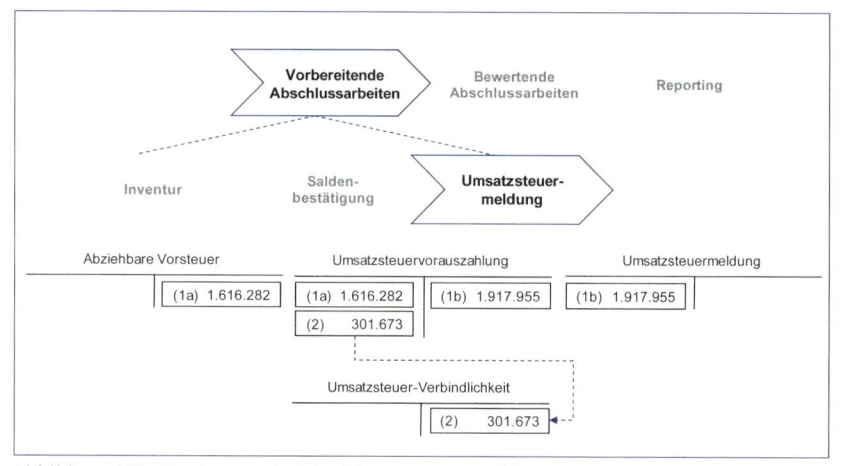

Abbildung 177: Buchungen bei der Umsatzsteuermeldung

5.3.2.4 Nebenbuchabstimmung

Nachdem alle Geschäftsvorfälle erfolgt bzw. Aufgaben abgearbeitet und Genehmigungen erteilt wurden, kann mit wenigen Abstimmprogrammen die Konsistenz der Nebenbücher überprüft werden.[674] Falls Sie alle Aufgaben des Closing Cockpits für diesen Prozessschritt abgearbeitet haben, sind keine Differenzen zu erwarten.

---

[673] Der Zahlungsvorgang wird hier im Einzelnen nicht betrachtet. Dieser spielt sich analog zu den bereits behandelten Zahlungsvorgängen ab. Über Zahlläufe werden Verbindlichkeiten beglichen. Die Verbuchung erfolgt über das Verrechnungskonto *Geld in Transit*; vgl. auch Kapitel E1.3.1.2.

[674] Die dazu benötigten Abstimmberichte (z.B. Abstimmung der Zahlmittelbestände, Kreditorenabstimmung, Debitorenabstimmung, Steuerabstimmung) finden Sie im Work Center *Hauptbuch* unter der Sicht *Berichte*.

5.3.3 Bewertende Abschlussarbeiten
5.3.3.1 Überblick

Wichtig für den Teilprozess „Bewertende Abschlussarbeiten" ist das Schließen der Perioden für operative Buchungen und das Öffnen für den Abschlussschritt „Abschlussbuchungen". Die für die Bewertung relevante Datenbasis soll ab diesem Zeitpunkt nicht mehr durch mögliche Rechnungen oder Zeitrückmeldungen und den daraus resultierenden Buchungen verändert werden. Die Periodensperre stellt sicher, dass nicht beabsichtigte Buchungen nicht mehr zugelassen werden.

Periodensperren

Nachdem alle im Jahresabschluss zu berücksichtigenden (operativen) Geschäftsvorfälle erfasst wurden, werden in einem nächsten Schritt automatische und manuelle Abschlussbuchungen erforderlich. Diese Buchungen laufen nicht unabhängig voneinander ab, sondern stehen in einigen Fällen in einer Beziehung zueinander bzw. sind voneinander abhängig. So ist es bspw. notwendig, zuerst die Gemeinkostenzuschläge auf die Kostenträger zu buchen, bevor ein Abrechnungslauf des Kontos *Ware in Arbeit* erfolgt. Im Nachgang kann auf dieser Basis dann die Vorratsbewertung stattfinden. Ebenso ist der Abschreibungslauf (planmäßige Abschreibungen) die Grundlage für den sich anschließenden manuellen Bewertungsschritt: die Beurteilung des Vorliegens außerplanmäßiger Abschreibungen. Die Geschäftsvorfälle für bewertende Abschlussarbeiten können Sie in der aufgeführten Reihenfolge durchführen:[675]

Abhängigkeiten der bewertenden Abschlussarbeiten

- Rechnungsabgrenzungsposten (Aktiv/Passiv),
- Wertberichtigungen von Forderungen,
- Umgliederung der Forderungen bzw. Verbindlichkeiten,
- Fremdwährungsbewertung für Forderungen bzw. Verbindlichkeiten,
- Fremdwährungsbewertung für Zahlungsmittel,
- WE/RE-Lauf,
- Planmäßige Abschreibungen auf Anlagen,
- Außerplanmäßige Abschreibungen auf Anlagen,
- Gemeinkostenzuschläge (z.B. Projekte und Produktionslose),
- WIP-Abrechnung,
- Bestandsbewertung und Bewertungsdifferenzen,
- Abgrenzungen (Bildung bzw. Bewertung von Rückstellungen),
- Erlösabgrenzung/Erlösrealisierung,
- Gemeinkostenumlagen.

Von dieser Gesamtheit bewertender Abschlussarbeiten ist exemplarisch der erste Geschäftsvorfall in Abbildung 178 aufgeführt. Die in der Auflistung genannten Geschäftsvorfälle schließen sich diesem an.

---

[675] Es handelt sich hierbei um die Reihenfolge der Standardauslieferung.

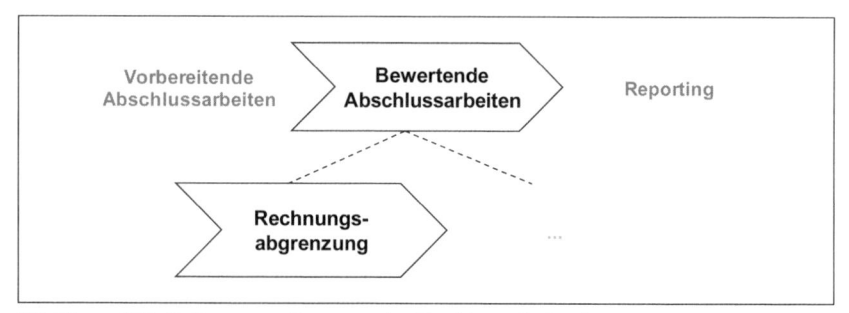

Abbildung 178: Teilprozess „Bewertende Abschlussarbeiten"

Automatische Abschlussarbeiten

Innerhalb der aufgelisteten Geschäftsvorfälle befinden sich automatische und manuelle Abschlussbuchungen. Die automatischen Abschlussbuchungen beziehen sich auf die periodischen Läufe: sowohl WE/RE-Lauf[676], Abschreibungslauf, Gemeinkostenzuschläge[677], WIP-Abrechnungslauf[678], Erlösabgrenzungslauf[679] als auch die Fremdwährungsbewertung[680]. Bis auf den Abschreibungslauf wurden Ihnen diese Läufe bereits in den vorangegangen Kapiteln hinsichtlich Funktionsweise und Buchungslogik näher erläutert. Den Abschreibungslauf planen Sie im Work Center *Anlagen* unter der Sicht *Periodische Aufgaben* ein. Dieser bucht dann automatisch alle planmäßigen Abschreibungen der vorhandenen Anlagen für eine Periode. Die Höhe der Abschreibung wird über die im Stammdatensatz der Anlage enthaltenen Angaben ermittelt. Für Zwecke der Abschlussarbeiten müssen Sie jedoch nicht in die einzelnen Work Center zur Durchführung der Läufe wechseln. Diese können direkt über das Closing Cockpit aufgerufen werden.

Manuelle Abschlussarbeiten

Die manuellen Abschlussarbeiten beziehen sich insbesondere auf die Bewertung von Forderungen, des Vorratsvermögens und der Rückstellungen sowie der Bildung von Rechnungsabgrenzungsposten. Die manuellen Abschlussarbeiten werden grundsätzlich über Erfassungsbelege berücksichtigt. So sind bspw. außerplanmäßige Abschreibungen auf Anlagen oder die Bildung von Rückstellungen manuell im Work Center *Hauptbuch* (Sicht *Buchungsbelege*) zu buchen.

Im Folgenden werden zwei zentrale Bereiche der Jahresabschlusserstellung, die Bewertung von Forderungen und die Bewertung des Vorratsvermögens näher erläutert. Von einer detaillierten Beschreibung der Rückstellungsbehandlung – im Fallbeispiel werden konkret eine Drohverlustrückstellung und Pensionsrückstellungen gebildet – wird abgesehen.[681]

---

[676] Vgl. Kapitel E1.3.1.3.
[677] Vgl. Kapitel E2.3.2.5.
[678] Vgl. Kapitel E2.3.3.
[679] Vgl. Kapitel E3.3.2.
[680] Vgl. dazu Kapitel E5.3.3.2.
[681] Die unterschiedliche Behandlung der Rückstellungen in Handels- und Steuerbilanz löst die Bildung von latenten Steuern aus; vgl. ausführlich E5.3.4.1.

5.3.3.2 Abschlussarbeiten im Bereich der Forderungen

Im Folgenden werden die Abschlussarbeiten, die die Bewertung von Forderungen betreffen, erläutert. Unter diese Arbeiten fallen die manuell vorzunehmenden Einzel- bzw. Pauschalwertberichtigungen. Darüber hinaus sind Forderungen ggf. der Fremdwährungsbewertung zu unterziehen. Entgegen den Wertberichtigungen handelt es sich hierbei um einen automatischen Bewertungsschritt, der allerdings eine manuelle Währungskurspflege zum Stichtag voraussetzt. Ebenso erfolgen die Umgliederung von Forderungen hinsichtlich Restlaufzeit und ggf. eine Saldierung mit vorhandenen Verbindlichkeiten automatisch. Die Saldenbestätigungsläufe sind als Vorbereitungsmaßnahmen der bewertenden Abschlussarbeiten bereits durchgeführt; diese bestätigen auf einer ersten Stufe die Beurteilungsbasis der zu bewertenden Positionen.

Überblick

Einzelwertberichtigungen beziehen sich auf Forderungen gegenüber einem bestimmten Kunden. Mit der Wertberichtigung einer Forderung wird dem Ausfallrisiko eines spezifischen Kunden Rechnung getragen. Sollte nicht mehr mit dem vollen Forderungseingang gerechnet werden, so ist zunächst eine manuelle Umbuchung der Forderung auf das Konto *Zweifelhafte Forderungen* vorzunehmen.[682] Danach ist der Buchwert der Forderung i.H.d. gefährdeten Betrags über einen Erfassungsbeleg abzuwerten. Im Gegensatz zu Einzelwertberichtigungen zielen Pauschalwertberichtigungen darauf ab, das Ausfallrisiko der gesamten Forderungspositionen auf Basis von Erfahrungswerten zu berücksichtigen. Der Forderungsbestand wird dem ermittelten Ausfallrisiko unterworfen und ebenso mit einem Erfassungsbeleg gebucht.

Einzel- und Pauschalwertberichtigung

Im Sachverhalt besteht eine Forderung aus Lieferungen und Leistungen gegenüber einem Kunden (*Schuh Discounter*) i.H.v. 214.200 EUR[683]. Diese Forderung soll auf einen Buchwert von 150.000 EUR abgeschrieben werden. Dazu müssen Sie einen Erfassungsbeleg anlegen und die Einzelwertberichtigung von 64.200 EUR gegen das Konto *Zweifelhafte Forderungen* buchen. Die in der Forderung enthaltene Umsatzsteuer ist erst dann ihrer Höhe nach anzupassen, wenn tatsächlich ein geringerer Betrag als der ursprünglich Begründete eingeht. Bis zu diesem Zeitpunkt besteht weiterhin eine Umsatzsteuerverbindlichkeit in unveränderter Höhe.

Beispielsachverhalt

Forderungen können mit Verbindlichkeiten saldiert werden, wenn diese gegenüber demselben Kunden bestehen. Zudem werden die Forderungen entsprechend ihrer Restlaufzeit für Berichterstattungszwecke ausgewiesen: Forderungen mit einer Restlaufzeit von mehr als einem Jahr müssen gesondert in der Bilanz gezeigt

Umgliederung und Ausweis nach Restlaufzeit

---

[682] Den manuellen Erfassungsbeleg legen Sie im Work Center *Hauptbuch* unter der Sicht *Buchungsbelege* an.
[683] In dieser Forderung ist Umsatzsteuer i.H.v. 34.200 EUR enthalten.

werden.[684] Die Umgliederung bzw. den Ausweis von Forderungen nehmen Sie im Work Center *Forderungen* unter der Sicht *Periodische Aufgaben* vor.

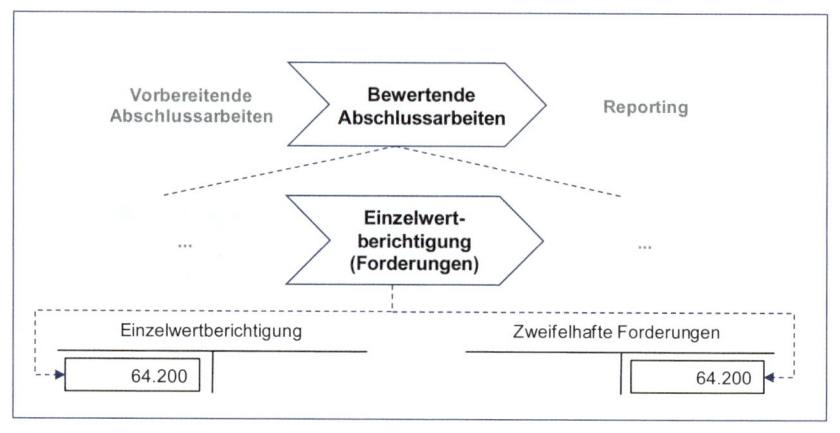

Abbildung 179: Buchung von Einzelwertberichtigungen

Fremdwährungsbewertung

Falls Sie auf fremde Währung lautende Forderungen haben, müssen diese zum Bilanzstichtag mit dem Stichtagskurs umgerechnet werden.[685] Um eine korrekte Bewertung zu gewährleisten, ist der Fremdwährungskurs zu diesem Zeitpunkt im Work Center *Hauptbuch* (Sicht *Allgemeine Aufgaben*) zu pflegen.[686] Den Fremdwährungsbewertungslauf planen Sie im Work Center *Forderungen* unter der Sicht *Periodische Aufgaben* ein.

5.3.3.3 Abschlussarbeiten im Bereich des Vorratsvermögens

Überblick

In diesem Abschnitt werden die Bewertung des Vorratsvermögens und die damit zusammenhängenden Abschlussschritte in den Kontext des Closing Cockpits gebracht. Die für die Bewertung des Vorratsvermögens relevanten Geschäftsvorfälle – Gemeinkostenzuschläge, WIP-Abrechnung, Bestandsbewertung und Gemeinkostenumlagen – stellen bis auf die Bestandsbewertung automatische Abschlussarbeiten dar.

Behandlung von Umlagenänderungen

Wie in Kapitel E2 bereits gezeigt wurde, sind Umlagen und die darauf angewendeten Gemeinkostenzuschläge Bestandteil für die Herstellungskostenermittlung selbst hergestellter Produkte. Es ist möglich, dass über die Umlage am Ende

---

[684] Bei diesem Vorgang handelt es sich lediglich um eine Ausweisfrage, die für Berichterstattungszwecke notwendig, für das operative Tagesgeschäft aber nicht von Relevanz ist. Die Umgliederung bzw. Saldierung wird in der nächsten Periode automatisch wieder zurückgenommen.

[685] Vgl. zu den Auswirkungen von Fremdwährungsgeschäften auch Kapitel E1.3.1.2.2.

[686] Am Abschlussstichtag vorgenommene Abwertungen bzw. Aufwertungen von Forderungen werden in der nächsten Periode automatisch direkt zurückgenommen, da dieser Bewertungsvorgang nur für diesen Zeitpunkt und nicht für das operative Tagesgeschäft von Relevanz ist. Eine Bewertung von Forderungen über den ursprünglichen Anschaffungskosten ist nach BilMoG für Forderungen mit einer Restlaufzeit von weniger als einem Jahr – ausgehend von dem Betrachtungszeitpunkt – möglich (§ 256a HGB).

des Geschäftsjahrs mehr Kosten auf eine Kostenstelle umgelegt werden, als dies ursprünglich auf Basis der Plandaten erwartet wurde. Der ebenso auf Plandaten ermittelte Gemeinkostenzuschlag, der diese umgelegten Kosten auf einen Kostenträger (z.B. ein Produktionslos oder ein Projekt) umwälzen soll, entlastet in diesem Fall dann nicht mehr die Kostenstelle in der geplanten Höhe. Auf der Kostenstelle bleiben – wenn nur dieser Sachverhalt betrachtet wird – somit Kosten stehen (Überdeckung) bzw. diese wird zu hoch entlastet (Unterdeckung).

An dieser Stelle sind zwei Vorgehensweisen denkbar: Einerseits kann die Unterdeckung bzw. Überdeckung als Aufwand bzw. Ertrag der Periode erfolgswirksam berücksichtigt werden.[687] Andererseits ist eine Anpassung des Gemeinkostenzuschlags[688] auf Basis der umgelegten (Ist-)Kosten möglich.

Die für die Vorratsbewertung relevanten Geschäftsvorfälle sind in Business ByDesign in der Standardauslieferung wie folgt angeordnet: **Geschäftsvorfälle der Vorratsbewertung**

- Gemeinkostenzuschläge (z.B. Projekte und Produktionslose),
- WIP-Abrechnung,
- Bestandsbewertung und Bewertungsdifferenzen,
- Gemeinkostenumlage.

Die zeitliche Abfolge der Aktivitäten in dem Closing Cockpit sieht vor, dass die Umlage von Gemeinkosten nach der Bestandsbewertung erfolgt. Abweichungen zu den geplanten umzulegenden Kosten werden somit erst mit diesem Schritt abschließend ersichtlich. Die Zuschlagsläufe der Gemeinkosten erfolgen jedoch zuvor. Diese Vorgehensweise beabsichtigt also nicht, die Gemeinkostenzuschläge für die Umlage zu korrigieren, sondern die Unter- bzw. Überdeckung erfolgswirksam zu verrechnen. Die bereits erläuterte Flexibilität des Closing Cockpits erlaubt es Ihnen jedoch, die Anordnung der Abschlussschritte nach Ihren Wünschen zu gestalten. So können Sie die Gemeinkostenumlage auch vor den Zuschlagsläufen ansetzen und daraufhin unter Umständen eine Korrektur der Zuschlagssätze vornehmen.

Business ByDesign bietet über das Bewertungsverfahren gleitender Durchschnitt ein gesetzlich zulässiges Verbrauchsfolgeverfahren an. Andere zulässige Verbrauchsfolgeverfahren, wie bspw. Lifo oder Fifo, werden vom System noch nicht automatisch unterstützt. Falls Sie von diesen Verfahren Gebrauch machen möchten, kann der nach diesen Verfahren ermittelte Bestandswert über eine manuelle Buchung erreicht werden. **Bewertungsvereinfachungsverfahren**

Falls der beizulegende Wert niedriger als der Bestandswert des Vorratsvermögens ist, muss aufgrund des strengen Niederstwertprinzips eine Wertminderung vorgenommen werden. Für die Anpassung besitzen Sie die Möglichkeit, den Kosten- **Anpassung des Bestandswerts**

---

[687] Die Aussteuerung in den Funktionsbereich der GuV hängt von dem Kostenstellentyp der Kostenstelle ab; vgl. dazu Kapitel D3.2.
[688] Dieser angepasste Zuschlagssatz wird dann für die Verrechnung herangezogen.

satz eines Materials in dessen Stammdatensatz zu korrigieren. Daraus resultiert eine Umbewertung des Bestands i.H.d. Differenz zwischen altem und neuem Kostensatz.

Beispielsachverhalt

Wenn Sie den Kostensatz für den *Easy Walk*-Schuh um 1 EUR pro Paar verringern würden, dann hätte dies bei einer verbleibenden Bestandsmenge von 595 Paaren (nach der Inventur) eine aufwandswirksame Buchung im Konto *Aufwand Bestandsumbewertung* i.H.v. 595 EUR und gleichzeitig eine Minderung des Bestandswerts auf dem Konto *Fertigerzeugnisse* zur Folge (vgl. Abbildung 180).

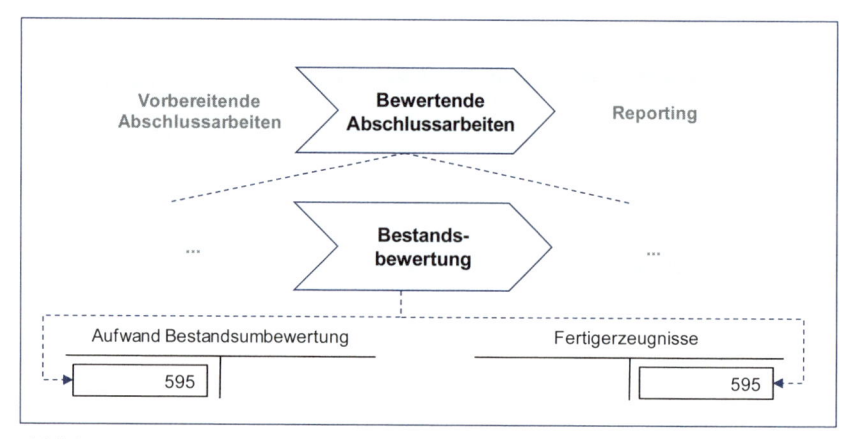

Abbildung 180: Buchungen bei der Bestandsumbewertung

5.3.3.4 Hauptbuchabstimmung

Abstimmung von Haupt- und Nebenbuch

Nachdem alle Geschäftsvorfälle erfolgt bzw. Aufgaben abgearbeitet und Genehmigungen erteilt wurden, kann die Abstimmung von Hauptbuch und Nebenbüchern vorgenommen werden. Normalerweise sind die Nebenbücher mit dem Hauptbuch jederzeit abgestimmt, weil die Buchungen immer in einem Nebenbuch und dem Hauptbuch abgesetzt werden. Zur Überprüfung von Neben- und Hauptbuch werden in Business ByDesign Abstimmberichte zur Verfügung gestellt; treten in den Abstimmberichten[689] Fehler auf, liegt im Allgemeinen ein Systemfehler vor. Für den vorliegenden Sachverhalt wird in Abbildung 181 die Abstimmung der Salden von Nebenbuch und Hauptbuch mithilfe des Berichts im Work Center *Hauptbuch* angezeigt: es liegen keine Abweichungen zwischen Neben- und Hauptbuch vor. Die Differenz in der Spalte „ohne Nebenbuch" begründet sich aus drei Sachverhalten, die auf Sachkonten des Hauptbuchs gebucht wurden, zu denen kein Nebenbuch(konto) existiert. Konkret handelt es sich um Buchungen der Eröffnungsbilanz[690] i.H.v. 8.000.000 EUR – Einlage der Barmittel

---

[689] Diese Berichte können Sie in den relevanten Nebenbüchern, wie z.B. Forderungen, Verbindlichkeiten, Steuern, Anlagen, aufrufen.

[690] Vgl. Kapitel D1.

zur Gründung und Aufnahme des Bankkredits – und den Saldo aus den Aufwendungen und Erträgen aus Währungskursdifferenzen[691].

> Aufgrund des zentralen Buchungsbelegs sind Neben- und Hauptbuch inhärent abgestimmt.

HIGHLIGHT

Nebenbuch	Salden Nebenbuch (Hauswährung) EUR	Salden Hauptbuch (Hauswährung) EUR	Absolute Differenz EUR
Anlagen	5.435.459,76	5.435.459,76	0,00
Kostenstellen	412.212,86	412.212,86	0,00
Kreditoren/Debitoren	-3.888.290,38	-3.888.290,38	0,00
Materialbestand	424.181,06	424.181,06	0,00
Ohne Nebenbuch		-8.020.983,25	8.020.983,25
Projekte	10.917,84	10.917,84	0,00
Steuern	-301.672,53	-301.672,53	0,00
Zahlungsmittel	11.732.116,00	11.732.116,00	0,00

Abbildung 181: Abstimmbericht von Hauptbuch und Nebenbüchern

5.3.4 Abschlussreporting von Bilanz und Gewinn- und Verlustrechnung

Nachdem die zuvor beschriebenen Abschlussmaßnahmen beendet sind, können Sie in dem Work Center *Hauptbuch* unter der Sicht *Berichte* die Bilanz und die GuV des abgelaufenen Geschäftsjahrs aufrufen. Diese stellen jedoch noch nicht die finalen Jahresabschlussbestandteile dar. Dazu fehlen noch drei abschließende Geschäftsvorfälle: die Berücksichtigung von latenten Steuern, die (fakultative) Überleitung der GuV auf das Gesamtkostenverfahren und der Saldovortrag. Die Behandlung dieser drei Geschäftsvorfälle des letzten Teilprozesses wird nachfolgend erläutert.

5.3.4.1 Bilanzierung von latenten Steuern

In Kapitel C3 wurde bereits dargelegt, wann die Bildung von latenten Steuern notwendig ist. Auf Basis der Einzeldifferenzenbetrachtung zwischen Handels- und Steuerbilanz sind diese Steuerpositionen über eine Aufwandsbuchung in einem gesonderten Posten in der Handelsbilanz auszuweisen.

Überblick

Mithilfe der zwei in Business ByDesign verwendeten Rechnungslegungswerken – HGB und Steuerbuch – werden Buchungen aus den weiter oben beschriebenen Geschäftsprozessen (Beschaffung, Lagerfertigung, Auftragsabwicklung und Projektmanagement) automatisch in beiden Rechnungslegungswerken abgesetzt.[692] Dasselbe gilt auch für alle Buchungen des Teilprozesses „Vorbereitende Abschlussarbeiten". Bei den Buchungen des Teilprozesses „Bewertende Abschlussarbeiten" wurde das Rechnungslegungswerk stets ausgewählt. Sie können aus dieser Datenbasis im Anschluss an die notwendigen Abschlussarbeiten ohne

Einzeldifferenzenbetrachtung: Handels- und Steuerbilanz

---

[691] Vgl. Kapitel E1.3.1.2.2.
[692] Vgl. zum Konzept der parallelen Buchungen auch Kapitel C5.

Implementierung einer Überleitungsrechnung eine gesonderte Handels- und Steuerbilanz erzeugen. Diese Funktionalität ist für Zwecke der Bildung von latenten Steuerpositionen geeignet: Durch den Vergleich der beiden Abschlussberichte sind Sie schnell in der Lage, bilanzpostenbezogen Differenzen zwischen diesen Rechenwerken zu identifizieren. Auf dieser Grundlage können Sie anschließend den betreffenden (latenten) Steueraufwand bzw. -ertrag in der Handelsbilanz buchen.[693] In Abhängigkeit von der Abweichung sind entweder aktive oder passive latente Steuern notwendig.[694]

Bilanzposition	Handelsbilanz EUR	Steuerbilanz EUR	Delta EUR
Bilanz gem. HGB § 266 - SKR03	0,00	0,00	0,00
Aktiva	17.744.731,82	17.740.405,40	0,00
Anlagevermögen	5.435.459,76	5.431.133,34	0,00
Immaterielle Vermögensgegenstände	7.859,42	1.800,00	6.059,42
Sachanlagevermögen	5.427.600,34	5.429.333,34	0,00
Grundstücke	2.000.000,00	2.000.000,00	0,00
Gebäude	1.608.333,34	1.608.333,34	0,00
Technische Anlagen und Maschinen	1.810.600,00	1.810.600,00	0,00
Betriebs- und Geschäftsausstattung	8.666,67	10.400,00	-1.733,33
Umlaufvermögen	12.309.272,06	12.309.272,06	0,00
Vorräte	424.181,06	424.181,06	0,00
Rohstoffe, Hilfs- und Betriebsstoffe	0,00	0,00	0,00
Fertige Erzeugnisse und Waren	424.181,06	424.181,06	0,00
Forderungen und sonstige Anlagen	152.975,00	152.975,00	0,00
Forderung aus Lieferung und Leistung	152.975,00	152.975,00	0,00
Aus Steuern	0,00	0,00	0,00
Kassenbest., Guthaben Kl. und Schecks	11.732.116,00	11.732.116,00	0,00
Passiva	-17.744.731,82	-17.740.405,73	0,00
Eigenkapital	-9.479.843,61	-10.479.147,89	0,00
Gezeichnetes Kapital	-5.550.000,00	-5.550.000,00	0,00
Jahresüberschuss/Jahresfehlbetrag	-4.930.140,98	-4.929.147,89	0,00
Rückstellungen	-89.333,00	-86.000,00	-3.333,00
Verbindlichkeiten	-7.175.257,84	-7.175.257,84	0,00
Verbindlichkeiten gegenüber Kreditinstituten	-2.450.000,00	-2.450.000,00	0,00
Verbindl. aus Lieferungen und Leistungen	-4.041.265,38	-4.041.265,38	0,00
Verbindl. gegenüber verb. Unternehmen	0,00	0,00	0,00
Sonstige Verbindlichkeiten	-683.992,46	-683.992,46	0,00
Aus Steuern	-301.672,46	-301.672,46	0,00
Verbindlichkeiten gegenüber Personal	-382.320,00	-382.320,00	0,00

Abbildung 182: Einzeldifferenzenbetrachtung zwischen Handels- und Steuerbilanz

Beispielsachverhalt

Den ermittelten latenten Steueraufwand berücksichtigen Sie im Jahresabschluss über einen manuellen Erfassungsbeleg im Work Center *Hauptbuch* (Sicht

---

[693] Auf sog. permanente Differenzen zwischen Handels- und Steuerbilanz dürfen keine latenten Steuern gebildet werden. Da permanente Differenzen in der Praxis – bis auf Beteiligungserträge gem. § 8b KStG – eigentlich nicht vorliegen, ist auch aus dieser Sicht die beschriebene Vorgehensweise der Differenzenbetrachtung nicht zu verwerfen.

[694] Vgl. zum Aktivierungswahlrecht von aktiven latenten Steuern Kapitel C3.2.

Buchungen). Wie bereits in der Sachverhaltsbeschreibung aufgeführt wurde,[695] existieren mehrere Abweichungen zwischen Handels- und Steuerbilanz. Diese Abweichungen müssen auf latente Steuern hin untersucht werden. Die Differenz der Position Rückstellungen ergibt sich aus der unterschiedlichen Behandlung von Pensionsrückstellungen zur Altersversorgung (2.833 EUR) und der Drohverlustrückstellung (500 EUR). Handelsrechtlich ist der Wertansatz der Betriebs- und Geschäftsausstattung geringer als in der Steuerbilanz. Aus diesen beiden Sachverhalten können aktive latente Steuern i.H.v. 1.519,89 EUR gebildet werden (Aktivierungswahlrecht). Die Aktivierung des Patents mit einem Restbuchwert zum Bilanzstichtag i.H.v. 6.059,42 EUR führt zu einer weiteren Abweichung, die zum Ansatz von passiven latenten Steuern i.H.v. 1.817,26 EUR verpflichtet. Die *Nordstar GmbH* macht von der Saldierungsmöglichkeit von aktiven und passiven latenten Steuern Gebrauch: In der Bilanz werden 297,37 EUR an passiven latenten Steuern ausgewiesen und als Steueraufwand in der GuV berücksichtigt.

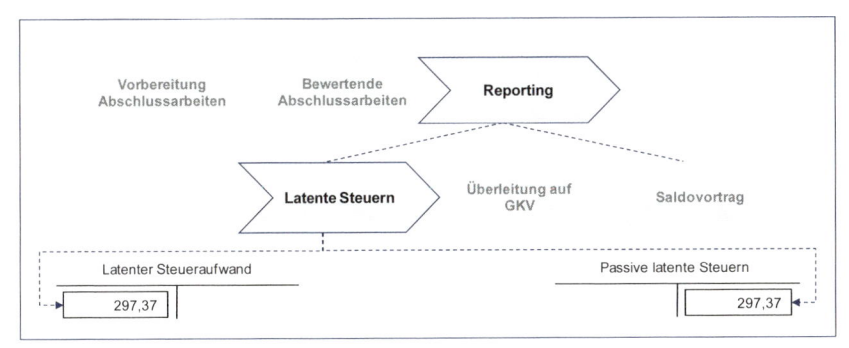

Abbildung 183: Buchung latenter Steuern

5.3.4.2 Überleitung vom Umsatzkostenverfahren auf das Gesamtkostenverfahren

Business ByDesign ist für Zwecke der Darstellung der GuV auf den Ausweis nach dem Umsatzkostenverfahren ausgelegt.[696] Auf einer Kostenstelle werden die Kosten zwar nach Kostenarten dokumentiert,[697] der Ausweis von (nicht entlasteten) Kosten erfolgt jedoch in Abhängigkeit des Funktionsbereichs der zugehörigen Kostenstelle. Die in Abbildung 184[698] nicht entlasteten Kosten (hier: sonstige Aufwendungen) schlagen sich – wenn die Kostenstelle dem Funktionsbereich Fertigung zugewiesen ist – in der GuV in den Umsatzkosten nieder. Der durch die interne Leistungserbringung (Ressourcen) entlastete Teil der Aufwendungen wird direkt auf dem Konto *Ware in Arbeit* aktiviert.[699]

Verbuchung von Kosten nach UKV

---

[695] Vgl. Abbildung 171.
[696] Vgl. auch Kapitel E2.3.2.1.
[697] Diese Informationen gehen nicht verloren, da sie u.a. für den Kostenausweis nach dem Gesamtkostenverfahren relevant sind.
[698] Vgl. zu dieser Darstellung auch Kapitel E2.3.2.3.2.
[699] Diese Aufwendungen werden bei Verkauf des herzustellenden Vermögensgegenstands als Umsatzkosten in der GuV berücksichtigt.

Anforderungen nach dem GKV

Wenn Sie der Darstellungsform der GuV nach dem Umsatzkostenverfahren nicht folgen möchten, können Sie im Rahmen der Abschlusserstellung mit wenigen Schritten die GuV in Form des Gesamtkostenverfahrens zeigen. Bei Anwendung des Gesamtkostenverfahrens sind alle Kosten der Periode nach Kostenarten auszuweisen. Des Weiteren sind Bestandsveränderungen (Erhöhungen bzw. Verminderungen) zu zeigen. Diese zwei zentralen Wesensmerkmale des Gesamtkostenverfahrens werden über manuelle Anpassungsbuchungen hergestellt. Bei der Überleitung vom Umsatzkosten- auf das Gesamtkostenverfahren handelt es sich um einen besonderen Abschlussschritt „Anpassungsbuchungen für das Gesamtkostenverfahren".

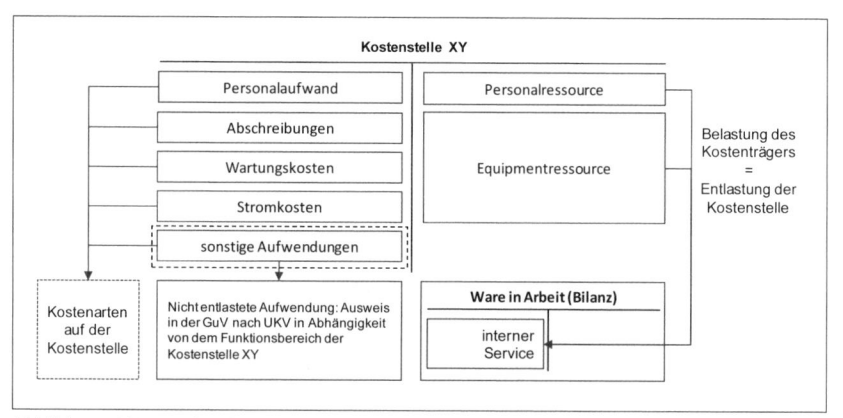

Abbildung 184: Verbuchung von Aufwendungen nach UKV

Anpassungsbuchungen

Die in Abbildung 185 dargestellten Anpassungen (Sollbuchungen) neutralisieren die Entlastungsbuchungen auf der Kostenstelle.[700] Für die Anpassungsbuchungen existieren gesonderte Anpassungskonten.[701] Die Neutralisierung wird in Business ByDesign über die hinterlegte Berichtsstruktur der betreffenden Konten (hier: Interner Service) sichergestellt. Aufgrund der Anpassungsbuchungen bleiben auf der Kostenstelle nur noch die Primärkosten (wie z.B. Personalaufwand oder Abschreibungen) stehen. Diese Primärkosten werden für den Ausweis nach dem Gesamtkostenverfahren herangezogen. Die Gegenbuchung der (neutralisierenden) Anpassungsbuchung erfolgt in gleicher Höhe auf dem Produktions-Anpassungskonto (vgl. Abbildung 187). Auf dem Produktions-Anpassungskonto werden die einzelnen Anpassungsbuchungen gesammelt, um später in einem letzten Schritt die nach dem Gesamtkostenverfahren auszuweisende Bestandserhöhung zu buchen. Korrespondierend wird für die Bestandsminderungen auch ein spezielles Konto angesprochen: das Verkaufs-Anpassungskonto.

---

[700] Für die Erläuterungen in diesem Abschnitt wird eine konkrete Kostenstelle betrachtet. Allerdings läuft die Betrachtung bei der Umstellung auf das Gesamtkostenverfahren global über alle Kostenstellen hinweg ab. Es wird keine Differenzierung in Kostenstellen vorgenommen. Dies wird auch an den Korrekturbuchungen in Abbildung 187 ersichtlich, da die Anpassungsbuchungen für die insgesamt angefallenen Kosten durchgeführt werden.

[701] In der Standardauslieferung sind bestimmte Anpassungskonten bereits eingerichtet; nach Bedarf können Sie in den Konfigurationseinstellungen weitere Konten anlegen.

5. Abschlussprozess

```
                        Kostenstelle XY
┌──────────────┐  ┌─────────────────────┐  ┌─────────────────────────────┐
│              │  │  Personalaufwand    │  │ Personalressource (interner Service) │
│ Kostenarten, │  ├─────────────────────┤  ├─────────────────────────────┤
│ die nach GKV │  │  Abschreibungen     │  │                             │
│ gesondert    │  ├─────────────────────┤  │ Equipmentressource          │
│ ausgewiesen  │  │  Wartungskosten     │  │ (interner Service)          │
│ werden       │  ├─────────────────────┤  │                             │
│              │  │  Stromkosten        │  │                             │
└──────────────┘  ├─────────────────────┤  └─────────────────────────────┘
                  │  sonstige Aufwendungen │
                  ├─────────────────────┤
                  │ interner Service (Anpassung) │   Neutralisierung
                  ├─────────────────────┤          der Entlastungs-
                  │ interner Service (Anpassung) │  buchungen durch die
                  └─────────────────────┘          Anpassungs-
                                                   buchungen
```

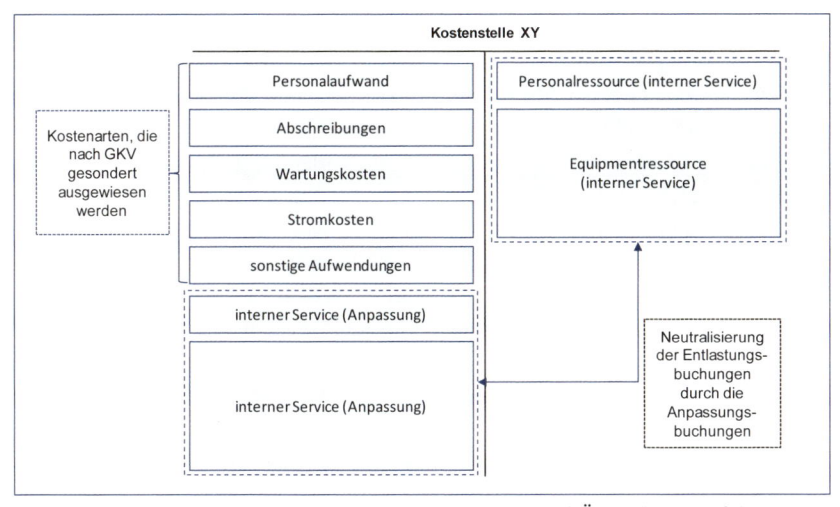

Abbildung 185: Neutralisierende Anpassungsbuchungen bei Überleitung auf das GKV

Um die Anpassungsbuchungen in der richtigen Höhe durchführen zu können, werden Ihnen zwei gesonderte Berichte zur Verfügung gestellt. Diese Berichte zeigen Ihnen alle i.V.m. der Produktion bzw. dem Verkauf angefallenen Kosten auf einen Blick an und dienen somit als Grundlage für die Erfassung der manuellen Buchungen zur Ableitung des Gesamtkostenverfahrens. Sie rufen diese Berichte in dem Work Center *Hauptbuch* unter der Sicht *Berichte* (Kategorie Abschlussvorbereitungsberichte) auf. In Abbildung 186 wird ein Bericht mit den relevanten Daten für die gesamte Produktion der *Hiking*-Schuhe angezeigt.[702] In der Kopfzeile befinden sich zudem die Kontentypen, die jeweils für die Anpassungsbuchungen angesprochen werden müssen. Insgesamt führt die Produktion zu einer Bestandserhöhung i.H.v. 3.882.500 EUR[703]. Analog zur Produktion existiert auch ein Bericht, der die Verkaufsdaten zur Bestimmung der Höhe der Bestandsverminderung aufführt. Für den konkreten Fall sind dies 3.494.250 EUR[704].

Höhe der Anpassungsbuchungen

	WIP-Material	WIP-Gemeinkostenzuschlag	WIP-Service	Lieferung
Sachkonto (Herkunft)	EUR	EUR	EUR	EUR
Aufwendungen für Rohstoffe	3.100.000,00			
Verbrauch von Fertigprodukten				-3.882.500,00
Aufwand interner Service			221.766,67	
GKZ Qualitätssicherung		45.900,00		
GKZ Verwaltung		514.833,33		
Gesamtergebnis	**3.100.000,00**	**560.733,33**	**221.766,67**	**-3.882.500,00**

Abbildung 186: Produktionsdaten für die Anpassungsbuchungen für das GKV

---

[702] Zu einer detaillierten Zusammensetzung der einzelnen Kosten wird auf Kapitel E2.2 verwiesen.

[703] Diese Bestandserhöhung ergibt sich aus den Herstellungskosten von 77,65 EUR pro Paar und einer produzierten Menge von 50.000 Paaren.

[704] Die Bestandsverminderung resultiert aus dem Verkauf von 45.000 Paar Schuhen; diese wurden mit einem Bestandspreis von 77,65 EUR/Paar geführt.

Beispielsachverhalt

Auf Grundlage der Daten aus den Berichten können Sie nun die manuellen Anpassungsbuchungen vornehmen. Bei der Produktion von Vermögensgegenständen werden die eingesetzten Rohstoffe direkt auf dem Konto *Ware in Arbeit* aktiviert[705] und nicht aufwandswirksam verbucht. Die Berücksichtigung der Primärkosten Materialaufwand muss für die Überleitung auf das Gesamtkostenverfahren jedoch als Kostenart gezeigt werden. Mit einer Anpassungsbuchung (vgl. Buchung (1) in Abbildung 187) wird dieser Anforderung nachgekommen.[706] Die Gegenbuchung i.H.v. 3.100.000 EUR erfolgt direkt auf das Konto *Bestandsveränderung*. In einem weiteren Schritt werden die „neutralisierenden" Buchungen (Buchung (2)) der internen Leistungsverrechnung (221.767 EUR) und der Gemeinkostenzuschläge vorgenommen (560.733 EUR). Im Haben erhöht sich dadurch das Produktions-Anpassungskonto i.H.v. 782.500 EUR. Schließlich wird durch Umbuchung (Buchung (3)) dieses Betrages auf das Konto *Bestandsveränderung* die Bestandserhöhung der vergangenen Periode erfasst: 3.882.500 EUR. Der Verkauf von 45.000 Paar *Hiking*-Schuhen und die damit verbundene Bestandsverminderung von 3.494.250 EUR wird mit der Anpassungsbuchung auf das *Anpassungskonto Verkauf* berücksichtigt. Auch für diesen Fall müssen Sie eine Umbuchung (Buchung (4)) auf das Konto *Bestandsveränderung* vornehmen, um die Bestandsverminderung abschließend in der GuV auszuweisen. Insgesamt ergibt sich für das Geschäftsjahr eine Bestandsveränderung i.H.v. 388.250 EUR.[707] Sie können sich nun die GuV nach Gesamtkostenverfahren anzeigen lassen.

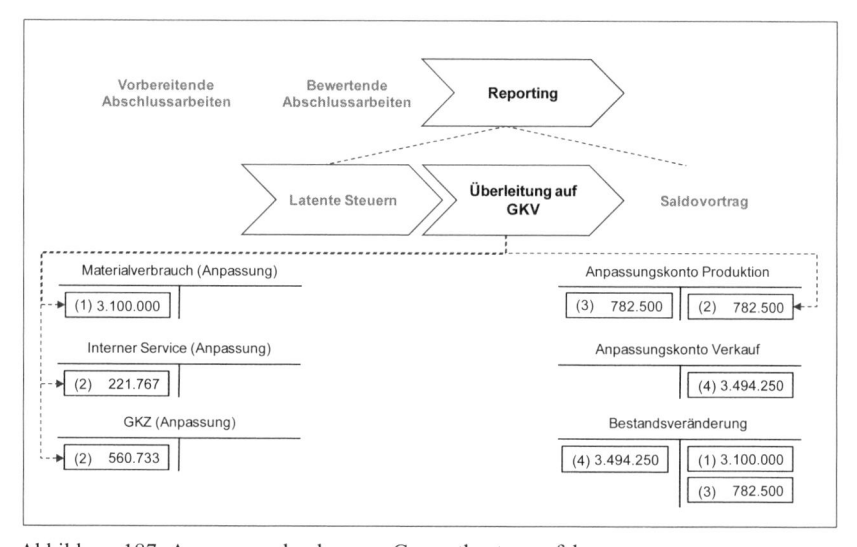

Abbildung 187: Anpassungsbuchungen Gesamtkostenverfahren

---

[705] Vgl. auch Kapitel E2.3.2.2.
[706] Es handelt sich hierbei nicht um eine neutralisierende Buchung, da – wie beschrieben – bisher kein Materialverbrauch aufwandswirksam angefallen ist, sondern dieser direkt (erfolgsneutral) aktiviert wurde.
[707] Dieser Betrag entspricht dem noch auf Lager befindlichen Bestandswert an *Hiking*-Schuhen.

5.3.4.3 Saldovortrag

Die Herstellung der wert- und mengenmäßigen Bilanzidentität ist ein allgemeiner Grundsatz im Handelsrecht: Die Wertansätze des neuen Geschäftsjahrs müssen mit jenen der Schlussbilanz des vorhergehenden Geschäftsjahrs übereinstimmen. Mit dem im Closing Cockpit enthaltenem Abschlussschritt „Saldovortrag" wird diesem Prinzip Rechnung getragen. Der Saldovortrag sorgt zum einen dafür, dass der Abschlusssaldo eines Bestandskontos auf sich selbst vorgetragen wird, und zum anderen bucht der Saldovortrag das in der GuV ermittelte Jahresergebnis auf das betreffende Konto im Eigenkapital in die Bilanz um.

Herstellung der Bilanzidentität

Um den Saldovortrag durchführen zu können, müssen Sie die Buchungsperiode für die beiden Abschlussschritte „Abschlusssaldo" und „Gewinn- und Verlustrechnung für Bilanzergebnisse" öffnen. Der Vortrag findet in das kommende Geschäftsjahr statt, sodass Sie auch bereits das nächste Geschäftsjahr im Work Center *Hauptbuch* (Sicht *Closing Cockpit*) angelegt und die erste Periode für den Abschlussschritt „Eröffnungssaldo" geöffnet haben müssen. Sollten nach Durchführung der Arbeitsschritte für den Saldovortrag nachträglich Buchungen in die Abschlussperiode notwendig werden, korrigiert Business ByDesign den Saldovortrag automatisch.

Periodensperre

5.3.5 Abschließende Bilanz und Gewinn- und Verlustrechnung

Nachdem alle Abschlussarbeiten durchlaufen wurden, können Sie die Bilanz und die Gewinn- und Verlustrechnung für das Geschäftsjahr 2009 erzeugen. Die Auswirkungen der Abschlussarbeiten auf diese beiden Jahresabschlussbestandteile werden nachfolgend zusammenfassend dargestellt. Wie bereits erwähnt wurde, besteht mithilfe der Periodensperren die Möglichkeit, die Buchungen der Abschlussarbeiten in Form einer Bewegungsbilanz gesondert in einer Spalte anzeigen zu lassen (vgl. Abbildung 188). Damit sind die Auswirkungen der Abschlussarbeiten auf die Bilanz direkt erkennbar.

Die Umsatzsteuermeldung führt zu einer Aufrechnung der offenen Steuerpositionen (Vorsteuer und Umsatzsteuer). Nach Verrechnung dieser Konten verbleibt eine Umsatzsteuerverbindlichkeit gegenüber dem Finanzamt i.H.v. 301.673 EUR bestehen.

Umsatzsteuerzahllast

Die vom Ausfall bedrohte Forderung des Kunden *Schuh Discounter* wird zum Bilanzstichtag i.H.v. 64.200 EUR wertberichtigt. Die *Nordstar GmbH* rechnet nur noch mit einem Forderungseingang von 150.000 EUR. Die Wertberichtigung wird in der GuV unter den sonstigen betrieblichen Aufwendungen ausgewiesen.

Wertberichtigung

Der bei der Inventur festgestellte Schwund der Handelsware wurde durch eine Anpassung des Bestandswerts i.H.v. 310,94 EUR berücksichtigt. Der verbleibende Bestand an Fertigerzeugnissen beläuft sich zum Jahresende auf ca.

Inventur

424.180 EUR. Bei Anwendung des Gesamtkostenverfahrens ist die Inventurdifferenz als Materialaufwand, im Umsatzkostenverfahren als sonstiger betrieblicher Aufwand zu berücksichtigen.

Bilanzposition	Abschluss Buchhaltung JAN.2009 - DEZ.2009 EUR	operative Buchungen JAN.2009 - DEZ.2009 EUR	Abschlussbuchungen JAN.2009 - DEZ.2009 EUR	Gesamtergebnis JAN.2009 - DEZ.2009 EUR
Bilanz gem. HGB § 266 - SKR03		0,00	0,00	0,00
Aktiva		19.425.525,30	-1.680.793,48	17.744.731,82
Anlagevermögen		5.435.459,76	0,00	5.435.459,76
Immaterielle Vermögensgegenstände		7.859,42	0,00	7.859,42
Sachanlagevermögen		5.427.600,34	0,00	5.427.600,34
Grundstücke		2.000.000,00	0,00	2.000.000,00
Gebäude		1.608.333,34	0,00	1.608.333,34
Technische Anlagen und Maschinen		1.810.600,00	0,00	1.810.600,00
Betriebs- und Geschäftsausstattung		8.667,00	0,00	8.667,00
Umlaufvermögen		13.990.065,54	-1.680.793,48	12.309.272,06
Vorräte		424.492,00	-310,94	424.181,06
Rohstoffe, Hilfs- und Betriebsstoffe		0,00	0,00	0,00
Fertige Erzeugnisse und Waren		424.492,00	-310,94	424.181,06
Forderungen und sonstige Anlagen		1.833.457,54	-1.680.482,54	152.975,00
Forderung aus Lieferung und Leistung		217.175,00	-64.200,00	152.975,00
Aus Steuern		1.616.282,54	-1.616.282,54	0,00
Kassenbest., Guthaben Kl. und Schecks		11.732.116,00	0,00	11.732.116,00
Passiva		-19.425.525,30	1.680.793,48	-17.744.731,82
Eigenkapital		-10.545.151,92	1.065.308,31	-9.479.843,61
Gezeichnetes Kapital		-5.550.000,00	0,00	-5.550.000,00
Jahresüberschuss/Jahresfehlbetrag		-4.995.151,92	1.065.308,31	-3.929.843,61
Rückstellungen		-88.833,00	-1.000.500,00	-1.089.333,00
Verbindlichkeiten		-8.791.540,38	1.616.282,54	-7.175.257,84
Verbindlichkeiten gegenüber Kreditinstituten		-2.450.000,00	0,00	-2.450.000,00
Verbindl. aus Lieferungen und Leistungen		-4.041.265,38	0,00	-4.041.265,38
Verbindl. gegenüber verb. Unternehmen		0,00	0,00	0,00
Sonstige Verbindlichkeiten		-2.300.275,00	1.616.282,54	-683.992,46
Aus Steuern		-1.917.955,00	1.616.282,54	-301.672,46
Verbindlichkeiten gegenüber Personal		-382.320,00	0,00	-382.320,00
Passive latente Steuern		0,00	-297,37	-297,37

Abbildung 188: (Abschluss-)Bilanz der *Nordstar GmbH* des Geschäftsjahrs 2009

Rückstellungen Aus der verbindlichen Bestellung zur Lieferung von Materialien droht ein Verlust aus schwebenden Geschäften. Deshalb wird zum Bilanzstichtag eine Drohverlustrückstellung i.H.v. 500 EUR aufwandswirksam gebildet. Die Gegenbuchung in der GuV erfolgt unter den sonstigen betrieblichen Aufwendungen. Zudem wird von der *Nordstar GmbH* eine Steuerrückstellung i.H.v. 1.000.000 EUR gebildet. Dieser Aufwand wird unter den Steuern vom Einkommen und Ertrag in der Gewinn- und Verlustrechnung ausgewiesen.

Latente Steuern Zwischen der Handels- und Steuerbilanz der *Nordstar GmbH* wurden Abweichungen identifiziert. Diese ziehen die Bildung von passiven latenten Steuern in der Bilanz nach sich. Dieser Steueraufwand von 297,37 EUR wird in der GuV unter der Position Steuern vom Einkommen und vom Ertrag ausgewiesen.

Bilanzposition	GuV ohne Abschluss EUR	Delta Abschluss EUR	GuV EUR
Gewinn- und Verlustrechnung	0,00	0,00	0,00
Ergebnis der gewöhnlichen Geschäftstätigkeit	-4.995.151,92	1.065.308,31	-3.929.843,61
Umsatz	-10.094.500,00	0,00	-10.094.500,00
Erhöhung oder Verminderung des Bestands	-388.266,00	0,00	-388.266,00
andere aktivierte Eigenleistung	-6.378,34	0,00	-6.378,34
sonstige betriebliche Erträge	-36.014,00	0,00	-36.014,00
Materialaufwand	4.388.616,00	310,94	4.388.926,94
Personalaufwand	471.033,00	0,00	471.033,00
Abschreibung	575.918,58	0,00	575.918,58
für Sachanlagen	575.399,66	0,00	575.399,66
für immaterielle Vermögensgegenstände	518,92	0,00	518,92
sonstige betriebliche Aufwendungen	94.438,84	64.700,00	159.138,84
Steuern vom Einkommen und vom Ertrag	0,00	1.000.297,37	1.000.297,37
GuV Ergebnis	-4.995.151,92	1.065.308,31	-3.929.843,61

Abbildung 189: GuV nach dem Gesamtkostenverfahren des Geschäftsjahres 2009

Bilanzposition	GuV ohne Abschluss EUR	Delta Abschluss EUR	GuV EUR
Nettogewinn/Nettoverlust	0,00	0,00	0,00
Ergebnis der gewöhnlichen Geschäftstätigkeit	-4.995.151,92	1.065.308,31	-3.929.843,61
Bruttoergebnis vom Umsatz	-5.310.388,16	0,00	-5.310.388,16
Nettoumsatzerlös	-10.094.500,00	0,00	-10.094.500,00
Umsatzkosten	4.784.111,84	0,00	4.784.111,84
Vertriebskosten	332.833,66	0,00	332.833,66
allgemeine Verwaltungskosten	0,00	0,00	0,00
sonstige betriebliche Erträge	-36.014,00	0,00	-36.014,00
sonstige betriebliche Aufwendungen	18.416,58	65.010,94	83.427,52
Steuern vom Einkommen und vom Etrag	0,00	1.000.297,37	1.000.297,37
GuV Ergebnis	-4.995.151,92	1.065.308,31	-3.929.843,61

Abbildung 190: GuV nach dem Umsatzkostenverfahren des Geschäftsjahres 2009

Die *Nordstar GmbH* schließt das Geschäftsjahr 2009 mit einem positiven Jahresergebnis i.H.v. ca. 3,93 Mio. EUR ab.

6 Berichtswesen zur Rechnungslegung und Unternehmenssteuerung

6.1 Überblick

Unterstützungsfunktion des Rechnungswesen

Dem Rechnungswesen obliegen verschiedene Aufgaben. I.w.S. wird hierunter sowohl die Investitionsrechnung, Liquiditätsplanung und -betrachtung, die operativen Finanzprozesse als auch das interne und externe Rechnungswesen verstanden.[708] Eine besondere Rolle kommt dabei in einem harmonisierten Rechnungswesen[709] dem externen Rechnungswesen zu, das aufgrund seiner gesetzlichen Vorgaben den Rahmen für die gemeinsamen Daten für interne und externe Berichterstattung darstellt. Der Gesetzgeber verpflichtet gem. § 238 HGB jeden Kaufmann, Bücher zu führen und die Lage seines Vermögens ersichtlich zu machen. Daraus wird sowohl eine Dokumentationsfunktion als auch eine Rechenschaftsfunktion gegenüber sich selbst aber auch gegenüber seinen Gläubigern und anderen Anspruchsträgern abgeleitet. Zum anderen liefern Bilanz und GuV eine Übersicht über das Vermögen, die Finanzierungsstruktur und den Erfolg eines Unternehmens. Vergleicht man diese beiden Berichte über Perioden hinweg, erhält man Informationen über deren zeitliche Entwicklung. Insbesondere im Falle eines harmonisierten Rechnungswesens werden zudem bereits unterjährig wichtige Informationen bereitgestellt und zur Unternehmenssteuerung (Controlling)[710] eingesetzt. Das (harmonisierte) Rechnungswesen stellt somit keinen Selbstzweck dar, sondern nimmt eine wichtige Unterstützungsfunktion der Geschäftsführung wahr.

Aktualität der Daten als Erfolgsmotor

Die Geschwindigkeit, in der das Rechnungswesen Daten zur Verfügung stellt, bildet die Basis einer erfolgreichen Unternehmenssteuerung. Das Rechnungswesen stellt im Idealfall tagesaktuell Daten zur Verfügung, z.B. Kontensalden oder bedeutsame Steuerungsgrößen[711] wie Liquidität oder Auftragsbestand. Die Daten können vergangenheitsbezogene Elemente aus Bilanz, GuV und Kapitalflussrechnungen sein, sie können aber auch zukunftgerichtet (wie die Liquiditätsvorschau) sein. Damit sorgt das Rechnungswesen für ein hohes Maß an Transparenz und somit häufig für einen Wettbewerbsvorteil gegenüber anderen Unternehmen.

---

[708] Vgl. m.w.N. BAETGE, J./KIRSCH, H.-J./THIELE, S. (2009), S. 1 ff. Für den Begriff „Liquiditätsplanung" werden auch die ähnlich verwendeten Begriffe „Finanzplanung" und „Finanzrechnung" genannt. Die operativen Finanzprozesse werden vielfach nicht unter den Begriff „Rechnungswesen" gefasst.

[709] Vgl. zu den Vorteilen eines intern und extern harmonisierten Rechnungswesens im Mittelstand ausführlich Kapitel B4.3.

[710] Die Unternehmenssteuerung wird hier mit dem Controlling in folgendem Sinn gleichgesetzt: Sie ist die Summe aller Maßnahmen zur zieloptimalen Koordination der Führungsbereiche Planung, Kontrolle, Organisation, Personalführung und Information. Vgl. zum Begriff „Controlling" auch KREY, A./LORSON, P. (2007), S. 1717 ff.

[711] Vgl. zur Verwendung von Kennzahlen als geeignete Steuerungsgrößen ausführlich Kapitel E6.4.1.

Die in den verschiedenen Unternehmensbereichen, wie z.B. dem Einkauf, Verkauf, Projektgeschäft oder dem Produktionsbereich, tätigen leitenden Mitarbeiter der Aufbauorganisation und des Projektgeschäfts verwenden tagtäglich die im Rechnungswesen gewonnenen Daten zur operativen Steuerung und Kontrolle ihres Verantwortungsbereichs.[712] Ebenso setzen die Entscheidungen der Geschäftsführung – im Vergleich zur operativen Steuerungsebene in einer komprimierteren Form – auf den Daten des Rechnungswesens auf. Neben den Informationen aus dem Rechnungswesen werden für die strategische Steuerung auch Informationen benötigt, die nicht direkt aus dem Rechnungswesen stammen. Das zu veröffentlichende Zahlenwerk des externen Rechnungswesens ist schließlich jährlich von einem Abschlussprüfer zu testieren.[713] Die gesetzliche Pflicht zur Testierung dient dem Schutz der Gläubiger und anderen Anspruchsträgern, indem der Wahrheitsgehalt der Angaben von einem Sachverständigen bestätigt wird.

Berührungsgrad zum Rechnungswesen

Im Folgenden orientiert sich die Gliederung dieses Kapitels an dem Verdichtungsgrad der Daten des Rechnungswesens. Während das Rechnungswesen originär für die Aufbereitung und Bereitstellung des Datenmaterials verantwortlich ist, nutzen leitende Mitarbeiter der Aufbauorganisation und des Projektgeschäfts und die Geschäftsführung diese Daten mit steigendem Verdichtungsgrad für Ihren Arbeitsalltag. Da der Abschlussprüfer grundsätzlich nur am Jahresende mit den Zahlen des externen Rechnungswesens in Berührung kommt, wird abschließend die besondere Funktionalität in Business ByDesign für den Abschlussprüfer dargestellt.

Kapitelaufbau

Die Liquidität ist eine der wichtigsten finanziellen Größen, die in einem Unternehmen überwacht, geplant und disponiert werden muss. Gerade Erkenntnisse über die zukünftige Liquidität können nicht auf Basis des externen und internen Rechnungswesens gewonnen werden. Das interne und externe Rechnungswesen hat u.a. die periodisierte Erfolgsermittlung eines Unternehmens zum Ziel, während die Liquidität mittels Zahlungsströmen auf Basis von Ein- und Auszahlungen sowie Ein- und Ausgaben ermittelt und geplant wird. Daher wird im Folgenden zunächst die Notwendigkeit eines Cash- und Liquiditätsmanagements und die Umsetzung in Business ByDesign beschrieben.

---

[712] Vgl. hierzu Kapitel E6.4.
[713] Vgl. zu der Prüfungspflicht von Kapitalgesellschaften Kapitel E6.3.1.

6.2 Cash- und Liquiditätsmanagement als wesentlicher Steuerungsaspekt
6.2.1 Betriebswirtschaftliche Grundlagen
6.2.1.1 Notwendigkeit eines integrierten Cash- und Liquiditätsmanagements

Begriffsabgrenzung

Der Begriff „Cash- und Liquiditätsmanagement" ist mit der oftmals in der Literatur erwähnten Bezeichnung „Finanzierungsrechnung"[714] vergleichbar, die als rechnerisches Planungs- und Kontrollinstrument der Überwachung der Liquidität bzw. Zahlungsfähigkeit dient und ein liquiditätsbezogenes Teilsystem des betriebswirtschaftlichen Rechnungswesens darstellt.[715] Ein Cash- und Liquiditätsmanagement umfasst eine unternehmensinterne Liquiditätsverwaltung, die nicht nur auf einer Liquiditätsplanung basiert, sondern auch die aktive Gestaltung der Zahlungsströme sowie Entscheidungen über ggf. notwendige Ausgleichsmaßnahmen beinhaltet.[716]

Hiervon ist bspw. der Begriff „Kapitalflussrechnung", der nur auf retrospektiven Zahlungsströmen basiert und primär der externen Berichterstattung dient, abzugrenzen.[717] Die Kapitalflussrechnung soll externen Adressaten einen Einblick in die Finanzlage des Unternehmens gewährleisten, indem Geschäfts-, Investitions- und Finanzierungsvorgänge in Form von Ein- und Auszahlungen der vorangegangenen Periode abgebildet werden.

Vorbemerkung

Stetig wachsender Wettbewerb, sinkende Margen, hohe finanzielle Verluste sowie erschwerte Kapitalaufnahmebedingungen machen ein effizientes Cash- und Liquiditätsmanagement, das finanzielle Risiken frühzeitig erkennt und diese regulieren kann, unabdingbar. Die notwendige Liquidität soll sichergestellt und finanzielle Risiken reduziert werden. Ein Unternehmen kann effizienter wirtschaften, wenn es Risiken und Chancen bereits im Voraus erkennen und angehen kann.[718] Ein adäquates Steuerungskonzept basiert hierbei auf Zahlungsströmen, die täglich durch bspw. Wechselkurs- oder Zinsänderungen variieren

---

[714] Eine Vielzahl von im Schrifttum teilweise synonym verwendeten Begriffen, wie bspw. „Finanzrechnung", „Mittelflussrechnung", „Zahlungsstromrechnung oder „Geldflussrechnung", prägt die begrifflichen Ungenauigkeiten unterschiedlicher Ausprägungen wertbasierter Periodenrechnungen; vgl. hierzu auch MEYER, M. A. (2007), S. 20.

[715] Vgl. CHMIELEWICZ, K. (1993), S. 44; DELLMANN, K. (1993), S. 2075; COENENBERG, A. G./HALLER, A./SCHULTZE, W. (2009), S. 771.

[716] Vgl. KUHN, W./STRECKER, K. A. (2008), S. 96.

[717] Kapitalmarktorientierte Kapitalgesellschaften,[717] die nicht zur Aufstellung eines Konzernabschlusses verpflichtet sind, müssen seit dem BilMoG ihren Jahresabschluss um eine Kapitalflussrechnung erweitern. Darüber hinaus verpflichtet § 297 Abs. 1 Satz 1 HGB, den Konzernabschluss um eine Kapitalflussrechnung zu ergänzen. Hinweise zur inhaltlichen Ausgestaltung der Kapitalflussrechnung sind in § 297 Abs. 1 Satz 1 HGB allerdings nicht enthalten. Lediglich DRS 2 präzisiert gem. dem internationalen Vorbild des IAS 7 den inhaltlichen Aufbau einer Kapitalflussrechnung.

[718] Vgl. HAGER, P. (2004), S. 1.

können, anstatt auf Bewertungsgrößen.[719] Denn der Erfolg, das Wachstum und der Fortbestand eines Unternehmens hängen im Wesentlichen von der Fähigkeit ab, Zahlungsmittel aus eigener Kraft zu erwirtschaften und effizient zu verwalten. Die Überlebensfähigkeit eines Unternehmens wird dabei durch seine Zahlungsfähigkeit sichergestellt.[720] Auch wenn man eine gewisse Unsicherheit zukünftiger Zahlungsflüsse mit in Betracht zieht, können sie dennoch einen hohen Beitrag zur Früherkennung von Chancen und Risiken leisten.[721] Fehlende Liquidität[722] bzw. Zahlungsunfähigkeit wird häufig als Hauptursache für Unternehmensinsolvenzen[723] gesehen. Eine sich bereits anbahnende Zahlungsunfähigkeit kann den Ruf eines Unternehmens schädigen und seine Krise verstärken.[724] Neben weiteren Aufgaben sollte das Hauptaugenmerk der Unternehmensführung daher auf der regelmäßigen Überwachung der finanziellen Risiken und damit der Überprüfung der Zahlungsfähigkeit des Unternehmens liegen. Dabei unterliegt die Zahlungsfähigkeit unterschiedlichen Risiken bzw. Einflussfaktoren, wie bspw. unerwarteten Ergebnisverschlechterungen, Ausfällen von Zahlungen, Rohstoff- oder Marktpreisänderungen, Wechselkursschwankungen oder Zinsänderungen, die die Liquidität eines Unternehmens stark tangieren können.[725] Insbesondere die weltweite Finanzkrise hat das unternehmerische Bewusstsein für die Notwendigkeit eines systematischen Cash- und Liquiditätsmanagements gestärkt.[726]

Das vorrangige Ziel des unternehmensweiten Finanzbereichs stellt die Sicherstellung der jederzeitigen Zahlungsfähigkeit dar.[727] Das Cash- und Liquiditätsmanagement sollte gleichzeitig ein Risikofrühwarnsystem[728] beinhalten, welches

Primäres Ziel des Cash- und Liquiditätsmanagements

---

[719] Vgl. MEYER, M. A. (2007), S. 13.
[720] Vgl. MEYER, M. A. (2007), S. 1 f.
[721] Vgl. HAGER, P. (2004), S. 6.
[722] Der Begriff „Liquidität" wird oftmals auf zwei verschiedene Arten interpretiert. Zum einen als Eigenschaft eines Vermögensgegenstands oder zum anderen als Eigenschaft eines Unternehmens. Wird die Liquidität als Eigenschaft von Vermögensgegenständen gesehen, wird gemessen, wie liquidierbar, also wie „geldnah" sie sind. Daneben kann der Begriff „Liquidität" bedeuten, dass ein Unternehmen jederzeit in der Lage ist, seine Zahlungsverpflichtungen, wie bspw. Löhne bzw. Gehälter, Verbindlichkeiten, Kredittilgungen, Zinsen oder Abgaben bzw. Steuern, zu begleichen. Es wird dann als liquide bezeichnet. Liquidität wird im Folgenden als Eigenschaft eines Unternehmens angesehen, zahlungsfähig zu sein; vgl. zur Definition WÖHE, G./DÖRING, U. (2008), S. 36, 586 f.; BIEG, H./KUßMAUL, H. (2009), S. 5 ff.
[723] Das Insolvenzrecht beinhaltet insgesamt drei Eröffnungsgründe für eine Unternehmensinsolvenz: Zahlungsunfähigkeit, drohende Zahlungsunfähigkeit sowie Überschuldung; vgl. hierzu weitergehend Kapitel E6.2.1.3.
[724] Vgl. ERICHSEN, J. (2007), S. 137; ERTL, M. (2003), S. 17.
[725] Vgl. AMMELUNG, U./KAESER, C. (2003), S. 656; HAGER, P. (2004), S. 14 ff.
[726] Vgl. GRAMLICH, D./WALZ, H. (2005), S. 1210.
[727] Vgl. SPAHNI-KLASS, A. (1988), S. 16, 22; ERTL, M. (2008), S. 290; LEY, D. (2009), S. 283 f.
[728] Vgl. zu Kennzahlen, die innerhalb eines solchen Frühwarnsystems überwacht werden sollten Kapitel E6.2.1.3.

frühzeitig drohende Liquiditätsengpässe aufdeckt.[729] Hierzu sollte das Cash- und Liquiditätsmanagement folgende Teilbereiche umfassen und realisieren können:[730]

- Tagesaktuelle Ermittlung des Liquiditätsstatus,[731]
- Kurz-, mittel- und langfristige Liquiditätsplanung[732], -disposition und -kontrolle.

Schwierigkeiten bei der Umsetzung

In der praktischen Anwendung können allerdings gewisse, die effiziente Liquiditätsplanung einschränkende bzw. sogar verhindernde Restriktionen auftreten:[733]

- Mangelnde Datenkonsistenz und Verfügbarkeit entsprechender (täglicher) Informationen,
- Mangelnde unternehmensweite Prozess- und Datenstandards,
- Inflexibilität der Planungsrechnungen,
- Fehlende Transparenz und Aktualität der zur Verfügung stehenden Daten.

Die Analysemöglichkeiten eines Cash- und Liquiditätsmanagements dienen nicht nur unternehmensinternen Zwecken. Auch Ratingagenturen berücksichtigen neben der Vermögens-, Finanz- und Ertragslage, die Instrumente, die ein Unternehmen zur Liquiditätssicherung und finanziellen Risikoüberwachung einsetzt.[734]

6.2.1.2 Aufgaben des Cash- und Liquiditätsmanagements

Zur Erhaltung des finanziellen Gleichgewichts ist eine zügige und umfassende Kenntnis über Bankkontenstände und -veränderungen Grundvoraussetzung für den optimalen Einsatz der Zahlungsmittel. Durch das Cash- und Liquiditätsmanagement eines Unternehmens werden die Zahlungsmittel geplant, disponiert und kontrolliert.[735] Hierbei stehen dem Cash- und Liquiditätsmanagement bspw. folgende Möglichkeiten zur Verfügung:[736]

- Zahlungsströme und -bestände kostenminimal verwalten,
- Zahlungsstrategien entwickeln und optimieren,
- Liquiditätsüberschüsse möglichst Ertrag bringend investieren,

---

[729] Diesem Zweck können z.B. die Analyse des Forderungsbestands sowie die Überwachung der Auftragseingänge als Frühindikatoren dienen. Vgl. ausführlich Kapitel E6.2.1.3.
[730] Vgl. MILLION, C./ZUCKNICK, M./JURASCHKA, M. (2009), S. 378.
[731] Business ByDesign verwendet hierfür den Begriff „Tagesfinanzstatus"; vgl. Kapitel E6.2.2.
[732] Business ByDesign verwendet hierfür den Begriff „Liquiditätsvorschau"; vgl. Kapitel E6.2.2.
[733] Vgl. MILLION, C./ZUCKNICK, M./JURASCHKA, M. (2009), S. 378.
[734] Vgl. CLAUSSEN, H. (2002), S. 135; EDLUND, P./SCHLÜTER, R. (2006), S. 196; zur Beurteilung der Bonität eines Unternehmens wird für Kreditvergabeentscheidungen ein größeres Gewicht auf zukunftsorientierte Einschätzungen und weniger auf vergangenheitsbezogene Informationen gelegt; vgl. Kapitel E6.2.1.4.
[735] Vgl. GEHRKE, N./NITSCHE, M./SPECHT, O. (1997), S. 168 f.
[736] Vgl. KUHN, W./STRECKER, K. A. (2008), S. 87.

- Liquiditätsdefizite finanzieren bzw. ausgleichen,
- Währungs- und Zinsrisiken effizient in die Planung einbinden und verwalten,
- Bereitstellung unternehmensrelevanter (Plan-)Daten für die Geschäftsführung.

Die Liquiditätsplanung stellt die Grundlage für die Liquiditätsdisposition und -kontrolle dar. Angestrebt wird eine regelmäßige, tagesgenaue Prognosemöglichkeit der Ein- und Auszahlungsströme und des sich bei deren Gegenüberstellung ergebenden Saldos zur Dispositionsgrundlage. Die Liquiditätsplanung soll vollständig, zeitpunktgenau, betragsgenau, wirtschaftlich und regelmäßig durchführbar sein.[737]

Liquiditätsplanung

Ein sorgfältiger und detaillierter Liquiditätsplan ist Basis eines gut funktionierenden Cash- und Liquiditätsmanagements, denn eine optimale Liquiditätsausstattung muss in ihrer Höhe und Struktur in jedem Einzelfall und entsprechender Risikoausrichtung neu entschieden werden.[738] Durch die Gegenüberstellung von Ein- und Auszahlungen, Ein- und Ausgaben sowie geplanten Ein- und Ausgaben[739] wird ein Überblick über den Bestand an Zahlungsmitteln und ein entsprechender Kapitalbedarf ermittelt.[740] Darüber hinaus kann auf Basis des Liquiditätsplans ein finanzielles Gleichgewicht durch entsprechende Liquiditätsreserven in Form nicht ausgeschöpfter Kreditzusagen und bereits eingeräumter Kreditlinien erarbeitet werden. Liquiditätsüberschüsse sollten Ertrag bringend angelegt werden (vgl. Abbildung 191). Zudem können Währungs- und Zinsrisiken eingeplant und aktiv verändert oder sogar gesteuert werden. Erwartete Liquiditätsdefizite sollten zeitnah an die Geschäftsführung gemeldet werden, um innerhalb der strategischen Unternehmenssteuerung frühzeitig Gegenmaßnahmen ergreifen zu können. Aufgabe des Liquiditätsmanagers ist es demnach auch, der Geschäftsführung relevante (Plan-)Daten zur Verfügung zu stellen.

Liquiditätsplan

Nachfolgend werden beispielhaft Einflussfaktoren aufgezählt, die Bestandteile eines Liquiditätsplans darstellen können:[741]

- Ein- und Auszahlungen nach Valutadatum, z.B.: Bank, Schecks, Wechsel, Kassen, Bankavise oder Personalzahlungen,
- Ein- und Ausgaben nach Fälligkeit: Forderungen/Verbindlichkeiten aus Lieferungen und Leistungen, Forderungen/Verbindlichkeiten aus Darlehen, Forderungen/Verbindlichkeiten aus Umsatzsteuer, Kundenavise,

---

[737] Vgl. GEHRKE, N./NITSCHE, M./SPECHT, O. (1997), S. 169 f.
[738] Vgl. KUHN, W./STRECKER, K. A. (2008), S. 87.
[739] Die Begriffe „Einzahlungen" und „Auszahlungen" sind von den Bezeichnungen „Einnahmen" und „Ausgaben" klar zu trennen. Während unter Ein- bzw. Auszahlungen der Zufluss bzw. Abfluss von Zahlungsmitteln zu verstehen ist, beinhalten die Begriffe „Einnahmen" bzw. „Ausgaben" die Abbildung des Geldwerts von Ver- bzw. Einkäufen.
[740] Vgl. KUßMAUL, H. (2002), S. 49.
[741] Vgl. hierzu auch ausführlich WÄSCHLE, O. (1962), S. 109 ff.

- Geplante Ein- und Ausgaben nach geplanter Fälligkeit: Bestellungen, Kundenaufträge, Investitionsausgaben.

Zur Sicherheit sollten Ab- bzw. Zuschläge bei den erwarteten Zahlungsströmen einbezogen werden. Für die Liquiditätsplanung ist es von wesentlicher Bedeutung, Informationen über den Umfang und den Zeitraum vorfinanzierter oder nachfinanzierter Leistungen zu besitzen. Bei der Planung sind demnach auch mögliche Ein- bzw. Ausgaben aus schwebenden Geschäften[742] zu beachten, wie bspw. an Lieferanten gegebene Bestellungen oder mögliche Abnahmeverpflichtungen.[743]

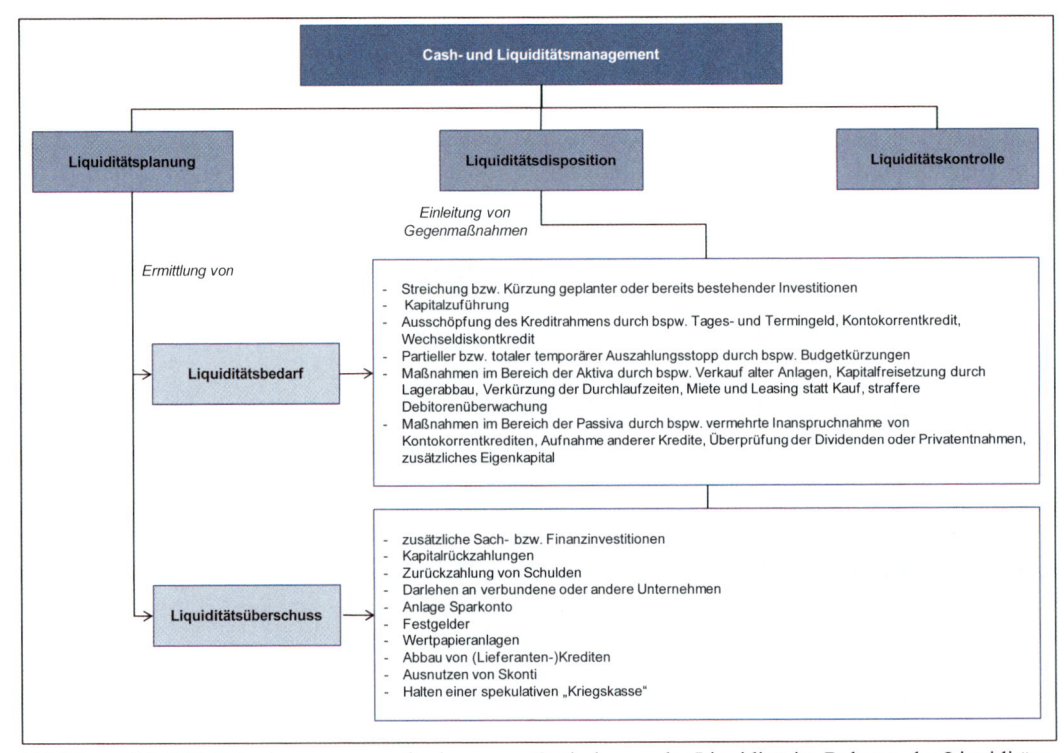

Abbildung 191: Mögliche Anpassungsmaßnahmen zur Optimierung der Liquidität im Rahmen der Liquiditätsdisposition

Liquiditätsdisposition   Die Verwaltung der Liquidität umfasst die Steuerung der Zahlungsströme, den Liquiditätsausgleich, die Liquiditätsanlage und -bereitstellung. Wurde auf Basis des Liquiditätsplans ein Liquiditätsbedarf bzw. Liquiditätsüberschuss ermittelt, werden im Rahmen der Liquiditätsdisposition entsprechende Gegenmaßnahmen eingeleitet. Wurde ein Liquiditätsbedarf festgestellt, können diesem in Abhängigkeit von seinen Ursachen, bspw. durch teilweise oder temporäre Auszahlungseinstellungen, ein strafferes Forderungsmanagement oder den Verkauf von Anlagen, gezielt entgegengewirkt werden. Im Gegensatz hierzu kann ein Liquiditätsüber-

---

[742] Vgl. hierzu ausführlich Kapitel E1.1.2.
[743] Vgl. WÄSCHLE, O. (1962), S. 112.

schuss bspw. für Schuldentilgungen, Darlehensvergaben, Ertrag bringenden Wertanlagen oder Abbau von Lieferantenkrediten eingesetzt werden.[744]

Durch die regelmäßige Überprüfung des Liquiditätszustands können nachträglich Rückschlüsse für die stete Verbesserung der Liquiditätsplanung und -disposition geschlossen werden. Bedarfsgerechte Finanzierungen, ein strafferes Forderungsmanagement, Optimierung der Lagerhaltung oder Steuerung von Krediten und der entsprechenden Zahlungsziele können Maßnahmen sein, die den Liquiditätsstatus verbessern und durch regelmäßige Kontrolle stetig verbessert werden können.[745] Gleichzeitig sind statistische Daten über die Intensität der Bank- und Kundenbeziehungen mit entsprechenden Ertragssituationen der Geschäftsbeziehungen von Interesse. Diese Daten können z.B. auch für Konditionsverhandlungen mit Externen herangezogen werden.[746]

Liquiditätskontrolle

6.2.1.3 Cash- und Liquiditätsmanagement zur Krisenprävention

Gerade mittelständische Unternehmen sehen in Deutschland rasanten Entwicklungen entgegen. Insbesondere die stetig wachsende Anzahl von Unternehmensinsolvenzen – bereits auch schon vor der Wirtschaftskrise – ist ein Indiz dafür, dass viele Unternehmen den erschwerten Finanzmarktbedingungen nicht gewachsen sind. Analysen der Unternehmensinsolvenzen decken immer wieder Defizite der Unternehmensführung im Finanzmanagement auf.[747] In Krisenzeiten gewinnen Cash- und Liquiditätsmanagementsysteme an Bedeutung, da sie zum Fortbestehen des Unternehmens entscheidend beitragen können.[748]

Vorbemerkung

Eine Unternehmenskrise stellt sich als eine existenzielle Bedrohung dar. Der Begriff „Krise" wird im Schrifttum vielfältig definiert. Allen Definitionen ist gemein, dass die Unternehmenskrise als das „Endstadium eines vom betroffenen Unternehmen ungewollten Prozesses definiert [wird; d. Verf.], in dessen Verlauf die strategischen Erfolgspotenziale, die Ertragslage und/oder die Liquidität des Unternehmens sich nachweislich so ungünstig entwickelt haben, dass die Existenz des Unternehmens unmittelbar oder in absehbarer Zukunft gefährdet ist"[749]. Die Liquiditätskrise eines Unternehmens wird häufig als Hauptursache von Unternehmensinsolvenzen angesehen.[750] Werden Liquiditätsengpässe nicht rechtzeitig und durch das rasche Einleiten finanzwirtschaftlicher Anpassungsmaßnahmen gesichert, droht die Insolvenz infolge von Zahlungsunfähigkeit.[751] Ein Unternehmen

Liquiditätskrise als Katalysator der Unternehmenskrise

---

[744] Vgl. zu einem möglichem Maßnahmenkatalog im Rahmen der Liquiditätsdisposition Abbildung 191.
[745] Vgl. KUHN, W./STRECKER, K. A. (2008), S. 93 f.
[746] Vgl. GEHRKE, N./NITSCHE, M./SPECHT, O. (1997), S. 174.
[747] Vgl. RAUTENSTRAUCH, T./MÜLLER, C. (2006), S. 1616.
[748] Vgl. hierzu weitergehend auch ERTL, M. (2009), S. 37 ff.; BECKER, R. (1998), S. 1528 ff.
[749] MEYER, A. (2003), S. 4.
[750] Vgl. HAUPT, M. (2003), S. 316; KREY, A./LORSON, P. (2007), S. 1719; KÜNG, D./ HÜSKENS, J. (2009), S. 348; daneben stellen gem. InsO eine drohende Zahlungsunfähigkeit und Überschuldung weitere Insolvenzeröffnungstatbestände dar.
[751] Vgl. MEYER, A. (2003), S. 7.

gilt dann als zahlungsunfähig, wenn es nicht in der Lage ist, die fälligen Zahlungspflichten zu erfüllen.

Krisenprognose bzw. Frühwarnsystem

Ein Cash- und Liquiditätsmanagement kann insbesondere in der Krise eine Unterstützung zur nachhaltigen Liquiditätssicherung darstellen.[752] Je detaillierter die Liquiditätsplanung durchgeführt wird, desto wirksamer ist sie für ein Frühwarnsystem. Insbesondere das Zurückgreifen auf zahlungsstrombasierte Daten gewährleistet, im Gegensatz zu womöglich bilanzpolitisch beeinflussten Werten der Bilanz, eine solide Liquiditätsplanung und Krisenprognose.[753] Ein Frühwarnsystem sollte auf Indikatoren zurückgreifen, die frühzeitig eine negative Entwicklung der Liquidität ankündigen. Welche Indikatoren bzw. Kennzahlen im Detail von den Verantwortlichen des Finanzbereichs oder der Unternehmensleitung als Signale zusätzlich zu einem Liquiditätsplan herangezogen werden, sollten von der individuellen Unternehmensstrategie abhängen.[754] Es sollte stets eine Kombination vielfältiger Kennzahlen in einer Gesamtbetrachtung unter Berücksichtigung der strategischen Unternehmensplanung beurteilt werden. Beispielhaft seien nachfolgend zu analysierende Kennzahlen aufgelistet:

- Kundenziel: $\frac{\varnothing\ Bestand\ an\ Forderungen}{Umsatzerlöse\ des\ Geschäftsjahrs} * 365$

  Der Forderungsstruktur und ihrer Entwicklung im Zeitablauf sollte erhöhte Beachtung geschenkt werden, da zahlreiche Unternehmenszusammenbrüche erfahrungsgemäß ihre Ursache im Absatzbereich haben. Wirtschaftliche Schwierigkeiten bei Großabnehmern eines Unternehmens kündigen sich regelmäßig in einer Debitorenlaufzeit an. Diese lässt sich mithilfe der Kennzahl „Kundenziel" ermitteln. Eine Verschlechterung dieser Kennzahl im Zeitablauf lässt grundsätzlich auf eine sinkende Bonität der Kunden schließen.

- Umschlagsdauer des Vorratsvermögens: $\frac{\varnothing\ Bestand\ an\ Vorräten}{Umsatzerlöse\ des\ Geschäftsjahrs} * 365$

  Diese Kennzahl zeigt an, wie viele Tage die Vorräte durchschnittlich im Unternehmen verbleiben, bis sie verbraucht werden. Berücksichtigt man, dass es einerseits aus Rentabilitätsgründen das Ziel sein muss, den Bestand an Vorratsvermögen möglichst niedrig zu halten, andererseits aber der Mindestbestand an Vorräten nicht zuletzt auch von der Höhe des jährlichen Umsatzes mitbestimmt wird, muss ein Anstieg der Umschlagsdauer grundsätzlich zu bedenken geben. Denn eine solche Entwicklung deutet auf eine suboptimale Vorratshaltung hin, deren Gründe entweder in einem vernachlässigten Beschaffungswesen oder in einer Überschätzung der Absatzmöglichkeiten liegen können.

---

[752] Vgl. LUBOS, G. (2002), S. 1023; WEHRHEIM, M. (1997), S. 1704.
[753] Vgl. KÜNG, D./HÜSKENS, J. (2009), S. 348 ff.
[754] Vgl. zur Krisenprognose durch die Bilanzanalyse HAUSCHILDT, J. (2002), S. 1004 ff.

- Eigenkapitalquote: $\frac{Eigenkapital}{Gesamtkapital}$

  Die Eigenkapitalquote dient als Indikator für die Verlustabsorptionsfähigkeit des Unternehmens. Eine sinkende Eigenkapitalquote kann die Überlebenschance in der Krise vermindern und zudem Kreditaufnahmen verteuern.

- Goldene Bilanzregel:

  Dieser Praktikerregel folgend, sollte die Bindungsdauer der im Unternehmen investierten Mittel und die entsprechende Kapitalüberlassungsdauer übereinstimmen. Langfristig gebundenes Vermögen sollte demnach mit langfristigem Kapital und kurzfristiges Vermögen mit kurzfristigem Kapital finanziert werden.

6.2.1.4 Cash- und Liquiditätsmanagement zur Optimierung eines Ratings

Vorbemerkung

Die externe Finanzierung eines Unternehmens unterliegt einer zunehmenden Komplexität. Nicht zuletzt die Finanzmarktkrise und die Vorschriften bei der Eigenkapitalsicherung für Kreditinstitute engen den Spielraum für Bankkredite ein. Sämtliche Unternehmen werden intensiveren Beurteilungen ihrer Zahlungsfähigkeit von Dritten unterzogen.[755] Die Verpflichtung der Banken, spätestens seit der Einführung von Basel II[756], verstärkter für eine risikoadäquate Eigenkapitalhinterlegung zu sorgen sowie die gestiegenen Anforderungen an das Risikomanagement u.a. durch die Zunahme von Unternehmensinsolvenzen führen dazu, dass auch mittelständische Unternehmen durch Ratings[757] Auskunft über ihr Unternehmenspotenzial und ihre Bonität geben müssen.[758] Im Gegensatz zu emissionsfähigen Großunternehmen, die sich Zahlungsmittel auch über die Börse beschaffen können, sind die traditionell kapitalschwachen mittelständischen deutschen Unternehmen fast ausschließlich auf die Kapitalbeschaffung in Form von Bankkrediten angewiesen.

---

[755] Vgl. DEL MESTRE, G. (2001), S. 107; vgl. zu den Herausforderungen für den Mittelstand durch Basel II WINKELJOHANN, N./SOLFRIAN, G. (2003), S. 88 ff.; SCHMEISSER, W./ SCHMEISSER, K. (2005), S. 344 ff.; MÜLLER, C. (2009), S. 64 ff.

[756] Durch „Basel II" wird die Stabilisierung des weltweiten Bankensystems angestrebt, indem Banken verpflichtet sind, die Risiken ihres Kreditengagements sehr gründlich zu überprüfen und in Abhängigkeit des jeweiligen Risikos Eigenkapital zu hinterlegen.

[757] Rating steht im Zusammenhang mit Basel II für eine anhand einer Skala ausgedrückte Bewertung über die Bonität eines Unternehmens bzw. über die wirtschaftliche Fähigkeit, Zahlungsverpflichtungen termingerecht und vollständig nachzukommen. Hierbei werden interne und externe Ratings unterschieden. Im Zuge einer Kreditvergabe werden interne Ratings von einem Kreditinstitut durchgeführt. Bei einem externen Rating wird eine Ratingagentur mit der Durchführung desselben beauftragt.

[758] Vgl. WAMBACH, M./RÖDL, B. (2001), S. 17.

Rating als Chance

Auch wenn viele Mittelständler einem freiwilligen Rating noch reserviert gegenüberstehen,[759] wird es von ihnen nun vermehrt auch als Chance begriffen. Viele befürchten, dass Wettbewerbern damit unternehmenssensible Daten preisgegeben werden. Aber eine gute Ratingeinstufung kann die Finanzierungskonditionen des Unternehmens verbilligen und bedeutend erweitern. Durch die Offenheit und die Transparenz fundierter Unternehmensdaten kann ein größeres Vertrauen zu den Kreditinstituten bzw. Geldgebern erlangt werden. Hierbei ist auch von Bedeutung, ob hierzu ein geeignetes Informationssystem vorhanden ist.[760] Durch die kritische Auseinandersetzung mit den eigenen Unternehmensdaten kann aber nicht nur nach außen, sondern auch intern das Nutzenpotenzial gesteigert werden, da z.B. Risiken oder andere wesentliche Managementinformationen frühzeitiger offengelegt werden.[761]

Cash- und Liquiditätsmanagement als Informationslieferant

Infolge hoher Ausfallwahrscheinlichkeiten wird die Bonität eines potenziellen Kreditnehmers seit Basel II durch die kreditgebenden Banken intensiver überprüft. Je besser das Rating für ein Unternehmen ausfällt, desto weniger Eigenkapital müssen Banken für ausgegebene Kredite hinterlegen und desto besser fallen dementsprechend die Kreditkonditionen aus. Bei einem Rating werden die vergangene und geplante wirtschaftliche Situation, die Vermögens-, Finanz- und Ertragslage und insbesondere die Liquidität analysiert. Daneben werden qualitative Aspekte beurteilt, wie bspw. die Unternehmensstrategie, Marktpositionierung sowie interne Unternehmensprozesse oder das Risikomanagement.[762] Ratings beziehen sich insbesondere auf zukünftige Ereignisse. Dabei sind sie nicht lediglich eine Auswertung statistischer Vergangenheitszahlen; vielmehr stehen wahrscheinlichkeitsbasierende Vorhersagen im Mittelpunkt.[763]

Bei den Ratingentscheidungen greifen die Unternehmen in der Regel auch auf eine Liquiditätsplanung zurück, da hierdurch auch aus externer Sicht die Finanzkraft besonders gut beurteilt werden kann.[764] Das Cash- und Liquiditätsmanagement stellt hierfür die notwendigen Informationen zur Verfügung. Die zahlungsorientierte Konzeption des Liquiditätsplans stellt eine besonders gute Entscheidungsbasis dar, da die Verwendung reiner Zahlungsgrößen nahezu frei von möglichen Einflüssen bilanzpolitischer Bewertungsmaßnahmen ist.[765]

---

[759] Vgl. zu den Befürchtungen über die Gefährdung der Kreditversorgung der mittelständischen Unternehmen und deren Erwiderungen ausführlich TERBERGER, E. (2002), S. 12 ff.

[760] Vgl. PLATTNER, D./SKAMBRACKS, D. (2005), S. 30 f.

[761] Vgl. WAMBACH, M./RÖDL, B. (2001), S. 70 ff.; DARAZS, G. H. (2001), S. 103.

[762] Vgl. zu Handlungsempfehlungen bei der Kreditfinanzierung weitergehend ORDEMANN, T./MÜLLER, S./BRACKSCHULZE, K. (2005), S. 19 ff.

[763] Vgl. EVERLING, O. (2002), S. 963. Hierzu werden neben den Unternehmensstrategien, nachhaltigen Ertragsstrukturen, das Cash- und Liquiditätsmanagement sowie insbesondere die Zahlungsfähigkeit überprüft; vgl. FISCHL, B. (2006), S. 4.

[764] Vgl. KÜTING, K. (1992), S. 625; DEL MESTRE, G. (2001), S. 109; GLEIßNER, W. (2004), S. 53.

[765] Vgl. MEYER, M. A. (2007), S. 13.

Um eine entsprechende transparente und realitätsnahe Risikoanalyse aufbereiten zu können, sind Management- bzw. Informationssysteme von wesentlicher Bedeutung, ohne deren Hilfe umfangreiche und komplexe Prozesse im Rahmen der Liquiditätsplanung kaum zu bewältigen wären.[766] Business ByDesign gewährleistet, dass ein individuelles Mittelstandsrating mit fundierten und belastbaren Aussagen über die Unternehmensbonität gespeist und mittels der umfangreichen Automatisierungen vereinfacht wird.[767]

6.2.2 Abbildung des Cash- und Liquiditätsmanagements in Business ByDesign

Im Work Center *Cash- und Liquiditätsmanagement* (Sicht *Tagesfinanzstatus und Vorschau*) werden tagesaktuelle Informationen über den Liquiditätsstatus (Tagesfinanzstatus) als auch eine Liquiditätsvorschau von erwarteten Zahlungszu- bzw. Zahlungsabflüssen über einen vordefinierten Zeitraum[768] gegeben (vgl. zum Tagesfinanzstatus Abbildung 192). Diese beiden Berichte erlauben Ihnen einen effizienten Einsatz Ihrer Finanzmittel. Während der Tagesfinanzstatus den aktuellen Geschäftstag betrachtet, kann die Liquiditätsvorschau als Grundlage von kurz- und mittelfristigen Investitions- bzw. Finanzierungsentscheidungen herangezogen werden und spielt somit auch eine wichtige Rolle für strategische Unternehmensentscheidungen. Diese Vorschau macht Sie z.B. auf eine Kapitallücke aufmerksam, die finanziert werden muss. Ggf. kann aber auch überschüssige Liquidität kurzfristig als Festgeld angelegt werden.

Motivation

Der Tagesfinanzstatus zeigt den aktuellen Stand aller Zahlungsmittel. Die Liquiditätsvorschau umfasst die Information des Tagesfinanzstatus, zeigt darüber hinaus alle zukünftigen Ein- und Auszahlungen aus Forderungen[769] und Verbindlichkeiten und sog. Planpositionen an. Die Genauigkeit bzw. Zuverlässigkeit der bereitgestellten Informationen zur Liquiditätsvorschau sind somit sowohl von der Berücksichtigung potenzieller zahlungswirksamer Vorgänge als auch z.B. der Verarbeitung von Zahlungszuweisungen abhängig. Ebenso sind die in Zusammenhang mit Zahlungen stehenden Aufgaben für eine sachgerechte Ermittlung des Tagesfinanzstatus bzw. der Liquiditätsvorschau abzuarbeiten. Abbildung 193 zeigt die verschiedenen Komponenten auf, die Eingang in die beiden Liquiditätsberichte erhalten. Da die Daten für die (taggenaue) Liquiditätsplanung bereits im System vorhanden sind, bietet Business ByDesign eine größtmögliche Planungsgenauigkeit bei minimalem Organisationsaufwand.

Datenbasis

---

[766] Vgl. GOLLAND, F./HANS, T. (2003), S. 567 f.; vgl. zur Optimierung des Risikomanagements als Chance für den Mittelstand BECKER, B./JANKER, B./MÜLLER, S. (2004), S. 1578 ff.; BANGE, C./DAHNKEN, O. (2001), S. 224 ff.

[767] Vgl. zu den Anforderungen an ein Cash- und Liquiditätsmanagementsystem WAMBACH, M./RÖDL, B. (2001), S. 44.

[768] In der Standardauslieferung beträgt der Prognosezeitraum der Liquiditätsvorschau 90 Tage.

[769] Grundlage hierfür ist ein funktionierendes Forderungsmanagement; vgl. zur Verwaltung von Forderungen Kapitel E3.3.1.2.1.

In Business ByDesign findet die Liquiditätsrechnung losgelöst von der Buchhaltung statt: Es wird auf die operativen Geschäftsvorfälle, wie z.B. Eingangsschecks oder Rechnungen (inkl. der darin enthaltenen Steuerbeträge), und nicht auf die zugehörigen Konten der Buchhaltung abgestellt. Diese Vorgehensweise ermöglicht es zudem, Informationen, die generell nicht in der Buchhaltung abgebildet werden (wie z.B. Zahlungsavise oder Kundenaufträge), zusätzlich in der Vorschau zu berücksichtigen.

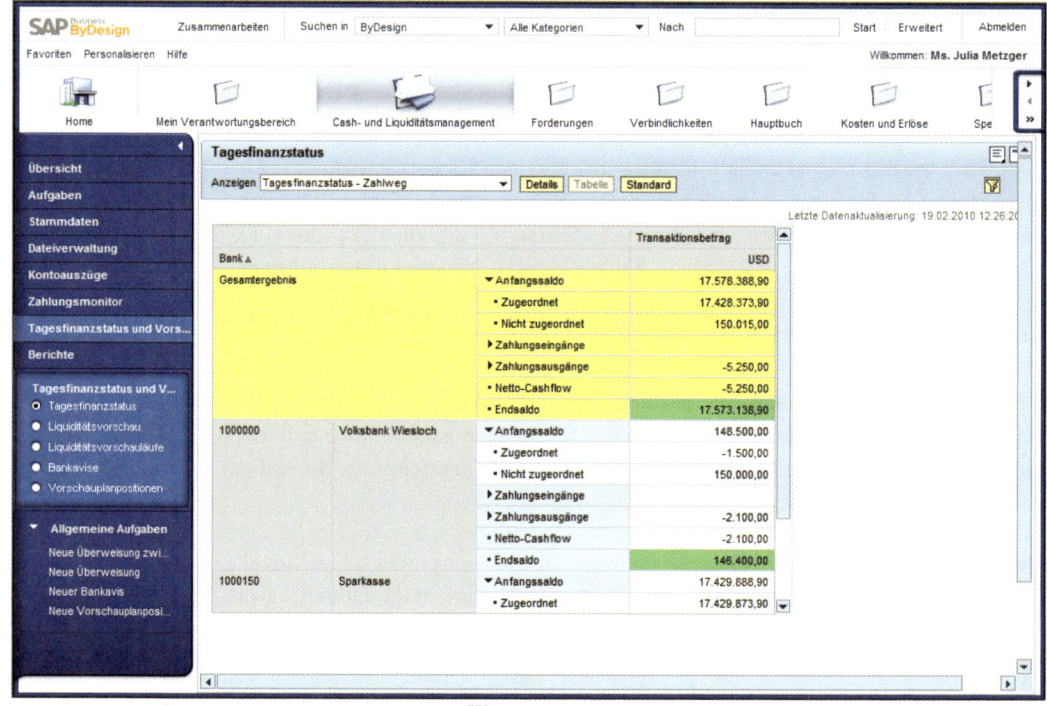

Abbildung 192: Übersicht zum Tagesfinanzstatus[770]

Tagesfinanzstatus   Vor der Analyse des Tagesfinanzstatus sollten sowohl der Kontoauszug eingespielt als auch ausgehende Überweisungen, Eingangsschecks und Zahlungsavise erfasst sein. Erst dann ist die Analyse aussagekräftig und aktuell. Der Tagesfinanzstatus wird automatisch für jeden Geschäftstag ermittelt.[771]

Liquiditätsvorschau   Die Liquiditätsvorschau reicht weiter als der Tagesfinanzstatus. In Zukunft eingehende bzw. ausgehende Zahlungen finden für diese Betrachtung Eingang (vgl. Abbildung 193). Forderungen oder Verbindlichkeiten aus Lieferungen und

---

[770] Es handelt sich bei dieser Abbildung nicht um eine Darstellung aus dem Beispielsachverhalt. Hier ist zu erkennen, dass mehrere Bankkonten in die Betrachtung einbezogen werden.

[771] Der Aufbau des Berichts Tagesfinanzstatus ist identisch mit dem Liquiditätsstatus (vgl. Abbildung 194) und unterscheidet sich lediglich in den einzubeziehenden Komponenten und dem Zeitraum.

Leistungen[772] als auch Umsatzsteuerzahlungen können Einfluss auf die Liquidität in dem zu betrachtenden Zeitraum haben. Die Berücksichtigung dieser Positionen richtet sich nach dem voraussichtlichen Fälligkeitsdatum; d.h. mit dem Zeitpunkt des erwarteten Zahlungsein- bzw. Zahlungsausgangs. Ebenso Auswirkungen auf die Liquidität können Kundenaufträge und Bestellungen haben, die (noch) nicht automatischer Bestandteil der Liquiditätsvorschau sind, aber über Planpositionen in die Betrachtung einbezogen werden können. Für die Liquiditätsvorschau ist das Einplanen eines Liquiditätsvorschaulaufs (Sicht *Tagesfinanzstatus und Vorschau*) notwendig. Dieser Lauf wird auf einen bestimmten Zeitpunkt datiert und sammelt die für die Vorschau notwendigen Daten.[773] Außerdem werden die in der Vergangenheit durchgeführten Vorschauläufe in Business ByDesign archiviert, sodass Sie im Nachhinein eine Kontrolle des erwarteten Liquiditätsstatus vornehmen können.

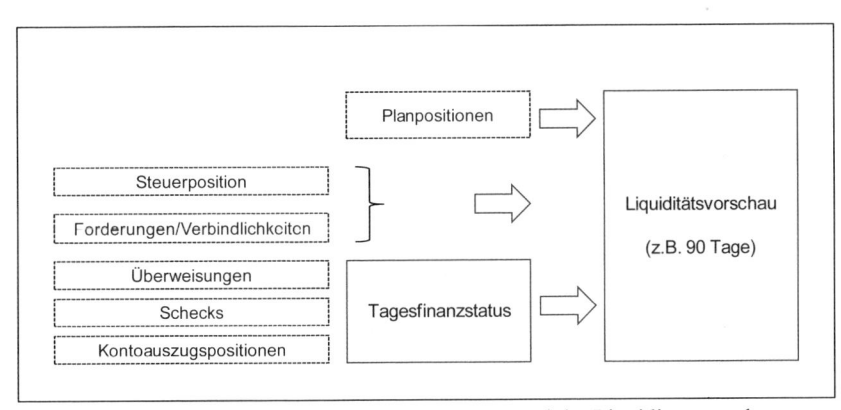

Abbildung 193: Komponenten des Tagesfinanzstatus und der Liquiditätsvorschau

Planpositionen

Für die Liquiditätsvorschau können Planpositionen erfasst werden, die in dem betrachteten Prognosezeitraum zu einem Zahlungszu- bzw. abfluss führen. Charakteristisch für diese Planpositionen ist, dass diese nicht automatisch im System erfasst sind und deswegen manuell berücksichtigt werden müssen. Als Beispiele sind zukünftige Gehaltszahlungen oder erwartete Gewinnausschüttungen anzuführen. Unter der Sicht *Tagesfinanzstatus und Vorschau*[774] legen Sie diese Vorschauplanpositionen an und geben diese frei. Das System erkennt über das erwartete Wertstellungsdatum, inwiefern eine Einbeziehung dieser Planposition für die aktuelle Liquiditätsvorschau zu erfolgen hat.

Beispielsachverhalt

Abbildung 194 zeigt für die *Nordstar GmbH* einen großen und bis März 2010 wachsenden Liquiditätsüberschuss von über 11 Mio. EUR. Sicher wird die Geschäftsführung daraufhin über eine Geldanlage als Festgeld oder eine Investition

---

[772] Die Einbuchung der Forderung bzw. der Verbindlichkeit aus Lieferungen und Leistungen wurde durch den Geschäftsvorfall Kunden- bzw. Lieferantenrechnung ausgelöst.
[773] Der Liquiditätsvorschaulauf kann z.B. monatlich, wöchentlich oder sogar täglich eingeplant werden.
[774] Alternativ finden Sie diese Funktion auch unter der Sicht *Allgemeine Aufgaben*.

nachdenken. In den oberen Zeilen (gelber Bereich) wird das Gesamtergebnis über alle im Unternehmen vorhandenen Bankkonten angezeigt.[775] Die Vorschau bezieht sich auf den vordefinierten Betrachtungszeitraum: Januar bis März im Jahr 2010. Business ByDesign stellt den (erwarteten) Zahlungseingängen die (erwarteten) Zahlungsausgänge pro Betrachtungsperiode gegenüber. Des Weiteren wird eine Differenzierung in unterschiedliche Zahlungswege vorgenommen.[776] In Abbildung 194 sind konkret die Zahlungseingänge für Januar, Februar und März i.H.v. insgesamt 2.975 EUR[777], 500.000 EUR bzw. 2.000.000 EUR und die Zahlungsausgänge i.H.v. 1.500.000 EUR, 1.000.000 EUR und 300.000 EUR zu erwarten. Manuell wurde für den Monat März eine Planposition i.H.v. 100.000 EUR (sonstige Auszahlungen) angelegt, da die Bonuszahlungen an die Mitarbeiter im März 2010 erfolgen sollen. Mithilfe dieser Zahlungsströme wird – ausgehend vom Endsaldo zum 31.12.2009 (11.173.116,00 EUR) – der Endsaldo zum Ende des jeweiligen Monats angegeben.

Bank		Monat	Betrag in Vorschauwährung JAN 2010 EUR	Betrag in Vorschauwährung FEB 2010 EUR	Betrag in Vorschauwährung MÄRZ 2010 EUR
Gesamtergebnis	Anfangssaldo		11.732.116,00	10.235.091,00	9.735.091,00
	Zahlungseingänge		2.975,00	500.000,00	2.000.000,00
	Zahlungsausgänge		1.500.000,00	1.000.000,00	300.000,00
	Netto-Cashflows		-1.497.025,00	-500.000,00	1.700.000,00
	Endsaldo		10.235.091,00	9.735.091,00	11.435.091,00
Sparkasse	Anfangssaldo		11.732.116,00	10.235.091,00	9.735.091,00
	Zahlungseingänge		2.975,00	500.000,00	2.000.000,00
	Scheckeinreicher				
	Eingehende Überweisungen		2.975,00	500.000,00	2.000.000,00
	Eingehende Eilüberweisungen				
	Andere Einzahlungen				
	Zahlungsausgänge		1.500.000,00	1.000.000,00	300.000,00
	Ausgangsschecks				
	Ausgehende Überweisungen		1.500.000,00	1.000.000,00	200.000,00
	Ausgehende Eilüberweisungen				
	Sonstige Auszahlungen				100.000,00
	Netto-Cashflows		-1.497.025,00	-500.000,00	1.700.000,00
	Endsaldo		10.235.091,00	9.735.091,00	11.435.091,00

Abbildung 194: Liquiditätsvorschau nach Zahlungswegen

Sollten Sie entgegen der Darstellung in Abbildung 194 eine Unterdeckung bei der Liquiditätsvorschau (oder Tagesfinanzstatus) ermitteln, können Sie z.B. im Work Center *Cash- und Liquiditätsmanagement* (Sicht *Zahlungsmonitor*) eine vor-

---

[775] Im vorliegenden Fall existiert nur ein Konto (Sparkasse), sodass der Saldo dieses Kontos stets den Endsaldo des Gesamtergebnisses darstellt.
[776] Diese Differenzierung kann auch nach Geschäftsvorfall erfolgen. In diesem Fall würden in den Zahlungsausgängen bspw. Lieferantenzahlungen oder Steuerzahlungen aufgeführt werden.
[777] Bei diesem Zahlungseingang handelt es sich um die in Rechnung gestellte Leistung des Kundenprojekts Designberatung; vgl. auch Kapitel E4.2.1.

gesehene Ausgangszahlung sperren, um kurzfristig einen Liquiditätsabfluss zu verhindern.

6.3 Berichte des externen Rechnungswesens
6.3.1 Betriebswirtschaftliche Grundlagen

Jeder Kaufmann ist gem. § 242 HGB verpflichtet, für den Schluss eines jeden Geschäftsjahrs einen aus GuV und Bilanz bestehenden Jahresabschluss aufzustellen.[778] Eine Frist zur Aufstellung ist zwar nicht gesetzlich kodifiziert, allerdings kann von einer fristgemäßen Aufstellung innerhalb von sechs bis zwölf Monaten nach dem Bilanzstichtag ausgegangen werden.

Aufstellungspflicht für alle Kaufleute

Für Kapitalgesellschaften und ihnen gleich gestellte Personengesellschaften ohne persönlich haftenden Gesellschafter gelten darüber hinaus bzgl. des Umfangs des Jahresabschlusses, der Aufstellungsfrist, der Prüfungs- sowie einer Veröffentlichungspflicht erweiternde Vorschriften.

Ergänzende Regelungen für Kapitalgesellschaften

So müssen die Kapitalgesellschaften und ihnen gleichgestellte Personengesellschaften den Jahresabschluss um einen Anhang[779] erweitern und außerdem einen Lagebericht erstellen.[780] Darüber hinaus müssen kapitalmarktorientierte Kapitalgesellschaften,[781] die nicht zur Aufstellung eines Konzernabschlusses verpflichtet sind, den Jahresabschluss um eine Kapitalflussrechnung und einen Eigenkapitalspiegel erweitern.[782]

Zusätzliche Bestandteile des Jahresabschlusses

Große und mittelgroße Kapitalgesellschaften und ihnen gleichgestellte Personengesellschaften i.S.d. § 267 HGB sind verpflichtet, ihren Jahresabschluss und den Lagebericht innerhalb von drei Monaten nach Bilanzstichtag aufzustellen, während für kleine Gesellschaften eine Aufstellungspflicht von sechs Monaten gilt.

Aufstellungsfristen

Neben der längeren Aufstellungsfrist und der Befreiung zur Aufstellung eines Lageberichts existieren für kleine Kapitalgesellschaften gem. § 274a HGB eine ganze Reihe weiterer Erleichterungen. Sie brauchen bspw. keinen Anlagenspiegel

Größenabhängige Erleichterungen

---

[778] Die Kaufmannseigenschaft wird in den §§ 1 ff. HGB definiert.
[779] Im Anhang werden darüber hinaus quantitative Berichte wie Anlagen- und Verbindlichkeitenspiegel notwendig.
[780] Nur große und mittelgroße Kapitalgesellschaften und ihnen gleichgestellte Personengesellschaften i.S.d. § 267 HGB müssen einen Lagebericht aufstellen, kleine sind indes von dieser Pflicht befreit; vgl. zu den Größenkriterien des § 267 HGB Abbildung 195.
[781] Gem. § 264d HGB ist eine Kapitalgesellschaft kapitalmarktorientiert, wenn sie einen organisierten Markt i.S.d. § 2 Abs. 5 WpHG durch von ihr ausgegebene Wertpapiere i.S.d. § 2 Abs. 1 Satz 1 WpHG in Anspruch nimmt.
[782] Gem. § 264 HGB kann der Jahresabschluss zusätzlich um eine Segmentberichterstattung ergänzt werden.

zu erstellen und sind außerdem von der Ermittlung latenter Steuern gem. § 274 HGB befreit.[783]

Unternehmens-kategorie	Kleine Kapitalgesell-schaften	Mittelgroße Kapitalgesell-schaften	Große Kapitalgesell-schaften
Bilanzsumme	≤ 4.840 Mio. EUR	≤ 19,25 Mio. EUR	> 19,25 Mio. EUR
Umsatzerlöse	≤ 9.680 Mio. EUR	≤ 38,50 Mio. EUR	> 38,50 Mio. EUR
Arbeitnehmer	≤ 50	≤ 250	> 250

Abbildung 195: Größenkriterien des § 267 HGB[784]

Prüfungspflicht Große und mittelgroße Kapitalgesellschaften und ihnen gleichgestellte Personengesellschaften müssen ihren Jahresabschluss und Lagebericht gem. § 316 HGB von einem Abschlussprüfer prüfen lassen. Für kleine Gesellschaften gilt diese Pflicht hingegen nicht.

Veröffentlichungspflichten Die gesetzlichen Vertreter von Kapitalgesellschaften oder ihnen gleichgestellte Personengesellschaften müssen den Jahresabschluss und Lagebericht beim elektronischen Bundesanzeiger bis spätestens zwölf Monate nach Abschlussstichtag einreichen und bekannt machen lassen. Kleine Gesellschaften i.S.d. § 267 HGB sind hingegen nur verpflichtet, eine Bilanz und einen Anhang einzureichen, während für mittelgroße Gesellschaften nur Erleichterungen bzgl. der erforderlichen Bilanzgliederung und der anzugebenden Details im Anhang existieren.

6.3.2 Berichte des externen Rechnungswesens in Business ByDesign
6.3.2.1 Arbeiten mit den Berichten

Überblick Die in Business ByDesign vorhandenen Berichte sind in allen Work Centern immer unter der gleichnamigen Sicht zu finden. In jedem Work Center werden die zweckdienlichsten Berichte angeboten.[785] Die in einem Work Center zur Verfügung gestellten Berichte können personalisiert werden: Es sind dann nur diejenigen Berichte aufrufbar, für die eine Berechtigung bzw. Zuständigkeit des Mitarbeiters besteht.

Variableneingabe Wenn Sie einen Bericht auswählen, öffnet sich eine Eingabemaske (vgl. Abbildung 196). Die Selektion von Variablen[786] in dieser Eingabemaske erfolgt immer nach dem gleichen Prinzip. Bestimmte Grunddaten (Vorschlagswerte) werden

---

[783] Aus der Regierungsbegründung zum BilMoG kann jedoch auch für kleine Kapitalgesellschaften eine Pflicht zur Passivierung latenter Steuern abgeleitet werden. Vgl. hierzu BT-Drucksache (16/10067), S. 68.
[784] Kapitalmarktorientierte Kapitalgesellschaften i.S.d. § 264d HGB gelten stets als große.
[785] Einige Berichte wurden in den vorangehenden Kapiteln bereits exemplarisch aufgezeigt bzw. deren Funktion beschrieben; vgl. z.B. Kapitel E1.3.1.4, E2.3.3.
[786] Bei den mit einem * gekennzeichneten Variablen handelt es sich – analog zu den Eingabemasken von z.B. Bestellungen oder Rechnungen – um Pflichtfelder.

in der Auswahlmaske automatisch vergeben. Diese Angaben beziehen sich auf grundlegende Kriterien wie etwa die Unternehmensbezeichnung, die zu betrachtende Periode, das Rechnungslegungswerk usw. Zusätzlich bestehen Auswahlfelder, die eine tiefer gehende Betrachtung erlauben; so ist es z.B. möglich, nur bestimmte Produkte für einen Bericht oder nur eine Kostenstelle zu wählen.

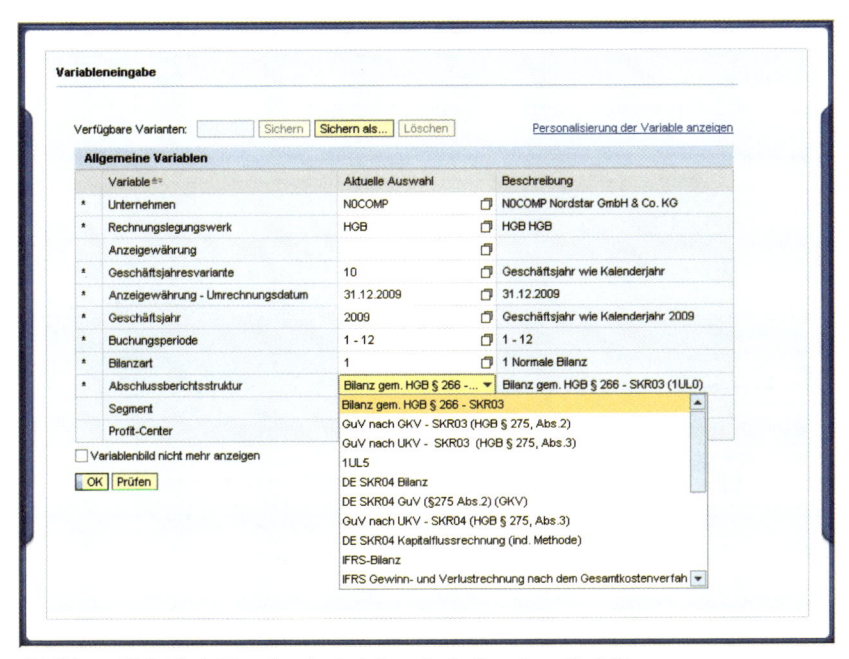

Abbildung 196: Variableneingabe bei dem Aufrufen eines Berichts

Datentransparenz

Die Daten werden in einem Bericht in der Art und Weise aufbereitet,[787] dass Sie sich schnell einen Überblick über die Datenherkunft und -ursache verschaffen können. Die Berichte erlauben im Allgemeinen eine schnelle und flexible Verdichtung der Daten nach zahlreichen Kriterien wie Sachkonto, Produkt- oder Kundengruppe. Über den Drilldown ist das Abspringen von einer komprimierten Datensicht in verfeinerte Unterebenen bis hin zum Ursprungsbeleg des Geschäftsvorfalls (sog. Audit Trail)[788] möglich (vgl. beispielhaft Abbildung 197). Auch für Berichte, die für strategische Entscheidungen unterstützend herangezogen werden, ist eine auf diese Art und Weise angelegte Analyse hilfreich. Für die Auswertung der Daten wird die aktuellste Datenbasis zugrunde gelegt.

Navigation und Flexibilität

Innerhalb eines Berichts springen Sie auf eine Detailebene ab, indem Sie auf der gewünschten Position mit einem Rechtsklick ein Kontextmenü öffnen. Anschließend wählen Sie in diesem Menü in der Funktion *Springen* die beabsichtigte Aktion aus. Im vorliegenden Fall (vgl. Abbildung 197) wird ausgehend

---

[787] In einem Bericht können Sie zwischen zwei Ansichten wählen: der Darstellung in Form einer Tabelle (vgl. Abbildung 197) oder die grafische Aufbereitung der Daten. Dazu müssen Sie in der Menüleiste die Funktion *Grafik* verwenden.

[788] Vgl. zur Bedeutung im Rahmen der Abschlussprüfung auch Kapitel E6.6.

von dem Hauptbuchkonto *Fertige Erzeugnisse und Waren* bis auf den Buchungsbeleg einzelner Geschäftsvorfälle abgesprungen; vom Buchungsbeleg könnten Sie über die Funktion *Springen* im Kontextmenü auf den Ursprungsbeleg zugreifen. Neben dem Abspringen auf eine Detailebene besteht in einem Bericht weiterhin die Möglichkeit, zusätzliche Auswertungskriterien hinzuzufügen. Diese Flexibilität äußert sich durch die auf der Seitenleiste vorzufindenden Filteroptionen (*Freie Merkmale*), die Sie manuell mit in die Betrachtung einbeziehen können.[789] Ausgehend von den Daten des „Standardberichts" sind mithilfe der Verwendung dieser freien Merkmale spezifische Analysen möglich.[790]

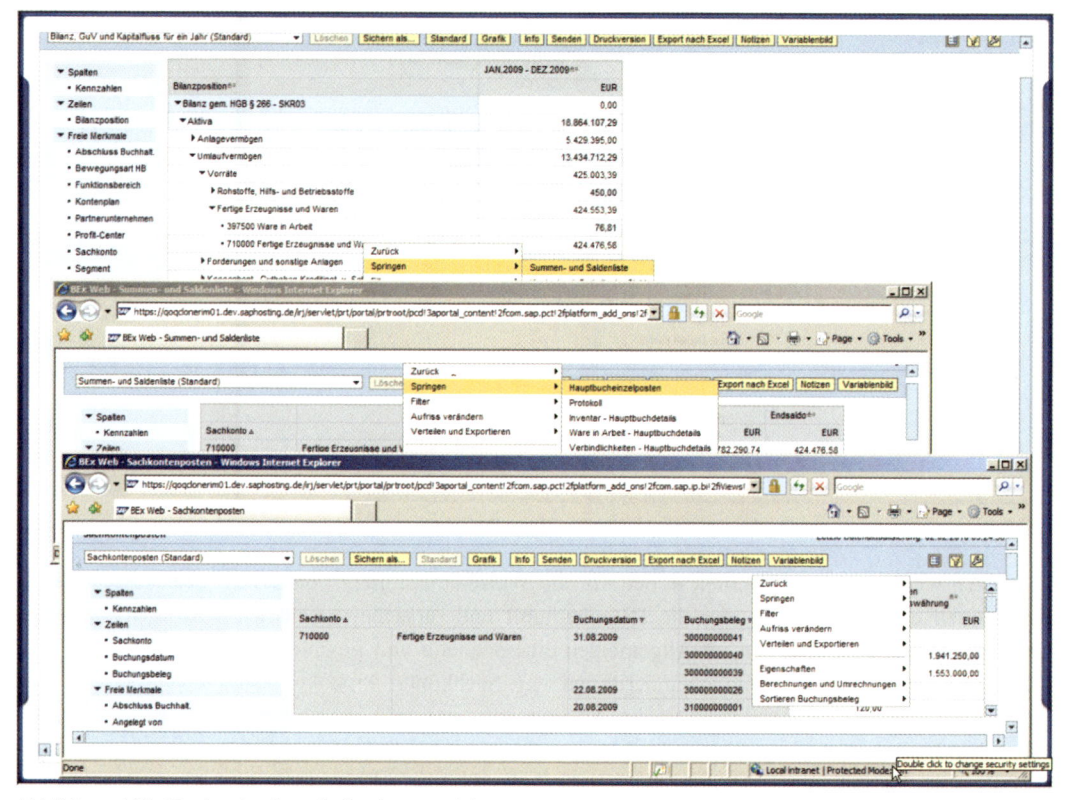

Abbildung 197: Navigation innerhalb eines Berichts

6.3.2.2 Abschlussbezogene Berichterstattung

Die Buchhaltungsabteilung ist für die mit einem Abschluss verbundene Berichterstattung verantwortlich. Mit dem Work Center *Hauptbuch* wird den zuständigen

---

[789] Ziehen Sie hierfür mithilfe der Drag-&-Drop-Funktionalität die gewünschten Kriterien entweder in die Spalte oder Zeile eines Berichts.
[790] Grds. besitzen die aufgerufenen Berichte alle das Aussehen, welches in Abbildung 197 gezeigt wird. An dieser Stelle soll beispielhaft einmal auf die Navigation und die Möglichkeit der zusätzlichen Auswahl von freien Merkmalen aufmerksam gemacht werden. Für die anderen aufgeführten Berichte wird aber nur noch auf den Inhalt abgestellt; diese Berichte gehen aus diesem Grund in reiner Tabellenform ein.

Mitarbeitern über die Sicht *Berichte* eine Arbeitsumgebung zur Verfügung gestellt, die ein Aufrufen der mit der Abschlusserstellung verbundenen Bestandteile erlaubt (vgl. Abbildung 198). Darunter fallen u.a. die Bilanz und die GuV; auf diese und weitere Berichte wird im Folgenden näher eingegangen.

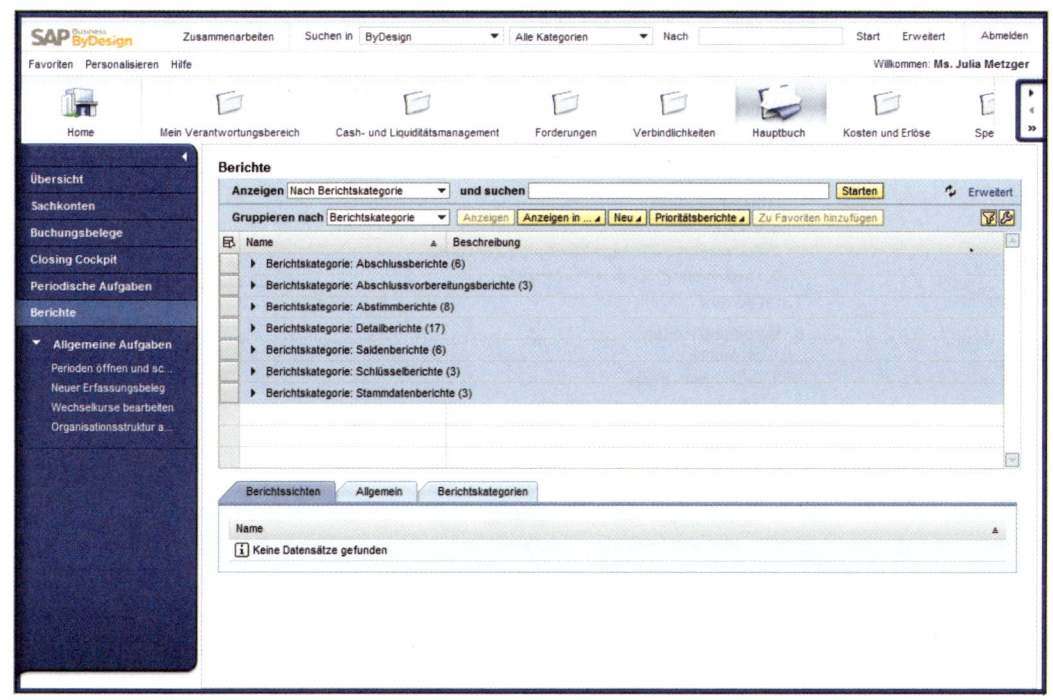

Abbildung 198: Übersicht zu den Berichtskategorien im Work Center *Hauptbuch*

6.3.2.2.1 Bilanz und Gewinn- und Verlustrechnung

Die Bilanz und die GuV sind als Bestandteile des Jahresabschlusses zu erstellen. Die Gliederung dieser beiden Rechenwerke ist gesetzlich im Handelsgesetzbuch fixiert; in Abhängigkeit von der Größe des Unternehmens existieren hinsichtlich der Gliederung allerdings Erleichterungsvorschriften. In Business ByDesign können Sie die *Finanzberichte*[791] im Work Center *Hauptbuch* unter der Sicht *Berichte* aufrufen. Eine Form der Darstellung einer Bilanz und einer Gewinn- und Verlustrechnung, die für das Tagesgeschäft herangezogen werden kann, wurde bereits in den vorangegangenen Kapiteln gezeigt.[792] Business ByDesign bietet aber auch ein ansprechendes Druckformat als weitere Darstellungsvariante für diese Berichte an (vgl. Abbildung 199).

---

[791] In Business ByDesign sind unter den Finanzberichten die Bilanz, die Gewinn- und Verlustrechnung und die Kapitalflussrechnung zu verstehen.
[792] Vgl. z.B. Kapitel E3.4 und E4.4.

Bilanz, GuV und Kapitalfluss für ein Jahr - Drucklayout

Last Data Update : 12.02.2010 08:44:40

N0COMP Nordstar GmbH
HGB HGB
Bilanz gem. HGB § 266 - SKR03

EUR	JAN.2009 - DEZ.2009
A. Aktiva	17,744,731.82
I. Anlagevermögen	5,435,459.76
1. Immaterielle Vermögensgegenstände	7,859.42
2. Sachanlagevermögen	5,427,600.34
II. Umlaufvermögen	12,309,272.06
1. Vorräte	424,181.06
2. Forderungen und sonstige Vermögensgegenstände	152,975.00
3. Kassenbestand, Guthaben Kreditinstitute	11,732,116.00
Total Aktiva	17,744,731.82
B. Verbindlichkeiten	-17,744,731.82
I. Eigenkapital	-9,479,843.61
1. Gezeichnetes Kapital	-5,550,000.00
2. Jahresüberschuss/Jahresfehlbetrag	-3,926,843.61
II. Rückstellungen	-1,089,333.00
1. Rückstellungen für Pensionen und ähnliche Verpflichtungen	-88,833.00
2. Steuerrückstellungen	-1,000,000.00
III. Verbindlichkeiten	-7,175,257.84
1. Verbindlichkeiten gegenüber Kreditinstituten	-2,450,000.00
2. Verbindl. aus Lieferungen und Leistungen	-4,041,265.38
3. Verbindl. gegenüber verb. Unternehmen	-
4. Sonstige Verbindlichkeiten	-683,992.46
IV. Passive latente Steuern	-297.37
1. Passive latente Steuern	-297.37
Total Passiva	-17,744,731.82

Abbildung 199: Bilanz der *Nordstar GmbH*

6.3.2.2.2 Eigenkapitalspiegel und Kapitalflussrechnung

Während Bilanz und GuV für alle Unternehmen obligatorisch sind, müssen ein Eigenkapitalspiegel und eine Kapitalflussrechnung nur von kapitalmarktorientierten Unternehmen erstellt werden. Der Eigenkapitalspiegel zeigt die Bewegungen innerhalb des Eigenkapitals in einer Periode auf. Beispielhaft seien hierfür z.B. die Zuführung von Kapital – etwa durch eine Kapitalerhöhung – oder auch die Berücksichtigung des Jahresüberschusses erwähnt.[793]

Kapitalflussrechnung als Bewegungsbilanz

Die Kapitalflussrechnung analysiert die Zahlungsströme einer Berichtsperiode und ordnet diese einem der drei Tätigkeitsbereiche – Cashflow aus operativer Geschäftstätigkeit, Investitions- oder Finanzierungstätigkeit – zu. Die Aufstellung einer Kapitalflussrechnung ist aber nicht nur unter dem Gesichtspunkt eines Abschlussbestandteils zu sehen, sondern ist als Analyseinstrument auch bei nicht gegebener gesetzlicher Erstellungspflicht zu verwenden. Für die Erstellung der

---

[793] Zur Erstellung des Eigenkapitalspiegels rufen Sie den Saldenbericht *Änderungsspiegel* im Work Center *Hauptbuch* (Sicht *Berichte*) auf. In der Selektionsmaske ist dann die Sachkontoart Eigenkapital von Ihnen auszuwählen.

Kapitalflussrechnung greift Business ByDesign auf Kontenbewegungen der betrachteten Periode zurück. Um sicherzustellen, dass nur diese Bewegungen selektiert werden – und nicht die auf dem Konto in der Vergangenheit insgesamt stattgefundenen Bewegungen –, ist bei der Variableneingabe für die *Bilanzart* die Einstellung *Bewegungsbilanz* zu wählen (vgl. Abbildung 195).

Zur Ermittlung des Cashflows aus operativer Geschäftstätigkeit wird das Periodenergebnis um zahlungsunwirksame Aufwendungen und Erträge (z.B. Abschreibungen, Rückstellungen) korrigiert.[794] Dieser Zahlungszu- bzw. -abfluss dient z.B. zur Beurteilung der Fähigkeit, inwiefern Darlehen zurückgezahlt oder Investitionen getätigt werden können. Neben der Überleitung zum operativen Cashflow zeigt die Kapitalflussrechnung des Weiteren die Zahlungsströme, die in Investitionen geflossen sind. So trägt bspw. die Beschaffung von Anlagen bei der *Nordstar GmbH* i.H.v. 6.011.378 EUR zu einer Minderung des Cashflows aus Investitionstätigkeit bei. Schließlich führt die Aufnahme von Eigen- bzw. Fremdkapital zu einer Zunahme des Cashflows aus Finanzierungstätigkeit.

Tätigkeitsbereiche der Kapitalflussrechnung

Bilanzposition	JAN.2009 - DEZ.2009
	EUR
INDIREKTER CASHFLOW	11.732.116,33
Cashflow aus laufender Geschäftstätigkeit	9.743.494,67
Periodenergebnis vor außerordentlichen Posten	3.929.843,61
Abschreibungen/Zuschreibung Anlagevermögen	575.918,91
Zunahme/Abnahme der Vorräte	-424.181,06
Zunahme/Abnahme der Forderungen aus L&L	-152.975,00
Zunahme/Abnahme der Rückstellungen	1.089.333,00
Zunahme/Abnahme der Verbindlichkeiten aus L&L	4.041.265,38
Zunahme/Abnahme der sonstigen Verbindlichkeiten	683.992,46
Zunahme/Abnahme latente Steuern	297,37
Cashflow aus Investitionstätigkeit	-6.011.378,34
Investition/Abgänge Sachanlagen	-2.237.000,00
Investition/Abgänge immaterielles Anlagevermögen	-8.378,34
Investition/Abgänge sonstiges Vermögen	-16.000,00
Investition/Abgänge sonstiges Anlagevermögen	-3.750.000,00
Cashflow aus Finanzierungstätigkeit	8.000.000,00
Zunahme/Abnahme aus Eigenkapital	5.550.000,00
Zunahme/Abnahme von Anleihen u. langfr. Krediten	2.450.000,00

Abbildung 200: Kapitalflussrechnung der *Nordstar GmbH* (indirekte Ermittlung)

6.3.2.2.3 Anhangspezifische Berichterstattung

Der Anhang stellt neben der Bilanz und der GuV einen weiteren Bestandteil des Jahresabschlusses dar und ist neben quantitativen Angaben durch qualitative Angaben, z.B. die Berichterstattung zu Bilanzierungs- und Bewertungsmethoden, geprägt. Diese qualitativen Informationen sind systemtechnisch nicht unterstützbar.

---

[794] Bei dieser Vorgehensweise spricht man von der indirekten Ermittlung des Cashflows.

Entwicklung des Anlagevermögens

Im Bereich der quantitativen Angaben liefert Business ByDesign z.B. Daten zum Anlagen- und Verbindlichkeitenspiegel.

Das Handelsgesetz fordert in der Bilanz oder im Anhang bestimmte Angaben zu der Entwicklung des Anlagevermögens. Mit Business ByDesign können Sie einen Anlagenspiegel aus den vorhandenen Daten im Work Center *Anlagen* (Sicht *Berichte*) direkt erzeugen.[795] Die für diesen Bericht notwendigen Informationen, wie z.B. Anschaffungskosten oder Abschreibungshöhe, sind im Anlagenstammdatensatz enthalten. Ausgehend von den historischen Anschaffungs- oder Herstellungskosten wird Ihnen die Entwicklung pro Anlagenklasse angezeigt (vgl. Abbildung 201); eine detailliertere Betrachtung auf Ebene der einzelnen Anlage ist ebenso möglich. Über die Verwendung einer zusätzlichen Informationsspalte können Sie sich zudem die geringwertigen Wirtschaftsgüter gesondert markieren lassen.[796]

Anlagenklasse	selbst geschaffene immaterielle VG	Grundstücke	Gebäude	Konzessionen, Lizenzen und ähnliche Rechte	Verarbeitungsmaschinen	Betriebs-/Geschäftsausstattung	Gesamtergebnis
Restbuchwert zu Beginn von JAN.2009	0,00	0,00	0,00	0,00	0,00	0,00	0,00
Historische AHK zu Beginn von JAN.2009	0,00	0,00	0,00	0,00	0,00	0,00	0,00
Zugänge JAN.2009 - DEZ.2009	6.378,34	2.000.000,00	1.750.000,00	2.000,00	2.237.000,00	16.000,00	6.011.378,34
Abgänge JAN.2009 - DEZ.2009							
Umbuchungen JAN.2009 - DEZ.2009							
Zuschreibungen JAN.2009 - DEZ.2009							
Kumulierte Abschreibungen	0,00	0,00	0,00	0,00	0,00	0,00	0,00
Abschreibungen JAN.2009 - DEZ.2009	-318,92	0,00	-141.666,66	-200,00	-428.900,00	-4.833,33	-575.918,91
Anteilige Abschreibungen JAN.2009 - DEZ.2009							
Restbuchwert am Ende von DEZ.2009	6.059,42	2.000.000,00	1.608.333,34	1.800,00	1.808.100,00	11.166,67	5.435.459,43

Abbildung 201: Anlagenspiegel der *Nordstar GmbH*

Kumulierte Abschreibungen

Der im System erstellte Anlagenspiegel enthält in der Spalte *kumulierte Abschreibungen* die bis zu der vorangegangenen Periode aufgelaufenen Abschreibungen; die Abschreibungen des aktuellen Geschäftsjahrs sind in diesem Posten nicht enthalten. Im vorliegenden Fall liegen keine kumulierten Abschreibungen vor, da es sich um den ersten Anlagenspiegel nach Gründung des Unternehmens handelt. Insgesamt betragen die Jahresabschreibungen 575.918 EUR, sodass das Anlagevermögen am Geschäftsjahresende einen Restbuchwert i.H.v. 5.435.459 EUR besitzt.

Verbindlichkeitenspiegel

Das Gesetz fordert im Anhang die Angabe des Betrags von Verbindlichkeiten mit einer Restlaufzeit von mehr als fünf Jahren.[797] In Business ByDesign können Sie für diese Zwecke die Verbindlichkeiten im Work Center *Verbindlichkeiten* (Sicht *Periodische Aufgaben*) entsprechend den Anforderungen umgliedern, sodass Sie die erforderlichen Angaben zur Verfügung gestellt bekommen.

---

[795] Aus Darstellungsgründen wurden die Anlagen ausnahmsweise auf der Horizontalen und die historischen Anschaffungs- bzw. Herstellungskosten sowie die Entwicklung der Abschreibungen auf der Vertikalen des Anlagenspiegels angeordnet.
[796] Vgl. zur Behandlung von geringwertigen Wirtschaftsgütern Kapitel E1.1.6.4.
[797] In der Bilanz ist für den Verbindlichkeitenausweis zwischen einer Restlaufzeit von weniger bzw. höher als ein Jahr zu differenzieren. Dies wird durch den Umgliederungslauf gewährleistet. Vgl. dazu die äquivalenten Ausführungen zur Umgliederung von Forderungen in Kapitel E5.3.3.3.

6.3.2.3 Unterstützende Berichte für das Rechnungswesen

Das harmonisierte Rechnungswesen eines Unternehmens hat zwei maßgebliche Aufgaben. Zum einen laufen hier alle rechnungslegungsrelevanten Daten eines Unternehmens zusammen, um für externe Zwecke zu den berichtspflichtigen Berichten wie Bilanz und GuV verdichtet zu werden. Zum anderen dienen die Daten in einem vollständig harmonisierten Rechnungswesen zur Steuerung eines Unternehmens. Das Rechnungswesen kommt somit seiner Unterstützungsfunktion für die Unternehmenssteuerung nach. Für beide Aufgaben müssen Rechnungswesendaten durchgehend auf Konsistenz geprüft werden.

Überblick

Beispielhaft seien hier folgende typische Buchhaltungsberichte genannt:

- Offene Posten Liste (Kreditoren/Debitoren),
- Summen- und Saldenliste,
- Journal,
- Abstimmbericht.

Sachkonto		Buchungsperiode/-jah	Eröffnungssaldo EUR	Soll EUR	Haben EUR	Endsaldo EUR
008010	Wertberichtig. Bauten	JAN 2009	0,00	0,00	11.806,00	-11.806,00
		FEB 2009	-11.806,00	0,00	11.806,00	-23.612,00
		MRZ 2009	-23.612,00	0,00	11.805,00	-35.417,00
		APR 2009	-35.417,00	0,00	11.806,00	-47.223,00
		MAI 2009	-47.223,00	0,00	11.805,00	-59.028,00
		JUN 2009	-59.028,00	0,00	11.806,00	-70.834,00
		JUL 2009	-70.834,00	0,00	11.805,00	-82.639,00
		AUG 2009	-82.639,00	0,00	11.806,00	-94.445,00
		SEP 2009	-94.445,00	0,00	11.805,00	-106.250,00
		OKT 2009	-106.250,00	0,00	11.806,00	-118.056,00
		NOV 2009	-118.056,00	0,00	11.806,00	-129.862,00
		DEZ 2009	-129.862,00	0,00	11.805,00	-141.667,00
		Ergebnis	0,00	0,00	141.667,00	-141.667,00
Gesamtergebnis			0,00	0,00	141.667,00	-141.667,00

Abbildung 202: Summen- und Saldenliste pro Buchungsperiode

Ein Bericht, der insbesondere von einem Mitarbeiter der Buchhaltung verwendet wird, ist die Summen- und Saldenliste. Die Summen- und Saldenliste enthält den Eröffnungs-, Soll-, Haben- und Endsaldo aller Konten. Eine Summen- und Saldenliste können Sie sich auch einzeln für jedes Sachkonto anschauen. Die Zusammensetzung der aufgeführten Positionen auf aggregierter Ebene (z.B. Wertberichtigung für April 2009) können für weitere Analysezwecke bis zu den einzelnen Geschäftsvorfällen – z.B. Abschreibung für ein bestimmtes Gebäude für den Monat April – aufgesplittet werden.[798] In Abbildung 202 wird die Summen- und Saldenliste des Kontos *Wertberichtigungen Bauten* dargestellt. Damit ist die Entwicklung des Sachkontos pro Buchungsperiode für Sie nachvollziehbar. Am Jahresende entfallen auf dieses Konto Abschreibungen i.H.v. 141.667 EUR.

Summen- und Saldenliste

---

[798] Dafür ist ein Rechtsklick auf die jeweilige Position und anschließend im Kontextmenü die Auswahl *Springen – Hauptbucheinzelposten* notwendig.

6.4 Berichte zur operativen Steuerung
6.4.1 Betriebswirtschaftliche Grundlagen

Kennzahlen als Vergleichsmaßstäbe

Die operative Steuerung obliegt den jeweiligen leitenden Mitarbeitern der Aufbauorganisation und des Projektgeschäfts sowie Controllern der unterschiedlichen Unternehmensbereiche. Hierbei kommen Kennzahlen zum Einsatz. Ihre Eignung zur Steuerung von Unternehmen erlangen Kennzahlen erst, wenn sie an Zielvorgaben bzw. Vergleichsmaßstäben gemessen werden.[799] Erst hierdurch erreichen sie den „Vorgabecharakter, an dem Entscheidungen und Handlungen auszurichten sind"[800]. Vergleichsmaßstäbe können innerbetriebliche Zeitvergleiche, Soll-Ist-Vergleiche oder Betriebsvergleiche darstellen. Die Vorgaben werden in der Regel von Controllern und der Geschäftsführung entwickelt. Bei Anwendung innerbetrieblicher Zeitvergleiche werden die Kennzahlen der aktuellen Periode mit denen früherer Perioden verglichen. Soll-Ist-Vergleiche basieren auf der Gegenüberstellung individuell bestimmbarer Sollvorgaben mit Istwerten ausgewählter Kennzahlen. Eine wichtige Rolle spielen in der Unternehmenspraxis daneben Vergleiche mit Kennzahlen anderer Unternehmen aus der gleichen Branche. Am sinnvollsten stellt sich hierbei ein Vergleich mit dem Branchenführer dar (Benchmarking).

Definition Kennzahl

Kennzahlen sind hochverdichtete Maßgrößen, die als Verhältniszahlen oder absolute Zahlen in einer konzentrierten Form über einen zahlenmäßig erfassbaren Sachverhalt berichten. Sie sollen die Struktur eines Unternehmens oder Teile davon sowie die sich in diesem Unternehmen vollziehenden wirtschaftlichen Prozesse und Entwicklungen ex post beschreiben oder ex ante bestimmen.[801] Die spezifische Form der Kennzahl soll es ermöglichen, komplizierte betriebliche Sachverhalte und Strukturen sowie Prozesse auf relativ einfache Weise abzubilden, um damit einen möglichst schnellen und umfassenden Überblick zu gewährleisten. Dies gilt insb. für Führungsinstanzen, die mit Unterstützung von Kennzahlen der internen Betriebsanalyse ihre Kontroll- und Steuerungsaufgaben wahrzunehmen haben. Dabei ist es unerheblich, ob sie für strategische oder operative Steuerungszwecke eingesetzt werden. Die Konstruktion dieser betriebswirtschaftlichen Kennzahlen hängt entscheidend vom jeweiligen Informationsbedarf des Entscheidungsträgers ab. Kennzahlen können als absolute und relative Zahlen klassifiziert werden.

Absolute Kennzahlen

Absolute Zahlen geben an, aus wie vielen Elementen eine näher bezeichnete Menge besteht. Sie können in Einzelzahlen, Summen, Differenzen und Mittelwerte unterteilt werden. Typische Beispiele für diese Art Kennzahlen stellen die Größen Umsatzerlöse, Cashflow und Bilanzsumme dar. Es können aber auch Kosten in die Betrachtung mit einbezogen werden. So können bspw. Budgetvorgaben für eine Kostenstelle überwacht werden.

---

[799] Vgl. KÜPPER, H.-U. (2008), S. 395.
[800] KÜPPER, H.-U. (2008), S. 395.
[801] Vgl. MERKLE, E. (1982), S. 325.

Relative Zahlen entstehen dadurch, dass der Quotient zweier absoluter Zahlen gebildet wird. Der wesentliche Vorteil von Verhältniszahlen besteht darin, die Bedeutung einzelner Größen in Relation zu anderen Sachverhalten aufzuzeigen. Durch die Bildung von Verhältniszahlen[802] wird der Gehalt einer absoluten Zahl aussagekräftiger.[803] Der Einsatz relativer Kennzahlen eignet sich z.B. konkret bei der Bestimmung der Vorratsintensität. Hierbei wird der durchschnittliche Bestand an Vorräten ins Verhältnis zur Bilanzsumme gesetzt. Die Entwicklung der Bestände des Vorratsvermögens ist für Unternehmen mit Lagerhaltung stets zu überwachen, um die Lagerkosten zu optimieren. Ein verhältnismäßig hoher Bestand kann auch ein Zeichen der Überproduktion bzw. der fehlenden Nachfrage eines Produkts sein.

Relative Kennzahlen

Im Zuge der Deckungsbeitragsrechnung sollte neben der Erfolgsanalyse in absoluten Zahlen eine relative Kennzahl gewählt werden, um Erfolgsbeiträge verschiedener Produkte bzw. Dienstleistungen miteinander vergleichbar zu machen. Es bietet sich z.B. die Bruttogewinnspanne an:

Bruttogewinnspanne: $\frac{Umsatzerlöse - Umsatzkosten}{Umsatzerlöse} * 100$

6.4.2 Interne Berichte in Business ByDesign
6.4.2.1 Vorbemerkungen

Für die in leitenden Positionen tätigen Mitarbeiter (z.B. ein Vertriebs- oder Produktionsmanager) ist mit dem Work Center *Mein Verantwortungsbereich* ein zentraler Bereich zur Steuerung in Business ByDesign gegeben (vgl. Abbildung 203). In diesem Work Center findet der leitende Mitarbeiter mehrere Sichten, die ihn bei seinen Aufgaben unterstützen. Dieser findet dort z.B. angefallene Kosten seiner verantworteten Kostenstellen (Sicht *Meine Abteilung*) oder zu genehmigende Geschäftsvorfälle (Sicht *Genehmigungen*). Dem Mitarbeiter werden zudem Berichte zur Verfügung gestellt (Sicht *Berichte*), die für seine tägliche Arbeit seines Verantwortungsbereichs (z.B. Verkauf) relevant sind. Controller finden alle Berichte, die sie zur Planung und Überwachung benötigen, im Work Center *Kosten und Erlöse*. Der zuständige Produktionsleiter, Herr *Thorsten Kirch*, hat mit diesem Work Center immer einen Überblick über die Kosten in seinem Verantwortungsbereich.

Work Center Mein Verantwortungsbereich

Die nachfolgenden Gliederungspunkte enthalten stellenweise Ausführungen zu Berichten in Business ByDesign, die bereits in anderen Kapiteln dargestellt wurden, in diesem Kapitel aufgrund ihrer Bedeutung aber noch einmal hervorgehoben werden. Ebenso wurden einige Berichte in vorangegangenen Kapiteln aufgeführt, die unter dieses Kapitel subsumiert werden können. Dazu gehören:

---

[802] Verhältniszahlen können ihrerseits in Gliederungs-, Beziehungs- und Indexzahlen unterteilt werden; vgl. hierzu ausführlich KÜTING, K./WEBER, C.-P. (2009), S. 54 ff.
[803] Vgl. LITTKEMANN, J./KREHL, H. (2000), S. 20.

- Ermittlung und Analyse von Einkaufspreisabweichungen (vgl. Abbildung 58),
- Ermittlung und Analyse von Produktionsabweichungen (vgl. Abbildung 100),
- Höhe des Auftragsvolumens (vgl. Abbildung 115),
- Durchführen einer Projektkalkulation (vgl. Abbildung 137).

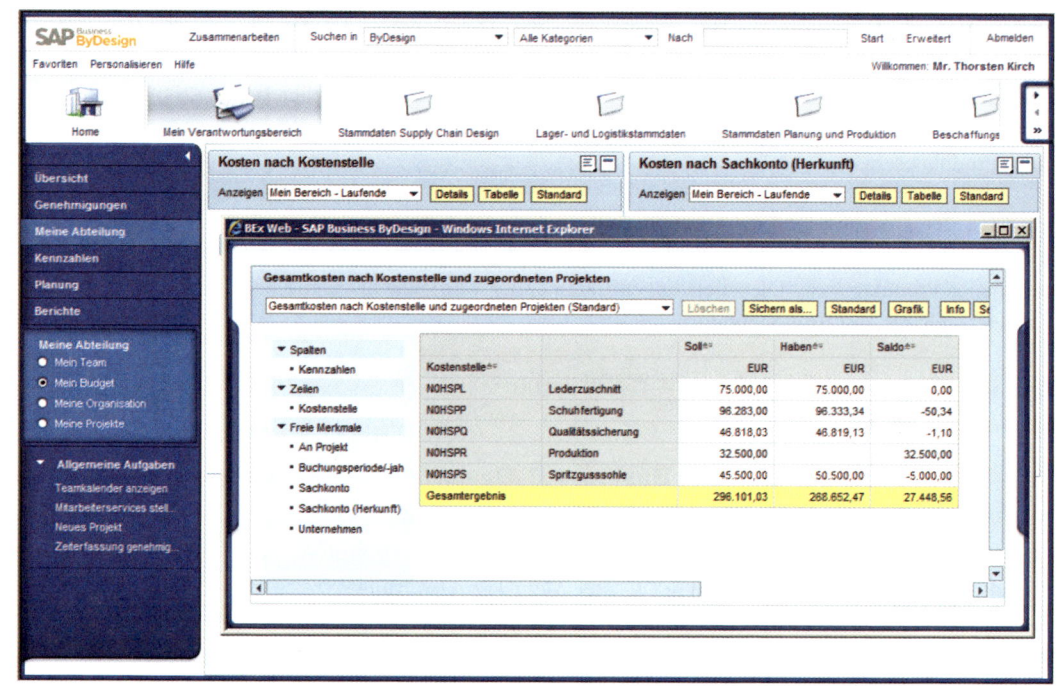

Abbildung 203: Work Center *Mein Verantwortungsbereich*

6.4.2.2 Kurzfristige Ergebnisrechnung: Profit-Center-Bericht und Deckungsbeitragsrechnung

Ziel der kurzfristigen Erfolgsrechnung

Eine kurzfristige Ergebnisrechnung hat zum Ziel, unterjährige Erfolgsentwicklungen aufzudecken. Generell stellt die Ergebnisrechnung den Erlösen der Periode die Kosten gegenüber. Die GuV nach dem Umsatzkostenverfahren stellt den Erlösen der Periode die zugehörigen Kosten des Umsatzes und die Kosten der anderen Funktionsbereiche eines Unternehmens gegenüber. Die GuV kann als kurzfristige Erfolgsrechnung eingesetzt werden (monatsbezogene Auswertung). Weitergehende Aufschlüsse über den Unternehmenserfolg ergeben die Ermittlung und Überwachung des Erfolgs für Teilbereiche des Unternehmens, die entweder Verantwortungsbereiche (Profit-Center) oder Marktsegmente (z.B. Produkt- oder Kundengruppen) darstellen. Bedeutsam für eine Unternehmenssteuerung ist hier neben Istwerten vor allem der Vergleich mit Planwerten.

Profit-Center-Rechnung

Als Geschäftsfeldverantwortlicher haben Sie mit der Profit-Center Rechnung die Möglichkeit, einen periodenbasierten Gewinn für Ihr Geschäftsfeld zu ermitteln.

Maßgeblich für die Ableitung des Erfolgsbeitrags eines Profit-Centers sind Zuordnungsregeln von den Erlösen und Kosten zu dem zugehörigen Profit-Center.

Die Deckungsbeitragsrechnung[804] wird dagegen in der Regel verwendet, um den Erfolgsbeitrag z.B. für eine Produktgruppe oder eine Kundengruppe in Form einer Ergebnisrechnung zu analysieren. Um hier für ein Vertriebscontrolling zu einer sauberen Deckungsbeitragsrechnung zu kommen, ist in den Geschäftsvorfällen Kundenauftrag oder Kundenrechnung Auftragsnummer, Kunde, Produkt und Verkaufsorganisation in dem Ursprungsbeleg abzuspeichern. Aus den Stammdaten werden die Produktgruppen als weitere Merkmale abgeleitet. Dadurch ist der Ausweis des Ergebnisses nach Kunden, Produkt und Produktgruppe, Verkaufsorganisation, aber auch feiner nach Kundenauftrag oder Projekt möglich. Herauszustellen ist hier, dass die Buchungsbelege in einem Einkreissystem Ergebnisrechnungsmerkmale beinhalten, daraus weitere Ableitungen erfolgen und somit eine integrierte Deckungsbeitragsrechnung ermöglicht. Unterjährige Erfolgsentwicklungen können aufgedeckt werden und um über monatsbezogene Vorjahresvergleiche hinauszukommen, ist es möglich, kumulative Monatserfolgsrechnungen auszubauen, die bis zum Ende der einzelnen Monate auflaufende Ergebnisse transparent machen.

Deckungsbeitrag

Die Deckungsbeitragsrechnung gliedert sich in einzelne Funktionsbereiche (z.B. Vertrieb oder Verwaltung), die zuvor für Zwecke der Berichterstattung von Ihnen definiert wurden. Einer Kostenstelle wird beim Einrichten der Organisationsstruktur Ihres Unternehmens[805] ein Kostenstellentyp (z.B. Fertigung) zugewiesen. Die für eine Kostenstelle abgesetzten Kostenbuchungen werden anhand des Kostenstellentyps in der Deckungsbeitragsrechnung in dem betreffenden Funktionsbereich ausgewiesen. Die Zuordnung des Kostenstellentyps zu einer Kostenstelle erlaubt Ihnen somit eine differenzierte Analyse der Kostenstruktur entsprechend der funktionalen Verursachung (z.B. Umsatzkosten durch eine Produktionskostenstelle, Vertriebskosten durch eine Vertriebskostenstelle) in einem Unternehmen.

Funktionsbereiche der Deckungsbeitragsrechnung

In der vorliegenden Abbildung 204[806] wird ausgehend vom Bruttoergebnis vom Umsatz der Ertrag aus der Geschäftstätigkeit (Deckungsbeitrag) durch Berücksichtigung von Vertriebskosten, Verwaltungskosten und sonstigen betrieblichen Erträgen bzw. Aufwendungen ermittelt.[807] Die in dieser Abbildung aufgeführten Zahlen beziehen sich auf das ganze Unternehmen.

Beispielsachverhalt

---

[804] Vgl. zum Themenbereich Deckungsbeitrag auch Kapitel E3.3.3.
[805] Vgl. ausführlich Kapitel D3.
[806] Diese Deckungsbeitragsrechnung beinhaltet nicht den Unternehmensbereich „Designberatung", sondern bezieht sich nur auf die Handels- und Produktionsware.
[807] Ein weiterer in dieser Ergebnisrechnung nicht enthaltener Funktionsbereich wären die Kosten der Forschung- und Entwicklung.

Ergebnisrechnungszeile	Betrag EUR
Bruttoerlöse	10.092.000,00
Umsatzkosten	-4.782.171,00
Bruttoergebnis vom Umsatz	5.309.829,00
Vertriebskosten	-332.833,66
allgemeine Verwaltungskosten	0,00
sonstige betriebliche Erträge	36.256,05
sonstige betriebliche Aufwendungen	-15.031,00
Ertrag aus Geschäftstätigkeit	4.998.220,39

Abbildung 204: Deckungsbeitragsrechnung

Auf Basis des Deckungsbeitrags auf Unternehmensebene können Sie mithilfe der Ergebnisrechnungsmerkmale Ihre Analyse beliebig weiter vertiefen. Um den Erfolgsbeitrag eines konkreten Produkts zu bestimmen,[808] können Sie sich die Deckungsbeitragsrechnung auch produktbezogen anzeigen lassen und darauf aufbauend Entscheidungen z.B. für Ihr Produktportfolio treffen.

Produkt	Vertriebsweg	Ergebnisrechnungszeile	Betrag EUR
Hiking Schuh	Fachhandel	Bruttoerlöse	3.000.000,00
		Nettoumsatzerlös	3.000.000,00
		Umsatzkosten	-1.553.000,00
		Bruttoergebnis vom Umsatz	1.447.000,00
		Ertrag aus Geschäftstätigkeit	1.447.000,00
	Internet	Bruttoerlöse	3.750.000,00
		Nettoumsatzerlös	3.750.000,00
		Umsatzkosten	-1.941.250,00
		Bruttoergebnis vom Umsatz	1.808.750,00
		Ertrag aus Geschäftstätigkeit	1.808.750,00
Ergebnis			3.255.750,00

Abbildung 205: Erfolgsbeitrag des Produkts *Hiking*-Schuh

6.4.2.3 Kostenstellencontrolling und Budgetverantwortung

Einordnung

Als Kostenstellenverantwortlicher interessieren Sie sich für die auf der Kostenstelle angefallenen und verursachten Kosten. Für die Erreichung der Unternehmensziele wird den Verantwortungsbereichen einer Organisation grds. ein Budget vorgegeben. Auf operativer Ebene muss der Kostenstellenverantwortliche mit dem vorhandenen Budget die Leistungsvorgabe erfüllen. Auf Geschäftsleitungsebene steht dagegen die Verfolgung und Einhaltung der Unternehmensziele im Vordergrund, die mitunter von den Leistungen der einzelnen Kostenstellen abhängen.

---

[808] Allgemeine, nicht der Produktion zurechenbare Gemeinkosten wie bspw. Vertriebskosten erhalten bei einem produktbezogenen Bericht keinen Eingang in die Deckungsbeitragsrechnung; dahin gehend unterscheidet sich die Ermittlung des Deckungsbeitrags auf Unternehmensebene; vgl. auch Kapitel E3.3.3.

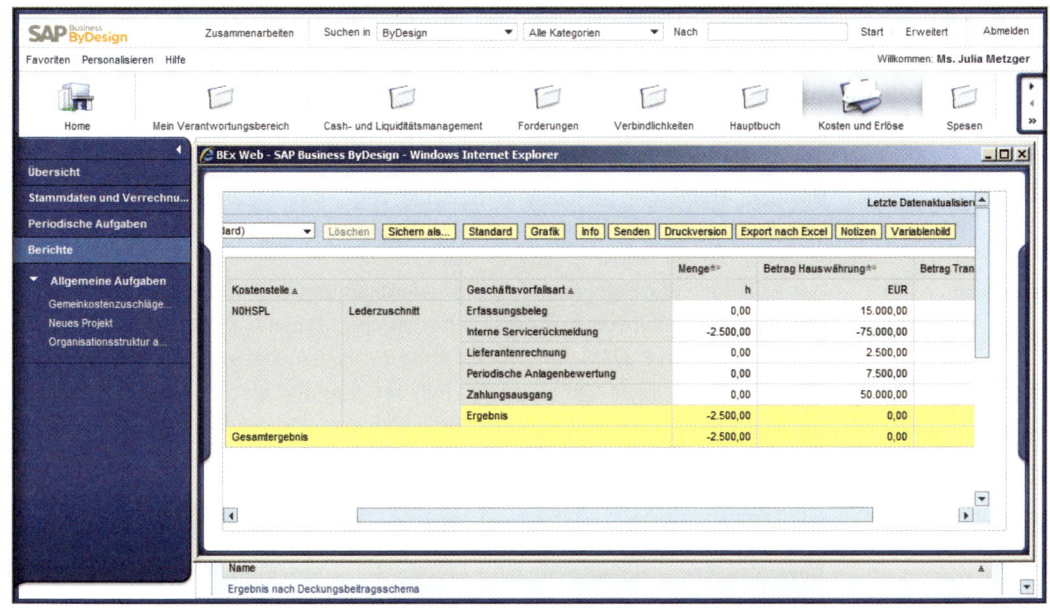

Abbildung 206: Buchungen auf einer Kostenstelle

Als Kostenstellenverantwortlicher rufen Sie den Kostenstellenbericht im Work Center *Mein Verantwortungsbereich* auf.[809] In der Eingabemaske selektieren Sie die zu betrachtende Kostenstelle. Der Bericht liefert für einen ausgewählten Zeitraum eine detaillierte Auflistung der nach Geschäftsvorfallsart gegliederten Kosten.[810] Zusätzlich zu der Kostentransparenz können Sie die im Zeitablauf angefallenen Kosten mit einem vorhandenen Budget abstimmen bzw. die weiteren Ausgaben danach steuern. Außerdem besteht die Möglichkeit, zu Beginn einer Periode die erwarteten Plankosten einer Kostenstelle zuzuordnen.[811] Dadurch ist im Zeitablauf für die Kostenstelle ein Plan-/Ist-Vergleich möglich (vgl. Abbildung 207). Die Ursache eventuell vorliegender Abweichungen können Sie über einen Drilldown bis auf die Belegpositionen weiter analysieren.

Verwendung

Kostenstelle		Istbelastung	Planbelastung	Differenz (absolut)	Differenz (%)
		EUR		EUR	
CCTR_HIERARCHY_2	meine Kostenstellen	72.875,00	75.000,00	-2.125,00	-2,92%
N0COMP	Nordstar GmbH	72.875,00	75.000,00	-2.125,00	-2,92%
N0SITE	Betriebsstätte Nordstar	72.875,00	75.000,00	-2.125,00	-2,92%
N0BUHS	GB Hiking Schuhe	72.875,00	75.000,00	-2.125,00	-2,92%
N0HSPR	Produktion	72.875,00	75.000,00	-2.125,00	-2,92%
N0HSPL	Lederzuschnitt	72.875,00	75.000,00	-2.125,00	-2,92%

Abbildung 207: Plan-/Ist-Vergleich von Kosten auf einer Kostenstelle

---

[809] Abbildung 206 wurde aus dem Work Center *Kosten und Erlöse* (Sicht *Berichte*) aufgerufen.
[810] Sie können die Kosten im Bericht auch nach der Herkunft (Sachkonten) gliedern.
[811] Hierfür existiert im Work Center *Kosten und Erlöse* (Sicht *Berichte*) ein gesonderter Bericht *Kostenstellen – Plandatenerfassung,* der Ihnen über ein vorgegebenes Formular die Eingabe der Plandaten erlaubt.

6.4.2.4 Projektkosten und -erlöse

Bedeutung

Projektkosten und Projekterlöse sind insbesondere für den zuständigen Projektmanager bedeutsam. In Abhängigkeit von der Größe des aktuellen Projekts kann aber auch die Geschäftsführungsebene ein Interesse an den Zahlen des Projekts haben. In Kapitel E4.3 wurden bereits für Zwecke des Projektcontrollings in Business ByDesign vorhandene Berichte bzgl. Projektkosten und -erlöse dargestellt.

Verwendung

Zur Ableitung der Ergebnismarge eines durchgeführten Projekts oder zur Analyse von Abweichungen von Plan- und Istkosten eines Projekts steht Ihnen der Bericht *Projektkosten und -erlöse* im Work Center *Projektmanagement* zur Verfügung.[812] Dieser Bericht dient Ihnen nicht nur retrospektiv als Steuerungsgrundlage, sondern kann bereits während des Projektablaufs für die Entscheidungsfindung hilfreich sein.

Projektaufgabe		Istkosten EUR	Isterlös EUR	Spanne EUR	Spanne (%)
DB_1	Designberatung	1.940,84	2.500,00	559,16	28,81
DB_1	Designberatung		2.500,00	2.500,00	X
DB_1-1	Projektleitung/Marktanalyse	700,84		-700,84	-100,00
DB_1-2	Designentwicklung	600,00		-600,00	-100,00
DB_1-3	externe Beratung	640,00		-640,00	-100,00

Abbildung 208: Projektkosten und -erlöse je Projektaufgabe

In Abbildung 208 ist der Aufbau des Berichts *Projektkosten und -erlöse* am Beispiel des Projekts Designberatung zu sehen. Die Kosten werden pro Projektaufgabe angezeigt. Um die Kosten für eine Projektaufgabe (hier z.B. Designentwicklung) differenzierter zu analysieren, springen Sie für die ausgewählte Position im Kontextmenü auf die Übersicht *Projektkosten und -erlöse nach Konto*. Zudem ist der Isterlös des Projekts i.H.v. 2.500 EUR angegeben. Schließlich wird Ihnen die Marge des Projekts in der letzten Spalte angezeigt.

6.4.2.5 Überwachung der Materialbestandsentwicklung

Im Work Center *Bestandsbewertung* finden Sie mehrere Berichte zum Materialbestand. Primär ist z.B. ein Produktions- oder ein Vertriebsleiter an der Bestandsentwicklung interessiert. Aber auch die Geschäftsführung kann für Entscheidungen hinsichtlich des Produktportfolios auf diesen Bericht als Indikator zurückgreifen.

Berichtsstruktur

Die Höhe des Materialbestands können Sie sich, differenziert pro Material, für einen bestimmten Stichtag anzeigen lassen. Darüber hinaus kann die Materialbestandsentwicklung für einen ausgewählten Zeitraum nachvollzogen werden. Neben mengenmäßigen Angaben sind auch die zugehörigen Bestandswerte in dem Bericht enthalten. In Abbildung 209 ist die Bestandentwicklung der Roh-

---

[812] Dieser Bericht kann alternativ auch im Work Center *Kosten und Erlöse* aufgerufen werden.

stoffe[813] für die Monate Januar bis Dezember des Geschäftsjahrs 2009 aufgelistet. Da alle Rohstoffe im Geschäftsjahr verbraucht wurden, sind am Jahresende keine Lagerbestände mehr vorhanden, sodass sich in diesem Fall eine Bestimmung der Vorratsintensität zum Jahresende erübrigt. Grds. ist eine regelmäßige Überwachung der Vorratsintensität sinnvoll. Business ByDesign liefert hierfür die notwendigen Daten.

Sachkonto	Material	Anfangsmenge	Anfangsbetrag	Eingangsmenge	Eingangsbetrag EUR	Ausgangsmenge	Ausgangsbetrag EUR	Endmenge ea	Endbetrag EUR
Bestand Rohstoffe	Silikon			7.000,000 g	70,00	-7.000,000 g	-70,00	0,000	0,00
	Kunststoffgranulat			15.035.000,000 g	75.175,00	-15.035.000,000 g	-75.175,00	0,000	0,00
	Leder			100.000,000 m	3.000.000,00	-100.000,000 m	-3.000.000,00	0,000	0,00
	Schnürsenkel			100.000,000 ea	25.000,00	-100.000,000 ea	-25.000,00	0,000	0,00
	Ergebnis			15.242.000,000 *	3.100.245,00	-15.242.000,000 *	-3.100.245,00	0,000	0,00

Abbildung 209: Materialbestandsentwicklung je Sachkonto

6.5 Entscheidungsunterstützung für die Geschäftsführung

6.5.1 Betriebswirtschaftliche Grundlagen

Die strategische Steuerung eines Unternehmens obliegt der Geschäftsführung. Sie basiert auf hochwertigen und aktuellen Informationen aus allen Geschäftsprozessen des Unternehmens. Sie hilft, die langfristige Existenz eines Unternehmens sicherzustellen.[814] Erst auf Basis dieser Transparenz können fundierte Unternehmensentscheidungen getroffen werden.

Einführung

Die Steuerungsmaßnahmen können auf Basis unterschiedlichster Kennzahlen stattfinden. Die Auswahl ist an den Informationsbedürfnissen der Geschäftsführung auszurichten. Sie müssen analysiert und regelmäßig hinterfragt werden. Fragen der Substanz und der Liquidität sind für eine Unternehmenssteuerung in mittelständischen Unternehmen in jedem Fall unverzichtbar. „Mit steigenden Ansprüchen ist das Controlling weitergehend auf Ertrag und Wachstum auszurichten, wie etwa auf die Zielgröße Rentabilität einzelner Projekte oder Kunden."[815]

Instrumente

Kennzahlensysteme haben in der Unternehmenspraxis eine große Bedeutung erlangt. Insbesondere in Großunternehmen sind sie weit verbreitet und haben dort ihren festen Stellenwert. Sie werden als Instrument der Unternehmensführung gleichermaßen für Zwecke der Planung, Steuerung und Kontrolle eingesetzt. Kennzahlensysteme versuchen, die bislang beziehungslos nebeneinander stehenden Einzelkennzahlen in einem System von gegenseitig abhängigen und einander ergänzenden Kennzahlen als eine geordnete Gesamtheit zusammenzu-

Kennzahlensystem

---

[813] Von der Bestandsentwicklung der Hilfs-, Betriebsstoffe und der Fertigerzeugnisse wurde in dieser Darstellung abgesehen.
[814] Fehlendes Controlling ist bei 79 % aller Fälle die interne Ursache für eine Insolvenz. Vgl. m.w.N. KREY, A./LORSON, P. (2007), S. 1718.
[815] KREY, A./LORSON, P. (2007), S. 1718.

fassen.[816] Werden von einer Ausgangskennzahl zwei oder mehr Unterkennzahlen rechentechnisch aufgefächert und so in ein Kennzahlensystem integriert, spricht man von einem Rechensystem. Hingegen entsteht ein Ordnungssystem, wenn Kennzahlen in einem Kennzahlensystem in einem bloßen Systematisierungszusammenhang zueinanderstehen.

Management Cockpit Um die strategische Unternehmenssteuerung mithilfe von Kennzahlen in einem mittelständischen Unternehmen handhabbar durchzusetzen, sollte eine unnötige Komplexität vermieden werden. Ein Ordnungssystem von drei bis acht Schlüsselkennzahlen, die mit Soll- und Istwerten sowie mittels einer Grafik dargestellt werden, sollte die Basis einer strategischen Unternehmenssteuerung bilden.[817] Die Ausprägung der jeweiligen Kennzahlen wird oftmals durch eine Ampel dargestellt, um die Interpretation zu erleichtern. Bei unerwarteten Abweichungen sollten jederzeit eine aktuelle Analyse der Ursachen möglich sein, z.B. durch Summen und Salden von Konten bis hin zu Dokumenten einzelner Geschäftsvorfälle.

Kennzahlenauswahl Welche Kennzahlen für das Ordnungssystem gewählt werden, ist unternehmensspezifisch zu bestimmen und von Unternehmen zu Unternehmen unterschiedlich. Neben finanziellen Standardkennzahlen wie die Umsatz- und Kapitalrentabilität kommen vorlaufende Indikatoren wie Auftragslage aber auch Aussagen über die Kundenzufriedenheit oder Parameter aus dem Personalbereich, wie bspw. die Personalfluktuation oder der Lernfortschritt in Betracht.[818]

6.5.2 Kennzahlen in Business ByDesign
6.5.2.1 Dashboard: Monitoring der Profitabilität in den Geschäftsbereichen

Funktion In Business ByDesign wird im Work Center *Geschäftsführung* mit dem sog. Dashboard eine Übersicht zu ausgewählten Kennzahlen von Geschäftsbereichen des Unternehmens zur Verfügung gestellt. Dies dient der Kontroll- und Steuerungsfunktion der Geschäftsführung. Das Dashboard deckt wesentliche Geschäftsbereiche wie den Verkauf, die Serviceleistungen, den Personalbereich, die Beschaffung und das Finanzwesen ab. Die Leistungen eines Geschäftsbereichs können von dem Geschäftsführer zentral verfolgt werden. Innerhalb der Geschäftsbereiche werden u.a. folgende Kennzahlen zur Steuerung angeboten:

---

[816] Vgl. STAEHLE, W. (1975), S. 317.
[817] Vgl. KREY, A./LORSON, P. (2007), S. 1721.
[818] Man kann sich bei der Auswahl an typischen Bereichen des Systems der Balanced-Scorecard orientieren, das typischerweise neben dem Finanzbereich auch die Kunden- sowie die Mitarbeiterperspektive umfasst. Konzeptionell ist hierbei ein (mittelfristiger) Ursache-Wirkungs-Zusammenhang herzustellen: Ein Rentabilitätsanstieg wird nur durch mehr zufriedene Kunden erreicht; mehr zufriedene Kunden verlangen gut ausgebildete Mitarbeiter, die möglichst im Unternehmen gehalten werden. Business ByDesign hält eine Vielzahl von Kennzahlen aus den beschriebenen Bereichen zur Steuerung im Kennzahlenmonitor bereit.

- Verkauf: Bestehendes Auftragsvolumen und Hochrechnung von Aufträgen,
- Service: Arbeitsrückstand,
- Personal: Personalbestand und Fluktuationsrate,
- Beschaffung: Einkaufsvolumen und Hauptlieferanten,
- Finanzwesen: Bruttoergebnis und Bruttoergebnisspanne.

Auf Basis dieser Informationen zu den (Kennzahlen-)Entwicklungen wird ein Eingreifen vonseiten der Geschäftsführung bzw. die Einleitung von geeigneten Maßnahmen frühzeitig ermöglicht.

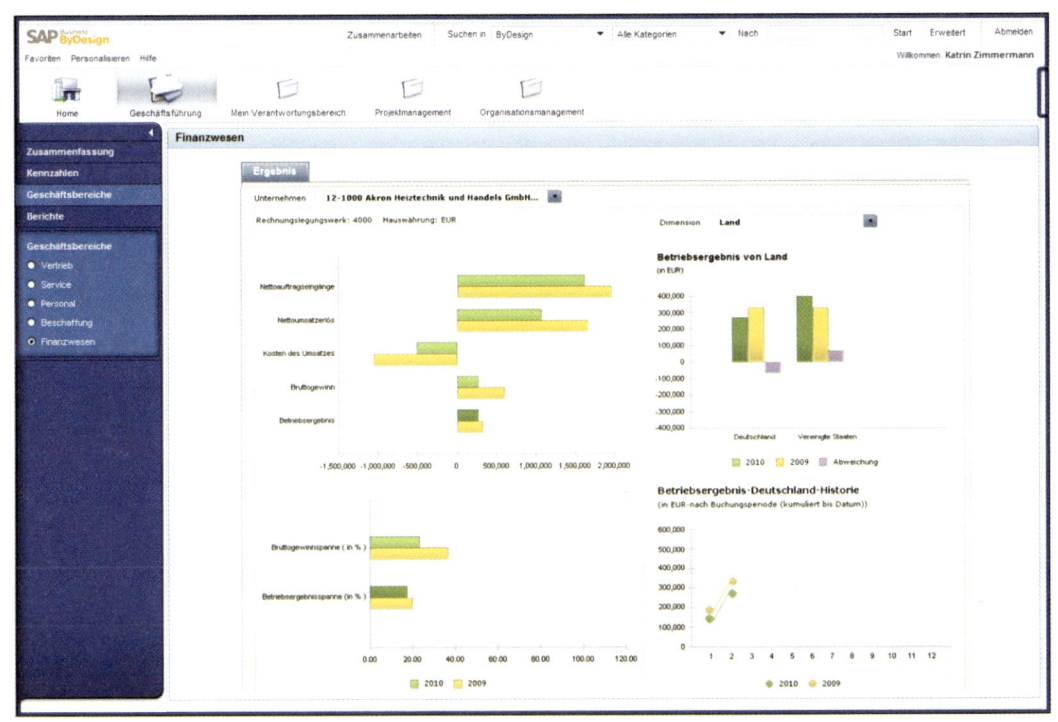

Abbildung 210: Dashboard im Work Center *Geschäftsführung*

Für den Geschäftsbereich Finanzwesen werden die einzelnen Profitabilitätskennzahlen in zwei Spalten grafisch aufbereitet. In der linken Spalte befinden sich die einzelnen Kennzahlen für ein Unternehmen.[819] In Abbildung 210 sind dies für den Bereich Finanzwesen u.a. der Nettoumsatzerlös, die Kosten des Umsatzes und das Betriebsergebnis. Mit der Auswahl einer Kennzahl werden in der rechten Spalte zusätzliche Informationen zur Analyse angeboten. So können Sie sich für die Kennzahl „Betriebsergebnis" die Daten z.B. getrennt nach Ländern, Produktkategorien oder Verkaufsorganisation anschauen. Neben den Informationen zum aktu-

Datenaufbereitung

---

[819] Falls mehrere Unternehmen in Business ByDesign angelegt sind und von Ihnen gesteuert werden, so müssen Sie das jeweilige Unternehmen für die Betrachtung auswählen.

ellen Jahr finden Sie hier auch die Vorjahreswerte sowie vorliegende Abweichungen.

6.5.2.2 Schlüsselkennzahlen des Unternehmens

Kennzahlenmonitor

In dem Work Center *Geschäftsführung* (Sicht *Kennzahlen*) können Sie sich einen Überblick über unternehmensrelevante Kennzahlen verschaffen (vgl. Abbildung 211). Sie wählen dafür aus einer bestehenden Grundgesamtheit an Kennzahlen (Funktion *Auswertungskatalog öffnen*) diejenigen aus, die über den Kennzahlenmonitor angezeigt werden sollen. Ebenso wie das Dashboard ist der Kennzahlenmonitor primär als Informationsinstrument für die Geschäftsführungsebene gedacht.

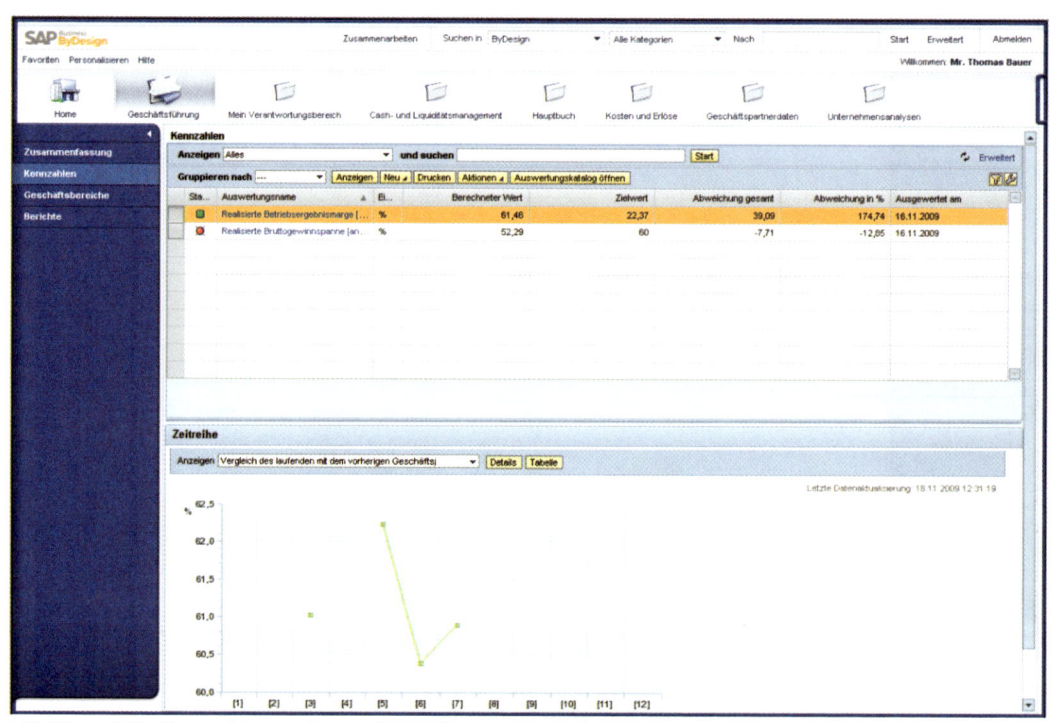

Abbildung 211: Kennzahlenmonitor im Work Center *Geschäftsführung*

Für die einzelne zu betrachtende Kennzahl legen Sie bestimmte Zielwerte fest. Dieser Zielwert kann entweder als absoluter Wert (z.B. Vorjahreswert) eingegeben werden oder sich an Referenzwerten orientieren. Für den Fall, dass diese Zielsetzung nicht erreicht wird, werden Sie über eine rote Ampel auf die kritische Entwicklung hingewiesen. Zusätzlich bekommen Sie die Abweichung zum vorgegebenen Zielwert angegeben. Den Zeitpunkt der Aktualisierung der Kennzahlenauswertung wird von Ihnen bestimmt (Funktion *Aktionen*). Des Weiteren erhalten Sie über eine Grafik weitere Informationen zur zeitlichen Entwicklung der zugrundeliegenden Kennzahl. Diese Daten können Sie sich auch in Tabellenform anzeigen lassen (Funktion *Tabelle*).

Neben den im Kennzahlenmonitor explizit aufgeführten ertragsorientierten Kennzahlen (für den Bereich Finanzwesen), können Sie für Zwecke der Unternehmenssteuerung im Work Center *Geschäftsführung* auch Kennzahlen zur Vermögens- oder der Finanzlage ableiten.[820] Bspw. nehmen Sie zur Bildung der Kennzahlen „Eigenkapitalquote" oder „Verschuldungsgrad" die Bilanz und zur Ermittlung cashflowbasierter Kennzahlen die Kapitalflussrechnung als Grundlage.

Weitere Kennzahlenbildung

6.6 Abschlussprüfung: Prüfung bis zum Beleg

Wie in den vorangegangenen Kapiteln beschrieben, existieren in Business ByDesign diverse Berichte für Zwecke der internen und externen Berichterstattung. Die lückenlose Transparenz der Unternehmensdaten wird durch den sog. Audit Trail erreicht; die Erklärung einer Summe im Hauptbuch durch seine Einzelposten und dem Absprung von jedem Einzelposten zum Ursprungsbeleg des Geschäftsvorfalls, der die Buchung ausgelöst hat. Die Überprüfung des Buchungsstoffs bis auf die Belege ist nicht nur für die alltägliche Arbeit des zuständigen Mitarbeiters des Rechnungswesens (z.B. Prüfung der Übereinstimmung von Hauptbuch- und Nebenbuchkonten oder Analyse von Abweichungen), sondern auch im Rahmen der Abschlussprüfung für die Prüfer von Bedeutung.

Unternehmenstransparenz

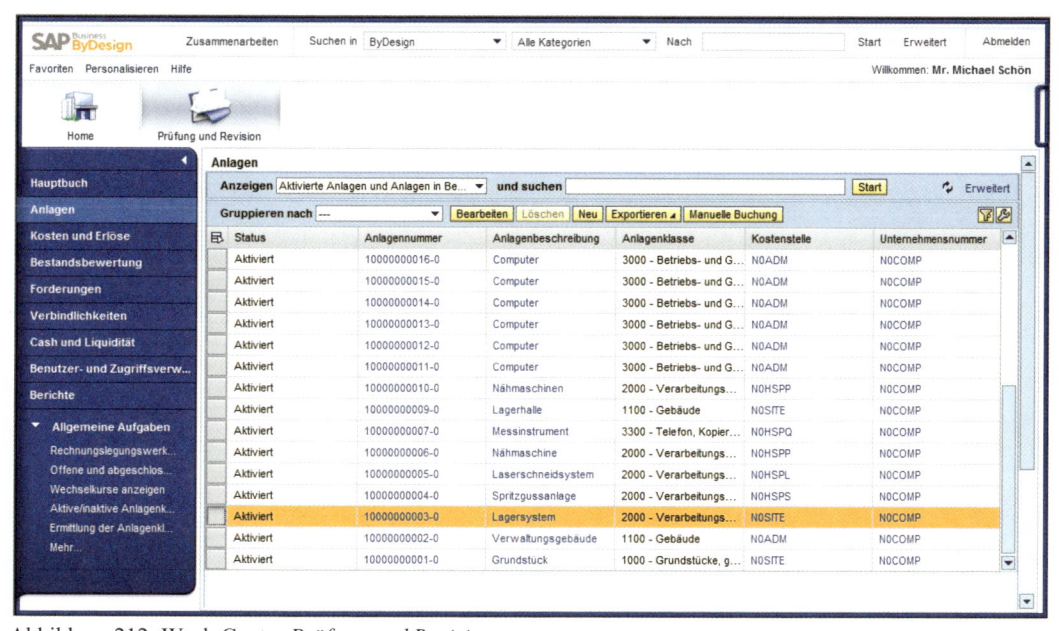

Abbildung 212: Work Center *Prüfung und Revision*

---

[820] Die Grundlage dieser Kennzahlenbildungen stellen die in der Sicht *Berichte* vorzufindenden Finanzberichte dar.

Work Center für den Abschlussprüfer	Dem Prüfer können Sie in Business ByDesign Zugang zu dem Work Center *Prüfung und Revision* ermöglichen.[821] Innerhalb dieses Work Centers werden dem Prüfer Zugriffsrechte gewährt, die einen schreibgeschützten Zugriff auf das Produktivsystem des Unternehmens – einschließlich Zugriff auf die Rechnungsweseninformationen und Stammdaten, die die Belegzeilen in Finanzberichten erklären – erlauben. So ist in Abbildung 212 zu erkennen, dass der Abschlussprüfer in der Sicht *Anlagen* Zugriff auf die Stammdaten der vorhandenen Anlagengüter besitzt. Das Work Center *Prüfung und Revision* dient folglich dazu, dem Prüfer eine Arbeitsplattform zur Verfügung zu stellen, mit deren Hilfe er seine Prüfungshandlungen durchführen kann und die Prüfung gleichzeitig erleichtert wird. Planungsvorgänge, Folgeaktionen, die Meldung der Prüfergebnisse und die Auswertung der Ergebnisse erfolgen außerhalb des Systems.
Dokumentation von Benutzeraktivitäten	Unter dem Audit Trail ist auch die Möglichkeit zu verstehen, Benutzeraktivitäten (z.B. das Vornehmen von Änderungen an Dokumenten) nachvollziehbar zu protokollieren. Dafür wird die Aktivität eines Benutzers mit dessen Namen und der Uhrzeit im Ursprungsbeleg protokolliert. In Business ByDesign werden die verantwortlichen Personen in den Ursprungsbelegen, wie bspw. einer Lieferantenrechnung, einer Produktionsrückmeldung oder einem Kontoauszug festgehalten.

---

[821] Dieses Work Center unterstützt neben externen Jahresabschlussprüfungen auch interne Systemprüfungen und Steuerprüfungen, indem es direkten Zugriff auf die relevanten Informationen und Berichte gewährt.

Literaturverzeichnis

ADLER, H./DÜRING, W./SCHMALTZ, K. (1995): Rechnungslegung und Prüfung der Unternehmen, Kommentar zum HGB, AktG, GmbHG, PublG nach den Vorschriften des Bilanzrichtlinien-Gesetzes, Bearbeiter: Forster, K.-H. et al., 6. Aufl., Stuttgart 1995 ff.

AMMELUNG, U./KAESER, C. (2003): Cash-Management-Systeme in Konzernen, in: DStR 2003, S. 655-660.

ARBEITSKREIS BILANZRECHT DER HOCHSCHULLEHRER RECHTSWISSENSCHAFT (2008): Nochmals: Plädoyer für eine Abschaffung der „umgekehrten Maßgeblichkeit"!, in: DStR 2008, S. 1057-1060.

AWV (1960): Die Pauschalierung der Anschaffungsnebenkosten in der Kostenrechnung, Handels- und Steuerbilanz, in: DB 1960, S. 213-214.

BAETGE, J./KIRSCH, H.-J. (2002): Kap.4, Grundsätze ordnungsmäßiger Buchführung, in: Küting, K./Weber, C.-P. (Hrsg.), Handbuch der Rechnungslegung, Einzelabschluss, Kommentar zur Bilanzierung und Prüfung, Bd. 1, 5. Aufl., Stuttgart 2002 ff.

BAETGE, J./KIRSCH, H.-J./THIELE, S. (2009): Bilanzen, 10. Aufl., Düsseldorf 2009.

BAETGE, J./UHLIG, A. (1985): Zur Ermittlung der handelsrechtlichen „Herstellungskosten" unter Verwendung der Daten der Kostenrechnung, in: WiSt 1985, S. 274-280.

BANGE, C./DAHNKEN, O. (2001): Software für Planung und Controlling, in: BC 2001, S. 224-228.

BECKER, B./JANKER, B./MÜLLER, S. (2004): Die Optimierung des Risikomanagements als Chance für den Mittelstand, in: DStR 2004, Heft 37, S. 1578-1584.

BECKER, R. (1998): Cash-Management in der Unternehmenskrise, in: DStR 1998, S. 1528-1532.

BEIERSDORF, K./EIERLE, B./HALLER, A. (2009): International Financial Reporting Standard for Small and Medium-sized Entities (IFRS for SMEs): Überblick über den finalen Standard des IASB, in: DB 2009, S. 1549-1557.

BERGNER, H. (1970): Sonderkosten, in: Kosiol, E. (Hrsg.), Handwörterbuch des Rechnungswesens, Stuttgart 1970, Rn. 1596-1603.

BFH-Beschluss vom 07.08.2008, GrS 2/99: StuB 2008, S. 1265.

BFH-Gutachten vom 26.01.1960, I D 1/58 S: BStBl. III 1960, S. 191-197.

BFH-Urteil vom 28.04.1977, IV R 163/75: BStBl. II 1977, S. 553-556.

BFH-Urteil vom 22.04.1980, III R 149/75: BStBl. II 1980, S. 441-447.

BGH-Urteil vom 12.01.1998, II ZR 82/93, in: ZIP 1998, S. 467-471.

BIEG, H./KUßMAUL, H. (2009): Finanzierung, 2. Aufl., München 2009.

BIEWER, J./JANSEN, D./SAHIN, A./ROSENBAUM, Y./HÄFNER, M. (2006): M&A-Management, Planungsprozess- und Berichtsharmonisierung als zentrale Herausforderung für die Koordination in der Post-M&A-Phase, in: Keuper, F./Häfner, M./von Glan, C. (Hrsg.), Der M&A-Prozess, Wiesbaden 2006.

BLAUM, U./KESSLER, H. (2000): Das Ende der phasengleichen Vereinnahmung von Beteiligungserträgen in der Steuerbilanz – Zum Beschluss des Großen Senats vom 7.8.2000 und seinen Konsequenzen für die Bilanzierungspraxis –, in: StuB 2000, S. 1233-1246.

BMF-Schreiben vom 07.11.1995, IV A 8 – S 0316 – 52/95: BStBl. I 1995, S. 738.

BMF (2009): Entwurf eines BMF-Schreibens, IV C6 – S 2133/09/10001.

BODE, C./GRABNER, E. (2000): Rückstellungen für Verpflichtungen aus betrieblichen Altersteilzeitregelungen – Anmerkungen zum BMF-Schreiben vom 11.11.1999, in: DStR 2000, S. 141-143.

BR-Drucksache (270/09): Gesetzesbeschluss des Deutschen Bundesrates, Gesetz zur Modernisierung des Bilanzrechts (Bilanzrechtsmodernisierungsgesetz – BilMoG) vom 27.03.2009, URL: http://www.bmj.bund.de/files/-/3551/gesetzesbeschluss_bilmog.pdf, Stand: 15.02.2010.

BRUNS, H.-G. (1999): Harmonisierung des externen und internen Rechnungswesens auf Basis internationaler Bilanzierungsvorschriften, in: Küting, K./Langenbucher, G. (Hrsg.), Internationale Rechnungslegung, Festschrift für Prof. Dr. Claus-Peter Weber zum 60.Geburtstag, Stuttgart 1999, S. 585-603.

BT-Drucksache (16/10067): Gesetzentwurf der Bundesregierung. Entwurf eines Gesetzes zur Modernisierung des Bilanzrechts (Bilanzrechtsmodernisierungsgesetz – BilMoG) vom 30.07.2008, URL: http://www.bmj.bund.de/files/-/3152/RegE_bilmog.pdf, Stand: 15.02.2010.

BUCHHOLZ, R. (2008): Internationale Rechnungslegung, 7. Aufl., Berlin 2008.

BURGER, A./BUCHHART, A. (2001): Integration des Rechnungswesens im Shareholder Value-Ansatz, DB 2001, S. 549-554.

CASSEL, J./VAN HALL, G./KESSLER, H. (2009): Kapitel 1: Einzelgesellschaftliche Rechnungslegung, Abschnitt 8: Sonderfragen, in: Kessler, H./Leinen, M./ Strickmann, M. (Hrsg.), Handbuch BilMoG, Der praktische Leitfaden zum Bilanzrechtsmodernisierungsgesetz, Freiburg 2009, S. 372-473.

CHMIELEWICZ, K. (1993): Integrierte Finanz-, Bilanz- und Erfolgsplanungen, in: Gebhardt, G./Gerke, W./Steiner, M. (Hrsg.), Handbuch des Finanzmanagements, Instrumente und Märkte der Unternehmensfinanzierung, München 1993.

CLAUSSEN, H. (2002): Bonitätsrating, Praxisbeispiele zur optimalen Unterstützung durch die EDV, in: BC 2002, S. 134-138.

COENENBERG, A. G. (1995): Einheitlichkeit oder Differenzierung von internem und externem Rechnungswesen: Die Anforderungen der internen Steuerung, in: DB 1995, S. 2077-2083.

COENENBERG, A. G./FISCHER, T. M./GÜNTHER, T. (2009): Kostenrechnung und Kostenanalyse, 7. Aufl., Stuttgart 2009.

COENENBERG, A. G./HALLER, A./SCHULTZE, W. (2009): Jahresabschluss und Jahresabschlussanalyse. Betriebswirtschaftliche, handelsrechtliche, steuerrechtliche und internationale Grundsätze, HGB, IFRS, US-GAAP, DRS, 21. Aufl., Stuttgart 2009.

DÄUMLER, K.-D./GRABE, J. (2000): Kostenrechnung I, Grundlagen, 8. Aufl., Herne/Berlin 2000.

DARAZS, G. H. (2001): Bonitätsrating für den Mittelstand – bankinternes versus externes Rating, in: BC 2001, S. 103-107.

DEL MESTRE, G. (2001): Rating, Anwendung der Cash-Flow-Analyse, in: BC 2001, S. 107-112.

DELLMANN, K. (1993): Kapital- und Finanzflußrechnung, in: Wittmann, W./Kern, W./Köhler, R./Küpper, H. U./v. Wysocki, K. (Hrsg.), Handwörterbuch der Betriebswirtschaft, 5. Aufl., Stuttgart 1993.

DIN 69901 (2009): Projektmanagement-Norm.

EGGER, A. (1994): Die Herstellungskosten im Spannungsfeld von Kostenrechnung und Jahresabschluss, in: Ballwieser, W. (Hrsg.), Bilanzrecht und Kapitalmarkt, Festschrift zum 65. Geburtstag von Adolf Moxter, Düsseldorf 1994, S. 195-211.

EHMCKE, T. (2002): Kommentierung des § 6 EStG, in: Blümich, W. et al. (Hrsg.), Einkommensteuergesetz, Körperschaftsteuergesetz, Gewerbesteuergesetz, Kommentar, München 1989 ff.

EISELE, W. (2002): Technik des betrieblichen Rechnungswesens, 7. Aufl., München 2002.

ELLROTT, H./BRENDT, P. (2010): Kommentierung des § 255 HGB, in: Ellrott, H. et al. (Hrsg.), Beck'scher Bilanzkommentar, Handels- und Steuerbilanz. §§ 238 bis 339, 342 bis 342e HGB mit IFRS-Abweichungen, 7. Aufl., München 2010, Rn. 1-527.

ELLROTT, H./LORENZ, C. (2006): Kommentierung des § 254 HGB, in: Ellrott, H. et. al. (Hrsg.), Beck'scher Bilanzkommentar, Handels- und Steuerbilanz. §§ 238 bis 339, 342 bis 342e HGB mit IFRS-Abweichungen 6. Aufl., München 2006.

ELLROTT, H./ROSCHER, K. (2010): Kommentierung des § 253 HGB, in: Ellrott, H. et al. (Hrsg.), Beck'scher Bilanzkommentar, Handels- und Steuerbilanz. §§ 238 bis 339, 342 bis 342e HGB mit IFRS-Abweichungen, 7. Aufl., München 2010, Rn. 460-622.

EDLUND, P./SCHLÜTER, R. (2006): Verfahren zur tagesgenauen Liquiditätsplanung, Software-Unterstützung, in: BC 2006, S. 196-200.

ERDMANN, M.-K. (2008): Integration von externer und interner Rechnungslegung im Bertelsmann Konzern, in: Küting, K./Pfitzer, N./Weber, C.-P. (Hrsg.), Bilanz als Informations- und Kontrollinstrument, Stuttgart 2008, S. 237-254.

ERICHSEN, J. (2007): Liquiditätsplanung und -sicherung: Grenzen der Aussagekraft von Liquiditätskennzahlen, in: BC 2007, S. 137-141.

ERNST & YOUNG (2009): Bilanzrechtsmodernisierungsgesetz, Überblick zu den wesentlichen Änderungen, Bundesverband der Deutschen Industrie e.V. (Hrsg.), Berlin 2009, abrufbar unter: http://www.bdi.eu/download_content/ Publikation_Bilanzrechtsmodernisierungsgesetz.pdf, Stand: 15.02.2010.

ERTL, M. (2003): Liquiditätsplanung, Grundlage eines Finanzierungs- und Liquiditäts-Risikomanagements, in: BC 2003, S. 17-21.

ERTL, M. (2008): Zur aktuellen Finanzmarktkrise: Quick-Check für das Liquiditätsmanagement von Unternehmen, in: BC 2008, S. 290-293.

ERTL, M. (2009): Steuerung von Finanzmarktrisiken im Unternehmen durch die Verwendung von Limit-Systemen, in: BRZ 2009, S. 37-41.

EULER, R. (1989): Grundsätze ordnungsmäßiger Gewinnrealisierung, Düsseldorf 1989.

EVERLING, O. (2002): Rating für mittelständische Unternehmen, in: Krimphove, D./Tytko, D. (Hrsg.), Praktiker-Handbuch Unternehmensfinanzierung, Kapitalbeschaffung und Rating für mittelständische Unternehmen, Stuttgart 2002, S. 961-982.

FISCHL, B. (2006): Alternative Unternehmensfinanzierung für den Mittelstand, Wiesbaden 2006.

FÖRSTER, G./SCHMIDTMANN, D. (2009): Steuerliche Gewinnermittlung nach dem BilMoG, in: BB 2009, S. 1342-1346.

FREIDANK, C.-C. (2008): Kostenrechnung – Grundlagen des innerbetrieblichen Rechnungswesens und Konzepte des Kostenmanagements, 8. Aufl., München 2008.

FREYGANG, W./GELTINGER, A. (2009): Harmonisierung des internen und externen Rechnungswesens in der BayernLB, in: Jelinek, B./Hannich, M. (Hrsg.), Wege zur effizienten Finanzfunktion in Kreditinstituten, Wiesbaden 2009, S. 179-198.

FÜLLING, F. (1976): Grundsätze ordnungsmäßiger Bilanzierung für Vorräte, in: Schriften der Schmalenbach-Gesellschaft, Beiträge zu den Grundsätzen ordnungsmäßiger Bilanzierung, Bd. 6, Düsseldorf 1976.

GEHRKE, N./NITSCHE, M./SPECHT, O. (1997): Informationssysteme im Rechnungswesen und der Finanzwirtschaft, Informationsprozesse des Finanzmanagements, Ludwigshafen 1997.

GLADE, A. (1995): Praxishandbuch der Rechnungslegung und Prüfung, Systematische Darstellung und Kommentar zum Bilanzrecht, 2. Aufl., Herne/Berlin 1995.

GLEIẞNER, W. (2004): Rating als Herausforderung für das Controlling, praktische Konsequenzen für das Steuerungsinstrumentarium, in: BC 2004, S. 53-56.

GÖBEL, S. (2001): Kommentierung des § 255, in: Hofbauer, M. A./Kupsch, P. (Hrsg.), Bonner Handbuch Rechnungslegung, Aufstellung, Prüfung und Offenlegung des Jahresabschlusses, Bonn 1987 ff.

GOLLAND, F./HANS, T. (2003): Herausforderungen und Lösungsansätze bei der Finanzierung mittelständischer Unternehmen, in: Wiedmann, K.-P./Heckenmüller, C. (Hrsg.), Ganzheitliches Corporate Finance Management, Konzept, Anwendungsfelder, Praxisbeispiele, Wiesbaden 2003, S. 563-574.

GRAMLICH, D./WALZ, H. (2005): Finanzmanagement in Unternehmenskrisen, in: BB 2005, S. 1210-1217.

GROH, M. (1998): Der Fall Tomberger, Nachlese und Ausblick, in: DStR 1998, S. 813-819.

GROH, M. (2000): Kein Abschied von der phasengleichen Bilanzierung – Anmerkungen zum Beschluss des Großen Senats vom 7.8.2000 GrS 2/99, in: DB 2000, S. 2444-2446.

GÜNTHER, T./ZURWEHME, A. (2008): Harmonisierung des Rechnungswesens, Stellschrauben, Informationswirkung und Nutzenbewertung, in: BFuP 2008, S. 101-121.

HABERSTOCK, L. (1982): Grundzüge der Kosten- und Erfolgsrechnung, 3. Aufl., München 1982.

HABERSTOCK, L. (2008): Kostenrechnung I, Einführung, 13. Aufl., München 2008.

HAGER, P. (2004): Value at Risk und Cash Flow at Risk in Unternehmen, o.O. 2004.

HALLER, A. (1997): Zur Eignung der US-GAAP für Zwecke des internen Rechnungswesens, in: Controlling 1997, S. 270-276.

HARING, N./PRANTNER, R. (2005): State-of-the-Art in Deutschland und Österreich, in: Controlling 2005, S. 147-154.

HAUPT, M. (2003): Auswirkungen der Insolvenzordnung auf optimale Finanzierungsverträge, o.O. 2003.

HAUSCHILDT, J. (2002): Krisendiagnose durch Bilanzanalyse, in: Krimphove, D./Tytko, D. (Hrsg.), Praktiker-Handbuch Unternehmensfinanzierung, Kapitalbeschaffung und Rating für mittelständische Unternehmen, Stuttgart 2002, S. 1003-1018.

HEBELER, C. (2003): Harmonisierung des internen und externen Rechnungswesens, US-amerikanische Accounting-Systeme als konzeptionelle Grundlage für deutsche Unternehmen?, in: Wurl, H.-J. (Hrsg.), Rechnungswesen und Controlling, Wiesbaden 2003.

HEINEN, E. (1976): Grundfragen der entscheidungsorientierten Betriebswirtschaftslehre, München 1976.

HERZIG, N. (2008): Steuerliche Konsequenzen des Regierungsentwurfs zum BilMoG, in: DB 2008, S. 1339-1345.

HERZIG, N. (2009): Bilanzrechtsmodernisierungsgesetz, Neue Ära im Zusammenwirken von Handels- und Steuerbilanz, in: BB 2009, S. M 1.

HERZIG, N./BRIESEMEISTER, S. (2009a): Steuerliche Konsequenzen des BilMoG, Deregulierung und Maßgeblichkeit, in: DB 2009, S. 926-931.

HERZIG, N./BRIESEMEISTER, S. (2009b): Steuerliche Konsequenzen der Bilanzrechtsmodernisierung für Ansatz und Bewertung, in: DB 2009, S. 976-983.

HERZIG, N./BRIESEMEISTER, S. (2009c): Das Ende der Einheitsbilanz, Abweichungen zwischen Handels- und Steuerbilanz nach BilMoG-RegE, in: DB 2009, S. 1-11.

HETTICH, G. O. (1997): Betrachtungen zur Effizienz betrieblicher Kosten- und Erlösrechnungssysteme, in: Küpper, H.-U./Troßmann, E. (Hrsg.), Das Rechnungswesen im Spannungsfeld zwischen strategischem und operativem Management: Festschrift für Marcell Schweitzer zum 65.Geburtstag, Berlin 1997, S. 447-468.

HFA (1984): Zur Währungsumrechnung im Jahres- und Konzernabschluss, Entwurf einer Stellungnahme des HFA, in: WPg 1984, S. 585-588.

HOFFMANN, W.-D. (1999): Tomberger rediviva – Die phasengleiche Aktivierung im Spannungsfeld von BGH, EuGH und BFH – Anmerkung zum BFH-Beschluß vom 16.12.1998, I R 50-95, DStRE 1999, 249 ff., in: DStR 1999, S. 788-792.

HOITSCH, H.-J./LINGNAU, V. (2007): Kosten- und Erlösrechnung. 6. Aufl., Berlin/Heidelberg/New York 2007.

HOKE, M. (2001): Konzernsteuerung auf Basis eines intern und extern vereinheitlichten Rechnungswesens, Bamberg 2001.

HORVÁTH & PARTNERS (2006): Das Controllingkonzept, Der Weg zu einem wirkungsvollen Controllingsystem, 6. Aufl., München 2006.

HUMMEL, S./MÄNNEL, W. (2000): Kostenrechnung, Bd. 2: Moderne Verfahren und Systeme, 3. Aufl., Wiesbaden 2000.

HUSEMANN, K.-H. (1976): Grundsätze ordnungsmäßiger Bilanzierung für Anlagegegenstände, in: Schriften der Schmalenbach-Gesellschaft, Beiträge zu den Grundsätzen ordnungsmäßiger Bilanzierung, Bd. 1, 2. Aufl., Düsseldorf 1976.

JONEN, A./LINGNAU, V. (2006): Konvergenz von internem und externem Rechnungswesen, Betriebswirtschaftliche Überlegungen und Umsetzung in der Praxis, in: Lingnau, V. (Hrsg.), Beiträge zur Controlling-Forschung, 2. Aufl., Nr. 5, Kaiserslautern 2006, S. 1-44.

KARRENBAUER, M./DÖRING, U./BUCHHOLZ, R. (2003): Kommentierung des § 253 HGB, in: Küting, K./Weber, C.-P. (Hrsg.), Handbuch der Rechnungslegung, Einzelabschluss, Kommentar zur Bilanzierung und Prüfung, Bd. 1, 5. Aufl., Stuttgart 2002 ff.

KERKHOFF, G./THUN, S. (2007): Integration von internem und externem Rechnungswesen, in: Controlling 2007, S. 455-561.

KESSLER, H./LEINEN, M./PAULUS, B. (2009): Stolpersteine beim Übergang auf die Vorschriften des BilMoG, macht IDW ERS HFA 28 den Weg frei?, in: BB 2009, S. 1910-1914.

KILGER, W. (1992): Einführung in die Kostenrechnung, 3. Aufl., Wiesbaden 1992.

KNOP, W. (2003): Kommentierung des § 240 HGB, in: Küting, K./Weber, C.-P. (Hrsg.), Handbuch der Rechnungslegung, Einzelabschluss, Kommentar zur Bilanzierung und Prüfung, Bd. 1, 5. Aufl., Stuttgart 2002 ff.

KNOP, W./KÜTING, K. (2009): Kommentierung des § 255 HGB, in: Küting, K./ Weber, C.-P. (Hrsg.), Handbuch der Rechnungslegung, Einzelabschluss, Kommentar zur Bilanzierung und Prüfung, Bd. 2, 5. Aufl., Stuttgart 2002 ff., Rn. 1-124.

KNOP, W./KÜTING, K. (2010): Kommentierung des § 255 HGB, in: Küting, K./Weber, C.-P. (Hrsg.), Handbuch der Rechnungslegung, Einzelabschluss, Kommentar zur Bilanzierung und Prüfung, Bd. 2, 5. Aufl., Stuttgart 2002 ff., Rn. 125 - 411.

KOZIKOWSKI, M./FISCHER, N. (2010): Kommentierung des § 274 HGB, in: Ellrott, H. et al. (Hrsg.), Beck'scher Bilanzkommentar, Handels- und Steuerbilanz, §§ 238 bis 339, 342 bis 342e HGB mit IFRS-Abweichungen, 7. Aufl., München 2010.

KOZIKOWSKI, M./SCHUBERT W. J. (2010): Kommentierung des § 249 HGB, in: Ellrott, H. et al. (Hrsg.), Beck'scher Bilanzkommentar, Handels- und Steuerbilanz, §§ 238 bis 339, 342 bis 342e HGB mit IFRS-Abweichungen, 7. Aufl., München 2010.

KREY, A./LORSON, P. (2007): Controlling in KMU, Gestaltungsempfehlungen für eine Kombination aus internem und externem Controlling, in: BB 2007, S. 1717-1723.

KÜMPEL, T. (2002): Vereinheitlichung von internem und externem Rechnungswesen, in: WiSt 2002, S. 343-345.

KÜMPEL, T. (2009): (Geplante) Divergenzen zwischen Handels- und Steuerbilanz, in: bibu 2009, S. 22-24.

KÜNG, D./HÜSKENS, J. (2009): Liquiditätssicherung in Krisenzeiten: Praxisfall, in: BRZ 2009, S. 348-353.

KÜNKELE, K. P./ZWIRNER, C. (2009): BilMoG: Handelsrechtliche Reform mit steuerlichen Konsequenzen?, Übersicht über die Änderungen durch das BilMoG und die steuerlichen Folgen, in: DStR 2009, S. 1277-1283.

KÜPPER, H.-U. (1998): Angleichung des externen und internen Rechnungswesens, in: Börsig, C./Coenenberg, A. G. (Hrsg.), Controlling und Rechnungswesen im internationalen Wettbewerb, Kongress-Dokumentation, 51. Deutscher Betriebswirtschafter-Tag 1997, Stuttgart 1998.

KÜPPER, H.-U. (2008): Controlling: Konzeption, Aufgaben, Instrumente, 5. Aufl., Stuttgart 2008.

KÜTING, K. (1992): Zur Problematik von Löhnen und Lohnnebenkosten im Rahmen der handelsrechtlichen Herstellungskostenermittlung, in: Förster, W. (Hrsg.), Betriebswirtschaftliche Altersversorgung in der Diskussion zwischen Praxis und Wissenschaft, Festschrift zum 60. Geburtstag von Peter Ahrend, Köln 1992, S. 377-387.

KÜTING, K. (1996): Die phasengleiche Dividendenvereinnahmung nach der EuGH-Entscheidung „Tomberger", in: DStR 1996, S. 1947-1952.

KÜTING, K. (2009a): Kapitel IV: Bilanzansatzwahlrechte, in: Küting, K./Pfitzer, N./Weber, C.-P. (Hrsg.), Das neue deutsche Bilanzrecht, Handbuch zur Anwendung des Bilanzrechtsmodernisierungsgesetzes (BilMoG), 2. Aufl., Stuttgart 2009, S. 83-99.

KÜTING, K. (2009b): Kapitel VIII: Herstellungskosten, in: Küting, K./Pfitzer, N./Weber, C.-P. (Hrsg.), Das neue deutsche Bilanzrecht, Handbuch zur Anwendung des Bilanzrechtsmodernisierungsgesetzes (BilMoG), 2. Aufl., Stuttgart 2009, S. 159-181.

KÜTING, K. (2009c): Das deutsche Bilanzrecht im Spiegel der Zeit, in: DStR 2009, S. 288-294.

KÜTING, K./CASSEL, J./METZ, C. (2009): Kapitel XIII: Ansatz und Bewertung von Rückstellungen, in Küting, K./Pfitzer, N./Weber, C.-P. (Hrsg.), Das neue deutsche Bilanzrecht, Handbuch zur Anwendung des Bilanzrechtsmodernisierungsgesetzes (BilMoG), 2. Aufl., Stuttgart 2009, S. 321-337.

KÜTING, K./ELLMANN, D. (2009): Kapitel XI: Immaterielles Vermögen, in Küting, K./Pfitzer, N./Weber, C.-P. (Hrsg.), Das neue deutsche Bilanzrecht, Handbuch zur Anwendung des Bilanzrechtsmodernisierungsgesetzes (BilMoG), 2. Aufl., Stuttgart 2009, S. 263-292.

KÜTING, K./KESSLER, H./KEßLER, M. (2009): Kapitel XIV: Bilanzierung von Pensionsverpflichtungen, in Küting, K./Pfitzer, N./Weber, C.-P. (Hrsg.), Das neue deutsche Bilanzrecht, Handbuch zur Anwendung des Bilanzrechtsmodernisierungsgesetzes (BilMoG), 2. Aufl., Stuttgart 2009, S. 339-374.

KÜTING, K./LORSON, P. (1998a): Konvergenz von internem und externem Rechnungswesen: Anmerkungen zu Strategien und Konfliktfeldern, in: WPg 1998, S. 483-493.

KÜTING, K./LORSON, P. (1998b): Anmerkungen zum Spannungsfeld zwischen externen Zielgrößen und internen Steuerungsinstrumenten, in: BB 1998, S. 469-475.

KÜTING, K./LORSON, P. (1998c): Grundsätze eines Konzernsteuerungskonzepts auf „externer" Basis (Teil I), in: BB 1998, S. 2251-2258.

KÜTING, K./LORSON, P. (1999): Konzernrechnungslegung: Ein neues Aufgabengebiet des Controllers? Zukunft der deutschen Rechnungslegung und Auswirkungen auf das Controlling, in: Controlling 1999, S. 59-66.

KÜTING, K./MOJADADR, M. (2009): Kapitel XX: Währungsumrechnung, in: Küting, K./Pfitzer, N./Weber, C.-P. (Hrsg.), Das neue deutsche Bilanzrecht, Handbuch zur Anwendung des Bilanzrechtsmodernisierungsgesetzes (BilMoG), 2. Aufl., Stuttgart 2009, S. 473-497.

KÜTING, K./PFIRMANN, A./ELLMANN, D. (2008): Die Bilanzierung von selbst erstellten immateriellen Vermögensgegenständen nach dem RegE des BilMoG, in: KoR 2008, S. 689-697.

KÜTING, K./SEEL, C. (2009): Kapitel XXI: Latente Steuern, in: Küting, K./Pfitzer, N./Weber, C.-P. (Hrsg.), Das neue deutsche Bilanzrecht, Handbuch zur Anwendung des Bilanzrechtsmodernisierungsgesetzes (BilMoG), 2. Aufl., Stuttgart 2009, S. 499-535.

KÜTING, K./WEBER, C.-P. (2008): Der Konzernabschluss, Praxis der Konzernrechnungslegung nach HGB und IFRS, 11. Aufl., Stuttgart 2008.

KÜTING, K./WEBER, C.-P. (2009): Die Bilanzanalyse, 9. Aufl., Stuttgart 2009.

KUHN, W./STRECKER, K. A. (2008): Liquiditätsmanagement im Mittelstand, Banken als Partner, in: Goeke, M. (Hrsg.), Praxishandbuch Mittelstandsfinanzierung, Mit Leasing, Factoring & Co. unternehmerische Potenziale ausschöpfen, Wiesbaden 2008, S. 83-98.

KUßMAUL, H. (2002): Business Plan, Aufbau, Inhalt, Zweck, Beispiele, Bd. 2, 2. Aufl., Saarbrücken 2002.

KUßMAUL, H. (2008): Betriebswirtschaftliche Steuerlehre, 5. Aufl., Saarbrücken 2008.

LANGENBUCHER, G./BLAUM, U. (2003): Kap. 6, Umrechnung von Fremdwährungsgeschäften, in: Küting, K./Weber, C.-P. (Hrsg.), Handbuch der Rechnungslegung, Einzelabschluss, Kommentar zur Bilanzierung und Prüfung, Bd. 1, 5. Aufl., Stuttgart 2002 ff., Rn. 501-674.

LEFFSON, U. (1987): Die Grundsätze ordnungsmäßiger Buchführung, 7. Aufl., Düsseldorf 1987.

LEY, D. (2009): Moderne finanzwirtschaftliche Instrumente der Liquiditätssicherung, in: WPg, 2009, S. 283-290.

LITTKEMANN, J./HOLTRUP, M./SCHULTE, K. (2007): Buchführung, 2. Aufl., Wiesbaden 2007.

LITTKEMANN J./KREHL, H. (2000): Kennzahlen der klassischen Bilanzanalyse, nicht auf Krisendiagnosen zugeschnitten, in: Hauschildt, J./Leker, J. (Hrsg.), Krisendiagnose durch Bilanzanalyse, 2. Aufl., Köln 2000, S. 19-32.

LORSON, P./SCHWEITZER, M. (2008): Kernbereich der Unternehmensführung, Teil D: Kostenrechnung, in Küting, K. (Hrsg.), Saarbrücker Handbuch der Betriebswirtschaftlichen Beratung, 4. Aufl., Herne 2008, S. 343-510.

LORSON, P./TOEBE, M. (2009): Konsequenz des BilMoG für die Einheitsbilanz, Abschaffung der umgekehrten Maßgeblichkeit, in: BBK 2009, S. 453-462.

LORSON, P./ZÜNDORF, H. (2009): Kapitel XXIX: Controlling, in Küting, K./Pfitzer, N./Weber, C.-P. (Hrsg.), Das neue deutsche Bilanzrecht, Handbuch zur Anwendung des Bilanzrechtsmodernisierungsgesetzes (BilMoG), 2. Aufl., Stuttgart 2009, S. 717-735.

LUBOS, G. (2002): Finanzierung in der Unternehmenskrise, in: Krimphove, D./Tytko, D. (Hrsg.), Praktiker-Handbuch Unternehmensfinanzierung, Kapitalbeschaffung und Rating für mittelständische Unternehmen, Stuttgart 2002, S. 1019-1035.

MAYER-WEGELIN, E./KESSLER, H./HÖFER, R. (2008): Kommentierung des § 249 HGB, in: Küting, K./Weber, C.-P. (Hrsg.), Handbuch der Rechnungslegung, Einzelabschluss, Kommentar zur Bilanzierung und Prüfung, Bd. 1, 5. Aufl., Stuttgart 2002 ff.

MENRAD, S. (1978): Rechnungswesen, Göttingen 1978.

MERKLE, E. (1982): Betriebswirtschaftliche Formeln und deren betriebswirtschaftliche Relevanz, in: WiSt 1982, S. 325-330.

MEYER, A. (2003): Die Beurteilung der Sanierungsfähigkeit von ertragsschwachen oder insolventen Unternehmen, Bern 2003.

MEYER, M. A. (2007): Cashflow-Reporting und Cashflow-Analyse, Konzeption, Normierung, Gestaltungspotenzial und Auswertung von Kapitalflussrechnungen im internationalen Bereich, Düsseldorf 2007.

MILLION, C./ZUCKNICK, M./JURASCHKA, M. (2009): Von der eindimensionalen zur mehrdimensionalen, risikoorientierten Liquiditätsplanung, Serie zum Liquiditätsmanagement, Teil I, in: FB, 2009, S. 378-381.

MOEWS, D. (1992): Kosten- und Leistungsrechnung, 5. Aufl., Oldenburg 1992.

MÜLLER, S. (2003): Management-Rechnungswesen, Wiesbaden 2003.

MÜLLER, M. (2006): Harmonisierung des externen und internen Rechnungswesens, eine empirische Untersuchung, Wiesbaden 2006.

MÜLLER, C. (2009): Auswirkungen von „Basel II" auf die Finanzierung des deutschen Mittelstands, in: DStR 2009, S. 64-70.

NIEHUS, R. J. (1982): Rechnungslegung und Prüfung der GmbH nach neuem Rech, Kommentar zu den die GmbH betreffenden Vorschriften des Regierungsentwurfs eines Bilanzrichtlinien-Gesetzes vom 12.02.1982, Berlin/New York 1982.

ORDEMANN, T./MÜLLER, S./BRACKSCHULZE, K. (2005): Handlungsempfehlungen für mittelständische Unternehmen bei der Kreditfinanzierung, in: BB Beilage 2005, zu Heft 15, S. 19-24.

ORTMANN-BABEL, M./BOLIK, A./GAGEUR, P. (2009): Ausgewählte steuerliche Chancen und Risiken des BilMoG, in: DStR 2009, S. 934-938.

PELLENS, B./FÜLBIER, R. U./GASSEN, J./SELLHORN, T. (2008): Internationale Rechnungslegung, 7. Aufl., Stuttgart 2008.

PFAFF, D. (1994): Zur Notwendigkeit einer eigenständigen Kostenrechnung, Anmerkungen zur Neuorientierung des internen Rechnungswesens im Hause Siemens, in: ZfbF 1994, S. 1065-1084.

PFIRMANN, A./SCHÄFER, R. (2009): Kapitel VII: Steuerliche Implikationen, in: Küting, K./Pfitzer, N./Weber, C.-P. (Hrsg.), Das neue deutsche Bilanzrecht, Handbuch zur Anwendung des Bilanzrechtsmodernisierungsgesetzes (BilMoG), 2. Aufl., Stuttgart 2009, S. 119-157.

PFITZER, N./OSER, P. (2003): Kap. 2, Zwecke des handelsrechtlichen Jahresabschlusses, in: Küting, K./Weber, C.-P. (Hrsg.), Handbuch der Rechnungslegung, Einzelabschluss, 2. Aufl., Stuttgart 2002 ff.

PITZKE, J. (2009): Rückstellung für Jubiläumszuwendungen, in: NWB 2009, S. 360-364.

PLATTNER, D./SKAMBRACKS, D. (2005): Mittelstandsfinanzierung im Umbruch, in: Engel, D. (Hrsg.), Mittelstandsfinanzierung, Basel II und die Wirkung öffentlicher sowie privater Kapitalhilfen, Berlin 2005, S. 13-38.

RANKER, D. (2006): Immobilienbewertung nach HGB und IFRS: Auslegung, Konzeption und Einzelfragen der Bilanzierung des Anlagevermögens, Berlin 2006.

RAUTENSTRAUCH, T./MÜLLER, C. (2006): Unternehmens- und Finanzcontrolling in kleinen und mittleren Unternehmen, in: DStR 2006, S. 1616-1623.

REICHMANN, T. (2001): Controlling mit Kennzahlen und Managementberichten. Grundlagen einer systemgestützten Controlling-Konzeption, 7. Aufl., München 2006.

REINKE, R./MARTENS, S. (2009): Rückstellungen nach BilMoG, in: StC 2009, S.18-19.

RHIEL, R./VEIT, A. (2009): Auswirkungen des BilMoG bei der Bilanzierung von Pensionsrückstellungen, Annäherung an die internationalen Rechnungslegungsstandards, in: PiR 2009, S. 167-171.

SCHEREN, M. (2009): Kapitel XXVIII: Bilanzpolitik und deren Erkennbarkeit, in: Küting, K./Pfitzer, N./Weber, C.-P. (Hrsg.), Das neue deutsche Bilanzrecht, Handbuch zur Anwendung des Bilanzrechtsmodernisierungsgesetzes (BilMoG), 2. Aufl., Stuttgart 2009, S. 671-715.

SCHILDBACH, T. (1995): Entwicklungslinien in der Kosten- und internen Unternehmensrechnung, in: ZfbF 1995, Sonderheft 34, S. 1-18.

SCHILDBACH, T. (2008): Der handelsrechtliche Jahresabschluss, 8. Aufl., Herne 2008.

SCHMEISSER, W./SCHMEISSER, K. (2005): Auswirkungen von Basel II für den Mittelstand: Kreditvergabe und Bepreisung von Krediten, in: DStR 2005, S. 344-348.

SCHMIDT, A. (1988): Buchführung und Bilanzierung, in: Beck'sches Steuerberater-Handbuch 1988, München 1988.

SCHRÖDER, H. J. (1970): Projekt-Management, eine Führungskonzeption für außergewöhnliche Vorhaben, Wiesbaden 1970.

SCHWEITZER, M./WAGENER, K. (1998): Die Geschichte des Rechnungswesens, in: WiSt 1998, S. 439-442.

SELCHERT, F. W. (1986): Probleme der Unter- und Obergrenze von Herstellungskosten, in: BB 1986, S. 2298-2306.

SELCHERT, F. W. (2002): Kommentierung des § 252 HGB, in: Küting, K./Weber, C.-P. (Hrsg.), Handbuch der Rechnungslegung, Einzelabschluss, Kommentar zur Bilanzierung und Prüfung, Bd. 2, 5. Aufl., Stuttgart 2002 ff.

SPAHNI-KLASS, A. (1988): Cash Management im multinationalen Industriekonzern, Stuttgart 1988.

STAEHLE, W. (1975): Das Du Pont-System und verwandte Konzepte der Unternehmenskontrolle, in: Böcker, F./Dichtl, E. (Hrsg.), Erfolgskontrolle im Marketing, Berlin 1975, S. 317-336.

STOBBE, T. (2008): Überlegungen zum Verhältnis von Handels- und Steuerbilanz nach dem (geplanten) Bilanzrechtsmodernisierungsgesetz, in: DStR 2008, S. 2432-2435.

STRICKMANN, M. (2009): Kapitel 1: Einzelgesellschaftliche Rechnungslegung, Abschnitt 10: Anhangsberichterstattung, in: Kessler, H./Leinen, M./Strickmann, M. (Hrsg.), Handbuch BilMoG, Der praktische Leitfaden zum Bilanzrechtsmodernisierungsgesetz, Freiburg 2009, S. 515-540.

TERBERGER, E. (2002): Basel II: Keine direkte Benachteiligung des Mittelstands, in: BB 2002, S. 12-19.

THEILE, C./HARTMANN, A. (2008): BilMoG: Zur Unmaßgeblichkeit der Handels- für die Steuerbilanz, in: DStR 2008, S. 2031-2035.

TRÜTZSCHLER, K. (2002): Kommentierung des § 250 HGB, in: Küting, K./Weber, C.-P. (Hrsg.), Handbuch der Rechnungslegung, Einzelabschluss, Kommentar zur Bilanzierung und Prüfung, Bd. 1, 5. Aufl., Stuttgart 2002 ff.

VAN HALL, G./KESSLER, H. (2009): Kapitel 1: Einzelgesellschaftliche Rechnungslegung, Abschnitt 2: Bilanzierung des Anlagevermögens, in: Kessler, H./Leinen, M./Strickmann, M. (Hrsg.), Handbuch BilMoG, Der praktische Leitfaden zum Bilanzrechtsmodernisierungsgesetz, Freiburg 2009, S. 127-238.

WAGENHOFER, A. (1995): Verursachungsgerechte Kostenschlüsselung und die Steuerung dezentraler Preisentscheidungen, ZfbF 1995, Sonderheft 34, S. 81-118.

WAMBACH, M./RÖDL, B. (2001): Rating, Finanzierung für den Mittelstand, Stollberg 2001.

WÄSCHLE, O. (1962): Liquidität und Liquiditätspolitik der industriellen Unternehmung, o.O. 1962.

WEHRHEIM, M. (1997): Krisenprognose mit Hilfe einer Kapitalflussrechnung?, in: DStR 1997, S. 1699-1704.

WEIGL, R./WEBER, H.-G./COSTA, M. (2009): Bilanzierung von Rückstellungen nach dem BilMoG, in: BB 2009, S. 1062-1066.

WEISS, H.-J./HEIDEN, M. (2003): Kommentierung des § 241 HGB, in: Küting, K./ Weber, C.-P. (Hrsg.), Handbuch der Rechnungslegung, Einzelabschluss, Kommentar zur Bilanzierung und Prüfung, Bd. 1, 5. Aufl., Stuttgart 2002 ff.

WEIßENBERGER, B. E. (2006): Controller und IFRS: Konsequenzen der IFRS-Finanzberichterstattung für die Controlleraufgaben, in: KoR 2006, S. 613-622.

WERNDL, J. (1994): Kommentierung des § 6 EStG, in: Kirchhof, P./Söhn, H. (Hrsg.), Einkommensteuergesetz, Kommentar, Heidelberg 1988 ff.

WINKELJOHANN, N./BÜSSOW, T. (2010): Kommentierung des § 252 HGB, in: Ellrott, H. et al. (Hrsg.), Beck'scher Bilanzkommentar, Handels- und Steuerbilanz, §§ 238 bis 339, 342 bis 342e HGB mit IFRS-Abweichungen, 7. Aufl., München 2010.

WINKELJOHANN, N./SOLFRIAN, G. (2003): Basel II, Neue Herausforderungen für den Mittelstand und seine Berater, in: DStR 2003, S. 88-92.

WÖHE, G. (1997): Bilanzierung und Bilanzpolitik, betriebswirtschaftlich, handelsrechtlich, steuerrechtlich, 9. Aufl., München 1997.

WÖHE, G. (2002): Einführung in die Allgemeine Betriebswirtschaftslehre, 21. Aufl., München 2002.

WÖHE, G./DÖRING, U. (2008): Einführung in die Allgemeine Betriebswirtschaftslehre, 23. Aufl., München 2008.

WOHLGEMUTH, M. (1969): Die Planherstellkosten als Bewertungsmaßstab der Halb- und Fertigfabrikate, Ein Beitrag zur handels- und steuerrechtlichen Bewertung in der Bilanz der Aktiengesellschaft, Berlin 1969.

WOHLGEMUTH, M. (2001): Die Herstellungskosten in der Handels- und Steuerbilanz, 3. Aufl., in: Wysocki, K. v./Schulze-Osterloh, J. (Hrsg.), Handbuch des Jahresabschlusses (HdJ), Rechnungslegung nach HGB und internationalen Standards, Abt. I/10, Bd. I, Köln 1984/91 ff.

WOLZ, M./OLDEWURTEL, C. (2009): Pensionsrückstellungen nach BilMoG, Informationsnutzen durch Internationalisierung, in: StuB 2009, S. 424-429.

WP-HANDBUCH (2006): IDW (Hrsg.), Handbuch für Rechnungslegung, Prüfung und Beratung, Bd. 1, 13. Aufl., Düsseldorf 2006.

ZIEGLER, F. (1955): Rabatt, Bonus und Skonto in Buchführung und Bilanz, in: ZfB 1955, S. 302-307.

ZÜLCH, H./HOFFMANN, S. (2009): Die Bilanzierung sonstiger Rückstellung nach BilMoG, in: StuB 2009, S. 369-373.

ZÜNDORF, H. (2009): Kapitel V: Bewertungswahlrechte, in: Küting, K./Pfitzer, N./Weber, C.-P. (Hrsg.), Das neue deutsche Bilanzrecht, Handbuch zur Anwendung des Bilanzrechtsmodernisierungsgesetzes (BilMoG), 2. Aufl., Stuttgart 2009, S. 101-114.

Stichwortverzeichnis

A

Abschlussarbeiten
   automatisch 274
   Forderungen 256, 275
   manuell 274
   Rückstellungen 258
   Umlagen 276
   Vorratsvermögen 256, 276
Abschlussbestandteile
   Gewinn- und
   Verlustrechnung 307
Abschlussprozess
   bewertende
   Abschlussarbeiten 251, 273
   Flexibilität 266
   Grundstruktur 247
   latente Steuern 279
   relevante Work Center 266
   Saldenbestätigung 250
   Saldovortrag 285
   Überblick 247
   Überleitung auf das
   Gesamtkostenverfahren 281
   vorbereitende
   Abschlussarbeiten 247, 268
Abschlussprüfung
   Audit Trail 323
Abschreibungsmethode
   außerplanmäßige 252
   Beispiele 109
   planmäßige 252
Abstimmung
   Hauptbuch 278
   Nebenbuchabstimmung 272
Anhang
   Anlagenspiegel 309
   Verbindlichkeitenspiegel 309
Anlagegüter
   Abschreibungsmethode 109
   Kostenstellenzuordnung 108
   Nutzungsdauer 108
Anlagevermögen
   außerplanmäßige
   Abschreibungen 252
   planmäßige Abschreibungen . 252
Anschaffungskosten
   abweichender
   Rechnungsbetrag 107
Anschaffungskosten-
   minderung 105
Anschaffungsnebenkosten 103
Anschaffungspreis 103
Anschaffungszeitpunkt 99
Anschaffungszeitraum 101
   Bestandteile 102
   Bewertungsmaßstab 101
   Einzelbewertungskosten 102
   Erfolgsneutralität 101
   Fremdwährung 106, 108
   nachträgliche
   Anschaffungskosten 104
   Vereinfachungsverfahren 102
Anschaffungskostenminderung
   Bonus 105
   Rabatt 105
   Skonto 105, 107
Anschaffungsnebenkosten
   Beispiele 104
Anschaffungspreis
   Gesamtpreisaufteilung 103
Anschaffungszeitpunkt
   wirtschaftliche
   Verfügungsmacht 99
Arbeitsplan 143
Audit Trail 14
   Abschlussprüfer 323
   Datentransparenz 305
   Dokumentation von
   Benutzeraktivitäten 324
   Drilldown 305
   Transparenz 323

Aufgabensteuerung.................... 24
Auftragsabwicklung
    Auftragsvolumen................... 195
    Belegfluss............................ 204
    Bilanz.................................. 211
    Forderungsverwaltung........... 199
    Gewinn- und
    Verlustrechnung 212
    gleitender
    Durchschnittspreis................ 197
    Kontoauszug........................ 200
    Kundenauftrag............. 187, 193
    Kundenrechnung 188, 197
    Preisliste............................... 194
    relevante Work Center 193
    Teilprozesse......................... 186
    Verfügbarkeitsprüfung 195
    Vertriebskosten 191
    Warenausgang..................... 195
    Warenlieferung.................... 187
    Zahlungseingang 188, 199, 200
Ausschüttungsbemessung
    Handelsbilanz........................ 46
Automatisierung
    Buchung................................ 14
    operativer Prozess 14

B

Belegprinzip................................ 18
Berechtigungsvergabe 21
Berichte
    Abstimmbericht.................... 311
    Arbeitsweise......................... 304
    Datentransparenz.................. 305
    Drilldown 305
    Flexibilität 306
    Kostenstellenbericht............. 317
    Materialbestand 318
    Navigation............................ 305
    offene Posten Liste............... 311
    Projektkosten und -erlöse 318
    Summen- und Saldenliste...... 311
    Variableneingabe.................. 304
Beschaffungsprozess
    Anlagegüter 108

    Bilanz 141
    Gewinn- und
    Verlustrechnung 142
    relevante Work Center 113
    Teilprozesse 98
    Überblick.............................. 113
    Zusammenfassung................ 141
Bestellung
    schwebendes Geschäft............. 98
betriebswirtschaftliche
    Konfiguration
    Fine Tuning 5
    Lösungsumfang...................... 82
    projektorientierter Ansatz......... 4
    standardisierte Prozesse............ 5
    Steuerungsdaten 5
bewertende Abschlussarbeiten
    Abhängigkeiten 273
Bewertungsverfahren
    Fifo...............................102, 277
    gleitender
    Durchschnittspreis................ 119
    Lifo...............................102, 277
    Verbrauchsfolgeverfahren..... 277
BilMoG
    Entkoppelung Handels- und
    Steuerbilanz.................... 46, 47
    latente Steuern....................... 50
    parallele Bilanzierung 48
    Stärkung der
    Informationsfunktion.............. 32
    Temporary-Konzept 51
    Ziele 28
Buchungsbeleg 17
Business ByDesign
    Audit Trail............................. 14
    betriebswirtschaftliche
    Konfiguration.......................... 4
    Bewertungswissen.................. 18
    BilMoG 5
    Clone 5
    Closing Cockpit............... 25, 266
    Dashboard 320
    Datenschutz............................. 2
    Datensicherheit........................ 2

Fine Tuning 5
ganzheitliche Softwarelösung 2
Help Center 22
Lösungsumfang 3
On-Demand-Lösung 2
Organisationsstruktur 6
Profit-Center 7
Prüfungsstandard 880 3
Scope 5
Software as a Service 2
Stammdaten 6
Updates 2
Verschlüsselungstechnologie 2
Vorteile 2
VPN-Verbindung 2
Zertifizierung 3
Zertifizierung nach SAS 70 3

C

Cash Flow Management
    Geschäftsvorfälle 16
    Struktur 15
    Zahlungsmanagement 16
Cash- und Liquiditätsmanagement
    Aufgaben 292
    Beispielsachverhalt 301
    Frühwarnsystem 296
    Krisenprävention 295
    Liquiditätsdisposition 294
    Liquiditätskontrolle 295
    Liquiditätsplan 293
    Liquiditätsplanung 293
    Liquiditätsstatus 292
    Liquiditätsvorschau 299
    Notwendigkeit 290
    Rating 298
    Tagesfinanzstatus 299
    Ziel 291
Closing Cockpit
    Funktion 266
Controlling 288

D

Dashboard
    Funktion 320
    grafische Datenaufbereitung .. 321

E

Einkaufspreisabweichungen
    Analyse 133
    Work Center
    Bestandsbewertungen 133
Einkreissystem 144
Erlösabgrenzung 204
Erlösabgrenzungslauf
    Buchungslogik 206
Erlösrealisierung
    Abschlussprozess 251
    Kundenrechnung 205
    Warenausgang 205
externes Rechnungswesen
    Aufstellungsfristen 303
    Aufstellungspflicht 303
    Prüfungspflicht 304
    Veröffentlichungspflichten 304

F

Fallbeispiel
    Abschlussprozess 263
    Abschreibung 184
    Abschreibungsmethode 139
    Abschreibungsschlüssel 136
    Abschreibungsvorausschau ... 140
    Anlagenbeschaffung 111
    Anlagenklasse 135
    Anlagenstammsatz 135
    Anlagevermögen 138
    Anschaffungsebenkosten 137
    Anschaffungsnebenkosten 111, 121
    Auftragsabwicklung 191
    Ausweis in der Gewinn- und Verlustrechnung 185
    automatische Zahlung 124
    Belegfluss 204
    Belegfluss
    Beschaffungsprozess 129
    Bericht Projektkalkulation 226
    Beschaffung Anlage 133
    Beschaffung Handelsware 113

Beschaffungsprozess 113
Bestellung
  Handelsware 114, 115
  Bezahlung Handelsware 122
Bilanz Absatzabwicklung 211
Buchung
  Lieferantenrechnung............ 122
  Buchung Zahlungsausgang.... 127
Einführung 80
Einfuhrumsatzsteuer............. 112
Einkaufspreisabweichungen .. 133
Entwicklungskosten 222
Equipmentressource 172
Erfassung Kontoauszug. 128, 201
Erlösrealisierung 204
Eröffnungsbilanz 80
Erwerb Handelsware 111
externer Mitarbeiter............... 231
Forderungsausgleich.............. 202
Forschungs- und
  Entwicklungsprojekt...... 222, 237
Fremdwährungsumrechnung . 126
Gemeinkostenzuschlag........... 178
geringwertiges
  Wirtschaftsgut 140
Gesamtkostenverfahren. 184, 185
Gewinn- und Verlustrechnung
  Auftragsabwicklung 212
gleitender
  Durchschnittspreis 119, 132
  Herstellungskosten 183
Konto Ware in Arbeit 170, 174
Kontoauszug........................... 200
Kundenprojekt............... 221, 223
Lagerfertigung............... 161, 182
Lieferantenrechnung...... 120, 122
manuelle Zahlung.................. 124
Organisationsstruktur 80
parallele Bilanzierung 136
Personalaufwand 184
Personalressource.................. 171
Produktion.................... 163, 165
Produktionslos 170
Produktkategorie 135
Projektaufgabe...................... 225

Projektdurchführung 227
Projektfakturierung 234
Projektkostenplanung 224
Projektmanagement............... 221
Ressource 227
Service................................... 227
Skonto 120
sonstiger
  betrieblicher Aufwand........... 184
Stammdaten........................... 138
Stammdaten Anlage 138
Umlagenregel 179
Umsatzkostenverfahren 185
Verkaufspreis 191
Verrechnungskonto 127
Vertriebsweg 191
Währungsumrechnung ...126, 127
Wareneingang Handelsware.. 116
WE/RE-Lauf 122
Zahlungsabweichung............. 202
Zahlungseingang 200, 236
Forderungsverwaltung
  Mahnwesen 199
  Saldenbestätigungslauf.......... 200
  Überblick............................... 199
Forschungs- und
  Entwicklungsprojekt
  Aktivierung 241
  Aktivierungsfähigkeit............ 218
  Aktivierungsumfang............... 219
  Aktivierungszeitpunkt 219
  Bewertungsmaßstab 220
  Dokumentation...................... 242
  Entwicklungskosten-
    controlling 220
  handelsrechtliches
    Aktivierungswahlrecht 218
  Projektdurchführung 239
Fremdwährung 69
Fremdwährungsumrechnung 75,
  106, 108, 112, 117, 119
Frühwarnsystem
  Kennzahlen............................ 296

G

geringwertiges Wirtschaftsgut
  handelsrechtliche
  Behandlung........................... 110
  steuerliche Behandlung.......... 110
Geschäftsprozess 13
Gewerbesteuer 261
gleitender Durchschnitt............. 102

H

Harmonisierung des
  Rechnungswesens
  Ausgangspunkt
  Internationalisierung................ 31
  BilMoG...................... 28, 32, 36
  Einkreissystem......................... 41
  gemeinsame Datenbasis........... 42
  Geschichte 28
  Harmonisierung
  im Mittelstand.......................... 39
  Harmonisierungsrichtung 33
  Kosteneffizienz....................... 38
  Kritik 34
  partielle Harmonisierung......... 41
  SAP Business ByDesign........... 42
  traditionelle Trennung 29
  unterschiedliche Ziele.............. 29
  vollständige Harmonisierung... 41
  Vorteile..................................... 37
  Zweikreissystem...................... 41
Herstellungskosten 149, 150, 151
  allgemeine
  Verwaltungskosten 157
  angemessener Werteverzehr .. 154
  Betriebsstoffe......................... 153
  BilMoG................................... 154
  Einbeziehungsverbot 158
  Einbeziehungswahlrecht........ 157
  Einzelkosten 152
  Erweiterung
  des Vermögensgegenstands... 150
  Fertigungseinzelkosten 153
  Fertigungsgemeinkosten........ 156
  freiwillige soziale Leistung ... 157
  Gemeinkosten........................ 152
  Hilfsstoffe............................... 153
  Materialeinzelkosten.............. 153
  Materialgemeinkosten 155
  produktionsnahe
  Verwaltungskosten 158
  R 6.3 Abs. 4 EStR 158
  Sondereinzelkosten
  der Fertigung 154
  Umfang................................... 150
  unechte Gemeinkosten........... 153
  vertriebsbezogene
  Verwaltungskosten 158
  Werteverzehr 150
  Werteverzehr des
  Anlagevermögens.................. 156
  Wertobergrenze 157, 159
  Wertuntergrenze 151, 159
Highlight
  Anlagenstamm....................... 138
  Anpassung von
  Anschaffungskosten 137
  Bestandsführung.................... 119
  Lagerfertigung 167
  Lieferantenrechnung.............. 135
  Task Management 126
  Verbindlichkeitenstruktur...... 124
  Währungsumrechnung........... 118
  WE/RE-Lauf.......................... 130

I

Incoterms
  Beispiele 100
Informationsbedarf
  extern.. 19
  intern 19
Inventur
  Begriff 249
  Zweck 250

J

Jahresabschluss
  Bestandteile 303

K

Kennzahlen
   absolute 312
   Bruttogewinnspanne............ 313
   Definition 312
   Eigenkapitalquote................ 297
   goldene Bilanzregel.............. 297
   Kennzahlensystem................ 319
   Kundenziel 296
   relative.................. 313
   Umschlagsdauer des
   Vorratsvermögens 296
   Vergleichsmaßstab 312
Kennzahlensystem
   Ordnungssystem.................... 320
   Rechensystem....................... 319
Kontenfindung
   Sachkonten 83
Kontenplan 82
Konto
   Kontenfindung..................... 82
   Kontenfindungsgruppe 83
   Ware in Arbeit.......167, 170, 171, 174, 177, 180, 181, 185
Körperschaftsteuer 261
Kostenartenrechnung................. 145
Kostenrechnung......................... 143
   Einkreissystem 144
   Kostenrechnungssystem 149
Kostenstelle
   Bedeutung für den Funktionsbereich 87
   Kostenstellentyp...................... 87
Kostenstellenrechnung 145
   Endkostenstellen 146
   innerbetriebliche Leistungsverrechnung ... 146, 147
   Kalkulationssätze 147
   Kostenstellen 146
   Kostenstelleneinzelkosten 146
   Kostenstellengemeinkosten ... 147
   Primärkostenverrechnung...... 146
   Sekundärkostenverrechnung . 147
   Vorkostenstellen 146
Kostenträgerrechnung 147
   Einzelkostenprojekt............... 148
   Ergebnisrechnung.................. 149
   Ermittlungsverfahren............. 148
   Fertigungsgemeinkosten........ 148
   Funktion 147
   Gemeinkostenprojekt 148
   Kostenträger 148, 149
   Kostenträgerstückrechnung ... 149
   Kostenträgerzeitrechnung...... 149
   Kundenaufträge 148
   Maschinenstunde................... 148
   Maschinenstundensatz-kalkulation............................ 148
   materieller Kostenträger........ 148
   Produktionslos....................... 148
   Ressource 148
   Zuschlagskalkulation............. 148
Kostenträgerzeitrechnung
   Kostenträgergruppe 190
   Marktsegment....................... 189
   unterschiedliche Verfahren ... 189
   Zweck..................................... 189
Kundenauftrag
   schwebendes Geschäft.......... 187
Kundenrechnung
   Abschlussprozess 248
   Forderungsentstehung 197
   Umsatzrealisierung............... 188
   Umsatzsteuer 198
kurzfristige Ergebnisrechnung
   Deckungsbeitrag................... 208
   integrierte Profitabilität 208
   Produkt................................. 208
   Produktgruppe 209

L

Lagerfertigung.......................... 143
   Ablauf 160
   Arbeitsplan 143
   Belegfluss............................. 176
   bewertende Betrachtung........ 143
   erfolgsneutraler Herstellungsvorgang 151, 173
   Gemeinkostenzuschlag.......... 176
   Gesamtkostenverfahren......... 182

Herstellungskosten 149, 150
Kostensatz von Ressourcen ... 170
Kostenstellenstruktur 161
Lagerhalle 160
mengenmäßige Betrachtung .. 143
Produktionsbericht 180
Produktionslos 166, 167, 168, 174, 180, 181
produktionsnahe Gemeinkosten 179
Ressource
   als Produktionsfaktor 170
   Rückmeldung 173
   Standardkostensatz 175
   Stückliste 143, 168
   Umlagenregel 178
   Umsatzkostenverfahren 182
   Wareneingang 174
   Zuschlagslauf 176
latente Steuern 279
   aktive 51
   Ansatz 53
   Bewertung 51
   Einzeldifferenzenbetrachtung 54, 280
   Folgeperiode 51
   passive 53
   Pflicht 50
   Saldierung 54
   Temporary-Konzept 50
   Timing-Konzept 50
   Überblick der Verursachungsgründe 69
   unterschiedliche Ansatzvorschriften 55, 60, 61, 62
   unterschiedliche Bewertungsvorschriften 64, 66, 67, 68, 69
   Verursachungsgründe 52, 53
Leistungsverrechnung
   Ressource 215
   Service 215
Lieferantenkontomonitor ... 123, 124
Lieferantenrechnungen
   Abschlussprozess 248

Liquidität
   Definition 291
Liquiditätsvorschau
   Bestandteile 300
   Planposition 299, 301

M

Maßgeblichkeitsgrundsatz
   BilMoG 46
   materielle Maßgeblichkeit 46
   umgekehrte Maßgeblichkeit 46
Maßgeblichkeitsprinzip
   unabhängige Wahlrechtsausübung 47

N

nachträgliche Anschaffungskosten
   Komponenten 104
Nebenbuch 17
Nutzungsdauer
   AfA-Tabelle 109

O

Organisationseinheit
   Eigenschaften 85
   Funktion 86
Organisationsstruktur
   Anforderung 6
   Bedeutung für das Rechnungswesen 8
   Kostenstelle 7
   Profit-Center 7

P

parallele Bilanzierung
   Business ByDesign 75
   Fallbeispiel 137
   latente Steuern 49
   Notwendigkeit 48
   Umfang 49
Periodensperre
   bewertende Abschlussarbeiten 273
   Funktion 267
   Saldovortrag 285

Umsatzsteuer 270
Plankostenrechnung 159
   Abweichungsgrad................. 160
   Zulässigkeit von Plankosten .. 159
Produktion
   Standardkostensatz 174
Projekt
   Definition 214
   Einzelkostenprojekt 214
   Forschungs- und
   Entwicklungsprojekt............. 218
   Gemeinkostenprojekt 214
   Projektdurchführung.............. 216
   Projektfakturierung................ 217
   Projektlebenszyklus............... 215
   Standardprojektarten 214
   Unterscheidungsmerkmale 214
   Zahlungseingang 217
Projektdurchführung
   interne
   Leistungsverrechnung 216
   Make-or-Buy-Entscheidung .. 216
Projektmanagement
   Änderungsmanagement 231
   Bilanz 244
   externer Mitarbeiter............... 231
   Genehmigung 229
   Gewinn- und Verlustrechnung
   244
   Kundenauftrag............... 216, 224
   Kundenprojekt...................... 215
   Projektaufgabe..................... 225
   Projektbelastung................... 228
   Projektfakturierung............... 234
   Projektplanung 215, 224
   relevante Work Center 223
   Ressource 215
   Service.................................. 215
   Spesen 230
   Tätigkeitenerfassung 228
   Zahlungseingang 236
   Zusammenfassung................ 243

R

Rating
   Basel II 298
   Verbesserung der
   Finanzierungskonditionen 298
Rechnungsabgrenzungsposten... 253
Rechnungswesen
   Aufgaben.............................. 288
   konsistente Daten 311
Rückstellungen
   Diskontierung....................... 260
   Pensionen 259
   steuerliche Vorschriften 260
   Steuern 260

S

Saldenbestätigung 250, 270
Saldovortrag............................ 285
schwebendes Geschäft
   Dauer..................................... 99
   Nichtbilanzierung................... 99
Stammdaten................................ 6
   Bank 92
   Dienstleister 92
   Finanzbehörde....................... 92
   Geschäftspartner................ 9, 90
   Kontrakte............................... 94
   Kunden.................................. 91
   Lieferant................................ 91
   Material................................. 89
   Mitarbeiter............................. 93
   Preisliste................................ 94
   Produkte 10
   Ressourcen 93
   Services 89
Stückliste................................. 143

T

Tagesfinanzstatus
   Zahlungsmittel 299
Transparenz............................... 14

U

Überleitung auf das
 Gesamtkostenverfahren 281
Überleitung auf GKV
 Anpassungsbuchung 282
Umlaufvermögen
 Folgebewertung 256
Umsatzsteuer
 Steuermeldungslauf 271
Unternehmensorganisation
 Modellierung 84
Unternehmenssteuerung
 Berichte 313
 Cash- und
 Liquiditätsmanagement 290
 Dashboard 320
 Geschäftsführung 319
 harmonisiertes
 Rechnungswesen 288
 Kennzahlen 312
 Kennzahlenauswahl 320
 Kennzahlenmonitor 322
 Kennzahlensystem 320
 Kostenstellenbericht 317
 Management Cockpit 320
 Materialbestand 318
 Projektkosten und -erlöse 318
Ursprungsdokument 14

V

Verrechnungskonto
 Notwendigkeit 127
Vertriebsorganisation 88
Vertriebswege 88

W

Währungsumrechnung .. 69, 75, 106,
 108, 112, 117, 119
Währungsumrechnungsprofil 117
Warenlieferung
 schwebendes Geschäft 188
WE/RE-Lauf
 Buchungslogik 130
 gleitender
 Durchschnittspreis 132

Skonto 131
Zweck 130
wirtschaftliche Verfügungsmacht
 Incoterms 100
Work Center 224, 226, 228, 229,
 231, 232, 236
 Änderungsmanagement 231
 Anlagen 138, 241, 310
 Auslieferungssteuerung 195
 Ausschreibungen und
 Kontrakte 94
 Beschaffungssteuerung 166
 Bestandsbewertung 130, 176,
 180, 181, 182, 318
 Bestandsbewertungen 133
 Bestellanforderungen und
 Bestellungen 114
 Cash- und
 Liquiditätsmanagement . 128, 299
 Forderungen 199, 201, 203
 Geschäftsführung 320, 322
 Geschäftspartnerdaten 92
 Hauptbuch 117, 126, 240, 266,
 306
 Interne Logistik 239
 Inventur 269
 Kosten und
 Erlöse 176, 177, 178, 206, 208,
 313
 Kundenaufträge 194, 195, 224
 Kundenmanagement 91
 Kundenrechnung 197
 Lieferantenbasis 91, 115
 Mein Verantwortungs-
 bereich 313, 317
 Organisationsmanagement 84
 Produkt- und
 Serviceaufträge 194
 Produktionssteuerung 166, 173
 Produktportfolio 89, 115
 Projektmanagement 224, 225,
 229, 230, 231, 235, 242, 318
 Projektteam 228, 230, 232
 Prüfung und Revision 324

Rechnungs-
prüfung 120, 122, 134
Rechnungswesen 22
Stammdaten Planung und
Produktion 168
Stammdaten Supply Chain
Design 170
Struktur 22
Verbindlichkeiten ... 123, 124, 127
Verwaltung der Steuern 271
Warenausgang 195
Wareneingang 116, 118
Zahlungsverwaltung 126
Workflow 24

Z

Zahlungsdatei 126
Zahlungseingang
　bilanzielle Konsequenzen 188
　Fremdwährung 188
Zahlungsmonitor 126